Ausgewählte Rechtsprobleme des Zentralen Kontrahenten

Börsen- und kapitalmarktrechtliche Abhandlungen

Herausgegeben von Horst Hammen

Band 3

PETER LANG

Frankfurt am Main · Berlin · Bern · Bruxelles · New York · Oxford · Wien

Jens H. Kunz

Ausgewählte Rechtsprobleme des Zentralen Kontrahenten

Unter besonderer Berücksichtigung
des Clearing-Systems
an der Frankfurter Wertpapierbörse

PETER LANG
Internationaler Verlag der Wissenschaften

Bibliografische Information der Deutschen Nationalbibliothek
Die Deutsche Nationalbibliothek verzeichnet diese Publikation in
der Deutschen Nationalbibliografie; detaillierte bibliografische
Daten sind im Internet über <http://www.d-nb.de> abrufbar.

Zugl.: Gießen, Univ., Fachbereich Rechtswissenschaft, Diss., 2006

Gedruckt auf alterungsbeständigem,
säurefreiem Papier.

D 26
ISSN 1862-183X
ISBN 978-3-631-56579-7
© Peter Lang GmbH
Internationaler Verlag der Wissenschaften
Frankfurt am Main 2009
Alle Rechte vorbehalten.

Printed in Germany 1 2 3 4 5 7

www.peterlang.de

Vorwort

Die vorliegende Untersuchung wurde im Juli 2005 bei der Juristischen Fakultät der Justus-Liebig-Universität Gießen als Dissertation eingereicht. Text und Literatur befinden sich daher grundsätzlich auf dem Stand des Sommers 2005. Jedoch wurden danach beschlossene Gesetzesänderungen und später veröffentlichte wissenschaftliche Beiträge eingearbeitet, soweit sie für die Ergebnisse dieser Dissertation wesentlich erschienen. Insbesondere wurden die weitreichenden Änderungen durch das zum 1. November 2007 in Kraft getretene Gesetz zur Umsetzung der Richtlinie über Märkte für Finanzinstrumente und der Durchführungsrichtlinie der Kommission ebenso in Form von Nachträgen berücksichtigt wie die Änderungen durch das Gesetz zur Umsetzung der neu gefassten Bankenrichtlinie und der neu gefassten Kapitaladäquanzrichtlinie vom 17. November 2007, die speziell für den bankaufsichtsrechtlichen Teil dieser Arbeit maßgeblich sind.

Mein besonderer Dank gilt meinem Doktorvater, Herrn Prof. Dr. Horst Hammen. Er hat nicht nur das Thema dieser Arbeit angeregt, ihr Entstehen mit Ermutigung befördert und sie schließlich rasch korrigiert, sondern mich auch bei meiner Tätigkeit als wissenschaftlicher Mitarbeiter an der Professur für Bürgerliches Recht, Handels- und Wirtschaftsrecht, Deutsches und Europäisches Bank- und Kapitalmarktrecht wohlwollend unterstützt. Die dort gepflegte wissenschaftliche Toleranz und Diskussionsbereitschaft werden mir stets in bester Erinnerung bleiben und haben zum Gelingen der vorliegenden Untersuchung in mancherlei Weise beigetragen. Herrn Prof. Dr. Jens Adolphsen danke ich herzlich für die Erstellung des Zweitgutachtens.

Danken möchte ich schließlich meinen Eltern, die durch ihre vielfältige Unterstützung im Laufe meiner juristischen Ausbildung den Beginn dieser Arbeit erst ermöglicht und die mich in den schwierigen Momenten der Promotionszeit mit Zuspruch aufgerichtet haben. Ihnen sei diese Arbeit gewidmet.

Frankfurt am Main, im Mai 2008   Jens H. Kunz

Inhaltsverzeichnis

12

14

Literaturverzeichnis

Accenture: Leaving Safe Havens – The Accelerating Evolution of the European Exchange Landscape, abrufbar im Internet unter: *http://www.accenture.de* >Publikationen >Studien.

Adam, Roman F.: Die Aufrechnung im Rahmen der Insolvenzordnung – Zur neuen Rechtlage und zu alten Problemen –, WM 1998, S. 801 ff.

Alfes, André: Central Counterparty – Zentraler Kontrahent – Zentrale Gegenpartei. Über den Vertragsschluss an der Frankfurter Wertpapierbörse mittels des elektronischen Handelssystems Xetra unter Einbeziehung einer Central Counterparty, Berlin 2005.

Anschütz, Gerhard: Staatsaufsicht und Börsenverwaltung, VerwArch 11 (1903), S. 519 ff.

–: Gutachten über die Frage: Vom wem ist die Börsenordnung (§ 4 Abs. 1 des Börsen-Gesetzes) zu erlassen?, in: Berliner Jahrbuch für Handel und Industrie, 1903, S. 373 ff., 377 ff. u. 406 ff.

Arndt, Gottfried: Die dynamische Rechtsnormverweisung in verfassungsrechtlicher Sicht – BVerfG 47, 285, JuS 1979, S. 784 ff.

Assmann, Heinz-Dieter/Schneider, Uwe H. (Hrsg.): Wertpapierhandelsgesetz, Kommentar, 2. Aufl., Köln 1999 u. 3. Aufl., Köln 2003.

Assmann, Heinz-Dieter/Schütze, Rolf A.: Handbuch des Kapitalanlagerechts, 2. Aufl., München 1997.

Axer, Peter: Normsetzung der Exekutive in der Sozialversicherung. Ein Beitrag zu den Voraussetzungen und Grenzen untergesetzlicher Normsetzung im Staat des Grundgesetzes, Tübingen 2000.

Bachof, Otto: Teilrechtsfähige Verbände des öffentlichen Rechts, AöR 83 (1958), S. 208 ff.

Backherms, Johannes: Das DIN – Deutsches Institut für Normung e.V. als Beliehener, Köln 1978.

Baden, Eberhard: Dynamische Verweisungen und Verweisungen auf Nichtnormen, NJW 1979, S. 623 ff.

Baden-Württembergische Wertpapierbörse: Stellungnahme der Geschäftsführung der Baden-Württembergischen Wertpapierbörse zum Vierten Finanzmarktförderungsgesetz, in: schriftliche Stellungnahmen für die öffentliche Anhörung des Finanzausschusses zum Vierten Finanzmarktförderungsgesetz, Protokoll Nr. 124, S. 322 ff.

Badura, Peter: Das Verwaltungsmonopol, Berlin 1963.

Bähre, Inge Lore/Schneider, Manfred: KWG-Kommentar, Kreditwesengesetz mit den wichtigsten Ausführungsvorschriften, 3. Aufl., München 1986.

Balzer, Peter: Anleger- und Funktionenschutz bei außerbörslichen Wertpapierhandelssystemen, Jb.J.ZivRWiss. 2002, S. 93 ff.

Bamberger, Heinz Georg/Roth, Herbert (Hrsg.): Kommentar zum Bürgerlichen Gesetzbuch, Band 1, §§ 1–610, München 2003.

Bank für Internationalen Zahlungsausgleich: Report on Netting Schemes, prepared by the Group of Experts on Payment Systems of the Central Banks of the group of Ten countries (Angell-Report), Basle, February 1989, abrufbar im Internet unter: *http://www.bis.org/index.htm* > Publications and Statistics > Committee Publications > CPSS Publications No. 2.

–: Report of the Committee on Interbank Netting Schemes of the Central Banks of the Group of Ten countries (Lamfalussy-Report), Basle 1990, abrufbar im Internet unter: *http://www.bis.org/index.htm* > Publications and Statistics > Committee Publications > CPSS Publications No. 4.

–: A glossary of terms used in payments and settlement systems, March 2003, abrufbar im Internet unter: *http://www.bis.org/index.htm* > Publications and Statistics > Committee Publications > CPSS Publications.

dies./International Organisation of Securities Commissions: Recommendations for Central Counterparties, prepared by the Committee on Payment and Settlement Systems (CPSS) and the Technical Committee of the International Organisation of Securities Commissions (IOSCO), November 2004, abrufbar im Internet unter: *http://www.bis.org/index.htm* > Publications and Statistics > Committee Publications > CPSS Publications No. 64.

Bankrecht und Bankpraxis: Hrsg. von Thorwald Hellner/Jürgen Schröter/Stephan Steuer, Ahrend Weber, Band 1 und Band 4, Köln 2003.

Bauer, Hartmut/Möllers, Christoph: Die Beendigung des Parketthandels an der Frankfurter Wertpapierbörse, Baden-Baden 2001.

Baumbach, Adolf/Hopt, Klaus J.: Handelsgesetzbuch mit GmbH & Co., Handelsklauseln, Bank- und Börsenrecht, Transportrecht (ohne Seerecht), 31. Aufl., München 2003.

Baums, Theodor/Steck, Kai-Uwe: Bausparkassen als Konzerntöchter – Konzern- und bankenaufsichtsrechtliche Fragen einer Vertriebsausgliederung, WM 1998, S. 2261 ff.

Baur, Jürgen F./Stürner, Rolf: Sachenrecht, 17. Aufl., München 1999.

Beck, Heiko: Die erwerbswirtschaftliche Betätigung Beliehener am Beispiel des Trägers einer Wertpapierbörse, WM 1996, S. 2313 ff.

–: Das neue elektronische Handelssystem Xetra der Frankfurter Wertpapierbörse, WM 1998, S. 417 ff.

–: Die Börsen im Lichte des deutschen und europäischen Kartellrechts, WM 2000, S. 597 ff.

–: Die Reform des Börsenrechts im Vierten Finanzmarktförderungsgesetz, BKR 2002, Teil I, S. 662 ff., Teil II, S. 699 ff.

–: Börsen- und kapitalmarktrechtliche Aspekte der grenzüberschreitenden Tätigkeit und Zusammenarbeit der Börsen, in: Bankrecht und Kapitalmarktrecht in der Entwicklung, Festschrift für Siegfried Kümpel zum 70. Geburtstag, hrsg. von Jens Ekkenga/Walter Hadding/Horst Hammen, Berlin 2003, S. 17 ff.

Becker, Claus: Das Problem des gutgläubigen Erwerbs im Effektengiroverkehr, München 1981.

Beer, Artur: Die Deutsche Terminbörse, 5. Aufl., Stuttgart 1997.

Benzler, Marc: Nettingvereinbarungen im außerbörslichen Derivatehandel, Baden-Baden 1999.

–: Das deutsche Nettinggesetz – § 104 Abs. 2, 3 InsO, ZInsO 2000, S. 1 ff.

Berner, Mirko: Vertragliches Netting zur Reduzierung von Eigenkapitalkosten, Die Bank 1996, S. 753 ff.

Bernstein, Otto: Das Börsengesetz in der vom 1. Juni 1908 an geltenden Fassung nebst der Bekanntmachung des Bundesrats, betr. die Zulassung von Wertpapieren zum Börsenhandel vom 4. Juli 1910, Leipzig 1910.

Bessler, Wolfgang/Book, Thomas: Elektronischer Handel und globale Märkte: Motive, Strukturen und Zielkonfigurationen von internationalen Börsenkooperationen, in: e-Finance: Innovative Problemlösungen für Informationssysteme in der Finanzwirtschaft, hrsg. von Buhl/Kreyer/Steck, Berlin 2001, S. 155 ff.

–: Deregulierung und Börsenwettbewerb in Europa: Zur Bedeutung der Wertpapierdienstleistungs-Richtlinie für die Wettbewerbsstrategien von Terminbörsen, in: Regulierung oder Deregulierung der Finanzmärkte: Strategieimplikationen für Finanzdienstler, hrsg. von Brizelmaier/Geberl/Menichetti, Berlin 2002, S. 191 ff.

Bindseil, Ulrich: Verfügungsrechte an organisierten Wertpapieren – Untersucht auf der Grundlage der Theorie unvollständiger Verträge, Saarbrücken 1994.

Birner, Mirko: Vertragliches Netting zur Reduzierung von Eigenkapitalkosten, Die Bank 1996, S. 753 ff.

Blitz, Jürgen: „Übergang zum Euro" – Beginn des stückefreien Wertpapierverkehrs?, WM 1997, S. 2211.

Blumentritt, Jan: Die privatrechtlich organisierte Börse, Frankfurt a.M. 2003.

Böckenförde, Ernst-Wolfgang: Demokratie als Verfassungsprinzip, in: Isensse, Josef/Kirchhof, Paul (Hrsg.), Handbuch des Staatsrechts, Band II, 3. Aufl., Heidelberg 2004, § 24.

Boesen, Arnold: Vergaberecht: Kommentar zum 4. Teil des GWB, Köln 2000.

Böhm, Michael: Rechtliche Aspekte grenzüberschreitender Nettingvereinbarungen, Berlin 2001.

Book, Thomas: Elektronischer Börsenhandel und globale Märkte – Eine ökonomische Analyse der Veränderungen an Terminbörsen, Wiesbaden 2001.

Boos, Karl-Heinz: Entwurf einer Sechsten KWG-Novelle, Die Bank 1997, S. 119 ff.

Boos, Karl-Heinz/Fischer, Reinfrid/Schulte-Mattler, Hermann: Kreditwesengesetz – Kommentar zu KWG und Ausführungsvorschriften, 2. Aufl., München 2004.

Borges, Georg: Verträge im elektronischen Geschäftsverkehr – Vertragsabschluß, Beweis, Form, Lokalisierung, anwendbares Recht, München 2003.

Börsensachverständigenkommission beim Bundesministerium für Finanzen: Empfehlungen zur Regulierung alternativer Handelssysteme, Mai 2001.

Bortenlänger, Christine: Börsenautomatisierung: Effizienzpotentiale und Durchsetzbarkeit, Wiesbaden 1996.

–: Die Zukunft gehört den Spezialisten, ZfgKW 2002, S. 1152 ff.

Bosch, Ulrich: Finanztermingeschäfte in der Insolvenz – Zum „Netting" im Insolvenzverfahren –, Teil I und II, WM 1995, S. 365 ff. u. 413 ff.

Boujong, Karlheinz/Ebenroth, Carsten Thomas/Joost, Detlev (Hrsg.): Handelsgesetzbuch, Band 1, §§ 1–342 a; Band 2, §§ 343–475 h, Transportrecht, Bank- und Börsenrecht, München 2001.

Braue, Carsten/Hille, Lars: Xetra – Elektronisches Handelssystem am Finanzplatz Deutschland, Die Bank 1997, S. 140 ff.

Breitkreuz, Tilmann F.: Die Ordnung der Börse – Verwaltungsrechtliche Zentralfragen des Wertpapierbörsenwesens, Berlin 2000.

Bremer, Heinz: Zur Rechtsproblematik der Börsengebühren, JR 1957, S. 328 ff.

–: Grundzüge des deutschen und ausländischen Börsenrechts, Berlin 1969.

Brenner, Ernst: Die Liquidationskassen der Terminbörsen, ihre Funktion und ihre Struktur, Bonn 1926.

Bressler, Stefan: Public-Private-Partnership im Bank- und Börsenrecht (erscheint demnächst).

Breuer, Rüdiger: Die öffentlichrechtliche Anstalt, VVDStRL 44 (1985), S. 211 ff.

Brink, Ulrich: Rechtsbeziehungen und Rechtsübertragung im nationalen und internationalen Effektengiroverkehr, Berlin 1976.

Brinkmann, Franz-Josef: Der Zugang von Willenserklärungen, Berlin 1984.

Brockhaus/Wahrig: Deutsches Wörterbuch in sechs Bänden, hrsg. von Gerhard Wahrig/Hildegard Krämer/Harald Zimmermann, Wiesbaden 1990.

Brodella, Axel/Deusinger, Ronald: Der ECCP zwingt Banken zur strategischen Neuausrichtung, Börsen-Zeitung v. 16.08.2002, S. 3.

Brodella, Axel/Honvehlmann, Markus: Nach dem Start steht dem CCP schon die nächste Phase bevor, Börsen-Zeitung v. 8.05.2003, S. 4.

Brox, Hans: Allgemeiner Teil des Bürgerlichen Gesetzbuchs, 29. Aufl., Köln/ Berlin/Bonn/München 2003.

Brox, Hans/Walker, Wolf-Dietrich: Besonderes Schuldrecht, 30. Aufl., München 2005.

Brugger, Winfried: Rechtsprobleme der Verweisung im Hinblick auf Publikation, Demokratie und Rechtsstaat, VerwArch 1987, S. 1 ff.

Büchner, Rolf: Die treuhandrechtliche Organisation des Effektengiroverkehrs, Frankfurt a.M. 1956.

Buisson du, Joachim: Die Reichweite der Erlaubnistatbestände Emissionsgeschäft und Eigenhandel für andere in § 1 Kreditwesengesetz (KWG), WM 2003, S. 1401 ff.

Bullinger, Martin: Staatsaufsicht in der Wirtschaft, VVDStRL 22 (1965), S. 264 ff.

Burgi, Martin: Funktionale Privatisierung und Verwaltungshilfe: Staatsaufgabendogmatik – Phänomenologie – Verfassungsrecht, Tübingen 1999.

–: Der Beliehene – ein Klassiker im modernen Verwaltungsrecht, in: Staat – Kirche – Verwaltung, Festschrift für Hartmut Maurer zum 70. Geburtstag, hrsg. von Max-Emanuel Geis/Dieter Lorenz, München 2001.

Burmeister, Joachim: Verträge und Absprachen zwischen der Verwaltung und Privaten, VVDStRL 52 (1993), S. 190 ff.

Bydlinski, Franz: Juristische Methodenlehre und Rechtsbegriff, 2. Aufl., Wien/ New York 1991.

Byok, Jan/Jaeger, Wolfgang: Kommentar zum Vergaberecht, Heidelberg 2000.

Canaris, Claus-Wilhelm: Handelsrecht, 23. Aufl., München 2000.

–: Bankvertragsrecht, Sonderausgabe der Kommentierung des Bankvertragsrechts aus Handelsgesetzbuch, Großkommentar, 4. Aufl., Teil 1 – 3. Aufl., Berlin/New York 1988.

–: Grundprobleme des bankrechtlichen Abrechnungsverkehrs, WM 1976, S. 994 ff.

Chen, Ai-er: Öffentlich-rechtliche Anstalten und ihre Nutzung, Baden-Baden 1994.

Christoph, Fabian L.: Die börsenrechtliche Zulässigkeit einer expansiven Unternehmenspolitik durch deutsche Börsenbetreiber, ZBB 2005, S. 82 ff.

Claßen, Ruth/Heegemann, Volker: Das Lamfalussy-Verfahren – Bestandsaufnahme, Bewertung und Ausblick, ZfgKW 2003, S. 1200 ff.

Clausius, Kurt: Bankleistungen bei Gegengeschäften, BB 1989, S. 1359 ff.

Claussen, Carsten Peter: Das neue Börsenaufsichtsrecht, DB 1994, S. 969 ff.

–: Bank- und Börsenrecht, 2. Aufl., München 2000, sowie 3. Aufl., München 2003.

–: Noch einmal: Die Rechtsform deutscher Wertpapierbörsen, ZBB 2000, S. 1 ff.

Clemens, Thomas: Die Verweisung von einer Rechtsnorm auf andere Vorschriften – insbesondere ihre Verfassungsmäßigkeit – AöR 111 (1986), S. 63 ff.

Cohn, Daniela: Alternative Handelssysteme – Ein Beitrag zur Neufassung der §§ 58 ff BörsG, ZBB 2002, S. 365 ff.

Committee of European Securities Regulators (CESR)/European Central Bank (ECB): Standards for Securities Clearing and Settlement in the European Union, September 2004 Report; abrufbar im Internet unter: *http://www.cesr-eu.org* > Documents > Standards, Recommendations & Guidelines.

–: Consultative report on Standards for Securities Clearing and Settlement systems in the European Union, July 2003, abrufbar im Internet unter: *http://www.cesr-eu.org* > Consultations > 31. Oct. 2003: The Committee of European Securities Regulators (CESR) and the European System of Central Banks (ESCB) joint consultation on Standards for Securities Clearing & Settlement Systems in the European Union > Details.

Committee of European Securities Regulators (CESR): Standards for Alternative Trading Systems, July 2002, abrufbar im Internet unter: *http://www.cesr-eu.org* > Documents > Standards, Recommendations & Guidelines.

Consbruch, Johannes/Möller, Annemarie: KWG-Kommentar, Kreditwesengesetz mit Zinsverordnung und den wichtigsten anderen Ausführungsvorschriften, München/Berlin 1965.

Crass, Normen: Der Begriff des öffentlichen Auftraggebers. Eine Untersuchung am Beispiel der öffentlich-rechtlichen Kreditinstitute und Energieversorgungsunternehmen, München 2004.

Dalwigk zu Lichtenfels, Reinhardt Freiherr v.: Das Effektenkommissionsgeschäft, Köln/Berlin/Bonn/München 1975.

Dechamps, Claudius: Wertrechte im Effektengiroverkehr, Köln/Berlin/Bonn/München 1989.

Dehlinger, Klaus-Dieter: Vertragliche Marktsegmentregulierung an Wertpapierbörsen, Baden-Baden 2002.

Delorme, Hermann: Die Wertpapiersammelbanken, Frankfurt a.M. 1970.

Demgensky, Sascha/Erm, Andreas: Der Begriff der Einlagen nach der 6. KWG-Novelle, WM 2001, S. 1445 ff.

Denzer, Heinrich: Schulwesen, in: Handbuch der Kommunalen Wissenschaft und Praxis, Band 4 – Die Fachaufgaben, hrsg. in Verbindung mit den kommunalen Spitzenverbänden von Günter Püttner, 2. Aufl., Berlin/Heidelberg/New York/Tokio 1983, § 74.

Derleder, Peter/Knops, Kai-Oliver/Bamberger, Heinz Georg (Hrsg.): Handbuch zum deutschen und europäischen Bankrecht, Berlin/Heidelberg/New York 2004.

Deutsch, Andreas: Vertragsschluss bei Internetauktionen – Probleme und Streitstände, MMR 2004, S. 586 ff.

Deutsche Börse AG: Alternative Handelssysteme in den USA und Europa – Entstehung, Regulierung und Marktpotenzial, Dezember 1999, abrufbar im Internet unter: *http://www.deutscheboerse.com* > Info-Center > Veröffentlichungen/Downloads > Studien > Sonderthemen.

–: Verkaufsprospekt/Börsenzulassungsprospekt, 2. Februar 2001.

–: Rundschreiben 37/03 einschließlich der dazugehörigen Anhänge vom 21.03.2003 – Central Counterparty CCP: Liste der CCP-fähigen Instrumente für den CCP-Produktionsstart.

–: The European Post-Trade Market – An Introduction, White Paper, February 2005, abrufbar im Internet unter: *http://www.deutscheboerse.com* > Info-Center > Veröffentlichungen/Downloads > Studien > Sonderthemen.

Dietl, Helmut/Pauli, Markus/Royer, Susanne: Internationaler Finanzplatzwettbewerb – Ein ressourcenorientierter Vergleich, Wiesbaden 1999.

Dietlein, Johannes: Der Begriff des „funktionalen" Auftraggebers nach § 98 Nr. 2 GWB, NZBau 2002, S. 136 ff.

Di Fabio, Udo: Privatisierung und Staatsvorbehalt, JZ 1999, S. 585 ff.

Döring, Claus: Die Nicht-Deutsche Börse, Börsen-Zeitung v. 28.03.2003, S. 1.

Dörner, Heinrich: Rechtsgeschäfte im Internet, AcP 202 (2002), S. 363 ff.

Dreher, Meinrad: Der Anwendungsbereich des Kartellvergaberechts, DB 1998, S. 2579 ff.

–: Bestehender Wettbewerb und Auftraggebereigenschaft des Kartellvergaberechts, WuW 1999, S. 244 ff.

–: Die Privatisierung bei Beschaffung und Betrieb der Bundeswehr – Zugleich ein Beitrag zur Frage der vergaberechtlichen Privilegierung so genannter Inhouse-Lösungen, NZBau 2001, S. 360 ff.

–: Public Private Partnerships und Kartellvergaberecht – Gemischtwirtschaftliche Gesellschaften, In-house-Vergabe, Betreibermodell und Beleihung Privater, NZBau 2002, S. 245 ff.

–: Sind öffentlich-rechtliche Kreditinstitute öffentliche Auftraggeber?, in: Festschrift für Walter Hadding zum 70. Geburtstag am 8. Mai 2004, hrsg. von Franz Häuser/Horst Hammen/Joachim Hennrichs/Anja Steinbeck/Ulf R. Siebel/Reinhard Welter, Berlin 2004, S. 797 ff.

–: Das Finanzkommissionsgeschäft nach § 1 Abs. 1 Satz 2 Nr. 4 KWG, ZIP 2004, S. 2161 ff.

Dreier, Horst (Hrsg.): Grundgesetz Kommentar, Band III, Artikel 83–146, Tübingen 2000.

Drexl, Josef: Wissenszurechnung im Konzern, ZHR 161 (1997), S. 491 ff.

–: Wissenszurechnung im unabhängigen und Konzernunternehmen – Zivil-, gesellschafts- und bankrechtliche Überlegungen, Bankrechtstag 2002, Berlin 2003, S. 85 ff.

DTCC: Central Counterparties: Development, Cooperation and Consolidation – a White Paper to the Industry on the Future of CCPs, 2000, abrufbar im Internet unter: *http://www.dtcc.com/ThoughtLeadership/whitepapers/ ccpwp.pdf.*

Ebenroth, Carsten Thomas/Boujong, Karlheinz/Joost, Detlev (Hrsg.): Handelsgesetzbuch, Band 1, §§ 1–342 a; Band 2, §§ 343–475 h, Transportrecht, Bank- und Börsenrecht, München 2001.

Eder, Cajetan J.: Die rechtsgeschäftliche Übertragung von Aktien, NZG 2004, S. 107 ff.

Eggert, Manfred: Die deutsche ultra-vires-Lehre – Versuch einer Darstellung am Beispiel der Außenvertretung der Gemeinden, München 1977.

Ehlers, Dirk: Die Lehre von der Teilrechtsfähigkeit juristischer Personen des öffentlichen Rechts und die Ultra-vires-Doktrin des öffentlichen Rechts, Berlin 2000.

Ehricke, Ulrich: Dynamische Verweisungen in EG-Richtlinien auf Regelungen privater Normungsgremien, EuZW 2002, S. 746 ff.

–: Finanztermingeschäfte im Insolvenzverfahren, ZIP 2003, S. 273 ff.

–: Die Umsetzung der Finanzsicherheitenrichtlinie (Richtlinie 2002/47/EG) im Rahmen des Diskussionsentwurfs zur Änderung der Insolvenzordnung, ZIP 2003, S. 1065 ff.

Einsele, Dorothee: Wertpapierrecht als Schuldrecht, Tübingen 1995.

–: Wertpapiere im elektronischen Bankgeschäft, WM 2001, S. 7 ff.

–: Das Haager Übereinkommen über das auf bestimmte Rechte im Zusammenhang mit zwischenverwahrten Wertpapieren anzuwendende Recht, WM 2003, S. 2349 ff.

–: Das UNIDROIT-Projekt zu intermediärverwahrten Wertpapieren als Konzept für eine Modernisierung des deutschen Depotrechts, WM 2005, S. 1109 ff.

Elle, Horst: Über die Verantwortlichkeit der Zulassungsstelle einer deutschen Börse gegenüber dem Publikum, ZHR 128 (1966), S. 273 ff.

Elster, Nico: Europäisches Kapitalmarktrecht: Recht des Sekundärmarktes, München 2002.

Emmerich, Volker/Hoffmann, Jochen: Börsenrecht und Kartellrecht, in: Recht im Pluralismus – Festschrift für Walter Schmitt Glaeser, hrsg. von Hans-Detlef Horn u.a., Berlin 2003, S. 527 ff.

–: Das deutsche Börsenrecht vor dem Forum des Gemeinschaftsrechts, in: Staat, Wirtschaft, Finanzverfassung – Festschrift für Peter Selmer zum 70. Geburtstag, hrsg. von Lerke Osterloh, Berlin 2004, S. 305 ff.

Endler, Jan: Privatisierungen und Vergaberecht, NZBau 2002, S. 125 ff.

Enneccerus, Ludwig/Nipperdey, Hans Carl: Allgemeiner Teil des Bürgerlichen Rechts, 1. Halbband: Allgemeine Lehren, Person, Rechtsobjekte, 15. Aufl., Tübingen 1959.

Enzian, Sabine: Zur Frage, ob das Vergaberecht auf Dienstleistungskonzessionen anwendbar ist, DVBl. 2002, S. 235 ff.

Erichsen, Hans-Uwe: Kommunalrecht des Landes Nordrhein-Westfalen, 2. Aufl., Siegburg 1997.

Erichsen, Hans-Uwe/Ehlers, Dirk (Hrsg.): Allgemeines Verwaltungsrecht, 12. Aufl., Berlin 2002.

Erne, Roland: Die Swapgeschäfte der Banken, Berlin 1992.

Eurex Clearing AG: Eurex Clearing – Risk-Based-Margining, 2003, abrufbar im Internet unter: *http://www.eurexchange.com/index.html* > Knowledge Center > Publications.

–: Eurex Clearing – Viele Märkte – ein Clearinghaus, 2002, abrufbar im Internet unter: *http://www.deutsche-boerse.com* > Trading & Clearing > Clearingmitglieder.

–: Eurex Rundschreiben 097/02 vom 24.10.2002 – Dynamisierung der Beiträge zum Clearing-Fonds.

–: Eurex Rundschreiben 097/03 vom 15.09.2003 – Dynamisierung des haftenden Eigenkapitals.

–: Zentraler Kontrahent für Aktien, Innovating the Equity Value Chain, Clearing und Settlement, ohne Datumsangabe.

European Association of Central Clearing Houses (EACH): Standards of Risk Management Controls used by Central Counterparty Clearing Houses, 2001, abrufbar im Internet unter: *http://www.fese.be/each/documents/standards_nov01.pdf.*

European Central Bank: Consolidation in central counterparty clearing in the euro area, in. Monthly Bulletin – August 2001, S. 69 ff., abrufbar im Internet unter: *http://www.ecb.int/pub/pdf/mb200108en.pdf.*

–: The evolution of clearing and central counterparty services for exchange-traded derivatives in the United States and Europe: a comparison by D. Russo/T. Hart/A. Schöneberger, Occasional Paper Series No. 5, September 2002; abrufbar im Internet unter: *http://www.ecb.int/pub/pdf/scpops/ecbocp5.pdf.*

–: Governance of securities clearing and settlement systems, by D. Russo/T. Hart/M.C. Malaguti/C. Papathanassiou, Occasional Paper Series No. 21,

October 2004; abrufbar im Internet unter: *http://www.ecb.int/pub/pdf/scpops/ecbocp21.pdf.*

Eyles, Uwe: Funktionsauslagerung (Outsourcing) bei Kredit- und Finanzdienstleistungsinstituten – Bank- und wertpapieraufsichtsrechtliche Rahmenbedingungen, WM 2000, S. 1217 ff.

Fabricius, Fritz: Relativität der Rechtsfähigkeit – Ein Beitrag zur Theorie und Praxis des privaten Personenrechts, Berlin 1963.

–: Zur Theorie des stückelosen Effektengiroverkehrs mit Wertrechten aus Staatsanleihen. Zugleich ein Beitrag zur Frage der Abgrenzung von Schuldrecht und Sachenrecht, AcP 162 (1963), S. 456 ff.

Fett, Torsten: Öffentlich-rechtliche Anstalten als abhängige Konzernunternehmen: dargestellt unter besonderer Berücksichtigung des „Berliner Modells" zur Konzernierung der Landesbank Berlin, Berlin 2000.

Flöther, Lucas/Bräuer, Gregor: Die Umsetzung der Finanzsicherheiten-Richtlinie (RL 2002/47/EG), DZWiR 2004, S. 89 ff.

Flume, Werner: *Allgemeiner Teil des Bürgerlichen Rechts, Erster Band, Erster Teil – Die Personengesellschaft,* Berlin, Heidelberg, New York 1977.

–: *Allgemeiner Teil des Bürgerlichen Rechts, Zweiter Band – Das Rechtsgeschäft,* Berlin, Heidelberg, New York 1965.

Fock, Till: Kollektive Vermögensverwaltung zwischen Investmentrecht und Kreditwesengesetz, ZBB 2004, S. 365 ff.

Foerste, Ulrich: Insolvenzrecht, München 2003.

Forum of European Securities Commissions (FESCO): The Regulation of Alternative Trading Systems in Europe – A paper for the EU Commission, September 2000, abrufbar im Internet unter: *http://www.cesr-eu.org* > Documents > CESR Submissions to EU Institutions.

Frankfurter Kommentar zur InsO: Hrsg. von Klaus Wimmer, 3. Aufl., Neuwied/Kriftel 2002.

Frankfurter Kommentar zum Kartellrecht: Mit Kommentierung des GWB, des EG-Kartellrechts und einer Darstellung ausländischer Kartellrechtsordnungen; hrsg. von Helmuth Hahn/Wolfgang Jaeger/Petra Pohlmann/Harald Rieger/Dirk Schroeder, Köln 1982, Stand: 2004.

Frenz, Walter: Die Staatshaftung in den Beleihungstatbeständen, Berlin 1992.

Fülbier, Andreas: Der Gegenkauf als Instrument der Exportfinanzierung im Osthandel, DB 1992, S. 977 ff.

Gabler Banklexikon: Hrsg. von Jürgen Krumnow/Ludwig Gramlich/Thomas A. Lange/Thomas M. Dewner, 13. Aufl., Wiesbaden 2002.

Ganzer, Uwe F. H./Borsch, Uwe: Quartalsberichte und die Zulassung zum „Prime-Standard" des Amtlichen Markts, BKR 2003, S. 484 ff.

Gebhardt, Cord: Prime und General Standard: Die Neusegmentierung des Aktienmarkts an der Frankfurter Wertpapierbörse, WM 2003, Sonderbeil. 2.

Geis, Max-Emanuel: Körperschaftliche Selbstverwaltung in der Sozialversicherung, in: Funktionale Selbstverwaltung und Demokratieprinzip – am Beispiel der Sozialversicherung, hrsg. von Friedrich E. Schnapp, Frankfurt a.M./Berlin/Bern/Brüssel/New York/Oxford/Wien 2001, S. 65 ff.

Gerhardt, Walter: Zahlungseingänge auf ein debitorisches Konto in der Krise und während des Konkurs- und Vergleichseröffnungsverfahrens, in: Festschrift für Albrecht Zeuner zum siebzigsten Geburtstag, hrsg. von Karl August Bettermann/Manfred Löwisch/Hansjörg Otto/Karsten Schmidt, Tübingen 1994, S. 353 ff.

Gerick, André: Die Beteiligung der Sparkassen- und Giroverbände an den Landesbanken – dargestellt am Beispiel der WestLB, Berlin 1996.

Gerke, Wolfgang: Börsenlexikon, Wiesbaden 2002.

Gerke, Wolfgang/Steiner, Manfred: Handwörterbuch des Bank- und Finanzwesens, 3. Aufl., Stuttgart 2001.

Gernhuber, Joachim: Die Erfüllung und ihre Surrogate sowie das Erlöschen der Schuldverhältnisse aus anderen Gründen, 2. Aufl., Tübingen 1994.

Geßler, Ernst/Hefermehl, Wolfgang u.a.: Aktiengesetz, Kommentar, Band I, §§ 1–75, München 1973.

Giordano, Francesco: Cross-border Trading in Financial Securities in Europe: The Role of Central Counterparty, ECMI Short Paper No. 3, European Capital Markets Institute 2002, abrufbar im Internet unter: *http://www.ecmi.es/ files/giordano.pdf.*

Giovannini-Group: Cross-Border Clearing and Settlements Arrangements in the European Union, Brussels, November 2001 (zitiert: Giovannini-Group, 1. Giovannini-Report), abrufbar im Internet unter: *http://europa.eu.int/comm/ economy_finance/giovannini/clearing_settlement_en.htm.*

–: Second Report on EU Clearing and Settlements Arrangements, Brussels, April 2003 (zitiert: Giovannini-Group, 2. Giovannini-Report), abrufbar im Internet unter: *http://europa.eu.int/comm/economy_finance/giovannini/clearing_ settlement_en.htm.*

Glatt, Christoph: Vertragsschluss im Internet, Baden-Baden 2002.

Gomber, Peter: Elektronische Handelssysteme – Innovative Konzepte und Technologien im Wertpapierhandel, Heidelberg 2000.

Göppert, Heinrich: Das Recht der Börsen, Berlin 1932.

Gottwald, Peter (Hrsg.): Insolvenzrechtshandbuch, 2. Aufl., München 2001.

Götze, Thomas: Grenzen der Konzernfinanzierung nach dem Kreditwesengesetz, WM 2005, S. 727 ff.

Gramm, Christof: Privatisierung und notwendige Staatsaufgaben, Berlin 2001.

Gröning, Jochem: Public Private Partnerships bei Dienstleistungskonzessionen – Vergaberechtliche Konsequenzen aus dem „Teleaustria"-Urteil des EuGH, NZBau 2001, S. 123 ff.

Groß, Wolfgang: Kapitalmarktrecht, Kommentar zum Börsengesetz, zur Börsen-zulassungs-Verordnung, zum Verkaufsprospektgesetz und zur Verkaufspros-pektverordnung, 2. Aufl., München 2002.

Group of Thirty: Global Clearing and Settlement – A Plan of Action, January 2003, als Summary im Internet abrufbar unter: *http://www.group30.org/docs/executive_summary.pdf.*

–: Global Clearing and Settlement – A Plan of Action. Interim Report of Pro-gress, April 2005, im Internet abrufbar unter: *http://www.group30.org/docs/Interim05.pdf.*

Haarmeyer, Hans/Wutzke, Wolfgang/Förster, Karsten: Handbuch zur Insolvenz-ordnung InsO/EGInsO, 3. Aufl., München 2001.

Häberle, Peter: „Öffentliches Interesse" als juristisches Problem, Bad Homburg 1970.

Habersack, Mathias/Mayer, Christian: Globalverbriefte Aktien als Gegenstand sachenrechtlicher Verfügungen? – Ein (weiteres) Plädoyer für die Ablösung der Globalurkunde durch Wertrechte –, WM 2000, S. 1678 ff.

Hagemeister, Hans-Otto: Die neue Bundesanstalt für Finanzdienstleistungsauf-sicht, WM 2002, S. 1773 ff.

Hager, Johannes: Verkehrsschutz durch redlichen Erwerb, München 1990.

Hammen, Horst: Börsengeschäft und allgemeines Privatrecht – Das „Matchen" von Angeboten desselben Kreditinstituts, ZBB 2000, S. 293 ff.

–: Börsenorganisationsrecht im Wandel, AG 2001, S. 549 ff.

–: Börsen- und kreditwesengesetzliche Aufsicht über börsenähnliche Handelssys-teme, Wertpapierbörsen und Börsenträger, WM 2001, S. 929 ff.

–: „Best" – Was ist Börsenhandel?, WM 2002, S. 2129 ff.

–: Zwischenberichtspflicht im Geregelten Markt der Frankfurter Wertpapierbör-se?, WM 2003, S. 997 ff.

–: Beteiligungserwerb eingetragener (Börsen-)Vereine und Gruppenbildungen durch Finanzdienstleister – Eine Fallstudie –, in: Festschrift für Thomas Rai-ser zum 70. Geburtstag, hrsg. von Reinhard Damm/Peter W. Heermann/Rü-diger Veil, Berlin 2005, S. 661 ff.

–: Genussscheinfinanzierte Geschäfte mit Finanzinstrumenten und Finanzkom-missionsgeschäft nach § 1 Abs. 1 KWG, WM 2005, S. 813 ff.

Hanseatische Wertpapierbörse Hamburg/Niedersächsische Börse zu Hannover: Gemeinsame Stellungnahme der Hanseatischen Wertpapierbörse Hamburg/ Niedersächsische Börse zu Hannover zum Vierten Finanzmarktförderungsge-setz (Änderungen des Börsengesetzes), in: schriftliche Stellungnahmen für die öffentliche Anhörung des Finanzausschusses zum Vierten Finanzmarktförderungsgesetz, Protokoll Nr. 124, S. 306 ff.

Hartung, Stephanie G./Hartmann, Alexander: „Wer bietet mehr?" – Rechtssicherheit des Vertragsschlusses bei Internetauktionen, MMR 2001, S. 278 ff.

Häsemeyer, Ludwig: Insolvenzrecht, 3. Aufl., Köln 2003.

Heckel, Hans/Avenarius, Hermann: Schulrechtskunde – ein Handbuch für Praxis, Rechtsprechung und Wissenschaft, 7. Aufl., Neuwied 2000.

Heegemann, Volker: Der Begriff der „Einrichtung öffentlichen Rechts" im EG-Vergaberecht – am Beispiel öffentlicher Finanzdienstleistungsunternehmen, ZBB 1995, S. 387 ff.

Heemann, Manfred/Nägele, Peter: Die Reduzierung des Ausfallrisikos bei Finanz-Derivaten durch Netting, ZfgKW 1996, S. 841 ff.

Heer, Markus/Steiner, Christian: Zentraler Kontrahent für Aktien – langer Atem ist nötig, Börsen-Zeitung v. 1.03.2003, S. 3.

–: Neue Geschäftsmöglichkeiten durch den CCP, Börsen-Zeitung v. 2.07.2002, S. 3.

–: Der deutsche CCP – zum Glück erst später?, Börsen-Zeitung v. 20.12.2001, S. 3.

Heermann, Peter W.: Ringtausch, Tauschringe und multilaterales Bartering, JZ 1999, S. 183 ff.

Helmrich, Klaus/Schick, Olaf: Die beliehene Sparkassen-Holding AG – Ein Modell für die Zukunft, BKR 2003, S. 882 ff.

Heinsius, Theodor/Horn, Arno/Than, Jürgen: Depotgesetz, Kommentar zum Gesetz über die Verwahrung und Anschaffung von Wertpapieren vom 4. Februar 1937, Berlin/New York 1975.

Hendler, Reinhard: Selbstverwaltung als Ordnungsprinzip – Zur politischen Willensbildung und Entscheidung im demokratischen Verfassungsstaat der Industriegesellschaft, Köln/Berlin/Bonn/München 1984.

–: Das Prinzip Selbstverwaltung, in: Josef Isensee/Paul Kirchhof (Hrsg.), Handbuch des Staatsrechts, Band IV, 2. Aufl., Heidelberg 1999, § 106.

Hennrichs, Joachim: Funktionsauslagerung (Outsourcing) bei Kreditinstituten – Bericht über den Bankrechtstag 2000 der Bankrechtlichen Vereinigung e.V. am 30. Juni 2000 in Wien, WM 2000, S. 1561 ff.

Heymann, Ernst: Der Handelsmakler, in: Handbuch des gesamten Handelsrechts, Fünfter Band, I. Abteilung 1. Hälfte, 1. Lieferung, hrsg. von Victor Ehrenberg, Leipzig 1926, 2. Abschnitt (S. 321 ff.).

Heymann: Handelsgesetzbuch – Kommentar, Band 1, Erstes Buch, Einleitung; §§ 1–104, 2. Aufl., Berlin/New York 1995; Band 4, §§ 343–460; Anhang, 1. Aufl., Berlin/New York 1990.

Hill, Hermann: Rechtsstaatliche Bestimmtheit oder situationsgerechte Flexibilität des Verwaltungshandelns, DÖV 1987, S. 885 ff.

Hills, Bob/Rule, David: Counterparty credit risk in wholesale payment and settlement systems, Bank of England Financial Stability Review, November 1999, S. 98 ff.

Hills, Bob/Rule, David/Parkinson, Sarah: Central counterparty clearing houses and financial stability, Bank of England Financial Stability Review, June 1999, S. 122 ff.

Höfer, Birgit: Netting und Ausfallrisiko – Neuregelungen für OTC-Finanzderivate, Die Bank 1997, S. 50 ff.

Hofmann, Gerhard: Bankaufsichtsrechtliche Aspekte des Outsourcing, in: Funktionsauslagerung (Outsourcing) bei Kreditinstituten – Bankrechtstag 2000, Berlin/New York 2001, S. 41 ff.

Höhn, Wolfgang/Kaufmann, Christian: Die Aufrechnung in der Insolvenz, JuS 2003, S. 751 ff.

Holler, Rainer: Die Besitzveränderung als tatbestandliche Voraussetzung der Übertragung beweglicher Sachen, Mainz 1994.

Holzborn, Timo/Israel/Alexander: Einflüsse wettbewerbsrechtlicher Regelungen auf das Übernahmerecht, BKR 2002, S. 982 ff.

Hölzle, Gerrit: Ein Ausblick auf die Folgen der geplanten Umsetzung der Finanzsicherheiten-Richtlinie aus Sicht der Insolvenzverwalter – Verrechnungs- und Anfechtungsfreiheit für Kreditinstitute?, ZIP 2003, S. 2144 ff.

Hopt, Klaus J./Baum, Harald: Börsenrechtsreform: Überlegungen aus vergleichender Perspektive, WM 1997, Sonderbeil. 4.

Hopt, Klaus J./Rudolph, Bernd/Baum, Harald (Hrsg.): Börsenreform: Eine ökonomische, rechtsvergleichende und rechtspolitische Untersuchung, Stuttgart 1997.

Horn, Norbert: Entwicklungslinien des europäischen Bank- und Finanzdienstleistungsrechts, ZBB 1994, S. 130 ff.

–: Die Erfüllung von Wertpapiergeschäften unter Einbeziehung eines Zentralen Kontrahenten an der Börse – Sachenrechtliche Aspekte –, WM 2002, Sonderbeil. 2.

–: Sicherungsrechte an Geld- und Wertpapierguthaben im internationalen Finanzverkehr, in: Festschrift für Walter Hadding zum 70. Geburtstag am 8. Mai 2004, hrsg. von Franz Häuser/Horst Hammen/Joachim Hennrichs/Anja Steinbeck/Ulf R. Siebel/Reinhard Welter, Berlin 2004, S. 893 ff.

Huber, Ernst Rudolf: Wirtschaftsverwaltungsrecht I, 2. Aufl., Tübingen 1953.

Huber, Ulrich: Der Uncitral-Entwurf eines Übereinkommens über internationale Warenkaufverträge, RabelsZ 43 (1979), S. 413 ff.

Hübner, Heinz: Allgemeiner Teil des Bürgerlichen Gesetzbuchs, 2. Aufl., Berlin/ New York 1996.

Hueck, Götz: Bote – Stellvertreter im Willen – Stellvertreter in der Erklärung, AcP 152 (1952/53), S. 432 ff.

Hufen, Friedhelm: Gesetzesgestaltung und Gesetzesanwendung im Leistungsrecht, VVDStRL 47, S. 142 ff.

Hüffer, Uwe: Aktiengesetz, 6. Aufl., München 2004.

Hüting, Ralf/Koch, Bernd: Zur Zulässigkeit privatrechtlicher Entgelte im Rahmen der Abwasserbeseitigung, LKV 1999, S. 132 ff.

Im, Hyun: Kommunale Gestaltungsspielräume bei der Bemessung von Gebühren, Regensburg 2001.

Immenga, Ulrich/Mestmäcker, Ernst-Joachim: Gesetz gegen Wettbewerbsbeschränkungen, Kommentar, 3. Aufl., München 2001.

Isensee, Josef: Gemeinwohl und Staatsaufgaben im Verfassungsstaat, in: Josef Isensee/Paul Kirchhof (Hrsg.), Handbuch des Staatsrechts, Band III, 2. Aufl., Heidelberg 1996, § 57.

Jacobs, Uta: Leistungen im Tausch, AuA 1999, S. 508 f.

Jaskulla, Ekkehard M.: Zur Rechtsnatur des Börsentermingeschäfts gemäß § 50 Abs. 1 BörsG, ZBB 1997, S. 171 ff.

–: Zukünftige Regelung des Clearing und Settlement von Wertpapier- und Derivategeschäften in der EU – Zuständigkeit der Europäischen Gemeinschaft zur Gesetzgebung, ZEuS 2004, S. 497 ff.

Jasper, Ute: Das Vergaberechtsänderungsgesetz, DB 1998, S. 2151 ff.

Jauernig, Othmar (Hrsg.): Bürgerliches Gesetzbuch, Kommentar, 11. Aufl., München 2004.

Jecht, Hans: Die öffentliche Anstalt – Wandlungen und gegenwärtige Struktur, Berlin 1963.

Jestaedt, Matthias: Demokratieprinzip und Kondominialverwaltung, Berlin 1993.

Jestaedt, Thomas/Kemper, Klaus/Marx, Fridhelm/Prieß, Hans-Joachim: Das Recht der Auftragsvergabe: Auftraggeber, ausschreibungspflichtige Aufträge, Vergabeverfahren, Sektoren, Rechtsschutz, Neuwied/Kriftel 1999.

Jobs, Thorsten: Verfassungsmäßigkeit von Gebühren bei der Rückmeldung Studierender, LKV 2003, S. 350 ff.

Joussen, Jacob: Abgabe und Zugang von Willenserklärungen unter Einschaltung einer Hilfsperson, Jura 2003, S. 577 ff.

Kahl, Wolfgang: Die Privatisierung der Entsorgungsordnung nach dem Kreislaufwirtschafts- und Abfallgesetz, DVBl. 1995, S. 1327 ff.

–: Die Staatsaufsicht – Entstehung, Wandel und Neubestimmung unter besonderer Berücksichtigung der Aufsicht über die Gemeinden, Tübingen 2000.

Kaiser, Andreas: Die erweiterte aufsichtsrechtliche Anerkennung des bilateralen Netting von Finanztermingeschäften, WiB 1997, S. 341 ff.

Kalbhenn, Christopher: Der unbeliebte Kontrahent, Börsen-Zeitung v. 14.06.2002, S. 8.

Karpen, Hans-Ulrich: Die Verweisung als Mittel der Gesetzgebungstechnik, Berlin 1970.

Kauther, Helmut: Private als Träger von öffentlichen Einrichtungen mit Anschluß- und Benutzungszwang, Diss., Bochum 1975.

Keller, Christoph: Die EG-Richtlinie 98/26 vom 19.5.1998 über die Wirksamkeit von Abrechnungen in Zahlungs- sowie Wertpapierliefer- und -abrechnungssystemen und ihre Umsetzung in Deutschland, WM 2000, S. 1269 ff.

–: Die Wertpapiersicherheit im Gemeinschaftsrecht, BKR 2002, S. 347 ff.

–: Umsetzung der Richtlinie zu Finanzsicherheiten – BMJ-Entwurf eines Gesetzes zur Änderung der InsO und anderer Gesetze, BKR 2003, S. 481 ff.

Kemmler, Iris: Die Anstaltslast, Berlin 2001.

Keppel, Armin: Betreibermodell nach dem Fernstraßenbauprivatfinanzierungsgesetz (FStrPrivFinG), in: Public Private Partnership – Projekte, Probleme, Perspektiven, hrsg. von Jan Ziekow, Speyer 2003, S. 151 ff.

Kieper, Daniel: Abwicklungssysteme in der Insolvenz. Dargestellt am Beispiel der Eurex Deutschland, München 2004.

Kindermann, Elmar: Rechtliche Strukturen der DEUTSCHEN TERMINBÖRSE, WM 1989, Sonderbeil. 2.

Kirchhof, Paul: Staatliche Einnahmen, in: Josef Isensee/Paul Kirchhof (Hrsg.), Handbuch des Staatsrechts, Band IV, 2. Aufl., Heidelberg 1999, § 88.

Kirmer, Petra: Der Begriff der öffentlichen Aufgaben in der Rechtsprechung des BVerfG, München 1995.

Klenke, Hilmar: Börsendienstleistungen im Europäischen Binnenmarkt: die Marktkonzeption der Wertpapierdienstleistungsrichtlinie am Beispiel der Aktienmärkte, Berlin 1998.

Klindt, Thomas: Die Zulässigkeit dynamischer Verweisungen auf EG-Recht aus verfassungs- und europarechtlicher Sicht, DVBl. 1998, S. 373 ff.

Klopfer, Michael/Elsner, Thomas: Selbstregulierung im Umwelt- und Technikrecht, DVBl. 1996, S. 964 ff.

Klotz, Erhard: Beschränkter Wirkungskreis der juristischen Personen des öffentlichen Rechts – Grenzen der privatrechtlichen Rechtsfähigkeit der juristischen Person des öffentlichen Rechts, DÖV 1964, S. 181 ff.

Kluth, Winfried: Funktionale Selbstverwaltung. Verfassungsrechtlicher Status – verfassungsrechtlicher Schutz, Tübingen 1997.

Klüwer, Arne/Meister, Matthias: Forderungsabtretung und Bankgeheimnis, WM 2004, S. 1157 ff.

Knapps Enzyklopädisches Lexikon des Geld-, Bank- und Börsenwesens: Band 1: A–I, 4. Aufl., Frankfurt 1999.

Knauff, Matthias: Die Reform des europäischen Vergaberechts, EuZW 2004, S. 141 ff.

Knott, Raymond/Mills, Alastair: Modelling risk in central counterparty clearing houses, Bank of England Financial Stability Review, December 2002, S. 162 ff.

Köhler, Helmut: Die Problematik automatisierter Rechtsvorgänge, insbesondere von Willenserklärungen, AcP 182 (1982), S. 126 ff.

–: BGB Allgemeiner Teil, 26. Aufl., München 2002.

Kolb, Franz-Josef: Geheißerwerb – Eine Positionsbestimmung im Spannungsfeld zwischen Traditionsprinzip und Verkehrsbedürfnis, Frankfurt a.M. 1997.

Koller, Arnold: Grundfragen einer Typuslehre im Gesellschaftsrecht, Freiburg 1967.

Koller, Ingo: Der gutgläubige Erwerb von Sammeldepotanteilen an Wertpapieren im Effektengiroverkehr, DB 1972, S. 1857 ff. (1. Teil) u. S. 1905 ff. (2. Teil).

Kollmann, Katharina: Zur Umsetzung der Richtlinie 2002/47/EG vom 6. Juni 2002 über Finanzsicherheiten in das deutsche Recht, WM 2004, S. 1012 ff.

Kölner Kommentar zum Aktiengesetz: Band 1, §§ 1–75 AktG, 2. Aufl., Köln/ Berlin/Bonn/München 1988.

Kölner Schrift zur Insolvenzordnung: Hrsg. vom Arbeitskreis für Insolvenz- und Schiedsgerichtswesen e.V., Köln, 2. Aufl., Berlin 2000.

Köndgen, Johannes: Mutmaßungen über die Zukunft der europäischen Börsen, in: Festschrift für Marcus Lutter zum 70. Geburtstag, Deutsches und europäisches Gesellschafts-, Konzern- und Kapitalmarktrecht, hrsg. von Uwe H. Schneider/Peter Hommelhoff/Karsten Schmidt/Wolfram Timm/Barbara Grunewald/Tim Drygala, Köln 2000, S. 1401 ff.

Köndgen, Johannes/Mues, Jochen: Zwangslizenz für XETRA? Deutsches Börsenwesen zwischen Staatsauftrag und privatwirtschaftlicher Freiheit, WM 1998, S. 53 ff.

Köndgen, Johannes/Theissen, Erik: „Internalisierter" Wertpapierhandel zu Börsenpreisen?, WM 2003, S. 1497 ff.

König, Christian: Zur Anwendbarkeit der Ultra-vires-Lehre im Falle des Überschreitens der gesetzlich begrenzten Aufgaben öffentlicher Kreditanstalten am Beispiel einer Landesbank, WM 1995, S. 317 ff.

Kopp, Ferdinand O./Ramsauer, Ulrich: Verwaltungsverfahrensgesetz, 8. Aufl., München 2003.

Kopp, Ferdinand O./Schenke, Wolf-Rüdiger: Verwaltungsgerichtsordnung, 13. Aufl., München 2003.

Krebs, Walter: Die öffentlichrechtliche Anstalt, NVwZ 1985, S. 609 ff.

–: Verwaltungsorganisation, in: Josef Isensee/Paul Kirchhof (Hrsg.), Handbuch des Staatsrechts, Band III, 2. Aufl., Heidelberg 1996, § 69.

Krieger, Heinz-Jürgen: Schranken der Zulässigkeit der Privatisierung öffentlicher Einrichtungen der Daseinsfürsorge mit Anschluß- und Benutzungszwang, Siegburg 1981.

Kübler, Bruno M./Prütting, Hans (Hrsg.): InsO – Kommentar zur Insolvenzordnung, Band I, Stand: März 2004, Köln.

Kuhlen, Lothar: Typuskonzeption in der Rechtstheorie, 1977.

Kulartz, Hans-Peter/Niebuhr, Frank: Sachlicher Anwendungsbereich und wesentliche Grundsätze des materiellen GWB-Vergaberechts, NZBau 2000, S. 6 ff.

Kümpel, Siegfried: Die Internationalisierung der deutschen Girosammelverwahrung (unter Beachtung der Rechtsgrundsätze des deutschen Effektengiroverkehrs), WM 1976, S. 942 ff.

–: Der Bestimmtheitsgrundsatz bei Verfügungen über Sammeldepotguthaben – zur Theorie des Bruchteilseigentums sui generis –, WM 1980, S. 422 ff.

–: Die Preisfeststellung im Geregelten Markt, WM 1988, S. 1621 ff.

–: Börsengesetznovelle 1989 – Teil I, WM 1989, S. 1313 ff.

–: Zur Aufnahme des elektronischen Börsenhandels an der Frankfurter Wertpapierbörse, WM 1991, Sonderbeil. 4.

–: Die IBIS-Integration in die Regionalbörsen aus börsenrechtlicher Sicht, WM 1992, S. 249 ff.

–: Das Effektengeschäft im Licht des Zweiten Finanzmarktförderungsgesetzes, WM 1993, S. 2025 ff.

–: Die künftige Kapitalmarktaufsicht und die europäische Rechtsangleichung, WM 1994, S. 229 ff.

–: Zur öffentlichrechtlichen Organisation der deutschen Wertpapierbörsen, BKR 2003, S. 1 ff.

–: Bank- und Kapitalmarktrecht, 2. Aufl., Köln 2000, und 3. Aufl., Köln 2004.

–: Zur Abgrenzung der börsenähnlichen Einrichtung von der genehmigungspflichtigen Börse, in: Festschrift für Walter Hadding zum 70. Geburtstag am 8. Mai 2004, hrsg. von Franz Häuser/Horst Hammen/Joachim Hennrichs/Anja Steinbeck/Ulf R. Siebel/Reinhard Welter, Berlin 2004, S. 915 ff.

–: Zur Unanwendbarkeit der Informationspflichten des WpHG auf Direkt-(Selbst)emissionen und Investmentgesellschaften, in: Festschrift für Thomas Raiser zum 70. Geburtstag, hrsg. von Reinhard Damm/Peter W. Heermann/Rüdiger Veil, Berlin 2005, S. 699 ff.

Kümpel, Siegfried/Hammen, Horst: Zur Genehmigungsfähigkeit eines geplanten Börsenverbundes, WM 2000, Sonderbeil. 3.

Kümpel, Siegfried/Hammen, Horst/Ekkenga, Jens: Kapitalmarktrecht, Handbuch für die Praxis, Systematische Sammlung der Gesetze, Verordnungen, behörd-

lichen Verlautbarungen sowie Einführungen und Kurzerläuterungen, Band 1
u. Band 2, Berlin, Stand: Juni 2005.

Kunig, Philip: Das Rechtsstaatsprinzip – Überlegungen zu seiner Bedeutung für
das Verfassungsrecht der Bundesrepublik Deutschland, Tübingen 1986.

Kurth, Matthias: EURO-Kapitalmarkt und regionale Börsenaufsicht – ein Widerspruch?, WM 1998, S. 1715.

Lange, Klaus: Die öffentlichrechtliche Anstalt, VVDStRL 44 (1985), S. 169 ff.

Larenz, Karl/Canaris, Claus-Wilhelm: Methodenlehre der Rechtswissenschaft,
3. Aufl., Berlin/Heidelberg/New York/Barcelona/Budapest/Hong Kong/Lon-
don/Mailand/Paris/Tokyo 1995.

Larenz, Karl/Wolf, Manfred: Allgemeiner Teil des Bürgerlichen Rechts, 8. Aufl.,
München 1997, sowie 9. Aufl., München 2004.

Lattemann, Christoph/Neumann, Dirk: Clearing und Settlement im Wandel – Eine Perspektive für den europäischen Wertpapierhandel, ZfgKW 2002,
1159 ff.

Laule, Gerhard: Die Umstrukturierung der Frankfurter Wertpapierbörse – ein
Modell –, in: Festschrift für Theodor Heinsius zum 65. Geburtstag, hrsg. von
Friedrich Kübler/Hans-Joachim Mertens/Winfried Werner, Berlin/New York
1991, S. 437 ff.

Lecheler, Helmut: Einführung in das Europarecht, München 2000.

Ledermann, Thomas: Die Rechtsstellung des Kursmaklers an den deutschen
Wertpapierbörsen, Berlin 1990.

Leenen, Detlef: Typus und Rechtsfindung. Die Bedeutung der typologischen Methode für die Rechtsfindung dargestellt am Vertragsrecht des BGB, 1971.

–: Abschluß, Zustandekommen und Wirksamkeit des Vertrages – zugleich ein
Beitrag zur Lehre vom Dissens –, AcP 188 (1988), S. 381 ff.

Le Guen, Hervé: Finanzielle Risiken und rechtliche Probleme im Zusammenhang
mit internationalen Netting-Systemen aus französischer Sicht, in: Rechtsprobleme der Auslandsüberweisung, hrsg. von Walther Hadding u. Uwe H.
Schneider, Berlin 1992, S. 425 ff.

Lehnhoff, Jochen: Die Problematik von Netting-Vereinbarungen bei Swap-
Verträgen – Ein Überblick –, WM-Festgabe für Thorwald Hellner, 1994,
S. 41 ff.

Lenenbach, Markus: Kapitalmarkt- und Börsenrecht, Köln 2002.

Lensdorf, Lars/Schneider, Jan: Das Rundschreiben der Bundesaufsichtsamtes für
Kreditwesen zur Auslagerung von wesentlichen Bereichen von Kredit- und
Finanzdienstleistungsinstituten auf andere Unternehmen gemäß § 25 a Abs. 2
KWG, WM 2002, S. 1949 ff.

Lepa, Manfred: Verfassungsrechtliche Probleme der Rechtsetzung durch Rechtsverordnung, AöR 105 (1980), S. 337 ff.

Lienemeyer, Max: „Öffentlicher Auftraggeber" im Vergaberecht – das Beispiel der Messegesellschaften, EWS 2000, S. 448 ff.

Liersch, Jan: Nachteile für den Finanzplatz durch außerbörsliche Wertpapiergeschäfte, WM 2003, S. 473 ff.

Löber, Klaus M.: Die EG-Richtlinie über Finanzsicherheiten, BKR 2002, S. 601 f.

–: Die Beseitigung der rechtlichen Hindernisse im Bereich Wertpapierclearing und -abwicklung – der Zweite Bericht der Giovannini-Gruppe der Kommission, BKR 2003, S. 605 ff.

Lorenz, Oliver: Die Wertpapierbörse und ihr Träger: ein Beitrag zur Inhaltsbestimmung der Betriebspflicht und der erwerbswirtschaftlichen Betätigung des Trägers, Frankfurt a.M. 2004.

Löwer, Wolfgang: Zur Staatsrechtslehrertagung 1985 – Die öffentliche Anstalt, DVBl. 1985, S. 928 ff.

Lübtow, Ulrich v.: Das Geschäft „für den es angeht" und sogenannte „antezipierte Besitzkonstitute", ZHR 112 (1949), S. 227 ff.

Ludwig, Matthias: Alternative-Trading-Systems als Zukunftsoption?, ZfgKW 2003, S. 515 ff.

–: Alternative-Trading-Systems als Zukunftsoption – Perspektiven im globalen Konsolidierungs- und Wettbewerbsprozeß, Wiesbaden 2002.

Lutter, Marcus: Der Stimmbote, in: Festschrift für Konrad Duden zum 70. Geburtstag, hrsg. von H.-M. Pawlowski/Günther Wiese/Günther Wüst, München 1977, S. 269 ff.

Mai, Stefan: Kommunikation zu „Clearing and Settlement in the European Union" verabschiedet, AG 2004, R 240 u. 244.

Marburger, Peter: Die Regeln der Technik im Recht, Köln/Berlin/Bonn/München 1979.

Martinek, Michael: Inhaltskontrolle einer Auszahlungsklausel bei Teilnahme an einem Barter-System, Urteilsanmerkung in WuB IV B. § 9 AGBG 2.94.

Matthes, Gottfried: Das Recht des Kursmaklers, Marburg 1932.

Maurer, Hartmut: Allgemeines Verwaltungsrecht, 15. Aufl., München 2004.

Mayer, Otto: Deutsches Verwaltungsrecht, Band 2, 3. Aufl., München/Leipzig 1924.

Medicus, Dieter: Allgemeiner Teil des BGB – Ein Lehrbuch, 8. Aufl., Heidelberg 2002.

Mehde, Veith: Ausübung von Staatsgewalt und Public Private Partnership, VerwArchiv 2000, S. 540 ff.

Mentz, Alexander/Fröhling, Viviane: Die Formen der rechtsgeschäftlichen Übertragung von Aktien, NZG 2002, S. 201 ff.

Meyer, Frieder/Wittrock, Carsten: Marketing-Strategien für die deutschen Börsen, ZfgKW 1994, S. 536 ff.

Meyer, Oskar/Bremer, Hans: Börsengesetz, 4. Aufl., Berlin 1957.

Michaelis, Rüdiger: Der Beliehene – Ein Beitrag zur Verflechtung von öffentlichem und privatem Recht, Münster 1969.

Michahelles, Thomas: Die Funktionsweise und Rechtsnatur der Skontration. Insbes. dargestellt am Abrechnungsverfahren bei den Landeszentralbanken, Ebelsbach a.M. 1984.

Mielk, Holger: Die wesentlichen Neuregelungen der 6. KWG-Novelle – Teil I –, WM 1997, S. 2200 ff.

Modlich, Joachim J.: Die außerbörsliche Übertragung von Aktien, DB 2002, S. 671 ff.

Monopolkommission: Sondergutachten 26 – Ordnungspolitische Leitlinien für ein funktionsfähiges Finanzsystem, Baden-Baden 1998.

Moritz, Norbert: Verweisung im Gesetz auf Tarifverträge, Diss. Köln 1995.

Motzke, Gerd/Pietzcker, Jost/Prieß, Joachim: Beck'scher VOB Kommentar – Verdingungsordnung für Bauleistungen Teil A mit Gesetz gegen Wettbewerbsbeschränkungen 4. Teil: Vergabe öffentlicher Aufträge, München 2001.

Mues, Jochen: Die Börse als Unternehmen, Baden-Baden 1999.

–: Anmerkungen zum Börsengesetz nach dem Diskussionsentwurf für das Vierte Finanzmarktförderungsgesetz, ZBB 2001, S. 353 ff.

Mülbert, Peter O.: Empfiehlt es sich, im Interesse des Anlegerschutzes und zur Förderung des Finanzplatzes Deutschland das Kapitalmarkt- und Börsenrecht neu zu regeln? – Deutscher Juristentag, 4. Finanzmarktförderungsgesetz und Europa –, JZ 2002, S. 826 ff.

Müller, Hans-Martin: Langfristige Vertragsverhältnisse der Kommunen mit kommunalen Tochtergesellschaften am Beispiel von Strombezugsverträgen, NZBau 2001, S. 416 ff.

Münchener Handbuch des Gesellschaftsrechts: Band 4, Aktiengesellschaft, hrsg. von Michael Hoffmann-Becking, 2. Aufl., München 1999.

Münchener Kommentar zum Aktiengesetz: Hrsg. von Bruno Kropff/Johannes Semler, Band 2, §§ 53 a–75, 2. Aufl. des Geßler/Hefermehl/Eckardt/Kropff, Aktiengesetz, München 2003.

Münchener Kommentar zum Bürgerlichen Gesetzbuch: Hrsg. von Kurt Rebmann/Franz Jürgen Säcker/Roland Rixecker, Band 1, Allgemeiner Teil, §§ 1–240 u. AGB-Gesetz, 4. Aufl., München 2001; Band 2 a, Schuldrecht Allgemeiner Teil, §§ 241–432, 4. Aufl., München 2003; Band 5, Schuldrecht, Besonderer Teil III, §§ 705–853, Partnerschaftsgesellschaftsgesetz, Produkthaftungsgesetz, 4. Aufl., München 2004; Band 6, Sachenrecht, §§ 854–1296, 4. Aufl., München 2004.

Münchener Kommentar zum Handelsgesetzbuch: Hrsg. von Karsten Schmidt, Band 1 – Erstes Buch. Handelsstand – §§ 1–104, München 1996; Band 5 – Viertes Buch. Handelsgeschäfte – Erster Abschnitt. Allgemeine Vorschriften – §§ 343–372, München 2001.

Nabben, Stefan/Rudolph, Bernd: Die Börse als Marktplatz und Dienstleister, Marketing ZFP 1994, S. 167 ff.

Navara, Antje: Das Management des Adressenausfallrisikos in der Insolvenz durch das Netting-Verfahren, ZfgKW 1999, S. 1206 ff.

Nerlich, Jörg/Römermann, Volker (Hrsg.): Insolvenzordnung (InsO), Kommentar, Stand März 2004, München 1999.

Neubacher, Bernd: Anleger spielen auf Xetra Blinde Kuh, Börsen-Zeitung v. 30.08.2003, S. 3.

–: Die Gemeinde der Xetra-Nutzer schrumpft, Börsen-Zeitung v. 19.08.2003, S. 3.

–: Zentraler Kontrahent geht light an den Start, Börsen-Zeitung v. 27.03.2003, S. 3.

–: Kleine Häuser wettern gegen CCP-Gebühren, Börsen-Zeitung v. 30.11.2002, S. 3.

Niebuhr, Frank/Kulartz, Hans-Peter/Kus, Alexander/Portz, Norbert: Kommentar zum Vergaberecht, 4. Teil des GWB – Vergabeverfahren, Nachprüfungsverfahren und Schadensersatz, Neuwied/Kriftel 2000.

Nobbe, Gerd: Die Wissenszurechnung in der Rechtsprechung des Bundesgerichtshofs, in: Bankrechtstag 2002, Berlin 2003, S. 121 ff.

Nußbaum, Arthur: Kommentar zum Börsengesetz für das Deutsche Reich vom 22. Juni 1896/8. Mai 1908 nebst einer Darstellung der Rechtgrundsätze über den Effektenhandel zwischen Bankier und Kunden, München 1910.

Obermayer, Klaus: Kommentar zum Verwaltungsverfahrensgesetz, 3. Aufl., Neuwied/Kriftel 1999.

Obermüller, Manfred: Insolvenzrecht in der Bankpraxis, 6. Aufl., Köln 2002.

–: Anglerlatein oder: Der Widerstand gegen die Umsetzung der Finanzsicherheitenrichtlinie, ZIP 2003, S. 2336 ff.

Oelkers, Felix: Der Begriff des „Eigenhandels für andere" im KWG, WM 2001, S. 340 ff.

Ohlenhusen, Götz v.: Börsen und Kartellrecht, Baden-Baden 1983.

Ohler, Frank Peter: Zum Begriff des Öffentlichen Auftraggebers im Europäischen Vergaberecht, Frankfurt a.M./Berlin/Bern/Brüssel/New York/Oxford/Wien 2001.

Opitz, Georg: Depotgesetz, Gesetz über die Verwahrung und Anschaffung von Wertpapieren vom 4. Februar 1937, 2. Aufl., Berlin 1955.

Opitz, Marc: Die Entwicklung des EG-Vergaberechts in den Jahren 2001 und 2002 – Teil 1: Die Rechtstatsachen und der Rechtsrahmen, NZBau 2003, S. 183 ff.; Teil 2: Die Rechtsprechung, NZBau 2003, S. 252 ff.

–: Kontraktive Privatisierung und Kartellvergaberecht – Zugleich ein Beitrag zur Auslegung des § 99 GWB, ZVgR 2000, S. 97 ff.

Ossenbühl, Fritz: Die verfassungsrechtliche Zulässigkeit der Verweisung als Mittel der Gesetzgebungstechnik, DVBl. 1967, S. 401 ff.

–: Vorrang und Vorbehalt des Gesetzes, in: Josef Isensee/Paul Kirchhof (Hrsg.), Handbuch des Staatsrechts, Band III, 2. Aufl., Heidelberg 1996, § 62.

–: Satzung, in: Josef Isensee/Paul Kirchhof (Hrsg.), Handbuch des Staatsrechts, Band III, 2. Aufl., Heidelberg 1996, § 66.

–: Staatshaftungsrecht, 5. Aufl., München 1998.

Paech, Philipp: Grenzüberschreitende Wertpapierverfügungen – Rechtssicherheit und Effizienz durch Kompatibilität des Depotrechts – Erläuterungen zum UNIDROIT-Konventionsentwurf –, WM 2005, S. 1101 ff.

Pagnozzi, Ciro/Westerberg, Nicola: Wettbewerb in Clearing und Settlement, Börsen-Zeitung v. 29.06.2002, S. 3.

Palandt, Otto: Bürgerliches Gesetzbuch, 64. Aufl., München 2005.

Pawlowski, Hans-Martin: Wie kommt es zum Vertrag?, in: Festschrift für Bernhard Großfeld zum 65. Geburtstag, hrsg. von Ulrich Hübner/Werner Ebke, Heidelberg 1999, S. 829 ff.

Peine, Franz-Joseph: Grenzen der Privatisierung – verwaltungsrechtliche Aspekte, DÖV 1997, S. 353 ff.

Peters, Hans: Öffentliche und staatliche Aufgaben, in: Festschrift für Hans Carl Nipperdey, Band 2, hrsg. von Rolf Dietz/Heinz Hübner, München 1965, S. 877–895.

Pfister, Bernhard: Der Abrechnungsverkehr der Deutschen Bundesbank, ZHR 143 (1979), S. 24 ff.

Picot, Arnold/Bortenlänger, Christine/Röhrl, Heiner: Börsen im Wandel – Der Einfluss von Informationstechnologie und Wettbewerb auf die Organisation von Wertpapiermärkten, Frankfurt a.M. 1996.

Piduch, Erwin Adolf: Bundeshaushaltsrecht – Kommentar zu den Artikeln 91a, 91b, 104a, 109–115 des Grundgesetzes und zur Bundeshaushaltsordnung mit rechtsvergleichenden Hinweisen auf das Haushaltsrecht der Länder und ihrer Gemeinden, Loseblattsammlung, 7. Lieferung der 2. Aufl. (Stand Oktober 2001).

Piekenbrock, Andreas/Schulze, Götz: Die Grenzen richtlinienkonformer Auslegung – autonomes Richterrecht oder horizontale Direktwirkung, WM 2002, S. 521 ff.

Pieper, Niklas: Die rechtliche Struktur bargeldloser Verrechnungssysteme unter besonderer Berücksichtigung von Barter-Clubs und LET-Systemen, Berlin 2002.

Pietzcker, Jost: Der persönliche und sachliche Anwendungsbereich des neuen Vergaberechts, ZVgR 1999, S. 24 ff.

Plück, Ralf/Schmutzler, Karl Jürgen/Kühn, Peter: Kapitalmarktrecht – Gesetzliche Regelungen und Haftungsrisiken für Finanzdienstleister, 2. Aufl., Wiesbaden 2003.

Possega, Volker: Gesellschafts- und aufsichtsrechtliche Aspekte des Zusammenschlusses von Börsen am Beispiel der Verschmelzung der Trägergesellschaften – Zugleich ein Beitrag zur „Betriebspflicht" des Börsenträgers im Sinne des § 1 Abs. 2 Börsengesetz n.F., WM 2002, S. 2402 ff.

Potthoff, Volker/Ferscha, Rudolf: Aufbruch in eine neue Industriestruktur, Börsen-Zeitung v. 26.06.2002, S. 5.

Pötzsch, Thorsten: Das Dritte Finanzmarktförderungsgesetz, WM 1998, S. 949 ff.

Prieß, Hans-Joachim: Ausschreibungspflichten kommunaler Versorgungsunternehmen, DB 1998, S. 405 ff.

Raiser, Thomas: Der Begriff der juristischen Person, AcP 199 (1999), S. 104 ff.

Rechten, Stephan: Die Novelle des EU-Vergaberechts, NZBau 2004, S. 366 ff.

Reichsgerichtsrätekommentar: Das Bürgerliche Gesetzbuch mit besonderer Berücksichtigung der Rechtsprechung des Reichsgerichts und des Bundesgerichtshofs, Kommentar, hrsg. von Mitgliedern des Bundesgerichtshofs, Band II, 4. Teil, §§ 631–811, 12. Aufl., Berlin/New York 1978.

Reidt, Olaf: Verfassungsrechtliche Aspekte der Mautfinanzierung von Fernstraßen, NVwZ 1996, S. 1156 ff.

Reidt, Olaf/Stickler, Thomas/Glahs, Heike: Vergaberecht Kommentar, 2. Aufl., Köln 2003.

Reischauer/Kleinhans: Kreditwesengesetz, Loseblattkommentar für die Praxis nebst sonstigen bank- und sparkassenrechtlichen Aufsichtsgesetzen sowie ergänzenden Vorschriften, I. Band, Stand: März 2004.

Reuschle, Fabian/Fleckner, Andreas M.: Börsenähnliche Einrichtungen – die privatrechtliche Organisation einer Börse im materiellen Sinne, BKR 2002, S. 617 ff.

Riehmer, Klaus/Heuser, Friederike: Börsen und Internet, NZG 2001, S. 385 ff.

Rinker, Mike: Der Vertragsschluss im börslichen elektronischen Handelssystem, Berlin 2003.

Rögele, Elisabeth: Zentraler Kontrahent geht am Markt vorbei, Börsen-Zeitung v. 13.07.2002, S. 3.

Röhrl, Heiner: Börsenwettbewerb – Die Organisation der Bereitstellung von Börsenleistungen, Wiesbaden 1996.

Ronellenfitsch, Michael: Das besondere Gewaltverhältnis im Verwaltungsrecht, DÖV 1984, S. 781 ff.

Rosenthal, Martin: Banken-Netting: Formen, bankpolitische Auswirkungen und bankaufsichtliche Behandlung, FLF 1994, S. 142 ff.

Rüfner, Wolfgang: Zur Lehre von der öffentlichen Anstalt, DÖV 1985, S. 605 ff.

Ruland, Hans-Wilhelm: Effekten – Geschäft und Technik, 3. Aufl., Stuttgart 2004.

Rümker, Dietrich: Probleme der Anstaltslast und Gewährträgerhaftung bei öffentlich-rechtlichen Kreditinstituten, in: Festschrift für Ernst C. Stiefel zum 80. Geburtstag, hrsg. von Marcus Lutter/Walter Oppenhoff/Otto Sandrock/Hanns Winkhaus, München 1987, S. 607 ff.

Ruppelt, Thomas/Walter, Jörg: Die Börse Berlin-Bremen im Wettbewerb, ZfgKW 2003, S. 512 ff.

Sachs, Michael: Die dynamische Verweisung als Ermächtigungsnorm, NJW 1981, S. 1651 ff.

– (Hrsg.): Grundgesetz Kommentar, 3. Aufl., München 2003.

Samm, Carl-Theodor: Börsenrecht, Stuttgart/Wiesbaden 1978.

Sandmann, Bernd: Empfangsbotenstellung und Verkehrsanschauung, AcP 199 (1999), S. 455 ff.

Schäfer, Frank A.: Wertpapierhandelsgesetz, Börsengesetz mit Börsenzulassungsverordnung, Verkaufsprospektgesetz mit Verkaufsprospektverordnung, Kommentar, Stuttgart 1999.

Schapp, Jan/Schur, Wolfgang: Sachenrecht, 3. Aufl., München 2002.

Schenke, Wolf-Rüdiger: Die verfassungsrechtliche Problematik dynamischer Verweisungen, NJW 1980, S. 743 ff.

Schimansky, Herbert/Bunte, Hermann-Josef/Lwowski, Hans-Jürgen (Hrsg.): Bankrechts-Handbuch, Band I, Band II und Band III, jeweils 2. Aufl., München 2001.

Schlegelberger: Handelsgesetzbuch – Kommentar, Band II, §§ 48–104, 5. Aufl., München 1973; Band IV, §§ 343–372, 5. Aufl., München 1976; Band VI, §§ 383–460, 5. Aufl., München 1977.

Schlette, Volker: Die Verwaltung als Vertragspartner: Empirie und Dogmatik verwaltungsrechtlicher Vereinbarungen zwischen Behörde und Bürger, Tübingen 2000.

Schlierbach, Helmut: Anstaltslast und Gewährträgerhaftung, Kommunalwirtschaft 1975, S. 447 ff.

Schlüter, Uwe: Die Rechtsstellung des Freien Börsenmaklers an den deutschen Börsen, in: Beiträge zum Börsenrecht, hrsg. von Walter Hadding u. Uwe H. Schneider, Frankfurt a.M. 1987, S. 81 ff.

–: Börsenhandelsrecht – Handbuch für Banken und Finanzdienstleistungsinstitute, 2. Aufl., München 2002.

–: Die Beitragspflichten der Institute gegenüber der Entschädigungseinrichtung der Wertpapierhandelsunternehmen (EdW), Schriftenreihe – Heft 1 – des Bundesverbands der Börsenmakler und Wertpapierhäuser, München 2004.

–: Internalisierungssysteme im Wertpapierhandel und Börsenrecht, Schriftenreihe – Heft 2 – des Bundesverbandes der Börsenmakler und Wertpapierhäuser, München 2004.

Schmalz, Dieter: Methodenlehre für das juristische Studium, 4. Aufl., Baden-Baden 1998.

Schmidt, Andreas: Zentraler Kontrahent (CCP), AG 2003, R 194 ff.

Schmidt, Dirk: Das Bayernmodell: Beleihung von Privatpersonen mit Staatsaufgaben, ZfgKW 2003, S. 180 ff.

Schmidt, Hartmut: Wertpapierbörsen, München 1988.

Schmidt, Hartmut/Oesterhelweg, Olaf/Treske, Kai: Der Strukturwandel im Börsenwesen: Wettbewerbstheoretische Überlegungen und Trends im Ausland als Leitbilder für den Finanzplatz Deutschland, Kredit und Kapital 1997, S. 369 ff.

Schmidt, Karsten: Handelsrecht, 5. Aufl., Köln/Berlin/Bonn/München 1999.

–: Gesellschaftsrecht, 4. Aufl., Köln/Berlin/Bonn/München 2002.

Schmidt-Aßmann, Eberhard: Der Rechtsstaat, in: Josef Isensee/Paul Kirchhof (Hrsg.), Handbuch des Staatsrechts, Bd. II – Verfassungsstaat, 3. Aufl., Heidelberg 2004, § 26.

– (Hrsg.): Besonderes Verwaltungsrecht, 12. Aufl., Berlin 2003.

Schmidt-Rimpler, Walter: Das Kommissionsgeschäft, in: Handbuch des gesamten Handelsrechts, Fünfter Band, I. Abteilung 1. Hälfte, hrsg. von Victor Ehrenberg, Leipzig 1928, 3. Abschnitt (S. 477 ff.).

Schnauder, Franz: Sachenrechtliche und wertpapierrechtliche Wirkungen der kaufmännischen Wirkungen der kaufmännischen Traditionspapiere, NJW 1991, S. 1642 ff.

Schneider, Christian: Barter-Clubs – Chancen und Probleme: eine theoretische und empirische Analyse, Berlin 1995.

Schneider, Hans-Peter: Börsenzugang und Berufsfreiheit, in: Zweihundert Jahre Geld und Brief – Herausforderungen an die Kapitalmärkte, Festgabe an die Niedersächsische Börse zu Hannover aus Anlass ihres 200jährigen Bestehens, hrsg. von Carsten P. Claussen/Lothar Hübl/Hans Peter Scneider, Frankfurt 1987, S. 257 ff.

Schneider, Uwe H.: Das Finanzierungsrecht der öffentlich-rechtlichen Kreditinstitute, in: ius inter nationes, Festschrift für Stefan Riesenfeld aus Anlass seines 75. Geburtstages, hrsg. von Erik Jayme u.a., Heidelberg 1983, S. 237 ff.

Schneider, Uwe H./Burgard, Ulrich: Börsenrechtliche Bewertung einer Einbeziehung der Trägergesellschaft der Frankfurter Wertpapierbörse in einen multinationalen Börsenkonzern und die Verlagerung des Handels in Standardwerten an eine andere Börse, WM 2000, Sonderbeil. 3, S. 24 ff.

Scholl, Claus: Einlagensicherung bei Kreditinstituten, JuS 1981, S. 88 ff.

Schönle, Herbert: Bank- und Börsenrecht, 2. Aufl., München 1976.

Schroeder, Werner: Die Auslegung des EU-Rechts, JuS 2004, S. 180 ff.

Schröder, Holger: Messegesellschaften als öffentliche Auftraggeber nach § 98 Nr. 2 GWB? – ein aktuelles Urteil des EuGH schafft Klarheit, DÖV 2002, S. 335 ff.

Schröder, Michael: Die Wertpapierhandelsaufsicht nach dem Zweiten Finanzmarktförderungsgesetz, Frankfurt/Berlin/Bern/New York/Paris/Wien, 1998.

Schüler, Wolfgang: Die Wissenszurechnung im Konzern, Berlin 2000.

Schulte-Mattler, Hermann: Ausfallrisiko und bilaterales Netting von OTC-Finanzderivaten, Die Bank 1994, S. 302 ff.

Schulze-Osterloh, Joachim: Das Prinzip der gesamthänderischen Bindung, München 1972.

Schünemann, Wolfgang B./Sonnenberg, Carsten: Das Barter-Geschäft und seine vertragsrechtlichen Grundlagen, DZWiR 1998, S. 221 ff.

Schwark, Eberhard: Börsengesetz – Kommentar zum Börsengesetz und zu den börsenrechtlichen Nebenbestimmungen, 2. Aufl., München 1994.

–: Börsen und Wertpapierhandelsmärkte in der EG, WM 1997, S. 293 ff.

–: Zur rechtlichen Zulässigkeit der Konzerneingliederung des Trägers der Frankfurter Wertpapierbörse unter eine ausländische Holding und eines blue-chips-Handelssegments in alleiniger Zuständigkeit einer ausländischen Börsenholding, WM 2000, S. 2517 ff.

– (Hrsg.): Kapitalmarktrechts-Kommentar – Börsengesetz mit Börsenzulassungsverordnung, Verkaufsprospektgesetz mit Verkaufsprospektverordnung, Wertpapierhandelsgesetz, Wertpapiererwerbs- und Übernahmegesetz, 3. Aufl., München 2003.

Schwarze, Roland: Die Annahmehandlung in § 151 BGB als Problem der prozessualen Feststellbarkeit des Annahmewillens, AcP 202 (2002), S. 607 ff.

Schwintowksi, Hans-Peter/Schäfer, Frank A.: Bankrecht. Commercial Banking – Investment Banking, 2. Aufl., Köln/Berlin/Bonn/München 2004.

Segna, Ulrich: Die Rechtsform deutscher Wertpapierbörsen – Anmerkungen zur Reformdiskussion –, Arbeitspapier Nr. 75, abrufbar im Internet unter: *http://www.jura.uni-frankfurt.de/ifawz1/baums/Arbeitspapiere.html*

Seibert, Ulrich: Der Ausschluß des Verbriefungsanspruchs des Aktionärs in Gesetzgebung und Praxis, DB 1999, S. 267 ff.

Seidel, Achim: Privater Sachverstand und staatliche Garantenstellung im Verwaltungsrecht, München 2000.

Seidel, Ingelore: Zur Wandlung des Begriffsinhalts „öffentlicher Auftraggeber" im EG-Vergaberecht vom institutionellen zum funktionellen Begriff sowie zu aktuellen Anwendungsfragen des erweiterten Begriffs, ZfBR 1995, S. 227 ff.

Seitz, Jochen: Die Regulierung von Wertpapierhandelssystemen in der EU, AG 2004, S. 497 ff.

Siekmann, Helmut: Die verwaltungsrechtliche Anstalt – eine Kapitalgesellschaft des öffentlichen Rechts?, NWVBl. 1993, S. 361 ff.

Smid, Stefan (Hrsg.): Insolvenzordnung (InsO) mit insolvenzrechtlicher Vergütungsordnung (InsVV), 2. Aufl., Stuttgart/Berlin/Köln 2001.

Sobota, Katharina: Das Prinzip Rechtsstaat – Verfassungs- und verwaltungsrechtliche Aspekte, Tübingen 1997.

Soergel: Bürgerliches Gesetzbuch mit Einführungsgesetz und Nebengesetzen, Kohlhammer-Kommentar, Band 2, Allgemeiner Teil – §§ 104–240, 13. Aufl., Stand 1999, Stuttgart u.a. 1999; Band 2, Teilband 1, Schuldrecht, §§ 241–432, 12. Aufl., Stand 1990, Stuttgart u.a. 1990; Band 14, Sachenrecht 1, §§ 854–984, 13. Aufl., Stand 2002, Stuttgart u.a. 2002.

Sohm, Rudolf: Vertragsschluß unter Abwesenden und Vertragsschluß mit einer persona incerta, ZHR 17 (1873), S. 16 ff.

Spindler, Gerald: Internationale Kapitalmarktangebote und Dienstleistungen im Internet – Öffentlich-rechtliche Regulierung und Kollisionsrecht unter besonderer Berücksichtigung der E-Commerce-Richtlinie, WM 2001, S. 1689 ff.

–: Elektronische Finanzmärkte und Internet-Börsen – Teil 1: Grundlegende Risiken und Reform des nationalen Kapitalmarktrechts –, WM 2002, S. 1325 ff.

–: Prime Standard und General Standard – Die Börse als Ersatzgesetzgeber für Quartalsberichte?, WM 2003, S. 2073 ff.

Staub: Handelsgesetzbuch Großkommentar, hrsg. von Claus-Wilhelm Canaris/ Wolfgang Schilling/Peter Ulmer, Erster Band, Einleitung u. §§ 1–104, 4. Aufl., Berlin 1995; §§ 358–365, 4. Aufl., Berlin 2003; Sechster Band, §§ 383–424, 4. Aufl., Berlin 2004; Dritter Band, 3. Teil, Bankvertragsrecht – 2. Bearbeitung, 3. Aufl., Berlin/New York 1981.

Staudinger: J. von Staudingers Kommentar zum Bürgerlichen Gesetzbuch mit Einführungsgesetz und Nebengesetzen, Erstes Buch, Allgemeiner Teil §§ 90–240, 12. Aufl. 1980; Buch 1, Allgemeiner Teil §§ 134–163 (Allgemeiner Teil 4), Neubearbeitung 2003; Erstes Buch, Allgemeiner Teil §§ 164–240, Neubearbeitung 2001; Buch 2, Recht der Schuldverhältnisse, §§ 741–764, Neubearbeitung 2002, §§ 765–778, 13. Bearbeitung 1997, und §§ 779–811, Neubearbeitung 2002; Drittes Buch, Sachenrecht, Einleitung zum Sachenrecht, §§ 854–882, Neubearbeitung 2000, sowie §§ 925–984, Anhang zu §§ 929 ff.: Sonderformen der Übereignung, Neubearbeitung 2004.

Staupe, Jürgen: Parlamentsvorbehalt und Delegationsbefugnis. Zur Wesentlichkeitstheorie und zur Reichweite legislativer Regelungskompetenz, insbesondere im Schulrecht, Berlin 1986.

Steiner, Udo: Öffentliche Verwaltung durch Private, Hamburg 1975.

Stockburger, Albrecht: Die Zulassung von Personen zum Börsenhandel mit Wertpapieren im Lichte des Art. 12 Abs. 1 GG, in: Wirtschaftsfragen der Gegenwart, Festschrift für Carl Hans Barz, hrsg. von Robert Fischer/Philipp Möhring/Harry Westermann, Berlin/New York 1974, S. 525 ff.

Storr, Stefan: Der Staat als Unternehmer – öffentliche Unternehmen in der Freiheits- und Gleichheitsdogmatik des nationalen Rechts und des Gemeinschaftsrechts, Tübingen 2001.

Stuible-Treder, Jutta: Der Beliehene im Verwaltungsrecht, Tübingen 1986.

Szagunn, Volkhard/Haug, Ulrich/Ergenzinger, Wilhelm: Gesetz über das Kreditwesen, 6. Aufl., Stuttgart/Berlin/Köln 1997.

Teschemacher, Emil: Ein Beitrag zur rechtlichen Betrachtung des Abrechnungsverkehrs bei den Abrechnungsstellen der Reichsbank, ZHR 67 (1910), S. 401 ff.

Than, Jürgen: Neue Rechtsentwicklungen für den grenzüberschreitenden Effektengiroverkehr, in: Bankrecht und Kapitalmarktrecht in der Entwicklung, Festschrift für Siegfried Kümpel zum 70. Geburtstag, hrsg. von Jens Ekkenga/Walter Hadding/Horst Hammen, Berlin 2003, S. 543 ff.

Thode, Bernd/Peres, Holger: Anstalten des öffentlichen Rechts im Spannungsfeld zwischen deutschem und europäischem Recht – Anstaltslast und Gewährträgerhaftung bei kommunalen Sparkassen und Landesbanken –, VerwArch 89 (1998), S. 439 ff.

–: Die Rechtsform Anstalt nach dem kommunalen Wirtschaftsrecht des Freistaats Bayern, BayVBl. 1999, S. 6 ff.

Thode, Reinhold: Zum vergaberechtlichen Status von juristischen Personen des Privatrechts, ZIP 2000, S. 2 ff.

Tipke, Klaus/Lang, Joachim: Steuerrecht, 17. Aufl., Köln 2002.

Trumpler, Hans: Die Differenzgeschäfte nach dem BGB und nach dem Börsengesetz, ZHR 50, S. 388 ff.

Uhlenbruck, Wilhelm (Hrsg.): Insolvenzordnung Kommentar, 12. Aufl., München 2003.

Ulrici, Bernhard: Die enttäuschte Internetauktion, JuS 2000, S. 947 ff.

Uppenbrink, Martin: Die deutschen Wertpapierbörsen als Körperschaften des öffentlichen Rechts, Heidelberg 1963.

Vogel, Hans: Öffentliche Wirtschaftseinheiten in privater Hand – eine verwaltungsrechtliche Untersuchung, Hamburg 1959.

ders: Diskussionsbeitrag zum Thema „Erfüllung von Verwaltungsaufgaben durch Private", VVDStRL 29 (1971), S. 255 ff.

Wagener, Martin: Anschluß- und Benutzungszwang für Fernwärme, Stuttgart/München/Hannover 1989.

Wagner, Volkmar/Steinkemper, Ursula: Öffentliche Auftragsvergabe – Legale Möglichkeiten der Vergabe ohne Ausschreibung und Rechtsfolgen fehlerhafter oder unterbliebener Ausschreibungen, BB 2004, S. 1577 ff.

Walter, Jörg: Rechtliche Aspekte der Zulassung als Freimakler an einer deutschen Wertpapierbörse, WM 1986, S. 1489 ff.

Wank, Rolf: Die Auslegung von Gesetzen, 2. Aufl., Köln/Berlin/Köln/München 2001.

Wastl, Ulrich: Die juristische Organisationsstruktur deutscher Börsen- bzw. Finanzplätze und deren Optimierung, WM 1999, S. 620 ff.

–: Der Handel mit größeren Aktienpaketen börsennotierter Unternehmen – eine Bestandsaufnahme aus primär aktien-, börsen- und kapitalmarktrechtlicher Sicht, NZG 2000, S. 505 ff.

Wastl, Ulrich/Schlitt, Christian: Abkehr vom klassischen Börsenbegriff – Chance für einen Neuanfang de lege lata? – Ein Diskussionsbeitrag zur Abgrenzung außerbörslicher, insbesondere computergestützter Wertpapierhandelsformen von Börsen, WM 2001, S. 1702 ff.

Weber, Werner: Die Körperschaften, Anstalten und Stiftungen des öffentlichen Rechts. Eine Darstellung ihrer gegenwärtigen Ordnung, 2. Aufl., München/Berlin 1943.

Weiss, Wolfgang: Privatisierung und Staatsaufgaben; Privatisierungsentscheidungen im Lichte einer grundrechtlichen Staatsaufgabenlehre unter dem Grundgesetz, Tübingen 2002.

Westermann, Harm P.: Konzernverrechnungsklauseln, WM 1986, Sonderbeil. 2.

Westermann, Harry: Sachenrecht – Ein Lehrbuch, 7. Aufl., Heidelberg 1998.

Wieacker, Franz: Die juristische Sekunde, in: Existenz und Ordnung, Festschrift für Erik Wolf zum 60. Geburtstag, hrsg. von Thomas Würtenberger/Werner Maihofer/Alexander Hollerbach, Frankfurt a.M. 1962, S. 421 ff.

Wiede, Peter: Die Börse als verwaltungsrechtliches Problem und Rechtsinstitut, Diss., Köln 1965.

Wieling, Hans: Voraussetzungen, Übertragung und Schutz des mittelbaren Besitzes, AcP 184 (1984), S. 438 ff.

Wilhelm, Jan: Sachenrecht, 2. Aufl., Berlin/New York 2002.

Wilmowski, Peter v.: Aufrechnung in der Insolvenz, NZG 1998, S. 481 ff.

–: Termingeschäft und Insolvenz: Die gesetzliche Regelung – Plädoyer für ein neues Verständnis des § 104 InsO –, WM 2002, S. 2264 ff.

Wilsing, Hans-Ulrich/Kruse, Tobias: Kurzkommentar zum Urteil des VG Frankfurt/M. v. 17.06.2002 – 9 E 2285/01 (V), EWiR, § 43 BörsG a.F. 1/02, S. 953 f.

Winterfeld, Jörn W.: Grenzen des Handels juristischer Personen des öffentlichen Rechts im Privatrechtsverkehr – Zur Lehre vom beschränkten Wirkungskreis öffentlich-rechtlicher Rechtssubjekte, Bonn 1986.

Wolfers, Benedikt/Kaufmann, Marcel: Private als Anstaltsträger, DVBl. 2002, S. 507 ff.

Wolff, Hans J.: Organschaft und Juristische Person, 1. Band: Untersuchungen zur Rechtstheorie und zum öffentlichen Recht, Berlin 1933.

Wolff, Hans J./Bachof, Otto/Stober, Rolf: Verwaltungsrecht II, 5. Aufl., München 1987.

–: Verwaltungsrecht Band 1, 11. Aufl., München 1999.

Wolter, Lutz: Effektenkommission und Eigentumserwerb. Zugleich ein Beitrag zur Lehre vom Geschäft für denjenigen, den es angeht, Berlin 1978.

Zerwas, Herbert/Hanten, Mathias: Abgrenzungsprobleme und Ausnahmen bei Handelsaktivitäten nach der Sechsten KWG-Novelle, ZBB 2000, S. 44 ff.

Zerwas, Herbert/Hanten, Mathias/Bühr, Oliver: Outsourcing bei Instituten in Deutschland – Rechtliche Überlegungen anlässlich des Rundschreibens des BAKred vom 6. Dezember 2001 –, ZBB 2002, S. 17 ff.

Zippelius, Reinhold: Juristische Methodenlehre, 8. Aufl., München 2003.

Zitelmann, Ernst: Die Rechtsgeschäfte im Entwurf eines Bürgerlichen Gesetzbuches für das Deutsche Reich – Studien, Kritiken, Vorschläge, Berlin 1889.

Zöllner, Wolfgang: Die Zurückdrängung des Verkörperungselements bei den Wertpapieren, in: Funktionswandel der Privatrechtsinstitutionen, Festschrift für Ludwig Raiser zum 70. Geburtstag, hrsg. von Fritz Bauer/Josef Esser/ Friedrich Kübler/Ernst Steindorf, Tübingen 1970, S. 249 ff.

–: Wertpapierrecht, 14. Aufl., München 1987.

Zuleeg, Manfred: Gesetz- und Vertragsentwürfe in juristischen Übungsarbeiten, JuS 1973, S. 34 ff.

Abkürzungsverzeichnis

a.A.	anderer Ansicht
aaO.	am angegebenen Ort
ABl.	Amtsblatt der Europäischen Gemeinschaften
Abs.	Absatz
a.F.	alte Fassung
AG	Aktiengesellschaft
AGB	Allgemeine Geschäftsbedingungen
Anm.	Anmerkung
Art.	Artikel
ATS	Alternative Trading Systems
Aufl.	Auflage
BaFin	Bundesanstalt für Finanzdienstleistungsaufsicht
BAKred	Bundesaufsichtsamt für das Kreditwesen
BAnz.	Bundesanzeiger
BAWe	Bundesaufsichtsamt über den Wertpapierhandel
Begr.	Begründung
BGBl.	Bundesgesetzblatt
BGH	Bundesgerichtshof
BIZ	Bank für Internationalen Zahlungsausgleich
BörsG	Börsengesetz
BörsO	Börsenordnung
BReg	Bundesregierung
BR	Bundesrat
bspw.	beispielsweise
BT	Bundestag
BVerfG	Bundesverfassungsgericht
bzgl.	bezüglich
bzw.	beziehungsweise
CB-Eurex	Clearing-Bedingungen der Eurex Clearing AG
CESR	Committee of European Securities Regulators
CM	Clearing Mitglied
CPSS	Committee on Payment and Settlement Systems
DCM	Direkt-Clearing Mitglied
ders.	derselbe

dies.	dieselbe(n)
Drs.	Drucksache
DTCC	The Depository Trust and Clearing Cooperation
EACH	European Association of Central Clearing Houses
ECB	European Central Bank
ECMI	European Capital Markets Institute
EU	Europäische Union
EuGH	Europäischer Gerichtshof
evtl.	eventuell
f.	folgende
ff.	fortfolgende
FA	Finanzausschuss
F.A.Z.	Frankfurter Allgemeine Zeitung
FESCO	Forum of European Securities Commissions
FFG	Finanzmarktförderungsgesetz
Fn.	Fußnote
FRUG	Gesetz zur Umsetzung der Richtlinie über Märkte für Finanzin-strumente und der Durchführungsrichtlinie der Kommission
FWB	Frankfurter Wertpapierbörse
GCM	General-Clearing Mitglied
GebO	Gebührenordnung
GO	Gemeindeordnung
GB-FWB	Bedingungen für Geschäfte an der Frankfurter Wertpapierbörse
GbR	Gesellschaft bürgerlichen Rechts
Grds. I	Grundsatz I
h.M.	herrschende Meinung
Hrsg.	Herausgeber/herausgegeben
IOSCO	International Organization of Securities Commissions
i.R.	im Rahmen
i.S.	im Sinne
i.V.m.	in Verbindung mit
KMR	Kapitalmarktrecht
Kz.	Kennziffer
LSE	London Stock Exchange
Mifid	directive on markets in financial instruments
MTF	Multilaterales Handelssystem
m.w.Nachw.	mit weiteren Nachweisen
NCM	Nicht-Clearing Mitglied
n.F.	neue Fassung
OLG	Oberlandesgericht

OTC	over the Counter
RA	Rechtsausschuss
RegE	Regierungsentwurf
RL	Richtlinie
Rn.	Randnummer
Rs.	Rechtssache
Rspr.	Rechtsprechung
S.	Seite
SCM	Spezial-Clearing Mitglied
sog.	so genannte
u.	und
u.a.	unter anderem
Unterabs.	Unterabsatz
u.U.	unter Umständen
v.	vom
vgl.	vergleiche
WpDL	Wertpapierdienstleistung

Im Übrigen wird wegen der Abkürzungen verwiesen auf Hildebert Kirchner, Abkürzungsverzeichnis der Rechtssprache, 5. Aufl., Berlin 2003.

1. Teil: Einleitung

„Wer sich mit Zentralen Kontrahenten beschäftigt, steht auf Cocktailpartys kaum im Mittelpunkt"[1].

Trotz der nach dieser kürzlich getroffenen Feststellung drohenden Gefahr, gesellschaftlich in die Außenseiterrolle zu geraten, befasst sich die vorliegende Arbeit mit Zentralen Kontrahenten. Der Grund dafür – und das ist letztlich auch der ernste Hintergrund für die oben angeführte scherzhafte Formulierung – liegt darin, dass den Zentralen Kontrahenten bislang nicht die ihnen tatsächlich zukommende Beachtung geschenkt worden ist. Denn obwohl die Wertpapierabwicklung, welcher die Funktionalität des Zentralen Kontrahenten regelmäßig zugeordnet wird, für die Stabilität der Finanzmärkte von großer Bedeutung ist, befassen sich nur wenige Spezialisten mit dieser komplexen Materie[2].

Dieser Befund überrascht aus rechtswissenschaftlicher Sicht umso mehr, als sich aus der Tätigkeit eines Zentralen Kontrahenten eine Fülle juristischer Fragen ergeben, die oft noch nicht einmal in Ansätzen erkannt oder gar gelöst worden sind[3]. Ziel dieser Arbeit ist es, etwas Licht ins Dunkel zu bringen, das die Funktionalität des Zentralen Kontrahenten umgibt.

Im Folgenden werden daher einige besonders relevant erscheinende rechtliche Aspekte aufgegriffen, anhand derer die Tätigkeiten eines Zentralen Kontrahenten genauer beleuchtet werden sollen. Um ein Fundament für die weitere Untersuchung zu legen, sollen zunächst die Funktionalität des Zentralen Kontrahenten sowie der wirschaftliche Hintergrund für seine Einschaltung in die Wertpapiergeschäfte erläutert werden. Im Anschluss daran wird die Ausgestaltung des Zentralen Kontrahenten an der Frankfurter Wertpapierbörse (FWB) dargestellt, die im Laufe der Arbeit immer wieder als konkreter Bezugspunkt dient. Dieser Ansatz

---

1 Börsen-Zeitung v. 30.07.2005, S. 8.
2 Vgl. Group of Thirty, Global Clearing and Settlement, S. 2; Deutsche Börse AG, The European Post-Trade Market, S. 6; Giovannini-Group, 2. Giovannini-Report, S. 1.
3 Nach Abschluss dieser Arbeit erschien die erste monographische Abhandlung zu einer der Problemstellungen, die die Einführung eines Zentralen Kontrahenten mit sich bringt, nämlich die Dissertation von Alfes, „Central Counterparty – Zentraler Kontrahent – Zentrale Gegenpartei. Über den Vertragsschluss an der Frankfurter Wertpapierbörse mittels des elektronischen Handelssystems Xetra unter Einbeziehung einer Central Counterparty". Eine Berücksichtigung jener Abhandlung erfolgt in den Fußnoten dieser Arbeit.

wird gewählt, weil viele Probleme von den Regelungen im Einzelfall abhängen. Davon abgesehen können einige Ausführungen durchaus über das System an der FWB hinaus Geltung beanspruchen. Des Weiteren wird die Frage aufgeworfen, welchem Abschnitt des Wertpapiertransaktionsprozesses ein Zentraler Kontrahent zuzuordnen ist. Daran anschließend werden verschiedene börsenorganisationsrechtliche Fragen erörtert, die sich im Zusammenhang mit der Einführung eines Zentralen Kontrahenten an staatlich genehmigten Börsen i.S. des BörsG[4] stellen. Im Anschluss hieran wird untersucht, wie der Abschluss der Verträge mit dem Zentralen Kontrahenten über die an der Börse gehandelten Wertpapiere erfolgt. Seinen Schwerpunkt im Zivilrecht des BGB hat auch der folgende Teil der Arbeit, der sich mit der Erfüllung von Wertpapiergeschäften unter Einschaltung eines Zentralen Kontrahenten befasst. Dabei wird auch die dem Insolvenzrecht zukommende Bedeutung beleuchtet. Im vorletzten Teil der Arbeit wird ein bankaufsichtsrechtliches Problem, nämlich die Frage nach der Erlaubnispflichtigkeit der Tätigkeit eines Zentralen Kontrahenten nach dem KWG[5] behandelt. Schließlich wird ein Ausblick auf aktuelle Entwicklungen in Bezug auf Zentrale Kontrahenten gegeben, welche deren Zukunft entscheidend prägen dürften.

Falls der dargestellte Gang der Arbeit den Eindruck vermitteln sollte, die Materie des Zentralen Kontrahenten werde umfassend bearbeitet, so täuscht dies. Obwohl in verschiedene Rechtsgebiete vorgestoßen wurde, um die Konsequenzen der Implementierung von Zentralen Kontrahenten in Wertpapiergeschäfte aufzuzeigen, befasst sich diese Arbeit nur mit einem Ausschnitt der bestehenden rechtlichen Probleme. Insofern soll sie einen Anstoß zu weiterer rechtswissenschaftlichen Überlegungen geben, um der Börsenabwicklung und insbesondere der Tätigkeit des Zentralen Kontrahenten die Aufmerksamkeit zukommen zu lassen, die ihrer rechtspraktischen Bedeutsamkeit entspricht.

---

4 BörsG in der Fassung v. 21.06.2002 (BGBl. I, S. 2010), zuletzt geändert durch Art. 3 des Gesetzes vom 22.06.2005 (BGBl. I, S. 1698).
5 Gesetz über das Kreditwesen in der Neufassung der Bekanntmachung vom 9. September 1998 (BGBl. I, S. 2776), zuletzt geändert durch Art. 2 des Gesetzes vom 22. Mai 2005 (BGBl. I, S. 1373).

2. Teil: Einführung in die Funktionalität des Zentralen Kontrahenten

Bevor die mit der Einführung eines Zentralen Kontrahenten in den Börsenhandel verbundenen rechtlichen Fragen sinnvoll erörtert werden können, ist es erforderlich, die durch ihn ausgeübte Funktion zu erläutern und die wirtschaftlichen Zusammenhänge aufzuzeigen, die den Hintergrund für die Einführung eines Zentralen Kontrahenten bilden und die sowohl die durch ihn zu erfüllenden Aufgaben als auch verschiedene Systemvoraussetzungen zu verstehen helfen.

A. Funktionsbeschreibung und terminologische Präzisierung

Eine erste Annäherung an die Funktion des Zentralen Kontrahenten lässt sich mit seiner Beschreibung als Käufer gegenüber jedem Verkäufer und als Verkäufer gegenüber jedem Käufer an einem Markt für Finanzinstrumente erreichen[6]. Hiernach wird der Zentrale Kontrahent Vertragspartner jedes Geschäfts über Wertpapiere, die in den Handel über den Zentralen Kontrahenten einbezogen worden sind[7]. Hervorzuheben ist dabei, dass der Zentrale Kontrahent nach dem dieser Arbeit zugrunde liegenden Begriffsverständnis nur dann als Vertragspartner zwischen Käufer und Verkäufer im herkömmlichen Sinne tritt, wenn diese Handelsteilnehmer entsprechende Kauf- und Verkaufsangebote ins Orderbuch gestellt haben, so dass stets feststeht, dass einem Wertpapiergeschäft mit dem Zentralen Kontrahenten als Käufer ein korrespondierendes Geschäft mit ihm als Verkäufer gegenübersteht[8, 9]. Diese Funktion kann eine Einrichtung grundsätz-

---

6 So z.B. Hills/Rule/Parkinson, Financial Stability Review 1999, S. 122; Kümpel, Bank- und Kapitalmarktrecht, Rn. 11.381; ECB, The evolution of clearing and central counterparty services for exchange-traded derivatives in the United States and Europe, S. 59; DTCC, White Paper to the Industry on the Future of CCPs, S. 18; Giordano, ECMI Short Paper No. 3, S. 8.

7 Vgl. Schlüter, Börsenhandelsrecht, Abschnitt G, Rn. 1073.

8 Vgl. Horn, WM 2002, Sonderbeil. 2, S. 4; dies wird bei den Definitionen des Zentralen Kontrahenten in der Literatur nicht immer deutlich, wenn lediglich ausgeführt wird, dass Geschäftsabschlüsse nur noch mit der zentralen Gegenpartei zustande kommen (vgl. Schlüter, Börsenhandelsrecht, Abschnitt G, Rn. 1073; Kümpel, Bank- und Kapitalmarktrecht, Rn. 11.381). Gleiches gilt für die Definition der „zentralen Gegenpartei" in Art. 2 c) der RL 98/26/EG (abgedruckt in Kümpel/Hammen/Ekkenga, Kz. 965) als „eine Stelle, die in einem System zwischen den Instituten eingeschaltet

lich sowohl bei einer nach § 1 Abs. 1 S. 1 BörsG genehmigten Börse als auch bei bestimmten sog. Alternative Trading Systems (ATS)[10] ausüben[11]. Die vorliegende Arbeit wird sich jedoch im Wesentlichen mit dem Zentralen Kontrahenten an einer genehmigten Börse beschäftigen, da sich dort grundlegendere Probleme stellen und sich außerdem bei einem Zentralen Kontrahenten eines ATS keine Fragen ergeben dürften, die nicht auch bei einem an einer Börse implementierten Zentralen Kontrahenten zu erörtern sind.

Von dem Zentralen Kontrahenten im eben beschriebenen Sinne sind die in der Literatur[12] zum Teil als zentrale Gegenparteien bezeichneten Betreiber der sog. Eigenhändlersysteme[13] sorgfältig zu unterscheiden[14], die zwar auch Ver-

---

ist und in Bezug auf die Zahlungs- und Übertragungsaufträge dieser Institute als deren ausschließliche Vertragspartei fungierte", wo sich überdies noch eine gegenständliche Einschränkung auf Zahlungs- und Überweisungsverträge findet, weshalb diese Definition nicht verallgemeinerungsfähig ist. Gleichwohl kann das Erfordernis zweier korrespondierender Geschäfte für einen Zentralen Kontrahenten an einer nach § 1 Abs. 1 S. 1 BörsG genehmigten Börse als unangefochten angesehen werden, was durch Formulierungen wie „der Zentrale Kontrahent schiebt sich als Vertragspartei zwischen die beiden Handelsteilnehmer" (Kümpel, aaO.) oder „tritt in das Geschäft ein" (Rinker, Der Vertragsschluss im börslichen elektronischen Handelssystem, S. 137; ähnlich auch Kalbhenn, Börsen-Zeitung v. 14.06.2002, S. 8) belegt werden kann.

9   Wie der Vorgang des Vertragsschlusses rechtlich einzuordnen ist, soll an dieser Stelle, die lediglich der Darstellung der Grundzüge dient, nicht näher thematisiert werden. Vgl. dazu S. 277 ff.

10 Bei der Bezeichnung ATS handelt es sich um einen Oberbegriff für verschiedene Arten von nicht börslichen Wertpapier-Handelsplattformen, die nur schwer einer genauen Kategorisierung zugänglich sind (Deutsche Börse AG, Alternative Handelssysteme in den USA und Europa, S. 23; Spindler, WM 2002, S. 1325 (1327); Cohn, ZBB 2002, S. 365 (367), Balzer, Jb.J.ZivRWiss. 2002, S. 93 (94 ff.), Lenenbach, Kapitalmarkt- und Börsenrecht, Rn. 1.22, jeweils mit Darstellungen der derzeitigen Erscheinungsformen von ATS).

11 Hoffmann, WM 2003, S. 2025 (2026 u. 2031).

12 Spindler, WM 2002, S. 1325 (1334); Hoffmann, WM 2003, S. 2025 (2028); Balzer, Jb.J.ZivRWiss. 2002, S. 93 (109); vorsichtiger dagegen Mülbert, JZ 2002, S. 826 (829 f.), der in diesen Fällen von „einer einzigen Gegenpartei" bzw. „einem einzigen Kontrahenten" spricht.

13 Diese Systeme stellen eine Untergruppe der ATS dar. Von Eigenhändlersystemen sprechen z.B. Balzer, Jb.J.ZivRWiss. 2002, S. 93 (109); Hoffmann, WM 2003, S. 2025 (2028); Spindler, WM 2002, S. 1325 (1334). Die Terminologie ist allerdings nicht einheitlich. Verbreitet sind auch die Bezeichnungen „bilaterale Handelssysteme" (Kümpel/Hammen, Börsenrecht, S. 50, 63), Kontrahentensysteme (BSK, Empfehlungen zur Regulierung, S. 8; Cohn, ZBB 2002, S. 365 (368), Balzer, Jb.J.ZivRWiss. 2002, S. 93 (97)), Electronic Communication Networks (Balzer, Jb.J.ZivRWiss., S. 93 (97), der zu Recht darauf hinweist, dass dieser Begriff in den USA anders besetzt ist) oder Inhouse-Crossing-Systeme (Spindler, WM 2002, S. 1325 (1334)), die oft synonym verwendet werden.

tragspartner jedes innerhalb ihres Systems geschlossenen Vertrages, aber nicht zugleich Partner eines weiteren inhaltsgleichen Parallelkontrakts mit einem anderen Handelsteilnehmer werden. Vielmehr ist es gerade Ziel des Betreibers eines solchen Systems, die Handelsspannen (den sog. Spread) für sich gewinnbringend auszunutzen[15]. Daher sollte auch begrifflich zwischen Zentralem Kontrahenten ohne finanzielles Eigeninteresse am Kauf- und Verkauf von Finanzinstrumenten und der als einzige Vertragspartei zur Verfügung stehenden, den Spread ausnutzenden, aber auch ein Absatzrisiko tragenden Gegenpartei differenziert werden. Im Folgenden wird deshalb stets von einem Zentralen Kontrahenten i.S. einer zentralen Vertragspartei ohne wirtschaftliches Eigeninteresse am Kauf bzw. Verkauf der Wertpapiere ausgegangen, die stets nur dann Käufer bzw. Verkäufer wird, wenn ein korrespondierender inhaltsgleicher Vertrag mit ihr als Verkäufer bzw. Käufer abgeschlossen werden kann. Die hier vorgenommene Unterscheidung kann sich zudem auf die europäische Rechtsentwicklung stützen, weil in der im Jahr 2004 in Kraft getretenen RL 2004/39/EG über Märkte und Finanzinstrumente[16] (Mifid) bilaterale Systeme, bei denen das betreibende Wertpapierhaus für eigene Rechnung tätig wird, von solchen mit einer risikofreien, dem Käufer und Verkäufer zwischengeschalteten Gegenpartei unterschieden werden[17]. Dieser Differenzierung liegt letztlich ein Verständnis der „zwischengeschalteten Gegenpartei" zugrunde, das sich mit dem vorliegend verwendeten Begriff des Zentralen Kontrahenten deckt und das von einem Unterschied zu bilateralen Systemen bzw. Eigenhändlersystemen ausgeht[18]. Noch deutlicher wird das gewonnene Ausle-

---

14 So auch Kümpel, Festschrift Hadding, S. 915 (918).

15 Spindler, WM 2002, S. 1325 (1327); Kümpel/Hammen, Börsenrecht, S. 64.

16 Richtlinie 2004/39/EG des Europäischen Parlaments und des Rates vom 21. April 2004 über Märkte für Finanzinstrumente, zur Änderung der Richtlinien 85/611/EWG und 93/6/EWG des Rates und der Richtlinie 2000/12/EG des Europäischen Parlaments und des Rates und zur Aufhebung der Richtlinie 93/22/EWG des Rates (abgedruckt in Kümpel/Hammen/Ekkenga, Kz. 925).

17 Erwägungsgrund (6) i.V.m. Art. 4 Abs. 1 Nr. 15 der RL 2004/39/EG. Damit lehnt sich die EU-Kommission an die vom CESR entwickelten „Standards for Alternative Trading Systems" an, wo multilaterale Systeme von bilateralen begrifflich abgegrenzt werden und bilaterale Systeme als „those systems where a single entity enters into every trade entered through the system, on own account and not as a riskless counterparty interposed between the buyer and seller" definiert werden (Ziffer 1.13 a) S. 2 der Standards). Allerdings ist der Gebrauch des Begriffs „risikofrei" bzw. „riskless" etwas irreführend, da der Zentrale Kontrahent das Ausfallrisiko seiner Gegenparteien trägt und es von der Ausgestaltung des Systems, in dem er operiert, abhängt, wie gefährdet er dadurch ist.

18 Dagegen kann die Erwähnung von „zentralen Gegenparteien" in der Mifid (vgl. Art. 34, 35 u. 46 RL 2004/39/EG) nicht entscheidend gegen die hier vorgeschlagene Terminologie angeführt werden, da mit einer „zentralen Gegenpartei" zwar ein Zent-

gungsergebnis durch die kürzlich neu gefasste Bankenrichtlinie[19], die in Anhang III Teil 1 Nr. 2 die „zentrale Gegenpartei" als eine Einheit definiert, die beim Vertragsschluss „zwischengeschaltet wird, so dass sie der Käufer für jeden Verkauf und der Verkäufer für jeden Kauf" wird. Gestützt auf diese Definition in der Bankenrichtlinie hat sich schließlich auch der deutsche Gesetzgeber im Zuge einer im November 2006 vorgenommenen Änderung des KWG[20] dem hier zugrunde gelegten Begriffsverständnis angeschlossen, als er in § 1 Abs. 31 KWG zum ersten Mal eine Definition des Zentralen Kontrahenten ins Gesetz aufnahm. Nach dieser Vorschrift handelt es sich bei einem Zentralen Kontrahenten um „ein Unternehmen, das bei Kaufverträgen innerhalb eines oder mehrerer Finanzmärkte zwischen den Käufer und den Verkäufer geschaltet wird, um als Vertragspartner für jeden der beiden zu dienen, und dessen Forderungen aus Kontrahentenausfallrisiken gegenüber allen Teilnehmern an seinen Systemen auf Tagesbasis hinreichend besichert sind". Freilich hat der deutsche Gesetzgeber mit dem zweiten Teil der Definition aus regulatorischen, ebenfalls auf der neugefassten Bankenrichtlinie beruhenden Gründen mit der Anknüpfung an eine hinreichende Besicherung gleich ein weiteres Begriffsmerkmal aufgenommen[21], das für das grundlegende Funktionsverständnis eines Zentralen Kontrahenten nicht unbedingt erforderlich ist[22].

Bei dem Zentralen Kontrahenten handelt es sich nun keineswegs um eine neue Erscheinung im Bereich des Börsenwesens[23], obgleich dies angesichts der geringen Beachtung, die ihm in der rechtswissenschaftlichen Literatur bisher ge-

---

raler Kontrahent i.S. des in dieser Arbeit entwickelten Verständnisses gemeint ist, doch die Mifid zum einen nicht vor dem Problem der begrifflichen Differenzierung zu Eigenhändlersystemen steht und sie zum anderen ohnehin im Gebrauch ihrer Terminologie nur wenig beispielgebend erscheint (vgl. im Einzelnen S. 516 ff.).

19 Richtlinie 2006/48/EG des Europäischen Parlaments und des Rates vom 14. Juni 2006 über die Aufnahme und Ausübung der Tätigkeit der Kreditinstitue (Neufassung).

20 Art. 1 des Gesetzes zur Umsetzung der neu gefassten Bankenrichtlinie und der neu gefassten Kapitaladäquanzrichtlinie vom 17. November 2006 (BGBl. I, S. 2606).

21 BT-Drucks. 16/1335, S. 40 f.

22 Vgl. dazu näher S. 497 ff.

23 Eine Übersicht zu den mit einem Zentralen Kontrahenten handelnden Börsen findet sich in einer Publikation der ECB (Governance of securities clearing and settlement systems, S. 37), wo nicht nur die in den alten 15 Mitgliedstaaten der EU tätigen Zentralen Kontrahenten aufgelistet werden, sondern außerdem ihre Gesellschaftsform und Eigentümerstruktur dargestellt wird; vgl. außerdem für den europäischen Raum – nicht mehr ganz aktuell – Lattemann/Neumann, ZfgKW 2002, S. 1159 (1160), sowie Giovannini-Group, 1. Giovannini-Report, Table 3.1, S. 32 ff., und für den weltweiten Raum bei DTCC, White Paper to the Industry on the Future of CCPs, S. 19 f.

schenk wird[24], vielleicht nahe liegend erscheinen mag. Vielmehr existiert der über einen Zentralen Kontrahenten abgewickelte Börsenhandel international schon seit vielen Jahren[25] und in der Bundesrepublik Deutschland immerhin schon seit Etablierung der Deutschen Terminbörse, der heutigen Eurex Deutschland, im Jahr 1990[26]. Tatsächlich fungierten bereits manche der sog. Liquidationskassen gegen Ende des 19. und zu Anfang des 20. Jahrhunderts als eine Art Zentraler Kontrahent für die damaligen Termin- und Warenmärkte[27]. Somit ist ein Zentraler Kontrahent im Grundsatz alles andere als eine aktuelle Erfindung der heutigen Finanzmärkte. Neu ist allerdings für Deutschland, dass nunmehr an der Börse, nämlich der FWB, auch bestimmte Aktien über einen Zentralen Kontrahenten gehandelt werden können.

Ursprünglich wurde die Funktionalität des Zentralen Kontrahenten für Märkte entwickelt und an Märkten eingeführt, auf denen Finanzderivate gehandelt wurden[28]. Warum die Entwicklung hin zur Einführung von Zentralen Kontrahenten an den Börsen ausgerechnet dort ihren Anfang nahm, wird verständlich, wenn

---

24 Aus rechtswissenschaftlicher Sicht haben sich bisher Horn, WM 2002, Sonderbeil. 2, S. 3 ff., Rinker, Der Vertragsschluss im börslichen elektronischen Handelssystem, S. 137 ff., Kümpel, Bank- und Kapitalmarktrecht, Rn. 11.376 ff., sowie Hoffmann, WM 2003, S. 2025 (2028 ff.), näher mit dem Zentralen Kontrahenten auseinandergesetzt. Die erste monographische Aufarbeitung des mit dem Vertragsschluss zusammenhängenden Problembereichs wurde von Alfes vorgelegt (vgl. Fn. 3). Daneben wird die Problematik gelegentlich bei der Darstellung des Handels an der Deutschen Terminbörse (seit 1998 Eurex Deutschland) gestreift, ohne jedoch vertieft auf die Besonderheiten des Zentralen Kontrahenten einzugehen, der noch nicht einmal als solcher bezeichnet wird; vgl. bspw. Schwark, BörsG, § 1, Rn. 60, Schäfer in Assmann/Schütze, Handbuch des Kapitalanlagerechts, § 17, Rn. 20 ff., sowie Kindermann, WM 1989, Sonderbeil. 2, S. 11 f. u. S. 19 ff.
25 Vgl. Hill/Rule/Parkinson, Financial Stability Review 1999, S. 122 (129 f.), die sich auf zum Teil über 20 Jahre zurückliegende Krisensituationen von Institutionen beziehen, die die Aufgabe eines Zentralen Kontrahenten wahrnahmen; ferner Kalbhenn in Börsen-Zeitung v. 14.06.2002, S. 8, der von einem „Ende der 70er Jahre begonnenen Trend" in den USA zum Zentralen Kontrahenten hin spricht.
26 Vgl. dazu Kindermann, WM 1989, Sonderbeil. 2.
27 Vgl. dazu Göppert, Das Recht der Börsen, S. 259 f., der von Liquidationskassen berichtet, die im Wesentlichen so funktionierten wie ein heutiges Clearing-System mit Zentralem Kontrahenten; vgl. ferner eingehend zu den Liquidationskassen Brenner, Die Liquidationskassen der Terminbörsen, passim. und insbesondere S. 19 ff., der von „selbsteintretenden Kassen" spricht, deren Entwicklung im Jahre 1882 in le Havre mit der Gründung der „Caisse de Liquidation des Affaires en Marchandises" ihren Ausgang nahm.
28 Giordano, ECMI Short Paper No. 3, S. 40; Knott/Mills, Financial Stability Review 2002, S. 162.

man sich das zunächst im Vordergrund stehende Ziel vor Augen hält, das mit deren Implementierung verfolgt wird.

B. Vorteile der Einschaltung eines Zentralen Kontrahenten

I. Reduzierung des Ausfallsrisikos der Gegenpartei

Ein wesentliches Ziel des Handels über einen Zentralen Kontrahenten, welches gerade beim Handel mit Finanzderivaten[29] eine bedeutende Rolle spielt, ist die Reduzierung des Ausfallrisikos der Gegenpartei für den Handelsteilnehmer[30]. Wird an der Börse ein Geschäft über den Kauf von Wertpapieren abgeschlossen, besteht grundsätzlich wie bei jedem Geschäft die Gefahr, dass der Vertragspartner seine Verpflichtungen nicht erfüllen, also die Wertpapiere nicht liefern bzw. den Preis für sie nicht bezahlen kann. Das Risiko des Ausfalls der Gegenpartei steigt bzw. wird für den Gläubiger von immer größerer Bedeutung, wenn zwischen dem Abschluss des Vertrages und dessen vereinbartem Erfüllungszeitpunkt eine erhebliche Zeitspanne liegt und wegen der starken Volatilität der entsprechenden Preise die Verbindlichkeiten enorm anwachsen können[31]. Diese Situation ist typisch für den Handel mit Finanzderivaten wie Futures oder Optionen[32], bei denen die Parteien die Lieferung oder Abnahme einer bestimmten Ware, die auch ein Wertpapier sein kann, zu einem vorher bestimmten, in der Zukunft liegenden Termin zu einem ebenfalls vorher festgelegten Preis (Future)[33] oder das Wahlrecht zur Durchführung eines solchen Geschäfts (Option)[34] vereinbaren. Indem der Zentrale Kontrahent als Käufer bzw. Verkäufer für die Erfüllung der aus dem Vertrag resultierenden Verbindlichkeiten einzustehen hat, muss sein Vertragspartner sich nicht mehr um das Ausfallrisiko einer Vielzahl von Handelspartnern sorgen, sondern lediglich um das des Zentralen Kontrahenten, der in der

---

29 Vgl. dazu Schäfer in Assmann/Schütze, Handbuch des Kapitalanlagerechts, § 17, Rn. 1 ff.
30 Giordano, ECMI Short Paper No. 3, S. 39 f.; Hills/Rule/Parkinson, Financial Stability Review 1999, S. 122 (124); Kümpel, Bank- und Kapitalmarktrecht, Rn. 11.381 f.; Horn, WM 2002, Sonderbeil. 2, S. 4; Alfes, Central Counterparty, S. 60 ff.
31 Vgl. Hills/Rule/Parkinson, Financial Stability Review 1999, S. 122 (124); Giordano, ECMI Short Paper No. 3, S. 40.
32 Vgl. Kümpel/Hammen, Börsenrecht, S. 257 f.
33 Schäfer in Assmann/Schütze, Handbuch des Kapitalanlagerechts, § 17, Rn. 2; Kienle in Schimansky/Bunte/Lwowski, Band III, § 106, Rn. 44 ff.
34 Kümpel, Bank- und Kapitalmarkrecht, Rn. 14.137 ff.; Schäfer in Assmann/Schütze, Handbuch des Kapitalanlagerechts, § 17, Rn. 3.

Regel als solvent einzustufen sein wird[35]. Insoweit ist es nicht ganz zutreffend zu behaupten, dass Ausfallrisiko der Gegenpartei werde durch die Einschaltung eines Zentralen Kontrahenten ausgeschlossen[36], obgleich dieser Zustand durch ein gutes Risikomanagement des Zentralen Kontrahenten anzustreben ist[37].

Jedenfalls müssen sich die Handelsteilnehmer an der Börse nicht mehr mit dem Risiko unterschiedlich solventer Vertragspartner auseinandersetzen. Das kommt den Handelsteilnehmern in elektronischen Handelssystemen, in denen der Vertragspartner nicht frei wählbar ist, sondern durch das Matching[38] automatisch zugewiesen wird, insbesondere bei der wachsenden Bedeutung des grenzüberschreitenden Handels entgegen[39] und kann überdies zu Kostenersparnissen führen, sei es durch geringere Eigenkapitalanforderungen[40] oder dadurch, dass sie keine eigenen Ressourcen zur Kontrolle des Ausfallrisikos ihrer unterschiedlichen Gegenparteien vorhalten müssen[41].

Allerdings stellt die Einführung eines Zentralen Kontrahenten nicht die einzige Möglichkeit dar, das Kontrahentenrisiko zu reduzieren. Insoweit kommt neben strengen Voraussetzungen für die Zulassung zum Börsenhandel[42], Limits für Au-

---

35 Vgl. ECB, Monthly Bulletin – August 2001, S. 71; Pagnozzi/Westerberg, Börsen-Zeitung v. 29.06.2002, S. 3; DTCC, White Paper to the Industry on the Future of CCPs, S. 8; dass auch ein Zentraler Kontrahent nicht stets vor Krisen gefeit ist, hat die Börsengeschichte gezeigt, in der als Zentraler Kontrahent fungierende Clearing-häuser wegen mangelhaften Risikomanagements in ernsthafte Schwierigkeiten geraten sind, vgl. dazu Hills/Rule/Parkinson, Financial Stability Review 1999, S. 122 (129 m.w.Nachw.).

36 So aber bspw. Kalbhenn, Börsen-Zeitung v. 14.06.2002, S. 8, sowie Heer/Steiner, Börsen-Zeitung v. 20.12.2001, S. 3.

37 Allerdings ist auch der Wegfall des Ausfallrisikos für die Handelsteilnehmer durch Einschaltung eines Zentralen Kontrahenten insofern zu relativieren, als letzterer je nach Ausgestaltung des Clearing-Systems die Aufwendungen, die er bei Ausfall eines Handelspartners zu tragen hat, an die anderen Handelsteilnehmer über einen Haftungsfonds, in den diese einzahlen müssen und der nach Inanspruchnahme von ihnen wieder aufzufüllen ist, weitergibt. Deshalb wird kritisch angemerkt, dass der Zentrale Kontrahent das Kontrahentenrisiko nicht übernehme, sondern dieses lediglich „sozialisiert" werde (vgl. Roegele, Börsen-Zeitung v. 13.07.2002, S. 3; ferner Giordano, ECMI Short Paper No. 3, S. 40).

38 Vgl. dazu Kümpel, Bank- und Kapitalmarktrecht², Rn. 17.518 u. 17.538.

39 A. Schmidt, AG 2003, R 194; CESR/ECB, Standards for Securities Clearing and Settlement in the European Union, Rz. 56; ECB, Monthly Bulletin – August 2001, S. 72; Giordano, ECMI Short Paper No. 3, S. 41; Knott/Mills, Financial Stability Review 2002, S. 162.

40 Auf diese Möglichkeit weisen hin Pagnozzi/Westerberg, Börsen-Zeitung v. 29.06.2002, S. 3, sowie Knott/Mills, Financial Stability Review 2002, S. 162 (163).

41 Knott/Mills, Financial Stability Review 2002, S. 162 (163).

42 Vgl. A. Schmidt, AG 2003, R 194.

ßenstände einer Gegenpartei oder der Einforderung von Sicherheiten[43] vor allem das Zug-um-Zug-Verfahren in Betracht[44]. Dieses Verfahren, welches bei Wertpapiertransaktionen angewandt wird[45], schützt jedoch nur davor, zu leisten, ohne die Gegenleistung zu erhalten. Das sog. Replacement Risk[46] bleibt dagegen bestehen, sofern nicht eine Real-Time-Abwicklung (t+0) gewährleistet wird, was bisher für Aktien nicht abzusehen ist[47]. Schließlich hilft die Zug-um-Zug-Regulierung beim Handel mit Finanzderivaten nur sehr bedingt, da dort eine Leistung erst in einem zum Teil weit nach dem Abschluss des Geschäfts liegenden Zeitpunkt zu erbringen ist und somit bspw. nur die Optionsprämie beim Kauf einer Option gesichert wird, der Zweck des Geschäfts jedoch gerade in der Spekulation auf die Veränderung der Kurse nach Handelsabschluss liegt[48]. Demzufolge erweist sich die erhebliche Reduzierung des Ausfallrisikos durch die Einführung eines Zentralen Kontrahenten vor allem, aber nicht nur für den Handel mit Finanzderivaten als Vorteil.

II. Anonymisierung des Handels

Ein weiterer Vorzug der Einschaltung eines Zentralen Kontrahenten in den Börsenhandel wird in der Anonymisierung des Handels gesehen[49]. Zu dieser Anonymisierung kommt es, weil den Handelsteilnehmern stets der Zentrale Kontrahent als Vertragspartner gegenübertritt und nicht der „eigentliche" Geschäftspartner im wirtschaftlichen Sinne, also derjenige, der mit seinem Angebot bzw. mit seiner Nachfrage nach bestimmten Wertpapieren an der Börse die unentbehrliche Voraussetzung für das Zustandekommen des Kontrakts mit dem Zentralen Kont-

---

43 Vgl. Hills/Rule/Parkinson, Financial Stability Review 1999, S. 122 (124).

44 Lattemann/Neumann, ZfgKW 2002, S. 1159 (1161); Giordano, ECMI Short Paper No. 3, S. 44; Heer/Steiner, Börsen-Zeitung v. 1.03.2003, S. 3

45 Vgl. Schlüter, Börsenhandelsrecht, Abschnitt G, Rn. 1061 f.

46 Replacement Risk meint in diesem Zusammenhang das Risiko, dass die Gegenpartei eines Wertpapiergeschäfts zwischen Handelsabschluss und Erfüllung des Vertrages ausfällt und sich der Preis der Wertpapiere zwischenzeitlich geändert hat, so dass die andere Partei nur unter für sie ungünstigeren Bedingungen ein Ersatzgeschäft vornehmen kann (vgl. Hills/Rule, Financial Stability Review 1999, S. 98).

47 Giordano, ECMI Short Paper No. 3, S. 39, 44; Lattemann/Neumann, ZfgKW 2002, S. 1159 (1162).

48 Vgl. Schlüter, Börsenhandelsrecht, Abschnitt G, Rn. 1084, 1088, 1114 f.

49 Kümpel, Bank- und Kapitalmarktrecht, Rn. 11.380; Schlüter, Börsenhandelsrecht, Abschnitt G, Rn. 1077; ECB, Monthly Bulletin – August 2001, S. 71; Pagnozzi/Westerberg, Börsen-Zeitung v. 29.06.2002, S. 3; Alfes, Central Counterparty, S. 68 ff.

rahenten gesetzt hat[50]. Zwar wird schon bisher beim Handel über das elektronische Handelssystem Xetra[51] oder andere vergleichbare elektronische Handelssysteme zunächst nicht deutlich, wer der Handelspartner ist, weil dieser nicht frei ausgesucht wird, sondern die Orders automatisch zusammengeführt werden[52]. Doch wird spätestens bei Lieferung der Wertpapiere bekannt, von wem man sie erhält oder an wen man sie veräußert hat, da im elektronischen Abwicklungssystem Xontro-Trade[53] die Schlussnoten für alle Geschäftsabschlüsse erstellt werden und sich dort auch die Einzelheiten des Abschlusses finden, wie u.a. die Bezeichnung des Käufers und Verkäufers[54].

Hintergrund für die Zustimmung[55] zu der Anonymisierung des Börsenhandels ist die Befürchtung mancher Marktteilnehmer, dass es zu einer Marktbewegung kommen könnte, wenn bekannt wird, dass sie als Käufer oder Verkäufer von Wertpapieren in großem Stil auftreten, weil dies evtl. Rückschlüsse auf gewisse Anlagestrategien zulässt[56].

III. Netting-Möglichkeit

In der Diskussion um die Vorteile der Einführung eines Zentralen Kontrahenten wird zudem immer wieder auf die damit verbundene Möglichkeit des Netting hingewiesen[57]. Damit ist die Verrechnung der gegenseitigen Ansprüche auf Lie-

---

50 Wie der Vertragsschluss rechtlich einzuordnen ist, wird unter S. 277 ff. näher zu beleuchten sein.
51 Vgl. dazu Schlüter, Börsenhandelsrecht, Abschnitt G, Rn. 927 ff.
52 Vgl. Kümpel, Bank- und Kapitalmarkrecht, Rn. 17.538.
53 Dieses System hieß bis August 2000 BOEGA.
54 Schlüter, Börsenhandelsrecht, Abschnitt G, Rn. 1070.
55 Erste kritische Stimmen zu der Anonymität im Aktienhandel wurden freilich schon laut. So wird von Seiten der Designates Sponsors ein „Verlust von Marktkultur" beklagt und auch manche mittelständische Emittenten beschweren sich darüber, dass nunmehr Transparenz und Informationsmöglichkeiten über das aktuelle Marktgeschehen fehlten (vgl. Börsen-Zeitung v. 30.08.2003, S. 3).
56 Vgl. Hills/Rule/Parkinson, Financial Stability Review 1999, S. 122 (125 f.); A. Schmidt, AG 2003, R 194; Giordano, ECMI Short Paper No. 3, S. 41; ECB, Monthly Bulletin – August 2001, S. 71.
57 Kümpel, Bank- und Kapitalmarktrecht, Rn. 11.383; Lattemann/Neumann, ZfgKW 2002, S. 1159 (1162); CESR/ECB, Standards for Securities Clearing and Settlement in the European Union, Rz. 55; Schlüter, Börsenhandelsrecht, Abschnitt G, Rn. 1077; Rinker, Der Vertragsschluss im börslichen elektronischen Handelssystem, S. 137; Alfes, Central Counterparty, S. 62 ff.; Heer/Steiner, Börsen-Zeitung v. 20.12.2001, S. 3; Kalbhenn, Börsen-Zeitung v. 14.06.2002, S. 8; Potthoff/Ferscha, Börsen-Zeitung v. 26.06.2002, S. 5.

ferung von gleichartigen Wertpapieren bzw. der Geldforderungen zwischen dem Zentralen Kontrahenten und seinen Handelspartnern gemeint, so dass letztlich die den Effektenverkehr durchführende Wertpapiersammelbank nur noch den sich nach der Verrechnung ergebenden Saldo verbuchen muss[58]. Ohne bereits hier auf die rechtlichen Gestaltungsmöglichkeiten oder auf die Notwendigkeit eines Zentralen Kontrahenten für das Netting einzugehen[59], soll an dieser Stelle der Verweis auf das angestrebte Ziel der Verrechnung, nämlich die Reduzierung der tatsächlich nach Handelsabschluss in die Wertpapierabwicklung gehenden Börsengeschäfte auf jeweils eine Position von geringem Volumen pro Handelspartner und Wertpapier, genügen[60]. Damit sollen sowohl Kosten als auch Risiken reduziert werden. Kostenersparnisse können sich direkt durch weniger anfallende Gebühren bei Wertpapiertransaktionen einstellen[61]. Risiken verringern sich dadurch, dass im günstigsten Falle alle mit der Belieferung verbundenen Probleme auf den Saldobetrag beschränkt werden, so dass die denkbaren Verluste bei Zahlungs- bzw. Lieferschwierigkeiten der Gegenpartei wie etwa im Falle ihrer Insolvenz auf die „Spitzen" nach der Verrechnung begrenzt werden könnten[62]. Dies führt bei einem entsprechenden gesetzlichen Rahmen wiederum zur Verringerung des zur Risikoabdeckung erforderlichen Kapitals und damit mittelbar zu weiteren Kostenersparnisssen, da sich die für die Kapitalunterlegungsverpflichtung maßgeblichen Außenstände auf den durch das Netting ermittelten Saldobetrag beschränken können[63]. Allerdings wird zugegeben, dass die aufgeführten Vorteile durch

---

58 Kümpel, Bank- und Kapitalmarktrecht, Rn. 11.383; Rinker, Der Vertragsschluss im börslichen elektronischen Handelssystem, S. 138.

59 Vgl. dazu und zu den übrigen mit dem Netting verbundenen rechtlichen Fragen S. 331 ff.

60 Vgl. Giordano, ECMI Short Papers No. 3, S. 39 f.; ECB, Monthly Bulletin – August 2001, S. 69; Giovannini-Group, 1. Giovannini-Report, S. 5. Laut Mitteilung der Deutschen Börse AG gehen nach Einführung des Zentralen Kontrahenten an der FWB im März 2003 nur noch weniger als 5% aller Transaktionen tatsächlich in die Abwicklung (Börsen-Zeitung v. 12.09.2003, S. 3).

61 Vgl. Kalbhenn, Börsen-Zeitung v. 14.06.2002, S. 8, der die Abwicklung als teuersten Posten in der Transaktionskette bezeichnet; Rinker, Der Vertragsschluss im börslichen elektronischen Handelssystem, S. 138; Heer/Steiner, Börsen-Zeitung v. 2.07.2002, S. 3; ECB, Monthly Bulletin – August 2001, S. 71.

62 CESR/ECB, Standards for Securities Clearing and Settlement in the European Union, Rz. 55; DTCC, White Paper to the Industry on the Future of CCPs, S. 8; vgl. auch Hills/Rule/Parkinson, Financial Stability Review 1999, S. 122 (125), die von einer Verringerung des Risikos von „failed trades" sprechen.

63 Vgl. Hills/Rule/Parkinson, Financial Stability Review 1999, S. 122 (125), die einschränkend auf das Erfordernis entsprechender Vorschriften verweisen; vgl. ferner Kalbhenn, Börsen-Zeitung v. 14.06.2002, S. 8, Heer/Steiner, Börsen-Zeitung v. 20.12.2001, S. 3; ähnlich auch ECB, Monthly Bulletin – August 2001, S. 71, sowie

das Netting vor allem Handelsteilnehmern wie großen Banken zugute kommen, die in zahlreichen Transaktionen in denselben Werten mit hohen Volumina involviert sind, während sie für den Privatanleger kaum relevant werden[64].

IV. Besserer Umgang mit geleisteten Sicherheiten

Ein ebenfalls im Zusammenhang mit der Einführung des Zentralen Kontrahenten genannter Vorteil sind die Einsparmöglichkeiten durch den effizienteren Umgang mit den durch die Handelsteilnehmer zu stellenden Sicherheiten[65]. Diese Erwartung lässt sich mit dem System erklären, in dem ein Zentraler Kontrahent in der Regel tätig wird. Denn er stellt seine Dienste nicht jedem an der Börse zugelassenen Handelsteilnehmer, sondern im Allgemeinen nur sog. Clearing Mitgliedern (CM) zur Verfügung, während die übrigen Handelsteilnehmer darauf beschränkt sind, mittelbar als Kunden dieser CM von den Vorzügen des Zentralen Kontrahenten zu profitieren[66]. Die Einrichtung, welche die Funktion des Zentralen Kontrahenten übernimmt, schützt sich nun in der Regel gegen das Ausfallrisiko ihrer Handelspartner durch die Forderung von Sicherheiten vor Zulassung zum

---

CESR/ECB, Standards for Securities Clearing and Settlement in the European Union, Rz. 55; auch der europäische Gesetzgeber geht in den Erwägungsgründen zur Bankaufsichtsrichtlinie (RL 2000/12/EG vom 20. März 2000, abgedruckt in Kümpel/Hammen/Ekkenga, Kz. 945) davon aus, dass rechtlich abgesicherte Netting-Vereinbarungen eine Reduzierung der Eigenkapitalanforderungen rechtfertigen (vgl. Erwägungsgrund (52) zur RL 2000/12/EG).

64 Vgl. Giordano, ECMI Short Paper No. 3, S. 40; DTCC, White Paper to the Industry on the Future of CCPs, S. 8; Hills/Rule/Parkinson, Financial Stability Review 1999, S. 122 (125); Schlüter, Börsenhandelsrecht, Abschnitt G, Rn. 1079; sehr kritisch wird dies von Roegele, Börsen-Zeitung v. 13.07.2002, S. 3, gesehen, die sich auf eine Auswertung der Stuttgarter Börse bezieht, nach der das Nettingpotential für den einzelnen Handelsteilnehmer bei unter 5% liege, so dass die mit der Einführung des Zentralen Kontrahenten verbundenen Kosten nicht durch die damit einhergehenden Einsparungen aufgewogen würden.

65 Vgl. Schlüter, Börsenhandelsrecht, Abschnitt G, Rn. 1077; Alfes, Central Counterparty, S. 66 f.; CESR/ECB, Standards for Securities Clearing and Settlement in the European Union, Rz. 54; Lattemann/Neumann, ZfgKW 2002, S. 1159 (1162); Kalbhenn, Börsen-Zeitung v. 14.06.2002, S. 8; Potthoff/Ferscha, Börsen-Zeitung v. 26.06.2002, S. 5; Heer/Steiner, Börsen-Zeitung v. 2.07.2002, S. 3; Brodella/Deusinger, Börsen-Zeitung v. 16.08.2002, S. 3.

66 Knott/Mills, Financial Stability Review 2002, S. 162 (163); in Bezug auf das System beim Handel mit Finanzderivaten ECB, The evolution of clearing and central counterparty services for exchange-traded derivatives in the United States and Europe, S. 13. Vgl. zu der konkreten Ausgestaltung des Clearing-Systems, in welchem der Zentrale Kontrahent an der FWB tätig wird, S. 77 ff.

Handel bzw. für entstehende Risikopositionen[67]. Indem der Zentrale Kontrahent das gesamte Verfahren der Bemessung, Berechnung und Abwicklung von Sicherheitsleistungen, die für offene Positionen zu hinterlegen sind, um die aus den Kontrakten entstehenden Risiken abzudecken, übernimmt (sog. Risk Based Margining[68]), wird eine optimale Verwendung der zu stellenden Sicherheiten angestrebt. Dies lässt sich neben der möglichen Reduzierung der zu erbringenden Sicherheiten durch das schon erwähnte Netting[69] insbesondere an der Erwartung auf Effizienzgewinne[70] durch das Cross-Margining veranschaulichen. Damit ist die Verrechnung von gegenläufigen Risiken gemeint[71]. Das bedeutet, dass bspw. einander entgegen gerichtete Preisrisiken bei Derivaten und Kassageschäften zu einem Gesamtrisiko zusammengefasst werden, das erheblich geringer sein kann als die Summe der einzelnen Risiken[72]. Dies kann zu einer geringeren Kapitalbindung und damit zu einer größeren wirtschaftlichen Bewegungsfreiheit der Marktteilnehmer führen[73].

---

67 ECB, The evolution of clearing and central counterparty services for exchange-traded derivatives in the United States and Europe, S. 15; vgl. auch die „Standards of Risk Management Controls used by Central Counterparty Clearing Houses", die im Jahr 2001 durch die European Association of Central Counterparty Clearing Houses (EACH) entwickelt wurden und die ein ganzes Bündel von Maßnahmen zum Schutz vor dem Ausfall der Handelsteilnehmer eines Clearing-Systems vorschlägt, sowie CESR/ECB, Standards for Securities Clearing and Settlement in the European Union, Rz. 59 ff., wo u.a. auf die von EACH und CPSS/IOSCO entwickelten Maßnahmen zum Risikomanagement verwiesen wird.

68 Pagnozzi/Westerberg, Börsen-Zeitung v. 29.06.2002, S. 3; Eurex Clearing AG, Risk Based Margining, S. 14.

69 Vgl. Kalbhenn, Börsen-Zeitung v. 14.06.2002, S. 8, Heer/Steiner, Börsen-Zeitung v. 20.12.2001, S. 3, Schlüter, Börsenhandelsrecht, Abschnitt G, Rn. 1077, und ferner S. 331 ff.

70 Schlüter, Börsenhandelsrecht, Abschnitt G, Rn. 1077; Eurex Clearing AG, Risk Based Margining, S. 14; Brodella/Deusinger, Börsen-Zeitung v. 16.08.2003, S. 3.

71 Eurex Clearing AG, Risk Based Margining, S. 14.

72 Eurex Clearing AG, Risk Based Margining, S. 14 ff. mit verschiedenen Rechenbeispielen.

73 Diesbezüglich wird allerdings zweifelnd darauf hingewiesen, dass dies voraussetze, dass die historisch bedingten separierten Prozessketten für den Handel und die Abwicklung von Derivaten und Aktien, die oftmals innerhalb der Banken zur Gründung spezialisierter Tochtergesellschaften geführt hätten, zusammengeführt würden (vgl. Brodella/Deusinger, Börsen-Zeitung v. 16.08.2002, S. 3, sowie Roegele, Börsen-Zeitung v. 13.07.2002, S. 3).

V. Privilegierung bei der Eigenkapitalunterlegungsverpflichtung

Schließlich wird vereinzelt darauf aufmerksam gemacht, die Einschaltung eines Zentralen Kontrahenten könne zu einer grundsätzlichen Privilegierung seiner Vertragsparteien bei der Beurteilung der erforderlichen Eigenkapitalunterlegung führen[74]. Damit ist nicht etwa die denkbare und bereits angesprochene Reduzierung der Eigenkapitalanforderungen durch das von einem Zentralen Kontrahenten durchgeführte Netting, sondern ein hiervon zu unterscheidender Umstand gemeint. Es geht in diesem Zusammenhang nämlich darum, dass der Gesetzgeber bzw. die Regulierungsbehörden der Finanzmärkte möglicherweise so sehr von der Zuverlässigkeit bzw. Zahlungs- und Lieferfähigkeit eines Zentralen Kontrahenten ausgehen, dass sie eine Eigenkapitalunterlegung von Forderungen gegenüber diesem Schuldner für nicht oder jedenfalls nur in geringem Umfang für erforderlich halten. Dass dies kein fern liegender Gedanke ist, zeigen bspw. Regelungen in dem zu § 10 KWG ergangenen Grundsatz I[75], der in § 13 Abs. 1 Nr. 4 und Nr. 5 für Risikoaktiva, die auf Forderungen gegenüber bestimmten die Funktion eines Zentralen Kontrahenten ausübenden Einrichtungen beruhen, eine Gewichtung von 0 % und damit eine deutliche Privilegierung bei der Eigenkapitalunterlegungsverpflichtung vorsieht[76].

VI. Zwischenergebnis

Die Einführung eines Zentralen Kontrahenten kann eine Reihe von Vorteilen bewirken und den Börsenhandel wirtschaftlicher und sicherer werden lassen. Die

---

74 Knott/Mills, Financial Stability Review December 2002, S. 162 (163); Alfes, Central Counterparty, S. 72 f.
75 Grundsatz I über die Eigenmittel und die Liquidität der Kreditinstitute in der Bekanntmachung vom 29. Oktober 1997 (BAnz. Nr. 210), zuletzt geändert durch die Bekanntmachung vom 20. Juli 2000 (BAnz. Nr. 160).
76 Vgl. Schulte-Mattler in Boos/Fischer/Schulte-Mattler, § 13 Grds. I, Rn. 1 i.V.m. Rn. 19 f.; an dieser Privilegierung hat der Sache nach auch die Ersetzung von Grundsatz I durch die am 1. Januar 2007 in Kraft getretene Solvabilitätsverordnung vom 14. Dezember 2006 (BGBl. I, S. 2926) nichts geändert, da § 13 Grds. I nunmehr für die Eigenkapitalunterlegungsverpflichtung nach KSA (*Kreditrisiko-Standardansatz*) sein funktionales Äquivalent in § 49 Abs. 2 Nr. 7 SolvV findet. Vgl. zudem die Begründung zum Entwurf eines Gesetzes zur Umsetzung der neu gefassten Bankenrichtlinie und der neu gefassten Kapitaladäquanzrichtlinie, in der ebenfalls davon ausgegangen wird, dass Forderungen gegenüber einem Zentralen Kontrahenten eine Privilegierung bei der Eigenkapitalunterlegung ermöglichen (BT-Drucks. 16/1335 S. 40 u. S. 41 letzter Absatz).

Einführung eines Zentralen Kontrahenten entfaltet ihre Wirkung vor allem dann, wenn möglichst viele Marktteilnehmer in möglichst vielen Wertpapieren am System des Kontrahenten teilnehmen. Allerdings wird auch deutlich, dass die einzelnen Vorteile nicht stets zwangsläufig mit der Tätigkeit eines Zentralen Kontrahenten einhergehen, sondern dass dies jeweils entsprechende vertragliche oder gesetzliche Regelungen voraussetzt.

C. Nachteile und Gefahren durch die Einführung eines Zentralen Kontrahenten

Trotz der zahlreichen Argumente, die für den Handel unter Einschaltung eines Zentralen Kontrahenten und für dessen Einführung vorgebracht werden, fehlt es nicht an kritischen Stimmen, die auf Gefahren und Nachteile hinweisen[77].

I. Implementierungs- und Betriebskosten

Neben der bereits erwähnten Einschränkung des Nutzens der angeführten Vorteile eines Zentralen Kontrahenten auf Handelsteilnehmer, die in zahlreichen Transaktionen mit großen Volumina aktiv sind[78], wird darauf verwiesen, dass die hohen Kosten für den Zentralen Kontrahenten in keinem Verhältnis zu seinem Nutzen stünden[79]. Kosten entstehen bspw. durch die Investitionen in die Back-

---

77 Vgl. insbesondere Roegele, Börsen-Zeitung v. 13.07.2003, S. 3; Neubacher, Börsen-Zeitung v. 27.03.2003, S. 3; ders., Börsen-Zeitung v. 30.11.2002, S. 3; zu den Systemrisiken und -nachteilen vgl. ferner ECB, The evolution of clearing and central counterparty services for exchange-traded derivatives in the United States and Europe, S. 14 ff.; Giordano, ECMI Short Papers No. 3, S. 43, sowie CESR/ECB, Consultative report on Standards for Securities Clearing and Settlement systems in the European Union, Rz. 57 (nur noch abgeschwächt ist die Kritik bzw. Warnung in den endgültigen „Standards for Securities Clearing and Settlement in the European Union", Rz. 57 f.), die darauf hinweisen, dass der Zentrale Kontrahent nicht für alle Märkte geeignet sein werde und eine Kosten-Nutzen-Abwägung im Einzelfall erforderlich sei; vgl. ferner zur Zusammenfassung der Risiken bei BIZ/IOSCO, Recommendations for Central Counterparties, S. 8 f.
78 Vgl. Roegele, Börsen-Zeitung v. 13.07.2003, S. 3; Giordano, ECMI Short Paper No. 3, S. 40; Schlüter, Börsenhandelsrecht, Abschnitt G, Rn. 1079.
79 Roegele, Börsen-Zeitung v. 13.07.2003, S. 3, die sich auf eine Umfrage unter den Stuttgarter Handelsteilnehmern beruft; Neubacher, Börsen-Zeitung v. 30.11.2002, S. 3, der sich auf Äußerungen von Marktteilnehmern bezieht; auf die Kosten verweisen ferner z.B. Heer/Steiner, Börsen-Zeitung v. 2.07.2002, S. 3, und Kalbhenn, Börsen-Zeitung v. 14.06.2002, S. 8.

Office-Systeme, die für eine Anbindung der CM an den Zentralen Kontrahenten erforderlich sind[80]. Insbesondere mit Blick auf den Zentralen Kontrahenten an der FWB wird kritisiert, dass Handelsteilnehmer wegen dessen nur stufenweiser Einführung, die zunächst eine sehr begrenzte Auswahl an Wertpapieren erfasse, zumindest für eine gewisse Zeit die Infrastruktur für die herkömmlichen und die neuen Abwicklungsprozesse vorhalten müssten und dies wegen der fehlenden Teilnahme der Regionalbörsen am System des Zentralen Kontrahenten sogar dauerhaft der Fall sein könne[81]. Des Weiteren wird bezweifelt, dass die laufenden Kosten für Handel und Abwicklung durch die Funktionalität des Zentralen Kontrahenten sinken. Stattdessen wird geltend gemacht, etwaige Einsparungen bei den Abwicklungskosten würden durch Aufnahme- und Mitgliedsgebühren für die Teilnahme am Clearing-System[82] des Zentralen Kontrahenten sowie durch Clearinggebühren für jede Wertpapiertransaktion mehr als aufgezehrt[83].

An den Einwänden zeigt sich zumindest, dass es sich bei den Kosten um ein ambivalentes Argument handelt, dessen Aussagekraft stark von den Umständen des Einzelfalls bzw. von der Ausgestaltung des jeweiligen Systems abhängt.

II. Risikokonzentration

Die Konzentration des Kontrahentenrisikos bei einer Einrichtung bringt nun nicht nur Vorteile, sondern birgt auch systemimmanente Gefahren. Ein Zentraler Kontrahent vereinigt auf sich die Risiken, denen ansonsten die einzelnen Marktteilnehmer ausgesetzt wären. Das hat zwangsläufig zur Folge, dass die Konsequenzen von Missmanagement beim Zentralen Kontrahenten oder einer nicht den tatsächlichen Risiken entsprechenden Gestaltung des Systems, in dem er tätig

---

80 Vgl. Heer/Steiner, Börsen-Zeitung v. 2.07.2002, S. 3. Für die Anbindung der General-Clearing Mitglieder an den Zentralen Kontrahenten der FWB sind Schätzungen im Umlauf, nach denen jeweils zweistellige Millionenbeiträge für diesen Prozess schultern müssten (vgl. Neubacher, Börsen-Zeitung v. 30.11.2002, S. 3).

81 Vgl. Kalbhenn, Börsen-Zeitung v. 14.06.2002, S. 8; Neubacher, Börsen-Zeitung v. 27.03.2003, S. 3; Roegele, Börsen-Zeitung v. 13.07.2002, S. 3.

82 Vgl. zur Bedeutung des Begriffs „Clearing" S. 89 ff.

83 Roegele, Börsen-Zeitung v. 13.07.2002, S. 3; Neubacher, Börsen-Zeitung v. 27.03.2003, S. 3, zitiert Aussagen von Banken, nach denen die Kosten um 20–30% steigen sollen; auf die zumindest in der Anfangsphase stark erhöhten Kosten für die Marktteilnehmer an der FWB weisen auch Heer/Steiner, Börsen-Zeitung v. 1.03.2003, S. 3, hin.

wird, eine Bedrohung für die Stabilität des Finanzmarktes darstellen können[84]. Denn wenn der Zentrale Kontrahent seinen Verpflichtungen nicht mehr nachkommen kann, besteht die Gefahr, dass der ganze Börsenhandel infolge eines Domino-Effekts zusammenbricht[85]. Nicht auszuschließen ist sogar, dass schon Zweifel der Marktteilnehmer an der Solvenz oder Kompetenz des Zentralen Kontrahenten ausreichen, um sie vom Börsenhandel abzuhalten[86].

Fungiert eine Einrichtung nicht nur für eine Wertpapiergattung, sondern bspw. für Aktien und Finanzderivate als Zentraler Kontrahent, kann dessen Krise überdies schnell von einem Markt auf den anderen übergreifen („contagion effects")[87] und so die Stabilität des gesamten Finanzmarkts erschüttern. Die Konzentration des Kontrahentenrisikos auf eine zentrale Einrichtung kann zudem zu sog. „moral hazard" der Marktteilnehmer führen[88]. Damit ist die Situation gemeint, dass es den Marktteilnehmern letztlich gleichgültig ist, welches Ausfallrisiko der Zentrale Kontrahent trägt, da es sie nicht trifft. Dieser Missstand kann dadurch verstärkt werden, dass die Marktteilnehmer wegen der Bedeutung des Zentralen Kontrahenten für den Finanzmarkt davon ausgehen, dass ihm die öffentliche Hand im Notfall Hilfe leistet („too big to fail"-Effekt)[89].

Diesen mit der Risikokonzentration direkt oder mittelbar zusammenhängenden Gefahren ist durch eine kontrollierte Führungsstruktur des Zentralen Kontrahenten sowie durch ein überprüfbares Risikomanagement des entsprechenden Clearing-Systems zu begegnen[90]. So kann z.B. dem Problem des „moral hazard" dadurch vorgebeugt werden, dass die Handelsteilnehmer über einen Haftungsfonds an Ausfällen, die der Zentrale Kontrahent erleidet, beteiligt werden und somit auch ein Interesse daran haben, das entsprechende Risiko gering zu hal-

---

84 Hills/Rule/Parkinson, Financial Stability Review 1999, S. 122 (131 ff.); DTCC, White Paper to the Industry on the Future of CCPs, S. 10; ECB, Monthly Bulletin – August 2001, S. 77.

85 Dass es sich dabei nicht lediglich um eine theoretische Möglichkeit handelt, zeigen die Beispiele aus der Vergangenheit, die bei Hills/Rule/Parkinson, Financial Stability Review 1999, S. 122 (129 f.) angeführt werden.

86 Vgl. Hills/Rule/Parkinson, Financial Stability Review 1999, S. 122 (132); ECB, Monthly Bulletin – August 2001, S. 77.

87 Vgl. ECB, Monthly Bulletin – August 2001, S. 77; Knott/Mills, Financial Stability Review 2002, S. 162 (164).

88 Giordano, ECMI Short Paper No. 3, S. 43; ECB, Monthly Bulletin – August 2001, S. 77.

89 ECB, Monthly Bulletin – August 2001, S. 77.

90 Giordano, ECMI Short Paper No. 3, S. 43 f.; ECB, Monthly Bulletin – August 2001, S. 77; Hills/Rule/Parkinson, Financial Stabilty Review 1999, S. 122 (131 f.); DTCC, White Paper to the Industry on the Future of CCPs, S. 10; CESR/ECB, Standards for Securities Clearing and Settlement in the European Union, Rz. 59 ff.

ten[91]. Um allerdings zu verhindern, dass die Zentralen Kontrahenten sich im Kampf um eine günstige Wettbewerbsposition in immer geringeren Standards für das Risikomanagement unterbieten („race to the bottom")[92] und um generell eine effektive Kontrolle zum Schutze der Finanzmärkte zu gewährleisten, setzt sich zunehmend die Einsicht durch, dass es staatlicher Regulierung und Aufsicht über den Zentralen Kontrahenten und sein Clearing-System bedarf[93]. Dies findet Ausdruck bspw. auf europäischer Ebene, wo man sich mit der Entwicklung von Standards für Clearing- und Settlement-Systeme einschließlich des Risikomanagements von Zentralen Kontrahenten intensiv beschäftigt[94].

III. Problem der „adverse selection"

Indirekt mit der Risikokonzentration beim Zentralen Kontrahenten hängt auch das Problem der „adverse selection" zusammen[95]. Mit diesem Ausdruck wird im vorliegenden Zusammenhang die Situation umschrieben, dass Marktteilnehmer mit überdurchschnittlicher Kreditwürdigkeit nicht in einem System mit Zentralem Kontrahenten handeln wollen, weil sie dadurch einen Wettbewerbsvorteil eingebüßt sehen. Werden nämlich im Clearing-System einheitliche Anforderungen an die zu leistenden Sicherheiten auf der Basis eines durchschnittlichen Ausfallrisikos gestellt, könnte es für den Marktteilnehmer mit weit unter dem Durchschnitt liegendem Ausfallrisiko günstiger sein, bilateral ohne Einschaltung eines Zentralen Kontrahenten zu handeln und dabei keine Sicherheiten leisten zu müssen[96]. Setzte sich dieses Szenario tatsächlich durch, könnte es sogar dazu kommen, dass die Marktteilnehmer mit gutem Rating bilateral untereinander handeln, während

---

91 Giordano, ECMI Short Paper No. 3, S. 43.
92 Vgl. zu dieser Befürchtung ECB, Monthly Bulletin – August 2001, S. 77; Hills/Rule/Parkinson, Financial Stability Review 1999, S. 122 (132).
93 Vgl. Giordano, ECMI Short Paper No. 3, S. 44; DTCC, White Paper to the Industry on the Future of CCPs, S. 10; ECB, Monthly Bulletin – August 2001, S. 77, die die Vorschläge der EACH, Standards of Risk Management Controls used by Centrale Counterparty Clearing Houses, in der Tendenz begrüsst; vgl. ferner BIZ/IOSCO, Recommendations for Central Counterparties, passim.
94 Vgl. die „Standards for Securities Clearing and Settlement in the European Union" von CESR/ECB, die gemeinsam 19 sog. Standards für diesen Bereich entwickelt und sich dabei an den von der EACH entwickelten Grundsätzen (vgl. vorherige Fn.) angelehnt haben. Vgl. ferner die von CPSS und IOSCO entwickelten Empfehlungen für Zentrale Kontrahenten (BIZ/IOSCO, Recommendations for Central Counterparties), auf die unter S. 512 ff. im Einzelnen eingegangen wird.
95 Vgl. Giordano, ECMI Short Paper No. 3, S. 43; Hills/Rule/Parkinson, Financial Stability Review 1999, S. 122 (126).
96 Hills/Rule/Parkinson, Financial Stability Review 1999, S. 122 (126).

sich im System des Zentralen Kontrahenten nur die Unternehmen mit schlechterem Rating befinden[97]. Diese Gefahr wird jedoch nur dann virulent, wenn die Kreditwürdigkeit, also das Rating bzw. die der betreffenden Bonitätsbeurteilung zugrunde liegende Ausfallwahrscheinlichkeit, unter den Handelsteilnehmern nicht relativ ausgeglichen ist und diejenigen mit gutem Rating nicht in anderer Weise, bspw. durch das Netting, vom Zentralen Kontrahenten profitieren[98].

IV. Gefahren für die Rechtssicherheit beim Netting und bei der Sicherheitsverwertung

Schließlich wird zu bedenken gegeben, der Zentrale Kontrahent könne verschiedenen rechtlichen Unsicherheiten ausgesetzt sein, die die Funktionsfähigkeit des Systems und damit die der Finanzmärkte zu beeinträchtigen geeignet seien[99]. So könne die Situation entstehen, dass die von einem Marktteilnehmer geleisteten Sicherheiten im Falle seiner Insolvenz aufgrund entgegenstehender gesetzlicher Vorschriften nicht ohne weiteres verwertet werden dürften und der Zentrale Kontrahent oder dessen CM, die ihrerseits von ihren Kunden Sicherheiten verlangt hätten, bei Ausfall des Marktteilnehmers die Verluste selbst tragen müssten[100]. Die rechtlichen Rahmenbedingungen müssten auch hinsichtlich der Frage der Durchsetzbarkeit von Netting-Vereinbarungen u.a. in der Insolvenz klar sein. Die angesprochenen Risiken seien besonders bei grenzüberschreitenden Wertpapiertransaktionen zu beachten, da dann die verschiedenen relevanten Jurisdiktionen zu berücksichtigen seien[101]. Gleichwohl wird zugestanden, dass diese Probleme zumindest innerhalb der EU weitgehend durch die Richtlinie des Europäischen Parlaments und des Rates über die Wirksamkeit von Abrechnungen in Zahlungs- und Wertpapierliefer- und -abrechnungssystemen[102] entschärft worden

---

97 Giordano, ECMI Short Paper No. 3, S. 43.
98 Hills/Rule/Parkinson, Financial Stability Review 1999, S. 122 (126).
99 Vgl. ECB, The evolution of clearing and central counterparty services for exchange-traded derivatives in the United States and Europe, S. 18 u. 26 f.; Knott/Mills, Financial Stability Review 2002, S. 162 (165); CESR/ECB, Standards for Securities Clearing and Settlement in the European Union, Rz. 59.
100 Vgl. ECB, The evolution of clearing and central counterparty services for exchange-traded derivatives in the United States and Europe, S. 27.
101 Hills/Rule/Parkinson, Financial Stability Review 1999, S. 122 (130); ECB, The evolution of clearing and central counterparty services for exchange-traded derivatives in the United States and Europe, S. 26 f.
102 RL 98/26/EG vom 19. Mai 1998, abgedruckt in Kümpel/Hammen/Ekkenga, Kz. 965.

seien[103]. Dem ist umso mehr beizupflichten, als mit der Richtlinie des Europäischen Parlaments und des Rates über Finanzsicherheiten[104] weitere Schritte unternommen wurden, um einen sicheren rechtlichen Rahmen für Zahlungs- und Wertpapierabrechnungssysteme zu schaffen[105].

V. Resümee

Die Darstellung der Vor- und Nachteile, die mit der Einschaltung eines Zentralen Kontrahenten in den Börsenhandel in Zusammenhang gebracht werden, hat an verschiedenen Stellen gezeigt, dass für eine sachgerechte Beurteilung die Ausgestaltung des jeweiligen Systems, in dem der Zentrale Kontrahent tätig wird, entscheidend ist. Nachdem nunmehr der ökonomische Hintergrund für die Funktionalität des Zentralen Kontrahenten und diese selbst zumindest im Ansatz geklärt worden sind, soll daher im Folgenden der Blick auf den Zentralen Kontrahenten an der für den deutschen Wertpapierhandel wichtigsten Börse, der FWB[106], sowie auf das Clearing-System, in dem er tätig ist, gerichtet werden.

---

103 Hills/Rule/Parkinson, Financial Stability Review 1999, S. 122 (130); ECB, The evolution of clearing and central counterparty services for exchange-traded derivatives in the United States and Europe, S. 18; Giovannini-Group, 2. Giovannini-Report, S. 12 f. (unter Section 2.2); vgl. auch Böhm, Rechtliche Aspekte grenzüberschreitender Nettingvereinbarungen, S. 140 ff. u. 185.

104 RL 2002/47/EG vom 6. Juni 2002, abgedruckt in Kümpel/Hammen/Ekkenga, Kz. 915; vgl. zu deren Inhalt vorerst nur Löber, BKR 2003, S. 605 ff., der allerdings noch einige Schwachstellen im Hinblick auf das anwendbare Recht ausmacht; auf Details wird später im Rahmen der rechtlichen Erörterung des Netting unter S. 331 ff. einzugehen sein.

105 So auch die Giovannini-Group, 2. Giovannini-Report, S. 12 f. (unter Section 2.2).

106 Diese wird deshalb auch als Leitbörse bezeichnet (vgl. Beck, WM 2000, S. 597 (604); Wastl, WM 1999, S. 620 (622)), was vor dem Hintergrund des Anteils der FWB (Xetra und Parketthandel) am Gesamtumsatz der deutschen Börsen nur zu verständlich ist (im Juni 2003 bspw. bei 89 %; im Aktienhandel wurde sogar ein Anteil von 97,7 % erreicht (Börsen-Zeitung vom 2.07.2003, S. 3)).

3. Teil: Der Zentrale Kontrahent im Clearing-System an der FWB

A. Grundlagen

An der FWB wurde der Zentrale Kontrahent einschließlich des dazugehörigen Clearing-Systems am 27.03.2003 eingeführt[107], nachdem der zunächst für den Herbst 2001 geplante Starttermin wegen unterschätzter Anpassungsprobleme bei den Banken nicht eingehalten werden konnte[108]. In einem ersten Schritt wurden zum Auftakt lediglich 61 Dax- und MDax-Werte in den Handel über den Zentralen Kontrahenten einbezogen, bevor in einer zweiten Stufe am 10.04.2003 die restlichen deutschen, auf Xetra handelbaren und girosammelverwahrten Aktien hinzukamen[109]. Die weiteren Planungen sehen vor, den Leistungsumfang des Zentralen Kontrahenten sukzessive zu erweitern und damit die bereits angesprochenen potentiellen Vorteile eines solchen Systems voll nutzbar zu machen[110]. Im Zuge der Leistungserweiterung wurde im Juni 2005 die Funktionalität des Zentralen Kontrahenten auf ausländische Aktien ausgedehnt. Allerdings sind nicht alle ausländischen Aktien in die Abwicklung über den Zentralen Kontrahenten aufgenommen worden, sondern vorerst nur die girosammelverwahrten Aktien aus Belgien, Finnland, Frankreich, Irland, Italien, Luxemburg, Österreich und der Schweiz[111].

Die Funktion des Zentralen Kontrahenten wird an der FWB durch die Eurex Clearing AG ausgeübt. Dies ergibt sich für seine originäre Aufgabe als zwischengeschaltete Vertragspartei aus § 92 Abs. 3 S. 1 BörsO-FWB[112], wonach bei

---

107 Börsen-Zeitung v. 11.02.2003, S. 4; F.A.Z. v. 11.02.2003, S. 21.
108 Börsen-Zeitung v. 18.10.2001, S. 3.
109 Börsen-Zeitung v. 29.03.2003, S. 3; Deutsche Börse AG, Rundschreiben 37/03 incl. Anhang.
110 Vgl. Potthoff/Ferscha, Börsen-Zeitung v. 26.06.2002, S. 5; Heer/Steiner, Börsen-Zeitung v. 1.03.2003, S. 3, sowie dies., Börsen-Zeitung v. 8.05.2003, S. 4.
111 Vgl. Börsen-Zeitung v. 16.02.2005, wo der Start noch für Mai 2005 angekündigt wird, sowie die Nachricht der Deutsche Börse AG unter: *http://deutsche-boerse.com/dbag/dispatch/de/listcontent/gdb_navigation/trading_members/Content _Files/pm_news_CCP_Service_fuer_ETFs.htm*.
112 Abgedruckt in Kümpel/Hammen/Ekkenga, Kz. 438; dieser Untersuchung liegt die BörseO-FWB in der zum 1. Juli 2005 geltenden Fassung zugrunde. Die später erfolgten Änderungen können im Einzelnen auf der Website der Deutsche Börse AG unter *http://deutsche-boerse.com/dbag/dispatch/de/notescontent/gdb_navigation/in*

Aufträgen über den Kauf und Verkauf von durch die Börsengeschäftsführung festgelegten Wertpapieren oder Rechten stets ein Geschäft zwischen dem Handelsteilnehmer und der Eurex Clearing AG sowie ein Geschäft zwischen der Eurex Clearing AG und dem zweiten Handelsteilnehmer erfolgen[113].

Die Eurex Clearing AG ist eine hundertprozentige Tochtergesellschaft der Eurex Frankfurt AG, die als Trägerin der Terminbörse Eurex Deutschland fungiert und ihrerseits eine hundertprozentige Tochtergesellschaft der Eurex Zürich AG ist, deren Gesellschafter zu je 50% die Deutsche Börse AG und die SWX Swiss Exchange sind[114]. Die Eurex Clearing AG kann auf eine langjährige Erfahrung als Zentraler Kontrahent zurückgreifen, weil sie diese Funktion an der Eurex Deutschland und der Eurex Zürich seit dem Zusammenschluss der Deutschen Terminbörse mit der Schweizer Terminbörse SOFFEX im Jahr 1998 und der damit einhergehenden Umfirmierung ausübt[115].

Das System, in dem die Eurex Clearing AG als Zentraler Kontrahent auftritt, wird durch ihre Clearing-Bedingungen[116] (im Folgenden CB-Eurex) ausgestaltet, welche sie den zur Teilnahme am Clearing-System Interessierten als für eine Vielzahl von Verträgen vorformulierte Vertragsbedingungen einseitig vorgibt, so dass die CB-Eurex als Allgemeine Geschäftsbedingungen i.S. von § 305 Abs. 1 BGB anzusehen sind[117]. Im Folgenden sollen die wesentlichen Vorschriften aus den CB-Eurex kurz dargestellt werden, da sich aus ihnen ein großer Teil der konkreten Rechtsprobleme ergibt, auf die im weiteren Verlauf der Arbeit näher einzugehen sein wird[118]. Dabei soll sich die Darstellung auf die Regelungen zum Clearing von Geschäften beschränken, die an der FWB abgeschlossen werden,

---

fo_center/INTEGRATE/zpd?notesDoc=KIR+FWB-Regelwerk&expand=1.1 > Börsenordnung für die FWB > Details nachvollzogen werden.

113 Zudem kann noch auf § 11 Abs. 1 S. 2 der Bedingungen für Geschäfte an der FWB (abgedruckt in Kümpel/Hammen/Ekkenga, Kz. 450) verwiesen werden, wo auf § 93 Abs. 3 BörsO-FWB Bezug genommen wird.

114 Vgl. Beck, Festschrift Kümpel, S. 19 (37 f.).

115 Vgl. Nummer 1.1 Satz 5 BörsO-Eurex (abgedruckt im Kümpel/Hammen/Ekkenga, Kz. 471).

116 Abgedruckt in Kümpel/Hammen/Ekkenga, Kz. 473.

117 Vgl. zum Begriff der Allgemeinen Geschäftsbedingungen nur Palandt/Heinrichs, § 305, Rn. 2 ff.; allerdings ist zu bedenken, dass die Clearing-Bedingungen hinsichtlich ihrer Wirkkraft und Bedeutung den Börsenusancen sehr nahe kommen (vgl. dazu S. 260 ff.); für eine Einordnung als Allgemeine Geschäftsbedingungen spricht sich auch Alfes aus (vgl. Alfes, Central Counterparty, S. 103).

118 Die folgende Darstellung bezieht sich auf die Fassung der CB-Eurex zum 1. Juli 2005. Die ebenso zahlreichen wie häufig erfolgten Änderungen der CB-Eurex, die später beschlossen wurden, können auf der Website der Eurex Clearing AG unter *http://www.eurexchange.com/documents/regulations/clearing_conditions_de.html* nachvollzogen werden.

während die Bedingungen für Geschäfte an der Eurex[119], der Eurex Bonds GmbH[120], der Eurex Repo GmbH[121] sowie für außerbörsliche Geschäfte[122], die sich alle ebenfalls in den CB-Eurex befinden, nicht erörtert werden. Dies erscheint zum einen wegen der großen Bedeutung des Aktienhandels und zum anderen wegen der grundsätzlichen Ähnlichkeit der Modelle an den anderen Marktplätzen gerechtfertigt[123]. Die strukturelle Vergleichbarkeit wird schon daraus deutlich, dass hinsichtlich grundlegender Fragen jeweils auf die Bestimmungen des I. Kapitels verwiesen wird, soweit nicht spezielle Regelungen vorhanden

---

119 II. Kapitel i.V.m. I. Kapitel der CB-Eurex.
120 III. Kapitel i.V.m. I. Kapitel der CB-Eurex; an der Eurex Bonds werden außerbörslich festverzinsliche Wertpapiere – sog. Renten – gehandelt
121 IV. Kapitel i.V.m. I. Kapitel der CB-Eurex; die Eurex Repo dient als Plattform für den Handel mit Repurchase Agreements, den sog. Repos (vgl. dazu Kümpel, Bank- und Kapitalmarktrecht, Rn. 13.19 ff.).
122 V. Kapitel Nummer 1.3; die zum 6.06.2005 erfolgte Aufnahme diese Vorschrift in das V. Kapitel, das mit „Geschäfte an der Frankfurter Wertpapierbörse" überschrieben ist, erscheint verfehlt, weil das in dieser Klausel geregelte Clearing von außerbörslichen Geschäften nichts mit Geschäften an der FWB zu tun hat.
123 Dies gilt zweifelsfrei jedoch nur bis zur Änderung der CB-Eurex, die zum 30.08.2004 wirksam wurde. Denn damit wurde grundsätzlich die Möglichkeit einer Einbindung einer anderen Clearingstelle eingeführt, die als sog. „Spezial-Clearing Mitglied" (vgl. I. Kapitel Abs. 5 der CB-Eurex) das Clearing der bei ihr angeschlossenen Clearing Mitglieder vornehmen darf. Diese Möglichkeit wird bisher explizit lediglich für den Handel an der Eurex in den CB-Eurex näher konkretisiert. Da die entsprechenden Regelungen unter den Allgemeinen Bestimmungen des I. Kapitels aufgeführt werden, könnte nun die in den anderen Kapiteln erfolgende Verweisung auf das I. Kapitel auch als Bezugnahme auf die Vorschriften zum „Spezial-Clearing Mitglied" aufgefasst werden. Allerdings gilt die Verweisung nur, soweit in den speziellen Kapiteln nicht etwas anderes bestimmt ist (vgl. V. Kapitel Nummer 1 Abs. 1 S. 3 der CB-Eurex). Da nun in den Kapiteln III–V von Spezial-Clearing-Mitgliedern nicht mehr die Rede ist, sondern nur GCM, DCM und NCM erwähnt werden, könnte zu erwägen sein, ob insofern in den Kapiteln etwas anderes vorgesehen ist als bei Geschäften an der Eurex. Diese Auffassung könnte sich etwa auf die Regelung zu Geschäftsabschlüssen an der FWB in Nummer 1.1.3 Abs. 2 S. 3 des V. Kapitels der CB-Eurex stützen, da dort lediglich Nummer 1.2.1 Abs. 2 des I. Kapitels der CB-Eurex für entsprechend anwendbar erklärt wird, nicht jedoch dessen Abs. 3 mit den Regelungen zum Geschäftsabschluss unter Einbeziehung eines SCM. Andererseits ist es durchaus naheliegend, dass in der Zukunft dieses Modell auch für die anderen Handelsplattformen Bedeutung erlangen wird (vgl. S. 523 ff.), so dass eine Beschränkung der Möglichkeit, ein „Spezial-Clearing-Mitglied" einzubinden, wohl nicht gewollt ist. Gegen eine Einschränkung auf die Eurex deutet schließlich die Erwähnung von Clearing-Link-Vereinbarungen in Abs. 2 der Präambel der CB-Eurex hin, die ja für das gesamte Regelwerk gilt.

sind[124]. Daher beziehen sich die weiteren Erörterungen stets auf das Clearing-System für Geschäfte an der FWB, sofern nicht ausdrücklich auf etwas anderes hingewiesen wird.

B. Unterscheidung in GCM, DCM, SCM und NCM

Das gesamte Clearing-System wird wesentlich durch die Einteilung in sog. Clearing-Mitglieder (CM) und Nicht-Clearing Mitglieder (NCM) geprägt, wobei die Gruppe der CM wiederum in General-Clearing Mitglieder (GCM), Direkt-Clearing Mitglieder (DCM) sowie Spezial-Clearing Mitglieder (SCM) zu unterteilen ist[125]. Hinter dieser Unterscheidung stehen unterschiedliche Befugnisse, Aufgaben und Anforderungen der bzw. an die Handelsteilnehmer. Am Clearing-System der Eurex Clearing AG können unmittelbar nur GCM, DCM und SCM, also Institute mit Clearing-Lizenz, teilnehmen[126]. Die NCM müssen wegen entsprechender börsenordnungsrechtlicher Vorschriften[127] indirekt den Anschluss an das Clearing-System über eine entsprechende Vereinbarung mit einem CM herstellen[128]. Der Ausschluss wird ihnen dadurch erleichtert, dass die GCM dazu verpflichtet werden, mit NCM, die die sonstigen Voraussetzungen für eine Zulassung zum Handel an der Börse erfüllen, eine NCM-GCM-Clearing-Vereinbarung zu schließen[129]. Die wesentliche Folge der Trennung der Handelsteilnehmer in CM und NCM besteht darin, dass nur die CM Vertragspartner von mit der Eurex Clearing AG als Zentralem Kontrahent abgeschlossenen Geschäften werden können und demzufolge die daraus resultierenden Verpflichtungen direkt zwischen der Eurex Clearing AG und den CM zu erfüllen sind[130]. Um dies rechtlich umzu-

---

124 Vgl. II. Kapitel S. 1, III. Kapitel Nummer 1, IV. Kapitel Nummer 1 und V. Kapitel Nummer 1 Abs. 1 S. 3 der CB-Eurex.

125 Vgl. etwa I. Kapitel Abs. 5 i.V.m. V. Kapitel Nummer 1 Abs. 1 S. 3 der CB-Eurex; vgl. auch Alfes, Central Counterparty, S. 43 ff.

126 V. Kapitel Nummer 1.1.1 Abs. 1 der CB-Eurex.

127 §§ 16 Abs. 1 Nr. 5, 16 a Abs. 1 und 92 Abs. 3 BörsO-FWB; vgl. eingehend zur damit verbundenen Problematik des Anschlusszwangs an das Clearing-System als Börsenzulassungsvoraussetzung unter S. 208 ff.

128 Vgl. I. Kapitel Nummer 1.8.1 Abs. 1 i.V.m. V. Kapitel Nummer 1 Abs. 1 S. 3 der CB-Eurex.

129 I. Kapitel Nummer 1.9.2 Abs. 1 der CB-Eurex; der Inhalt einer solchen Vereinbarung wird durch die Eurex Clearing AG allerdings nur rudimentär vorgegeben. Das zeigt sich schon daran, dass bspw. für die Entgelte, die CMs von NCMs für ihre Tätigkeit verlangen können, weder Vorgaben in den CB-Eurex noch in der Standardvereinbarung der Eurex Clearing AG über die NCM-GCM-Clearing-Vereinbarung (abgedruckt in Kümpel/Hammen/Ekkenga, Kz. 473 Anhang 1) zu finden sind.

130 V. Kapitel Nummer 1.1.3 Abs. 1 sowie 2.1.1 Abs. 1 u. Abs. 3 der CB-Eurex.

setzen, wird in den CB-Eurex festgelegt, dass mit Ausführung eines Auftrags eines NCM ein Geschäft zwischen diesem NCM und dem CM, dem er sich angeschlossen hat, und gleichzeitig ein inhaltsgleiches Geschäft zwischen dem CM und der Eurex Clearing AG zustande kommt[131], so dass im Falle der Beteiligung von NCM sowohl auf Käufer- als auch auf Verkäuferseite vier Verträge über den Erwerb und die Veräußerung von Wertpapieren geschlossen werden[132].

Der Unterschied innerhalb der Gruppe der CM liegt darin, dass ein SCM als grundsätzlich selbständiger Zentraler Kontrahent das Clearing von eigenen Geschäften seiner CM, deren Kundengeschäften und Geschäften von deren NCM übernehmen darf, ein GCM das Clearing von eigenen Geschäften, Kundengeschäften sowie Geschäften von NCM vornehmen kann, während einem DCM lediglich das Clearing von eigenen Geschäften, Kundengeschäften und Geschäften konzernverbundener NCM gestattet ist[133]. Von den rund 400 Handelsteilnehmern an der FWB hatten beim Start des Handels über den Zentralen Kontrahenten 29 Banken den Status als GCM, während 61 Teilnehmer als DCM fungierten[134]. Als SCM betreibt derzeit noch niemand das Clearing an der FWB, da noch keine Clearing-Link-Vereinbarung zwischen der Eurex Clearing AG und einer anderen Clearingstelle besteht.

C. Voraussetzungen für die Erteilung einer Clearing-Lizenz

Die Unterteilung in SCM, GCM und DCM wirkt sich nicht nur auf den Umfang der Befugnisse der betreffenden Handelsteilnehmer, sondern auch auf die zu erfüllenden Voraussetzungen für die Erteilung der Clearing-Lizenz durch die Eurex Clearing AG aus[135]. Die Anforderungen an einen GCM sind dabei um einiges höher als die an einen DCM, während sich die Anerkennung als SCM in erster Linie nach einer gesonderten Vereinbarung zwischen der Eurex Clearing AG und

---

131 V. Kapitel Nummer 1.1.3 Abs. 2 der CB-Eurex.

132 Dies gilt für den Kreis der am Clearing direkt oder mittelbar Beteiligten, also nicht unter Einbeziehung der Bankkunden als mögliche Auftraggebern; außerdem gilt dies nicht für den – an der FWB ja noch nicht praktizierten – Vertragsschluss unter Einbeziehung eines SCM, da sich in diesem Fall die Vertragskette um eine Stufe erweitert, nämlich um den Vertragsschluss zwischen dem SCM und der Eurex Clearing AG (vgl. I. Kapitel Nummer 1.2.1 Abs. 3 der CB-Eurex); die rechtliche Konstruktion des Vertragsschlusses wird auf S. 277 ff. näher untersucht.

133 I. Kapitel Nummer 1.1.1 Abs. 2 u. Nummer 1.2.7 i.V.m. V. Kapitel Abs. 1 S. 3 der CB-Eurex; Art und Umfang des Konzernverbundes bestimmt die Eurex Clearing AG (vgl. I. Kapitel Nummer 1.2.7 Abs. 2 S. 2 der CB-Eurex).

134 Börsen-Zeitung v. 27.03.2003, S. 3.

135 Vgl. Alfes, Central Counterparty, S. 46 ff.

der anderen Clearingstelle richtet, so dass allgemeine Aussagen darüber nicht möglich sind[136]. Aus diesem Grund und weil noch kein SCM an der FWB tätig ist, wird im Folgenden auf diese Form einer Clearing-Mitgliedschaft nicht näher eingegangen.

Der Kreis derer, die eine Clearing-Lizenz – gleich, ob als DCM oder als GCM – erhalten können, wird grundsätzlich beschränkt auf Institute mit Sitz in einem Staat der Europäischen Union oder der Schweiz, sofern sie von den zuständigen Stellen ihres Herkunftsstaats zugelassen worden sind, die Zulassung das Betreiben des Depotgeschäfts, des Kreditgeschäfts und die Entgegennahme von Sicherheitsleistungen in Form von Wertpapieren oder Geld abdeckt und das Institut von den zuständigen Stellen nach den Vorgaben der Richtlinien der Europäischen Union bzw. von der Eidgenössischen Bankenkommission beaufsichtigt wird[137], sowie auf Zweigniederlassungen anderer ausländischer Institute, sofern sie, vereinfachend ausgedrückt, für dasselbe Tätigkeitsfeld zugelassen sind und eine entsprechende Aufsicht gewährleistet ist[138].

Neben dieser Einschränkung des potentiellen Clearing-Teilnehmerkreises lassen sich die Voraussetzungen für die Clearing-Lizenz in finanzielle, das wirtschaftliche Risiko der Eurex Clearing AG begrenzende Bedingungen einerseits und in eher technische, die tatsächliche Funktionsfähigkeit des gesamten Clearing-Systems sicherstellende Bedingungen andererseits unterscheiden.

Zu den finanziellen Anforderungen für die Erteilung einer Clearing-Lizenz gehört der zu erbringende Eigenkapitalnachweis. In den ersten Monaten der Tätigkeit der Eurex Clearing AG als Zentraler Kontrahent an der FWB enthielten die CB-Eurex eindeutige Vorgaben für das nachzuweisende Eigenkapital. Eine General-Clearing-Lizenz setzte ein haftendes Eigenkapital bzw. für nicht vom Anwendungsbereich des KWG erfasste Institute eine vergleichbare Eigenmittelgröße von mindestens 25 Millionen Euro voraus, während für eine Direkt-Clearing-Lizenz 2,5 Millionen Euro haftendes Eigenkapital respektive vergleichbare Eigenmittel in dieser Höhe ausreichten[139]. Ab dem 30.09.2003 wurden diese konkreten Zahlen durch die Klausel ersetzt, dass die Clearing-Lizenzen ein haftendes Eigenkapital in der von der Eurex Clearing AG festgelegten Höhe voraussetzen[140]. Damit ist jedoch keine Reduzierung der früher gültigen Mindestanfor-

---

136 Vgl. etwa die Unterabs. 2 der Präambel sowie I. Kapitel Nummer 1.1.1 Abs. 3 lit. f) u. Nummer 1.9.5 Abs. 1 S. 1 der CB-Eurex.

137 I. Kapitel Nummer 1.1.1 Abs. 3 lit. a) i.V.m. V. Kapitel Nummer 1 Abs. 1 S. 3 der CB-Eurex.

138 Vgl. zu den Einzelheiten I. Kapitel Nummer 1.1.1 Abs. 3 lit. c) – e) i.V.m. V. Kapitel Nummer 1 Abs. 1 S. 3 der CB-Eurex.

139 IV. Kapitel Nummer 1.1.2 Abs. 1 der CB-Eurex in der Fassung bis zum 30.09.2003.

140 V. Kapitel Nummer 1.1.2 Abs. 1 S. 1 u. S. 3 der CB-Eurex.

derungen verbunden, sondern lediglich eine Dynamisierung der über diesen Minimum-Betrag hinausgehenden Anforderungen[141].

Falls das haftende Eigenkapital, das nach den jeweiligen gesetzlichen Vorschriften im Sitzstaat des Antrag stellenden Instituts, für deutsche Institute also nach dem KWG[142], zu berechnen ist, nicht ausreicht, kann die Eurex Clearing AG zulassen, dass der Fehlbetrag durch Bankgarantien oder Sicherheiten in Geld oder Wertpapieren ausgeglichen wird[143].

Zum Bereich der finanziellen Anforderungen ist weiterhin der Beitrag zum sog. Clearing-Fonds zu zählen, welcher der Sicherstellung der Erfüllung aller über die Eurex Clearing AG an der FWB abgeschlossenen Geschäfte dient[144], indem er in Anspruch genommen werden kann, um die finanziellen Folgen eines Verzuges von CM zu beheben[145]. Die Höhe des zu erbringenden Fonds-Beitrags liegt gegenwärtig[146] für GCM bei mindestens 5 Mio. Euro und für DCM bei mindestens 1 Mio. Euro[147].

Neben der Erfüllung der finanziellen Anforderungen haben Antragsteller zur Sicherstellung der tatsächlichen Funktionsfähigkeit des Clearing-Systems bspw. ein Wertpapierdepot bei einer von der Eurex Clearing AG anerkannten Wertpapiersammelbank sowie ein Pfanddepot bei der Clearstream Banking AG oder der SegaIntersettle AG nachzuweisen[148]. Ferner müssen sie über angemessene tech-

---

141 Vgl. zu den Einzelheiten das Rundschreiben der Eurex Clearing AG 097/03 zur Dynamisierung des haftenden Eigenkapitals.

142 Vgl. zur Bestimmung des haftenden Eigenkapitals Boos in Boos/Fischer/Schulte-Mattler, § 10 KWG, Rn. 4 ff.

143 V. Kapitel Nummer 1.1.2 Abs. 3 i.V.m. I. Kapitel Nummer 1.1.2 Abs. 2 der CB-Eurex mit weiteren Einzelheiten.

144 Vgl. V. Kapitel Nummer 1.1.2 Abs. 4 lit. g) i.V.m. V. Kapitel Nummer 1.2.1 der CB-Eurex.

145 V. Kapitel Nummer 1.2.2 Abs. 1 der CB-Eurex.

146 Die Höhe der zu leistenden Fonds-Einlage ist in den CB-Eurex selbst nicht festgelegt, sondern wird – hier bezogen auf Geschäfte an der FWB – gem. V. Kapitel Nummer 1.1.2 Abs. 4 lit. g), Nummer 1.2.1 Abs. 2 i.V.m. I. Kapitel Nummer 1.6.1.1 Abs. 1 S. 2 CB-Eurex für jedes CM von der Eurex Clearing AG festgesetzt. In der Praxis erfolgte die Festsetzung bis zum 2. Januar 2003 aber nicht individuell, sondern nach Status als GCM oder DCM (vgl. Eurex Clearing AG, Viele Märkte – ein Clearinghaus, S. 9). Seitdem findet eine Dynamisierung der Beiträge auf Grundlage der „Total Margin Requirements" statt, die jedoch das Minimum von 5 Mio. Euro bzw. 1 Mio. Euro unberührt lässt, also lediglich zu einem noch höheren Beitrag führen kann (vgl. zu den Einzelheiten Eurex Clearing AG, Rundschreiben 097/02).

147 Zu den Einzelheiten des Beitrags zum Clearing-Fonds wird auf S. 376 ff. eingegangen.

148 V. Kapitel Nummer 1.1.2 Abs. 4 lit. a) u. b) S. 1 der CB-Eurex; dabei muss es sich nicht notwendigerweise um ein eigenes Wertpapierdepot handeln, vgl. V. Kapitel

nische Einrichtungen verfügen, um den ordnungsgemäßen Ablauf und die Kontrolle aller Transaktionen zu gewährleisten[149].

In den CB-Eurex ist allerdings nicht ausdrücklich geregelt, dass die Zulassung zum Handel an die Börse nach § 16 Abs. 1 BörsG eine notwendige Voraussetzung für die Erteilung einer Clearing-Lizenz darstellt. Deshalb stellt sich die Frage, ob es rechtlich möglich ist, dass ein Institut als CM tätig wird, ohne über eine Börsenzulassung zu verfügen. Nun könnte man versucht sein, die Antwort auf diese Frage über die in § 16 Abs. 2 bis Abs. 7 BörsG aufgelisteten Tatbestände zu finden, indem untersucht wird, ob ein auf die Tätigkeit als CM beschränktes Institut die Voraussetzungen für die Börsenzulassung[150] erfüllt. Ein derartiger Ansatz ließe aber außer Acht, dass es sich bei den dort aufgeführten Tatbeständen um zu erfüllende Bedingungen für die Börsenzulassung handelt und nicht geregelt wird, wer eine Börsenzulassung benötigt. Letzteres ist alleine Gegenstand des § 16 Abs. 1 BörsG, wo für den Besuch und für die Teilnahme am Börsenhandel eine Zulassung durch die Geschäftsführung für erforderlich erklärt wird. Hält man sich also vor Augen, dass schon für den Besuch der Börse eine Zulassung nötig ist, dann sollte es gar nicht mehr entscheidend sein, ob die Tätigkeit eines CM, der auf eigene Geschäfte verzichtet, als Teilnahme am Börsenhandel einzuordnen ist, was mit Blick auf die Bedeutung des Wortes „Handel" durchaus zweifelhaft erscheinen mag[151]. Das BörsG geht nämlich von einem weitreichenden Börsenzulassungszwang aus, der jedenfalls alle Institute erfassem muss, die Vertragspartner der an der Börse geschlossenen Geschäfte werden. Die CB-Eurex setzen dies anscheinend als selbstverständlich voraus, wenn sie zu den Befugnissen sowohl der GCM als auch der DCM das Clearen von eigenen Geschäften oder Kundengeschäften zählen[152], die ja ohne Handelszulassung gar nicht abgeschlossen werden können. Die grundsätzliche Möglichkeit, für diese Geschäfte als CM zu fungieren, sollte bereits eine Zulassung zur Teilnahme am Börsenhandel erforderlich werden lassen[153]. In diesem Sinne ist wohl auch § 92 Abs. 1 BörsO-FWB zu verstehen, der festlegt, dass Geschäfte an der Börse nur im Namen eines an der FWB zugelassenen Unternehmens abgeschlossen oder von sol-

---

Nummer 1.1.2 Abs. 4 lit. b) S. 3 i.V.m. Abs. 5 S. 1 der CB-Eurex, wo auf entsprechenden Antrag die Verwendung des Wertpapierdepots eines von der Eurex Clearing AG anerkannten Abwicklungsinstituts (vgl. dazu Alfes, Central Counterparty, S. 53 ff.) gestattet wird.

149 V. Kapitel Nummer 1.1.2 Abs. 4 lit. d) der CB-Eurex; vgl. außerdem die Voraussetzungen in Abs. 4 lit. c), e), f) und h) der CB-Eurex.

150 Vgl. hierzu im Überblick Schwark/Schwark, KMR, § 16 BörsG, Rn. 14 ff.

151 Vgl. dazu die Ausführungen auf S. 476 ff.

152 I. Kapitel Nummer 1.2.7 i.V.m. V. Kapitel Nummer 1 Abs. 1 S. 3 der CB-Eurex.

153 A.A. wohl Ruland, Effekten – Geschäft und Technik, S. 212, der – ohne Begründung – die Ansicht vertritt, dass ein CM kein Handelsteilnehmer sein muss.

chen Unternehmen vermittelt werden dürfen. Denn wenn gem. § 92 Abs. 3 BörsO-FWB die Verträge über in das Clearing einbezogenen Wertpapiere stets zwischen der Eurex Clearing AG als Zentralem Kontrahent und den CM sowie zwischen diesen und den NCM zustande kommen, dann weist schon der systematische Zusammenhang darauf hin, dass diese Verträge als Geschäfte i.S. von § 92 Abs. 1 BörsO-FWB anzusehen sind.

Somit ist davon auszugehen, dass CM stets eine Börsenzulassung benötigen, selbst wenn sie sich tatsächlich darauf beschränken, für Geschäfte von Handelsteilnehmern ohne Clearing-Lizenz als CM aufzutreten.

D. Erforderlichkeit von Sicherheitsleistungen

Die Eurex Clearing AG als Zentraler Kontrahent wird Vertragspartner aller an der FWB getätigten Geschäfte über Wertpapiere, die in den Handel über den Zentralen Kontrahenten einbezogen wurden[154]. Das bedeutet, dass sie das Ausfallrisiko der Handelsteilnehmer bzw. der CM trägt und es somit wirtschaftlich sinnvoll ist, sich gegen dieses Risiko abzusichern[155]. Dazu dienen nicht nur die aufgeführten finanziellen Bedingungen für die Erteilung einer Clearing-Lizenz, sondern auch die Einforderung von Sicherheitsleistungen für Börsengeschäfte[156]. Jedes CM hat deshalb zur Besicherung seiner Kontraktverpflichtungen börsentäglich in der von der Eurex Clearing AG festgelegten Höhe Sicherheit zu leisten[157], wobei sich die zu hinterlegende Sicherheit für alle noch nicht erfüllten Lieferungen aus der Differenz zwischen dem Preis des Geschäfts und dem täglichen Abrechnungspreis des Geschäftstages berechnet[158]. Außerdem wird eine weitere Sicherheitsleistung, die sog. Additional Margin, ermittelt, die das Risiko der ungünstigsten vorhersehbaren Preisbewegung einer Aktie am Folgetag abbilden soll[159]. Die genaue Methode zur Berechnung der Sicherheitsleistung wird

---

154 § 92 Abs. 3 S. 1 BörsO-FWB, V. Kapitel Nummer 1.1.3 Abs. 1 u. Nummer 2.1.1 Abs. 1 der CB-Eurex.
155 Vgl. S. 71 ff.
156 Vgl. umfassend zu den unterschiedlichen Modellen der Sicherheitsleistung und zu deren konkreter Berechnung bei den verschiedenen Wertpapierenarten Eurex Clearing AG, Risk Based Margining; auf Details für die Berechnung der Sicherheiten soll an dieser Stelle nicht eingegangen werden, da sie weniger von rechtlicher als von wirtschaftlicher Bedeutung sind.
157 V. Kapitel Nummer 2.1.4 Abs. 1 i.V.m. I. Kapitel Nummer 1.3.1 Abs. 1 der CB-Eurex.
158 V. Kapitel Nummer 2.1.3 der CB-Eurex; dies wird als Current Liquidating Margin bezeichnet (vgl. Eurex Clearing AG, Risk Based Margining, S. 19 u. 36 f.).
159 V. Kapitel Nummer 2.1.4 Abs. 4 der CB-Eurex.

von der Eurex Clearing AG festgesetzt und den CM bekannt gegeben[160]. Die Sicherheitsleistung kann in Geld oder in von der Eurex Clearing AG akzeptierten Wertpapieren oder Wertrechten erfolgen[161]. Im Ergebnis beschränkt sich das Erfordernis der Sicherheitsleistung nicht auf die CM, sondern erstreckt sich auch auf die NCM, da die CM nach den CB-Eurex dazu verpflichtet sind, von den angeschlossenen NCM Sicherheiten mindestens in der sich nach der Berechnungsmethode der Eurex Clearing AG ergebenden Höhe zu verlangen[162].

E. Netting und Verzugssanktionierung

Zur Klärung der Aufgabenstellung der Eurex Clearing AG innerhalb des Clearing-Systems an der FWB und zur besseren Beurteilung der Vorteilhaftigkeit dieses Systems soll noch ein kurzer Hinweis auf die Vorschriften in den CB-Eurex zum Verrechnungsverfahren und zum Sanktionsmechanismus bei Zahlungs- oder Lieferungsverzug gegeben werden.

Die Saldierung, die im vorliegenden Zusammenhang unter den Begriff des Netting gefasst wird[163], erfolgt durch die Eurex Clearing AG, indem sie am Ende jedes Handelstages gegenüber jedem CM Forderungen und Verbindlichkeiten bzgl. Geldzahlungen und Wertpapierübertragungen zu einer Nettoforderung bzw. Nettoverbindlichkeit je Wertpapiergattung verrechnet, so dass nunmehr im Verhältnis zwischen ihr und dem jeweiligen CM nur diese Nettoforderung bzw. Nettoverbindlichkeit besteht[164]. Die Verrechnungen[165] werden bzgl. der Geschäfte auf Eigen- und Kundenpositionskonten des jeweiligen CM getrennt durchgeführt[166]. Über eine Klausel in den Standardvereinbarungen zwischen der Eurex

---

160 V. Kapitel Nummer 2.1.4 Abs. 1 i.V.m. I. Kapitel Nummer 1.3.1 Abs. 4 der CB-Eurex; vgl. zu der Berechnung der Sicherheitsleistung bei Aktiengeschäften Eurex Clearing AG, Risk Based Margining, S. 36 ff., wo auch entsprechende Beispiele aufgeführt werden.

161 V. Kapitel Nummer 2.1.4 Abs. 1 i.V.m. I. Kapitel Nummer 1.3.1 Abs. 1 S. 1 der CB-Eurex; vgl. zu den Einzelheiten S. 376 ff.

162 V. Kapitel Nummer 2.1.4 Abs. 1 i.V.m. I. Kapitel Nummer 1.3.1 Abs. 5 S. 1 der CB-Eurex.

163 Vgl. etwa Horn, WM 2002, Sonderbeil. 2, S. 4, sowie Schlüter, Börsenhandelsrecht, Abschnitt G, Rn. 1077; vgl. eingehend zum Netting S. 331 ff.

164 V. Kapitel Nummer 1 Abs. 1 S. 3 i.V.m. I. Kapitel Nummer 1.2.3 Abs. 1 der CB-Eurex.

165 Es wird an dieser Stelle mit Absicht der rechtlich unscharfe Begriff „Verrechnung" verwendet, um der rechtlichen Einordnung dieses Vorgangs nicht vorzugreifen.

166 V. Kapitel Nummer 1 Abs. 2 i.V.m. I. Kapitel Nummer 1.2.3 Abs. 3 der CB-Eurex.

Clearing AG, dem CM und seinem angeschlossenen NCM[167] wird ein entsprechendes Saldierungsverfahren im Verhältnis des CM zu seinem NCM vereinbart.

Nach den CB-Eurex kommt ein CM ohne eine Mahnung in Verzug, wenn es die von der Eurex Clearing AG verlangten Sicherheitsleistungen bzw. sonstige geschuldete Entgelte oder die geschuldeten Wertpapiere nicht fristgerecht leistet oder es versäumt, sonstige nach den CB-Eurex bestehende Verpflichtungen zu erfüllen[168].

Befindet sich ein CM nach der vorgenannten Regelung im Verzuge, kann die Eurex Clearing AG[169] nach ihren Clearing-Bedingungen zu bestimmten Maßnahmen greifen bzw. Ansprüche geltend machen. So kann sie sich mit den nicht rechtzeitig gelieferten Wertpapieren selbst eindecken, wofür ein abgestuftes Verfahren vorgesehen ist, das schließlich dazu führen kann, dass die Erfüllungspflichten des säumigen CM und der Eurex Clearing AG sowie die zwischen der Eurex Clearing AG und dem anderen CM aus dem inhaltsgleichen Parallelkontrakt erlöschen und das säumige CM stattdessen zu einem Barausgleich gegenüber der Eurex Clearing AG verpflichtet ist, dessen Betrag nach Erhalt an das CM als Partei des inhaltsgleichen Parallelkontrakts ausgekehrt wird[170].

Neben der Pflicht zur Erstattung eines konkreten Verzugsschadens[171] wird das in Verzug geratene CM mit einer Vertragsstrafe belastet, deren Höhe sich auf 0,04 % des aktuellen Wertes der nach dem betreffenden Geschäft zu liefernden Aktien pro Geschäftstag beläuft[172]. Es ist für die Vertragsstrafe ein Mindest- und ein Höchstbetrag vorgesehen, wobei allerdings nicht deutlich wird, ob sich der Höchstbetrag auf die tägliche Zahlungspflicht bezieht oder ob er eine absolute

---

167 2. Abschnitt Nummer 3 der Standardvereinbarung zwischen Eurex Clearing AG, CM und NCM (abgedruckt in Kümpel/Hammen/Ekkenga, Kz. 473 Anhang 1).

168 Vgl. I. Kapitel Nummer 1.7.1 Abs. 1 i.V.m. V. Kapitel Nummer 2.1.5 Abs. 7 der CB-Eurex; aus diesen Vorschriften lässt sich teils unmittelbar, teils über weitere Verweisungen entnehmen, wann und wie die geschuldeten Leistungen zu erbringen sind. So wird in dem in Bezug genommenen I. Kapitel Nummer 1.3.1 Abs. 1 der CB-Eurex festgelegt, dass die Sicherheiten börsentäglich zu erbringen sind.

169 In den CB-Eurex findet sich darüber hinaus eine Regelung, wonach die Börsengeschäftsführung ein CM, das die erforderliche Sicherheit, die tägliche Abrechnungszahlung oder bestimmte andere geschuldete Entgelte nicht fristgerecht erbringt, vom Börsenhandel ausschließen kann (I. Kapitel Nummer 1.7.1 Abs. 3 i.V.m. IV. Kapitel Nummer 2.1.5 Abs. 7). Diese Vorschrift dürfte jedoch als ein bloßer Hinweis auf die börsen- bzw. börsenordnungsrechtlichen Sanktionsmöglichkeiten der Börsengeschäftsführung aufzufassen sein, so dass ihr kein eigener Regelungsgehalt zukommt.

170 Vgl. zum detaillierten Ablauf des Verfahrens und den möglichen Maßnahmen bei Verzug unter V. Kapitel Nummer 2.1.5 Abs. 1 der CB-Eurex.

171 Vgl. V. Kapitel Nummer 2.1.5 Abs. 6 S. 1 i.V.m. Abs. 8 der CB-Eurex.

172 V. Kapitel Nummer 2.1.5 Abs. 6 S. 3 CB-Eurex.

Grenze darstellen soll[173]. Gemeint ist wohl lediglich eine Begrenzung der täglichen Zahlungspflicht, da die Vertragsstrafe ansonsten kaum ihrer Funktion als Druckmittel zur Vertragserfüllung[174] gerecht werden kann.

F. Zusammenfassung

Zwar wurde in den vorstehenden Ausführungen darauf verzichtet, alle Einzelheiten der Aufgaben und Befugnisse des Zentralen Kontrahenten bzw. die Details des Clearing-Systems an der FWB darzustellen, doch konnte anhand einiger wichtig erscheinender Vorschriften der Rahmen für die Funktionalität des Zentralen Kontrahenten an der FWB beschrieben werden. Hervorzuheben ist insoweit die Trennung in CM und NCM, die unmittelbar für die Vertragsbeziehungen zur Eurex Clearing AG als Zentraler Kontrahent von Bedeutung ist und auf der große Teile der Regelungen in den CB-Eurex beruhen. Diese Unterscheidung mit den ihr folgenden Voraussetzungen für den Erhalt einer Clearing-Lizenz sowie die Anforderungen hinsichtlich der zu erbringenden Sicherheitsleistungen lassen schließlich den Schluss zu, dass der Börsenhandel sicherer wird und die durch die Risikokonzentration beim Zentralen Kontrahenten[175] theoretisch entstehenden Gefahren äußerst gering sind.

---

173 Vgl. V. Kapitel Nummer 2.1.5 Abs. 6 S. 3 der CB-Eurex: „Die Eurex Clearing AG hat ... einen Zahlungsanspruch auf ein Geldbetrag gegenüber dem in Verzug befindlichen Clearing-Mitglied in Höhe von 0,04 % des aktuellen Wertes der aufgrund eines FWB-Geschäfts zu liefernden Aktien, mindestens jedoch EUR 100 pro Geschäftstag maximal jedoch EUR 10.000.“

174 Vgl. Palandt/Heinrichs, Vorb. v. § 339, Rn. 1.

175 Vgl. zu diesem potentiellen Nachteil der Einführung eines Zentralen Kontrahenten S. 71 ff.

4. Teil: Einordnung des Zentralen Kontrahenten in die verschiedenen Phasen des Börsenhandelsprozesses

Die Vorteile und die damit notwendigerweise einhergehenden Aufgaben, die mit einem Zentralen Kontrahenten in der Regel verbunden werden, werfen die Frage auf, wie sich seine Tätigkeit in den Ablauf des Wertpapierhandelsprozesses einordnen lässt.

Im Rahmen der Untersuchung der Auswirkungen einer zunehmenden Automatisierung des Wertpapierhandels auf die Effizienz der Handelsorganisation haben vor allem Vertreter der Wirtschaftswissenschaften den Handelsprozess in vier Phasen aufgeteilt[176]. Danach gibt es eine Informationsphase, eine Orderroutingphase, eine Abschlussphase sowie eine Abwicklungsphase. Die Informationsphase dient dem Handelswilligen zur Gewinnung an Informationen, die er für die Entscheidungsfindung für eine seiner Risikoneigung und seinem Anspruchsniveau entsprechenden Markttransaktion benötigt[177]. Im Vorfeld des Handelsabschlusses findet die für die Informationsbeschaffung wichtige Transparenz in dem Orderbuch, also der Auflistung der vorhandenen Aufträge zum Kauf oder Verkauf der Handelsgegenstände, ihre wesentliche Grundlage[178], so dass bei einem offenen Orderbuch, bei dem alle Orders den Marktteilnehmern zugänglich sind, ein hohes Maß an Transparenz erreicht wird[179].

Ist ein bestimmter Transaktionswunsch entstanden, wird der entsprechende Auftrag in der Orderroutingphase an den Ort der gewählten Ausführung geleitet, und zwar entweder durch den Handelswilligen selbst, sofern er direkten Marktzugang hat, oder durch einen Intermediär, nämlich eine Bank oder einen Broker, der über den Marktzugang verfügt[180].

In der Abschlussphase erfolgt die eigentliche Ausführung der Transaktion, indem unter Festsetzung eines Preises Angebot und Nachfrage zusammenge-

---

176 Picot/Bortenlänger/Röhrl, Börsen im Wandel, S. 16; Bortenlänger, Börsenautomatisierung, S. 59; Gomber, Elektronische Handelssysteme, S. 11.
177 Picot/Bortenlänger/Röhrl, Börsen im Wandel, S. 17
178 Vgl. Gomber, Elektronische Handelssysteme, S. 19.
179 Rudolph/Röhrl in Hopt/Rudolph/Baum, S. 208.
180 Picot/Bortenlänger/Röhrl, Börsen im Wandel, S. 17 und vertiefend S. 49 ff.; Bortenlänger, Börsenautomatisierung, S. 77; Gomber, Elektronische Handelssysteme, S. 21.

bracht werden[181]. Diese Phase wird auch als „Herzstück" der Transaktionskette bezeichnet.

Schließlich werden von der Abwicklungsphase alle Aktivitäten umfasst, die der Übertragung der Rechte aus den abgeschlossenen Geschäften dienen[182]. Hierzu zählen z.b. die Benachrichtigung der Marktteilnehmer über die Daten des Handelsabschlusses, die Überprüfung der Abschlussdaten auf Fehler, die Verbuchung der Geschäfte, die Verrechnung der Handelsabschlüsse sowie die Einleitung der Lieferung der Finanzinstrumente[183]. Die letzte Phase einer Transaktion wird mit den Begriffen „Clearing" und „Settlement" umschrieben[184]. Allerdings werden diese Begriffe nicht immer einheitlich gebraucht. Während zum Teil der gesamte Bereich der kaufvertraglichen Erfüllung mit Clearing bzw. Settlement bezeichnet wird[185], wird mehrheitlich unterschieden zwischen Clearing als Ab- bzw. Verrechnung der abgeschlossenen Geschäfte und Settlement als dem Prozess der eigentlichen Erfüllung durch Lieferung der entsprechenden Finanzinstrumente[186].

Von dieser Differenzierung geht auch der 1. *Giovannini*-Report aus, der zur Information und Beratung der EU-Kommission das grenzüberschreitende Clearing und Settlement untersucht und dabei festgestellt hat, dass der Clearing- und Settlement-Prozess beginnt, wenn ein Wertpapiergeschäft abgeschlossen worden ist[187]. Die sich anschließenden Vorgänge könnten in vier Haupttätigkeiten unterteilt werden. Das seien zunächst die Bestätigung des Vertrages mit seinen Einzel-

---

181 Bortenländer, Börsenautomatisierung, S. 82 f.; Picot/Röhrl/Bortenländer, Börsen im Wandel, S. 17 und ausführlicher S. 54 ff.

182 Bortenländer, Börsenautomatisierung, S. 100; Picot/Bortenländer/Röhrl, Börsen im Wandel, S. 71; Gomber, Elektronische Handelssysteme, S. 22.

183 Rudolph/Röhrl in Hopt/Rudolph/Baum, S. 219.

184 Picot/Bortenländer/Röhrl, Börsen im Wandel, S. 17; Gomber, Elektronische Handelssysteme, S. 22; Jaskulla, ZEuS 2004, S. 497 (504 f.).

185 Vgl. Lenenbach, Kapitalmarkt- und Börsenrecht, Rn. 5.42, der mit Clearing den gesamten Bereich der Abwicklung meint, sowie Schlüter, Börsenhandelsrecht, Abschnitt G, Rn. 1039, der Clearing und Settlement begrifflich anscheinend nicht trennen will.

186 Rudolph/Röhrl in Hopt/Rudolph/Baum, S. 219; Jaskulla, ZEuS 2004, S. 497 (504 f.); Mues, Die Börse als Unternehmen, S. 30 mit Fn. 57; Gerke, Börsenlexikon, Stichwort: Clearing; Blitz in Handwörterbuch des Bank- und Finanzwesens, S. 496 (Erl. zu Clearing und Settlement); ähnlich Berger, Der Aufrechnungsvertrag, S. 36, der das Clearing als „verfahrensmäßigen Ablauf einer Abrechnung, bei der Daten und/oder Belege bezüglich Geld- oder Wertpapierübertragungen an einem einzigen Ort (der Clearing- oder Verrechnungsstelle) vorgelegt und ausgetauscht und gegebenenfalls die ausstehenden Nettopositionen der einzelnen Abrechnungsteilnehmer berechnet werden", definiert.

187 Giovannini-Group, 1. Giovannini-Report, S. 4.

heiten, dann das Clearing, bei dem detailliert ermittelt werde, was die eine Vertragspartei von der anderen zu bekommen habe und wo gegebenenfalls eine Aufrechnung[188] von sich gegenüberstehenden Positionen erfolge, und schließlich das Settlement, das wiederum in die Vorgänge der Lieferung der Wertpapiere einerseits und ihre Bezahlung andererseits aufgeteilt werden könne[189].

Dass die Zuordnung verschiedener Vorgänge während des gesamten Transaktionsvorgangs zu den einzelnen Phasen nicht immer problemlos möglich ist, zeigt sich bspw. daran, dass im Zusammenhang mit der Aufbereitung der Daten der Geschäftsabschlüsse zu den Schlussnoten von auf den Handel bezogenen Hilfsleistungen gesprochen wird, die von Clearing und Settlement noch einmal getrennt werden[190], obwohl die Schlussnotenerstellung erst nach der Zusammenführung von Angebot und Nachfrage erfolgen kann. Die Tätigkeit eines Zentralen Kontrahenten lässt sich ebenfalls nicht ohne weiteres nur einer der angeführten Phasen zuordnen[191]. In Betracht kommen nämlich sowohl die Handels- als auch die Clearing-Phase. Denn wie die Darstellung des Clearing-Systems an der FWB gezeigt hat, wird die Eurex Clearing AG als Zentraler Kontrahent unmittelbar in den Vertragsschluss und damit in die Abschlussphase einbezogen. Andererseits nimmt sie die Berechnung und Saldierung von Wertpapierforderungen und -verpflichtungen vor, so dass sie auch auf der Abwicklungsebene eine wichtige Funktion erfüllt. Lediglich auf diese Tätigkeiten wird abgestellt, wenn im Zuge der Einführung des Zentralen Kontrahenten an der FWB davon gesprochen worden ist, die bisherige zweistufige Prozesskette im Kassamarkt, die aus dem Handel und dem Settlement bestehe, sei mit dem Zentralen Kontrahenten um das Clearing ergänzt worden[192].

Bei einer umfassenden Betrachtung ist jedoch der Einschätzung zuzustimmen, die Abstufung von Börsenhandel und Clearing könne nicht verdecken kann, dass auf der Clearing-Ebene Vertragsschluss, Erfüllung und Besicherung der Kontrakte erfolgen[193]. Das bedeutet, dass die Bezeichnung des Zentralen Kontrahenten als Clearer seiner originären Aufgabe als zwischengeschalteter Vertragspartei nach den herkömmlichen Begrifflichkeiten nicht hinreichend Rechnung trägt,

---

188 Dass mit einem Clearing nicht zwangsläufig eine Aufrechnung im Rechtssinne verbunden sein muss, hat Berger, Der Aufrechnungsvertrag, S. 36, anschaulich herausgearbeitet.

189 Giovannini-Group, 1. Giovannini-Report, S. 4 ff.

190 Mues, Die Börse als Unternehmen, S. 30 mit Fn. 57; vgl. ferner Kümpel, Bank- und Kapitalmarktrecht, Rn. 17.700 u. 17.704 ff., der dies bei der Frage nach der Reichweite der Börsenleistungen diskutiert.

191 Vgl. Deutsche Börse AG, The European Post-Trade Market, S. 8.

192 Brodella/Honvehlmann, Börsen-Zeitung v. 8.05.2003, S. 4; Potthoff/Ferscha, Börsen-Zeitung v. 26.06.2002, S. 5; Kalbhenn, Börsen-Zeitung v. 14.06.2002, S. 8.

193 So schon Schwark, BörsG, § 1, Rn. 60.

weil sie nur die den Handelsabschluss nachgelagerten Tätigkeiten erfasst, die gleichwohl einen wesentlichen Teil seiner Aufgaben ausmachen, sofern der Zentrale Kontrahent – wie z.B. an der FWB – zugleich Betreiber eines Clearing-Systems ist[194]. Ob sich das in rechtlichen Konsequenzen niederschlägt, wird noch zu untersuchen sein.

---

194 Ähnlich argumentiert die Deutsche Börse AG, die den Bereich des „CCP-Clearings" nicht dem Nachhandelsbereich zuordnet und ihn daher aus der beabsichtigen Regulierung des Clearing und Settlement durch eine europäische Richtlinie (vgl. dazu S. 521 ff.) ausnehmen will (vgl. Deutsche Börse AG, The European Post-Trade Market, S. 8 u. 10; Mai, AG 2004, R 240 (R 244)).

5. Teil: Zentraler Kontrahent und Börsenorganisationsrecht

Die Einführung eines Zentralen Kontrahenten an einer nach § 1 Abs. 1 S. 1 BörsG genehmigten Börse bringt eine Reihe von rechtlichen Fragen mit sich, die bislang allenfalls in Ansätzen erörtert worden sind[195]. Völlig offen ist insbesondere, wie sich der Zentrale Kontrahent in das durch das BörsG bestimmte Börsenorganisationsrecht einordnen lässt. Im folgenden Abschnitt soll daher der Versuch unternommen werden, die Probleme, die sich in dieser Hinsicht stellen können, herauszuarbeiten und nach Möglichkeit einer Lösung zuzuführen. Dabei wird zur Veranschaulichung des Öfteren auf den Zentralen Kontrahenten und das Clearing-System an der FWB Bezug genommen, da die dortigen Gestaltungen als zumindest für Deutschland exemplarisch gelten können und ihnen überdies angesichts der exponierten Stellung der FWB als deutsche Leitbörse besondere Bedeutung zukommt.

A. Zentraler Kontrahent und Börsenbegriff

Dass die Einführung eines Zentralen Kontrahenten im Hinblick auf das Börsenorganisationsrecht zu neuen Überlegungen zwingt, zeigt sich bereits in der kürzlich aufgeworfenen und durchaus grundlegenden Frage, ob dessen Einschaltung in den Vertragsschluss die Eigenschaft einer Marktveranstaltung als Börse i.S. des § 1 Abs. 1 S. 1 BörsG entfallen lassen könnte[196].

I. Begriff der „Börse" nach dem BörsG

Zur Beantwortung dieser Frage ist es erforderlich, zu klären, was das BörsG unter einer Börse versteht. Deshalb soll im Folgenden der Versuch unternommen werden, den Begriff der Börse i.S. des BörsG herauszuarbeiten und zu untersuchen, ob die Einschaltung eines Zentralen Kontrahenten mit einem womöglich gewonnenen Ansatz zur Konkretisierung des Börsenbegriffs vereinbar ist.

---

195 Vgl. Angaben in Fn. 24.
196 Vgl. Hoffmann, WM 2003, S. 2025 (2028 f.), Schwark/Beck, KMR, § 1 BörsG, Rn. 6; Schlüter, Börsenhandelsrecht, Abschnitt G, Rn. 95 f.

1. Historischer Aufriss

Die Diskussion um den Börsenbegriff begleitete das BörsG bereits während seiner Entstehung[197] vor dem vollständigen Inkrafttreten zum 1. Januar 1897[198]. Der Gesetzgeber hat damals von einer Legaldefinition des Begriffs Börse abgesehen, weil er einerseits die Schwierigkeiten einer umfassenden Definition erkannte und andererseits davon ausging, dass die Ausgestaltung der vorhandenen und unbestritten als Börsen angesehenen Handelsplätze ausreichend sei, um den Charakter eines Handelsplatzes als Börse beurteilen zu können[199]. Dass damit jedoch nicht alle Zweifelsfragen beseitigt wurden, zeigte sich schon kurz nach Inkrafttreten des BörsG am Streit um die Genehmigungspflicht der Zusammenkünfte von Berliner Getreidehändlern im Varietétheater „Feenpalast", die dorthin zur Abwicklung ihrer Geschäfte auswichen, weil sie die neuen Regelungen des BörsG an den genehmigten Börsen für zu rigide hielten[200]. In dem daraufhin ergangenen richtungsweisenden[201] Urteil stellte das Preußische Oberverwaltungsgericht der Sache nach fest, dass es sich bei § 1 Abs. 1 BörsG um ein Verbotsgesetz mit Erlaubnisvorbehalt handelt, dass also Marktplätze mit börsengleichen Eigenschaften nicht ohne Genehmigung betrieben werden dürfen. Des Weiteren schloss sich das Gericht der Ansicht des Gesetzgebers an, indem es anhand der tatsächlichen Gestaltung der vorhandenen und als Börse allgemein anerkannten Börsen die Eigenschaft einer Börse nach typischen Merkmalen bestimmte[202]. Danach zeichne sich eine Börse durch regelmäßige, an einem bestimmten Ort zu festgelegten Zeiten und in verhältnismäßig kurzen Zeitabständen stattfindende Versammlungen einer größeren Anzahl eines zumindest vorwiegend aus Kaufleuten bestehenden Personenkreises aus, die dem Zweck dienten, Handel in nicht zur Stelle gebrachten, vertretbaren Waren zu treiben[203].

---

197 Im Jahr 1892 wurde eine Enquetekommission eingesetzt, die die Grundlage für einen 1895 eingebrachten Regierungsentwurf für ein BörsG lieferte, der nach Erörterung und einigen Änderungen schließlich im folgenden Jahr verabschiedet wurde (vgl. Merkt in Hopt/Rudolph/Baum, S. 72 ff.; Samm, Börsenrecht, S. 22 f.).

198 Hopt/Baum in Hopt/Rudolph/Baum, S. 377; Schlüter, Börsenhandelsrecht, Abschnitt G, Rn. 33.

199 Begr. des Entwurfs eines Börsengesetzes, 9. Legislaturperiode, IV. Session 1895/1896, 1. Anlagenband, Nr. 14 der amtlichen Drucksachen des Reichstags, S. 25.

200 Vgl. eingehender zum Sachverhalt Huber, Wirtschaftsverwaltungsrecht, S. 615 f.

201 So bspw. auch Huber, Wirtschaftsverwaltungsrecht, S. 616.

202 PreußOVGE 34, S. 315 (333 ff.).

203 PreußOVGE 34, S. 315 (335 f.).

An diesem Verständnis des Börsenbegriffs hat sich jedenfalls in den Grundzügen bis in die 80er Jahre des 20. Jahrhunderts nichts geändert[204]. Dann führten jedoch technische Entwicklungen und das Aufkommen der Alternative Trading Systems (ATS) zu Modifikationen am herkömmlichen Börsenbegriff und zu einer wachsenden Uneinigkeit hinsichtlich seines Bedeutungsgehalts[205]. So war spätestens mit der Börsengesetznovelle von 1989[206] klar, dass das Erfordernis der Ortsgebundenheit des Börsengeschehens für den materiellen Börsenbegriff nicht mehr konstitutiv sein konnte, da mit dem damals neuen § 7 Abs. 1 BörsG (vergleichbar mit § 16 Abs. 1 BörsG n.F.) der Tatsache Rechnung getragen werden sollte, dass die Teilnahme am Börsenhandel durch die neuen elektronischen Kommunikationssysteme auch ohne physische Präsenz an der Börse möglich ist[207]. Der technische Fortschritt sowie die zunehmende Internationalisierung des Wertpapierhandels haben ferner dazu geführt, dass die zeitliche Konzentration für die Bestimmung eines Marktplatzes als Börse nicht ausschlaggebend sein kann, weil nunmehr auch ein Börsenhandel rund um die Uhr zumindest vorstellbar ist[208].

Von gewichtigen Stimmen in der Literatur wurde darüber hinaus wegen des Vordringens der ATS[209] eine materielle Abgrenzung dieser Handelsplattformen von Börsen i.S. des § 1 Abs. 1 BörsG für sinnvoll bzw. für notwendig erachtet[210],

---

204 Wastl/Schlitt, WM 2001, S. 1702; vgl. die Definitionen bei Schwark, BörsG, § 1, Rn. 5; Franke in Assmann/Schütze, Handbuch des Kapitalanlagerechts, § 2, Rn. 9; Klenke, Börsendienstleistungen im Europäischen Binnenmarkt, S. 36; Bremer, Grundzüge des Börsenrechts, S. 56; Samm, Börsenrecht, S. 44 f.; Schäfer/Peterhoff, WpHG u.a., § 1 BörsG, Rn. 19.

205 Vgl. Schlüter, Börsenhandelsrecht, Abschnitt G, Rn. 41 ff., der die Problematik einschließlich der verschiedenen Ansätze eingehend darstellt; vgl. ferner Mues, Die Börse als Unternehmen, S. 55 ff., Kümpel/Hammen, Börsenrecht, S. 20 ff., sowie Breitkreuz, Die Ordnung der Börse, S. 30 ff.

206 Gesetz zur Änderung des Börsengesetzes vom 11. Juli 1989 (BGBl. I, S. 1412).

207 Begr. des RegE eines Gesetzes zur Änderung des Börsengesetzes, BT-Drs. 11/4177, S. 13; vgl. zur Neufassung und zu deren Bedeutung für den Börsenbegriff Kümpel, WM 1989, S. 1313 f.

208 Vgl. Schlüter, Börsenhandelsrecht, Abschnitt G, Rn. 48.

209 Nach Angaben der FESCO bestanden im Jahr 2000 in Europa alleine 27 außerbörsliche Handelssysteme mit Marktplatzfunktion, das heißt ohne Hinzuzählung der bilateralen Handelssysteme, darunter 16 in Großbritannien und 6 in Deutschland (vgl. FESCO, The Regulation of Alternative Trading Systems in Europe, S. 6).

210 Beck, WM 1998, S. 417 (418); Kümpel, Bank- und Kapitalmarktrecht, Rn. 17.87; Wastl/Schlitt, WM 2001, S. 1702; a.A. bspw. Hopt/Baum in ihrem Gutachten zur Börsenrechtsreform, wo sie feststellen, dass sich angesichts der modernen Entwicklungen im Wertpapierhandel zahlreiche Mischformen herausgebildet hätten, so dass eine trennscharfe Unterscheidung von Börsen und Nicht-Börsen nicht mehr möglich sei (in Hopt/Rudolph/Baum, S. 392).

was angesichts der traditionellen Auffassung vom Verbot einer „Privatbörse" nur zu verständlich erscheint[211]. Insbesondere vor diesem Hintergrund wurden Merkmale gesucht, die nur eine Börse aufweist und die deshalb zur Unterscheidung von allen ATS geeignet sind. So wurde zum Teil die Ansicht vertreten, dass sich die Börse durch einen staatlich geregelten und staatlich überwachten Börsenpreis auszeichne[212]. Ein anderer Ansatz will den zur Genehmigungspflicht führenden Börsencharakter davon abhängig machen, dass in die Preisfindung auf dem entsprechenden Handelsplatz ein wie ein Makler arbeitender Vermittler bzw. eine entsprechende Software eingeschaltet ist[213].

Somit bleibt festzuhalten, dass im einschlägigen Schrifttum zumindest bis zum Inkrafttreten des 4. FFG[214] keine Übereinstimmung hinsichtlich der konstitutiven Merkmale einer Börse hergestellt werden konnte. Unumstritten war bis zu diesem Zeitpunkt lediglich, dass eine Börse jedenfalls der zentralisierten Zusammenführung von Angebot und Nachfrage in fungiblen Wirtschaftsgütern dienen muss[215].

2. Börsenbegriff nach dem 4. FFG

Auch nach dem 4. FFG enthalten weder das BörsG noch die übrigen kapitalmarktrechtlichen Vorschriften eine Legaldefinition des Begriffs „Börse", obwohl

---

211 Danach gefährdet das Betreiben eines ungenehmigten Wertpapierhandelsmarktes, der die materiellen Voraussetzungen einer Börse erfüllt, die öffentliche Sicherheit und ist daher zu verbieten (Breitkreuz, Die Ordnung der Börse, S. 185 f.), so dass über den ATS ohne ein hinreichend bestimmtes Abgrenzungskriterium zur Börse stets das Damoklesschwert des behördlichen Einschreitens schweben muss.

212 Kümpel, Bank- und Kapitalmarktrecht, Rn. 17.50 ff.; Wastl/Schlitt, WM 2001, S. 1702 (1707 ff.); diese Ansicht konnte sich jedoch zu Recht nicht durchsetzen, da sie Tatbestand und Rechtsfolge miteinander vermischt (vgl. näher Hammen, WM 2001, S. 929 (930), und Breitkreuz, Die Ordnung der Börse, S. 36). Darüber hinaus wurde bereits bezweifelt, ob die Preisfeststellung überhaupt als konstitutives Merkmal einer Börse anzusehen ist. Dagegen bereits das Preußische Oberverwaltungsgericht im „Feenpalasturteil" (PreußOVGE 34, S. 315 (335)) sowie Breitkreuz, Die Ordnung der Börse, S. 36, und Hopt/Baum in Hopt/Rudolph/Baum, S. 388 f.

213 Hammen, WM 2001, S. 929 (930 f.).

214 Gesetz zur weiteren Fortentwicklung des Finanzplatzes Deutschland v. 21.06.2002 (BGBl. Teil I, S. 2010), mit geringfügigen Ausnahmen in Kraft getreten zum 1.07.2002.

215 Dieses Merkmal wird wohl von allen Stimmen im Schrifttum zumindest als notwendige, wenn auch nicht als hinreichende Bedingung angesehen (vgl. Kümpel/Hammen, Börsenrecht, S. 26; Breitkreuz, Die Ordnung der Börse, S. 32 f.; Lenenbach, Kapitalmarkt und Börsenrecht, Rn. 3.4; Mues, Die Börse als Unternehmen, S. 64; Schwark, BörsG, § 1, Rn. 4 f.; Hopt/Baum in Hopt/Rudolph/Baum, S. 391; Groß, Kapitalmarktrecht, Vorbem. BörsG, Rn. 9).

dies zum Teil gefordert wurde[216]. Zwar wurde im Gesetzgebungsverfahren die Einfügung einer Definition vom Bundesrat erwogen, doch unter Berücksichtigung sich rasch verändernder technischer Möglichkeiten und der Ausgestaltung des Marktgeschehens für nicht sinnvoll erachtet[217]. Der Bundesrat berief sich zur Konkretisierung des Börsenbegriffs auf ein „allgemeines Verständnis in Wissenschaft und Praxis", nach dem der Begriff Börse im Wesentlichen durch einen organisierten Markt gekennzeichnet sei, auf dem regelmäßig eine Vielzahl von Käufern und Verkäufern in vertretbaren Gütern an einem Ort oder in einem System mit dem Ziel zusammengeführt werde, Vertragsabschlüsse und Preise unter den zugelassenen Handelsteilnehmern zu ermöglichen, dessen Preise nach einheitlichen Regeln zu Stande kämen und der für das Publikum unmittelbar oder mittelbar zugänglich sei[218].

a) Einführung eines materiellen Börsenbegriffs durch § 59 S. 1 BörsG?

Obwohl also immer noch keine ausdrückliche Legaldefinition des Begriffs „Börse" existiert, mehren sich die Stimmen derer, die durch Änderungen infolge des 4. FFG einen materiellen Börsenbegriff im BörsG verankert sehen[219]. Diese Auffassung basiert auf den neuen Regelungen der §§ 58 f. BörsG und dort insbesondere auf der Legaldefinition der „börsenähnlichen Einrichtungen" in § 59 S. 1 BörsG. Nach dieser Vorschrift setzt eine börsenähnliche Einrichtung objektiv voraus, dass im Inland ein elektronisches Handelssystem betrieben wird, in dem Angebot und Nachfrage in börsenmäßig handelbaren Wirtschaftsgütern oder Rechten mit dem Ziel zusammengeführt werden, Vertragsabschlüsse unter mehreren Marktteilnehmern innerhalb des Systems zu ermöglichen[220]. Damit werden

---

216 Hopt/Baum in Hopt/Rudolph/Baum, S. 377 ff.
217 Stellungnahme des BR zum RegE 4. FFG, BT-Drs. 14/8017, S. 146.
218 Stellungnahme des BR zum RegE 4. FFG, BT-Drs. 14/8017, S. 146.
219 Reuschle/Fleckner, BKR 2002, S. 617 (624); Mülbert, JZ 2002, S. 826 (829); Spindler, WM 2002, S. 1325 (1333); Schwark/Beck, KMR, § 1 BörsG, Rn. 5; ähnlich Schwark/Schwark, KMR, § 59 BörsG, Rn. 2; in diesem Sinne ist wohl auch Balzer, Jb.J.ZivRWiss. 2002, S. 93 (110 f.), zu verstehen, wenn er eine Abgrenzung zwischen Börsen im materiellen Sinne und börsenähnlichen Einrichtungen nicht mehr vornehmen will, sondern den Betreibern ein Wahlrecht zwischen Erbringung ihrer Dienstleistung mit Genehmigung als Börse und der Erbringung als Einrichtung nach § 59 BörsG einräumt.
220 Der Gesetzeswortlaut lässt auch die Annahme zu, dass dies nicht nur die objektiven, sondern die alleinigen Voraussetzungen einer börsenähnlichen Einrichtung sind (so wohl Mülbert, JZ 2002, S. 826 (829)), und dass die Eigenschaft des Systembetreibers als Kreditinstitut, Finanzdienstleistungsinstitut bzw. als Unternehmen nach § 53 Abs. 1 S. 1 oder § 53 b Abs. 1 S. 1 KWG lediglich eine weitere Bedingung für das Eingreifen der in § 59 S. 2 BörsG aufgelisteten Verpflichtungen darstellt, also

von der Definition solche außerbörslichen Handelssysteme als Untergruppe der elektronischen Handelssysteme i.S. des § 58 Abs. 1 S. 1 BörsG erfasst, die eine Marktplatzfunktion aufweisen und die Möglichkeit multilateraler Vertragsabschlüsse anbieten[221]. Hiernach sind die bilateralen Handelssysteme bzw. Eigenhändlersysteme[222], in denen die am Wertpapierkauf bzw. -verkauf interessierten Marktteilnehmer stets mit einer einzigen Partei kontrahieren, nicht als börsenähnliche Einrichtung einzustufen[223].

Die Argumentation für eine mit der Definition als börsenähnliche Einrichtung verbundene Ausstrahlung auf den materiellen Börsenbegriff stützt sich nun im Ergebnis auf zwei Säulen. Zum einen wird darauf hingewiesen, dass mit den objektiven Merkmalen einer börsenähnlichen Einrichtung taugliche Kriterien für die Bestimmung der Genehmigungspflicht bzw. Genehmigungsfähigkeit einer Einrichtung als Börse vorlägen, weil gerade nicht an den Rechtsfolgen einer Genehmigung nach § 1 Abs. 1 S. 1 BörsG angeknüpft werde[224]. Damit geht die Einschätzung einher, dass die bisherigen Definitionsansätze stets Gefahr laufen, den Unterschied von Tatbestand und Rechtsfolge zu verwischen und einen Zirkelschluss zu ziehen. Zum anderen wird sich auf den in den Gesetzesbegründungen geäußerten Willen des Gesetzgebers bezogen, der davon ausgehe, dass derjenige eine genehmigungspflichtige Börse betreibe, der die objektiven Voraussetzungen des § 59 S. 1 BörsG erfülle, aber nicht die subjektiven[225].

---

mit der Bestimmung einer börsenähnlichen Einrichtung an sich nichts zu tun hat. Diese Auffassung hat sich aber nicht durchsetzen können (vgl. etwa die Erläuterungen dazu bei Balzer, Jb.J.ZivRWiss. 2002, S. 93 (109 f.), sowie bei Cohn, ZBB 2002, S. 365 (368), und bei Schlüter, Börsenhandelsrecht, Abschnitt G, Rn. 107); vgl. zur Begründung Reuschle/Fleckner, BKR 2002, S. 617 (622), die darauf verweisen, dass im vom Bundestag und Bundesrat beschlossenen Gesetzeswortlaut der in den Klammern definierte Begriff der börsenähnlichen Einrichtung nicht direkt nach der Beschreibung des elektronischen Handelssystems, sondern nach dem Komma und somit bezogen auf den gesamten vorhergehenden Text gestanden habe, was dem in den Gesetzesbegründungen zum Ausdruck gebrachten Willen des Gesetzgebers auch besser gerecht werde (aaO. unter Bezugnahme auf BT-Drs. 14/8601, S. 16).

221 Cohn, ZBB 2002, S. 365 (368); Kümpel/Hammen, Börsenrecht, S. 39 f.; ganz ähnlich auch Spindler, WM 2002, S. 1325 (1334); Balzer, Jb.J.ZivRWiss. 2002, S. 93 (109 f.); Reuschle/Fleckner, BKR 2002, S. 617 (621).
222 Vgl. zur unterschiedlichen Terminologie unter Fn. 13.
223 Schwark/Schwark, KMR, § 59 BörsG, Rn. 8; kritisch allerdings Schlüter, Börsenhandelsrecht, Abschnitt G, Rn. 91 ff., der sich zwar nicht direkt auf börsenähnliche Einrichtungen bezieht, dessen Aussagen sich aber auf diese übertragen lassen.
224 Reuschle/Fleckner, BKR 2002, S. 617 (624).
225 Reuschle/Fleckner, BKR 2002, S. 617 (624), unter Verweis auf den Bericht des FA zum RegE 4. FFG, BT-Drs. 14/8601, S. 16; Spindler, WM 2002, S. 1325 (1333).

b) Materielle Unterscheidung zwischen Börsen und börsenähnlichen Einrichtungen?

Demgegenüber tritt insbesondere *Kümpel* weiterhin für eine materielle Abgrenzung zwischen genehmigungspflichtiger Börse und börsenähnlicher Einrichtung und damit gegen die Befürwortung eines materiellen Börsenbegriffs in § 59 S. 1 BörsG ein[226]. Darauf deute schon die Verwendung des Wortes „börsenähnlich" hin, welches gerade keine vollständige Übereinstimmung einer solchen Einrichtung mit einer Börse voraussetze[227]. Ferner spreche der Wille des Gesetzgebers, wie er in den Gesetzesbegründungen seinen Niederschlag gefunden habe, für eine inhaltliche Unterscheidung, da auf eine Legaldefinition des Börsenbegriffs bewusst verzichtet worden sei und weiterhin zwischen Börsen und börsenähnlichen Einrichtungen unterschieden werden solle[228]. Schließlich bestehe ein unübersehbares Bedürfnis nach dieser Differenzierung, weil nur so Rechtssicherheit und Rechtsklarheit im Hinblick auf die Genehmigungspflicht bzw. Genehmigungsfähigkeit einer Einrichtung als Börse herbeigeführt werden könne[229]. Als taugliches Abgrenzungsmerkmal sei die börsenspezifische Preisqualität heranzuziehen. Denn bei der Ermittlung von Börsenpreisen sowie bei den sonstigen den Vertragsschluss an Börsen herbeiführenden Tätigkeiten müsse das Gebot der Neutralität beachtet werden. Dieses Gebot, dem für den Anlegerschutz und die internationale Wettbewerbsfähigkeit überragende Bedeutung zukomme, beruhe auch nicht auf einem Zirkelschluss, da es nicht an der Genehmigung nach § 1 Abs. 1 S. 1 BörsG, sondern an den privatrechtlichen Maklerpflichten anknüpfe[230].

---

226 Kümpel, Festschrift Hadding, S. 915 (922 ff.); ders., Bank- und Kapitalmarktrecht, Rn. 17.74 ff.; für eine Unterscheidung auch Hoffmann, WM 2003, S. 2025 (2029 f.).

227 Kümpel, Bank- und Kapitalmarktrecht, Rn. 17.82; ders., Festschrift Hadding, S. 915 (924 f.).

228 Kümpel, Bank- und Kapitalmarktrecht, Rn. 17.83 ff.; ders., Festschrift Hadding, S. 915 (923 f.), jeweils mit Verweis auf die Stellungnahme des BR zum RegE 4. FFG, 14/8017, S. 146, und auf den Bericht des FA zum RegE 4. FFG, BT-Drs. 14/8601, S. 15 f.

229 Kümpel, Bank- und Kapitalmarktrecht, Rn. 17.87; ders., Festschrift Hadding, S. 915 (925).

230 Kümpel, Bank- und Kapitalmarktrecht, Rn. 17.54 ff.; so schon Hammen, WM 2001, S. 929 (930 f.), für die Rechtslage vor Inkrafttreten des 4. FFG; allerdings rückt Hammen, WM 2002, S. 2129 (2133), von der Neutralität als Unterscheidungskriterium nach Inkrafttreten des 4. FFG ab, wenn er ausführt, dass in börsenähnlichen Einrichtungen nach § 59 S. 1 BörsG Nachweis- oder Vermittlungsmakelei betrieben werde und dass die Vermittlungstätigkeit wegen der mit ihr verbundenen Neutralitätspflicht zur Einordnung eines Marktes als Börse oder börsenähnlicher Einrichtung führe.

c) Stellungnahme

Eine Entscheidung zwischen den beiden dargestellten Meinungen fällt nicht leicht.

Einerseits kann den Fürsprechern einer Abgrenzung zwischen Börsen und börsenähnlichen Einrichtungen entgegengehalten werden, dass ihre Argumentation mit dem Willen des Gesetzgebers keineswegs zwingend ist. Das wird bspw. dadurch deutlich, dass in den Gesetzesbegründungen zwar von einer fortbestehenden Unterscheidung die Rede ist, aber auch davon gesprochen wird, dass den Betreibern der börsenähnlichen Einrichtungen künftig ein Wahlrecht zustehe und sie nicht mehr notwendigerweise eine Genehmigung nach § 1 Abs. 1 S. 1 BörsG einholen müssten[231]. Daraus könnte der Schluss zu ziehen sein, dass es dem Gesetzgeber lediglich um eine formale Unterscheidung durch die Genehmigung und den daraus resultierenden Rechtsfolgen ging, womit dann auch das Wortlautargument an Schärfe verlöre. Außerdem ist zweifelhaft, ob mit der Neutralität der Preisfeststellung tatsächlich ein geeignetes Abgrenzungskriterium angeboten wird. Denn in § 59 S. 1 Nr. 2 und Nr. 4 BörsG finden sich Verpflichtungen für börsenähnliche Einrichtungen, die auf eine ordnungsgemäße Preisfeststellung abzielen und die sich sogar explizit auf Vorschriften zum Börsenpreis in § 24 Abs. 2 S. 1–3 BörsG beziehen[232]. Wenn nun der Betreiber einer börsenähnlichen Einrichtung seine gesetzliche Verpflichtung ernst nimmt und durch die Systemgestaltung dafür Sorge trägt, dass die Preise ohne Bevorteilung einer Partei durch ihn zustande kommen und neutral ermittelt werden, also letztlich der Idealfall einer ordnungsgemäßen Preisfeststellung erreicht wird, dann wäre es ein eigentümliches Ergebnis, in diesem Falle eine Genehmigungspflicht annehmen zu wollen. Erschwerend kommt noch hinzu, dass der Betreiber einer Handelsplattform, die Nachweis- oder Vermittlungsmakelei anbietet, ohnehin an die privatrechtliche Neutralitätspflicht eines Maklers gebunden ist[233].

Andererseits ist nicht zu verkennen, dass die Verankerung eines materiellen Börsenbegriffs in § 59 S. 1 BörsG einen Paradigmenwechsel bedeutet, der im Gesetz in seinem ganzen Ausmaß nicht deutlich genug Niederschlag findet. Denn der seit der Entscheidung des Preußischen Oberverwaltungsgerichts im „Feenpalasturteil" anerkannte Grundsatz, dass es sich bei § 1 Abs. 1 BörsG um ein Ver-

---

231 Stellungnahme des BR zum RegE 4. FFG, BT-Drs. 14/8017, S. 157 f.

232 Vgl. zur daraus folgenden großen Ähnlichkeit bei der Preisbildung Köndgen/Theissen, WM 2003, S. 1497 (1501).

233 Vgl. Hammen, WM 2002, S. 2129 (2133), der auch klarstellt, dass von § 59 S. 1 BörsG beide Arten der Makelei erfasst werden.

bot mit Erlaubnisvorbehalt handelt, sog. Privatbörsen also nicht erlaubt sind[234], wird mit der Auffassung vom materiellen Börsenbegriff aufgegeben. Zudem handelt es sich bei der Legaldefinition der börsenähnlichen Einrichtung sicher nicht um eine präzise Begriffsbestimmung der Börse im materiellen Sinne, wie u.a.[235] das Merkmal des „elektronischen" Handelssystems bestätigt, das für eine Börse unbestritten nicht als konstitutiv anzusehen ist[236]. Ein größeres Maß an gesetzlicher Klarheit sowie eine nachvollziehbarere gesetzliche Grundkonzeption wären daher wünschenswert gewesen.

Letztlich können aber diese Bedenken nicht den Ausschlag geben, da dem Gesetz – soweit ersichtlich – kein hinreichend bestimmtes Abgrenzungsmerkmal zwischen Börse und börsenähnlicher Einrichtung entnommen werden kann, so dass in der Tat von einem begrenzten Wahlrecht[237] der Betreiber börsenähnlicher Einrichtungen auszugehen ist, ob sie ihre Handelsplattform als Börse genehmigen lassen oder als börsenähnliche Einrichtung i.S. des § 59 S. 1 BörsG weiterführen wollen[238]. Dieses Wahlrecht und der mit ihm einhergehende Mangel eines geeigneten Differenzierungsmerkmals lassen sich jedoch nur mit einem materiellen Börsenbegriff in § 59 S. 1 BörsG in Einklang bringen. Ein in § 59 S. 1 BörsG verankerter materieller Börsenbegriff bringt überdies den Vorteil mit sich, nicht mehr den zum Teil geltend gemachten Bedenken hinsichtlich der Vereinbarkeit des deutschen Börsenrechts mit der Niederlassungsfreiheit nach Art. 43 ff. EGV[239] ausgesetzt zu sein, die sich aus der überkommen Auslegung des § 1 Abs. 1 BörsG als Verbot einer Privatbörse ergeben[240]. Auf der Grundlage des materiellen Börsenbegriffs in § 59 S. 1 BörsG können sich ausländische Börsen-

---

234 Vgl. zu dieser Auffassung Schwark, BörsG, § 1, Rn. 21, Groß, Kapitalmarktrecht, § 2c BörsG, Rn. 1, sowie Schäfer/Peterhoff, WpHG u.a., § 1 BörsG, Rn. 2.

235 Als weiterer Beleg können die subjektiven Tatbestandsmerkmale des § 59 S. 1 BörsG angeführt werden (vgl. dazu Fn. 220).

236 Reuschle/Fleckner, BKR 2002, S. 617 (624 mit Fn. 79).

237 Begrenzt ist dieses Wahlrecht deshalb, weil es nur den Kreditinstituten, Finanzdienstleistungsinstituten sowie den nach § 53 Abs. 1 S. 1 und § 53b Abs. 1 S. 1 KWG tätigen Unternehmen zusteht, während die übrigen Marktveranstalter nach der gesetzlichen Konzeption verpflichtet sein sollen, sich als Börse genehmigen zu lassen (vgl. Mülbert, JZ 2002, S. 826 (829), sowie Balzer, Jb.J.ZivRWiss. 2002, S. 93 (110 f.)).

238 Vgl. Schwark/Beck, KMR, § 1 BörsG, Rn. 5; Reuschle/Fleckner, BKR 2002, S. 617 (625); Balzer, Jb.J.ZivRWiss. 2002, S. 93 (110 f.); a.A. allerdings Schwark/ Schwark, KMR, § 59 BörsG, Rn. 1.

239 Vertrag zur Gründung der Europäischen Gemeinschaft in der Fassung des Vertrages von Amsterdam vom 2.10.1997 (ABl. C 340, S. 1), zuletzt geändert durch EU-Beitrittsakte 2003 vom 16.04.2003 (ABl. L 236, S. 33).

240 Mues, Die Börse als Unternehmen, S. 143 ff.; Köndgen, Festschrift Lutter, S. 1401 (1419).

unternehmen relativ problemlos in Deutschland niederlassen und vor Ort die für Börsen typischen Leistungen erbringen, so dass ein Verstoß gegen Europarecht nicht länger im Raum stehen sollte.

II. Vereinbarkeit des materiellen Börsenbegriffs mit der Funktionalität des Zentralen Kontrahenten

1. Bezug des Zentralen Kontrahenten zum materiellen Börsenbegriff

Die Verbindung zwischen dem nach den bisherigen Ergebnissen durch § 59 S. 1 BörsG eingeführten materiellen Börsenbegriff zum Zentralen Kontrahenten wird nun über den Wortlaut der angeführten Vorschrift hergestellt[241], der fordert, dass „Vertragsabschlüsse unter mehreren Marktteilnehmern innerhalb des System zu ermöglichen" sind. Unter Verweis auf diesen Gesetzeswortlaut wird behauptet, dass sich ein Handelssystem, welches die genannten Voraussetzungen erfülle, nicht eines Zentralen Kontrahenten bedienen könne. Denn dann kämen, so wird gesagt, die Verträge über Wertpapiere nicht unter mehreren Marktteilnehmern, sondern stets mit dem Zentralen Kontrahenten zustande[242]. Wollte man in § 59 S. 1 BörsG einen materiellen Börsenbegriff verankert sehen, so schlüge dieser Mangel eines zu engen Gesetzeswortlauts auch auf Börsen i.S. des § 1 Abs. 1 BörsG durch. Deshalb sei es „eindeutig", dass der Ansicht des Gesetzgebers zum materiellen Börsenbegriff in § 59 S. 1 BörsG nicht gefolgt werden könne[243].

Diese Ansicht lenkt zwar zu Recht den Blick auf ein Problem in der sprachlichen Abfassung von § 59 S. 1 BörsG, vermag aber in ihrer Argumentation wegen einer in ihr enthaltenen Inkonsequenz nicht zu überzeugen. Zwar wird im Wege der Auslegung davon ausgegangen, dass es für die Einordnung als multilaterales System und damit als börsenähnliche Einrichtung auf den „wirtschaftlichen Geschäftsabschluss" und nicht auf den rechtlichen Vertragsabschluss ankomme und damit die Einschaltung eines Zentralen Kontrahenten letztlich doch unschädlich sei[244]. Warum aber der materielle Börsenbegriff nicht ebenfalls in diesem Sinne zu verstehen ist, wird nicht erläutert. Dabei liegt es doch nahe, den zu § 59 S. 1 BörsG entwickelten Ansatz für den materiellen Börsenbegriff fruchtbar zu machen.

241 Hoffmann, WM 2003, S. 2025 (2029 f.).
242 Hoffmann, WM 2003, S. 2025 (2028 f.).
243 Hoffmann, WM 2003, S. 2025 (2030).
244 Hoffmann, WM 2003, S. 2025 (2031 f.).

Daher stellt sich in der Tat die Frage nach der Auslegung des § 59 S. 1 BörsG. Sollte sich danach bzw. unter Hinzuziehung anderer methodischer Instrumente die Vereinbarkeit von börsenähnlicher Einrichtung und der Einschaltung eines Zentralen Kontrahenten in den Vertragsschluss herausstellen, dann spricht nichts dagegen, am materiellen Börsenbegriff festzuhalten. Dies gilt umso mehr, als bereits festgestellt wurde, dass § 59 S. 1 BörsG nicht als präzise Legaldefinition des materiellen Börsenbegriffs, sondern vielmehr als „Wegweiser" zu seiner Bestimmung zu verstehen ist[245]. Mit der Auslegung des § 59 S. 1 BörsG kann zudem – gleichsam als „Nebenprodukt" – die ebenso grundlegende Frage geklärt werden, ob die Implementierung eines Zentralen Kontrahenten der Einstufung als börsenähnliche Einrichtung entgegensteht.

2. (Erweiternde) Auslegung des § 59 S. 1 BörsG

Tatsächlich stellt der Wortlaut des § 59 S. 1 BörsG ein nur schwer überwindbares Hindernis für die Vereinbarkeit eines Handelssystems mit Zentralem Kontrahenten und der Einordnung als börsenähnliche Einrichtung dar, da die exemplarische Skizzierung des Clearing-Systems an der FWB gezeigt hat, dass die Verträge über Wertpapiere stets mit der Eurex Clearing AG als Zentralem Kontrahent zustande kommen und diese auch die Erfüllungspflichten trifft[246], also gerade keine „Vertragsabschlüsse unter mehreren Marktteilnehmern" ermöglicht werden[247]. So lautet zumindest der Befund, wenn lediglich auf die rechtliche Seite des Vertragsschlusses abgestellt wird[248]. Daher hat sich *Hoffmann* für eine „Korrektur des Wortlauts" ausgesprochen, so dass im Wege der Auslegung der Begriff Vertragsabschluss i.S. des § 59 S. 1 BörsG den rein wirtschaftlichen Vorgang des Geschäftsabschlusses zwischen den eigentlichen Handelsteilnehmern bezeichnen solle[249]. Selbst wenn damit ein sinnvolles Ergebnis erreicht werden mag, so ruft diese Vorgehensweise doch methodische Bedenken hervor. Es ist nämlich weitgehend anerkannt, dass der Auslegung durch den möglichem Wortsinn eine

---

245 Vgl. Mülbert, JZ 2002, S. 826 (829), der davon spricht, dass sich dem BörsG eine „funktionale Definition der Börse entnehmen" lasse; ferner Reuschle/Fleckner, BKR 2002, S. 617 (624), die in § 59 S. 1 BörsG den „Weg zu einer Neuformulierung eines materiellen Börsenbegriffs" aufgezeigt sehen.

246 Vgl. zunächst nur V. Kapitel Nummer 2.1.1 Abs. 1 der CB-Eurex.

247 Vgl. zu der Frage, ob der Zentrale Kontrahent von Beginn an Vertragspartner wird und nicht erst in die zwischen den Handelsteilnehmern geschlossenen Verträge eintritt, S. 286 ff.

248 Insoweit zutreffend Hoffmann, WM 2003, S. 2025 (2031 i.V.m. 2028).

249 Hoffmann, WM 2003, S. 2025 (2031 f.).

Grenze gesetzt wird, die sie von der ergänzenden Rechtsfortbildung trennt[250]. Den Wortsinn des Begriffs Vertrags auf „wirtschaftliche Geschäftsabschlüsse" ohne rechtliche Beziehungen einschließlich etwaiger Zahlungs- bzw. Lieferansprüche zwischen den Handelsteilnehmern zu erstrecken, dürfte zu weit gehen. Denn auch in der Umgangssprache unterscheidet sich die Bedeutung des Wortes Vertrag nur unwesentlich von der in der Rechtssprache[251], was sich damit erklären lässt, dass es sich um einen rechtlichen Terminus handelt, der Eingang in die Umgangssprache gefunden hat. Durch „konventionelle" Auslegung kann ein Handelssystem mit Zentralem Kontrahenten folglich nicht unter den Begriff der börsenähnlichen Einrichtung gefasst werden.

Allerdings kann dieses Ergebnis als Folge einer „erweiternden Auslegung"[252] in Form der analogen Anwendung des § 59 S. 1 BörsG in Betracht kommen. Diese Form der Rechtsfortbildung[253] setzt voraus, dass sich im Gesetz eine planwidrige Regelungslücke befindet und dass eine Vergleichbarkeit der Interessenlage von geregeltem und ungeregeltem Fall vorliegt[254]. Für die Feststellung einer planwidrigen Regelungslücke ist es schon begrifflich unabdingbar, sich Klarheit über Sinn und Zweck bzw. den Plan einer gesetzlichen Vorschrift zu verschaffen. Wird demzufolge zunächst die Entstehungsgeschichte des § 59 BörsG näher beleuchtet, so ist festzustellen, dass der Gesetzgeber die Einschaltung eines Zentralen Kontrahenten in dem dieser Arbeit zugrunde liegenden Begriffsverständnis zumindest nicht ausdrücklich bedacht hat[255]. Es wird lediglich ausgeführt, dass es sich bei den börsenähnlichen Einrichtungen um Handelsplattformen mit „Marktplatzfunktion" handele, deren börsenrechtliche Überwachung sichergestellt wer-

---

250 Zippelius, Juristische Methodenlehre, S. 47; Larenz/Canaris; Methodenlehre der Rechtswissenschaft, S. 143; Schmalz, Methodenlehre für das juristische Studium, Rn. 235 f.; Bydlinski, Juristische Methodenlehre, S. 441; a.A. Wank, Die Auslegung von Gesetzen, S. 50 f., der die Grenze der Auslegung im Sinn des Gesetzes sieht.

251 Vgl. etwa Brockhaus/Wahrig, Deutsches Wörterbuch, Stichwort: Vertrag.

252 Schmalz, Methodenlehre für das juristische Studium, Rn. 378, der aber zugleich darauf hinweist, dass es sich bei der Analogiebildung und der Auslegung um unterschiedliche Verfahren zur Rechtsgewinnung handelt.

253 Vgl. Larenz/Canaris, Methodenlehre der Rechtswissenschaft, S. 187 ff.

254 Wank, Die Auslegung von Gesetzen, S. 100; Larenz/Canaris, Methodenlehre der Rechtswissenschaft, S. 202 ff.; Schmalz, Methodenlehre für das juristische Studium, Rn. 380 ff.

255 Es finden sich weder in der Stellungnahme des BR zum RegE 4. FFG oder in der Gegenäußerung dazu durch die Bundesregierung noch im Bericht des FA zum RegE 4. FFG Hinweise auf die gedankliche Einbeziehung eines Zentralen Kontrahenten in das Regelungsgefüge der §§ 58 ff. BörsG.

den solle[256]. Systeme mit Marktplatzfunktion werden bilateralen Handelssystemen gegenübergestellt, wenn festgestellt wird, dass die Anzeigepflicht nach § 58 BörsG für beide Systemarten gelte, während die Pflichten nach § 59 S. 2 BörsG und die börsenrechtliche Aufsicht nach § 60 BörsG nur die Systeme mit Marktplatzfunktion träfen[257]. Das mag unmittelbar nicht sehr erhellend erscheinen, da immer noch das Problem der Zuordnung eines Systems mit Zentralem Kontrahenten bleibt. Wenn man sich aber zugleich vor Augen hält, dass der Gesetzgeber bei der Schaffung der §§ 58 ff. BörsG den sich im Rechtssetzungsprozess befindenden Entwurf einer Neufassung der WpDL-RL kannte und demnach wusste, dass ATS künftig einem speziellen Aufsichtsregime unterstellt werden sollten[258], dann erscheint es sachgerecht, auf die Vorschläge dazu zurückzugreifen, um Licht ins Dunkel zu bringen, das den Regelungszweck der §§ 58 ff. BörsG hinsichtlich des Zentralen Kontrahenten umgibt. Denn wie schon bei den Ausführungen zur terminologischen Präzisierung dargestellt wurde, wollen das CESR und die Mifid Systeme mit Zentralem Kontrahenten gerade nicht den bilateralen, sondern den multilateralen Systemen zuordnen[259]. Die Mifid enthält wohl auch deshalb eine unverfänglichere Formulierung als der deutsche Gesetzestext, wenn sie ein multilaterales Handelssystem als ein die Interessen einer Vielzahl Dritter am Kauf und Verkauf von Finanzinstrumenten zusammenführendes multilaterales System definiert, wobei dies innerhalb des Systems und nach nichtdiskretionärer Regeln auf eine Art und Weise geschehen soll, die zu einem Vertrag führt[260]. Noch deutlicher wird die Einordnung des Zentralen Kontrahenten durch die Formulierung des CESR in seinen „Standards for Alternative Trading Systems", wo Systeme mit Zentralem Kontrahenten explizit von den bilateralen Systemen ausgenommen werden[261]. Die Bezugnahme auf anstehende europäische Regulierun-

---

256 Stellungnahme des BR zum RegE 4. FFG, BT-Drs. 14/8017, S. 157; Bericht des FA zum RegE 4. FFG, BT-Drs. 14/8601, S. 16.

257 Bericht des FA zum RegE 4. FFG, BT-Drs. 14/8601, S. 16.

258 Bericht des FA zum RegE 4. FFG, BT-Drs. 14/8601, S. 15.

259 CESR, Standards for Alternative Trading Systems, Ziffer 1.13 a) S. 2; Erwägungsgrund (6) i.V.m. Art. 4 Abs. 1 Nr. 15 der RL 2004/39/EG; so auch schon Erwägungsgrund (6) i.V.m. Art. 3 Abs. 11 des Vorschlags der EU-Kommission für eine neue Wertpapierdienstleistungsrichtlinie (KOM/2002/0625), ABl. C 71 v. 25.03.2003, S. 62 ff. (=ZBB 2002, S. 518 (519 u. 523)).

260 Art. 4 Abs. 1 Nr. 15 RL 2004/39/EG; fast identisch bereits der Vorschlag der EU-Kommission für eine neue Wertpapierdienstleistungsrichtlinie (KOM/2002/0625) in Art. 3 Abs. 11 (ABl. 2003 C 71 v. 25.03.2003, S. 62 ff. (=ZBB 2002, S. 518 (523)).

261 Ziffer 1.13 a) S. 2 (vgl. zum Wortlaut unter Fn. 17); vgl. auch Kümpel, Bank- und Kapitalmarktrecht, Rn. 17.78, der zur Abgrenzung von bilateralen und multilateralen Systemen ebenfalls auf die „Standards" des CESR verweist und dementsprechend ein System mit Zentralem Kontrahenten nicht als bilaterales ansieht.

gen durch den Gesetzgeber einerseits, sowie der Vergleich mit den diesbezüglichen Vorschlägen bzw. der bereits in Kraft getretenen Fassung der Mifid andererseits lässt die Schlussfolgerung zu, dass der Gesetzgeber die Berücksichtigung des Zentralen Kontrahenten versehentlich versäumt hat. Somit liegt eine planwidrige Regelungslücke vor.

Fraglich ist weiterhin, ob die Interessenlage des in § 59 S. 1 BörsG geregelten Falls mit der Konstellation der Einschaltung eines Zentralen Kontrahenten vergleichbar ist. Dabei kommt den vorstehenden Ausführungen wiederum eine gewisse Relevanz zu. Wenn nämlich CESR sowie das EU-Recht davon ausgehen, dass die Einschaltung eines Zentralen Kontrahenten der Einordnung als multilaterales System nicht entgegensteht, dann bedeutet dies implizit, dass sie von einer vergleichbaren Sach- und Interessenlage ausgehen. Das ist auch nachvollziehbar, da der Zentrale Kontrahent ja nicht aus eigenem wirtschaftlichen Interesse heraus Verträge mit den Handelsteilnehmern abschließt, sondern seine Zwischenschaltung in den Vertragsschluss den Handelsteilnehmern das Ausfallrisiko einer ihnen unbekannten Vertragspartei nehmen und ihnen einen zuverlässigen Vertragspartner bieten soll[262]. Er stellt damit letztlich ein Instrument zur Sicherung des Wertpapierhandels dar, ohne jedoch die vorher bestehende Interessenlage zu verändern[263]. Somit liegt eine vergleichbare Interessenlage zwischen dem in § 59 S. 1 BörsG geregelten Fall und dem Handelssystem mit Zentralem Kontrahenten vor. Ob es sich bei den Regelungen der §§ 59 f. BörsG mit der ihnen zugrunde liegenden Trennung von multilateralen und bilateralen Systemen um eine sinnvolle gesetzgeberische Entscheidung handelt, ist dagegen eine andere Frage. So ist es durchaus kritisch zu sehen, dass die bilateralen Handelssysteme nicht in die börsenrechtliche Aufsicht einbezogen werden, obwohl sie mit den Börsen und den multilateralen ATS im Wettbewerb um Liquidität stehen[264]. Das Argument, das Gefahrenpotential für den Anleger- und Funktionenschutz sei bei Kontrahentensystemen geringer, da den Marktteilnehmern ihre Gegenpartei bekannt sei, vermag jedenfalls nicht zu überzeugen[265], da ansonsten auch die Systeme mit Zentralem Kontrahenten aus der börsenrechtlichen Aufsicht entlassen werden

---

262 Vgl. dazu und zu den weiteren Vorzügen des Handels unter Einschaltung eines Zentralen Kontrahenten S. 62 ff.

263 So auch Schwark/Beck, KMR, § 1 BörsG, Rn. 6, der zwar nicht unmittelbar am Wortlaut des § 59 S. 1 BörsG, sondern am materiellen Börsenbegriff ansetzt, dessen Argumentation aber wegen der auch von ihm angenommenen Verankerung eines materiellen Börsenbegriffs in § 59 S. 1 BörsG letztlich auf die hier vorgeschlagene Begründungslinie übertragen werden kann.

264 Schlüter, Börsenhandelsrecht, Abschnitt G, Rn. 91 ff.; in Ansätzen auch Cohn, ZBB 2002, S. 365 (370), die für Kontrahentensysteme strengere Regelungen empfiehlt.

265 So aber Cohn, ZBB 2002, S. 365 (370).

könnten, was nach den europarechtlichen Vorgaben in der Mifid unzweifelhaft nicht gewollt ist. Rechtfertigen lässt sich die Unterscheidung wohl nur damit, dass der Betreiber eines Kontrahentensystems im Gegensatz zu Börsen und anderen multilateralen Handelsplattformen eigenes Kapital einsetzt und den Markt mit zusätzlicher Liquidität versorgt, so dass an ihn wegen seines anzuerkennenden Bedürfnisses nach Schutz vor Positionsrisiken nicht dieselben Transparenzanforderungen wie an multilaterale Handelssysteme gestellt werden können[266].

Ohne die Frage nach der Zweckmäßigkeit der Unterscheidung hier weiter behandeln zu können, hat sich jedenfalls gezeigt, dass die Voraussetzungen für einen Analogieschluss vorliegen, so dass auch multilaterale Handelsplattformen, die in den Vertragsschluss einen Zentralen Kontrahenten einschalten, als börsenähnliche Einrichtungen nach § 59 S. 1 BörsG analog anzusehen sind.

3. Fazit

Somit kann festgehalten werden, dass die Implementierung eines Zentralen Kontrahenten der Einordnung einer Handelsplattform als börsenähnliche Einrichtung i.S. des § 59 S. 1 BörsG analog nicht entgegensteht. Das bedeutet, dass gegen den materiellen Börsenbegriff nicht eingewandt werden kann, § 59 S. 1 BörsG hafte ein nicht zu korrigierender Mangel an, der auf den Börsenbegriff durchschlagen könnte. Deshalb kann am vorstehend entwickelten materiellen Börsenbegriff festgehalten werden mit der Maßgabe, dass § 59 S. 1 BörsG nicht als exakte Definition einer Börse im materiellen Sinne missverstanden wird, sondern vielmehr als Leitfaden aufzufassen ist, mit dem sinnvoll gearbeitet werden kann. Schließlich lässt sich aus alldem die Konsequenz ziehen, dass es nichts an der Eigenschaft einer Marktveranstaltung als Börse nach § 1 Abs. 1 S. 1 BörsG ändert, wenn in den Vertragsabschluss beim Wertpapierhandel ein Zentraler Kontrahent zwischengeschaltet wird[267].

---

266 Begründung des Vorschlags der EU-Kommission für eine neue Wertpapierdienstleistungsrichtlinie (KOM/2002/0625), ABl. 2003 C-71, S. 62 ff., Abschnitt II.1, S. 67 ff. (=ZBB 2002, S. 545 (550 mit Fn. 19, die nicht im ABl., aber im als Pdf-Datei zur Verfügung stehenden Dokument der EU-Kommission KOM/2002/0625 enthalten ist).
267 Im Ergebnis ebenso Schwark/Beck, KMR, § 1 BörsG, Rn. 6.

III. Auswirkungen der Neufassung des BörsG im Rahmen des FRUG

Mit Art. 2 des Gesetzes zur Umsetzung der Richtlinie über Märkte für Finanzinstrumente und der Durchführungsrichtlinie der Kommission vom 16. Juli 2007[268] (FRUG) wurde das BörsG mit Wirkung zum 1. November 2007 komplett neu gefasst und so den Vorgaben der Mifid angepasst[269]. Zwar wurden durch das FRUG nicht alle Vorschriften des BörsG inhaltlich geändert, doch zum Teil erhebliche Streichungen, Ergänzungen und sonstige Änderungen vorgenommen. So sind im BörsG in der Fassung des FRUG die §§ 58 f. BörsG nicht mehr enthalten. Stattdessen wurde in § 2 BörsG n.F. erstmals eine Börsendefinition aufgenommen[270]. Danach handelt es sich bei Börsen um „teilrechtsfähige Anstalten des öffentlichen Rechts, die nach Maßgabe dieses Gesetzes multilaterale Systeme regeln und überwachen, welche die Interessen einer Vielzahl von Personen am Kauf und Verkauf von dort zum Handel zugelassenen Wirtschaftsgütern und Rechten innerhalb des Systems nach festgelegten Bestimmungen in einer Weise zusammenbringen oder das Zusammenbringen fördern, die zu einem Vertrag über den Kauf dieses Handelsobjekts führt". Multilaterale Handelssysteme, die in anderer Rechtsform und ohne Erlaubnis nach § 4 Abs. 1 BörsG n.F. Kauf- und Verkaufsinteressen zusammenführen, werden nicht mehr im BörsG n.F. geregelt, sondern unterliegen nunmehr dem Regelungsregime des ebenfalls durch das FRUG geänderten Wertpapierhandelsgesetzes[271].

Für die Frage nach der Bedeutung des Börsenhandels mit einem Zentralen Kontrahenten für den Börsenbegriff hat sich somit die Diskussionsgrundlage wesentlich verändert. Der zu eng geratene Wortlaut des § 59 S. 1 BörsG ist weggefallen und damit auch die Notwendigkeit einer erweiternden Auslegung, die auf die oben erläuterte Art und Weise den materiellen Börsenbegriff nach dem 4. FFG mit dem Handel über einen Zentralen Kontrahenten in Einklang bringt. Denn die neue Definition des Börsenbegriffs, die sich im materiellen Teil eng an der Begriffsbestimmung des geregelten Marktes in Art. 4 Abs. 1 Nr. 14 der RL 2004/39/EG orientiert[272], schließt die Einschaltung eines Zentralen Kontrahenten in den Vertragsschluss nicht aus. Dies wird endgültig durch § 3 Abs. 5 S. 3 Nr. 2 BörsG n.F. deutlich, wo nun erstmals die Nutzung eines Zentralen Kontrahenten

---

268 BGBl. I, S. 1330.
269 Vgl. BT-Drucks. 16/4028, S. 52 f.
270 Vgl. BT-Drucks. 16/4028, S. 79.
271 Vgl. BT-Drucks. 16/4028, S. 79.
272 Vgl. BT-Drucks. 16/4028, S. 79.

durch eine Börse ausdrücklich vorausgesetzt wird[273]. Mithin erleichtert das BörsG in der Fassung von Art. 2 des FRUG das bereits zur früheren Rechtslage gewonnene Auslegungsergebnis, dass die Einschaltung eines Zentralen Kontrahenten in den börslichen Vertragsschluss für die Einordnung eines Handelssystems als Börse i.S.d. BörsG nicht bedeutsam ist.

B. Kompetenz zur Entscheidung über Einführung und Auswahl des Zentralen Kontrahenten sowie Bestimmung seines Auftraggebers

Die Einführung eines Zentralen Kontrahenten an einer nach § 1 Abs. 1 S. 1 BörsG genehmigten Börse wirft eine Fülle weiterer börsenorganisationsrechtlicher Probleme auf. So stellt sich die Frage, wer über die Einführung des Zentralen Kontrahenten entscheidet, wer die Einrichtung, welche die betreffenden Aufgaben übernehmen soll, auswählt und wer schließlich den Auftrag an die ausgewählte Einrichtung erteilt, in dem die einzelnen Rechte und Pflichten des Zentralen Kontrahenten rechtsverbindlich geregelt werden[274]. Die Antwort auf diese Fragen muss keineswegs einheitlich ausfallen, wie ein Blick auf die Struktur des deutschen Börsenwesens zeigen wird. Die angeführten und eng mit dem Börsenaufbau zusammenhängenden Fragen können überhaupt erst in ihrem vollen Umfange erkannt werden, wenn man das Börsenwesen zumindest in seinen Grundzügen kennt und versteht. Die folgenden Ausführungen sollen daher zunächst einen das nötige Verständnis schaffenden Überblick über die Grundstrukturen des deutschen Börsenwesens geben, bevor versucht wird, vor diesem Hintergrund die einzelnen angesprochenen Probleme einer Lösung zuzuführen. Dieses methodische Vorgehen, das nur auf den ersten Blick etwas abschweifend erscheinen mag, bringt zudem den Vorteil, ein börsenrechtliches Fundament zu legen, auf das bei Bedarf aufgebaut werden kann, ohne jeweils fragmentarisch einzelne thematische Blöcke ohne den bestehenden Zusammenhang behandeln zu müssen.

---

273 Vgl. darüber hinaus auch die RegBegr. zum FRUG, in der der Zentrale Kontrahent ebenfalls erwähnt und als möglicher Vertragspartner an einer Börse vorausgesetzt wird (BT-Drucks. 16/4028, S. 80 u. 85.).

274 Vgl. zum letztgenannten Problemkreis Rinker, Der Vertragsschluss im börslichen elektronischen Handelssystem, S. 94 f., der wohl davon ausgeht, dass die Börse und nicht ihr Träger den Auftrag an eine Einrichtung erteilt.

I. Grundstrukturen des Börsenwesens

1. Dualismus von Börse und Börsenträger

Trotz einiger Meinungsverschiedenheiten zu Einzelheiten kann die Trennung von Börse und Börsenträger, der bisweilen auch Börsenbetreiber genannt wird[275], als allgemein anerkanntes Strukturprinzip im deutschen Börsenwesen bezeichnet werden[276]. Dies gilt erst recht nach Inkrafttreten des 4. FFG, das dem vorher nur am Rande erwähnten Börsenträger (§§ 3 c Abs. 2 S. 1 Hs. 2, 4 Abs. 1 S. 2, 5 Abs. 1 S. 2 BörsG a.f.) nun mehrmals zum besonderen Regelungsgegenstand des BörsG macht und insbesondere in § 1 Abs. 2 BörsG den Dualismus von Börsenträger und Börse bestätigt[277]. Diese Trennung ist nach dem Wegfall vergleichbarer Regelungen in Österreich seit 1998 eine einzigartige Erscheinung, die oft als gekünstelt und ausländischen Emittenten kaum vermittelbar dargestellt wird[278]. Sie geht darauf zurück, dass die Versammlung der Börsenteilnehmer historisch gesehen nicht vereinsrechtlich oder gesellschaftsrechtlich organisiert, sondern lediglich durch ihre gemeinsame Interessenlage verbunden war[279]. Das bedeutet, dass sie kein selbständiges Rechtssubjekt und daher weder in der Lage war, Adressat der erforderlichen Börsengenehmigung noch Partei der für die Durchführung des Börsenhandels erforderlichen Verträge über den Erwerb der Börseneinrichtungen oder die Anstellung von Börsenmitarbeitern zu sein. Dafür bedurfte es vielmehr der Hilfe eines selbständigen Rechtsträgers[280].

Um den Dualismus von Börse und Börsenträger, der für das Verständnis des ganzen Börsenwesens von wesentlicher Bedeutung ist[281], richtig verstehen zu können, müssen die Begrifflichkeiten sowie insbesondere die Rechtsstellung und die damit einhergehenden Aufgaben und Befugnisse der die Börsenstrukturen prägenden Beteiligten geklärt sein.

---

275 Köndgen/Mues, WM 1998, S. 53 (56 f.); Mues, Die Börse als Unternehmen, S. 76, 85.

276 Vgl. bspw. Breitkreuz, Die Ordnung der Börse, S. 48 f.; Claussen, Bank- und Börsenrecht, § 9, Rn. 16; Schwark, BörsG, § 1, Rn. 18; Hammen, AG 2001, S. 549 (550); Groß, Kapitalmarktrecht, Vorb. BörsG, Rn. 16; Schäfer/Peterhoff, WpHG u.a., § 1 BörsG, Rdnr. 34.

277 Beck, BKR 2002, S. 662 (664).

278 So z.B. Hopt/Baum in Hopt/Rudolph/Baum, S. 404; Claussen, Bank- und Börsenrecht, § 9, Rn. 23; Wastl, WM 1999, S. 620 (625 mit Fn. 39).

279 Schlüter, Börsenhandelsrecht, Abschnitt G, Rn. 139; ähnlich Köndgen/Mues, WM 1998, S. 53 (56), die die Trennung schlicht als „historisch gewachsen" beschreiben, sowie Wastl, WM 1999, S. 620 (625 mit Fn. 39).

280 Schlüter, Börsenhandelsrecht, Abschnitt G, Rn. 139.

281 Kümpel/Hammen, Börsenrecht, S. 92.

2. Rechtsstellung der Börse

Die Diskussion über den Rechtscharakter der Börse, die für die Aufgaben und Befugnisse und damit letztlich für die Rechtsstellung im umfassenden Sinne von wesentlicher Bedeutung ist, begann schon relativ kurz nach Inkrafttreten des ersten BörsG[282] für Deutschland zum 1.1.1897 und dauert mit verschobener Akzentsetzung bis heute fort. Die Auseinandersetzung kreist um zwei miteinander verbundene Problemfelder, nämlich zum einen um die Zuordnung der Börse zum öffentlichen oder privaten Recht und zum anderen um die zutreffende Organisationsform.

a) Zuordnung der Börse zum öffentlichen Recht

Obwohl die erstgenannte Frage heute nicht mehr im Mittelpunkt der Diskussionen steht, soll doch zum besseren Verständnis des gesamten Börsenwesens und wegen der damit zusammenhängenden Weichenstellung in Bezug auf die Organisationsstruktur näher auf sie eingegangen werden[283], zumal vereinzelt immer noch die Ansicht vertreten wird, die Börse sei privatrechtlicher Natur[284].

aa) Berliner Börsenstreit als Auslöser der Diskussion

Erstmals wurde die Frage der Zuordnung der Börse zum öffentlichen Recht oder zum Privatrecht im sog. Berliner Börsenstreit 1902/1903 virulent[285]. Diesem Streit lag die Übertragung der Börsenaufsicht über die damals bedeutendste deutsche Börse in Berlin von der Korporation der Kaufmannschaft zu Berlin auf die Berliner Handelskammer, der im Gegensatz zur Korporation der Kaufmannschaft sämtliche Handels- und Industriezweige kraft Pflichtmitgliedschaft angehörten,

---

282 Börsengesetz vom 22.06.1896 (RGBl. Nr. 15, S. 157).

283 Eine sehr ausführliche Auseinandersetzung mit den bis dahin ausgetauschten Argumenten findet sich bei Breitkreuz, Die Ordnung der Börse, S. 68 ff.

284 Claussen/Hoffmann, ZBB 1995, S. 68 (72); in der Tendenz ebenso Claussen in der erst im Jahr 2000 erschienen 2. Aufl. von „Bank- und Börsenrecht", § 9, Rn. 23. In der 3. Aufl. aus 2003 hält Claussen mit Blick auf das 4. FFG daran allerdings nicht fest, § 9, Rn. 18 ff.; zumindest für die Möglichkeit einer privatrechtlichen Gestaltung des Börsenwesens de lege lata treten ferner Riehmer/Heuser ein, NZI 2001, S. 385 (387, 391); vgl. auch Mues, Die Börse als Unternehmen, S. 43 und 84, der de lege ferenda für eine privatrechtliche Börsenorganisation eintritt, aber der h.M. schon de lege lata „Ungewöhnlichkeiten und Ungereimtheiten" vorwirft, die die Rechtsanwendung erheblich erschweren, andererseits die öffentlichrechtliche Organisationsform als durch die Börsengesetznovelle von 1975 vorausgesetzt ansieht.

285 Vgl. dazu Göppert, Das Recht der Börsen, S. 4 f.

durch das preußische Ministerium für Handel und Gewerbe zugrunde. Dagegen wandte sich die Korporation der Kaufmannschaft zu Berlin mit dem Argument, sie sei Eigentümerin der mit einem gewerblichen Unternehmen vergleichbaren Börse[286]. Der Minister folgte dieser Argumentation nicht, sondern übertrug unter Hinweis auf den öffentlichrechtlichen Charakter der Institution Börse der Handelskammer die Börsenaufsicht und genehmigte kurz darauf die von dieser erlassene Börsenordnung, welche die Wahl des Vorstands durch alle Börsenbesucher verankerte und damit den Grundstein für die Börsenselbstverwaltung legte[287].

bb) Einordnung der Börse ins Privatrecht

Vor allem einzelne Vertreter der älteren Literatur ordnen die Börsen dem Privatrecht zu. Sowohl die Bereitstellung der erforderlichen Einrichtungen wie Börsengebäude, Inventar und Personal als auch die Veranstaltung selbst seien als Ausfluss individueller Freiheit grundsätzlich privatrechtliche und privatwirtschaftliche Aktivitäten des Börsenunternehmers. Daran habe auch das damals neue BörsG nichts geändert[288]. Der Börsenunternehmer könne die Einrichtung und Benutzung der Börse als sein Unternehmen durch die BörsO regeln, die privatrechtliche Benutzungs- und Teilnahmebedingungen für den Börsenbetrieb darstellten[289]. Der schon damals im BörsG vorgesehene Börsenvorstand sei lediglich ein gesetzlich näher ausgestaltetes Organ des Börsenträgers. Die eigentliche Bedeutung des BörsG liege darin, das Börsenwesen einer staatlichen Aufsicht zu unterstellen und nicht in einer Verstaatlichung desselben[290].

---

286 Denkschrift der Aeltesten der Kaufmannschaft von Berlin, Berliner Jahrbuch für Handel und Industrie, 1903, S. 340 (349, 353). Zur Untermauerung dieser Auffassung wurden von der Korporation der Kaufmannschaft bei den Staatsrechtlern Anschütz, Loening, Mayer und Rosin Gutachten zu den in Betracht kommenden Grundfragen des Börsenrechts in Auftrag gegeben. Doch hat sich lediglich Anschütz klar für eine privatrechtliche Konstruktion der Börse ausgesprochen, vgl. Anschütz, Berliner Jahrbuch für Handel und Industrie 1903, S. 373 ff. und S. 406 ff.; die insoweit nicht eindeutigen Äußerungen von Rosin und Loening werden allerdings zumindest von Breitkreuz, Die Ordnung der Börse, S. 59, als Ablehnung einer öffentlichrechtlichen Organisationsform interpretiert, wo auch die entsprechenden Stellen der Gutachten zitiert werden.
287 Bremer, Grundzüge des Börsenrechts, S. 31 f.
288 Anschütz, Berliner Jahrbuch für Handel und Industrie 1903, S. 373 (375); ders., VerwArchiv 11 (1903), S. 519 (521); ebenso Nußbaum, Börsengesetz, § 1, Anm. IV 1 u. 4.
289 Anschütz, Berliner Jahrbuch für Handel und Industrie 1903, S. 373 (375); ders., VerwArchiv 11 (1903), S. 519 (545 f.); Nußbaum, Börsengesetz, § 4, Anm. II u. III.
290 Anschütz, Berliner Jahrbuch für Handel und Industrie 1903, S. 373 (375); ders., VerwArchiv 11 (1903), S. 519 (524 f.); Nußbaum, Börsengesetz, § 4, Anm. IV.

Die Stimmen in der neueren Literatur, die sich zumindest tendenziell für eine privatrechtliche Struktur des Börsenwesens de lege lata aussprechen, stützen sich nicht mehr wie noch *Anschütz* auf das Eigentumsrecht, sondern führen als besonders schwer wiegendes Argument an, dass nunmehr alle Börsenträger privatrechtlich, vornehmlich als AG organisiert seien[291], was zu einer starken Annäherung von Börse und Träger führe[292]. Es sei zumindest ungewöhnlich, dass ein privatrechtlicher Rechtsträger eine öffentlichrechtliche Organisationseinheit errichte und finanziere[293]. Zudem habe das 2. FFG[294], das der Gesetzgeber auch als vertrauensbildende Maßnahme für das Ausland, in dem die Börsen privatrechtlich organisiert seien, verstanden habe[295], mit der Einführung einer Geschäftsführung als Leitungsorgan der Börse in § 3c BörsG a.F. (§ 12 BörsG n.F.) eine aktienrechtliche Organisationsform übernommen, was gleichfalls auf eine privatrechtliche Orientierung der Börse hindeute[296]. Außerdem spreche auch der Einwand der Vertreter eines öffentlichrechtlichen Charakters der Börse, dass die Börsenorgane öffentlichrechtliche Funktionen ausübten, nicht zwangsläufig gegen die privatrechtliche Einordnung, da der Börse der Status eines Beliehenen, der sogar hoheitlich handeln dürfe, zukommen könne[297]. Schließlich wird noch ins Feld geführt, dass die Börse dem Abschluss unbestritten privatrechtlicher Verträge diene, was zumindest ein Indiz für den privatrechtlichen Charakter der Börse darstelle[298].

---

291 Vgl. zu den Organisationsformen der Börsenträger Hammen, Festschrift T. Raiser, S. 661 (673 f.).
292 Claussen/Hoffmann, ZBB 1995, S. 68 (72); Claussen, Bank- und Börsenrecht², § 9, Rn. 23.
293 Riehmer/Heuser, NZI 2001, S. 385 (387).
294 Gesetz über den Wertpapierhandel und zur Änderung börsenrechtlicher und wertpapierrechtlicher Vorschriften (Zweites Finanzmarktförderungsgesetz) vom 26.07.1994 (BGBl. I, S. 1749 ff.).
295 Claussen/Hoffmann, ZBB 1995, S. 68 (72) unter Bezugnahme auf Begr. RegE 2. FFG, BT-Drs. 12/6679, S. 33.
296 Claussen/Hoffmann, ZBB 1995, S. 68 (72) unter Bezugnahme auf Begr. RegE 2. FFG, BT-Drs. 12/6679, S. 62, wo darauf verwiesen wird, dass sich die neue innere Organisationsstruktur an dem aktienrechtlichen Modell orientiere.
297 Claussen/Hoffmann, ZBB 1995, S. 68 (71 f.); Riehmer/Heuser, NZG 2001, S. 385 (387).
298 Claussen/Hoffmann, ZBB 1995, S. 68 (71); Claussen, Bank- und Börsenrecht², § 9, Rn. 22; dies erkennt auch Schwark an, obwohl er grundsätzlich eine Zuordnung zum Privatrecht ablehnt, BörsG, § 1, Rn. 16.

cc) Einordnung der Börse ins öffentliche Recht

Die herrschende Auffassung lehnt die Zuordnung der Börse zum Privatrecht dagegen ab[299].

Die ältere Ansicht könne nicht überzeugen, weil der Träger Eigentum an der Börse oder eine Verwaltungsbefugnis über dieselbe keinesfalls geltend machen könne. Dem stehe nämlich die durch das BörsG eingeführte Trennung von Börse und Träger entgegen[300].

Grundsätzlich spreche für den öffentlichrechtlichen Status der Börse, dass ein überragendes öffentliches Interesse an einem börsenmäßig organisierten Wertpapierhandel als unverzichtbare Voraussetzung für einen funktionsfähigen Kapitalmarkt bestehe, welches die Marktveranstaltungen zu einer staatlichen Aufgabe werden lasse, deren Erfüllung durch in die Organisation des Staates eingegliederte Institutionen zu gewährleisten sei[301].

Vereinzelt wurde zumindest in der jüngeren Vergangenheit für die öffentlichrechtliche Organisationsstruktur vorgebracht, die Pflichten der Börsenorgane seien vielfach Amtspflichten im Sinne des Staatshaftungrechts, so dass deren Verletzung zu Schadensersatzansprüchen der Anleger gegenüber dem Sitzland der Börse führen könne, woran ein berechtigtes Anlegerinteresse bestehe[302].

Als entscheidend wird jedoch auf zweierlei abgestellt, nämlich darauf dass die Beziehungen der Handelsteilnehmer sowie der Emittenten zur Börse eindeu-

---

299   Göppert, Das Recht der Börsen, S. 44, 70; Huber, Wirtschaftsverwaltungsrecht, S. 617; Wiede, Die Börse als verwaltungsrechtliches Problem und Rechtsinstitut, S. 137 ff.; Kümpel, Bank- und Kapitalmarktrecht, Rn. 17.95; Schwark, BörsG, § 1, Rn. 16; Groß, Kapitalmarktrecht, Vorb. BörsG, Rn. 17; Franke in Assmann/Schütze, Handbuch des Kapitalanlagerechts, § 2, Rn. 15; Schlüter, Börsenhandelsrecht, Abschnitt G, Rn. 122; Breitkreuz, Die Ordnung der Börse, S. 87 f.; Uppenbrink, Die deutschen Wertpapierbörsen als Körperschaften des öffentlichen Rechts, S. 46; Hammen, AG 2001, S. 549 (551); Wastl/Schlitt, WM 2001, S. 1702 (1703).
300   Vgl. nur Wiede, Die Börse als verwaltungsrechtliches Problem und Rechtsinstitut, S. 134; Breitkreuz, Die Ordnung der Börse, S. 72.
301   Kümpel, Bank- und Kapitalmarktrecht, Rn. 17.96 u. 17.98; bereits Wiede, Die Börse als verwaltungsrechtliches Problem und Rechtsinstitut, S. 36, hat die Errichtung und Unterhaltung einer Börse als staatliche Aufgabenerfüllung bezeichnet, wobei jedoch unklar bleibt, ob dies als Argument für die öffentlichrechtliche Organisationsstruktur dienen oder vielmehr die Schlussfolgerung aus dieser Einordnung darstellen soll.
302   Kümpel, Bank- und Kapitalmarktrecht, Rn. 17.115.

tig öffentlichrechtlich ausgestaltet seien[303] und darauf dass ferner die Börsenorganisationsstruktur Ausdruck der öffentlichrechtlichen Börsennatur sei[304].

dd) Kritische Würdigung

Das sicherlich vorhandene große öffentliche Interesse an einem funktionierenden Kapitalmarkt[305] reicht nicht aus, um die Durchführung des börsenmäßigen Wertpapierhandels zu einer Staatsaufgabe zu machen[306]. Dies setzte nämlich voraus, dass sich Staatsaufgaben stets aus einem wie auch immer gearteten öffentlichen Interesse ergäben. Dies ist jedoch nicht der Fall. Vielmehr sind öffentliche Aufgaben und Staatsaufgaben zu unterscheiden[307]. Als öffentliche Aufgaben werden die im öffentlichen Interesse liegenden Betätigungen bezeichnet, die zur Gemeinwohlrealisierung beitragen[308]. Der Staat hat aber kein Gemeinwohlmono-

---

303 v. Olenhusen, Börsen und Kartellrecht, S. 56 f. sowie 60 ff.; Schlüter, Börsenhandelsrecht, Abschnitt G, Rn. 121; Kümpel, Bank- und Kapitalmarktrecht, Rn. 17.99; Schwark, BörsG, § 1, Rn. 15; Schäfer/Peterhoff, WpHG u.a., § 1 BörsG, Rn. 32.

304 Breitkreuz, Die Ordnung der Börse, S. 82, 87 f.; Hammen, AG 2001, 549 (550 f.), der allerdings feststellt, dass die Börsenorganisation zu keiner der denkbaren privatrechtlichen Organisationsformen passt und daraus den Rückschluss zieht, dass sie öffentlichrechtlich sein muss; ebenso Blumentritt, Die privatrechtlich organisierte Börse, S. 58.

305 Zuletzt wieder hervorgehoben in der Begr. RegE 4. FFG, BT-Drs. 14/8017, S. 62, wo davon die Rede ist, dass ein leistungsfähiges Finanzsystem unverzichtbares Element einer modernen Volkswirtschaft sei; ähnlich schon Begr. RegE 2. FFG, BT-Drs. 12/6679, S. 33.

306 v. Olenhusen, Börsen und Kartellrecht, S. 59; Breitkreuz, Die Ordnung der Börse, S. 74 f.

307 Vgl. Weiss, Privatisierung und Staatsaufgaben, S. 22; Gramm, Privatisierung und notwendige Staatsaufgaben, S. 56 ff.; Burgi, Funktionale Privatisierung und Verwaltungshilfe, S. 41 ff.; kritisch allerdings Di Fabio, JZ 1999, S. 585 (586 f.), der die Ansicht vertritt, wegen fehlender Trennschärfe sei die Unterscheidung letztlich für die juristische Argumentation untauglich. Er verwendet daher die Begriffe synonym, stellt allerdings zu deren inhaltlicher Bestimmung nicht auf das öffentliche Interesse ab, im Rahmen dessen auch nach seiner Ansicht Private tätig werden können, sondern darauf, ob das Gesetz eine Sachmaterie dem Staat zuordnet. Damit vermag auch nach seinem Ansatz das Interesse der Allgemeinheit an einem funktionierenden Kapitalmarkt bei der Frage nach der rechtlichen Einordnung der Börse nicht weiterzuhelfen. Nicht eindeutig ist die Verwendung der Begriffe der öffentlichen und staatlichen Aufgaben durch das BVerfG, welches sie mal synonym gebraucht (BVerfGE 17, 371, 376 f.; 20, 56, 113), mal zu Unterscheidungen neigt (BVerGE 12, 205, 243; 30, 292, 311; 53, 366, 401).

308 Weiss, Privatisierung und Staatsaufgaben, S. 22; Peters, Festschrift Nipperdey, S. 877 (878); Ossenbühl, Staatshaftungsrecht, S. 24 Fn. 70.

pol[309] und kann es auch nicht haben, da er das Gemeinwohl nicht umfassend zu gewährleisten vermag[310]. So werden zahlreiche im öffentlichen Interesse liegende Aufgaben nicht oder nicht ausschließlich vom Staat wahrgenommen, wie bspw. die Tätigkeiten Privater im karitativen und sozialen Bereich, in der Energieversorgung oder im Bankwesen zeigen[311]. Demzufolge stellt der Versuch, über das öffentliche Interesse zum öffentlichrechtlichen Charakter der Börse zu gelangen, keinen tauglichen Ansatz dar.

Ähnliches gilt für das Argument einer Staatshaftung des Sitzlandes der Börse gegenüber geschädigten Anlegern[312]. Abgesehen davon, dass mit Recht bezweifelt werden kann, wieso ein Bundesland und damit letztlich der Steuerzahler das Haftungsrisiko gegenüber Anlegern übernehmen soll, die zumindest zum Teil mit riskanten Transaktionen den schnellen Profit suchen[313], hat das 4. FFG diesbezüglich einschneidende Änderungen erbracht. Es sind nämlich mit den §§ 4 Abs. 6, 9 Abs. 6, 12 Abs. 3 und 31 Abs. 5 BörsG Vorschriften eingefügt worden, die klarstellen, dass die Börsenorgane[314] ihre Pflichten lediglich im öffentlichen Interesse wahrnehmen. Dies hat zur Folge, dass ein Amtshaftungsanspruch gem. Art. 34 GG i.V.m. § 839 Abs. 1 BGB in Zukunft an der mangelnden Drittbezogenheit der Amtspflicht scheitern wird, die nach dem Gesetzeswortlaut („die ihm einem Dritten gegenüber obliegende Amtspflicht") Voraussetzung für einen Schadensersatzanspruch ist[315]. Der Gesetzgeber hat damit deutlich seine Ablehnung gegenüber einer Amtshaftung für Pflichtverletzungen der Börsenorgane zum Ausdruck gebracht, so dass sich das Argument der Staatshaftung erledigt haben dürfte[316]. Gleichwohl lässt sich aus der Einfügung der angeführten Vor-

---

309 Häberle, Öffentliches Interesse als juristisches Problem, S. 213; Kirmer, Der Begriff der öffentlichen Aufgaben in der Rechtsprechung des BVerfG, S. 64; Gramm, Privatisierung und notwendige Staatsaufgaben, S. 57.

310 Isensee in Isensee/Kirchhof; § 57, Rn. 78.

311 Vgl. Gramm, Privatisierung und notwendige Staatsaufgaben, S. 57.

312 Vgl. zu der haftungsrechtlichen Konstruktion im Einzelnen Kümpel/Hammen, Börsenrecht, S. 133 ff., sowie v. Olenhusen, Börsen und Kartellrecht, S. 87.

313 Claussen, ZBB 2000, S. 1 (9).

314 Vgl. dazu Blumentritt, Die privatrechtlich organisierte Börse, S. 273 ff.

315 Vgl. eingehender zur Drittbezogenheit der Amtpflicht Staudinger/Wurm, § 839, Rn. 172 ff; MünchKomm-BGB/Papier, § 839, Rn. 224 ff.

316 In der Begr. RegE 4. FFG wird mehrmals betont, dass die Tätigkeit der Börsenorgane nicht dem Schutz einzelner Anleger dient, BT-Drs. 14/8017, S. 73, 74, 79; vgl. auch Lenenbach, Kapitalmarkt- und Börsenrecht, Rn. 3.12–3.14, der Amtshaftungsansprüche in Zukunft für ausgeschlossen hält; ob die drittschützende Wirkung damit für jeden Einzelfall wegfällt, wird dagegen zumindest für § 31 Abs. 5 BörsG bestritten von Wilsing/Kruse, EWiR, § 43 BörsG a.F. 1/02, S. 953 (954); Zweifel im Hinblick auf die Verfassungsmäßigkeit dieses gesetzgeberischen Vorgehens meldet Claussen, Bank- und Börsenrecht³, § 9, Rn. 22, an.

schriften der Schluss ziehen, dass die Börse öffentlichrechtlicher Natur ist. Denn wenn die Organe der Börse laut Gesetz nur im öffentlichrechtlichen Interesse tätig werden, dann wäre deren privatrechtliche Einordnung geradezu befremdlich[317]. Dies ist auch kein Widerspruch zu den obigen Ausführungen, die das öffentliche Interesse an einem ordnungsgemäßen Börsenhandel als nicht entscheidend für die rechtliche Einordnung der Börse angesehen haben, da nun eindeutige gesetzliche Bestimmungen gewichtet werden.

Indem das 4. FFG zudem mit der Neufassung des § 1 Abs. 2 BörsG die Verpflichtung des Trägers gegenüber der Börse, dieser auf deren Anforderung die zum Börsenbetrieb erforderlichen Mittel zur Verfügung zu stellen, ausdrücklich ins Gesetz aufgenommen hat, ist die Trennung von Börse und Träger noch deutlicher geworden[318], so dass keineswegs davon gesprochen werden kann, die Börse sei dabei, zu einer Einrichtung ihres privaten Trägers zu werden.

Dass das Verhältnis der Handelsteilnehmer und Emittenten zur Börse öffentlichrechtliche Züge trägt, wird zumindest von den heutigen Befürwortern der privatrechtlichen Rechtsnatur der Börse nicht ernsthaft bestritten[319]. Alles andere wäre auch nicht überzeugend, da die Zulassung für Personen gem. § 16 BörsG und für Wertpapiere gem. §§ 21, 30 ff., 49 ff. BörsG an gesetzlich bestimmte Voraussetzungen geknüpft wird, was für ein Verwaltungsverfahren typisch ist[320], und sie schließlich durch einen Verwaltungsakt erfolgt[321]. Des Weiteren sind die Börsenorgane bspw. gem. §§ 4 Abs. 3, Abs. 5 S. 2, 16 Abs. 8 und 9, 18 Abs. 2 S. 2, 19 Abs. 4 BörsG zu hoheitlichen Maßnahmen befugt[322]. Am Beispiel der Entscheidungen des Sanktionsausschusses gem. § 20 Abs. 2 BörsG lässt sich der Verwaltungsaktcharakter der Maßnahmen exemplarisch dadurch belegen, dass gegen sie nach § 20 Abs. 2 BörsG der Verwaltungsrechtsweg eröffnet ist, ohne

---

317 Vgl. zur sog. Interessentheorie, die als eine unter mehreren Ansichten zur Abgrenzung von öffentlichem Recht und Privatrecht angeführt wird, Maurer, Allgemeines Verwaltungsrecht, § 3, Rn. 15.
318 Beck, BKR 2002, S. 662 (665).
319 So sprechen Claussen/Hoffmann, ZBB 1995, S. 68 (71) von dem „Faktum, daß die Börsenorgane öffentlichrechtliche Funktionen ausüben"; anders noch Nußbaum, Börsengesetz, § 36, Anm. III b, der die Zulassung der Handelsteilnehmer zur Teilnahme am Börsenhandel über einen privatrechtlichen Vertrag zwischen der zulassenden Stelle und dem Antragsteller konstruierte.
320 v. Olenhusen, Börsen und Kartellrecht, S. 56 f.; Schwark, BörsG, § 1, Rn. 15.
321 Vgl. nur Groß, Kapitalmarktrecht, §§ 7, 7a BörsG, Rn. 3, §§ 36–39 BörsG, Rn. 2; § 71 BörsG, Rn. 13; Schlüter, Börsenhandelsrecht, Abschnitt G, Rn. 121; v. Rosen in Assmann/Schütze, Handbuch des Kapitalanlagerechts, § 2, Rn. 158, 177; Schröder, Die Wertpapierhandelsaufsicht, S. 228 ff.
322 Vgl. Breitkreuz, Die Ordnung der Börse, S. 77, zu den entsprechenden Vorschriften des BörsG a.F.

dass es der Durchführung eines Vorverfahrens bedarf[323], welches gem. § 68 VwGO[324] nur für Verwaltungsakte vorgesehen ist.

Zwar ließe sich darüber nachdenken, diese Befugnisse über den Weg der Beleihung[325] auf ein Privatrechtssubjekt zu legitimieren[326], doch bedürfte es dazu zunächst eines solchen. Diese Voraussetzung lenkt den Blick auf die Börsenorganisationsstruktur, die sich mit keiner der zur Verfügung stehenden Gesellschaftsformen des Privatrechts vereinbaren lässt, so dass wegen des bestehenden numerus clausus der gesellschaftsrechtlichen Rechtsformen[327] gar kein zur Beleihung taugliches Privatrechtssubjekt vorhanden ist. Denn die Existenz einer dem Leitungsorgan einer AG angenäherten Geschäftsführung kann nicht darüber hinwegtäuschen, dass es weder einen der AG entsprechenden Gründungsvorgang noch weitere Organe gibt, die nach ihren Befugnissen mit denen einer AG vergleichbar wären[328].

Nach alldem kann nur die Konsequenz gezogen werden, der Börse eine öffentlichrechtliche Natur zuzuerkennen. Selbst wenn man zugestehen will, dass das BörsG in seiner Erstfassung von 1897 offen für eine privatrechtliche Einordnung der Börse war[329], so lässt doch die Entwicklung der Gesetzgebung spätestens nach dem 4. FFG keinen Zweifel über den Rechtscharakter der Börse als öffentlichrechtliche Einrichtung zu[330].

b) Organisationstypus der Börse nach öffentlichem Recht

Nachdem der öffentlichrechtliche Charakter der Börse geklärt ist, ist der Weg bereitet, um ihre Organisationsform beurteilen zu können, über die schon lange dis-

---

323 Schröder, Die Wertpapierhandelsaufsicht, S. 229.
324 Verwaltungsgerichtsordnung (VwGO) in der Fassung der Bekanntmachung vom 19.03.1991 (BGBl. I, S. 686), zuletzt geändert durch Art. 2 JustizkommunikationsG vom 22.03.2005 (BGBl. I, S. 837).
325 Zur Beleihung instruktiv Burgi, Festschrift Maurer, S. 581 ff., und S. 138 ff.
326 So Claussen/Hoffmann, ZBB 1995, S. 68 (71 f.); Riehmer/Heuser, NZI 2001, S. 385 (387); allerdings werden dagegen wegen des Umfangs der Befugnisse, insbesondere in Bezug auf die Ermächtigung des Börsenrats zum Erlass der BörsO als Satzung, gewichtige Bedenken geltend gemacht, vgl. Blumentritt, Die privatrechtlich organisierte Börse, S. 58 m.w.Nachw.
327 K. Schmidt, Gesellschaftsrecht, S. 96.
328 Hammen, AG 2001, S. 549 (551).
329 So Mues, Die Börse als Unternehmen, S. 68, sowie Schwark, ZBB 2001, S. 311 (312).
330 Dies gesteht nunmehr – wenn auch mit einer eher auf die Gesetzesmaterialien bezogenen Argumentation – auch Claussen als einer der vehementesten Vertreter der privatrechtlichen Einordnung ein, Bank- und Börsenrecht³, § 9, Rn. 18 ff.

kutiert wird, ohne dass sich eine einhellige Meinung gebildet hätte[331]. Da es für eine sachgerechte Beurteilung der Rechtsstellung einer Börse aber unabdingbar ist, sich über den diese prägenden Organisationstypus[332] im Klaren zu sein, hat im Folgenden eine Darstellung der wesentlichen dazu vertretenen Auffassungen sowie eine Auseinandersetzung mit ihnen zu erfolgen. Nach den bisher gewonnenen Ergebnissen kann sich dabei auf die dem öffentlichen Recht angehörenden Formen beschränkt werden[333].

aa) Börse als rechtlich amorphes Gebilde

Dass Börsen überhaupt eine bestimmte Rechtsform zukommt, hat insbesondere *Göppert* bestritten, der sogar die Bezeichnung „Rechtsgebilde" für die Börsen ablehnte[334]. Für ihn war die Börse lediglich eine „tatsächliche, Fortbestand versprechende Erscheinung des Wirtschaftslebens, die in regelmäßigen Zusammenkünften eines nach außen abgeschlossenen oder nicht abgeschlossenen Personenkreises zu geschäftlichen Zwecken" bestehe und die von Normen des öffentlichen Rechts beherrscht werde[335]. So lehnt er ausdrücklich die Einordnung der Börse als Anstalt oder Körperschaft des öffentlichen Rechts ab, da die sachlichen und personellen Mittel nicht Bestandteil der Börse seien, sondern nur die Voraussetzungen für ihr Funktionieren darstellten und das BörsG auch keine korporative Struktur festlege[336]. Die Börsenbesucher seien nur durch ihr gemeinsames Inte-

---

331 Vgl. Göppert, Das Recht der Börsen, S. 70; Huber, Wirtschaftsverwaltungsrecht, S. 618, 625; Samm, Börsenrecht, S. 46 ff., Uppenbrink, Die deutschen Wertpapierbörsen als Körperschaften des öffentlichen Rechts, S. 52 ff.; Kümpel/Hammen, Börsenrecht, S. 125 ff.; Schwark, BörsG, § 1, Rn. 19; Breitkreuz, Die Ordnung der Börse, S. 106 f.; Schäfer/Peterhoff, WpHG u.a., § 1 BörsG, Rn. 33.

332 Von öffentlichrechtlichen Organisationstypen sprechen bspw. auch Maurer, Allgemeines Verwaltungsrecht, § 23, Rn. 1, und Krebs in Isensee/Kirchhof, § 69, Rn. 33; vgl. zur Typuskonzeption Bydlinski, Juristische Methodenlehre und Rechtsbegriff, S. 543 ff.; Koller, Grundfragen einer Typuslehre im Gesellschaftsrecht, passim; Kuhlen, Typuskonzeption in der Rechtstheorie, passim; Leenen, Typus und Rechtsfindung, passim; Zippelius, Juristische Methodenlehre, S. 20.

333 Dabei wird der ganz h.M. (vgl. Breuer, VVDStRL 44 (1985), S. 211, 218 m.w.Nachw.) gefolgt und die funktionale Betrachtungsweise, für die sich in jüngerer Zeit vor allem Jecht, Die Öffentliche Anstalt, S. 80 ff., ausgesprochen hat und derzufolge eine Anstalt auch in Privatrechtsform betrieben werden kann, nicht aufgegriffen.

334 Göppert, Das Recht der Börsen, S. 70; ähnlich Elle, ZHR 128 (1966), S. 273 (277 ff.).

335 Göppert, Das Recht der Börsen, S. 70

336 Göppert, Das Recht der Börsen, S. 69.

resse verbunden, so dass die Zusammenkünfte „rechtlich amorph" seien[337]. Dagegen spreche auch nicht, dass zur Leitung und Förderung der Börsen nach dem BörsG eine bestimmte Organisation geschaffen werden müsse, da diese selbständig über der Börse stehe[338]. Damit bezieht er sich auf seine Auffassung, die Börsenorgane seien amtliche Stellen mit behördlichem Charakter[339], weshalb den Landesaufsichtsbehörden eine zentrale Stellung beim Betreiben der Börse zukomme[340].

bb) Börse als dauernde Rechtsinstitution mit öffentlichrechtlichem Status

Einen Schritt weiter als *Göppert* gehen *Huber* und *Bremer*, die zwar die Börse nicht in eine der bekannten Organisationsformen einordnen, aber zumindest als organisierte Rechtsinstitution bzw. Rechtsgebilde sui generis mit öffentlichrechtlichem Status anerkennen wollen[341]. Eine öffentlichrechtliche Anstalt oder Körperschaft könne die Börse nicht sein, da es sowohl an dem dazu erforderlichen hoheitlichen Verleihungsakt als auch an der entsprechenden Struktur fehle[342]. Andererseits sei die Börse mehr als die Kette ihrer faktischen Zusammenkünfte, da sie sich durch eine rechtlich reglementierte Struktur sowie durch Rechtskontinuität auszeichne, wie sich bspw. daran zeige, dass sie auch nach längerer Einstellung der Zusammenkünfte keiner erneuten Genehmigung bedürfe, sondern während dieser Zeit fortbestehe[343]. Außerdem spricht *Huber* von „organschaftlicher Selbstverwaltung", die durch die Börsenorgane ausgeübt werde[344], womit die Sonderstellung der Börse auch im Hinblick auf ihr Verhältnis zum Träger noch einmal betont wird.

cc) Börse als Körperschaft des öffentlichen Rechts

Einen älteren Einordnungsversuch hat kürzlich *Breitkreuz* wieder in die Diskussion gebracht, nämlich die Einordnung der Börse als Körperschaft des öffentlichen Rechts[345]. Dies wurde bereits von *Uppenbrink* vertreten[346], der zur Begrün-

---

337 Göppert, Das Recht der Börsen, S. 70.
338 Göppert, Das Recht der Börsen, S. 70.
339 Göppert, Das Recht der Börsen, S. 182.
340 Göppert, Das Recht der Börsen, S. 244 u. 250.
341 Huber, Wirtschaftsverwaltungsrecht, S. 618; Bremer, Grundzüge des Börsenrechts, S. 58; Meyer/Bremer, Börsengesetz, § 1, Anm. 4; ähnlich auch VG Frankfurt, AG 1963, S. 306.
342 Bremer, Grundzüge des Börsenrechts, S. 58;
343 Huber, Wirtschaftsverwaltungsrecht, S. 618.
344 Huber, Wirtschaftsverwaltungsrecht, S. 632.
345 Breitkreuz, Die Ordnung der Börse, S. 107.

dung anführt, aus dem gemeinsamen Interesse der Handelsteilnehmer an einer funktionierenden Börse entstehe eine geschlossene Gesellschaft, die besondere Anforderungen an ihre Mitglieder stelle, um deren Solvenz und Vertrauenswürdigkeit zu gewährleisten[347]. Ausdruck der korporativen Struktur der Börse sei zudem das Wahlrecht, das den „Börsenbesuchern" als Mitgliedschaftsrecht zugebilligt werde[348]. Das „einheitliche Wollen und Handeln" der Handelsteilnehmer mache somit die Börse zu einer juristisch bedeutsamen „Wesenheit", der gegenüber die bloßen Versammlungen der Börsianer an Bedeutung verlören[349]. Den auch von ihm für notwendig erachteten statusbegründenden Hoheitsakt sieht *Uppenbrink* in der Genehmigung der Börse sowie der Börsenordnung durch die Landesaufsichtsbehörde als gegeben an[350].

Breitkreuz schließt sich der Ansicht *Uppenbrinks* mit zum Teil anderer Argumentation an[351]. Ausgehend von seinem Verständnis der Börse als Konzentration von Angebot und Nachfrage, die auf deren Repräsentation durch Marktintermediäre wesensnotwendig angewiesen sei, misst er den unmittelbaren Handelsteilnehmern die zentrale Bedeutung für die Struktur der Börse zu, die einem anstaltstypischen bloßen Nutzungsverhältnis nicht entspreche[352]. Schließlich sei ein zentrales Argument für die anstaltliche Organisation der Börse, nämlich die externe Trägerschaft, bei näherem Hinsehen schwach, da es an den rechtlichen Einflussmöglichkeiten des Trägers auf die inneren Börsenangelegenheiten fehle, was sonst charakteristisch für das Verhältnis zwischen Anstalt und ihrem Träger sei[353].

---

346 Uppenbrink, Die deutschen Wertpapierbörsen als Körperschaften des öffentlichen Rechts, S. 90 f.; ebenfalls für die Einordnung als Körperschaft Bindseil, Verfügungsrechte an organisierten Wertpapieren, S. 149, der dies allerdings nur in einem Satz feststellt, ohne die anderen Auffassungen überhaupt zu erwähnen.

347 Uppenbrink, Die deutschen Wertpapierbörsen als Körperschaften des öffentlichen Rechts, S. 56 ff.

348 Uppenbrink, Die deutschen Wertpapierbörsen als Körperschaften des öffentlichen Rechts, S. 60; auf die Wahl des Börsenrats als körperschaftstypische Einflussmöglichkeit stellt auch Breitkreuz, Die Ordnung der Börse, S. 101 f., ab.

349 Uppenbrink, Die deutschen Wertpapierbörsen als Körperschaften des öffentlichen Rechts, S. 61.

350 Uppenbrink, Die deutschen Wertpapierbörsen als Körperschaften des öffentlichen Rechts, S. 75, 85.

351 Breitkreuz, Die Ordnung der Börse, S. 95 ff.

352 Breitkreuz, Die Ordnung der Börse, S. 97 ff.

353 Breitkreuz, Die Ordnung der Börse, S. 103 f.; darauf weisen auch Köndgen/Mues, WM 1998, S. 53 (57), hin. Aus diesem Grund lehnen sie die verwaltungsrechtliche Terminologie ab und nennen den üblicherweise als Börsenträger Bezeichneten statt dessen Börsenbetreiber.

dd) Börse als Anstalt des öffentlichen Rechts

Die h.M. ordnet dagegen die Börse als Anstalt des öffentlichen Rechts ein[354]. Zur Begründung wird zum einen auf den Willen des Gesetzgebers[355] und zum anderen auf die klassische Definition des Anstaltsbegriffs durch *Otto Mayer* verwiesen[356], der die Anstalt als einen Bestand von sachlichen und persönlichen Mitteln beschreibt, die in der Hand eines Trägers öffentlicher Verwaltung einem besonderen öffentlichen Zweck dauernd zu dienen bestimmt sind[357]. Dies treffe auf die Börse zu, die mit der Organisation des Börsenhandels einen wichtigen öffentlichen Zweck verfolge und der von einem externen Träger die notwendigen Betriebsmittel zur Verfügung gestellt würden[358]. Dieser externe Träger könne auch eine Privatrechtsperson sein, sofern sie als Beliehener[359] ein Träger öffentlicher Verwaltung sei[360]. Dazu komme noch, dass nicht die Handelsteilnehmer als Intermediäre, sondern der technische Apparat inklusive der Preisermittlung im Vordergrund des Börsenbetriebes stehe, was gegen die Einordnung als Körper-

---

354 Kümpel/Hammen, Börsenrecht, S. 125 f.; Kümpel, BKR 2003, S. 3 (4); Beck, WM 1996, S. 2313 (2315); Mues, ZBB 2001, S. 353 (354); Lenenbach, Kapitalmarkt- und Börsenrecht, Rn. 3.9; Wiede, Die Börse als verwaltungsrechtliches Problem und Rechtsinstitut, S. 150; Schwark, BörsG, § 1, Rn. 19; Samm, Börsenrecht, S. 47 ff.; Schröder, Die Wertpapierhandelsaufsicht, S. 235; Schlüter, Börsenhandelsrecht, Abschnitt G, Rn. 134; Franke in Assmann/Schütze, Handbuch des Kapitalanlagerechts, § 2, Rn. 16; VGH Kassel, NJW-RR 1997, S. 110.

355 Kümpel/Hammen, Börsenrecht, S. 126 Fn. 355 mit Verweis auf die Begr. RegE 4. FFG, BT-Drs. 14/1807, S. 72, wo die Börse als Anstalt des öffentlichen Rechts bezeichnet wird.

356 Kümpel/Hammen, Börsenrecht, S. 126; Wiede, Die Börse als verwaltungsrechtliches Problem und Rechtsinstitut, S. 144, 150; Samm, Börsenrecht, S. 48 f.; Beck, WM 1996, S. 2313 (2315).

357 Mayer, Deutsches Verwaltungsrecht, S. 268 u. 331.

358 Samm, Börsenrecht, S. 49; Kümpel/Hammen, Börsenrecht, S. 126; Beck, WM 1996, S. 2313 (2315); in diesem Zusammenhang wird sogar ausgeführt, dass die externe Trägerschaft ein wesentliches Merkmal anstaltlicher Organisation sei, vgl. Schwark, BörsG, § 1, Rn. 18, sowie Lenenbach, Kapitalmarkt- und Börsenrecht, Rn. 3.9.

359 Zu der Stellung des Börsenträgers als Beliehener vgl. S. 138 ff.

360 Wiede, Die Börse als verwaltungsrechtliches Problem und Rechtsinstitut, S. 151; ähnlich schon Mayer, Deutsches Verwaltungsrecht, S. 251 f. und 339, der als Beispiel für die private Trägerschaft einer öffentlichen Anstalt die Reichsbank nennt; vgl. außerdem Wolff/Bachof/Stober, Verwaltungsrecht II, § 98, Rn. 8.

schaft spreche[361]. Die Intermediäre nähmen vielmehr die Leistungen der Börse in anstaltstypischer Weise als Nutzer in Anspruch[362].

ee) Stellungnahme

Bevor die Entscheidung zugunsten einer der oder gar gegen alle vertretenen Ansichten getroffen werden kann, ist sich des öffentlichen Organisationsrechts zu vergewissern.

So könnte in Betracht gezogen werden, die grundlegende Einteilung in unmittelbare und mittelbare Staatsverwaltung[363] als Hilfe zur Bestimmung des Organisationstyps der Börse heranzuziehen[364]. Während man von ersterer spricht, sofern der Staat die anstehenden Aufgaben selbst durch eigene Behörden[365] ausführt, liegt letztere vor, wenn der Staat die Aufgabenerledigung auf teil- oder vollrechtsfähige Organisationen überträgt, so dass sie selbst zu Verwaltungsträgern werden[366]. Als Erscheinungsformen dieser derart qualifiziert selbständigen Verwaltungsträger der mittelbaren Staatsverwaltung kommen dabei die Körperschaften, Anstalten und Stiftungen des öffentlichen Rechts sowie die Beliehenen in Betracht[367]. Dieser Ansatz vernachlässigt aber, dass es nach h.M. auch nichtrechtsfähige Anstalten, Körperschaften und Stiftungen des öffentlichen Rechts

---

361 Schwark, BörsG, § 1, Rn. 18; Lenenbach, Kapitalmarkt- und Börsenrecht, Rn. 3.9; Schlüter, Börsenhandelsrecht, Abschnitt G, Rn. 133 f.

362 Kümpel/Hammen, Börsenrecht, S. 127.

363 Maurer, Allgemeines Verwaltungsrecht, § 21, Rn. 12; Burgi in Erichsen/Ehlers, § 52, Rn. 10 ff.

364 So zumindest in der Tendenz Schwark, BörsG, § 1, Rn. 17, 44; Kümpel/Hammen, Börsenrecht, S. 127 f.

365 Der Begriff „Behörde" wird hier nicht als Synonym für die unmittelbare Staatsverwaltung verwendet (so aber anscheinend Rüfner, DÖV 1985, S. 609 f., Jecht, Die öffentliche Anstalt, S. 67, BVerfGE 10, 20, 48), sondern im funktionellen Sinn als Ausdruck der Zuständigkeit für die hoheitliche Durchführung konkreter Verwaltungsmaßnahmen im Außenverhältnis, vgl. Burgi in Erichsen/Ehlers, § 52, Rn. 29.

366 Maurer, Allgemeines Verwaltungsrecht, § 21, Rn. 12, § 22, Rn. 1 und § 23, Rn. 1; Burgi in Erichsen/Ehlers, § 52, Rn. 10 f.; inwieweit sich die mittelbare Staatsverwaltung mit Selbstverwaltung vereinbaren bzw. gleichsetzen lässt, ist dagegen - trotz anderes vermittelnder Stellungnahmen in der börsenrechtlichen Literatur (vgl. Schwark, BörsG, § 1, Rn. 44; Kümpel/Hammen, Börsenrecht, S. 128) - sehr umstritten (vgl. nur Kahl, Staatsaufsicht, S. 442 ff. m.w.Nachw., der sich dezidiert gegen die Einordnung der Selbstverwaltung als mittelbare Staatsverwaltung ausspricht), so dass dieser Ausgangspunkt besser nicht als Argumentationsgrundlage verwendet werden sollte.

367 Maurer, Allgemeines Verwaltungsrecht, § 23, Rn. 1; Burgi in Erichsen/Ehlers, § 52, Rn. 11, der außerdem noch die natürlichen und juristischen Personen des Privatrechts, die dem Staat zuzurechnen seien, in diese Kategorie einordnet.

gibt[368] und über die Rechtsfähigkeit der Börsen an dieser Stelle noch keine Aussage getroffen werden kann und soll. Das bedeutet, dass dieser Weg nicht erfolgversprechend beschritten werden kann, sondern die nichtrechtsfähigen Anstalten von vornherein in die Einordnungsüberlegungen miteinbezogen werden müssen[369]. Somit ist nach den Charakteristika der verschiedenen öffentlichrechtlichen Organisationsformen zu fragen. Die bereits angeführte klassische Anstaltsdefinition von *O. Mayer*, nach der es sich bei Anstalten um den Bestand von sachlichen und personellen Mitteln in der Hand eines Trägers öffentlicher Verwaltung handelt, die einem besonderen öffentlichen Zweck dauernd zu dienen bestimmt sind[370], hat zwar wegen ihrer inhaltlichen Offenheit zum Teil heftige Kritik erfahren[371] und wird auch in ihrer Bedeutung nicht einheitlich interpretiert[372], doch lässt sich zumindest feststellen, dass sie in dem heute gängigen Verständnis eine gewisse organisatorische Verselbständigung sowie als negative Abgrenzung eine Nichteinordnung als Körperschaft oder Stiftung voraussetzt[373].

Prüft man für die Börse zunächst das erste Kriterium, also die organisatorische Verselbständigung, so wird es als erfüllt anzusehen sein. Die Börse verfügt gem. § 9 BörsG über einen Börsenrat, der über weitreichende Befugnisse verfügt, wie u.a. den Erlass der Börsenordnung und Gebührenordnung nach § 9 Abs. 2 Nr. 1 BörsG. Ferner gibt es nach § 12 BörsG eine Geschäftsführung, der die Leitung der Börse in *eigener* Verantwortung obliegt, sowie weitere Organe, die bör-

---

368 Wolff/Bachof/Stober, Verwaltungsrecht II, § 98, Rn. 7; Maurer, Allgemeines Verwaltungsrecht, § 23, Rn. 39, 48; Burgi in Erichsen/Ehlers, § 52, Rn. 13 ff.; Krebs, NVwZ 1985, S. 609 (615 f.); in Bezug auf die Anstalt des öffentlichen Rechts hat sich aber bspw. Lange, VVDStRL 44 (1985), S. 159 (185 ff.), für die Ablösung des Rechtsbegriffs der nichtrechtsfähigen Anstalt durch den offeneren Begriff der öffentlichrechtlichen Einrichtung ausgesprochen.

369 Dies machen im Ergebnis auch diejenigen, die die Börse als Träger mittelbarer Staatsverwaltung ansehen, wenn sie die Börse als nicht rechtsfähige Anstalt einordnen, was nach den obigen Ausführungen allerdings einen Widerspruch in sich trägt (vgl. Schwark, BörsG, § 1, Rn. 19; ders., WM 2000, S. 2517 (2520) und Wiede, Die Börse als verwaltungsrechtliches Problem und Rechtsinstitut, S. 142 ff. u. 156).

370 Mayer, Deutsches Verwaltungsrecht, S. 268 u. 331.

371 Breuer, VVDStRL 44 (1985), S. 211 (217);

372 Vgl. zur Anstalt im organisatorischen Sinne einerseits und im funktionellen Sinne andererseits zusammenfassend Chen, Öffentlich-rechtliche Anstalten und ihre Nutzung, S. 14 ff.

373 Lange, VVDStRL 44 (1985), S. 169 (178, 186 Fn. 49); Breuer, VVDStRL 44 (1985), S. 211 (224 ff.); Wolff/Bachof/Stober, Verwaltungsrecht II, § 98, Rn. 6 f.; Maurer, Allgemeines Verwaltungsrecht, § 23, Rn. 47 f.; Chen, Öffentlich-rechtliche Anstalten und ihre Nutzung, S. 22; Krebs in Isensee/Kirchhof, § 69, Rn. 33.

senspezifische Aufgaben wahrnehmen[374]. Insofern kann jedenfalls *Göpperts* Ansicht von der Amorphie der Börse nicht überzeugen, da deren Organisation nicht „über der Börse steht"[375] und der Landesaufsichtsbehörde ausweislich der Organisationsstatuten auch nicht die zentrale Rolle beim Betrieb der Börse zukommt[376].

Die erforderliche Abgrenzung der Anstalt zur Stiftung und insbesondere zur Körperschaft des öffentlichen Rechts hat zu berücksichtigen, dass es sich bei allen drei Möglichkeiten um Organisationstypen handelt[377]. Kennzeichnend für einen Typus ist im Gegensatz zu einem abstrakten, durch feststehende Eigenschaften zu definierenden Begriff, dass er durch eine Reihe von Merkmalen beschrieben wird. Diese brauchen für eine Zuordnung zum Typus nicht in ihrer Gesamtheit von einem konkreten Sachverhalt erfüllt zu werden. Vielmehr reicht es aus, wenn charakteristische Merkmale in solcher Zahl und Stärke gegeben sind, dass der Sachverhalt insgesamt dem Erscheinungsbild des Typus entspricht[378]. Für die Typologik ist damit ihre Offenheit kennzeichnend, welche sich insbesondere für fließende Übergänge durch vergleichende Zuordnung eignet[379]. Damit erweist sich die Typologik als das prädestinierte Mittel, um die nur schwer fassbaren Organisationsformen des öffentlichen Rechts zu bestimmen[380]. Nur wenn eine Einordnung nach diesen Grundsätzen in die vorhandenen Organisationstypen nicht möglich sein sollte, könnte an ein Rechtsgebilde sui generis, wie von *Huber* und *Bremer* vertreten, gedacht werden.

Das lenkt den Blick auf die Wesensmerkmale der Stiftung und der Körperschaft des öffentlichen Rechts. Diese werden für die Stiftung darin gesehen, dass sie als Organisation zur Verwaltung eines von dem Stifter zweckgebundenen übergebenen Bestands an Vermögenswerten dient[381]. Diese Merkmale sucht man bei der Börse vergeblich, weil die Börse wegen der dualen Börsenstruktur gerade nicht der Verwaltung einer Vermögensmasse dient, sondern diesbezüglich ganz

---

374 Vgl. zu diesen Organen und ihren Aufgaben Blumentritt, Die privatrechtlich organisierte Börse, S. 273 ff.
375 Göppert, Das Recht der Börsen, S. 70.
376 Ebenso z.B. v. Olenhusen, Börsen und Kartellrecht, S. 84.
377 Maurer, Allgemeines Verwaltungsrecht, § 23, Rn. 1
378 Larenz/Canaris, Methodenlehre der Rechtswissenschaft, S. 290 ff.; Leenen, Typus und Rechtsfindung, S. 173 u. 183; Kuhlen, Typuskonzeption in der Rechtstheorie, S. 16; allerdings ist die Typologik nicht ohne Kritik geblieben, vgl. Kuhlen, aaO., S. 116; Bydlinski, Juristische Methodenlehre und Rechtsbegriff, S. 545 ff.
379 Jaskulla, ZBB 1997, S. 171 (173 f.).
380 Ähnlich schon Breitkreuz, Die Ordnung der Börse, S. 89 f.
381 Maurer, Allgemeines Verwaltungsrecht, § 23, Rn. 55; Burgi in Erichsen/Ehlers, § 52, Rn. 16, der zugleich klarstellt, dass es ebenso wie bei den Anstalten rechts- und nichtrechtsfähige Stiftungen gibt.

auf den Börsenträger als Betreiber der Börse angewiesen ist. Deshalb kann das Augenmerk auf die Körperschaft gerichtet werden, die als durch staatlichen Hoheitsakt geschaffene, mitgliedschaftlich verfasste Organisation beschrieben wird, die öffentliche Aufgaben mit in der Regel hoheitlichen Mitteln unter staatlicher Aufsicht wahrnimmt[382]. Wird zunächst die nähere Betrachtung des staatlichen Hoheitsakts beiseite gelassen[383] und sich der Ergebnisse der Untersuchungen zur öffentlichrechtlichen Natur der Börse vergegenwärtigt, so verbleibt als charakteristisches Merkmal der Körperschaft die mitgliedschaftliche Struktur[384], die dazu führt, dass die Mitglieder das für die Körperschaft bestimmende Element werden und den maßgeblichen Einfluss auf die Gestaltung der Verbandsangelegenheiten ausüben[385].

Die so oft angeführte externe Trägerschaft kann dagegen als wesentliches Abgrenzungskriterium, zumindest in einer Ausgestaltung wie sie bei der Börse anzutreffen ist[386], kaum dienen, da die bloße Finanzierungs- und Ausstattungsverpflichtung einer außenstehenden Person gegenüber verselbständigten Verwaltungseinheiten sowohl bei Körperschaften als auch bei Anstalten anzutreffen ist[387]. Diese Erscheinung wird deshalb trefflich als Trabantenlast bezeichnet[388],

---

382 Krebs in Isensee/Kirchhoff, § 69, Rn. 33; Maurer, Allgemeines Verwaltungsrecht, § 23, Rn. 37, 39, der zunächst die Rechtsfähigkeit als Wesensmerkmal aufzählt, doch dann feststellt, dass es auch teil- und nichtrechtsfähige Körperschaften gibt; Burgi in Erichsen/Ehlers, § 52, Rn. 12.

383 Diese Voraussetzung wird insbesondere bei der Frage nach Rechtsstellung des Börsenträgers sowie der Rechtsfähigkeit der Börse noch eine Rolle spielen und daher auch dort näher geprüft, vgl. S. 129 ff.

384 Krebs in Isensee/Kirchhof, § 69, Rn. 33; Wolff/Bachof/Stober, Verwaltungsrecht II, § 98, Rn. 13; Weber, Die Körperschaften, Anstalten und Stiftungen des öffentlichen Rechts, S. 87 ff.

385 Maurer, Allgemeines Verwaltungsrecht, § 23, Rn. 40.

386 Ob es für eine Anstaltsträgerschaft generell typisch ist, dass der Träger rechtlich abgesicherten Einfluss auf die Anstalt ausübt (so Wolff/Bachof/Stober, Verwaltungsrecht II, § 98, Rn. 8) mag allerdings bezweifelt werden. Insofern spricht doch vieles dafür, dem Rechtsinstitut der Trägerschaft ebenso wenig klar abgegrenzte Inhalte zuzuschreiben wie der Anstalt selbst. Stattdessen sollte stets der Einzelfall mit seinen gesetzlichen Regelungen untersucht werden (vgl. Gramm, Privatisierung und notwendige Staatsaufgaben, S. 56 f.). Da aber hier der externen Trägerschaft keine wesentliche Bedeutung für die Abgrenzung von Anstalt und Körperschaft beigemessen werden soll, wird diese Thematik nicht intensiver behandelt. Vgl. zur Trägerschaft der Börse noch Mues, Die Börse als Unternehmen, S. 85 f., der das die Börse genehmigende Bundesland als Träger im verwaltungsrechtlichen Sinne ansieht und daher den Börsenträger Börsenbetreiber nennt.

387 Kemmler, Die Anstaltslast, S. 175 ff. arbeitet dies für die als Körperschaften des öffentlichen Rechts weitgehend anerkannten Universitäten heraus; kürzer schon Breitkreuz, Die Ordnung der Börse, S. 104.

womit begrifflich die Loslösung von der Anstalt bzw. der darauf bezogenen Anstaltslast vollzogen wird.

Aber selbst die verbandsmäßige Strukturierung der Körperschaft bietet für die Abgrenzung nicht die Sicherheit, die sie auf den ersten Blick verspricht[389]. Dies liegt daran, dass der Gesetzgeber nicht gehindert ist, den als Benutzer bezeichneten Personen bzw. anderen Interessenten Mitbestimmungsrechte für die Anstalt einzuräumen[390]. Zuweilen wird diese Gestaltung als intermediäre Anstalt bezeichnet, die als Forum einer Kooperation von Staat und gesellschaftlichen Gruppen dienen soll[391]. Damit wird zwar ein körperschaftliches Element in die so verwalteten Anstalten gebracht[392], doch ist darin noch nicht das für die Körperschaft charakteristische Merkmal der mitgliedschaftlichen Selbstverwaltung zu sehen[393]. Als Orientierungshilfe mag insoweit dienen, ob in den den Einfluss sichernden Gremien eine einzige Gruppe oder ob verschiedene Gruppen vertreten sind und dem Staat Mitspracherechte in den inneren Angelegenheiten der Verwaltungseinheit verbleiben, da im letztgenannten Fall kaum davon ausgegangen werden kann, dass eine Gruppe ihre eigenen Angelegenheiten „selbst" wahrnimmt[394].

---

388 Kemmler, Die Anstaltslast, S. 34.
389 Breuer, VVDStRL 44 (1985), S. 211 (221); Chen, Öffentlich-rechtliche Anstalten und ihre Nutzung, S. 18.
390 Maurer, Allgemeines Verwaltungsrecht, § 23, Rn. 52; Krebs in Isensee/Kirchhof, § 69, Rn. 33; Breuer, VVDStRL 44 (1985), S. 211 (228).
391 Lange, VVDStRL 44 (1985), S. 169 (194).
392 Jecht, Die öffentliche Anstalt, S. 122; Maurer, Allgemeines Verwaltungsrecht, § 23, Rn. 52.
393 Jecht, Die öffentliche Anstalt, S. 122; Lange, VVDStRL 44 (1985), S. 169 (203 Fn. 93), der deshalb die Gleichsetzung von Selbstverwaltung in der Körperschaft und in der Anstalt kritisiert und nach einer begrifflichen Unterscheidung verlangt. Dem wird Maurer, Allgemeines Verwaltungsrecht, § 23, Rn. 50, insofern gerecht, als er für die Anstalten den Gedanken der *Selbstverwaltung* ablehnt, dafür aber dem Gesichtspunkt der *Eigenverantwortung* eine erhebliche Rolle zuweist. Gleichwohl bewegt man sich auf rechtlich unsicherem Terrain, da teilweise die Ansicht vertreten wird, Anstalten kämen als Selbstverwaltungseinheiten nicht in Betracht (Weber, Die Körperschaften, Anstalten und Stiftungen des öffentlichen Rechts, S. 88 ff., Jecht, Die öffentliche Anstalt, S. 33), während neuere Literaturstimmen die spezielle Organisationsform für unwesentlich halten und lediglich auf die Befugnis der Betroffenen zur Steuerung der administrativen Aufgabenerfüllung durch die jeweilige öffentlichrechtliche Organisationseinheit abstellen (Hendler in Isensee/Kirchhof, § 106, Rn. 28; Jestaedt, Demokratieprinzip und Kondominialverwaltung, S. 70).
394 Jecht, Die öffentliche Anstalt, S. 122 f.; inwieweit der Verweis von Breitkreuz, Die Ordnung der Börse, S. 95 Fn. 44, auf die politischen Parteien diesen Ansatz entkräften soll, ist nicht ersichtlich.

Dies auf die Börsen angewandt, lässt den Schluss gegen ihre Einordnung als Körperschaft zu. Denn zum einen führt die durch das 4. FFG eingefügte Neuerung in § 9 Abs. 2 Nr. 2 BörsG zu einem stärkeren Einfluss der Börsenaufsichtsbehörde auf die inneren Börsenangelegenheiten, da der Börsenrat nur im Einvernehmen mit der Börsenaufsichtsbehörde den Geschäftsführer bestellen und abberufen kann. Die Änderung vom Erfordernis der früher ausreichenden Herstellung des Benehmens zum Einvernehmen sollte gerade verhindern, dass sich der Börsenrat über Einwände der Börsenaufsichtsbehörde hinwegsetzen kann[395]. Zum anderen ist die Wahl und Zusammensetzung des Börsenrats in §§ 9 Abs. 1 S. 2, 10 BörsG so gruppenbezogen geregelt, dass von einer korporativen Struktur nur schwerlich die Rede sein kann. Dies wird deutlich, wenn exemplarisch die noch aufgrund des § 3 a Abs. 3 S. 1 BörsG a.F. (10 Abs. 3 S. 1 BörsG n.F.) ergangene Verordnung über die Wahl der Börsenräte der FWB und der Eurex[396] einer genaueren Untersuchung unterworfen wird. Denn nach deren § 1 sind im Börsenrat der FWB nicht nur die zum Börsenhandel zugelassenen Kreditinstitute, Kapitalanlagegesellschaften und sonstige Unternehmen vertreten, sondern mit erheblichem Gewicht auch die Skontroführer, Emittenten und Anleger, wobei gem. § 10 Abs. 1 BörsG die angeführten Gruppen mit Ausnahme der Anleger ihre Vertreter selbst wählen.

Diese Gruppenvielfalt lässt sich außerdem nicht mit der These von *Uppenbrink*[397] und *Breitkreuz*[398] vereinbaren, wonach die unmittelbaren Handelsteilnehmer im Mittelpunkt der Börse stünden und wohl den mitgliedschaftsähnlichen Status innehaben sollten, weil dann nur deren Mitwirkung im Börsenrat zu erwarten wäre.

Das alles lässt das Pendel gegen die Einordnung der Börsen als Körperschaften und damit zugunsten ihrer Qualifizierung als Anstalten des öffentlichen Rechts ausschlagen, bei denen der Gesetzgeber den Marktteilnehmern zwar weitreichende Mitwirkungsmöglichkeiten eingeräumt hat, deren typisches Gepräge sie jedoch durch ihr Bedeutung als organisatorisch und technisch verselbständigte Marktplätze für Wertpapiergeschäfte erhalten, die im Rahmen eines anstaltlichen Nutzungsverhältnisses Leistungen[399] an die Marktteilnehmer erbringen[400].

---

395 Stellungnahme des BR zum RegE 4. FFG, BT-Drs. 14/8017, S. 149.
396 Abgedruckt in Kümpel/Hammen/Ekkenga, Kz. 510.
397 Uppenbrink, Die deutschen Wertpapierbörsen als Körperschaften des öffentlichen Rechts, S. 60.
398 Breitkreuz, Die Ordnung der Börse, S. 96 f. u. 98 f.
399 Zu den einzelnen von den Börsen zu erbringenden Leistungen vgl. v. Olenhusen, Börsen und Kartellrecht, S. 27 ff., sowie Mues, Die Börse als Unternehmen, S. 29 f.
400 So auch Schwark, BörsG, § 1, Rn. 18; Rinker, Der Vertragsschluss im börslichen elektronischen Handelssystem, S. 72 f.

Demzufolge sind die Börsen in Übereinstimmung mit der h.M. als Anstalten des öffentlichen Rechts anzusehen.

c) Untersuchung der Rechtsfähigkeit der Börse

Nachdem die Organisationsform der Börsen geklärt worden ist, kann der Frage nachgegangen werden, ob und inwieweit eine Börse rechtsfähig ist. Wie bereits erwähnt, geht mit der Einordnung der Börse als Anstalt des öffentlichen Rechts keine Vorentscheidung hinsichtlich der Rechtsfähigkeit einher, da es sowohl rechtsfähige, teilrechtsfähige als auch nichtrechtsfähige Anstalten des öffentlichen Rechts gibt[401]. Die Untersuchung der Rechtsfähigkeit der Börse stellt nun keineswegs einen für den Kern der vorliegenden Arbeit, also den Zentralen Kontrahenten, irrelevanten Umstand dar. Das lässt sich anhand einer der Fragen belegen, welche die Klärung der börslichen Grundstrukturen erforderlich werden lassen. Die Rechtsfähigkeit ist nämlich unmittelbare Voraussetzung dafür, dass eine Börse Partner von Verträgen sein kann, die bei der Beauftragung eines Unternehmens zur Errichtung und zum Betrieb eines Zentralen Kontrahenten notwendigerweise zu schließen sind. Sollte sich also herausstellen, dass eine Börse rechtlich gar nicht in der Lage ist, solche Verträge abzuschließen, wäre von vornherein klar, dass die Börse nicht der richtige Vertragspartner sein kann, so dass es erst gar nicht einer diesbezüglichen Kompetenzabgrenzung zwischen Börse und Träger bedurfte. Deshalb wird es zur Lösung der aufgeworfenen Frage erforderlich sein, generelle Überlegungen anzustellen und sich auch mit dem Verhältnis zwischen Börse und ihrem Träger näher auseinander zu setzen.

aa) Grundlagen

Bevor die Stellung der Börse in Bezug auf ihre Rechtsfähigkeit beurteilt werden kann, muss über die Grundlagen, auf denen diese Rechtsposition beruht, Klarheit herrschen. Dazu müssen insbesondere die Begrifflichkeiten geklärt sein, da ansonsten die Gefahr besteht, dass aus einer bestimmten Terminologie Schlüsse gezogen werden, obwohl dies wegen deren unterschiedlicher Verwendung nicht angebracht ist und nur zu Missverständnissen führen kann. Beispielhaft für die verwirrende Begriffsvielfalt sei auf die Kommentierung von *Hadding* im *Soergel* verwiesen[402], wo die Bundespost und die Bundesbahn vor ihrer Privatisierung als

---

401 Wolff/Bachof/Stober, Verwaltungsrecht II, § 98, Rn. 7; Maurer, Allgemeines Verwaltungsrecht, § 23, Rn. 48; Burgi in Erichsen/Ehlers, § 52, Rn. 13; Krebs, NVwZ 1985, S. 609 (615 f.).

402 Soergel/Hadding, § 89, Rn. 28.

unselbständige Anstalten des öffentlichen Rechts eingeordnet werden, die oftmals, wenn auch nicht ausdrücklich von *Hadding* selbst, mit nichtrechtsfähigen Anstalten gleichgesetzt werden[403], einige Randnummern weiter jedoch die Teilrechtsfähigkeit definiert und mit den eben angeführten Beispielen veranschaulicht wird[404]. Zum Teil wird auf die Verwendung des Begriffs Teilrechtsfähigkeit sogar ganz verzichtet und stattdessen werden unter den Begriff der Nichtrechtsfähigkeit auch Konstellationen gefasst, die nach weit verbreiteter Übung als Fälle der Teilrechtsfähigkeit bezeichnet werden[405].

Nun wird als Rechtsfähigkeit oftmals ohne weitere Konkretisierungen die Fähigkeit bezeichnet, Träger von Rechten und Pflichten sein zu können[406]. Dass damit die sog. Vollrechtsfähigkeit[407] oder auch allgemeine Rechtsfähigkeit[408] gemeint sein muss, ergibt sich erst durch die Einführung des Begriffs der Teilrechtsfähigkeit, unter dem eine auf Teilbereiche beschränkte Rechtsfähigkeit ver-

---

403 Bachof, AöR 83 (1958), S. 208 (278); Weber, Die Körperschaften, Anstalten und Stiftungen des öffentlichen Rechts, S. 17; von diesem Verständnis geht wohl auch Schwark, BörsG, § 1, Rn. 17 u. 19, aus, der die Börse in einer Teilüberschrift zunächst als unselbständige Anstalt des öffentlichen Rechts bezeichnet, ihr dann aber im Text die Rechtsform der nichtrechtsfähigen Anstalt zuschreibt; ders., WM 2000, S. 2517 (2520); relativierend dagegen Krebs, NVwZ 1985, S. 609 (615 f.), der feststellt, dass Rechtsfähigkeit nicht mit Selbständigkeit einhergehen müsse; ähnlich schon Jecht, Die öffentliche Anstalt, S. 36 f. u. 72 ff., der auch auf die Problematik der Teilrechtsfähigkeit hinweist.

404 Soergel/Hadding, § 89, Rn. 52.

405 So z.B. bei Wiede, Die Börse als verwaltungsrechtliches Problem und Rechtsinstitut, S. 117 f., der als Beispiele für nichtrechtsfähige Organisationen, die Zurechnungssubjekte von Rechten und Pflichten sein können, die Deutsche Bahn und die Bundespost nennt; nicht eindeutig äußert sich Schwark, der in seiner Kommentierung zum BörsG, § 1, Rn. 17 ff., zwar nur von nichtrechtsfähiger oder unselbständiger Anstalt spricht, andererseits in seinem Aufsatz WM 2000, S. 2517 (2520), keine allgemeinen Bedenken gegen die Kategorie der Teilrechtsfähigkeit geltend macht, so dass er scheinbar terminologisch zwischen Voll- und Teilrechtsfähigkeit trennt; in Bezug auf die Börse wird die oftmals fehlende Differenzierung zwischen Nichtrechtsfähigkeit, Vollrechtsfähigkeit und abgestufter Teilrechtsfähigkeit wie im hier angestrebten Sinne kritisiert von Bauer/Möllers, Die Beendigung des Parketthandels an der Frankfurter Wertpapierbörse, S. 62.

406 MünchKomm-BGB/Schmitt, § 1, Rn. 6; Staudinger/Habermann/Weick, § 1, Rn. 1; Palandt/Heinrichs, Überbl. v. § 1, Rn. 1; dagegen konnte sich der Ansatz, Rechtsfähigkeit zu verstehen als die Fähigkeit eines Zuordnungssubjekts, sich rechterheblich zu verhalten (vgl. Fabricius, Relativität der Rechtsfähigkeit, S. 31 ff. u. 43 ff. m.w.Nachw.), nicht durchsetzen.

407 Mit diesem Begriff arbeiten bspw. Erichsen in Erichsen/Ehlers, § 11, Rn. 11, sowie Wolff/Bachof/Stober, Verwaltungsrecht I, § 32, Rn. 6.

408 Diese Bezeichnung wird z.B. in Staudinger/Weick, Einl. zu §§ 21 ff., Rn. 23, sowie in Staudinger/Habermann/Weick, § 1, Rn. 1, verwendet.

standen wird[409]. Dass es dieser Unterscheidung bedarf, wurde schon von *H. J. Wolff* richtig erkannt, der allerdings in der Terminologie abweicht, indem er zwischen einem rechtstechnischen Begriff der Rechtsfähigkeit als der allgemeinen Eigenschaft, Träger von Rechten und Pflichten zu sein, sowie einem rechtstheoretischen Begriff der Rechtsfähigkeit als der Eigenschaft, Zuordnungssubjekt mindestens eines Rechtssatzes zu sein, differenziert[410]. Letzteres nennt er dann Rechtssubjektivität, die noch nicht einmal eine endgültige Zuordnung von Rechten und Pflichten bedeuten müsse, sondern auch bloß vermittelnder Natur sein könne[411]. Da damit dem Ausdruck Rechtssubjektivität der Charakter eines Oberbegriffs zukommt, kann jedoch auch nach seinem Ansatz auf die Bezeichnung Teilrechtsfähigkeit als Ausschnitt der Rechtssubjektivität nicht verzichtet werden[412], so dass sich eine weitere Auseinandersetzung mit dem Begriff des Rechtssubjekts erübrigt, der von vielen durchaus anders als im Sinne *H. J. Wolffs* verwendet wird[413].

Die Unterscheidung zwischen Voll- und Teilrechtsfähigkeit bzw. zwischen Rechtsfähigkeit im technischen und im rechtstheoretischen Sinne nach *H. J. Wolff* ist bedeutsam und zugleich hilfreich für das Verständnis der Zusammenhänge von Rechtsfähigkeit und Rechtsperson[414]. Denn juristischen Personen wird ebenso wie natürlichen Personen i.S. des § 1 BGB grundsätzlich die Vollrechtsfähigkeit zuerkannt[415]. Dem steht auch nicht entgegen, dass juristische Personen bestimmte Rechte, wie z.B. Familienrechte, nicht erwerben können, da eine vollständige Gleichstellung von natürlichen und juristischen Personen deren unterschiedliche Strukturierung außer Acht ließe[416]. Andersherum kann auch formuliert werden, dass bestimmte Normen, die Rechte oder Pflichten begründen, ihren Wirkungskreis einschränken und juristische Personen von ihrem Anwendungsbereich ausschließen[417]. Der angeführte Grundsatz der Vollrechtsfähigkeit der juris-

---

409   Soergel/Hadding, § 89, Rn. 52; Erichsen in Erichsen/Ehlers, § 11, Rn. 11.
410   Wolff, Organschaft und Juristische Person, §§ 7 – 11.
411   So noch in Wolff/Bachof/Stober, Verwaltungsrecht I, § 32, Rn. 4.
412   Bachof, AöR 83 (1958), S. 208 (263).
413   Vgl. etwa Enneccerus/Nipperdey, Allgemeiner Teil des Bürgerlichen Rechts, § 83 I, S. 477 u. § 103 II, S. 611, wo Rechtssubjekt mit rechtsfähiger Person gleichgesetzt wird; so auch Staudinger/Habermann/Weick, § 1, Rn. 1.
414   Winterfeld, Grenzen des Handels juristischer Personen des öffentlichen Rechts im Privatrechtsverkehr, S. 98.
415   Staudinger/Weick, Einl. zu §§ 21 ff., Rn. 23; MünchKomm-BGB/Reuter, Vor § 21, Rn. 12; Raiser, AcP 199 (1999), S. 104 (137).
416   Raiser, AcP 199 (1999), S. 104 (137); Soergel/Hadding, Vor § 21, Rn. 22; Staudinger/Weick, Einl. zu §§ 21 ff., Rn. 31.
417   Winterfeld, Grenzen des Handels juristischer Personen des öffentlichen Rechts im Privatrechtsverkehr, S. 104; Wolff/Bachof/Stober, Verwaltungsrecht I, § 32, Rn. 6.

tischen Person erfährt zwar durch die Ultra-vires-Lehre[418] für juristische Personen des öffentlichen Rechts Anfechtungen, so dass diesbezüglich von einer durch den vorgegebenen beschränkten Wirkungskreis bedingten Teilrechtsfähigkeit juristischer Personen des öffentlichen Rechts gesprochen wird[419], doch ist diese Doktrin zum einen keinesfalls unumstritten[420], und zum anderen hat die Ultra-vires-Lehre ja nicht zur Konsequenz, dass nun für jede Rechtshandlung der juristischen Person des öffentlichen Rechts eine spezielle gesetzliche Ermächtigung gesucht werden muss. Vielmehr führt sie dazu, dass die verliehene Rechtsfähigkeit, die auch diejenige auf dem Gebiet des Privatrechts einschließt[421], Einschränkungen grundsätzlicher Art aufgrund des durch Gesetz festgelegten Wirkungskreises der juristischen Person erfährt[422].

Das bedeutet, dass juristischen Personen, ebenso wie natürlichen Personen, grundsätzlich die Vollrechtsfähigkeit verliehen ist, verstanden als die Übertragung eines Gesamtkomplexes von Rechten und Pflichten, von der nach den jeweiligen Umständen des Einzelfalls einzelne Rechte und Pflichten abzuziehen sind, während sich die Teilrechtsfähigkeit durch Einzelzuweisungen auszeichnet, die jeweils gesondert nachzuweisen sind[423]. Mit anderen Worten ist die Zurechnungssubjektivität bei juristischen Personen die Regel, während sie bei teilrechtsfähigen Einheiten die ausdrücklich normierte Ausnahme darstellt[424].

Damit kann festgestellt werden, dass die Vollrechtsfähigkeit mit der Einordnung als juristische Person einhergeht. Das bedeutet allerdings nicht, dass die Rechtsfähigkeit im vorstehenden Sinne nur natürlichen und juristischen Personen eigen ist. Sie kann vielmehr auch anderen Rechtsgebilden verliehen sein, wie dies

---

418 Siehe dazu Eggert, Die deutsche ultra-vires-Lehre, passim; Klotz, DÖV 1964, S. 181 ff.
419 So z.B. Burmeister, VVDStRL 52 (1993), S. 190 (220).
420 Ehlers, Die Lehre von der Teilrechtsfähigkeit juristischer Personen des öffentlichen Rechts und die Ultra-Vires-Doktrin des öffentlichen Rechts, S. 76 ff. und passim, versucht darzulegen, dass der Wirkungskreis der juristischen Person des öffentlichen Rechts nicht das rechtliche Können, sondern das rechtliche Dürfen beschränke; ders. in Erichsen/Ehlers, § 1, Rn. 28; Wolff/Bachof/Stober, Verwaltungsrecht I, § 32, Rn. 9.
421 Staudinger/Weick, Einl. zu §§ 21 ff., Rn. 24; Soergel/Hadding, § 89, Rn. 52; Wolff/Bachof/Stober, Verwaltungsrecht I, § 34, Rn. 7; teilweise wird hervorgehoben, dass es eine öffentlichrechtliche Vollrechtsfähigkeit gar nicht gebe, da das öffentliche Recht stets nur Einzelzuweisungen kenne, so dass sich die Bezeichnung als öffentlichrechtliche Rechtsperson auf die privatrechtliche Vollrechtsfähigkeit beziehe (Bachof, AöR 83 (1958), S. 208 (268)).
422 Vgl. nur Burmeister, VVDStRL 52 (1993), S. 190 (219 f.).
423 Bachof, AöR 83 (1958), S. 208 (264).
424 Ähnlich H. J. Wolff, Organschaft und Juristische Person, S. 150.

in §§ 14, 1059 a Abs. 2 BGB für Personengesellschaften vorausgesetzt wird[425]. Darauf soll an dieser Stelle aber nicht näher eingegangen werden, weil dies zu weit vom eigentlichen Thema wegführte und überdies für die zugrunde liegende Fragestellung wenig Weiterführendes in Aussicht stellte. Dies liegt daran, dass die Fähigkeit, Träger von Rechten und Pflichten zu sein, noch für Gesamthandsgemeinschaften[426] diskutiert wird[427], die Börse aber nach den bisherigen Ergebnissen nicht als solche anzusehen ist. Außerdem liegen die Gründe für die Annahme der Rechtsfähigkeit von Gesamthandsgemeinschaften in speziellen Normen (z.B. §§ 124 Abs. 1 HGB[428], 7 Abs. 2 PartGG[429])[430] bzw. in der Einschätzung ihres im Gesetz zum Ausdruck gekommenen Wesens als verselbständigte Rechtssubjekte[431], so dass daraus keine generalisierenden Schlussfolgerungen gezogen werden können.

Da deshalb zumindest im vorliegenden Zusammenhang die juristischen Personen im Vordergrund der Problematik der Rechtsfähigkeit einer Organisation stehen, soll kurz der Blick auf deren Gründungs- bzw. Anerkennungsvoraussetzungen gerichtet werden. Für die juristische Person des Privatrechts dominiert nun das System der Anerkennung aufgrund der Erfüllung bestimmter vom Gesetz

---

425 MünchKomm-BGB/Reuter, Vor § 21, Rn. 7; K. Schmidt, Gesellschaftsrecht, S. 181 ff.

426 U.a. wird zu dieser Kategorie neben der OHG, der KG und der GbR als deren Grundform von der wohl h.M. auch der nichtrechtsfähige Verein i.S.d. § 54 BGB gezählt (Soergel/Hadding, § 54, Rn. 16; wohl auch Flume, Allgemeiner Teil des Bürgerlichen Rechts, Band I/1, § 7, S. 87 ff., der zumindest für den nichtrechtsfähigen wirtschaftlichen Verein einen Gegensatz von Verein und Gesellschaft ablehnt; K. Schmidt, Gesellschaftsrecht, S. 736; zumindest tendenziell BGHZ 50, S. 325, 329), welcher im übrigen aufgrund besonderer historischer Umstände ohnehin nicht zur Verallgemeinerung taugt.

427 Vgl. zu diesem Problemkreis K. Schmidt, Gesellschaftsrecht, S. 181 ff. m.w.Nachw., sowie Raiser, AcP 199 (1999), S. 104 ff., der die Rechtsfigur der Gesamthand als sinnvolles Klassifikationsinstrument ablehnt und den Begriff der juristischen Person auf die rechtsfähigen Gesamthandsgesellschaften ausdehnen will.

428 Handelsgesetzbuch vom 10.05.1897 (RGBl., S. 219), zuletzt geändert durch Art. 1 BilanzkontrollG vom 15.12.2004 (BGBl. I, S. 3408).

429 Gesetz über Partnerschaftsgesellschaften Angehöriger Freier Berufe (PartGG) vom 25.07.1994 (BGBl. I, S. 1744), zuletzt geändert durch Art. 4 Elektronische Register- und JustizkostenG vom 10.12.2001 (BGBl. I, S. 3422).

430 Vgl. nur MünchKomm-BGB/Reuter, Vor § 21, Rn. 7 ff.

431 BHG, NJW 2001, S. 1056 ff. m.w.Nachw.; K. Schmidt, Gesellschaftsrecht, S. 201 ff. u. 1712 ff., der allerdings eingesteht, dass die für die GbR geltenden Regelungen dies keineswegs eindeutig vorgeben; so auch Flume, Allgemeiner Teil des Bürgerlichen Rechts, Band I/1, § 5, S. 74, der die Rechtssubjektivität vielmehr aus dogmatischen Erwägungen herleitet, aaO., § 5 S. 68 ff. und passim.

aufgestellter Anforderungen sowie der Eintragung in ein öffentliches Register[432], wie es bspw. für die AG in §§ 23 ff. AktG[433] und für die GmbH in §§ 1 ff. GmbHG[434] vorgesehen ist. Wie die Regelung in § 22 BGB zeigt, ist jedoch auch im Privatrecht die Verleihung der Rechtsfähigkeit durch den Staat eine Alternative[435]. Das letztgenannte Verfahren ist für juristische Personen des öffentlichen Rechts durchzuführen mit der Besonderheit, dass die Errichtung durch Gesetz oder aufgrund eines Gesetzes zu erfolgen hat[436]. Dies ist im demokratischen Rechtsstaat erforderlich, weil es sich bei der mit der Errichtung von juristischen Personen des öffentlichen Rechts einhergehenden Schaffung von Verwaltungsträgern um wesentliche Grundentscheidungen im Bereich der Verwaltungsorganisation handelt[437]. Gleichwohl soll es nicht ausgeschlossen sein, den hoheitlichen Errichtungsakt nach den Grundsätzen der Unvordenklichkeit[438] beweisen zu können[439].

bb) Anwendung der Grundlagen auf die Börse

Als Anknüpfungspunkt für die Vollrechtsfähigkeit der Börse als juristische Person des öffentlichen Rechts kommen nach den vorstehenden Ausführungen also unmittelbar das BörsG, ein konkret-individueller Hoheitsakt aufgrund eines Gesetzes, hier womöglich in Form der Börsengenehmigung nach § 1 Abs. 1 S. 1 BörsG, sowie eine langjährige widerspruchslose, auf eine juristische Person hindeutende Praxis in Betracht. Sollte die Errichtung der Börse als juristische Person nach diesen Grundsätzen nicht zu belegen sein, so könnte sie sich wegen einzelner Zuweisungen von Rechten und Pflichten immer noch als teilrechtsfähige Anstalt erweisen. Allerdings beschränkte sich dann die Rechtsfähigkeit auf die

---

432 Staudinger/Weick, Einl. zu §§ 21 ff., Rn. 60.
433 Aktiengesetz vom 6.09.1965 (BGBl. I, S. 1089), zuletzt geändert durch Art. 5 Bilanzkontrollgesetz vom 15.12.2004 (BGBl. I, S. 3408).
434 Gesetz betreffend die Gesellschaften mit beschränkter Haftung in der Fassung der Bekanntmachung vom 20.05.1898 (RGBl., S. 846), zuletzt geändert durch Art. 12 Justizkommunikationsgesetz vom 22.03.2005 (BGBl. I, S. 837).
435 Vgl. Staudinger/Weick, Einl. zu §§ 21 ff., Rn. 60; Soegel/Hadding, Vor § 21, Rn. 4.
436 Maurer, Allgemeines Verwaltungsrecht, § 21, Rn. 66; Wolff/Bachof/Stober, Verwaltungsrecht I, § 34, Rn. 6; Staudinger/Rawert, § 89, Rn. 8.
437 Krebs in Isensee/Kirchhof, § 69, Rn. 87 f.; Maurer, Allgemeines Verwaltungsrecht, § 21, Rn. 66.
438 Vgl. zu diesem Grundsatz Wolff/Bachof/Stober, Verwaltungsrecht I, § 37, Rn. 12.
439 Staudinger/Rawer, § 89, Rn. 8; im Zusammenhang mit der Anerkennung einer Stiftung des öffentlichen Rechts Wolff/Bachof/Stober, Verwaltungsrecht II, § 102, Rn. 6.

dergestalt zugewiesenen Bereiche[440], so dass eine von diesen Einzelzuweisungen ausgehende Ausdehnung der Rechtsfähigkeit auf andere Teilgebiete nicht zulässig wäre.

In der Tat wird mit Blick auf verschiedene Vorschriften im BörsG die Ansicht vertreten, der Börse komme Rechtsfähigkeit zu[441]. Zwar sei schon das Verlangen nach einem Errichtungsgesetz bei Börsen, die zum Teil schon seit über 400 Jahren bestünden, an sich kurios, doch habe der Gesetzgeber zumindest mit dem 2. FFG die Rechtsfähigkeit der Börsen anerkannt, indem er mit den §§ 3 c Abs. 2, 4 Abs. 5 BörsG a.F. (§§ 12 Abs. 2, 13 Abs. 6 BörsG n.F.) Regelungen geschaffen habe, die die Rechtsfähigkeit der Börsen voraussetzten oder nahe legten[442]. Denn mit der Befugnis der Geschäftsführung, die Börse gerichtlich und außergerichtlich zu vertreten, sei sie in die Stellung eines verfassungsmäßig berufenen Vertreters i.S. des § 31 BGB hineingewachsen, was nur für rechtsfähige Einrichtungen denkbar sei. Dass die Börse in eigenem Namen im verwaltungsgerichtlichen Verfahren klagen und verklagt werden könne, weise ebenfalls in diese Richtung.

Schon der Ausgangspunkt dieser Auffassung, nämlich dass die Notwendigkeit eines Errichtungsgesetzes für die Börsen wegen ihres langen Bestehens fragwürdig sei, geht fehl. Denn die Börsen sind zwar teilweise schon lange vorhanden, doch eben nicht als rechtsfähige Organisationen. Ihre Struktur hat sich erst in den letzten hundert Jahren so verändert, dass sich überhaupt die Frage nach der Rechtsfähigkeit stellte. Dies haben die Untersuchungen zur Organisationsform der Börsen gezeigt. Deshalb ist es keineswegs „kurios", für die Annahme der Rechtsfähigkeit eine gesetzliche Grundlage zu fordern[443]. Da seit Inkrafttreten des BörsG 1897 die h.M. auch nie von der Rechtsfähigkeit der Börsen ausgegangen ist, sondern diese vollends in Abrede gestellt wurde[444], scheidet im Übrigen ein Beweis der Rechtsfähigkeit nach den Grundsätzen der Unvordenklichkeit aus.

Darüber hinaus sprechen die genannten Vorschriften aufgrund ihres fragmentarischen Charakters gegen eine Vollrechtsfähigkeit[445]. Wäre die Börse rechtsfä-

---

440 Vgl. neben den obigen Ausführungen Fabricius, Relativität der Rechtsfähigkeit, S. 57 u. 111.
441 Claussen/Hoffmann, ZBB 1995, S. 68 (70); Claussen, Bank- und Börsenrecht², § 9, Rn. 21; an dieser Auffassung hält Claussen allerdings in der 3. Aufl. nicht mehr fest, wo er nun vertritt, die Börsen seien nicht rechtsfähig, aaO., § 9, Rn. 21.
442 Claussen/Hoffmann, ZBB 1995, S. 68 (70); Claussen, Bank- und Börsenrecht², § 9, Rn. 21.
443 Breitkreuz, Die Ordnung der Börse, S. 110.
444 Göppert, Das Recht der Börsen, S. 39, 70; VG Frankfurt, AG 1963, S. 306; Samm, Börsenrecht, S. 47 f.; Schwark, BörsG, § 1, Rn. 19.
445 Breitkreuz, Die Ordnung der Börse, S. 110; so jetzt auch Claussen, Bank- und Börsenrecht³, § 9, Rn. 21.

hig, dann wäre es nämlich nicht erforderlich, die Möglichkeit, klagen und verklagt werden zu können, besonders hervorzuheben[446]. Zudem wäre dann die Einschränkung der Parteifähigkeit auf das verwaltungsgerichtliche Verfahren unverständlich, die damit lediglich die Einräumung der Beteiligtenfähigkeit nach § 61 VwGO bedeutet, die keineswegs mit einer Vollrechtsfähigkeit einhergehen muss[447], und von der Vertretungsbestimmung des § 12 Abs. 2 BörsG als Regelung nach § 62 Abs. 3 VwGO flankiert wird[448].

Schließlich weist die Einschränkung in § 12 Abs. 2 S. 1 BörsG, nach der die Geschäftsführer die Börse vertreten, soweit nicht der Träger der Börse zuständig ist, auf die fehlende Vollrechtsfähigkeit hin. Diese Einschränkung kann nur als Hinweis auf die begrenzte Rechtsfähigkeit der Börse verstanden werden, da ihr ansonsten kein Regelungsgehalt zukäme. Das liegt daran, dass die Vorschrift, verstünde man sie als Ermächtigung zur Vertretung der Börse i.S. der §§ 164 ff. BGB, zu dem systemwidrigen und von niemandem angenommenen Ergebnis führte, dass die Börse durch den Träger, und nicht dieser selbst, berechtigt und verpflichtet würde[449]. Deshalb ist die Einschränkung in § 12 Abs. 2 S. 1 BörsG dahingehend auszulegen, dass mit ihr klargestellt wird, dass die Rechtsfähigkeit der Börse nicht weiter reicht, als es die duale Struktur mit dem Träger zulässt[450]. Diese Auslegung ist durchaus wortlautverträglich, da sich der mit „soweit" eingeleitete Nebensatz in § 12 Abs. 2 S. 1 BörsG grammatikalisch nicht notwendigerweise auf die im Hauptsatz geregelte Vertretungsbefugnis beziehen muss, sondern ebenso als ein genereller Hinweis darauf verstanden werden kann, dass die Vertretungsbefugnis der Börsengeschäftsführung nicht weiter reicht als es die Zuständigkeitsverteilung zwischen der Börse und ihrem Träger vorgibt. Der Nebensatz ist damit nicht überflüssig[451], sondern hebt die Bedeutung der Kompetenzen des Börsenträgers für die Bestimmung und Beschränkung der Rechtsfähigkeit der Börse hervor.

Die gegen die Vollrechtsfähigkeit sprechenden Argumente werden auch nicht durch die Börsengenehmigung gem. § 1 Abs. 1 S. 1 BörsG entkräftet, da in dieser

---

446 Vgl. Groß, Kapitalmarktrecht, § 5 BörsG, Rn. 9.

447 Vgl. Kopp/Schenke, VwGO, § 61, Rn. 8 u. 13.

448 Breitkreuz, Die Ordnung der Börse, S. 109.

449 Breitkreuz, Die Ordnung der Börse, S. 145 f.

450 Vgl. Kümpel, Bank- und Kapitalmarktrecht[2], Rn. 17.147, der zwar von einer „Vertretungsnorm" spricht, aber dann ebenfalls von einer Verteilung der Zuständigkeiten im Außenverhältnis ausgeht, sowie die Gegenäußerung der BReg zur Stellungnahme des BR zum RegE 4. FFG, BT-Drs. 14/8017, S. 175, wo letztlich der Vorschlag des BR zur Einführung einer begrenzten privatrechtlichen Handlungsmöglichkeit der Börse durch ihre Geschäftsführer mit den hier angeführten Argumenten abgelehnt wird.

451 So aber Breitkreuz, Die Ordnung der Börse, S. 146.

ein die Rechtsfähigkeit verleihender Akt nicht gesehen werden kann[452]. Angesichts der durch die Regelungen des BörsG vorgegebenen Struktur bedürfte es schon eines klaren gesetzgeberischen Bekenntnisses zur Rechtsfähigkeit der Börse, welches aber ausgeblieben ist. Vielmehr hat sich der Gesetzgeber im Rahmen der Beratungen zum 4. FFG mit Blick auf die fehlende Vollrechtsfähigkeit einem Vorschlag des Bundesrats widersetzt, mit dem der Börse im Privatrecht ein gewisser Handlungsspielraum eingeräumt werden sollte[453].

Die vorstehenden Erwägungen müssen darüber hinaus zur Ablehnung der Auffassung führen, welche die Börse als nicht rechtsfähig einstuft[454]. Die beträchtliche Zahl der Vertreter dieser Ansicht mag, wie bereits angedeutet wurde, mit der begrifflichen Unklarheit zusammenhängen, die in diesem Bereich herrscht und die die notwendige Trennung von Vollrechtsfähigkeit, Teilrechtsfähigkeit und Nichtrechtsfähigkeit erschwert[455]. Jedenfalls wird keine Begründung vorgetragen, die gegen die Teilrechtsfähigkeit der Börse spricht[456].

Dass dennoch von vielen an der Einordnung der Börsen als nicht rechtsfähige Einheiten festgehalten wird, ist umso erstaunlicher, als v. *Olenhusen* bereits vor der gesetzlichen Implementierung der Vertretungsregelungen bzw. der Möglichkeit, klagen und verklagt werden zu können, überzeugend dargelegt hat, dass die Börse eine sowohl von der Landesregierung als auch vom Träger abgegrenzte Organisationseinheit darstellt, der die durch deren Organe bewirkten Leistungen oder Eingriffe selbständig zuzurechnen sind[457].

---

452 Kümpel/Hammen, WM Sonderbeil. 3, S. 23; Schwark, BörsG, § 1, Rn. 19; Schäfer/Peterhoff, WpHG u.a., § 1 BörsG, Rn. 33; so aber Uppenbrink, Die deutschen Wertpapierbörsen als Körperschaften des öffentlichen Rechts, S. 85 f., der den staatlichen Gestaltungsakt in der Börsengenehmigung in Verbindung mit der Genehmigung der Börsenordnung durch die Börsenaufsichtsbehörde sieht.

453 Gegenäußerung der BReg zur Stellungnahme des BR zum RegE 4. FFG, BT-Drs. 14/8017, S. 175, wo der Vorschlag des BR zur Einführung einer begrenzten privatrechtlichen Handlungsmöglichkeit der Börse durch ihre Geschäftsführer abgelehnt wird.

454 Vgl. zu dieser Auffassung Schwark, BörsG, § 1, Rn. 19; Schlüter, Börsenhandelsrecht, Abschnitt G, Rn. 135; Samm, Börsenrecht, S. 47 f.; Wiede, Die Börse als verwaltungsrechtliches Problem und Rechtsinstitut, S. 150; Schäfer/Peterhoff, WpHG u.a., § 1 BörsG, Rn. 33; Groß, Kapitalmarktrecht, Vorbem. BörsG, Rn. 17; Dehlinger, Vertragliche Marktsegmentregulierung an Wertpapierbörsen, S. 71 f.

455 So legt v. Olenhusen, Börsen und Kartellrecht, S. 74 f., dar, dass Schwark und Wiede von der teilweisen Zurechnungsendsubjektivität der Börse ausgehen, so dass sie sie bei Verwendung der hier vorgeschlagenen Terminologie wohl als teilrechtsfähige Einheiten bezeichnen könnten.

456 Vgl. Breitkreuz, Die Ordnung der Börse, S. 111.

457 v. Olenhusen, Börsen und Kartellrecht, S. 75 ff., insbesondere 85 f., wo er sich von der vorherrschenden Terminologie allerdings noch nicht komplett lösen kann und

Nachdem nunmehr mit den §§ 12 Abs. 2, 13 Abs. 6 BörsG Normen existieren, die die Teilrechtsfähigkeit deutlich vor Augen führen, sollte dem auch terminologisch Rechnung getragen und die Börse als teilrechtsfähige Anstalt des öffentlichen Rechts bezeichnet werden[458].

3. Rechtsstellung des Trägers

Die Ausführungen haben gezeigt, dass Börse und Träger nicht isoliert nebeneinander stehen, sondern vielmehr stark aufeinander bezogen sind. Deshalb soll im Folgenden im Anschluss an eine Erläuterung der organisationsrechtlichen Stellung des Börsenträgers ein Überblick über die im Rahmen seiner Betriebspflicht bestehenden Aufgaben und Befugnisse gegeben werden, ohne dass im vorliegenden Zusammenhang eine erschöpfende Darstellung oder gar Lösung aller sich stellenden Streitfragen geleistet werden kann.

a) Organisationsrechtliche Einordnung des Trägers als Beliehener

Der Träger einer Börse wird von der h.M. als Beliehener[459] eingestuft[460], also als ein Privatrechtssubjekt, das mit der hoheitlichen Wahrnehmung bestimmter Verwaltungsaufgaben im eigenen Namen betraut ist[461]. Die dazu erforderliche gesetzliche Grundlage wird in § 1 Abs. 1 S. 1 BörsG gesehen, so dass der Antragsteller mit Erteilung der Genehmigung zur Errichtung und zum Betrieb einer Börse als Anstalt des öffentlichen Rechts Träger öffentlicher Verwaltung wird[462]. Dem Träger werde nämlich in diesem Zusammenhang die öffentlichrechtliche

---

den Begriff „Nichtrechtsfähigkeit" in Bezug auf die Einordnung der Börsen nicht zwangsläufig für falsch erachtet.

458 So auch eine im Vordringen befindliche Meinung, vgl. Kümpel/Hammen, WM Sonderbeil. 3, S. 23; dies., Börsenrecht, S. 130; Hammen, AG 2001, S. 549 (550); Beck, WM 1996, S. 2313 (2315); Posegga, WM 2002, S. 2402; Lenenbach, Kapitalmarkt- und Börsenrecht, Rn. 3.9; Schneider/Burgard, WM 2000, Sonderbeil. 3, S. 27.

459 Vgl. grundlegend zum Beliehenen die umfassende Darstellung von Michaelis, Der Beliehene, passim, sowie den instruktiven Überblick von Burgi, Festschrift Maurer, S. 581 ff.

460 Kümpel, Bank- und Kapitalmarktrecht, Rn. 17.152; Schwark, BörsG, § 1, Rn. 21; ders., WM 2000, S. 2517 (2520); Beck, WM 1996, S. 2313 (2315); Groß, Kapitalmarktrecht, § 2 c, Rn. 1c; Lenenbach, Kapitalmarkt- und Börsenrecht, Rn. 3.7; Samm, Börsenrecht, S. 45; Bremer, Grundzüge des Börsenrechts, S. 56.

461 Burgi, Festschrift Maurer, S. 581 (585); Maurer, Allgemeines Verwaltungsrecht, § 23, Rn. 56; Wolff/Bachof/Stober, Verwaltungsrecht II, § 104, Rn. 2.

462 Kümpel, Bank- und Kapitalmarktrecht, Rn. 17.152 f; Beck, WM 1996, S. 2313 (2315); Schwark, BörsG, § 1, Rn. 21.

Organisationsgewalt des Sitzlandes der Börse übertragen[463]. Dem wird allerdings entgegengehalten, dass dem Börsenträger gar kein eigener Spielraum zur Gestaltung der Börsenorganisation verbleibe, er vielmehr mit dem Genehmigungsantrag lediglich den Anstoß für die Börsenerrichtung gebe, ansonsten jedoch auf den Unterhalt der Börse beschränkt sei, so dass die Rechtsfigur des Beliehenen für den Börsenträger nicht recht passe[464].

Um diese Kritik in ihrer Bedeutung gewichten zu können, ist es zunächst erforderlich, sich zu vergegenwärtigen, was unter „hoheitlicher Wahrnehmung bestimmter Verwaltungsaufgaben" i.S. der üblichen Definition des Beliehenen[465] zu verstehen ist. Die Konkretisierung dieses Definitionsansatzes hängt dabei nicht zuletzt davon ab, für welche der beiden Richtungen man sich entscheidet, die sich in Bezug auf die Bestimmung des Beliehenen gebildet haben[466]. Denn nach der Aufgabentheorie soll es für die Beleihung ausschlaggebend sein, dass einem Privaten die Erledigung öffentlicher oder staatlicher Aufgaben übertragen wird[467]. Demgegenüber verlangen die Anhänger der sog. Rechtsstellungstheorie für die Beleihung die Übertragung hoheitlicher Befugnisse durch den Staat oder einen anderen Hoheitsträger[468]. Ob nun die bloße Ausstattung einer Börse mit den not-

---

463 Vgl. Kümpel, Bank- und Kapitalmarktrecht, Rn. 17.152 ff.; Schwark, BörsG, § 1, Rn. 21; Wiede, Die Börse als verwaltungsrechtliches Problem und Rechtsinstitut, S. 160 f.

464 Breitkreuz, Die Ordnung der Börse, S. 187 f.; Mues, Die Börse als Unternehmen, S. 86.

465 Vgl. Burgi, Festschrift Maurer, S. 581 (585); Maurer, Allgemeines Verwaltungsrecht, § 23, Rn. 56; Wolff/Bachof/Stober, Verwaltungsrecht II, § 104, Rn. 2.

466 Vgl. Frenz, Die Staatshaftung in den Beleihungstatbeständen, S. 23 ff., der einen guten Überblick über den Meinungsstand bietet und innerhalb dieser Richtungen weiter differenziert. Da dies jedoch für die vorliegende Arbeit nicht weiterführend ist, wird sich hier auf die wesentlichen Grundlagen beschränkt.

467 Dieser ältere Ansatz wurde namentlich von Steiner, Öffentliche Verwaltung durch Private, S. 46 ff., wieder aufgegriffen; ähnlich auch Stuible-Treder, Der Beliehene im Verwaltungsrecht, S. 9 ff., sowie Backherms, Das DIN – Deutsches Institut für Normung e.V. als Beliehener, S. 18 ff. u. 40 ff.; der Aufgabentheorie neigt auch Fett, Öffentlich-rechtliche Anstalten als abhängige Konzernunternehmen, S. 251 f., zu, obwohl er die Bedeutung der Theorien für das Rechtsinstitut der Beleihung wohl als nicht entscheidend ansieht.

468 BVerwG, NJW 1981, S. 2482 f.; Vogel, Öffentliche Wirtschaftseinheiten in privater Hand, S. 80 ff.; Burgi, Festschrift Maurer, S. 581 (585); Weiss, Privatisierung und Staatsaufgaben, S. 39 f.; Frenz, Die Staatshaftung in den Beleihungstatbeständen, S. 27 ff.; ähnlich Krebs in Isensee/Kirchof, § 69, Rn. 39 mit Fn. 134, der von der Möglichkeit des Beliehenen spricht, die Verwaltungsaufgaben „in den Handlungsformen des öffentlichen Rechts" wahrzunehmen und das ausdrücklich nicht nur i.S.d. hoheitlich-obrigkeitlich Handelns durch Befehl und Zwang verstanden wissen will.

wendigen Betriebsmitteln als Ausübung einer hoheitlichen[469] Befugnis einzustufen ist, dürfte sehr zweifelhaft sein, da darin kein dem Staat vorbehaltenes öffentlichrechtliches Instrumentarium[470] bzw. keine öffentlichrechtliche Gestaltung von Rechtsbeziehungen[471] gesehen werden kann. Ordnet man alleine die Ausführung der börsenrechtlichen Betriebspflicht als schlicht-hoheitliches Handeln ein[472], so wird letztlich aus dem Vorverständnis, dass der Träger eine staatliche Aufgabe ausführt, der Schluss auf die Beleihung gezogen und sich damit im Ergebnis der Aufgabentheorie angeschlossen[473]. Diese Theorie hat sich jedoch zu Recht nicht durchsetzen können[474]. Jedenfalls vermag sie nicht zu überzeugen, weil sie keine Abgrenzung zur materiellen Privatisierung[475], mit der ursprünglich staatliche Aufgaben der Wahrnehmung durch Private anvertraut werden, ermöglicht[476]. Somit zeigt sich auch hier, wie schon an anderer Stelle, dass eine Argumentation, welche auf die Organisation des Börsenwesens als Staatsaufgabe abstellt, problematisch ist, da sie etwas voraussetzt, was erst festgestellt werden soll, und damit Gefahr läuft, einen Zirkelschluss zu ziehen. Es ist daher zu untersuchen, ob sich die Bedeutung des Trägers wirklich in der rechtlich neutralen Bereitstellung der für den Börsenbetrieb notwendigen Mittel erschöpft oder ob damit zumindest mittelbar mehr verbunden ist. Ansatzpunkt dafür könnte der Umstand sein, dass in der Literatur die Trägerschaft einer Anstalt des öffentlichen Rechts durch einen Privaten stets nur im Zusammenhang mit einer Beleihung diskutiert wird[477].

---

469 Vgl. zu den Begriffen obrigkeitliche, schlicht-hoheitliche und schlichte Verwaltung Wolff/Bachof/Stober, Verwaltungsrecht I, § 23, Rn. 36 ff.

470 Vgl. zu diesem Erfordernis Burgi, Festschrift Maurer, S. 581 (585).

471 Dies hält Vogel, Öffentliche Wirtschaftseinheiten in privater Hand, S. 80 f., für erforderlich; ders., seine Auffassung noch einmal klarstellend, VVDStRL 29 (1971), S. 255 (256).

472 So Kümpel/Hammen, Börsenrecht, S. 109 f.

473 Dies ist tatsächlich bei Kümpel/Hammen, Börsenrecht, S. 109 f., erkennbar, wo sich auf eine *h.M.* bezogen wird, als deren Vertreter Stuible-Treder und Backherms aufgeführt werden, die ja Anhänger der Aufgabentheorie sind.

474 Vgl. zu dieser Einschätzung Burgi, Festschrift Maurer, S. 581 (585 mit Fn. 33), sowie Seidel, Privater Sachverstand und staatliche Garantenstellung im Verwaltungsrecht, S. 27 f., der allerdings darauf verweist, dass sich keine der beiden Theorien in ihren Extrempositionen durchgesetzt habe.

475 Vgl. zum Begriff Privatisierung den Überblick von Peine, DÖV 1997, S. 353 ff.

476 Weiss, Privatisierung und Staatsaufgaben, S. 40; Frenz, Die Staatshaftung in den Beleihungstatbeständen, S. 27 ff.; Seidel, Privater Sachverstand und staatliche Garantenstellung im Verwaltungsrecht, S. 27 f., umschreibt dies mit der mangelnden Unterscheidungsfähigkeit zwischen Beleihung und Konzessionierung.

477 Wolff/Bachof/Stober, Verwaltungsrecht II, § 98, Rn. 8; Siekmann, NWVBl. 1993, S. 361 (366); Burgi in Erichsen/Ehlers, § 54, Rn. 26; Wolfers/Kaufmann, DVBl. 2002, S. 507 ff.; Segna, Die Rechtsform deutscher Wertpapierbörsen, S. 9; während die vorgenannten Stimmen die Zulässigkeit einer privaten Trägerschaft befürworten,

Gleichwohl ist zu bedenken, dass die Trägerschaft, wie sie im Börsenwesen konstruiert ist, besondere Züge trägt und in dieser Ausgestaltung im deutschen Recht einzigartig ist[478]. Wenn bspw. auf Schulen als mit einer Anstaltsträgerschaft beliehene Privatpersonen verwiesen wird[479], so ist dies zumindest missverständlich, weil sich öffentliche Schulen als nichtrechtsfähige Anstalten des öffentlichen Rechts[480] stets in öffentlicher Trägerschaft befinden[481], während Schulen in privater Trägerschaft davon zu trennen sind und als Privatschulen bezeichnet werden[482]. Außerdem ist der Einfluss des Trägers auf die Börse als Anstalt nicht institutionalisiert, wovon bei anderen Anstalten in der Regel ausgegangen wird[483]. Da es allerdings den Rahmen dieser Arbeit sprengen würde, die grundsätzliche

---

wird diese von Thode/Peres, BayVBl. 1999, S. 6 (8), mit dem Argument bestritten, dass eine Beleihung nur für einzelne bestimmte Tätigkeiten rechtmäßig sei; dies., VerwArch 89 (1998), S. 439 (447 f.).

478 Deshalb wird in der Diskussion um die private Trägerschaft von öffentlichrechtlichen Anstalten auf die Börse als Beispiel für deren Zulässigkeit und Praxis verwiesen, vgl. Wolfers/Kaufmann, DVBl. 2002, S. 507 (508 f.), sowie Fett, Öffentlichrechtliche Anstalten als abhängige Konzernunternehmen, S. 255 ff. Die Richtigkeit dieser Aussage wird im Übrigen auch nicht durch die bereits erfolgte Beleihung einer Holding AG mit der Anstaltsträgerschaft für die Landesbank Bayern in Frage gestellt (vgl. dazu Schmidt, ZfgKW 2003, S. 180 (182f.); Helmrich/Schick, BKR 2003, S. 882 (883 f.)), da diese Konstruktion im Einzelnen immer noch erheblich von der dualen Struktur von Börse und Börsenträger abweicht.

479 So Wolff/Bachof/Stober, Verwaltungsrecht II, § 98, Rn. 8, auf den die neueren Literaturstimmen (vgl. Angaben in Fn. 477) verweisen, die eine private Trägerschaft für zulässig erachten.

480 Vgl. zu dieser Einordnung Heckel/Avenarius, Schulrechtskunde, Anm. 6.212 (S. 108) m.w.Nachw.

481 Heckel/Avenarius, Schulrechtskunde, Anm. 9.31 ff. (S. 159 f.), der auch auf Handwerkskammern oder den Landeswohlfahrtsverband Hessen als Schulträger hinweist, die aber als Körperschaften des öffentlichen Rechts nicht als Privatrechtssubjekte bezeichnet werden können; Denzer in Handbuch der Kommunalen Wissenschaft und Praxis, Band 4, S. 151.

482 Heckel/Avenarius, Schulrechtskunde, Anm. 3.11 (S. 37) u. Anm. 12 (S. 196); Denzer in Handbuch der Kommunalen Wissenschaft und Praxis, Band 4, S. 151; so auch Wolff/Bachof/Stober, Verwaltungsrecht II, § 101, Rn. 6, so dass die Bedeutung der Schulen als Beispiel für private Trägerschaft im Unklaren bleibt.

483 Vgl. Wolff/Bachof/Stober, Verwaltungsrecht II, § 98, Rn. 8, wo die Anstalt als „Organ oder Glied" ihres externen Trägers, der i.d.R. ständigen Einfluss auf die Anstalt ausübe, beschrieben wird; fast identisch Thode/Peres, BayVBl. 1999, S. 6 (8); vgl. auch Siekmann, NWVBl. 1993, S. 361 (366), der es zu den Wesensmerkmalen einer Anstalt zählt, dass sie „Instrument" in der Hand eines Verwaltungsträgers ist, was wohl zumindest eine gewisse Einwirkungsbefugnis impliziert; relativierend dagegen Fett, Öffentlich-rechtliche Anstalten als abhängige Konzernunternehmen, S. 255, der den *Umfang* des Einflusses von der gesetzlichen Ausgestaltung abhängig macht.

rechtliche Zulässigkeit der privaten Trägerschaft einer öffentlichrechtlichen Anstalt einer Klärung zuzuführen[484], soll es hier genügen, von dieser rechtlichen
Möglichkeit auszugehen und zu fragen, ob die Betriebspflicht im Börsenwesen
unter das Rechtsinstitut der Beleihung zu fassen ist.

In der Tat scheint es einen Gesichtspunkt zu geben, der dazu zwingt, die Betriebspflicht im Wege der Beleihung auszugestalten, nämlich die faktische Einwirkungsmacht des Börsenträgers auf Entscheidungen der Börse. Wenn auf die
fehlenden rechtlichen Einwirkungsmöglichkeiten des Trägers auf die Börse verwiesen wird[485], so ist das sicher mangels entsprechender Befugnisnormen richtig,
doch darf man bei diesem Befund nicht stehen bleiben. Nicht ohne Grund wird in
neuerer Zeit verstärkt auf die wachsende Bedeutung des Börsenträgers verwiesen[486], der zum Teil sogar als der „eigentliche Entscheidungsträger in allen rich-
tunggebenden Investitionsangelegenheiten der Börse" bezeichnet wird[487]. Das
liegt zum einen an dem gewachsenen Investitionsbedarf und an der Komplexität
der für den Börsenbetrieb notwendigen technischen Einrichtungen, für das wohl
nur der Börsenträger das nötige Know-how mitbringt. Es ist zum anderen aber
auch in der Börsenstruktur angelegt, die einen Dualismus vorgibt, der sich in der
Praxis kaum umsetzen lässt[488]. So wurde zwar die lange Zeit bestehende Personalunion zwischen Geschäftsführung der Börse und Vorstand des Trägers zumindest an der FWB bzw. bei der Deutsche Börse AG aufgehoben[489], doch wird sie
z.B. an der Münchener Börse weiterhin praktiziert. Ferner ist vorstellbar, dass
weitere Börsenorgane mit Organmitgliedern des Börsenträgers besetzt sind, ohne

---

484 Zu den Problemen, die sich insbesondere aus dem Demokratieprinzip ergeben, sei
auf Wolfers/Kaufmann, DVBl. 2002, S. 507 ff., sowie Fett, Öffentlich-rechtliche
Anstalten als abhängige Konzernunternehmen, S. 250 ff. verwiesen.

485 Kümpel/Hammen, Börsenrecht, S. 122; Hammen, AG 2001, S. 549 (557); Schlüter,
Börsenhandelsrecht, Abschnitt G, Rn. 153; Groß, Kapitalmarktrecht, § 2 c BörsG,
Rn. 1c; Breitkreuz, Die Ordnung der Börse, S. 149.

486 Köndgen/Mues, WM 1998, S. 53 (57); Lenenbach, Kapitalmarkt- und Börsenrecht,
Rn. 3.7; Schwark, WM 2000, S. 2517 (2530), bringt es mit der Formulierung „wer
das Geld hat, bestimmt", auf den Punkt; vgl. auch Breitkreuz, Die Ordnung der Börse, S. 51; Franke in Assmann/Schütze, Handbuch des Kapitalanlagerechts, § 2,
Rn. 17 ff.

487 Schlüter, Börsenhandelsrecht, Abschnitt G, Rn. 144.

488 Vgl. Schneider/Burgard, WM 2000, Sonderbeil. 3, S. 27, die rechtlich strikt zwischen Börse und Träger trennen wollen, jedoch von einer organisatorischen Einheit
beider sprechen.

489 An dieser Personalunion hatte sich gerade wegen der vorgegebenen rechtlichen
Trennung und der Gefährdung des spezifischen Anstaltszwecks Kritik entzündet,
vgl. Kümpel/Hammen, WM 2000, Sonderbeil. 3, S. 10, sowie Breitkreuz, Die Ordnung der Börse, S. 155 f.

dass dies kritisiert wird[490]. Soweit ersichtlich existiert nach der Änderung des § 2 Abs. 2 hessische Sanktionsausschussverordnung[491] zum 20.08.2003, der eine derartige Überschneidung für Mitglieder des Sanktionsausschusses verhinderte, keine Vorschrift mehr, die einer personellen Verflechtung von Börsenorganen und Börsenträger entgegensteht. Es wäre geradezu lebensfremd anzunehmen, dass trotz derartiger Verknüpfungen und materieller Abhängigkeiten der Träger keinen entscheidenden Einfluss auf die Entscheidungen der Börse ausüben könnte[492]. Anders lässt es sich auch kaum erklären, dass es in den vergangenen Jahren nie zu Auseinandersetzungen zwischen Börsen und ihren Trägern gekommen ist[493]. Solange der Börsenträger direkt für die Gehaltszahlungen der Börsenmitarbeiter aufzukommen hat, bestehen faktische Einwirkungsmöglichkeiten, die bei der Beurteilung der Stellung des Trägers nicht unberücksichtigt bleiben können und bei denen sich sogar die Frage stellt, ob sie so schwerwiegend sind, dass sie die nach Art. 20 Abs. 2 GG erforderliche demokratische Legitimation[494] der Entscheidungen der Börse gefährden könnten[495]. Dieses Problem verliert aber von vornherein dann an Bedeutung, wenn die Einwirkungsmacht auf eine Beleihung zurückgeht, die zu einer Angliederung des Beliehenen an die staatliche Verwaltung führt[496] und die die staatliche Erfüllungsverantwortung einschließlich des Erfordernisses demokratischer Legitimation unberührt lässt[497].

---

490 Vgl. Breitkreuz, Die Ordnung der Börse, S. 150.

491 Abgedruckt bei Kümpel/Hammen/Ekkenga, Kz. 445.

492 Lenenbach, Kapitalmarkt- und Börsenrecht, Rn. 3.7, beschreibt dies gar als „überragenden faktischen Einfluss".

493 Zumindest sind etwaige Konflikte nicht an die Öffentlichkeit gedrungen, wenn man von dem Fusionsvorhaben zwischen der Deutschen Börse AG und der LSE zu iX absieht, das bekanntlich dann doch aufgegeben wurde.

494 Vgl. zum Demokratieprinzip die instruktive Darstellung von Böckenförde in Isensee/Kirchhof, § 24.

495 Eine ähnliche Problematik stellt sich beim Einsatz von Sachverständigen oder Expertengremien im Verwaltungs- oder Gerichtsverfahren, da ihnen zwar nicht die Letztentscheidungsbefugnis zukommt, sie jedoch oft mit ihrer Arbeit die zu treffenden Entscheidungen prägen, vgl. Seidel, Privater Sachverstand und staatliche Garantenstellung im Verwaltungsrecht, passim u. insbesondere S. 19 f. u. 30 ff., sowie Burgi, Funktionale Privatisierung und Verwaltungshilfe, S. 132 u. 376 f.

496 So die Formulierung bei Wolff/Bachof/Stober, Verwaltungsrecht II, § 104, Rn. 3.

497 Burgi, Festschrift Maurer, S. 581 (592); dies wird im Ergebnis auch als Argument für die generelle Zulässigkeit der privaten Trägerschaft einer öffentlichrechtlichen Anstalt durch Beleihung angeführt, wobei insbesondere auf die Aufsichtsbefugnisse der beleihenden Stelle zur Durchsetzung des Demokratieprinzips verwiesen wird, vgl. Wolfers/Kaufmann, DVBl. 2002, S. 507 (510 ff.); Fett, Öffentlich-rechtliche Anstalten als abhängige Konzernunternehmen, S. 259 ff.

Es soll hier nicht bestritten werden, dass man sich mit der Einordnung der faktischen Einwirkungsmöglichkeiten des Börsenträgers als Anwendungsfall des Demokratieprinzips auf unsicherem Terrain bewegt, doch kann wegen dieses Einflusses wohl nicht mehr von der Gleichheit aller Bürger bei der Einflussnahme auf die Ausübung von Staatsgewalt gesprochen werden, die zum festen Bestandteil der Dogmatik zum Demokratieprinzip gezählt wird[498]. Davon abgesehen kann die auf eine staatliche Angliederung bzw. Beleihung hinweisende enorme Bedeutung des Börsenträgers für die Funktionsfähigkeit der Börse als öffentliche Einrichtung damit begründet werden, dass die Existenz der Börse als mittelbare Staatsverwaltung vom weiteren Bestand des Börsenträgers abhängig ist[499] und es organisationsrechtlich zumindest äußerst fragwürdig erscheint, das Schicksal einer öffentlichen Anstalt in die Hände eines reinen Privatrechtssubjekts zu legen[500]. Insofern stellt die Beleihung ein probates Mittel dar, um den Börsenträger den Bindungen der Staatsgewalt zu unterwerfen und nicht völlig unbeschränkt agieren zu lassen.

Jedenfalls konnte aufgezeigt werden, dass sich die Bedeutung und Tätigkeit des Börsenträgers nicht in der bloßen Bereitstellung der Betriebsmittel erschöpft, sondern dass das Börsenwesen strukturell so angelegt ist bzw. sich so entwickelt hat, dass der Träger in nicht zu unterschätzender Art und Weise auf Entscheidungen der Börse einwirkt und für deren weiteren Bestand unentbehrlich ist. Damit kann letztlich die Kritik an der Beliehenenstellung des Börsenträgers entkräftet und dem Gesetzgeber zugestimmt werden, der zumindest in den Gesetzesbegründungen zum 4. FFG die Stellung des Börsenträgers als Beliehener anerkannt hat[501].

b) Grundsätzlicher Rahmen der Betriebspflicht

Die Konkretisierung der mit der Beleihung einhergehenden Betriebspflicht des Trägers wurde lange Zeit vernachlässigt[502]. Es wurde recht pauschal festgestellt, sie erstrecke sich auf alles, was sich nach der Entwicklung der Börse zu deren

---

498 Mehde, VerwArchiv. 2000, S. 540 (549) m.w.Nachw.
499 Vgl. Schwark/Beck, KMR, § 1 BörsG, Rn. 27; Posegga, WM 2002, S. 2402 (2406); Kümpel/Hammen, Börsenrecht, S. 116, mit Bezug auf den Verzicht auf die Börsengenehmigung.
500 Vgl. dazu eingehend Bressler, Public-Private-Partnership im Bank- und Börsenrecht (erscheint demnächst), der auch der Frage näher nachgeht, ob es sich bei der Abhängigkeit der Börse von ihrem Träger um eine rechtliche oder eher um eine faktische Abhängigkeit handelt.
501 RegBegr. 4. FFG, BT-Drs. 14/8017, S. 72.
502 So auch Beck, BKR 2002, S. 662 (663).

ungestörtem Funktionieren als erforderlich erweise und dem Träger zugemutet werden könne[503]. Diese Umschreibung umfasste das wirtschaftliche Management der Börse einschließlich der Bereitstellung der personellen und finanziellen Mittel sowie der nötigen Räumlichkeiten und gegebenenfalls eines elektronischen Handelssystems[504]. Erörtert wurde schließlich noch, dass es dem Träger infolge seiner Beleihung nicht möglich sein sollte, sich ohne Zustimmung der Beleihungsbehörde von seiner Betriebspflicht zu lösen[505].

Genauer beschäftigte man sich mit der Betriebspflicht bzw. mit dem Verhältnis zwischen Börse und ihrem Träger erst, als die Deutsche Börse AG als Trägerin der FWB eine Fusion mit der London Stock Exchange Ltd. (Projekt „iX") plante, die letztlich zwar scheiterte, aber den Blick für die damit verbundenen Probleme schärfte[506]. Das neue Problembewusstsein mag mit dafür verantwortlich sein, dass sich der Gesetzgeber im Rahmen der Änderungen durch das 4. FFG dazu entschloss, die Betriebspflicht, die zuvor zwar anerkannt, aber nur in den verschiedenen Börsenordnungen[507] geregelt war, ausdrücklich in § 1 Abs. 2 BörsG aufzunehmen. Nach Satz 1 wird der Antragsteller für die Börsengenehmigung „als Träger der Börse zu deren Errichtung und Betrieb berechtigt und verpflichtet". In Satz 2 der Norm wird die Betriebspflicht dahingehend präzisiert, dass der Träger der Börse auf Anforderung der Börsengeschäftsführung die „zur Durchführung und angemessenen Fortentwicklung des Börsenbetriebs erforderlichen finanziellen, personellen und sachlichen Mittel zur Verfügung zu stellen" hat. Ob mit dieser Regelung die nach der Gesetzesbegründung[508] beabsichtigte Rechtssicherheit für den Börsenträger und die Börsengeschäftsführung über den Umfang der Rechte und Pflichten geschaffen worden ist, wird allerdings angesichts der darin verwendeten unbestimmten Rechtsbegriffe zu bezweifeln

---

503 So schon Göppert, Das Recht der Börsen, S. 90; ähnlich Huber, Wirtschaftsverwaltungsrecht, S. 625 f.; Kümpel, Bank- und Kapitalmarktrecht², Rn. 17.145; Beck, WM 1996, S. 2313 (2316); Wastl/Schlitt, WM 2001, S. 1702 (1703); Samm, Börsenrecht, S. 45 u. 52.

504 Vgl. Schäfer/Peterhoff, WpHG u.a., § 1 BörsG, Rn. 34; Groß, Kapitalmarktrecht, Vorb. zum BörsG, Rn. 16 u. § 2 c, Rn. 1c; Kümpel, Bank- und Kapitalmarktrecht², Rn. 17.145 ff.

505 Schwark, BörsG, § 1, Rn. 22; Beck, WM 1996, S. 2313 (2315 f.).

506 Vgl. Kümpel/Hammen, WM 2000, Sonderbeil. 3, S. 3 ff.; Schneider/Burgard, WM 2000, Sonderbeil. 3, S. 24 ff.; Schwark, WM 2000, S. 2517 ff.; Posegga, WM 2002, S. 2402 ff.

507 Vgl. nur § 2 BörsO-FWB und § 2 BörsO Baden-Württembergische Wertpapierbörse.

508 Begr. RegE 4. FFG, BT-Drs. 14/8017, S. 72.

sein[509], zumal ja im Ergebnis nur die bis dahin einhellige Meinung in Gesetzesform gegossen wurde. Die Abgrenzung zwischen der Tätigkeit des Börsenträgers in seiner Eigenschaft als Beliehener zur Erfüllung seiner Betriebspflicht und der davon nicht berührten erwerbswirtschaftlichen Betätigung[510], die bspw. bei der Bereitstellung des Order-routing-Systems XONTRO-Order[511] oder des Geschäftsabwicklungssystems XONTRO-Trade[512] notwendig ist, wird jedenfalls durch die Gesetzesänderung nicht erleichtert[513].

Eine inhaltliche Bestimmung oder zumindest eine Grenze der Betriebspflicht könnte sich allerdings daraus ergeben, dass sie an den Anstaltszweck der Börse geknüpft wird[514]. Diese Verbindung wird zwar nicht immer ausdrücklich angesprochen, doch wird der Sache nach hierauf abgestellt, wenn auf die Pflicht zur Sicherstellung eines ordnungsgemäßen Börsenbetriebs verwiesen wird[515]. Die Betriebspflicht kann nämlich nicht weiter als der Anstaltszweck reichen, weil die

---

509 Vgl. zur Auslegung der Begriffe Lorenz, Die Wertpapierbörse und ihr Träger, S. 99 ff., der eine Konkretisierung durch einen Vergleich mit dem Umfang von Betriebspflichten in anderen Bereichen zu erlangen sucht.

510 Vgl. Beck, WM 1996, S. 2313 ff.

511 Bis zum August 2000 hieß dieses System BOSS-CUBE (Börsen-Order-Service-System und Computer unterstütztes Börsenhandels- und Entscheidungssystem). Es dient zur Auftragsübermittlung und zur Preisfeststellung, indem die Aufträge der Marktteilnehmer in elektronischer Form in die Auftragsbücher der preisfeststellenden Makler übermittelt werden. Ferner werden die Aufträge direkt an Xontro-Trade weitergeleitet (vgl. Schäfer/Peterhoff, WpHG u.a., § 1 BörsG, Rn. 27, sowie Groß, Kapitalmarktrecht, § 2 c BörsG, Rn. 12 mit Fn. 46).

512 Dieses System hieß bis zum August 2000 BOEGA. Es dient der Verarbeitung der Geschäfte und erzeugt die Schlussnote im Parketthandel bzw. die Geschäftsbestätigung im Xetra-Handel, die die Grundlage für die Dokumentation der Wertpapiergeschäfte der Handelsteilnehmer darstellt (vgl. Groß, Kapitalmarktrecht, § 2 c BörsG, Rn. 12 mit Fn. 46, sowie Schlüter, Börsenhandelsrecht, Abschnitt G, Rn. 1064).

513 Die Unsicherheit, die über den rechtlichen Standort dieser Systeme herrscht und die z.B. hinsichtlich der Möglichkeit, grundsätzlich selbst das Geschäft mit ihnen betreiben zu können und aufgrund privatrechtlicher Vereinbarungen Entgelte ohne öffentlichrechtliche Bindungen zu verlangen, durchaus von großer Tragweite ist, lässt sich anhand sich widersprechender Aussagen dazu in der Literatur belegen. Schäfer/Peterhoff, WpHG u.a., § 5 BörsG, Rn. 23, ordnet die für diese Systeme zu entrichtenden Entgelte als öffentlichrechtliche Gebühren ein, während Schlüter, Börsenhandelsrecht, Abschnitt G, Rn. 269, davon spricht, dass die Bereitstellung der Systeme „zumindest teilweise" über den Rahmen der öffentlichrechtlichen Betriebspflicht hinausgehe und es sich um privatrechtliche Dienstleistungsangebote handele. So auch Breitkreuz, Die Ordnung der Börse, S. 52, und wohl auch Beck, WM 1996, S. 2313 (2316).

514 So ausdrücklich Schlüter, Börsenhandelsrecht, Abschnitt G, Rn. 154.

515 Vgl. Beck, WM 1996, S. 2313 (2316); Kümpel/Hammen, WM 2000, Sonderbeil. 3, S. 10; Groß, Kapitalmarktrecht, § 2c BörsG, Rn. 1c.

146

Schaffung, die Organisationsstruktur und die Kompetenzen öffentlichrechtlicher Anstalten einer gesetzlichen Grundlage bedürfen[516]. Bewegt sich nun eine Anstalt des öffentlichen Rechts jenseits des durch Gesetz oder aufgrund eines Gesetzes bestimmten Aufgabenbereichs, sind ihre Rechtshandlungen nach der Ultra-vires-Lehre nichtig oder aber zumindest rechtswidrig[517]. Das bedeutet für die Anstalt Börse, dass ihre Geschäftsführung rechtmäßig nur das von ihrem Träger nach § 2 Abs. 2 S. 2 BörsG anfordern darf, was der Erfüllung ihrer durch Gesetz oder aufgrund eines Gesetzes festgelegten Aufgaben dient. Weiter kann demzufolge die Betriebspflicht des Trägers nicht reichen. Problematisch ist danach allerdings immer noch die exakte Bestimmung des gesetzlich oder satzungsmäßig vorgegebenen Aufgabenbereichs der Börse, mithin ihr Anstaltszweck. Zu kurz gegriffen ist jedenfalls das ausschließliche Abstellen auf die einschlägigen Vorschriften in den Börsordnungen[518], weil der Anstaltszweck in erster Linie durch den Gesetzgeber bestimmt wird, dessen Vorgaben aber nicht besonders präzise und deshalb für Konkretisierungen durch die Börsenordnungen offen sind[519]. Nachdem bereits anhand des BörsG ein materieller Börsenbegriff entwickelt wurde, wird man den Anstaltszweck dementsprechend in der Ermöglichung des *Handels* in fungiblen Gütern zwischen den Marktteilnehmern zu sehen haben[520]. Dagegen dient die Börse grundsätzlich[521] nicht der *Erfüllung* der aus den Handelsgeschäften resultierenden Liefer- und Zahlungsverpflichtungen[522]. Damit bleibt festzuhalten, dass als Grenze der Betriebspflicht des Trägers der auf die Ermöglichung des Börsenhandels gerichtete Anstaltszweck der Börse herangezogen werden kann.

---

516 Breuer, VVDStRL 44 (1986), S. 211 (235); König, WM 1995, S. 317; Hammen, WM 2001, S. 929 (939).

517 Vgl. zum Streitstand Wolff/Bachof/Stober, Verwaltungsrecht I, § 32, Rn. 9, und Ehlers, Die Lehre von der Teilrechtsfähigkeit juristischer Personen des öffentlichen Rechts und die Ultra-vires-Doktrin des öffentlichen Rechts, S. 17 ff.

518 Vgl. etwa § 1 Abs. 1 BörsO-FWB, wonach die FWB dem Abschluss von Handelsgeschäften in Wertpapieren etc. durch zur Feststellung des Börsenpreises zugelassene Unternehmen oder im elektronischen Handelssystem der Börse dient; ganz ähnlich bspw. § 1 BörsO der Börse Düsseldorf.

519 Schwark, WM 2000, S. 2517 (2529); ähnlich Hammen, WM 2001, S. 929 (939), der auf die lediglich abgeleitete Legitimation der Satzung zur Bestimmung des Aufgabenbereichs verweist, und Schlüter, Börsenhandelsrecht, Abschnitt G, Rn. 150, der auf den durch das BörsG gesetzten Rahmen hinweist.

520 So auch – ohne Bezug zum materiellen Börsenbegriff – Hammen, WM 2002, S. 2129 (2135); Schneider/Burgard, WM 2000, Sonderbeil. 3, S. 24 (40); Kümpel, Bank- und Kapitalmarktrecht, Rn. 17.704.

521 Problematisch sind insoweit die schon angesprochenen elektronischen Systeme zur *Abwicklung* der Börsengeschäfte, die zum Teil zum Standard heutiger Börsenveranstaltungen gezählt werden (vgl. Schwark, WM 2000, S. 2517 (2520)).

522 Kümpel, Bank- und Kapitalmarktrecht, Rn. 17.704.

Fraglich ist dann immer noch, ob aus der Betriebspflicht folgt, dass die Geschäftsführung der Börse ganz konkret bei ihrem Träger bestimmte Betriebsmittel anfordern oder ob sie lediglich einen grundsätzlichen Bedarf geltend machen kann, zu dessen Befriedigung dem Träger ein gewisser Spielraum in Form eines Auswahlrechts zwischen etwaigen Alternativen zusteht. Ausgeklammert bleiben kann in diesem Zusammenhang das Problem, ob mit der Betriebspflicht ein subjektiver Anspruch auf Erfüllung dieser Pflicht korrespondiert und wem er gegebenenfalls zusteht[523]. Denn unabhängig von welcher Seite die Erfüllung der Betriebspflicht geltend gemacht wird, stellt sich stets die Frage, was im Einzelnen verlangt und durchgesetzt werden kann. Klare Stellungnahmen zu diesem Themenkomplex finden sich in der Literatur nicht[524]. Vereinzelt stößt man jedoch auf Äußerungen, denen indirekt zu entnehmen ist, dass dem Träger ein gewisser Spielraum bei der Erfüllung seiner Betriebspflicht zustehen muss[525]. Diese Auf-

---

523 Einen aus der Betriebspflicht folgenden Ausstattungsanspruch der Börse, welcher deren Vermögen bilde, nehmen etwa Kümpel/Hammen, WM 2000, Sonderbeil. 3, S. 23, an; ob es sich wirklich um einen durch die Börse gegenüber dem Träger geltend zu machenden Anspruch im Sinne eines subjektiven Rechts handelt, bedürfte allerdings einer näheren Untersuchung (vgl. Bremer, JR 1957, S. 328 (329), der schon früh auf dieses Problem hingewiesen hat, sowie Dehlinger, Vertragliche Marktsegmentregulierung an Wertpapierbörsen, S. 72). Nicht von vornherein auszuschließen ist nämlich eine Parallele zur Anstaltslast bei Sparkassen, denen als Anstalten des öffentlichen Rechts von der h.M. kein eigener Anspruch gegenüber ihrem Träger zugebilligt wird. Vielmehr wird die Anstaltslast als objektiver Rechtssatz, deren Erfüllung durch die Staatsaufsicht nötigenfalls zu erzwingen sei, bzw. als Obliegenheit des Trägers angesehen (vgl. Gerick, Die Beteiligung der Sparkassen- und Giroverbände an den Landesbanken, S. 74 ff.; Rümker, Festschrift Stiefel, S. 607 (611 f.); Fett, Öffentlich-rechtliche Anstalten als abhängige Konzernunternehmen, S. 34; Scholl, JuS 1981, S. 88 (91); Siekmann, NWVwBl. 1993, S. 361 (366)). Nicht haltbar dürfte jedenfalls die Ansicht sein, die Börse könne gegenüber ihrem Träger den Anspruch auf Erfüllung der Betriebspflicht durch Verwaltungsakt konkretisieren und durchsetzen (so aber Breitkreuz, Die Ordnung der Börse, S. 152); vgl. ferner Lorenz, Die Wertpapierbörse und ihr Träger, S. 131 f., der einen Anspruch des Landes bejaht.

524 Das gilt auch für die Ausführungen von Christoph, ZBB 2005, S. 82 (85), der einerseits meint, dem Börsenbetreiber obliege die Entscheidung, „wie" er die Betriebspflicht erfüllen wolle, andererseits die Auffassung vertritt, der Börsenbetreiber könne bspw. auf die Bestimmung der verwendeten Systeme keinen Einfluss ausüben.

525 Schwark, WM 2000, S. 2517 (2521), der kurz darstellt, wie sich die streitige Frage (vgl. unter Fn. 577) nach einer Fach- oder Rechtsaufsicht über den Träger als Beliehenen faktisch auswirken könnte und bei der Annahme einer Rechtsaufsicht davon ausgeht, dass der Träger „z.B. bei der Wahl und Ausgestaltung elektronischer Handelssysteme oder der Auswahl des Personals, das er der Börse zur Verfügung stellt, freier" sei als bei Vorliegen einer Fachaufsicht. Eine größere Freiheit bei Auswahl und Ausgestaltung setzt das Bestehen eines gewissen Maßes an Freiheit aber not-

fassung verdient Zustimmung. Das lässt sich zunächst mit dem Wortlaut des § 1 Abs. 2 BörsG begründen, der mit den unbestimmten Rechtsbegriffen „angemessen" und „erforderlich" Raum dafür bietet, die Interessen des Trägers bei der inhaltlichen Bestimmung der Betriebspflicht zu berücksichtigen. Fordert bspw. die Geschäftsführung ein ganz bestimmtes Handelssystem, obwohl mehrere gleichwertige Systeme auf dem Markt sind und der Börsenträger eines dieser Systeme günstiger erwerben kann, wird die Erforderlichkeit des von der Geschäftsführung angeforderten Systems zum Börsenbetrieb zu verneinen sein, so dass dem Börsenträger hier ein Wahlrecht zusteht.

Ein gewisser Spielraum entspricht überdies dem nachvollziehbaren Interesse des Börsenträgers und dem Ziel der dualen Börsenstruktur. Das Zusammenspiel zwischen Börse und Träger als Beispiel für eine „public private partnership"[526, 527] soll ja u.a. erreichen, dass der Träger sein Know-how beim wirtschaftlichen Management der Börse einsetzt[528] und diese damit im internationalen Wettbewerb der Börsenplätze mithalten kann[529]. Deshalb und weil der Träger das volle wirtschaftliche Risiko trägt, ist es bedenklich, ihm jeglichen Spielraum bei der Ausfüllung seiner Betriebspflicht versagen zu wollen. Dies wird im Grundsatz auch anerkannt, wenn de lege ferenda ein größeres Mitspracherecht des Betriebsmittelgebers auf die geschäftlichen Entscheidungen der Börse gefordert wird[530].

---

wendigerweise voraus, so dass dieser Aussage die Befürwortung eines *Ausfüllungsspielraums* entnommen werden kann; für einen Spielraum des Börsenträgers tritt – trotz der Unklarheiten in seinen Ausführungen (vgl. Fn. 524) – Christoph, ZBB 2005, S. 82 (85), ein, wenn er das „wie" der Erfüllung der Betriebspflicht seiner Entscheidung überlassen will.

526 Schneider/Burgard, WM 2000, Sonderbeil. 3, S. 24 (26); Blumentritt, Die privatrechtlich organisierte Börse, S. 8 ff.; Kümpel/Hammen, Börsenrecht, S. 101.

527 Vgl. zum Begriff „public private partnership" allgemein Burgi, Funktionale Privatisierung und Verwaltungshilfe, S. 98 f. m.w.Nachw.; der von der juristischen Wert dieses Begriffs allerdings anzweifelt, weil er ihn als Sammelkategorie für eine Vielzahl verschiedener Formen der Zusammenarbeit von öffentlicher Hand und Akteuren aus dem privaten Sektor ansieht.

528 Vgl. Kümpel/Hammen, Börsenrecht, S. 123; Schneider/Burgard, WM 2000, Sonderbeil. 3, S. 24 (27).

529 Laule, Festschrift Heinsius, S. 437 (448), der deshalb schon 1991 die Forderung nach „größerer Beweglichkeit" für das Management der FWB durch den Träger – damals noch die IHK Frankfurt a.M. – stellte.

530 So Hammen, AG 2001, S. 549 (557); Kümpel/Hammen, Börsenrecht, S. 117 f.

II. Einbettung des Zentralen Kontrahenten in die börslichen Grundstrukturen

1. Kompetenz zur Entscheidung über die Einführung eines Zentralen Kontrahenten

Seit dem Berliner Börsenstreit gehört es zu den stets wiederholten, unumstößlich erscheinenden Erkenntnissen des Börsenrechts, dass der Träger auf die inneren Angelegenheiten der Börse keinen Einfluss nehmen darf[531]. Obwohl dieses Dogma faktisch nicht zutrifft[532], so ist doch jedenfalls bei der Ermittlung von rechtlichen Kompetenzen der durch das Gesetz vorgegebene Rahmen, welcher der Börse ein Selbstverwaltungsrecht einräumt[533], zu respektieren. Die damit einhergehende Organisationshoheit[534] über die inneren Börsenangelegenheiten schließt es danach aus, dass der Träger ohne jede Mitwirkung der Börse, bspw. über entsprechende Klauseln in den für die Teilnahme am elektronischen Handel nach § 18 Abs. 1 Nr. 5 BörsO-FWB mit ihm abzuschließenden Anschlussverträgen, den Handel über einen Zentralen Kontrahenten einführt. Denn die Einschaltung eines Zentralen Kontrahenten betrifft eindeutig den unmittelbaren Bereich des Börsenhandels als Marktveranstaltung, dessen Durchführung und Organisation Aufgabe der Börse ist[535]. In diesem Fall lässt sich sogar die Zuständigkeit des Börsenrats durch das BörsG belegen. Zwar wird es angesichts der enumerativen Aufzählung in § 13 Abs. 2 BörsG, die keine zwingenden Regelungen über Handelspartner oder den Geschäftsabschluss an der Börse für die Börsenordnung vorsieht, nicht erforderlich sein, genauere Bestimmungen über einen Zentralen Kontrahenten in die Börsenordnung aufzunehmen, wie dies in § 16 a und insbesondere in § 92 Abs. 3 BörsO-FWB geschehen ist. Nichtsdestotrotz hat sich der Börsenrat schon nach den Vorgaben des BörsG mit der Einführung eines Zentralen Kontrahenten zu befassen, da ihm gem. § 9 Abs. 2 S. 1 Nr. 5 BörsG der Erlass der Bedingungen für die Geschäfte an der Börse[536] obliegt und die Einschaltung eines Dritten, nämlich des Zentralen Kontrahenten, in den Vertragsschluss zweifellos eine wichtige Geschäftsbedingung darstellt. Nur weil der Zentrale

---

531 Vgl. nur Kümpel/Hammen, Börsenrecht, S. 122; Schlüter, Börsenhandelsrecht, Abschnitt G, Rn. 153; Spindler, WM 2001, S. 1689 (1696); so auch schon Göppert, Das Recht der Börsen, S. 91.

532 Vgl. S. 138 ff.

533 Vgl. Schwark, BörsG, Einl., Rn. 24 u. § 1, Rn. 45; Schlüter, Börsenhandelsrecht, Abschnitt G, Rn. 153.

534 Diesen Begriff gebraucht der Gesetzgeber in der Begr. RegE 4. FFG, BT-Drs. 14/8017, S. 76.

535 Vgl. Kümpel/Hammen, Börsenrecht, S. 92 f.

536 Einen Überblick über die umstrittene Rechtsnatur dieser sog. Börsenusancen bietet Breitkreuz, Die Ordnung der Börse, S. 132.

Kontrahent bereits in der BörsO-FWB verankert ist, reicht der Verweis in § 11 Abs. 1 S. 2 der Bedingungen für Geschäfte an der FWB[537] (GB-FWB) auf § 92 Abs. 3 BörsO-FWB aus. Nicht weiter vertieft werden soll an dieser Stelle, ob der Börsenrat der FWB seiner ihm gesetzlich obliegenden Regelungsaufgabe im Hinblick auf die Börsengeschäftsbedingungen tatsächlich in vollem Umfange gerecht wird, wenn er in §§ 16 Abs. 1, 29 S. 2, 31 Abs. 2, 40 Abs. 2 S. 4 der GB-FWB auf die CB-Eurex verweist, was durchaus zweifelhaft erscheint, da damit eine dynamische Verweisung[538] auf die Geschäftsbedingungen einer an den Geschäftsabschlüssen unmittelbar beteiligten Partei erfolgt.

Jedenfalls wird schon aus dem gesetzlichen Auftrag zum Erlass der Börsenbedingungen deutlich, dass die Entscheidung über die Errichtung und den Betrieb eines Zentralen Kontrahenten Sache des Börsenrats ist. Dieses Ergebnis wird bestätigt durch die Regelung in § 9 Abs. 2 S. 2 BörsG, die für Entscheidungen „über die Einführung von technischen Systemen, die dem Handel oder der Abwicklung von Börsengeschäften dienen", die Zustimmungspflicht des Börsenrats vorsieht. Dass diese Bestimmung bei der Entscheidung über die Einführung eines Zentralen Kontrahenten zumindest in analoger Anwendung eingreift, dürfte unbestreitbar sein[539].

Somit folgt aus mehreren börsenrechtlichen Vorschriften die Kompetenz des Börsenrats als Organ der Börse, über die Einführung eines Zentralen Kontrahenten zu entscheiden.

---

537 Abgedruckt in Kümpel/Hammen/Ekkenga, Kz. 450.

538 Vgl. zur grundsätzlichen Problematik der dynamischen Verweisung ausführlich S. 233 ff. sowie Sachs, NJW 1981, S. 1651 ff., der unter Hinweis auf die h.M. im Schrifttum (aaO., S. 1651 mit Fn. 21) eine Verweisung auf Regeln Privater für unzulässig erklärt. Ob sich bereits daraus die Rechtswidrigkeit des Vorgehens der Börse ergibt, dürfte jedoch entscheidend von der Einordnung der Börsenusancen als Allgemeine Geschäftsbedingungen, Satzungsrecht oder dem öffentlichen Recht zugehörige Rechtssätze sui generis abhängen; vgl. dazu Breitkreuz, Die Ordnung der Börse, S. 132 ff.

539 In Betracht kommt eine lediglich analoge Anwendung des § 9 Abs. 2 S. 2 BörsG, weil zweifelhaft ist, ob es sich bei dem Zentralen Kontrahenten um ein „technisches System" i.S. der Norm handelt. Zwar werden sicher bestimmte technische Voraussetzungen für die Nutzung des Clearing-Systems mit Zentralem Kontrahenten zu erfüllen sein, doch ist die Einführung weniger eine technische als vielmehr eine grundsätzliche Frage der Börsenhandelsorganisation. Dass solche wichtigen Entscheidungen nur durch Beschluss des Börsenrats gefällt werden sollen, ergibt sich gleichwohl aus den Gesetzesbegründungen, wo das Tatbestandsmerkmal „technisch" nicht erwähnt, sondern auf die Bedeutung von Handels- und Abwicklungssystemen für alle Börsenbesucher abgestellt wird (vgl. Begr. RegE 2. FFG, BT-Drs. 12/6679, S. 63).

2. Auswahl und Auftraggeber des Zentralen Kontrahenten

Zwar ist dargelegt worden, dass die Börse ein teilrechtsfähiges Rechtssubjekt ist, doch ist damit noch keine Klarheit darüber erlangt worden, ob sie selbst den Auftrag für die Installation und den Betrieb des Zentralen Kontrahenten geben kann oder ob dies einer anderen Einrichtung, eventuell dem Träger oder gar der Börsenaufsichtsbehörde, obliegt. Es liegt nahe, das Recht hierzu induktiv aus den börsenrechtlichen Normen zu ermitteln[540]. Da sich jedoch im BörsG offensichtlich keine Bestimmung finden lässt, die sich in diesem Zusammenhang unmittelbar mit dem Zentralen Kontrahenten befasst, muss versucht werden, aus den Grundstrukturen eine sachgerechte Lösung zu entwickeln. Sollte sich herausstellen, dass der Träger einer Börse wegen der ihn treffenden Betriebspflicht den Zentralen Kontrahenten stellen muss, dann spräche nach den vorstehend gefundenen Ergebnissen zum Verhältnis von Börse und ihrem Träger vieles gegen eine Teilrechtsfähigkeit im Hinblick auf die Auftraggeberrolle für den Zentralen Kontrahenten.

a) Betriebspflicht des Trägers für den Zentralen Kontrahenten

Es soll hier nicht um die Frage gehen, ob die Implementierung eines Zentralen Kontrahenten in Ausführung der Betriebspflicht dem Börsenträger wirtschaftlich zuzumuten ist[541], sondern vielmehr darum, ob bereits strukturelle Gründe einer Erstreckung der Betriebspflicht des Börsenträgers auf die Errichtung und den Betrieb eines Zentralen Kontrahenten entgegenstehen. Bei der Beantwortung dieser Frage kann die Heranziehung anderer Konstellationen, bei denen Betriebspflichten anzutreffen sind, kaum hilfreich sein, da die Börsenstruktur mit dem beliehenen Privatrechtssubjekt als Träger einer öffentlichrechtlichen Anstalt so speziell und einzigartig ist, dass jeder Vergleich hinken müsste. Es gibt zwar zahlreiche andere Beispiele für Betriebspflichten, die Private treffen[542] und die teilweise auf eine Kooperation mit öffentlichen Stellen zurückgehen[543], doch weisen sie nicht

---

540 Vgl. v. Olenhusen, Börsen und Kartellrecht, S. 77 f.; Fabricius, Relativität der Rechtsfähigkeit, S. 52 u. 111.

541 Vgl. grundsätzlich zur Frage der wirtschaftlichen Zumutbarkeit Lorenz, Die Wertpapierbörse und ihr Träger, S. 89 ff.

542 Vgl. z.B. §§ 21 Abs. 1 PersonenbeförderungsG (in der Fassung der Bekanntmachung v. 8.08.1990, BGBl. I, S. 1690), 69 Abs. 2 GewO (in der Fassung der Bekanntmachung v. 22.02.1999, BGBl. I, S. 202), 9 KrW-/AbfG (v. 27.09.1994, BGBl. I, S. 2705), 45 Abs. 1 LuftVZO (in der Fassung der Bekanntmachung v. 27.03.1999, BGBl. I, S. 610).

543 So als aktuelles Beispiel § 1 FStrPrivFinG (in der Fassung der Bekanntmachung vom 20.01.2003, BGBl. I, S. 98), wonach Privaten der Bau, die Erhaltung, der Be-

die enge faktische Verzahnung einerseits und rechtliche Trennung andererseits zwischen dem Betriebspflichtigen und der von der Betriebspflicht profitierenden Einrichtung auf, die eine Kompetenzabgrenzung so erforderlich und zugleich so schwierig erscheinen lassen. Deshalb muss die Problematik aus dem Börsenrecht selbst heraus entwickelt werden.

aa) Betriebspflicht zur Bereitstellung einer zentralen Vertragspartei

Obgleich feststeht, dass die Entscheidung über die Einführung eines Zentralen Kontrahenten der Börse, genauer dem Börsenrat, zusteht, ist damit noch nicht vorgegeben, dass die Börse auch das Recht zur Auswahl und Beauftragung eines konkreten Zentralen Kontrahenten besitzt. Vielmehr könnte hier ebenso an eine Aufgabenteilung zwischen Börse und ihrem Träger gedacht werden wie bei der Entscheidung über ein elektronisches Handelssystem und über die Bereitstellung eines solchen Systems. Während ersteres ausweislich der §§ 9 Abs. 2 S. 2, 13 Abs. 2 Nr. 3 BörsG in den Kompetenzbereich der Börse fällt[544], ist letzteres Aufgabe des Trägers[545].

Gegen diese Aufgabenteilung in Bezug auf den Zentralen Kontrahenten könnte allerdings die bisherige Anschauung sprechen, wonach der Börsenträger lediglich den Rahmen für den Börsenhandel zur Verfügung stellt, er in den Handel jedoch nicht eingreift und diesbezüglich auch keine Leistungsbeziehungen zwischen dem Träger und den Börsenbenutzern bestehen[546]. Dass dies nicht uneingeschränkt gilt, zeigt sich jedoch schon an den privatrechtlichen Xetra-An-

---

trieb und die Finanzierung von Bundesfernstraßen zur Ausführung übertragen werden können (vgl. dazu Reidt, NVwZ 1996, S. 1156 ff., sowie Keppel, Public Private Partnership, S. 149 ff., der das Betreibermodell nach dem FStrPrivFinG ausführlich darstellt) oder § 16 Abs. 2 KrW-/AbfG (vgl. zu letzterem Kahl, DVBl. 1995, S. 1327 ff.).

544 Mit der Zustimmungspflichtigkeit gem. § 9 Abs. 2 S. 2 BörsG soll der Bedeutung der Einführung von elektronischen Handels- und Abwicklungssystemen Rechnung getragen werden (Groß, Kapitalmarktrecht, § 3 b BörsG, Rn. 3; Schlüter, Börsenhandelsrecht, Abschnitt G, Rn. 192). Mit dem Begriff „Handelsarten" i.S.d. § 13 Abs. 2 Nr. 3 BörsG sind die beiden Handelsformen des elektronischen Handels und des Präsenzhandels gemeint (Beck, BKR 2002, S. 699 (701 mit Fn. 22), der sich auf die Begr. RegE 4. FFG, BT-Drs. 14/8017, S. 74, bezieht).

545 Groß, Kapitalmarktrecht, § 2 c BörsG, Rn. 1c; Schwark, WM 2000, S. 2517 (2520).

546 Vgl. Kümpel/Hammen, Börsenrecht, S. 90 u. 124 f.; Beck, WM 1996, S. 2313 (2315); Breitkreuz, Die Ordnung der Börse, S. 50 ff.; Bremer, Grundzüge des Börsenrechts, S. 56; Huber, Wirtschaftsverwaltungsrecht, S. 626; v. Olenhusen, Börsen und Kartellrecht, S. 83; Mues, Die Börse als Unternehmen, S. 85.

schlussverträgen[547], die zwischen der Deutschen Börse AG als Träger der FWB und den zum Börsenbesuch zugelassenen Handelsteilnehmern geschlossen werden und die gegen ein in der Gebührenordnung nicht erwähntes Entgelt die Nutzung des von ihr betriebenen elektronischen Handelssystems gestatten[548]. Wenn auch in diesem Bereich vieles unklar bleibt, was nicht zuletzt auf die fehlende Konkretisierung der Betriebspflicht in § 1 Abs. 2 BörsG zurückzuführen ist, so zeigt sich immerhin, dass es kein Novum im Börsenrecht wäre, den Träger im Rahmen seiner Aufgaben aufgrund der Betriebspflicht, also nicht im Zuge seiner sonstigen erwerbswirtschaftlichen Betätigung, in Rechtsbeziehungen zu den Börsenbenutzern treten zu lassen. Zuzugeben ist dennoch, dass es eine beträchtliche Weiterentwicklung des bisherigen Status des Börsenträgers darstellte, ihn aufgrund seiner Betriebspflicht zum Vertragspartner aller an der Börse geschlossenen Geschäfte zu machen.

Nun ist allerdings zu bedenken, dass weder bei der FWB noch bei der Eurex Deutschland der jeweilige Träger selbst den Zentralen Kontrahenten bildet, sondern dass diese Funktion von der Eurex Clearing AG ausgeübt wird. Dies lenkt den Blick darauf, dass mit der Betriebspflicht des Trägers nicht zwingend die Verpflichtung einhergehen muss, die für den Börsenbetrieb erforderlichen sachlichen oder personellen Mittel in persona zur Verfügung zu stellen. Vielmehr besteht für den Träger die Möglichkeit, Funktionen und Tätigkeiten, auf die sich seine Betriebspflicht erstreckt, auf andere Unternehmen auszulagern. Diese gängige Praxis der Börsenträger[549] wurde mit der an § 25 a Abs. 2 KWG[550] und an

---

547 Kümpel/Hammen, Börsenrecht, S. 125, bezeichnen dies als „Sonderfall" des rechtlichen Kontakts zwischen Börsenträger und Börsenbenutzern; ähnlich schon Beck, WM 1996, S. 2313 (2315 mit Fn. 33), der von Anschlussverträgen als „Ausnahme" spricht.

548 Vgl. Mues, Die Börse als Unternehmen, S. 83 f., der mit beachtlichen Argumenten die von der h.M. angenommene Zulässigkeit der Forderung privatrechtlicher Entgelte neben den in der jeweiligen Gebührenordnung vorgesehenen Gebühren in Abrede stellt. Soweit ersichtlich war er bis vor kurzem neben v. Olenhusen, Börsen und Kartellrecht, S. 35, der einzige Vertreter im Schrifttum, der den Abschluss (verwaltungs-) privatrechtlicher Verträge, die im Zusammenhang mit einem Gegenstand des Gebührenkatalogs nach § 14 BörsG stehen, in Zweifel zieht; nunmehr ebenfalls kritisch Schwark/Schwark, KMR, § 14 BörsG, Rn. 7 f.

549 Vgl. die schriftliche Stellungnahme der Geschäftsführung der Baden-Württembergischen Wertpapierbörse, B I 2, sowie die gemeinsame Stellungnahme der Wertpapierbörsen Hamburg und Hannover, 1.2, zum 4. FFG im Rahmen der öffentlichen Anhörung dazu.

550 Vgl. zu dessen inhaltlicher Konkretisierung das Rundschreiben 11/2001 vom 6.12.2001 – I3-272 A-2/89 – des BAKred (heute BaFin), abgedruckt in ZBB 2001, S. 66 ff.

§ 33 Abs. 2 WpHG[551] orientierten Neufassung des § 1 Abs. 3 BörsG durch das 4. FFG[552] grundsätzlich anerkannt, aber an bestimmte Voraussetzungen geknüpft[553].

Wegen der Möglichkeit zum Outsourcing könnte nun argumentiert werden, es handele sich bei der Frage nach der Zulässigkeit der Einschaltung des Börsenträgers als Zentraler Kontrahent in den Vertragsschluss an der Börse nur um ein Scheinproblem, weil es in der Praxis gar nicht zu der Einschaltung des Börsenträgers komme, sondern Dritte die Funktion des Zentralen Kontrahenten übernähmen. Mit dieser Argumentation würde jedoch das Regel-Ausnahme-Verhältnis von Selbstausführung und Outsourcing verkannt und damit ein falscher Ansatz zur Bestimmung der Betriebspflicht gewählt. Denn grundsätzlich trifft den Börsenträger die Betriebspflicht, der sie demzufolge zu erfüllen hat. Erst in einem zweiten Schritt kann der Börsenträger im Rahmen seiner Unternehmensfreiheit darüber entscheiden, ob er bestimmte Funktionen aus seinem Unternehmen ausgliedert und durch ein anderes Unternehmen ausführen lässt[554]. Diese Stufenfolge entspricht zum einen dem allgemeinen Verständnis von Outsourcing[555] und lässt sich zum anderen aus dem Gesetz entnehmen, das in §§ 1 Abs. 3, 9 Abs. 2 S. 4 BörsG die Auslagerung der für den Börsenbetrieb wesentlichen Funktionen und Tätigkeiten unter anderem davon abhängig macht, dass weder der ordnungsgemäße Handel an der Börse und die Börsengeschäftsabwicklung noch die Aufsicht über die Börse beeinträchtigt werden. Das Gesetz geht also davon aus, dass ein Outsourcing unter rechtlichen Aspekten die Ausnahme darstellt[556]. Das be-

---

551 Gesetz über den Wertpapierhandel vom 26.07.1994 (BGBl. I, S. 1749) in der Neufassung durch die Bekanntmachung vom 9.09.1998 (BGBl. I, S. 2708), zuletzt geändert durch Art. 10 a des Gesetzes vom 22.05.2005 (BGBl. I, S. 1373).

552 Die Aufnahme der entsprechenden Regelung geschah auf Anregung des Bundesrats, der sogar eine Genehmigung durch die Börsenaufsichtsbehörde für Auslagerungen forderte (vgl. Stellungnahme BR zum RegE 4. FFG, BT-Drs. 14/8017, S. 146).

553 Vgl. Beck, BKR 2002, S. 662 (666 f.), der gegen die neue Vorschrift inhaltliche und systematische Bedenken geltend macht.

554 In diesem Sinne auch Koller in Assmann/Schneider², § 33, Rn. 40, in Bezug auf § 33 Abs. 2 WpHG, der ebenfalls an § 25 a KWG angelehnt ist.

555 Vgl. Zerwas/Hanten/Bühr, ZBB 2002, S. 17 (18 u. 20).

556 Das wird schließlich dadurch bestätigt, dass nach dem Rundschreiben (abgedruckt in ZBB 2001, S. 66 ff.) des BAKred (heute BaFin) 11/2001, Anm. 13, für Outsourcing-Maßnahmen nach § 25 a Abs. 2 KWG, an den sich der Gesetzgeber bei Schaffung des § 1 Abs. 3 BörsG angelehnt hat (vgl. Stellungnahme BR zum RegE 4. FFG, BT-Drs. 14/8017, S. 146), sogar eine Grenze zu ziehen ist, so dass „zentrale Leitungsfunktionen" nicht auslagerungsfähig sein sollen. Diese Auffassung hat zwar Kritik erfahren (vgl. z.B. Lensdorf/Schneider, WM 2002, S. 1949 (1952 f.), doch ist sie angesichts der vergleichbaren Sachlage zu berücksichtigen, wenn zu beurteilen ist, welche Funktionen der Börsenträger auslagern darf (vgl. dazu S. 170 f.).

deutet im Ergebnis, dass die Möglichkeit zur Auslagerung die Betriebspflichten des Börsenträgers nicht erweitern kann und demnach hinsichtlich der Frage, ob die Funktion des Zentralen Kontrahenten unter die Betriebspflicht fällt, nicht weiterführend ist.

Zur Klärung dieses Problems könnte hingegen der durch das 4. FFG neu gefasste § 1 Abs. 2 S. 2 BörsG beitragen, der die Betriebspflicht auch auf die „angemessene Fortentwicklung des Börsenbetriebs" erstreckt. Wenn nun die Börse im Rahmen ihrer Organisationshoheit den Entschluss fasst, in Zukunft den Handel an der Börse über einen Zentralen Kontrahenten durchzuführen, dann stellt das sicherlich eine „Fortentwicklung" des Börsenbetriebs dar. Ob es sich dabei um eine „angemessene" Fortentwicklung handelt, bedarf allerdings angesichts der schon beschriebenen bisherigen Beschränkung des Börsenträgers auf das wirtschaftliche Management der Börse einschließlich der Bereitstellung der für den Börsenbetrieb notwendigen Infrastruktur einer besonderen Begründung. Die Gesetzesmaterialien zum 4. FFG geben insoweit kaum eine Hilfestellung, da dort lediglich darauf verwiesen wird, dass sich Art und Umfang der Betriebspflicht an den konkreten Anforderungen der einzelnen Börsen zu orientieren hätten, was insbesondere für den Einsatz von elektronischen Handelssystemen und „Hilfseinrichtungen" gelte[557]. Von der Möglichkeit einer Einbeziehung des Börsenträgers in den Vertragsschluss oder der Pflicht, eine dritte Partei mit der Aufgabe des Zentralen Kontrahenten zu beauftragen, ist hier ebenso wenig die Rede wie von einer grundsätzlichen Änderung des Status des Börsenträgers. Andererseits ist nicht zu verkennen, dass Aktiengeschäfte über einen Zentralen Kontrahenten für Europa schon als „globaler Trend"[558] oder gar als „Usus"[559] bezeichnet werden können[560]. So tritt bspw. an der LSE oder an der Euronext als den schärfsten europäischen Konkurrenten der FWB ein Zentraler Kontrahent als Vertragspartner auf[561], so dass das Argument, zu einer international wettbewerbsfähigen Börse gehöre ein Zentraler Kontrahent, in der Tat nicht fern liegt. Bedenkt man ferner, dass ein Zentraler Kontrahent zwar Vertragspartner der an der Börse abgeschlossenen Geschäfte wird, doch kein Absatzrisiko zu tragen hat und wegen der Stel-

---

557 Begr. RegE 4. FFG, BT-Drs. 14/8017, S. 72.

558 Brodella/Deusinger, Börsen-Zeitung vom 16.08.2002, S. 3.

559 So die Börsen-Zeitung vom 30.11.2002, S. 3, und vom 27.03.2003, S. 3.

560 Eine Übersicht, aus der sich für europäische Wertpapiermärkte die Teilnahme eines Zentralen Kontrahenten am Wertpapierhandel entnehmen lässt, findet sich z.B. bei ECB, Governance of securities clearing and settlement systems, S. 37, sowie – nicht ganz so aktuell – bei Lattemann/Neumann, ZfgKW 2002, S. 1159 (1160), oder bei Giovannini-Group, 1. Giovannini Report, Table 1, S. 32 ff.

561 Jaskulla, ZEuS 2004, S. 497 (508); vgl. zu den dortigen Systemen im Überblick Pagnozzi/Westerberg, Börsen-Zeitung v. 29.06.2002, S. 3.

lung von Sicherheiten durch die CM auch nur ein äußerst geringes wirtschaftliches Ausfallrisiko seiner Vertragspartner besteht[562], so mutet die Änderung der Stellung des Börsenträgers bei weitem nicht mehr so grundlegend an, wie es auf den ersten Blick erscheint.

Demzufolge können gewichtige Argumente für die Befugnis und Verpflichtung des Börsenträgers, einen Zentralen Kontrahenten zu stellen bzw. zu beauftragen, ins Feld geführt werden.

bb) Betriebspflicht bzgl. der zusätzlichen Leistungen eines Zentralen Kontrahenten

Die bisherigen Ausführungen haben gezeigt, dass der Zentrale Kontrahent oft nicht nur als zwischengeschaltete Vertragspartei fungiert, sondern darüber hinaus weitere Tätigkeiten ausübt[563]. So stellt die Eurex Clearing AG als Zentraler Kontrahent an der FWB für die dortigen Geschäfte die Zahlungs- und Lieferverpflichtungen fest und verrechnet dabei gegenläufige Lieferverpflichtungen zu einem Saldo. Dass der Zentrale Kontrahent damit eine Schnittstelle zwischen Börsenhandel und Börsengeschäftsabwicklung darstellt, konnte bereits aufgezeigt werden. Wegen des Hineinreichens der Funktionalität des Zentralen Kontrahenten in die Abwicklungsphase hinein stellt sich nun die Frage, ob Bedenken gegen die Erstreckung der Betriebspflicht auf das sog. Clearing bestehen. Denn bei der Beleuchtung des grundsätzlichen Rahmens der Betriebspflicht konnte festgestellt werden, dass der Anstaltszweck der Betriebspflicht eine äußere Grenze setzt. Wenn aber der Anstaltszweck einer Börse, wie er im BörsG vorgegeben und durch die jeweiligen Börsenordnungen konkretisiert wird, in der Ermöglichung des Börsenhandels liegt, dann ist zumindest nicht ohne weiteres einzusehen, warum die dem Handel folgende Clearing-Phase, die mit der Aufrechnung nach §§ 387 ff. BGB zum teilweisen Erlöschen von Leistungsansprüchen aus den Börsengeschäften führt[564], noch vom Anstaltszweck erfasst sein soll. Insofern könnte eine Parallele zu der Funktion der Clearstream Banking AG[565] gezogen werden,

---

562 Vgl. dazu Rögele, Börsen-Zeitung vom 13.07.2002, S. 3, die kritisch anmerkt, dass das Kontrahentenrisiko „sozialisiert" werde, weil beim Ausfall eines Handelsteilnehmers, wenn dessen Sicherheiten nicht ausreichten, die anderen Clearingmitglieder mit ihren Clearing-Fondseinlagen hafteten, die gegebenenfalls dann wieder aufzufüllen seien.

563 Es wird zu Recht darauf hingewiesen, dass dies nicht zwangsläufig der Fall sein muss (vgl. nur Jaskulla, ZEuS 2004, S. 497 (506)).

564 Vgl. dazu S. 342 ff.

565 Es handelt sich bei der Clearstream Banking AG um eine Tochtergesellschaft der Clearstream International S.A. nach luxemburgischem Recht, an der die Deutschen Börse AG wiederum 100 % hält (Kümpel/Hammen, Börsenrecht, S. 181 f.).

die als mittlerweile einzige inländische Wertpapiersammelbank die wertpapiermäßige Regulierung der Börsengeschäfte durch entsprechende Umbuchungen auf den Wertpapierkonten vornimmt und welche die geldmäßige Regulierung dadurch bewirkt, dass sie die Landeszentralbanken, bei denen die Handelsteilnehmer Konten unterhalten, veranlasst, entsprechende Buchungen vorzunehmen[566]. Bei diesen Leistungen soll es sich wegen des auf den Vertragsabschluss und nicht auf die Vertragserfüllung gerichteten Anstaltszwecks der Börse nicht um deren Leistungen handeln[567]. Soweit ersichtlich ist bisher auch noch nicht vertreten worden, dass die Organisation der Erfüllung der Börsengeschäfte unter die Betriebspflicht fällt. Dagegen dürfte neben dem Argument des begrenzten Anstaltszwecks ferner die Existenz und der Inhalt des DepotG[568] sprechen, da dort die Verwahrung von Wertpapieren und Einzelheiten hinsichtlich ihrer Übertragung gesondert geregelt werden[569], ohne dass Börsen oder ihre Träger in irgendeiner Form Berücksichtigung finden. Demzufolge liegt es nahe, börsliche Geschäftsabschlüsse und deren dingliche Erfüllung als getrennte Bereiche mit unterschiedlichen Zuständigkeiten zu beurteilen[570].

Allerdings besteht für das Clearing kein Gesetz, aus dem Rückschlüsse auf eine Abgrenzung zu Börsenleistungen gezogen werden könnten, so dass ein Vergleich zu den Leistungen der Clearstream Banking AG nicht richtig passt. Vielmehr könnte erwogen werden, das Clearing als Hilfstätigkeit zu der Haupttätigkeit der Börse, der Durchführung des Börsenhandels, anzusehen. Es wird nämlich

---

566 Vgl. dazu näher Kümpel, Bank- und Kapitalmarktrecht, Rn. 10.285 f.; Schlüter, Börsenhandelsrecht, Abschnitt G, Rn. 1068 ff.; Lenenbach, Kapitalmarkt- und Börsenrecht, Rn. 5.42 ff.

567 Kümpel, Bank- und Kapitalmarktrecht, Rn. 17.704; Kümpel/Hammen, Börsenrecht, S. 181 f.; vgl. ferner v. Olenhusen, Börsen und Kartellrecht, S. 42, der zwar auf den „unmittelbaren, sachlichen Zusammenhang mit der Börse" verweist, die Leistungen aber dennoch nicht der Börse zurechnet.

568 Gesetz über die Verwahrung und Anschaffung von Wertpapieren (DepotG) v. 4.2.1937 (RGBl. I, S. 171) in der Bekanntmachung der Neufassung v. 11.01.1995 (BGBl. I, S. 34), zuletzt geändert durch Art. 4 des Gesetzes zur Umsetzung der RL 2002/47/EG über Finanzsicherheiten und zur Änderung des HypothekenbankG und anderer Gesetze vom 5.04.2004 (BGBl. I, S. 502), abgedruckt in Kümpel/Hammen/ Ekkenga, Kz. 310.

569 Vgl. zum Depotgeschäft Lenenbach, Kapitalmarkt- und Börsenrecht, Rn. 5.2 ff., sowie Kümpel, Bank- und Kapitalmarktrecht, Rn. 11.1 ff.

570 Dies lässt sich durch die gesetzgeberischen Vorstellungen zum Aufsichtsrecht untermauern. So soll nach der Begr. RegE 2. FFG, BT-Drs. 12/6679, S. 59, von § 1 Abs. 2 BörsG a.F. (§ 1 Abs. 4 BörsG n.F.) nicht das dingliche Geschäft, nämlich die Abwicklung durch den Deutschen Kassenverein als Vorläufer der heute dafür zuständigen Clearstream Banking, erfasst werden (vgl. dazu Kümpel, Bank- und Kapitalmarktrecht, Rn. 11.471 ff.).

zu Recht darauf hingewiesen, dass die Zulässigkeit von Hilfstätigkeiten dem Börsenrecht nicht fremd ist[571]. Es wird sogar in Betracht gezogen, der Börse im Rahmen einer zu beobachtenden Tendenz, hochreglementierten Spezialeinrichtungen bei der Vornahme von Hilfstätigkeiten größere Freiheiten einzuräumen, Auxiliartätigkeiten über die im BörsG ausdrücklich aufgeführten Fälle hinaus zu gestatten, obwohl eine öffentlichrechtliche Einrichtung grundsätzlich nur diejenigen Hilfstätigkeiten vornehmen darf, die ihr gesetzlich gestattet sind[572]. So weit muss jedoch gar nicht gegangen werden, wenn sich dem BörsG ein Indiz für die Zulässigkeit von Hilfstätigkeiten der Börse im Bereich des Clearing bzw. für die diesbezügliche Betriebspflicht des Trägers entnehmen lässt. Ein derartiger Hinweis könnte in der schon angesprochenen Regelung in § 1 Abs. 3 S. 1 BörsG zu sehen sein, die die Auslagerung von Funktionen und Tätigkeiten, die für die Durchführung des Börsenbetriebs wesentlich sind, u.a. an die Bedingung knüpft, dass dadurch die „ordnungsgemäße Durchführung des Handels an der Börse und der Börsengeschäftsabwicklung" nicht beeinträchtigt wird. Wenn nämlich die Auslagerung von bestimmten zur Betriebspflicht gehörenden Tätigkeitsbereichen die Börsengeschäftsabwicklung nicht gefährden darf, dann drängt sich die Schlussfolgerung auf, der Gesetzgeber gehe davon aus, dass zur Betriebspflicht auch gewisse Einrichtungen zur Geschäftsabwicklung gehören[573] und deshalb die damit zusammenhängenden Vorgänge als Hilfstätigkeiten der Börse einzustufen sind. Diese Konsequenz hilft gleichwohl nicht unmittelbar weiter, da immer noch das Problem der näheren Bestimmung des Begriffs „Abwicklung" i.S. des § 1 Abs. 3 S. 1 BörsG verbleibt. Denn dass dieser Begriff – zumindest im vorliegenden Zusammenhang[574] – nicht in einem umfassenden, sich auf die dingliche Erfüllung der Wertpapiergeschäfte erstreckenden Sinne zu verstehen ist, haben die Ausführungen zur Funktion der Clearstream Banking AG gezeigt. Allerdings deutet die Erwähnung der Börsengeschäftsabwicklung unmittelbar neben dem Börsenhandel darauf hin, dass zum Börsenbetrieb auch Tätigkeiten gehören, die nicht direkt auf die Ermöglichung des Vertragsschlusses zwischen den Handelsteilnehmern abzielen, da dem Begriff ansonsten kein eigener Regelungsgehalt

---

571 Hammen, WM 2002, S. 2129 (2135). Von „Hilfseinrichtungen", die für die angemessene Fortentwicklung einer Börse wichtig sein könnten und auf die sich die Betriebspflicht nach § 1 Abs. 2 BörsG beziehen könne, ist auch in den Gesetzesbegründungen die Rede (Begr. RegE 4. FFG, BT-Drs. 14/8017, S. 72).

572 Hammen, WM 2002, S. 2129 (2135).

573 Nur so lässt sich wohl auch die Begründung des Bundesrats zur von ihm ins Gesetzgebungsverfahren eingebrachten Outsourcingvorschrift verstehen (vgl. Stellungnahme des BR zum RegE 4. FFG, BT-Drs. 14/8017, S. 146).

574 Vgl. umfassend zur Bestimmung des Begriffs „Geschäftsabwicklung" im Zusammenhang mit der Auslegung der §§ 16 Abs. 4 S. 1 Nr. 2, 13 Abs. 4 BörsG S. 216 ff.

zukäme. Und unter „Geschäftsabwicklung" tatsächlich nur die Geschäftsverarbeitung und die Schlussnotenerstellung durch ein System wie XONTRO-Trade fassen zu wollen, erscheint doch angreifbar. Insofern könnte man sich auf den Standpunkt stellen, dass die Verrechnung lediglich eine Vorbereitungstätigkeit für die dingliche Erfüllung der Kontrakte darstellt, die zum Aufgabenbereich der Börse zu zählen ist.

cc) Zwischenergebnis

Somit lässt sich als Zwischenergebnis festhalten, dass zumindest keine durchgreifenden strukturellen Einwände gegen die Erstreckung der Betriebspflicht auf die Bereitstellung eines Zentralen Kontrahenten in seiner Funktion als zwischengeschaltete Vertragspartei bestehen, während gegen eine Betriebspflicht im Hinblick auf die Funktion als Clearer durchaus Bedenken geltend gemacht werden können, sich andererseits aber auch Argumentationsansätze finden lassen, die auf eine Erstreckung der Betriebspflicht auf diesen Bereich hindeuten.

b) Denkbare Alternativen

Angesichts des Umstands, dass mit der Erstreckung der Betriebspflicht auf die Bereitstellung eines Zentralen Kontrahenten eine tragfähige und zumindest in weiten Teilen börsensystemkonforme Konstruktion zur Ermittlung der Zuständigkeit für die Bereitstellung oder Auswahl und Beauftragung eines Zentralen Kontrahenten gefunden wurde, bedürfte es einer überzeugenden Begründung für ein Gegenmodell, das der Börse als Anstalt des öffentlichen Rechts oder einem Dritten diese Kompetenz zuweist. Hintergrund für ein solches Modell könnte die Überlegung sein, der Börse selbst die Auswahl für den Zentralen Kontrahenten zu überlassen, um dadurch bspw. zu verhindern, dass ein Unternehmen diese Funktion ausübt, dem die Börse nicht das nötige Vertrauen entgegenbringt[575]. Weiterhin könnte daran gelegen sein, aus Wettbewerbsgründen eine vertikale Integration der gesamten mit dem Abschluss der an der Börse getätigten Wertpa-

---

575 Dass dies kein abwegiger Gedanke ist, haben die Bedenken gezeigt, die von Seiten der LSE geltend gemacht wurden, als ihr Clearer und Zentraler Kontrahent, das London Clearing House (LCH), die Pläne zur Fusion mit Clearnet, dem Clearing House des Wettbewerbers Euronext, bekannt gab. Die Bedenken resultierten vorwiegend daraus, dass die Euronext nach der Fusion von LCH und Clearnet mit über 40 % dominierender Anteilseigner ist und deshalb eine die LSE in ihrer Wettbewerbsposition beeinträchtigende Einflussnahme durch die Euronext befürchtet wurde (vgl. Börsen-Zeitung v. 26.11.2003, S. 3, und Börsen-Zeitung v. 6.11.2003, S. 3).

piergeschäfte verbundenen Dienstleistungen von dem Bereitstellen der für den Börsenhandel erforderlichen Infrastruktur über die Funktionalität des auch für das Clearing zuständigen Zentralen Kontrahenten bis hin zum Settlement zu verhindern oder wenigstens nicht durch die Betriebspflicht des Börsenträgers zu begünstigen[576].

Diese Anliegen, denen im übrigen durch die aus der Beleihung des Börsenträgers folgende Fachaufsicht Rechnung getragen werden könnte[577], ersetzen aber

---

576 Dass dieses Anliegen durchaus nicht so fern liegt, wie es auf den ersten Blick scheint, bestätigt das Interview mit dem Präsidenten des Bundeskartellamts Böge in der Börsen-Zeitung vom 11.02.2002, S. 13, der in Bezug auf die Gefahr des Ausbaus von monopolartigen Strukturen aufgrund der Einführung des Zentralen Kontrahenten an der FWB äußert, dass die vertikale Integration der Deutsche Börse AG vom Bundeskartellamt kritisch beobachtet werde. Die Relevanz dieses Aspekts wird ferner durch den Vorwurf der EU-Kommission gegenüber der Clearstream Banking AG deutlich, europäische Konkurrenten beim grenzüberschreitenden Clearing und Settlement diskriminiert zu haben (vgl. Börsen-Zeitung v. 1.04.2003, S. 3), was schließlich dazu führte, Marktteilnehmern zumindest für das Settlement ein Wahlrecht zwischen verschiedenen Abwicklern einzuräumen (vgl. Börsen-Zeitung v. 17.12.2003, S. 3), das sogar in der in Aussicht stehenden EU-Richtlinie (vgl. dazu eingehend S. 521 ff. für die Wertpapierabwicklung verankert werden soll (vgl. Börsen-Zeitung v. 14.02.2004, S. 6). Vgl. aber andererseits die Beschlussempfehlung des FA zu der Unterrichtung durch die BReg – Drs. 15/611 Nr. 1.7 –, BT-Drs. 15/1169, S. 3, in welcher der Vorschlag des Europäischen Parlaments zur Einrichtung einer europäischen Verrechnungsstelle für den grenzüberschreitenden Wertpapierhandel mit der Begründung abgelehnt wird, dass seine Realisierung zu einem erheblichen Eingriff in das „vertikal strukturierte deutsche Börsenwesen" führe und somit die Wettbewerbssituation nachhaltig beeinträchtige. Zwar bleibt damit offen, inwieweit es sich um eine rechtliche oder nur faktische vertikale Strukturierung handeln soll, doch wird diese Struktur jedenfalls nicht kritisch gesehen.

577 Allerdings ist nicht unumstritten, dass der Beliehene im Rahmen der ihm übertragenen öffentlichen Aufgaben einer Fachaufsicht unterliegt. Während Bullinger, VVDStRL 22 (1965), S. 264 (317 f. mit Fn. 226), sowie Badura, Das Verwaltungsmonopol, S. 251 („zumindest Rechtsaufsicht"), eine Rechtsaufsicht für angebracht halten, setzt sich in neuerer Zeit die Einsicht durch, dass eine Fachaufsicht notwendig ist (vgl. Wolff/Bachof/Stober, Verwaltungsrecht II, § 104, Rn. 7, wo allerdings die Staatsaufsicht nur „idR Fachaufsicht" sein soll; Steiner, Öffentliche Verwaltung durch Private, S. 283 f., hält eine verfassungsrechtlichen Gründen eine Fachaufsicht für nötig, doch will er bei Vorliegen „besonderer Gründe" eine Ausnahme machen; Burgi, Festschrift Maurer, S. 581 (592), will den verfassungsrechtlichen Bindungen „regelmäßig" durch Fachaufsicht Rechung tragen; „grundsätzlich" für eine Fachaufsicht tritt ebenso Michaelis, Der Beliehene, S. 156, ein). Nur die eine Fachaufsicht befürwortende Ansicht kann überzeugen, da durch die mit der Fachaufsicht einhergehenden Weisungsbefugnisse die wegen des Demokratieprinzips notwendige sachlich-inhaltliche Legitimation der Maßnahmen des Beliehenen sichergestellt (vgl. Fett, Öffentlich-rechtliche Anstalten als abhängige Konzernun-

nicht die methodische Begründung für die mögliche Kompetenz der Börse oder der Börsenaufsichtsbehörde. Schon in den Ausgangsüberlegungen ist dargestellt worden, dass sich die die Teilrechtsfähigkeit einer Einrichtung begründenden Kompetenzen induktiv aus dem Gesetz entnehmen lassen müssen, da ansonsten die Entscheidung des Gesetzgebers, gerade keine Vollrechtsfähigkeit zu verleihen, missachtet würde.

aa) Anknüpfung an eine Teilprivatrechtsfähigkeit?

Nun wird im Schrifttum die Auffassung vertreten, dem Gesetz lasse sich eine Teilprivatrechtsfähigkeit der Börse entnehmen[578], so dass sich danach die Frage stellen könnte, ob die Börse gerade im Hinblick auf die Auftraggebereigenschaft für den Zentralen Kontrahenten teilrechtsfähig ist und sie deshalb den entsprechenden Auftrag selbst vergeben kann[579]. Somit muss ein Blick auf die These von der Teilprivatrechtsfähigkeit der Börse geworfen werden. Für sie wird ins Feld geführt, dass die FWB in der Vergangenheit diverse Verträge abgeschlossen

---

ternehmen, S. 260 ff.) sowie die dauerhafte Erfüllung der öffentlichen Aufgabe durch die Anstalt gewährleistet werden kann. Gleichwohl ist der Umfang der Einflussmöglichkeiten der Aufsichtsbehörde auf Maßnahmen eines Börsenträgers klärungsbedürftig, weil zum einen Zweifel über das erforderliche Legitimationsniveau bei Maßnahmen zur Erfüllung einer Betriebspflicht bestehen (vgl. Wolfers/Kaufmann, DVBl. 2002, S. 507 (512 ff.), sowie allgemein zur Möglichkeit unterschiedlicher Legitimationsniveaus BVerfGE 93, S. 37 (67)) und zum anderen dem Börsenträger wohl doch ein Bereich eigenverantwortlicher Entscheidungsgewalt verbleiben muss, da er auch das wirtschaftliche Risiko für die unternehmerischen Maßnahmen zu tragen hat. Dies wird von Schwark/Beck, KMR, § 1 BörsG, Rn. 41, in den Vordergrund gestellt und als Argument gegen eine Fachaufsicht angeführt, ohne dass sich aber mit den oben angeführten grundsätzlichen Überlegungen auseinander gesetzt wird. Schließlich wird sogar darauf hingewiesen, dass die Streitfrage, ob eine Rechts- oder Fachaufsicht über den Börsenträger bestehe, im Ergebnis nur eine „geringe Rolle" spiele, da es auch die Rechtmäßigkeitsaufsicht erlaube, die ordnungsgemäße Erfüllung der Betriebspflicht zu überprüfen und ggfs. zu sanktionieren (Schwark, WM 2000, S. 2517 (2521)). Damit wird darauf hingewiesen, dass das BörsG für die Aufsicht einen so unbestimmten Rahmen vorgibt, dass die Börsenaufsichtsbehörde selbst bei Annahme einer Rechtsaufsicht über einen erheblichen, an die Befugnisse einer Fachaufsicht heranreichenden Spielraum bei der Aufsicht verfügt. Den damit verbundenen Fragen kann an dieser Stelle wegen des beschränkten thematischen Rahmens allerdings nicht weiter nachgegangen werden (vgl. dazu näher Bressler, Public-Private-Partnership im Bank- und Börsenrecht, passim).
578 Kümpel/Hammen, Sonderbeil. 3 zu WM 2000, S. 23; Rinker, Der Vertragsschluss im börslichen elektronischen Handelssystem, S. 75 ff.
579 So anscheinend Rinker, Der Vertragsschluss im börslichen elektronischen Handelssystem, S. 94 f.

habe und nach Maßgabe von § 17 Abs. 2 BörsG privatrechtlich einzuordnende Anschlussverträge abschließen könne[580].

Dem erstgenannten Argument lässt sich zunächst entgegnen, dass eine ausgeübte Praxis nichts über die rechtliche Zulässigkeit des Vorgehens aussagt, sondern allenfalls Hinweise auf praktische Erfordernisse gibt, denen de lege ferenda Rechnung zu tragen sein könnte. Selbst dies gilt aber für die in der Vergangenheit abgeschlossenen Verträge kaum. Denn wenn als Beispiel für einen solchen Vertrag auf den „Betriebsvertrag" zwischen der FWB und der DWZ über die Einführung des Xetra-Vorläufers IBIS verwiesen wird[581], so ist das nicht überzeugend, da es nach den vorstehenden Ausführungen unzweifelhaft Aufgabe des Börsenträgers ist, ein elektronisches Handelssystem bei Bedarf bereitzustellen und somit auch die dafür nötigen Verträge abzuschließen.

Des Weiteren ist der im Zuge der Einführung von IBIS an der FWB abgeschlossene sog. „Rahmenvertrag"[582] zwischen der FWB und ihrem Träger einerseits und den einzelnen Regionalbörsen sowie deren Trägern andererseits kein Beispiel für privatrechtliches Handeln der Börsen. Denn mit dem Rahmenvertrag sollte den an den Regionalbörsen zugelassenen Handelsteilnehmern die Teilnahme am Handelssystem der FWB ermöglicht werden, womit die Nutzung einer fremden Handelsplattform, nämlich die der FWB, einherging[583]. Die Entschei-

---

580 Kümpel/Hammen, WM 2000, Sonderbeil. 3, S. 23, wo auf § 7 a Abs. 2 BörsG a.F. verwiesen wird, der mit § 17 Abs. 2 BörsG in der Fassung des 4. FFG identisch ist.

581 Vgl. dazu Kümpel, WM 1992, S. 249 (251).

582 Vgl. Kümpel, WM 1992, S. 249 (252).

583 Vgl. Breitkreuz, Die Ordnung der Börse, S. 332; Kümpel, WM 1992, S. 249 (252); dasselbe gilt im Übrigen für die Einbindung der Börse Düsseldorf in Xetra, der dieses Recht seit 1999 als der bisher einzigen deutschen Börse vertraglich zusteht (vgl. ZfgKW 1999, S. 48). Daneben gibt es Vereinbarungen über Xetra-Anbindungen der Deutsche Börse AG mit der Wiener, Dubliner und Budapester Börse (vgl. Börsen-Zeitung vom 20.02.2003, S. 4), die im Einzelnen unterschiedlich ausgestaltet sind, aber jedenfalls nicht die Verwaltungshoheit der Börse als Anstalt des öffentlichen Rechts betreffen und damit auch nicht ihre vertragliche Einbindung erfordern, da insoweit die Entscheidungsgewalt der FWB über den Zugang zur Börse unberührt bleibt (vgl. zu der Ausgestaltung der Kooperation der Deutsche Börse AG mit der Wiener und Dubliner Börse auch Bessler/Book, Elektronischer Handel und globale Märkte, Anm. 3.3.2). Einer genaueren Untersuchung bedürfte allerdings die Frage, ob es mit dem durch die Beleihung begründeten Auftrags- und Treuhandverhältnis (vgl. Wolff/Bachof/Stober, Verwaltungsrecht II, § 104, Rn. 7) vereinbar ist, dass ein Börsenträger anderen, um Liquidität konkurrierenden Börsen die für einen elektronischen Handel erforderliche Technik zur Verfügung stellt, wie dies für die Wiener und Dubliner Börse geschieht (vgl. dazu die Ansätze bei Kümpel/Hammen, Börsenrecht, S. 112 f.).

dung darüber, wem Zugang zur Börse und damit zur Handelsplattform[584] gewährt wird, ist in § 16 BörsG geregelt und gehört danach zur öffentlichrechtlichen Kompetenz der Börse bzw. ihrer Organe[585]. Diese Befugnis kann sie gem. §§ 54 ff. VwVfG[586] auch im Wege eines verwaltungsrechtlichen Vertrages ausüben. Dabei kann hier dahinstehen, ob es sich um einen koordinationsrechtlichen Verwaltungsvertrag handelt, wofür die grundsätzliche Gleichordnung der Börsen als Verwaltungsträger spricht[587], oder ob es sich um einen subordinationsrechtlichen Verwaltungsvertrag i.S. des § 54 S. 2 VwVfG handelt, was damit begründet werden könnte, dass die Zulassung zum Börsenhandel nach § 16 BörsG durch Verwaltungsakt erfolgt und die FWB damals lediglich den größeren Rahmen für die Zulassung geregelt hat[588]. Danach handelt es sich bei dem Rahmenvertrag[589] um einen öffentlichrechtlichen Verwaltungsvertrag zwischen den Börsen, der seine Berechtigung aus der ihnen durch das BörsG zugewiesenen Verwaltungshoheit über den Zugang zur Börse herleiten kann.

Aus dem misslungenen[590] § 17 Abs. 2 BörsG Rückschlüsse auf eine Teilprivatrechtsfähigkeit der Börse zu ziehen, erscheint ebenfalls nicht angebracht. Denn die Vorschrift regelt ohnehin nicht das, was sie nach dem in den Gesetzesbegründungen zum Ausdruck gebrachten Willen des Gesetzgebers bewirken

---

584 Köndgen/Mues, WM 1998, S. 53 (58), arbeiten anschaulich den Unterschied zwischen der Handelsplattform Xetra als Bestandteil der öffentlichrechtlichen Börse und der Software für das elektronische Handelssystem heraus, an der der Börsenträger die Rechte inne hat.

585 Köndgen/Mues, WM 1998, S. 53 (58); Breitkreuz, Die Ordnung der Börse, S. 332.

586 Verwaltungsverfahrensgesetz (VwVfG) in der Fassung der Bekanntmachung vom 22.01.2003 (BGBl. I, S. 102), zuletzt geändert durch Art. 4 Abs. 8 KostenrechtsmodernisierungsG vom 5.05.2004 (BGBl. I, S. 718).

587 So Breitkreuz, Die Ordnung der Börse, S. 333, der sich damit auf eine weit verbreitete Ansicht stützen kann, die darauf abstellt, ob die Vertragsparteien „normalerweise", also außerhalb des Vertrages, im Verhältnis der Über- und Unterordnung stehen, was bei Börsen nicht der Fall ist (vgl. Obermayer, VwVfG, § 54, Rn. 46, sowie Erichsen in Erichsen/Ehlers, § 23, Rn. 2 m.w.Nachw.).

588 Vgl. Kopp/Ramsauer, VwVfG, § 54, Rn. 47 f., wo darauf verwiesen wird, dass subordinationsrechtliche Verträge auch zwischen Hoheitsträgern möglich seien und es damit stets auf die Über- und Unterordnung in Bezug auf den Gegenstand des Vertrages ankomme.

589 Dass daneben noch privatrechtliche Anschlussverträge über die für die IBIS-Nutzung geltenden Konditionen abzuschließen waren, ändert an dem Vorstehenden nichts, da diese zwischen dem Deutsche Börse AG als Träger der FWB und den Handelsteilnehmern abgeschlossen wurden (vgl. Beck, WM 1998, S. 417 (419); Köndgen/Mues, WM 1998, S. 53 (56)).

590 Vgl. zu dieser Einschätzung Breitkreuz, Die Ordnung der Börse, S. 327; Köndgen/Mues, WM 1998, S. 52 (58).

soll[591]. Nach dessen Intention sollte § 7 a Abs. 2 BörsG a.F., der auf das Petitum des Bundesrats durch das 3. FFG[592] eingefügt wurde und inhaltsgleich mit § 17 Abs. 2 BörsG ist, den Regionalbörsen die Möglichkeit eröffnen, Zugang zu elektronischen Handelssystemen zu erhalten und an ihnen angemessen „teilzuhaben"[593]. Es sollte also die mit dem Handelssystem geschaffene Handelsplattform als elektronischer Marktplatz und nicht nur die Software für das Handelssystem für die Regionalbörsen nutzbar gemacht werden, die damit von der Liquidität in Xetra profitieren können sollten[594]. Die Entscheidung über den Zugang zur Handelsplattform obliegt jedoch, wie oben dargestellt, der Verwaltungshoheit der Börse. Diese ist aber gar nicht Adressat von § 17 Abs. 2 BörsG, der sich an den Inhaber des Nutzungs- und Verwertungsrechts eines elektronischen Börsenhandelssystems und damit an den Börsenträger richtet[595]. Die vorstehenden Ausführungen zeigen, dass eine bei § 17 Abs. 2 BörsG ansetzende Argumentation, die sogar über den unmittelbaren Anwendungsbereich der Norm hinausreichende Schlussfolgerungen zieht, äußerst problematisch ist, zumal auf Seiten der die Einführung verlangenden Wertpapierbörse die zivilrechtliche Mitwirkung ihres Trägers durchaus denkbar und mit dem ohnehin kaum aussagekräftigen Wortlaut der Norm vereinbar scheint.

Demnach lässt sich konstatieren, dass sich im Gesetz keine stichhaltigen Hinweise für eine Teilprivatrechtsfähigkeit der Börse finden lassen, mit der ihre Auftraggebereigenschaft für den Zentralen Kontrahenten begründet werden könnte.

bb) Anknüpfung an einen öffentlichrechtlichen Verwaltungsvertrag?

Nun könnte erwogen werden, den mit der die Funktion des Zentralen Kontrahenten ausübenden Partei zu schließenden Vertrag als öffentlichrechtlichen Verwaltungsvertrag im Sinne des § 54 ff. VwVfG anzusehen und damit das Hindernis der fehlenden Teilprivatrechtsfähigkeit zu umgehen. Die dafür erforderliche Zuordnung des Vertrages zum öffentlichen Recht[596] könnte damit begründet wer-

---

591 Köndgen/Mues, WM 1998, S. 52 (58); Breitkreuz, Die Ordnung der Börse, S. 327 ff.; skeptisch auch Schlüter, Börsenhandelsrecht, Abschnitt G, Rn. 998.
592 Gesetz zur weiteren Fortentwicklung des Finanzplatzes Deutschland (Drittes Finanzmarktförderungsgesetz) vom 24.03.1998 (BGBl. I, S. 529).
593 Stellungnahme des BR zum RegE 3. FFG, BT-Drs. 13/8933, S. 163 f.
594 Vgl. Schlüter, Börsenhandelsrecht, Abschnitt G, Rn. 998.
595 Köndgen/Mues, WM 1998, S. 52 (58); dieses Problem sieht auch Pötzsch, WM 1998, S. 949 (953 f.).
596 Vgl. zu diesem Erfordernis § 54 S. 1 VwVfG und zu dem damit einhergehenden Erfordernis der Abgrenzung zum privatrechtlichen Vertrag Maurer, Allgemeines Verwaltungsrecht, § 14, Rn. 8 ff.

den, dass der Gegenstand des Vertrages[597] seine Wurzeln im öffentlichen Recht hat, nämlich zum einen im Börsengesetz als allgemeine Grundlage der Befugnis zur Organisation des Börsenhandels und zum anderen in den jeweiligen Börsenordnungen als Satzungen, wo die genaueren Modalitäten des Handels geregelt werden können, wie dies zum Beispiel in § 92 Abs. 3 BörsO-FWB in Bezug auf den Zentralen Kontrahenten geschehen ist.

Gegen diesen Ansatz spricht jedoch, dass für die Parteien eines öffentlichrechtlichen Verwaltungsvertrages nicht anders als für die von zivilrechtlichen Verträgen gilt, dass die Fähigkeit, durch Verträge berechtigt und verpflichtet zu werden, nur soweit reicht, wie die Rechtsordnung den beteiligten Parteien Rechtsfähigkeit verleiht[598]. Es wurde aber bereits festgestellt, dass die Börse als Anstalt des öffentlichen Rechts lediglich teilrechtsfähig ist und sich die die Rechtsfähigkeit begründenden Kompetenzen jeweils aus dem Gesetz erschließen lassen müssen. Für eine durch den Gesetzgeber beabsichtigte Zuweisung von Befugnissen zum Abschluss von Verträgen wie den über den Betrieb eines Zentralen Kontrahenten lässt sich dem BörsG nichts entnehmen. Insofern gilt dasselbe wie für die nach der hier vertretenen Ansicht abzulehnende Teilprivatrechtsfähigkeit. Hinzu kommt noch, dass die durch die Aufgabenteilung zwischen Börsenträger und Börse gekennzeichnete Börsenstruktur geradezu missachtet würde, wollte man der Börse als Anstalt des öffentlichen Rechts die Befugnis zum Abschluss von öffentlichrechtlichen Verwaltungsverträgen, die den Betrieb der Börse betreffen, zuweisen. Insoweit würde in das mit der Betriebspflicht einhergehende und mit § 1 Abs. 2 BörsG nunmehr ausdrücklich anerkannte Recht des Börsenträgers, die zum Börsenbetrieb erforderlichen Mittel bereitzustellen, ohne Grundlage eingegriffen[599].

Damit bleibt festzuhalten, dass die Börse als Anstalt des öffentlichen Rechts nicht als Auftraggeber für die Einrichtung und den Betrieb eines Zentralen Kontrahenten alternativ zum Börsenträger in Betracht kommt.

597 Dieser stellt das maßgebliche Abgrenzungskriterium zwischen privatrechtlichem und öffentlichrechtlichem Vertrag dar, vgl. Maurer, Allgemeines Verwaltungsrecht, § 14, Rn. 10 ff., sowie Erichsen in Erichsen/Ehlers, § 24, Rn. 2.

598 Erichsen in Erichsen/Ehlers, § 24, Rn. 1; Schlette, Die Verwaltung als Vertragspartner, S. 438.

599 Vgl. Beck, BKR 2002, S. 662 (665), der mit § 1 Abs. 2 BörsG ein subjektives Recht des Börsenträgers auf Betrieb der Börse gesetzlich verankert sieht, das durch die Börsenaufsichtsbehörde nur in besonderen Fällen und unter angemessener Berücksichtigung der Trägerbelange aufgehoben oder beschränkt werden dürfe.

cc) Zuständigkeit der Börsenaufsichtsbehörde?

Da die Börse als Auftraggeber ausscheidet, verbleibt als denkbare Partei neben dem Börsenträger lediglich die Börsenaufsichtsbehörde. Anknüpfungspunkt dafür könnte ihre Verantwortlichkeit bei der Gründung einer Börse durch Erteilung der Genehmigung nach § 1 Abs. 2 BörsG sein, die sogar dazu führt, dass zum Teil die Landesaufsichtsbehörde als eigentlicher Anstaltsträger angesehen wird, die lediglich einen Ausschnitt aus ihrer Trägerschaft auf den Börsenträger übertragen habe[600]. Nun ist bereits dargelegt worden, dass die Börsenstruktur mit einem Beliehenen als Anstaltsträger vom Normalfall abweicht. Doch hieraus die Konsequenz zu ziehen, der Börsenaufsichtsbehörde komme gewissermaßen eine Reservefunktion für bestimmte Tätigkeiten jenseits ihrer Aufsichtsbefugnisse zu, ginge wohl zu weit und wird – soweit ersichtlich – auch von niemandem vertreten. Für einen solchen Systembruch, welcher der Börsenaufsichtsbehörde unmittelbar und nicht nur über die von ihr zu erteilende Börsengenehmigung[601] oder das ihr zustehende Aufsichtsrecht[602] Einfluss auf strategische oder operative Entscheidungen in Börsenangelegenheiten einräumte, bedürfte es schon einer gesetzlichen Regelung, die es indes nicht gibt. Damit scheidet auch die Börsenaufsichtsbehörde als Auftraggeber für den Zentralen Kontrahenten als Alternative zum Börsenträger aus.

c) Zwischenergebnis

Es bleibt also mangels systemgerechter Alternativen bei dem Ergebnis, dass nur der Börsenträger als die für den Betrieb bzw. die Auswahl und Beauftragung eines Zentralen Kontrahenten zuständige Einrichtung in Frage kommt.

---

600 Schlüter, Börsenhandelsrecht, Abschnitt G, Rn. 171; ähnlich Köndgen/Mues, WM 1998, S. 53 (57), die den Börsenträger im herkömmlichen Sinne deshalb Börsenbetreiber nennen; so auch Mues, Die Börse als Unternehmen, S. 85 f., der unter verwaltungsrechtlichen Gesichtspunkten das genehmigende Bundesland als Anstaltsträger ansieht, da diesem die Organisationsgewalt zur Gründung einer Börse sowie die Aufsichtsbefugnisse zustünden.

601 Vgl. Begr. RegE 4. FFG, BT-Drs. 14/8017, S. 72, wo darauf hingewiesen wird, dass die Börsenaufsichtsbehörde in der Genehmigung den Rahmen des von der Betriebspflicht erfassten Leistungsumfangs konkretisieren könne. Dass die Börsenaufsichtsbehörde oder ein sonstiger Dritter für die von der Leistungspflicht nicht erfassten Bereiche zuständig sei, wird allerdings auch dort nicht behauptet.

602 Vgl. zu der mit der Beleihung einhergehenden und von der Börsenaufsichtsbehörde auszuübenden Aufsicht Fn. 577.

d) Auslagerungsfähigkeit der Funktion des Zentralen Kontrahenten

Nachdem geklärt worden ist, dass die Betriebspflicht des Börsenträgers aus § 1 Abs. 2 BörsG die Errichtung und den Betrieb eines Zentralen Kontrahenten zumindest in seiner Eigenschaft als zwischengeschaltete Vertragspartei erfasst, soll nunmehr kurz auf die Frage eingegangen werden, ob der Beauftragung eines anderen Unternehmens mit den Aufgaben eines Zentralen Kontrahenten rechtliche Hindernisse entgegenstehen und der Börsenträger deshalb diese Aufgabe selbst erfüllen muss.

aa) Auslegung des § 1 Abs. 3 BörsG in Anlehnung an § 25 a Abs. 2 KWG und § 33 Abs. 2 WpHG

Die Berechtigung der nachfolgenden Überlegung folgt daraus, dass es in den vorstehenden Ausführungen zunächst darum ging, die aus der Börsenstruktur folgende Reichweite der Betriebspflicht zu ermitteln, während nun die Art ihrer Erfüllung festzustellen ist, es sich mithin um zwei voneinander unabhängige Problemkreise handelt.

Während es bis zum Jahr 2002 keine Regelung für die Auslagerung von für den Börsenbetrieb erforderlichen Tätigkeiten gab[603], wurde mit dem 4. FFG die Vorschrift in § 1 Abs. 3 BörsG eingeführt, nach deren Satz 1 die Auslagerung von Funktionen und Tätigkeiten, die für die Durchführung des Börsenbetriebs wesentlich sind, auf ein anderes Unternehmen weder die ordnungsgemäße Durchführung des Handels an der Börse und der Börsengeschäftsabwicklung noch die Aufsicht über die Börse beeinträchtigen darf. Gemäß Satz 2 der Bestimmung hat sich der Börsenträger insbesondere die erforderlichen Weisungsbefugnisse vertraglich zu sichern und die ausgelagerten Funktionen und Tätigkeiten in seine internen Kontrollverfahren einzubeziehen. Schließlich hat der Börsenträger nach Satz 3 die Absicht der Auslagerung sowie ihren Vollzug der Börsenaufsichtsbehörde unverzüglich anzuzeigen.

Der Bundesrat, auf dessen Vorschlag die Vorschrift eingeführt wurde, hat sich bei deren Fassung an § 25 a Abs. 2 KWG sowie an § 33 Abs. 2 WpHG orientiert[604]. Die Ähnlichkeit mit den Vorschriften zur Auslagerung von Tätigkeitsbereichen der Kredit- und Finanzdienstleistungsinstitute bzw. der Wertpapierdienstleistungsunternehmen wurde im Vergleich zum Vorschlag des Bundesrats,

---

603 Vgl. Beck, BKR 2002, S. 662 (667), der kritisch anmerkt, dass es bis dahin niemals zu Problemen im Zusammenhang mit Auslagerungen börsenbetriebsbezogener Funktionen gekommen sei und damit ein verständlicher Anlass für die neue Regelung fehle.

604 Stellungnahme BR zum RegE 4. FFG, BT-Drs. 14/8017, S. 146.

der zunächst eine Genehmigungspflicht für Auslagerungen vorsah[605], in der Gesetz gewordenen Fassung sogar nach vergrößert. Wegen der unübersehbaren Orientierung des Gesetzgebers an jenen Regelungen liegt die Überlegung nahe, die dazu entwickelten Grundsätze zum Verständnis der neuen Norm heranzuziehen[606].

Nach dem Rundschreiben 11/2001 des BAKred[607] (heute BaFin) zur Anwendung von § 25 a Abs. 2 KWG liegt eine Auslagerung dann vor, wenn ein anderes Unternehmen damit beauftragt wird, auf längere Zeit eine für die Geschäftstätigkeit des Instituts wesentliche Tätigkeit wahrzunehmen. Dabei soll es unerheblich sein, ob diese Funktion in der Vergangenheit bisher von dem Institut selbst erbracht worden ist[608]. Zur Bestimmung des „anderen" Unternehmens (Auslagerungsunternehmen) stellte das BAKred darauf ab, ob dieses Unternehmen in Bezug auf die ausgelagerte Funktion nicht mehr dem auslagernden Unternehmen zuzurechnen oder organisatorisch von ihm abgegrenzt ist[609]. Dies ist nach einhelliger Auffassung so zu verstehen, dass damit alle vom auslagernden Unternehmen verschiedenen juristischen oder natürlichen Personen, mithin auch Tochtergesellschaften und Konzernunternehmen, als Auslagerungsunternehmen in Betracht kommen[610]. Die dargestellten Definitionsansätze des BAKred sind von der Literatur weitgehend widerspruchslos[611] übernommen worden[612] und scheinen im Lichte des Umstands, dass mit § 25 a Abs. 2 KWG grundsätzlich dasselbe Ziel wie mit § 1 Abs. 3 BörsG verfolgt wird, nämlich die Steuerungs- und Kontrollmöglichkeiten der Geschäftsleitung sowie den aufsichtsrechtlichen Zugriff im Falle des Outsourcings zu gewährleisten[613], auch für den börsenrechtlichen Bereich verwendbar zu sein[614].

---

605 Vgl. Stellungnahme BR zum RegE 4. FFG, BT-Drs. 14/8017, S. 146.
606 So auch Schwark/Beck, KMR, § 1 BörsG, Rn. 29.
607 Vgl. dazu Zerwas/Hanten/Bühr, ZBB 2002, S. 17 ff., sowie Lensdorf/Schneider, WM 2002, S. 1949 ff.
608 Rundschreiben 11/2001 der BAKred, Tz. 8.
609 Rundschreiben BAKred 11/2001, Tz. 9.
610 Vgl. Braun in Boos/Fischer/Schulte-Mattler, § 25 a KWG, Rn. 571; Zerwas/Hanten/Bühr, ZBB 2002, S. 17 (20); Lensdorf/Schneider, WM 2002, S. 1949 (1952).
611 Kritisch in Bezug auf die Einbeziehung von erstmalig wahrgenommenen Tätigkeiten in den Begriff der Auslagerung aber Eyles, WM 2000, S. 1217 (1221).
612 Lensdorf/Schneider, WM 2002, S. 1949 (1951 f.); Zerwas/Hanten/Bühr, ZBB 2002, S. 17 (20 u. 28); Braun in Boos/Fischer/Schulte-Mattler, § 25 a KWG, Rn. 564 ff.; Hofmann, Bankrechtstag 2000, S. 41 (46 f.); Koller in Assmann/Schneider, WpHG, § 33, Rn. 40 ff.
613 Vgl. zur Zielsetzung von § 25 a Abs. 2 KWG Lensdorf/Schneider, WM 2002, S. 1949, sowie Braun in Boos/Fischer/Schulte-Mattler, § 25 a KWG, Rn. 555; zur Zielsetzung des § 1 Abs. 3 BörsG vgl. die Stellungnahme BR zum RegE 4. FFG, BT-Drs. 14/8017, S. 146.

Damit steht es der Einordnung als Auslagerung i.S. von § 1 Abs. 3 BörsG nicht entgegen, dass die Funktion des Zentralen Kontrahenten bisher nicht von dem Börsenträger oder einer dritten Person ausgeübt wurde. Das bedeutet ferner, dass es für die Einordnung als Auslagerung unerheblich ist, ob die Errichtung und der Betrieb des Zentralen Kontrahenten einem Unternehmen übertragen werden, auf das der Börsenträger aufgrund der Beteiligungsverhältnisse Einfluss nehmen kann, wie dies bei der Eurex Clearing AG der Fall ist, deren Anteile zu 100 % von der Eurex Frankfurt AG gehalten werden, die wiederum zu 100 % von der Eurex Zürich AG gehalten wird, deren Anteile ihrerseits zu 50 % der Deutschen Börse AG zustehen[615].

bb) Auslagerungssperre für den Zentralen Kontrahenten?

Das BAKred hat in seinem Rundschreiben und noch stärker in den vorangegangenen Entwürfen[616] die von gewichtigen Stimmen im Schrifttum[617] geteilte Auffassung vertreten, dass es in den vom Regelungsgehalt des § 25 a Abs. 2 KWG betroffenen Instituten Funktionen gibt, die nicht ausgelagert werden dürfen[618], so dass sich die Frage stellt, ob dies für die Tätigkeit des Zentralen Kontrahenten im Börsenrecht ebenso gilt. Nun ist jedoch schon zu § 25 a Abs. 2 KWG die Berechtigung der Annahme[619] sowie der Umfang[620] eines auslagerungsfesten Bereichs umstritten. Während in Anlehnung an einen früheren Entwurf für das Rundschreiben 11/2001 in der Literatur teilweise noch von einem nicht auslagerungsfähigen „Kernbereich" die Rede ist[621], verweist das BAKred nunmehr auf nicht auslagerungsfähige „zentrale Leitungsfunktionen" wie Maßnahmen der Unternehmensplanung, -organisation, -steuerung und -kontrolle[622].

---

614 Vgl. Schwark/Beck, KMR, § 1 BörsG, Rn. 29.
615 Kümpel/Hammen, Börsenrecht, S. 263.
616 Zur Entstehung des Rundschreibens 11/2001, dem insgesamt 5 Entwürfe vorausgingen, vgl. Zerwas/Hanten/Bühr, ZBB 2002, S. 17 (18 f.).
617 Braun in Boos/Fischer/Schulte-Mattler, § 25 a KWG, Rn. 577 ff.; Fischer in Schimansky/Bunte/Lwowski, Band III, § 128, Rn. 53; Hofmann, Bankrechtstag 2000, S. 41 (47 f.); Reischauer/Kleinhans, KWG, Kennz. 115, § 25 a, Anm. 6.
618 Rundschreiben BAKred 11/2001, Tz. 13 u. 17; vgl. zu der gleichen Problematik aus § 33 Abs. 2 WpHG Koller in Assmann/Schneider, § 33, Rn. 40 c.
619 In Zweifel ziehen dies z.B. Eyles, WM 2000, S. 1217 (1225 ff.), sowie Baums/Steck, WM 1998, S. 2261 (2264 f.).
620 Vgl. Hennrichs, WM 2000, S. 1561 (1564 u. 1566); Lensdorf/Schneider, WM 2002, S. 1949 (1953).
621 Fischer in Schimansky/Bunte/Lwowski, Band III, § 128, Rn. 53; Hofmann, Bankrechtstag 2000, S. 41 (47 ff.); Braun in Boos/Fischer/Schulte-Mattler, § 25 a KWG, Rn. 595 f.
622 Rundschreiben BAKred 11/2001, Tz. 13.

Gegen die Einschränkung der Auslagerungsfähigkeit bestimmter Unternehmensbereiche wird in Bezug auf § 25 a Abs. 2 KWG geltend gemacht, der Gesetzeswortlaut spreche eher gegen eine Beschränkung, wenn dort vorausgesetzt werde, dass „wesentliche" Bereiche ausgelagert werden dürfen[623]. Außerdem stellten die Anforderungen an eine zulässige Auslagerung bereits so hohe Hürden dar, dass es eines auslagerungsfesten Kernbereichs zur Sicherstellung des aufsichtsrechtlichen Zugriffs oder der Steuerungsmöglichkeiten der Geschäftsleitung gar nicht bedürfe[624].

Diese Argumente können mutatis mutandis auch gegen vorgebliche nicht auslagerungsfähige Funktionen des Börsenträgers ins Feld geführt werden. Hinzu kommt noch, dass der Gesetzgeber in den Gesetzesbegründungen mit keinem Wort auf nicht auslagerungsfähige Tätigkeiten des Börsenbetriebs eingegangen ist, obwohl er die dargestellte Diskussion zu § 25 a Abs. 2 KWG kennen musste. Im Gegenteil wurde sogar die vom Bundesrat befürwortete Genehmigungspflicht für Auslagerungen nicht fixiert und damit ein weniger restriktiver Ansatz gewählt. Außerdem muss die Praxis der Auslagerungen insbesondere an den Regionalbörsen vor Erlass des § 1 Abs. 3 BörsG Berücksichtigung finden. Dort war es durchaus üblich, fast alle mit dem Börsenbetrieb zusammenhängenden Tätigkeiten auszulagern[625]. Um an dieser Praxis etwas zu ändern, hätte es eines deutlichen Hinweises im Gesetz bedurft. Schließlich ist ohnehin fraglich, ob die Tätigkeit des Zentralen Kontrahenten als „zentrale Leitungsfunktion" oder als „Kernbereich" einzustufen ist. Obwohl der Zentrale Kontrahent über die Clearing-Bedingungen erheblichen Einfluss auf den Handel an der Börse und mithin auf den Börsenbetrieb nehmen kann, ist damit nicht zwangsläufig eine „zentrale Leitungsfunktion" verbunden. Vielmehr ist mit gleichem Recht eine Einordnung seiner Tätigkeit als eine lediglich für den Börsenbetrieb „wesentliche" Tätigkeit i.S. des § 1 Abs. 3 BörsG denkbar.

Die Ausführungen haben gezeigt, dass zur inhaltlichen Bestimmung des § 1 Abs. 3 BörsG in manchen Punkten auf die zu § 25 a Abs. 2 KWG entwickelten Grundsätze zurückgegriffen werden kann, dass jedoch eine Parallele zu dem dazu von der h.M. angenommenen nicht auslagerungsfähigen Kernbereich den Gege-

623 Baums/Steck, WM 1998, S. 2261 (2264 f.); ähnlich Eyles, WM 2000, S. 1217 (1226), der auf die fehlende Ausgestaltung als Verbotsnorm hinweist.

624 Eyles, WM 2000, S. 1217 (1225 f.).

625 Vgl. die schriftliche Stellungnahme der Geschäftsführung der Baden-Württembergischen Wertpapierbörse, B I 2, sowie die gemeinsame Stellungnahme der Wertpapierbörsen Hamburg und Hannover, 1.2, zum 4. FFG im Rahmen der öffentlichen Anhörung dazu; vgl. ferner Beck, BKR 2002, S. 662 (667), der auf die Auslagerung des Betriebs der Systeme zur Durchführung und Abwicklung des Präsenzhandels durch die deutschen Börsen auf die Brain-Trade GmbH verweist.

benheiten an den Börsen nicht gerecht wird und überdies die Zugehörigkeit der Funktion des Zentralen Kontrahenten zur zentralen Leitungsfunktion bzw. zum Kernbereich ohnehin äußerst zweifelhaft ist.

e) Ergebnis

Demzufolge bleibt es bei dem Ergebnis, dass der Börsenträger befugt ist, ein anderes Unternehmen für die Errichtung und den Betrieb eines Zentralen Kontrahenten auszuwählen und ihm einen entsprechenden Auftrag zu erteilen[626].

3. Mögliche Einschränkung des Auswahlrechts durch das Vergaberecht

Mit den vorstehenden Ausführungen wurde dargelegt, dass der Börsenträger nach dem geltenden Börsenorganisationsrecht dafür zuständig ist, den Zentralen Kontrahenten zu stellen bzw. auszuwählen und zu beauftragen. Nun ist im Zuge der ersten Stellungnahmen der Literatur zum Zentralen Kontrahenten die Frage aufgeworfen worden, ob das Auswahlrecht durch die Besonderheiten des Vergaberechts beschränkt wird[627]. Dieser Gedankengang wurde zwar vor dem Hintergrund der hier abgelehnten Auffassung entwickelt, dass die Börse als Anstalt des öffentlichen Rechts den Auftrag zur Errichtung und zum Betrieb eines Zentralen Kontrahenten erteilt. Gleichwohl ist auch nach der hier vorgeschlagenen Konzeption des Börsenträgers als zuständigem Auftraggeber die Anwendbarkeit des Vergaberechts nicht von vornherein auszuschließen, da der Börsenträger als Beliehener[628] eine besondere Nähe zum Staat aufweist[629]. Dabei ist darauf hinzuweisen, dass die Anwendung des Vergaberechts auf Aufträge des Börsenträgers nicht nur im Zusammenhang mit dem Zentralen Kontrahenten, sondern grundsätzlich in Betracht kommt, wenngleich dies in der Literatur bisher noch nicht in Erwägung gezogen worden ist. Im Folgenden soll daher untersucht werden, ob

---

626 Der Frage, welche einzelnen Vorkehrungen getroffen werden müssen, um den Anforderungen des § 1 Abs. 3 BörsG hinreichend Rechnung zu tragen, soll hier nicht weiter nachgegangen werden. Im vorliegenden Zusammenhang kam es nur darauf an aufzuzeigen, dass hinsichtlich des Zentralen Kontrahenten keine Auslagerungssperre vorliegt. Allerdings ist auf die Anforderungen in § 1 Abs. 3 BörsG, welche vor einer Beeinträchtigung der Aufsicht über die Börse schützen sollen, im Zusammenhang mit der Börsenaufsicht über den Zentralen Kontrahenten zurückzukommen (vgl. dazu S. 266 ff.).

627 Rinker, Der Vertragsschluss im börslichen elektronischen Handelssystem, S. 94 f.

628 Vgl. dazu S. 138 ff.

629 Vgl. Dreher in Immenga/Mestmäcker, § 98, Rn. 50 f., der die Anwendung des Vergaberechts auf beliehene juristischer Personen des Privatrechts anspricht und grundsätzlich für möglich hält.

das Vergaberecht für Aufträge des Börsenträgers, und zwar insbesondere zum Betrieb eines Zentralen Kontrahenten, zur Anwendung kommen muss.

a) Grundlagen des Vergaberechts

Die Vergabe öffentlicher Aufträge ist in den §§ 97 ff. GWB[630] geregelt. Diese Vorschriften wurden durch das zum 1.01.1999 in Kraft getretene Vergaberechtsänderungsgesetz[631] in das GWB aufgenommen, nachdem vorher Regelungen zum Vergabewesen in der VOB/A bzw. der VOL/A[632] sowie im Haushaltsrecht zu finden waren[633]. Mit dem Vergaberechtsänderungsgesetz wurde europarechtlichen Vorgaben Rechnung getragen, die den Ausschluss subjektiver Rechte der Bieter und damit den Zustand vor Inkrafttreten des Gesetzes nicht zulassen[634] und einen wirksamen Rechtsschutz voraussetzen[635]. Bei den europarechtlichen Vorgaben handelt es sich um Richtlinien, die der Rat der Europäischen Union erlassen hat, um einen Vergabebinnenmarkt zu schaffen und „die tatsächliche Verwirklichung der Niederlassungsfreiheit und des freien Dienstleistungsverkehrs" herbeizuführen[636]. Insoweit dienen die Richtlinien der Konkretisierung des primären Gemeinschaftsrechts, nämlich des freien Warenverkehrs (Art. Art. 28 EGV), des freien Personen- und Dienstleistungsverkehrs (Art. 39 ff., 43 ff. und 49 ff. EGV) sowie des allgemeinen Diskriminierungsverbots (Art. 12 EGV)[637].

---

630 Gesetz gegen Wettbewerbsbeschränkungen in der Neufassung durch die Bekanntmachung vom 26.08.1998 (BGBl. I, S. 2546), zuletzt geändert durch Art. 1 des Gesetzes vom 7.07.2005 (BGBl. I, S. 1954) sowie durch Art. 3 Abs. 31 des Gesetzes vom 7.07.2005 (BGBl. I, S. 1970).

631 BGBl. I 1998, S. 2512 ff.

632 Den verschiedenen Verdingungsordnungen (VOB, VOL, VOF) kommt immer noch eine große Bedeutung für das Vergabeverfahren zu, da in §§ 4 ff. Vergabeverordnung auf sie verwiesen wird und sie die Regeln enthalten, die die Auftraggeber beim Ablauf eines Vergabeverfahrens zu beachten haben (sog. Kaskadenprinzip im deutschen Vergaberecht), vgl. Reidt/Stickler/Glahs, Vergaberecht, § 97, Rn. 35, sowie Dreher in Immenga/Mestmäcker, Vor §§ 97 ff., Rn. 24 u. 30.

633 Zur Entwicklung des deutschen Vergaberechts vgl. Boesen, Vergaberecht, Einleitung, Rn. 126 ff., Marx in Jestaedt/Kemper/Marx/Prieß, S. 3 ff., sowie Portz in Niebuhr/Kulartz/Kus/Portz, Einleitung, Rn. 8 ff.

634 Vgl. EuGH v. 11.8.1995, Rs. C–433/93, EuZW 1995, S. 635.

635 Boesen, Vergaberecht, S. 57.

636 Dreher in Immenga/Mestmäcker, Vor §§ 97 ff., Rn. 5 mit Zitat des EuGH v. 20.9.1998, Rs. C–31/87, NVwZ 1990, S. 353; Portz in Niebuhr/Kulartz/Kus/Portz, Einleitung, Rn. 15 f.

637 Boesen, Vergaberecht, Einleitung, Rn. 11 ff., der zudem auf die seltener relevanten Vorschriften zum Verbot unerlaubter Beihilfen gem. Art. 87 Abs. 1 EGV und zum Wettbewerb gem. Art. 81 ff. EGV verweist; Ohler, Zum Begriff des Öffentlichen Auftraggebers im Europäischen Vergaberecht, S. 23; vgl. ferner zur Bedeutung des

Damit hat sich die Zielsetzung des deutschen Vergaberechts, die zunächst in der Gewährleistung des Einkaufs nach dem Prinzip der Wirtschaftlichkeit bestand, wesentlich weiterentwickelt[638]. Durchgesetzt werden soll diese Zielsetzung durch die Organisation des größtmöglichen Wettbewerbs[639]. Der Wettbewerbsgrundsatz spielte zwar schon nach altem Recht eine gewichtige Rolle, doch hat er nunmehr eine erhebliche Aufwertung erfahren, die in § 97 Abs. 1 GWB ihren Ausdruck findet[640].

Seit kurzem sind die für das Vergaberecht wesentlichen Richtlinien die RL 2004/18/EG[641] und die RL 2004/17/EG[642], welche die vormals einschlägigen Richtlinien, nämlich die Baukoordinierungs-RL[643], die Lieferkoordinierungs-RL[644], die Dienstleistungskoordinierungs-RL[645] und die Sektorenkoordinierungs-RL[646], mit einigen Neuerungen zusammenfassen und aufheben[647]. Ergänzt werden die beiden neuen Richtlinien von der die Kontrolle über die Einhaltung der

---

europäischen Primärrechts für das Vergaberecht Dreher in Immenga/Mestmäcker, Vor §§ 97 ff., Rn. 17 ff.

638 Marx in Motzke/Pietzcker/Jost, Vor § 97 GWB, Rn. 13; ders. in Jestaedt/Kemper/ Marx/Prieß, Anm. 1.5; Boesen, § 97, Rn. 7 f.

639 Vgl. Dreher in Immenga/Mestmäcker, § 97, Rn. 8 ff.; Hailbronner in Byok/Jaeger, § 97, Rn. 132; Boesen, Vergaberecht, § 97, Rn. 6.

640 Vgl. Dreher in Immenga/Mestmäcker, § 97, Rn. 6 u. 8; Niebuhr in Niebuhr/Kularatz/ Kus/Portz, § 97, Rn. 2 u. 4; Hailbronner in Byok/Jaeger, § 97, Rn. 132; Boesen, Vergaberecht, § 97, Rn. 8; Marx in Motzke/Pietzcker/Jost, Vor § 97, Rn. 14.

641 Richtlinie 2004/18/EG des Europäischen Parlaments und des Rates v. 31.03.2004 über die Koordinierung der Verfahren zur Vergabe öffentlicher Bauaufträge, Lieferaufträge und Dienstleistungsaufträge, ABl. L 134 v. 30.04.2004, S. 114 ff.

642 Richtlinie 2004/17/EG des Europäischen Parlaments und des Rates v. 31.03.2004 zur Koordinierung der Zuschlagserteilung durch Auftraggeber im Bereich der Wasser-, Energie- und Verkehrsversorgung sowie der Postdienste, ABl. L 134 v. 30.04.2004, S. 1 ff.

643 Richtlinie 93/37 EWG des Rates vom 14.07.1993 über die Koordinierung der Verfahren zur Vergabe öffentlicher Aufträge, ABl. 1993, L 199, S. 54 ff., die auf die mehrmals geänderte RL 71/305 EWG zurückgeht.

644 Richtlinie 93/36 EWG des Rates vom 14.07.1993 über die Koordinierung der Verfahren zur Vergabe öffentlicher Aufträge, ABl. 1993, L 199, S. 1 ff., die auf die Richtlinie 77/62 EWG zurückgeht.

645 Richtlinie 92/50 EWG des Rates vom 18.06.1992 über die Koordinierung der Verfahren zur Vergabe öffentlicher Dienstleistungsaufträge, ABl. 1992, L 209, S. 1 ff.

646 Richtlinie 93/38 EWG des Rates vom 14.06.1993 über die Koordinierung der Auftragsvergabe durch Auftraggeber im Bereich der Wasser-, Energie- und Verkehrsversorgung sowie im Telekommunikationssektor, ABl. 1993, L 199, S. 84 ff.

647 Vgl. zur Novelle des EU-Vergaberechts Rechten, NZBau 2004, S. 366 ff., sowie Knauff, EuZW 2004, S. 141 ff.

Vorschriften bezweckenden Rechtsmittel-RL[648] und der Sektorenrechtsmittel-RL[649, 650]. Die angeführten Richtlinien weisen – mit Ausnahme der beiden Rechtsmittelrichtlinien – eine gemeinsame Struktur auf, die sich insbesondere in der Einteilung in den persönlichen und sachlichen Anwendungsbereich zeigt[651], welche auch im GWB anzutreffen ist[652]. In den Richtlinien werden jeweils bestimmte Schwellenwerte angegeben, deren Erreichen oder Überschreitung Voraussetzung für die Anwendbarkeit des Vergaberechts ist und die dem Inhalte nach gem. §§ 100 Abs. 1, 127 GWB i.V.m. § 2 Vergabeverordnung[653] Voraussetzung für die Anwendbarkeit der §§ 97 ff. GWB sind[654]. Die Aufnahme der Schwellenwerte führt zu einer Zweiteilung im deutschen Vergaberecht[655]. Bei Erreichen der Schwellenwerte gelten die §§ 97 ff. GWB. Bei Sachverhalten, bei denen dies nicht der Fall ist, bleibt es bei den schon vor Inkrafttreten des Vergaberechtsänderungsgesetzes bestehenden Bindungen durch die verschiedenen Vorschriften im Haushaltsrecht[656], die jedoch anderen interessierten Bietern keinen Anspruch auf eine ordnungsgemäße Durchführung des Vergabeverfahrens

---

648 Richtlinie 89/665/EWG des Rates vom 21.12.1989 über die Koordinierung der Rechts- und Verwaltungsvorschriften für die Anwendung der Nachprüfungsverfahren im Rahmen der Vergabe öffentlicher Liefer- und Bauaufträge, ABl. 1989, L 395, S. 33 ff., die aufgrund einer Änderung – anders als ihr Name vermuten lässt – auch Dienstleistungen erfasst.
649 Richtlinie 92/13/EWG des Rates vom 25.02.1992 über die Koordinierung der Rechts- und Verwaltungsvorschriften für die Anwendung der Gemeinschaftsvorschriften über die Auftragsvergabe durch Auftraggeber im Bereich der Wasser-, Energie- und Verkehrsversorgung sowie im Telekommunikationssektor, ABl. 1992, L 76, S. 14 ff..
650 Vgl. Boesen, Vergaberecht, Einleitung, Rn. 41 ff., noch zur Rechtslage vor der Novelle des EU-Vergaberechts.
651 Vgl. zur Rechtslage vor der Reform des EU-Vergaberechts Crass, Der öffentliche Auftraggeber, S. 25 ff., wo noch weitere gemeinsame Strukturmerkmale aufgeführt werden.
652 Vgl. Pietzcker, ZVgR 1999, S. 24 (25), der aber zugleich darauf hinweist, dass im GWB und in der Vergabeverordnung eine von den EG-Richtlinien abweichende Regelungstechnik (vgl. zu den Unterschieden etwa Reidt/Stickler/Glahs, Vergaberecht, § 98, Rn. 1) gewählt wurde, vgl. ferner Kulartz/Niebuhr, NZBau 2000, S. 6 (7).
653 Verordnung über die Vergabe öffentlicher Aufträge (Vergabeverordnung-VgV) vom 9.1.2001 (BGBl. I, S. 110), zuletzt geändert durch Art. 272 Achte ZuständigkeitsanpassungsVO vom 25.11.2003 (BGBl. I, S. 2304).
654 Reidt/Stickler/Glahs, Vergaberecht, § 100, Rn. 4, sowie § 2 VgV, Rn. 1 ff.
655 Boesen, Vergaberecht, Einleitung, Rn. 157; Reidt/Stickler/Glahs, Vergaberecht, § 100, Rn. 8.
656 Vgl. etwa § 30 HGrG, § 55 BHO oder § 55 hessische LHO.

einräumen und die sich von vornherein grundsätzlich nicht auf juristische Personen des Privatrechts erstrecken[657].

Es zeigt sich also, dass das aktuelle Vergaberecht der §§ 97 ff. GWB ganz wesentlich durch das Europarecht geprägt wurde und wird[658], da ihm noch heute wegen des Grundsatzes der richtlinienkonformen Auslegung bei der Interpretation der vergaberechtlichen Vorschriften große Bedeutung zukommt[659].

aa) Anwendungsvoraussetzungen des Vergaberechts nach dem GWB im Überblick

Ob das Vergaberecht des GWB anwendbar ist, bestimmt sich nach persönlichen und sachlichen Kriterien[660]. Der persönliche Anwendungsbereich wird in § 98 GWB festgelegt, wo enumerativ und abschließend aufgezählt wird, wer als öffentlicher Auftraggeber im Sinne der §§ 97 Abs. 1, 99 Abs. 1 GWB anzusehen ist[661]. Bemerkenswert ist dabei, dass sich das Vergaberecht nicht nur an juristische Personen des öffentlichen Rechts, sondern unter bestimmten Bedingungen auch an juristische Personen des Privatrechts richtet[662].

Der sachliche Anwendungsbereich bestimmt sich nach §§ 99, 100 GWB, erfordert also öffentliche Aufträge, das heißt entgeltliche, nicht zu den Ausnahmen des § 100 Abs. 2 GWB zählende Verträge zwischen öffentlichen Auftraggebern und Unternehmern, die Liefer-, Bau- oder Dienstleistungen zum Gegenstand haben, oder Auslobungsverfahren, die zu Dienstleistungsaufträgen führen sollen, wobei stets die in der Vergabeverordnung fixierten Schwellenwerte erreicht sein müssen[663].

Probleme hinsichtlich der Einordnung als öffentlicher Auftrag im Sinne des § 99 Abs. 1 GWB ergeben sich nun zum einen bei der Vergabe von Dienstleis-

---

657 Kokott in Byok/Jaeger, Einführung, Rn. 55 f.; Pietzcker, ZVgR 1999, S. 24 (24 u. 32); Reidt/Stickler/Glahs, Vergaberecht, § 100, Rn. 8 ff.; Eschenbruch in Niebuhr/ Kulartz/Kus/Portz, § 100, Rn. 20; Marx/Prieß in Jestaedt/Kemper/Marx/Prieß, Anm. 2.1.

658 Vgl. zu aktuellen Entwicklungen des EU-Vergaberechts Opitz, NZBau 2003, S. 183 ff., sowie Rechten, NZBau 2004, S. 366 (375).

659 Vgl. Dreher in Immenga/Mestmäcker, Vor §§ 97 ff., Rn. 75; Boesen, Vergaberecht, Einleitung, Rn. 67 ff.; Werner in Byok/Jaeger, § 98, Rn. 212.

660 Vgl. den Überblick bei Piduch/Nebel, § 55 BHO, Rn. 6.

661 Werner in Byok/Jaeger, § 98, Rn. 210 f.; Dreher, DB 1998, S. 2579 (2579 ff.).

662 Um welche Bedingungen es sich handelt, wird auf den S. 182 ff. näher beleuchtet.

663 Vgl. die ausführlichen Darstellungen von Pietzcker, ZVgR 1999, S. 24 (31 ff.), Dreher, DB 1998, S. 2579 (2586 ff.), sowie Kulartz/Niebuhr, NZBau 2001, S. 6 (7 ff.).

tungskonzessionen[664]. Unter einem Konzessionsvertrag ist eine Vereinbarung zu verstehen, bei der die Gegenleistung nicht in Geld, sondern in dem Recht besteht, die eigene Leistung unter Tragung des wirtschaftlichen Risikos zu nutzen und zu verwerten[665]. Vor kurzem hat sich der EuGH der h.M. im Schrifttum[666] angeschlossen und unter Hinweis auf den durch die Entstehungsgeschichte der Baukoordinierungs-RL und der Dienstleistungskoordinierungs-RL zum Ausdruck gekommenen Willen des Gemeinschaftsgesetzgebers Dienstleistungskonzessionen vom Geltungsbereich der Vergaberechtsrichtlinien ausgenommen[667] und damit auch für die Auslegung des deutschen Rechts die Weichen gestellt. Gleichwohl hat der EuGH in demselben Urteil betont, dass öffentliche Auftraggeber bei der Vergabe von Konzessionen die Grundregeln des EGV wie insbesondere das Diskriminierungsverbot zu beachten haben, was die Verpflichtung zur Transparenz einschließe[668].

Zum anderen können bei sog. In-house-Geschäften Schwierigkeiten bei der Ermittlung des sachlichen Anwendungsbereichs nach § 99 Abs. 1 GWB auftreten[669]. Es handelt sich hierbei um Sachverhalte, bei denen der Leistungserbringer zur selben Rechtsperson gehört wie der „Auftraggeber" oder diesem so nahe steht und diesem so zuzuordnen ist, dass der Leistungserbringer nicht als Dritter anzusehen und daher die Anwendung der Vergabevorschriften nicht angebracht ist[670].

---

664 Vgl. dazu z.B. Gröning, NZBau 2001, S. 123 ff.
665 Hailbronner in Byok/Jaeger, § 99, Rn. 339; Boesen, Vergaberecht, § 99, Rn. 32; Enzian, DVBl. 2002, S. 235 (236); OLG Düsseldorf, NZBau 2000, S. 530.
666 Dreher in Immenga/Mestmäcker, § 98, Rn. 140; Boesen, Vergaberecht, § 99, Rn. 34; Hailbronner in Byok/Jaeger, § 99, Rn. 340; Eschenbruch in Niebuhr/Kulartz/Kus/Portz, § 98, Rn. 166 i.V.m. § 99, Rn. 16; a.A. z.B. Enzian, DVBl. 2002, S. 235 (237 f.).
667 EuGH v. 7.12.2000, Rs. C–324/98, NZBau 2001, S. 148 ff.; wiederholt und ausdrücklich auf die Richtlinie 92/50 EWG bezogen durch EuGH v. 30.05.2002, Rs. C–358/00, NZBau 2003, S. 50 f.; der EU-Gesetzgeber hat die Rechtsprechung des EuGH aufgenommen und in Art. 17 der RL 2004/18/EG Dienstleistungskonzessionen vom Geltungsbereich der Richtlinie ausgenommen, allerdings unbeschadet des Diskriminierungsverbots nach Art. 3 RL 2004/18/EG. Ähnlich wird in Art. 18 der RL 2004/17/EG verfahren.
668 EuGH v. 7.12.2000, Rs. C–324/98, NZBau 2001, S. 148 (151); vgl. dens. v. 21.07.2005, Rs. C–231/03 (F.A.Z. vom 27.07.2005, S. 23), wonach anderen Unternehmen zumindest durch ein transparentes Verfahren die Möglichkeit eingeräumt werden müsse, ihr Interesse an der Konzession zu bekunden.
669 Vgl. zusammenfassend Dreher, NZBau 2001, S. 360 (361 ff.).
670 Reidt/Stickler/Glahs, Vergaberecht, § 99, Rn. 5b f.; Boesen, Vergaberecht, § 100, Rn. 88; allerdings will Dreher, NZBau 2001, S. 360 (361 f.), begrifflich zwischen der Vergabe innerhalb desselben Rechtsträgers und der bei zwei selbständigen Rechtsträgern trennen, wobei er in der Sache einmal vom Fehlen eines Vertrages mit Außenwirkung und das andere Mal von einer teleologischen Reduktion des

In der zweiten Konstellation ist fraglich, welche Kriterien erfüllt sein müssen, damit der Leistungserbringer nicht als Dritter einzustufen ist. Zwar hat der EuGH auch zu dieser Frage Stellung genommen und wichtige Hinweise gegeben[671], die vom BGH auch aufgegriffen wurden[672], doch stellen sich bei der Rechtsanwendung immer wieder Probleme[673].

Schließlich ergeben sich bei der Bestimmung des sachlichen Anwendungsbereichs des GWB-Vergaberechts recht oft Schwierigkeiten hinsichtlich der Berechnung der Schwellenwerte[674] und der Auslegung der Ausnahmevorschriften des § 100 Abs. 2 GWB[675].

bb) Konsequenzen für die weitere Untersuchung

Die allgemeinen Ausführungen zum Anwendungsbereich des Vergaberechts nach dem GWB lassen erkennen, dass es für die Prüfung der Notwendigkeit eines Vergabeverfahrens vor Beauftragung eines Unternehmens mit der Errichtung und dem Betrieb eines Zentralen Kontrahenten mehrere Ansatzpunkte gibt. So könnte argumentiert werden, dass dem Unternehmen, bei der FWB also der Eurex Clearing AG, lediglich eine Dienstleistungskonzession erteilt worden sei, die von den §§ 97 ff. GWB nicht erfasst werde[676]. Diese Vorgehensweise hätte jedoch den Nachteil, dass sie lediglich auf die Vertragsmodalitäten im Einzelfall abstellte, die häufig gar nicht bekannt sind[677], und damit keine allgemeingültigen Aussagen

---

Auftraggeberbegriffes ausgeht. Letztlich ergeben sich aus der unterschiedlichen Begrifflichkeit jedoch keine Konsequenzen.

671 EuGH v. 18.11.1999, Rs. C–107/98, NZBau 2000, S. 90 (91), sowie EuGH v. 7.12.2000, Rs. C–94/99, NZBau 2001, S. 99 (101); vgl. ferner das jüngste Urteil des EuGH zu dieser Problematik v. 11.01.2005, Rs. C–26/03, NZBau 2005, S. 111 ff.

672 BGH, NZBau 2001, S. 517 (519 f.).

673 Vgl. z.B. Dreher, NZBau 2002, S. 245 (252 f.), sowie Müller, NZBau 2001, S. 416 (418 ff.).

674 Zu dieser Einschätzung Pietzcker, ZVgR 1999, S. 24 (31 f.).

675 Vgl. zu den Auslegungsbemühungen zu dem im vorliegenden thematischen Zusammenhang besonders interessierenden § 100 Abs. 2 lit. m) GWB, der sich auf finanzielle Dienstleistungen im Zusammenhang mit Ausgabe, Verkauf, Ankauf und Übertragung von Wertpapieren oder andern Finanzinstrumenten sowie Dienstleistungen der Zentralbanken bezieht, Dreher/Opitz, WM 2002, S. 413 (418 ff.), und Hailbronner, WM 2002, S. 1674 (1676 ff.).

676 Der Eurex Clearing AG wird das Recht eingeräumt, als Zentraler Kontrahent zu fungieren, damit eine Dienstleistung zu erbringen und dafür von den Börsenteilnehmern ein Entgelt zu verlangen.

677 Einblick in die mit dem Zentralen Kontrahenten verbundenen Verträge konnte nicht erlangt werden.

zuließe. Darüber hinaus würde sie nicht hinreichend die Rechtsprechung des EuGH zum Vergaberecht bei Dienstleistungskonzessionen berücksichtigen, die auch in diesen Fällen Transparenz und die Einhaltung der Grundregeln des EGV fordert[678] und die von einem großen Teil in der Literatur dahingehend verstanden wird, dass ein wettbewerbsoffenes, vergabeähnliches Verfahren durchzuführen ist[679].

Ein Abstellen auf die Grundsätze der In-house-Vergabe führt nicht weiter, weil die Erfüllung der Kriterien zur In-house-Vergabe angesichts der Beteiligungsverhältnisse[680] an der Eurex Clearing AG als wichtigstes praktisches Beispiel mehr als zweifelhaft erscheint.

Von vornherein auf die Ausnahmebestimmungen des § 100 Abs. 2 GWB und dort insbesondere auf lit. m) abzustellen, erscheint systematisch fragwürdig und verspricht im Ergebnis auch keine allzu große Rechtssicherheit, da die Vorschrift ihrem Sinn nach eher auf andere Sachverhaltsgestaltungen zugeschnitten ist[681].

Diese Überlegungen legen es nahe, zunächst zu beleuchten, ob bei der Beauftragung eines Unternehmens mit den Aufgaben eines Zentralen Kontrahenten überhaupt der persönliche Anwendungsbereich des Vergaberechts nach dem GWB eröffnet ist. Dieses Vorgehen entspricht einer systematischen, oft praktizierten Prüfung[682] und hat zudem den Vorteil, dass die Relevanz des Vergaberechts für Beschaffungen im Bereich des Börsenwesens generell verneint werden kann, sofern sich der persönliche Anwendungsbereich als nicht eröffnet erweist[683].

---

678 EuGH v. 7.12.2000, Rs. C–324/98, NZBau 2001, S. 148 (151); ders. v. 21.07.2005, Rs. C–231/03, F.A.Z. v. 27.07.2005, S. 23.
679 Endler, NZBau 2002, S. 125 (127); Gröning, NZBau 2001, S. 123 (124); Crass, Der öffentliche Auftraggeber, S. 141; Enzian, DVBl. 2002, S. 235 (239); Wagner/Steinkemper, BB 2004, S. 1577 (1580).
680 Die Anteile der Eurex Clearing AG werden zu 100 % von der Eurex Frankfurt AG gehalten, deren Anteile wiederum zu 100 % von der Eurex Zürich AG gehalten werden. An der Eurex Zürich AG hält die Deutsche Börse AG aber nur 50 %, während die SWX Swiss Exchange die anderen 50 % hält (vgl. Kümpel/Hammen, Börsenrecht, S. 263), so dass die Eurex Clearing AG der Deutsche Börse AG wohl als Dritter im Sinne des § 99 Abs. 1 GWB entgegentritt.
681 Vgl. Dreher/Opitz, WM 2002, S. 413 (418 ff.), und Hailbronner, WM 2002, S. 1674 (1676 ff), die sich intensiv mit § 100 Abs. 2 lit. m) GWB auseinandersetzen, ohne auch nur mit einem Wort auf mit dem Abschluss von Börsengeschäften verbundenen Dienstleistungen einzugehen.
682 Vgl. etwas Piduch/Nebel, § 55 BHO, Rn. 6; Pietzcker, ZVgR 1999, S. 24 ff.; Dreher, DB 1998, S. 2579 ff.
683 Vgl. Boesen, Vergaberecht, § 98, Rn. 1.

b) Der Börsenträger als öffentlicher Auftraggeber gem. § 98 GWB

Nachdem durch die Aufarbeitung der börsenrechtlichen Grundstrukturen und damit zusammenhängender Fragestellungen der Börsenträger als zuständiger Auftraggeber für die Errichtung und den Betrieb des Zentralen Kontrahenten ermittelt wurde, ist zu untersuchen, ob es sich bei den Börsenträgern, die mittlerweile alle privatrechtlich organisiert sind[684], und insbesondere bei der Deutsche Börse AG als Träger der FWB, an der die Eurex Clearing AG als Zentraler Kontrahent fungiert[685], um öffentliche Auftraggeber im Sinne des § 98 GWB handelt und somit der persönliche Anwendungsbereich für ein Vergabeverfahren nach dem GWB eröffnet ist. Sollte dies nicht der Fall sein, müssten weder die Deutsche Börse AG noch andere Börsenträger vor Einführung einer Einrichtung wie derjenigen des Zentralen Kontrahenten oder auch vor Beschaffungen anderer Art ein Vergabeverfahren durchführen.

aa) Der funktionale Auftraggeberbegriff

Die schon angesprochene einschneidende Bedeutung des Europarechts für das deutsche Vergaberecht[686] führte unter anderem zu einem tief greifenden Wandel hinsichtlich der Normadressaten[687]. Als das Vergaberecht noch vom Haushaltsrecht bestimmt wurde, galt ein strenger, institutioneller Auftraggeberbegriff, der die bundesunmittelbaren bzw. landesunmittelbaren juristischen Personen des öffentlichen Rechts, die Sondervermögen und die Gemeinden erfasste[688]. Natürliche und juristische Personen des Privatrechts mussten deshalb nur dann die Vergaberegeln anwenden, wenn sie dazu durch einen entsprechenden Akt, bspw. in einem Zuwendungsbescheid, verpflichtet wurden[689]. Das änderte sich mit der Umsetzung der EG-Vergaberichtlinien, die unter Einfluss der Rechtsprechung

---

684 Vgl. Hammen, Festschrift T. Raiser, S. 661 (673 f.).

685 Nach fernmündlicher Auskunft der Rechtsabteilung der Deutsche Börse AG hat die Deutsche Börse AG in der Tat die Eurex Clearing AG mit der Durchführung der Aufgaben eines Zentralen Kontrahenten beauftragt.

686 Vgl. die Ausführungen auf S. 173 ff.

687 Dreher in Immenga/Mestmäcker, Vor §§ 97 ff., Rn. 50; Marx/Prieß in Jaeger/Kemper/Marx/Prieß, Anm. 2.2.

688 Boesen, Vergaberecht, § 98, Rn. 5, mit Verweis auf §§ 55, 105, 113 BHO bzw. LHO; für hessische Gemeinden gilt darüber hinaus § 30 GemHVO Hessen; vgl. ferner Marx in Motzke/Pietzcker/Prieß, § 98 GWB, Rn. 1.

689 Pietzcker, ZVgR 1999, S. 24 (24); Marx in Motzke/Pietzcker/Prieß, § 98 GWB, Rn. 1; Werner in Byok/Jaeger, § 98, Rn. 199.

des EuGH[690] 1990 begannen, den sog. funktionalen Auftraggeberbegriff einzuführen[691], von dem nunmehr in Art. 1 Abs. 9 der RL 2004/18/EG ausgegangen wird[692]. Der funktionale Auftraggeberbegriff wurde zunächst im Rahmen der sog. haushaltsrechtlichen Lösung[693] in § 57 a HGrG übernommen[694], dessen Inhalt sich jetzt in § 98 GWB im Wesentlichen unverändert wieder findet. In § 98 GWB werden die Auftraggeber entsprechend den Vorgaben der EG-Vergaberichtlinien in sechs Gruppen eingeordnet[695].

Da es sich bei den privatrechtlich organisierten Börsenträgern weder um klassische öffentliche Auftraggeber[696] noch um juristische Personen des Privatrechts handelt, die auf dem Gebiet der Trinkwasser- oder Energieversorgung, des Verkehrs oder der Telekommunikation tätig sind[697], und die Börsenträger auch nicht für Baumaßnahmen von der öffentlichen Hand finanzielle Mittel oder durch Vertrag eine Baukonzession erhalten[698], kann die Untersuchung des persönlichen Anwendungsbereichs auf § 98 Nr. 2 GWB konzentriert werden. Nach dieser Vorschrift, die sich inhaltlich stark an Art. 1 Abs. 9 der RL 2004/18/EG bzw. dessen Vorläuferregelungen[699] orientiert, sind öffentliche Auftraggeber „juristische Personen des öffentlichen und des privaten Rechts, die zu dem besonderen Zweck gegründet wurden, im Allgemeininteresse liegende Aufgaben nichtgewerblicher Art zu erfüllen, wenn Stellen, die unter Nummer 1 oder 3 fallen, sie

---

690 Vgl. insbesondere EuGH v. 20.9.1988, Rs. 31/87, Slg. 1988, S. 4635, Rn. 11: „Der in dieser Bestimmung verwendete Begriff des Staates ist im funktionellen Sinne zu verstehen. Das Ziel der Richtlinie, die die tatsächliche Verwirklichung der Niederlassungsfreiheit und des freien Dienstleistungsverkehrs auf dem Gebiet der öffentlichen Bauaufträge anstrebt, wäre gefährdet, wenn sie allein deswegen unanwendbar wäre, weil ein öffentlicher Bauauftrag von einer Einrichtung vergeben würde, die geschaffen wurde, um ihr durch Gesetz zugewiesene Aufgaben zu erfüllen, die jedoch nicht förmlich in die staatliche Verwaltung eingegliedert ist."
691 Boesen, Vergaberecht, § 98, Rn. 8 ff.; Dreher in Immenga/Mestmäcker, § 98, Rn. 4.
692 Bis zur Aufhebung durch die RL 2004/18/EG jeweils in Art. 1 lit. b) der Baukoordinierungs-RL, Lieferkoordinierungs-RL und Dienstleistungskoordinierungs-RL.
693 Vgl. Crass, Der öffentliche Auftraggeber, S. 37 f.
694 Durch das Zweite Gesetz zur Änderung des HGrG v. 26.11.1993, BGBl. I, S. 1928.
695 Vgl. Dreher in Immenga/Mestmäcker, § 98, Rn. 3.
696 Vgl. zum diese erfassenden § 98 Nr. 1 GWB Eschenbruch in Niebuhr/Kulartz/Kus/Portz, § 98, Rn. 17 ff.
697 Zu den Auftraggebern in den sog. Sektorenbereichen nach § 98 Nr. 4 GWB, auf die sich der persönliche Anwendungsbereich des Vergaberechts aufgrund der Vorgaben durch die Sektorenkoordinierungs-RL zu erstrecken hat, vgl. Werner in Byok/Jaeger, § 98, Rn. 271 ff.
698 Zu den Auftraggebern nach § 98 Nr. 5 und 6 GWB, die damit stark vergröbernd angesprochen werden, vgl. Boesen, Vergaberecht, § 98, Rn. 113 ff. u. 119 ff.
699 Art. 1 lit. b) der Baukoordinierungs-RL, Lieferkoordinierungs-RL und Dienstleistungskoordinierungs-RL.

einzeln oder gemeinsam durch Beteiligung oder auf sonstige Weise überwiegend finanzieren oder über ihre Leitung die Aufsicht ausüben oder mehr als die Hälfte der Mitglieder eines ihrer zur Geschäftsführung oder zur Aufsicht berufenen Organe bestimmt haben."

bb) Konkretisierung des § 98 Nr. 2 GWB

Mit dem Tatbestand des § 98 Nr. 2 GWB soll sichergestellt werden, dass auch die in privatrechtlicher Form durchgeführten staatlichen Aufgaben dem Vergaberecht unterworfen sind und nicht durch eine rein formale Privatisierung eine Befreiung vom Vergaberechtsregime erreicht werden kann[700]. Gleichwohl wird die Bestimmung der „juristischen Person des öffentlichen und privaten Rechts" im Sinne der Nr. 2 als eines der Hauptprobleme des Vergaberechts angesehen[701]. Die praktischen Schwierigkeiten bei der Auslegung des Tatbestandes werden auch nur unzureichend durch Anhang III der RL 2004/18/EG behoben, der die „Einrichtungen und Kategorien von Einrichtungen des öffentlichen Rechts" i.S. des Art. 1 Abs. 9 der RL 2004/18/EG enthalten soll. Denn nach Art. 1 Abs. 9 Unterabs. 2 der RL 2004/18/EG sind die Verzeichnisse in Anhang III „nicht erschöpfend"[702]. Das bedeutet, dass das Fehlen der Börsenträger unter den juristischen Personen des Privatrechts in Anhang III nicht heißt, dass sie als öffentliche Auftraggeber ausscheiden. Vielmehr müssen die einzelnen Tatbestandsmerkmale konkretisiert und auf den jeweils zu entscheidenden Fall angewendet werden. Nicht weiter vertieft werden muss in diesem Zusammenhang, ob tatsächlich nur

---

700 Boesen, Vergaberecht, § 98, Rn. 29; Dreher, DB 1998, S. 2579 (2580).
701 Dreher, DB 1998, S. 2579 (2580); Thode, ZIP 2000, S. 2 (3); Pietzcker, ZVgR 1999, S. 24 (26).
702 Zum entsprechenden Anhang I der Baukoordinierungs-RL fehlte eine solche klare gesetzliche Äußerung, die deutlich macht, dass der Aufzählung im Anhang keine abschließende Wirkung hinsichtlich des persönlichen Anwendungsbereichs der Richtlinien zukommt, er insofern lediglich als Hilfe zur Auslegung des § 98 Nr. 2 GWB herangezogen werden kann. Dennoch wurde in der Literatur bereits damals davon ausgegangen, dass es sich bei der Aufzählung nicht um eine enumerative abschließende Liste, sondern um eine Aufzählung mit Indizwirkung handelte (vgl. Dietlein, NZBau 2002, S. 136 (137); Werner in Byok/Jaeger, § 98, Rn. 227; Crass, Der öffentliche Auftraggeber, S. 66 f.; Ohler, Zum Begriff des Öffentlichen Auftraggebers im Europäischen Vergaberecht, S. 4 f.); ob sich die Indizwirkung bis zu einer Vermutungswirkung verdichtet, wird unterschiedlich beurteilt. Ablehnend z.B. Crass, aaO., S. 66 f., mit Nachweisen auch zur Gegenansicht.

juristische Personen als Auftraggeber im Sinne des § 98 Nr. 2 GWB in Betracht kommen[703], da es sich bei den Börsenträgern jedenfalls um solche handelt[704].

aaa) Gründung zur Wahrnehmung bestimmter Aufgaben

Nach dem Wortlaut des § 98 Nr. 2 GWB muss das Unternehmen zu einem besonderen Zweck gegründet worden sein, nämlich um im Allgemeininteresse liegende Aufgaben zu erfüllen. Hinsichtlich des Erfordernisses eines bestimmten Gründungszwecks stellt sich zunächst die Frage, anhand welcher Umstände dieser zu bestimmen ist[705]. In der Literatur wird hierfür auf die Satzung oder den Gründungsvertrag des Unternehmens abgestellt[706]. Weitgehend anerkannt ist dabei, dass eine nach der Unternehmensgründung erfolgte Änderung des Unternehmensgegenstandes zumindest dann zu berücksichtigen ist, wenn sie Niederschlag in den Statuten der Satzung oder des Unternehmensgründungsvertrages gefunden hat[707]. In einem erst kürzlich entschiedenen Fall hat der EuGH allerdings sehr viel geringere Anforderungen an den Gründungszweck gestellt[708]. Es füge sich in die bisherige, die funktionale Ausrichtung des Begriffs „öffentliche Einrichtung" der Vergaberichtlinien betonende Rechtsprechung des EuGH ein, auf die tatsächlich ausgeübte Tätigkeit eines Unternehmens abzustellen. Nur so könne die praktische Wirksamkeit[709] der Vergaberichtlinien gewährleistet werden. Dies schließe es aus, für die Einordnung als öffentliche Einrichtung danach zu unterscheiden, ob in der Satzung eine Anpassung an die tatsächlich ausgeübte Tätigkeit stattgefunden habe oder nicht[710]. Angesichts der überragenden Bedeutung der europarechtlichen Vorgaben für das deutsche Vergaberecht[711] ist zu er-

---

703 Vgl. zu der europarechtlich gebotenen erweiternden Auslegung Dreher in Immenga/ Mestmäcker, § 98, Rn. 21 f., sowie Eschenbruch in Niebuhr/Kulartz/Kus/Portz, § 98, Rn. 30.

704 Vgl. die Auflistung der Börsenträger einschließlich ihrer Rechtsformen bei Hammen, Festschrift T. Raiser, S. 661 (673 f.).

705 Vgl. Marx in Motzke/Pietzcker/Prieß, § 98, Rn. 13; Dreher in Immenga/Mestmäcker, § 98, Rn. 24.

706 Dietlein, NZBau 2002, S. 136 (138); Marx in Motzke/Pietzcker/Prieß, § 98, Rn. 13.

707 Vgl. Boesen, Vergaberecht, § 98, Rn. 62; Dreher, DB 1998, S. 2579 (2580); Eschenbruch in Niebuhr/Kulartz/Kus/Prieß, § 98, Rn. 31; Thode, ZIP 2000, S. 2 (4).

708 EuGH v. 12.12.2002, Rs. C–470/99, NZBau 2003, S. 162 ff.

709 Vgl. zum „effet utile" Grundsatz als Auslegungskriterium z.B. Lecheler, Einführung in das Europarecht, S. 144.

710 EuGH v. 12.12.2002, Rs. C–470/99, NZBau 2003, S. 162 ff., Rn. 53 ff.

711 Vgl. Lienemeyer, EWS 2000, S. 448 (449), der die Deutungshoheit des EuGH über die den Vergaberichtlinien entnommenen Rechtsbegriffe „im Allgemeininteresse liegende Aufgaben nichtgewerblicher Art" hervorhebt.

warten, dass sich diese Auffassung auch für die Auslegung von § 98 Nr. 2 GWB durchsetzen wird, so dass es nicht einmal gegen den Status als öffentlicher Auftraggeber spräche, wenn in den Satzungen der Börsenträger der Betrieb von Börsen nicht als Unternehmensgegenstand aufgeführt würde, sofern sich dieser als Aufgabe gem. Nr. 2 herausstellen sollte.

Auf den EuGH geht ferner die Klärung der Frage zurück, wie es sich auswirkt, wenn das Unternehmen neben der Verfolgung eines dem § 98 Nr. 2 GWB entsprechenden Zwecks anderen, nicht dem Allgemeininteresse dienenden Tätigkeiten nachgeht. Im Fall der österreichischen Staatsdruckerei hat der EuGH entschieden, dass es der Einordnung als öffentliche Einrichtung im Sinne der Vergaberichtlinien sowohl wegen des Zwecks der Richtlinien als auch aus Gründen der Rechtssicherheit nicht entgegenstehe, wenn ein Unternehmen neben der Wahrnehmung der Aufgaben im Allgemeininteresse anderen Tätigkeiten nachgehe[712]. Diese Rechtsprechung, die in der Literatur Zustimmung gefunden hat[713], bedeutet für die Anwendbarkeit des Vergaberechts auf die Börsenträger, dass es jedenfalls unerheblich ist, wenn sie neben dem Betrieb von Börsen, der womöglich die Voraussetzungen des § 98 Nr. 2 GWB erfüllt, andere Geschäftstätigkeiten wie bspw. das Settlement von Wertpapiergeschäften oder den Betrieb von Wertpapierinformationssystemen ausüben[714].

Demzufolge kommt es für die Bewertung des persönlichen Anwendungsbereichs nach § 98 Nr. 2 GWB vornehmlich darauf an, ob der Betrieb von Börsen als im Allgemeininteresse liegende Aufgabe nichtgewerblicher Art anzusehen ist.

bbb) Aufgaben im Allgemeininteresse

(1) Konkretisierung der Aufgaben im Allgemeininteresse

Der Begriff des Allgemeininteresses wird weder durch die EG-Vergaberichtlinien noch durch den deutschen Gesetzgeber definiert. Dennoch wird er im Europarecht in vielfältiger Weise, z.B. zur Rechtfertigung von Beschränkungen der Nie-

---

712 EuGH v. 15.01.1998, Rs. C–44/96, EuZW 1998, S. 120 (=Slg. 1998, I–73), Rn. 25 f. u. 33 f.; bestätigt durch EuGH v. 12.11.1998, Rs. C–360/96, NVwZ 1999, S. 397 (=Slg. 1998, I–6821), Rn. 55.

713 Dreher in Immenga/Mestmäcker, § 98, Rn. 25; Boesen, Vergaberecht, § 98, Rn. 59; Eschenbruch in Niebuhr/Kulartz/Kus/Portz, § 98, Rn. 33.

714 Diese Schlussfolgerung ist insbesondere für die Deutsche Börse AG relevant, da deren erwerbswirtschaftliche Betätigung außerhalb ihres Beleihungsauftrages immer größere Ausmaße annimmt (vgl. Beck, WM 1996, S. 2313 (2316), Lenenbach, Kapitalmarkt- und Börsenrecht, Rn. 3.7, sowie Deutsche Börse AG, Börsenzulassungsprospekt, S. 90 f.).

derlassungs- oder der Dienstleistungsfreiheit[715], gebraucht[716]. Da das Allgemeininteresse in dieser Verwendung der Einschränkung der Grundfreiheiten dient, während § 98 Nr. 2 GWB gerade das von den Vergaberichtlinien vorgegebene gegenteilige Ziel verfolgt, nämlich die einschlägigen Regelungen zur Verwirklichung eines Vergabebinnenmarks zur Anwendung zu bringen, kann einer systematischen Auslegung von vornherein nur beschränkte Aussagekraft zukommen[717].

Im deutschen Recht kommt der Begriff des Allgemeininteresses vereinzelt vor[718]. Er dient dabei entweder dem Abwägen der Verhältnismäßigkeit staatlicher Maßnahmen oder, wie im Falle des § 98 Nr. 2 GWB, der Umsetzung von Gemeinschaftsrecht[719]. Eine einheitliche Auslegung ist vor diesem Hintergrund nicht möglich[720]. Zum Teil wird in der Literatur das Allgemeininteresse mit dem im deutschen Recht bekannten öffentlichen Interesse gleichgesetzt[721]. Dieser Ansatz konnte sich jedoch nicht durchsetzen[722]. Stattdessen wird vorgeschlagen, das Allgemeininteresse durch die Abschichtung lediglich privater, das heißt individueller bzw. partikularer Interessen von darüber hinausgehenden Interessen zu bestimmen[723]. Damit wird letztlich auf eine allgemeingültige Definition verzichtet und auf die Prüfung des Einzelfalls verwiesen[724]. Als generell hilfreich für die Zuordnung einer Aufgabe zum Allgemeininteresse erweist sich dabei die fast durchweg geteilte Vermutung, dass öffentlichrechtliche Rechtsträger grundsätz-

715 Vgl. die sich auf das Allgemeininteresse stützende Rechtsprechung des EuGH v. 28.04.1977, Rs. 71/76, Slg. 1977, S. 765, Rn. 11–15, sowie Rs. C–106/91, Slg. 1992, S. 3375, Rn. 21.

716 Vgl. Crass, Der öffentliche Auftraggeber, S. 79 ff., mit ausführlicher Darstellung; Thode, ZIP 2000, S. 2 (3 f.).

717 Werner in Byok/Jaeger, § 98, Rn. 247; Dreher, DB 1998, S. 2579 (2581); Boesen, Vergaberecht, § 98, Rn. 43.

718 Vgl. § 33 Abs. 3 BGSG und § 53 b Abs. 2 KWG.

719 Vgl. Crass, Der öffentliche Auftraggeber, S. 83 f.

720 Boesen, Vergaberecht, § 98, Rn. 45; Crass, Der öffentliche Auftraggeber, S. 83 f.

721 So Seidel, ZfBR 1995, S. 227 (228); Eschenbruch in Niebuhr/Kulartz/Kus/Portz, § 98, Rn. 35.

722 Vgl. die Kritik von Dreher, DB 1998, S. 2579 (2581 f.), sowie die Differenzierung von Werner in Byok/Jaeger, § 98, Rn. 248.

723 Dreher in Immenga/Mestmäcker, § 98, Rn. 32; ähnlich Marx in Motzke/Pietzcker/Prieß, § 98, Rn. 14.

724 Vgl. Werner in Byok/Jaeger, § 98, Rn. 254; Boesen, Vergaberecht, § 98, Rn. 48; Reidt/Stickler/Glahs, § 98, Rn. 16; kritisch dazu Dietlein, NZBau 2002, S. 136 (138 f.), der auf Inhalt und Umfang des staatlichen Infrastruktur- bzw. Infrastrukturgewährleistungsauftrags abstellen will, ohne allerdings die Praktikabilität dieses Vorschlags darzulegen.

lich im Allgemeininteresse liegende Aufgaben wahrnehmen[725]. Ob allerdings auch eine Vermutung gegen die Wahrnehmung von Aufgaben im Allgemeininteresse spricht, wenn ein Rechtsträger privatrechtlich organisiert ist, wird unterschiedlich beurteilt[726]. Weitgehende Einigkeit besteht nur darin, dass jedenfalls dann Allgemeininteressen wahrgenommen werden, wenn hoheitliche Befugnisse ausgeübt werden[727], wovon bei Privaten freilich selten auszugehen sein wird.

Orientierung in der Meinungsvielfalt zur Bestimmung des Allgemeininteresses bieten einige neuere Judikate des EuGH, die zwar ebenfalls keine abstrakte Definition enthalten, mit ihren auf den Einzelfall bezogenen Aussagen aber dennoch als grundlegend eingestuft werden können[728].

So hat der EuGH im Falle der österreichischen Staatsdruckerei entschieden, dass diese im Allgemeininteresse liegende Aufgaben erfülle, weil ihre Druckprodukte wie Reisepässe, Führerscheine und Personalausweise eng mit der öffentlichen Ordnung und dem institutionellen Funktionieren des Staates verknüpft seien und nach einer Versorgungsgarantie sowie Produktionsbedingungen verlangten, die die Beachtung von Geheimhaltungs- und Sicherheitsvorschriften gewährleisteten[729]. Nachdem der EuGH daraufhin deutlich gemacht hat, dass das Kriterium der „nicht gewerblichen Art" den Begriff der im Allgemeininteresse liegenden Aufgaben präzisieren solle, folglich beide Kriterien zu unterscheiden seien[730], hat er in einer weiteren Entscheidung[731] ein weitergehendes Verständnis des Allge-

---

725 Dreher in Immenga/Mestmäcker, § 98, Rn. 35; Marx in Motzke/Pietzcker/Prieß, § 98, Rn. 14; Werner in Byok/Jaeger, § 98, Rn. 249; Reidt/Stickler/Glahs, Vergaberecht, § 98, Rn. 20; Dietlein, NZBau 2002, S. 136 (138 f.).

726 Befürwortend Werner in Byok/Jaeger, § 98, Rn. 250, und Schröder, DÖV 2002, S. 335 (336); ablehnend Reidt/Stickler/Glahs, Vergaberecht, § 98, Rn. 20 m.w.Nachw.; nicht eindeutig Eschenbruch in Niebuhr/Kulartz/Kus/Portz, § 98, Rn. 39, der grundsätzlich eine Vermutung für möglich hält, andererseits diese ablehnt, wenn dem Privatunternehmen „besondere, ggf. sogar staatliche Aufgaben" übertragen wurden.

727 Boesen, Vergaberecht, § 98, Rn. 48; Dreher, DB 1998, S. 2579 (2582); Reidt/Stickler/Glahs, Vergaberecht, § 98, Rn. 16.

728 Vgl. zu dieser Einschätzung Crass, Der öffentliche Auftraggeber, S. 78 ff.

729 EuGH v. 15.01.1998, Rs. C–44/96, EuZW 1998, S. 120 (=Slg. 1998, I–73), Rn. 24; dort wird allerdings begrifflich noch nicht klar zwischen dem Allgemeininteresse und der Nichtgewerblichkeit der Tätigkeit unterschieden.

730 EuGH v. 12.11.1998, Rs. C–360/96, NVwZ 1999, S. 397 (=Slg. 1998, I–6821), Rn. 32 ff.

731 EuGH v. 10.05.2001, verbundene Rs. C–223/99 und C–260/99, NZBau 2001, S. 403 ff. (=Slg. 2001, I–3605); vgl. dazu die kritischen Stellungnahmen von Schröder, DÖV 2002, S. 335 (337), sowie von Opitz, NZBau 2003, S. 252 (254), der das Allgemeininteresse in dieser Form als untaugliches Abgrenzungskriterium bezeichnet.

meininteresses zu erkennen gegeben. Es wurden nämlich Tätigkeiten wie die Ausrichtung von Messeveranstaltungen, Ausstellungen und sonstigen vergleichbaren Veranstaltungen als im Allgemeininteresse liegend eingestuft[732]. Begründet wurde diese Einschätzung damit, dass ein Ausrichter solcher Veranstaltungen durch das Zusammenführen von Herstellern und Händlern an einem Ort nicht nur deren Interesse am Absatz ihrer Waren diene, sondern zugleich einen im Allgemeininteresse liegenden Impuls für den Handel gebe, indem er den Verbrauchern die Möglichkeit biete, ihre Kaufentscheidung unter optimalen Bedingungen zu treffen[733]. Mit einer späteren Entscheidung wurde die Annahme einer Aufgabe im Allgemeininteresse auf alle Tätigkeiten erstreckt, die eine Impulswirkung für den Handel und die wirtschaftliche und soziale Entwicklung des Gemeinwesens haben[734].

(2) Betreiben einer Börse als Aufgabe im Allgemeininteresse

Werden die vorstehenden Kriterien auf die Tätigkeit eines Börsenträgers angewandt, so gelangt man gleich unter mehreren Aspekten zu deren Einordnung als Aufgabe im Allgemeininteresse. So kann zunächst formal argumentiert werden, dass wegen der Eigenschaft des Börsenträgers als Beliehener[735] trotz der privaten Rechtsform die Vermutung für die Wahrnehmung einer Aufgabe im Allgemeininteresse gilt. Denn es ist bei den Ausführungen zur Rechtsstellung des Börsenträgers deutlich geworden, dass die Tätigkeit als Börsenträger eine Angliederung an die öffentliche Verwaltung voraussetzt. Somit könnte man sich auf den Standpunkt stellen, dass die Eigenschaft als Beliehener gegenüber der privaten Rechtsform den Ausschlag zugunsten der öffentlichrechtlichen Einordnung der Börsenträgertätigkeit gibt und deshalb eine Vermutung für die damit verbundene Wahrnehmung von Aufgaben im Allgemeininteresse streitet.

Selbst wenn man sich dieser Argumentation nicht anschließen wollte, so müsste doch wenigstens nach den Vorgaben des EuGH eine Einordnung zu den Aufgaben im Allgemeininteresse erfolgen. Wenn nämlich die Ausrichtung von Messen zu dieser Kategorie gehört, weil dadurch ein Impuls für den Handel ge-

---

732 EuGH v. 10.05.2001, verbundene Rs. C–223/99 und C–260/99, NZBau 2001, S. 403 (=Slg. 2001, I–3605), Rn. 33.

733 EuGH v. 10.05.2001, verbundene Rs. C–223/99 und C–260/99, NZBau 2001, S. 403 (=Slg. 2001, I–3605), Rn. 34.

734 EuGH v. 22.05.2003, Rs. C–18/01, NZBau 2003, S. 396, Rn. 43 u. 45.

735 Vgl. dazu die Ausführungen oben S. 138 ff.

geben wird[736], kann nichts anderes für das Betreiben von Börsen gelten. Mit dieser Tätigkeit wird der Börse als Anstalt des öffentlichen Rechts erst die Basis gegeben, um ihrer Aufgabe als Organisatorin des Börsenhandels nachgehen zu können. Der organisierte Börsenhandel hat aber noch stärker als das für herkömmliche Messen[737] gilt, die Funktion, den Marktteilnehmern bei ihrer Anlageentscheidung die Gewähr für einen marktgerechten Preis[738] und damit gleichfalls einen Impuls für den (Börsen-)Handel zu geben[739].

Die vom Börsenhandel ausgehenden Impulse für die Wirtschaft, die auch vom Gesetzgeber anerkannt werden, der den Börsen große gesamtwirtschaftliche Bedeutung zumisst[740], sind sogar noch weitergehend. Dies lässt sich bspw. mit der Kapitalallokation an den Börsen belegen, die dabei behilflich ist, dass Unternehmen der Privatwirtschaft ebenso wie der Staat über die Emission von Aktien oder Schuldverschreibungen ihren Kapitalbedarf decken können[741], so dass funktionierende Börsen einen wesentlichen Beitrag zur internationalen Wettbewerbsfähigkeit des Finanzplatzes und Wirtschaftsstandorts Deutschland leisten[742].

Obwohl alle diese Impulse unmittelbar von der Börse als Anstalt des öffentlichen Rechts ausgehen, muss wegen der engen Kooperation von Börse und ihrem Träger letzterem ein Anteil an den wirtschaftsbelebenden Wirkungen zugesprochen werden. Schließlich ist die gesamte Tätigkeit eines Börsenträgers in seiner Eigenschaft als Beliehener darauf ausgerichtet, der Börse ihre Tätigkeit als Marktplatzbetreiber zu ermöglichen. Insofern ist eine trennscharfe Unterscheidung zwischen den Tätigkeiten von Börse und ihrem Träger in Bezug auf die Auswirkungen auf das Allgemeininteresse nicht möglich, da es zu kurz griffe, die Tragweite der Tätigkeit des Börsenträgers lediglich isoliert in der Ausstattung der Börse zu sehen, ohne die sich daraus ergebenden positiven Folgen zu berücksichtigen[743].

---

736 EuGH v. 10.05.2001, verbundene Rs. C–223/99 und C–260/99, NZBau 2001, S. 403 (=Slg. 2001, I–3605), Rn. 34, sowie noch etwas allgemeiner EuGH v. 22.05.2003, Rs. C–18/01, NZBau 2003, S. 396, Rn. 43 u. 45.

737 Vgl. zur nicht ganz einfachen Abgrenzung von Börsen gegenüber Messen Breitkreuz, Die Ordnung der Börse, S. 34 f.

738 Vgl. § 24 Abs. 2 BörsG.

739 Vgl. Begr. RegE 4. FFG, BT-Drs. 14/8017, S. 63 u. 76; Kümpel/Hammen, Börsenrecht, S. 102 ff.; Schlüter, Börsenhandelsrecht, Abschnitt G, Rn. 5 u. 13 ff.

740 Begr. RegE 2. FFG, BT-Drs. 12/6679, S. 63.

741 Schlüter, Börsenhandelsrecht, Abschnitt G, Rn. 1.

742 So auch die Einschätzung des Gesetzgebers in Begr. RegE 2. FFG, BT-Drs. 12/6679, S. 33; vgl. ferner zu dem öffentlichen Interesse an funktionsfähigen Börsen Kümpel/Hammen, Börsenrecht, S. 102 ff.

743 In ähnliche Richtung weist eine neuerdings in der Literatur vertretene Ansicht, die die rechtliche Beziehung des Börsenträgers zur Börse als ein gesetzlich angeordne-

Somit bleibt festzuhalten, dass mit der Tätigkeit als Börsenbetreiber eine Aufgabe im Allgemeininteresse wahrgenommen wird.

ccc) *Aufgaben nichtgewerblicher Art*

(1) *Konkretisierung der Nichtgewerblichkeit*

Noch problematischer als die Auslegung des Begriffs „Allgemeininteresse" gestaltet sich die Ermittlung des Bedeutungsgehalts des Tatbestandsmerkmals „nichtgewerblicher Art"[744]. Klar ist nach den vorstehenden Ausführungen zur Entwicklung des Vergaberechts nur, dass auch dieses Merkmal einer europarechtskonformen Auslegung unter besonderer Berücksichtigung der Rechtsprechung des EuGH bedarf[745]. Der EuGH hat zunächst mit Recht darauf hingewiesen, dass das Kriterium der Nichtgewerblichkeit von dem des Allgemeininteresses zu unterscheiden sei, denn ersteres solle letzteres präzisieren[746].

Hinsichtlich der näheren inhaltlichen Bestimmung aus Sicht des Europarechts wird im Schrifttum[747] darauf hingewiesen, dass lediglich in der dem § 98 Nr. 2 GWB zugrunde liegenden deutschen Fassungen der jeweiligen Art. 1 lit. b) der Baukoordinierungs-RL, Lieferkoordinierungs-RL und Dienstleistungskoordinierungs-RL der Begriff der Nichtgewerblichkeit verwendet wird, während z.B. die französische[748] und englische[749] Version vorsehen, dass eine juristische Person

---

tes Substitutionsverhältnis einschätzt. Dabei werden die Börse und ihre Organe als gesetzlich bestellte Substitute des Börsenträgers angesehen, welcher vom Sitzland der Börse damit beauftragt werde, die „genehmigte Börse als Veranstaltung künftig zu betreiben und zu erhalten" (vgl. Kümpel, BKR 2003, S. 3 (6 ff.), der sich insbesondere auf die zitierte Formulierung in den Gesetzesmaterialien zum 4. FFG stützt (Begr. RegE 4. FFG, BT-Drs. 14/8017, S. 72)). Folgt man dieser Auffassung, dann sind die Aufgaben der Börse letztlich auch Aufgaben des Trägers mit der Besonderheit, dass sie nicht von ihm, sondern von der Börse als Geschäftsbesorger zu erfüllen sind.

744 Vgl. Jasper, DB 1998, S. 2151 (2154); Storr, Der Staat als Unternehmer, S. 286 f.; Pietzcker, ZVgR 1999, S. 24 (27); Dreher, DB 1998, S. 2579 (2582); Boesen, Vergaberecht, § 98, Rn. 50.

745 Dreher, Festschrift Hadding, S. 797 (804 f.); Ohler, Zum Begriff des Öffentlichen Auftraggebers im Europäischen Vergaberecht, S. 50; Lienemeyer, EWS 2000, S. 448 (449).

746 Erstmals EuGH v. 10.11.1998, Rs. C–360/96, NVwZ 1999, S. 397 (=Slg. 1998, I–6821), Rn. 32 ff.; zuletzt EuGH v. 22.05.2003, Rs. C–18/01, NZBau 2003, S. 396, Rn. 40.

747 Vgl. Thode, ZIP 2000, S. 2 (5); Boesen, Vergaberecht, § 98, Rn. 52; Heegemann, ZBB 1995, S. 387 (389); Dreher, Festschrift Hadding, S. 797 (805).

748 „... ayant un caractère autre qu'industriel ou commercial ...".

189

dann öffentlicher Auftraggeber ist, wenn sie keinen kommerziellen oder industriellen Charakter aufweist[750]. Daraus und unter Hinweis auf Art. 1 Nr. 1 der Sektorenkoordinierungs-RL, nach dem Einrichtungen des öffentlichen Rechts u.a. „einen anderen Charakter als den eines Handels- bzw. Industrieunternehmens besitzen" müssen[751], wird der Schluss gezogen, dass nicht die Anknüpfung an den Begriff der Gewerblichkeit bzw. Nichtgewerblichkeit ausschlaggebend sein könne[752]. Obgleich auch Begrifflichkeiten wie „kommerzieller oder industrieller Charakter" oder „Handels- und Industrieunternehmen" keinen großen Schritt hin zur konkreten Bestimmung des persönlichen Anwendungsbereichs des Vergaberechts bedeuten[753], zeigen sie doch, dass es zumindest dann verfehlt ist, vom Begriff der Gewerblichkeit auszugehen, wenn dies zu einer Anlehnung an die Auslegung des Begriffes im deutschen Recht[754] führt[755].

In der Literatur wird dieser Einsicht insoweit Rechnung getragen, als ganz überwiegend nicht lediglich auf das Merkmal der Gewinnerzielungsabsicht[756], sondern darauf abgestellt wird, ob die betreffende juristische Person wie andere Privatunternehmen den Kräften des Marktes ausgesetzt ist, was anhand mehrerer Kriterien, vornehmlich des Bestehens eines unverfälschten Wettbewerbs, ermittelt werden müsse[757]. Dieser Ansatz entspreche einer teleologischen Auslegung,

---

749 „... not being of a commercial or industrial character ...".
750 Ähnlich oder sogar gleich nunmehr auch in der RL 2004/18/EG, deren englische Version in Art. 1 Abs. 9 von „... not having an industrial or commercial character" spricht, und deren französische Version weiterhin „...ayant un caractère autre yu'industriel ou commercial" lautet.
751 Zumindest dieses Argument kann nach der Neufassung der Sektorenkoordinierungs-RL mit der RL 2004/17/EG nicht mehr angeführt werden, da dort nun in Art. 2 Abs. 1 lit. a) ebenfalls von „im Allgemeininteresse liegenden Aufgaben nicht gewerblicher Art" gesprochen wird.
752 Boesen, Vergaberecht, § 98, Rn. 52; Thode, ZIP 2000, S. 2 (5); Heegemann, ZBB 1995, S. 387 (389 f.).
753 Dies gestehen bspw. Boesen, Vergaberecht, § 98, Rn. 52, sowie Thode, ZIP 2000, S. 2 (5), zu.
754 Vgl. zur dortigen Verwendung des Begriffes „Gewerblichkeit" etwa § 1 HGB, § 15 Abs. 2 EStG, § 2 GewStG, § 8 BauNVO oder § 14 GewO.
755 Vgl. Dreher, Festschrift Hadding, S. 797 (804 f.); Boesen, Vergaberecht, § 98, Rn. 52.
756 So aber noch Seidel, ZfBR 1995, S. 227 (228).
757 Reidt/Stickler/Glahs, Vergaberecht, § 98, Rn. 17 b f.; Prieß, DB 1998, S. 405 (407); Marx/Prieß in Jestaedt/Kemper/Marx/Prieß, Anm. 2.2.2.3; Dreher, WuW 1999, S. 244 (246 f.); Lienemeyer, EWS 2000, S. 448 (450); Werner in Byok/Jaeger, § 98, Rn. 256, der allerdings als wichtigstes Indiz die Gewinnerzielung nennt; Crass, Der öffentliche Auftraggeber, S. 103 f., der überdies einen instruktiven Überblick über die im Detail abweichenden Auffassungen im vergaberechtlichen Schrifttum gibt (aaO., S. 97 ff.).

da das der Verwirklichung des Binnenmarktes und damit der Herstellung eines unverzerrten Wettbewerbs dienende europäische Vergaberecht nicht erforderlich sei, wenn ein funktionierender Wettbewerb schon vorhanden sei[758].

Die Rechtsprechung des EuGH zur inhaltlichen Bestimmung des Begriffs „nichtgewerblicher Art" hat offenkundig und wie nicht anders zu erwarten war die Vertreter in der Literatur entscheidend geprägt, da sich seine Auslegung dazu, beginnend 1999 und wohl immer noch nicht abgeschlossen[759], in den Stellungnahmen des Schrifttums zum persönlichen Anwendungsbereich des Vergaberechts im Wesentlichen widerspiegelt. So führte der EuGH in dem schon erwähnten Fall „Gemeente Arnhem/BFI Holding" aus, dass „das Vorliegen eines entwickelten Wettbewerbs und insbesondere der Umstand, dass die betreffende Einrichtung auf dem betreffenden Markt im Wettbewerb steht", darauf hinweisen könne, dass es sich nicht um eine Aufgabe nichtgewerblicher Art handele, obgleich relativierend vorangestellt wird, dass Wettbewerb alleine nicht ausschließe, dass sich eine vom Staat kontrollierte oder finanzierte Einrichtung von anderen als wirtschaftlichen Überlegungen leiten lasse[760]. Ferner wird mit Blick auf die Auflistung der Einrichtungen des öffentlichen Rechts in Anhang I der Baukoordinierungs-RL[761] der Schluss gezogen, dass es sich bei nichtgewerblichen Aufgaben von Allgemeininteresse in der Regel um Aufgaben handele, die auf andere Art als durch das Anbieten von Waren oder Dienstleistungen auf dem Markt erfüllt würden und die der Staat aus Gründen des Allgemeininteresses selbst erfüllen oder bei denen er einen entscheidenden Einfluss behalten wolle[762]. In einem folgenden Urteil zum Status von Messeveranstaltern als Einrichtungen des öffentlichen Rechts und damit als mögliche öffentliche Auftraggeber, welcher tendenziell verneint wird, wird auf diese grundsätzlichen Aussagen verwiesen und ergänzend hinzugefügt, dass das Vorhandensein eines wettbewerblich geprägten Umfelds unter Berücksichtigung der Tätigkeit sowohl auf internationaler als auch auf nationaler und regionaler Ebene zu prüfen sei[763]. Außerdem werden die Orientierung an Leistungs-, Effizienz- und Wirtschaftlichkeitskriterien sowie

---

758 Lienemeyer, EWS 2000, S. 448 (450); Dreher, WuW 1999, S. 244 (246); Ohler, Zum Begriff des Öffentlichen Auftraggebers im Europäischen Vergaberecht, S. 114 f.

759 Vgl. Opitz, NZBau 2003, S. 253 (261).

760 EuGH v. 12.11.1998, Rs. C–360/96, NVwZ 1999, S. 397 (=Slg. 1998, I–6821), Rn. 43 u. 49.

761 Die Argumentation ist angesichts des vergleichbaren Inhalts von Anhang III der RL 2004/18/EG auch nach der Reform des EU-Vergaberechts gültig.

762 EuGH v. 12.11.1998, Rs. C–360/96, NVwZ 1999, S. 397 (=Slg. 1998, I–6821), Rn. 50 f.

763 EuGH v. 10.05.2001, verbundene Rs. C–223/99 und C–260/99, NZBau 2001, S. 403 (=Slg. 2001, I–3605), Rn. 37 f. u. 42.

das Tragen des wirtschaftlichen Risikos, das durch fehlende Nachschuss- oder Einstandspflichten der öffentlichen Hand deutlich werde, als Hinweise auf eine gewerbliche Tätigkeit gewertet[764]. Nachdem in einer weiteren Entscheidung klargestellt wurde, dass es der „Berücksichtigung aller erheblichen rechtlichen und tatsächlichen Umstände, u.a. der Umstände, die zur Gründung der betreffenden Einrichtung geführt haben, und der Voraussetzungen, unter denen sie ihre Tätigkeit ausübt" bedürfe, um das Vorliegen einer im Allgemeininteresse liegenden Aufgabe nichtgewerblicher Art beurteilen zu können[765], wurde dies kürzlich dahingehend konkretisiert, dass es „wenig wahrscheinlich" sei, dass eine Einrichtung Aufgaben nichtgewerblicher Art vornehme, wenn sie unter normalen Marktbedingungen tätig sei, Gewinnerzielungsabsicht aufweise und die mit ihrer Tätigkeit verbundenen Verluste selbst trage[766].

Insbesondere mit der letzten Entscheidung hat also der EuGH dem Rechtsanwender Kriterien vorgegeben, anhand derer es möglich sein sollte, im Wege einer Gesamtschau[767] die Beurteilung der Eigenschaft von Aufgaben des Allgemeininteresses als gewerblich bzw. nichtgewerblich für den Einzelfall vorzunehmen.

(2) Betreiben einer Börse als Aufgabe nichtgewerblicher Art

(a) Kriterium des Wettbewerbs

Nach den vorstehenden Aussagen des EuGH ist klar, dass den Marktbedingungen, unter denen ein Unternehmen tätig ist, für die Einordnung seiner Tätigkeit als gewerblich bzw. nichtgewerblich ein nicht zu unterschätzendes Gewicht zukommt. Besteht unverfälschter Wettbewerb, ist dies ein starkes Indiz für die Gewerblichkeit der Aufgabenwahrnehmung. Somit ist zu untersuchen, inwieweit die Börsenträger in einem wettbewerblich geprägten Umfeld tätig sind. Dabei wirkt sich als Bezugspunkt wieder die enge Verknüpfung von Börse und ihrem Träger aus, weil es nicht sinnvoll sein kann, auf die Wettbewerbsstellung des Trägers hinsichtlich seiner Aufgabe abzustellen, die Börse mit den notwendigen Betriebsmitteln auszustatten. Denn insoweit findet kein Wettbewerb statt, da dem Träger gem. § 1 Abs. 2 S. 1 BörsG das alleinige Recht zum Betreiben „seiner" Börse zusteht. Vielmehr ist es erforderlich, die Wettbewerbssituation der Börsen in den Blick zu nehmen. Dass dies den richtigen Bezugspunkt darstellt, wird

---

764 EuGH v. 10.05.2001, verbundene Rs. C–223/99 und C–260/99, NZBau 2001, S. 403 (=Slg. 2001, I–3605), Rn. 40.
765 EuGH v. 27.02.2003, Rs. C–373/00, NZBau 2003, S. 287, Rn. 66.
766 EuGH v. 22.05.2003, Rs. C–18/01, NZBau 2003, S. 396, Rn. 51.
767 Vgl. zu der Erforderlichkeit einer Gesamtschau der Kriterien, die deren jeweilige Bedeutung berücksichtigt, Dreher, Festschrift Hadding, S. 797 (807 ff.).

deutlich, wenn man sich deren wirtschaftliche Bedeutung für den Börsenträger vor Augen führt. Die Finanzierung des Börsenträgers in seiner Eigenschaft als Beliehener[768] wird nämlich zum einen durch die Gebühren nach der jeweiligen Gebührenordnung, die ihm dort als Gebührengläubiger zugewiesen werden[769], und zum anderen durch die sonstigen Entgelte[770] wie bspw. für die Teilnahme an dem elektronischen Handelssystem Xetra sichergestellt. Damit ist das wirtschaftliche Wohlergehen des Börsenträgers abhängig von der Anziehungskraft der von ihm betriebenen Börse auf die Marktteilnehmer, so dass im Folgenden auf die Wettbewerbssituation der Börsen abzustellen ist.

Die Wettbewerbssituation der Börsen ist nun keinesfalls so einfach zu beschreiben, wie es auf den ersten Blick erscheinen mag. Zwar finden sich zahlreiche Stimmen in der Literatur[771] sowie auch Äußerungen des Gesetzgebers[772], die auf einen stark gewachsenen Wettbewerbsdruck für die Börsen hinweisen, doch erweist sich andererseits die FWB unter den deutschen Börsen als unangefochtene Marktführerin[773]. Des Weiteren wird darauf verwiesen, dass im Hinblick auf

---

768 Dass der Börsenträger daneben noch Einnahmen aus seiner sonstigen erwerbswirtschaftlichen Betätigung zufließen, mit denen er seine Betriebstätigkeit womöglich quersubventioniert, soll damit natürlich nicht in Abrede gestellt werden (vgl. dazu Beck, WM 1996, S. 2313 ff.).

769 Vgl. nur § 5 GebO der FWB und § 19 GebO für die Baden-Württembergische Wertpapierbörse.

770 Vgl. Schlüter, Börsenhandelsrecht, Abschnitt G, Rn. 276; kritisch zur rechtlichen Zulässigkeit solcher Entgelte z.B. Mues, Die Börse als Unternehmen, S. 83 f., sowie die Ausführungen auf S. 237 ff.

771 Hopt/Baum, WM 1997, Sonderbeil. 4, S. 3 f. u. 8; Schwark, WM 1997, S. 293; Ludwig, Alternative-Trading-Systems als Zukunftsoption, S. 3 ff. u. 180; Kümpel/Hammen, Börsenrecht, S. 143 u. 190; Blumentritt, Die privatrechtlich organisierte Börse, S. 29 ff.; Schlüter, Börsenhandelsrecht, Abschnitt A, Rn. 232; Bortenlänger, ZfgKW 2002, S. 1152 (1152); Nabben/Rudolph, Marketing ZFP, S. 167 (172 f.); Meyer/Wittrock, ZfgKW 1994, S. 536 (536 ff.); Schmidt/Oesterhelweg/Treske, Kredit und Kapital 1997, S. 369 (369 u. 396 f.); Book, Elektronischer Börsenhandel und globale Märkte, S. 147 f.

772 Begr. RegE 4. FFG, BT-Drs. 14/8017, S. 62; Begr. RegE 3. FFG, BT-Drs. 13/8933, S. 55, 79; Begründung des Vorschlags der EU-Kommission für eine neue Wertpapierdienstleistungsrichtlinie (KOM/2002/0625), ABl. C 71 v. 25.03.2003, S. 62 ff., Abschnitt II.1 (S. 67 ff.) (=ZBB 2002, S. 518 (548 f.).

773 Vgl. Wastl, WM 1999, S. 620 (622); Hopt/Baum, WM 1997, Sonderbeil. 4, S. 8; Ruppelt/Thomas, ZfgKW 2003, S. 512 (512); diese Einschätzung kann durch Fakten belegt werden. So lag der Anteil der FWB (Xetra und Parketthandel) am Gesamtumsatz der deutschen Börsen im Juni 2003 bspw. bei 89 %. Im Aktienhandel wurde sogar ein Anteil von 97,7 % erreicht (Börsen-Zeitung vom 2.7.2003, S. 3); schon 1998 kam deshalb die Monopolkommission zu dem Schluss, dass innerhalb Deutschlands „von einem lebhaften Wettbewerb zwischen den Börsenplätzen nicht gesprochen werden" könne bzw. dass die Bedeutung des Wettbewerbs um Orders

kartellrechtliche Erwägungen nur dann von Wettbewerb ausgegangen werden könne, sofern die Börsen in gleichen oder benachbarten sachlichen und räumlichen Märkten tätig seien[774].

Wollte man diesem Ansatz folgen, der sich letztlich an den Grundsätzen zur Anwendung der §§ 19 f. GWB orientiert[775], so wäre es erforderlich, jeweils den relevanten Markt zu bestimmen und die dortigen Konkurrenzbeziehungen zu ermitteln. Das bedeutete, dass festgestellt werden müsste, welche Produkte und Dienstleistungen von den Nachfragern hinsichtlich ihrer Eigenschaften, Preise und ihres vorgesehenen Verwendungszwecks als austauschbar oder substituierbar angesehen werden[776]. Dass dies für das Börsenwesen sehr schwierig sein und zu einer Vielzahl von relevanten Märkten führen kann, wurde in der Literatur, die sich bisher nur vereinzelt näher mit der Anwendung des GWB auf die Börsen beschäftigt hat[777], bereits aufgezeigt[778]. Denkbar wäre insoweit eine Trennung nach Art der gehandelten Wertpapiere, bspw. in Aktien, Schuldverschreibungen und Optionsscheine[779]. Es könnte weiter in die Zugehörigkeit der Aktien zum DAX oder M-DAX aufgegliedert oder von Wettbewerb nur dann ausgegangen werden, wenn Mehrfachnotierungen vorliegen[780]. Ferner wäre es möglich, den Markt nach Art der Anleger, also nach institutionellen und privaten Anlegern, zu bestimmen[781].

Ob dies alles im vorliegenden Zusammenhang, bei dem es letztlich um die Frage der Gewerblichkeit einer Tätigkeit im Sinne des § 98 Nr. 2 GWB und nicht

---

zwischen den Börsen auf nationaler Ebene stetig abnehme (Ordnungspolitische Leitlinien für ein funktionsfähiges Finanzsystem, S. 46 f.).

774 Beck, WM 2000, S. 597 (599), der daraufhin zu belegen versucht, dass die deutschen Börsen in keinem aktuellen oder potentiellen Wettbewerbsverhältnis zu anderen europäischen Börsen stünden (aaO., S. 605 u. 611).

775 Vgl. Mues, Die Börse als Unternehmen, S. 182 ff.

776 Beck, WM 2000, S. 597 (599); Möschel in Immenga/Mestmäcker, § 19, Rn. 18 u. 41 ff.; sowie die Bekanntmachung der Kommission über die Definition des relevanten Marktes im Sinne des Wettbewerbsrechts der Gemeinschaft, ABl. 1997, C 372, S. 5.

777 Vgl. dazu v. Olenhusen, Börsen und Kartellrecht, S. 91 ff. u. S. 107 ff., Mues, Die Börse als Unternehmen, S. 177 ff.; Beck, WM 2000, S. 597 ff.; neuere Ansätze finden sich bei Emmerich/Hoffmann, Feschrift Schmitt Glaeser, S. 527 ff., sowie dies., Festschrift Selmer, S. 305 ff.

778 Mues, Die Börse als Unternehmen, S. 181 ff.

779 Vgl. Beck, WM 2000, S. 597 (600).

780 Vgl. dazu Nabben/Rudoph, Marketing ZFP 1994, S. 167 (172).

781 Vgl. zu den unterschiedlichen Kriterien der Marktabgrenzung für Börsendienstleistungen Mues, Die Börse als Unternehmen, S. 183 ff.; Beck, WM 2000, S. 597 (600 ff.).

um die Anwendung des Kartellrechts im herkömmlichen Sinne geht[782], weiterführt, ist allerdings mehr als zweifelhaft. Der kartellrechtliche Ansatz lässt nämlich die hier erforderliche übergeordnete Perspektive vermissen. Diese hat davon auszugehen, dass sich Börsenwettbewerb als Wettbewerb um Orders darstellt[783]. Nach der grundlegenden Untersuchung von *Röhrl* kann dabei der Interbörsenwettbewerb[784] in einen vertikalen, horizontalen und lateralen Wettbewerb unterteilt werden, der zudem noch vom Wettbewerb durch außerbörslichen Handel ergänzt wird[785].

Der vertikale Börsenwettbewerb stellt sich als Konkurrenz um die Bereitstellung von transaktionsproduktspezifischen Handelsplattformen dar, bspw. in Form von verschiedenen Marktsegmenten für unterschiedliche Aktientitel[786], während sich der horizontale Börsenwettbewerb in transaktionsprozessspezifischen Handelsplattformen für verschiedene Marktteilnehmer manifestiert[787]. Lateraler Börsenwettbewerb ergibt sich aus Substitutionsbeziehungen der Handelsobjekte wie zum Beispiel Kassamarkt versus Terminmarkt[788]. Hinzu kommt die außerbörsliche Substitutionskonkurrenz durch OTC-Geschäfte[789] oder durch ATS[790, 791].

Diese vielschichtigen Wettbewerbsbeziehungen zeigen, dass es für die Feststellung von Wettbewerb nicht ausreicht, lediglich auf einen sachlich und räumlich beschränkten Markt abzustellen, da der Wettbewerb um Orders weitere

---

782 Dass die Regelungen zur Vergabe öffentlicher Aufträge im Vierten Teil des GWB aufgenommen wurde, ist keineswegs selbstverständlich und wurde in der Literatur auch kritisiert (vgl. Boesen, Vergaberecht, Einleitung, Rn. 148 f., m.w.Nachw.).

783 Röhrl, Börsenwettbewerb, S. 60; Book, Elektronischer Börsenhandel und globale Märkte, S. 149.

784 Vgl. zu den anderen Schichten des Börsenwettbewerbs neben dem Interbörsenwettbewerb Röhrl, Börsenwettbewerb, S. 60 ff.

785 Röhrl, Börsenwettbewerb, S. 63; vgl. ferner Rudolph/Röhrl in Hopt/Rudolph/Baum, S. 229 ff.

786 Vgl. zu diesem Beispiel Book, Elektronischer Börsenhandel und globale Märkte, S. 149 mit Fn. 151.

787 Röhrl, Börsenwettbewerb, S. 65; Rudolph/Röhrl in Hopt/Rudolph/Baum, S. 231.

788 Vgl. Book, Elektronischer Börsenhandel und globale Märkte, S. 149 mit Fn. 151; Röhrl, Börsenwettbewerb, S. 66.

789 Vgl. zu den OTC-Geschäften Kienle in Schimansky/Bunte/Lwowsky, Band III, § 106, Rn. 18 ff., sowie Liersch, WM 2003, S. 473 (474).

790 Zu den Erscheinungsformen der ATS siehe Cohn, ZBB 2002, S. 365 (367 f.), Spindler, WM 2002, S. 1325 (1327 f.), und Ludwig, ZfgKW 2003, S. 515 (516).

791 Vgl. Röhrl, Börsenwettbewerb, S. 66, Liersch, WM 2003, S. 473 (473 f.); Rudolph/Nabben, Marketing ZFP 1994, S. 167 (172); auf diese Wettbewerbsbeziehungen weist auch die EU-Kommission in der Begründung für ihren Vorschlag einer neuen Wertpapierdienstleistungsrichtlinie (KOM/2002/0625) hin und schätzt sie als große regulatorische Aufgabe ein (ABl. C 71 v. 25.03.2003, S. 62 ff., Abschnitt I.3 (4) (S. 65); abgedruckt in ZBB 2002, S. 518 (547 f.)).

Kreise zieht und auch in der Konkurrenz der verschiedenen, unter anderem Blickwinkel sachlich und räumlich abgrenzbaren Märkte untereinander besteht. Ein umfassendes Verständnis von Wettbewerb als Konkurrenz um Orders wird zudem eher dem Gebot der Rechtssicherheit gerecht, da es ansonsten für ein Unternehmen kaum verlässlich feststellbar wäre, ob es tatsächlich im Wettbewerb steht und damit ein wesentliches Indiz gegen die Verpflichtung zur Durchführung eines Vergabeverfahrens vorliegt. Wird das in die Überlegungen zur Wettbewerbssituation der deutschen Börsen miteinbezogen, so lässt sich in der Tat ein verschärfter Wettbewerbsdruck feststellen. Die Regionalbörsen, die sich in erster Linie gegenüber der FWB und untereinander[792], aber auch immer stärker gegen die Angebote der ATS behaupten müssen[793], versuchen als Nischenanbieter ihr Überleben zu sichern[794]. Die FWB muss sich ebenfalls gegenüber dem außerbörslichen Handel behaupten[795], darüber hinaus jedoch insbesondere gegen die beiden anderen europäischen Leitbörsen, Euronext und London Stock Exchange (LSE), sowie gegen weitere internationale Leitbörsen wie die in New York oder Tokio[796]. Der internationale Wettbewerb wurde und wird maßgeblich durch verschiedene, sich begleitende Phänomene verstärkt[797]. Dazu gehört der technische

---

792 Beck, WM 2000, S. 597 (611).

793 Wastl, WM 1999, S. 620 (623).

794 Bortenländer, ZfgKW 2002, S. 1152 (1154 f.); das Auffinden von Nischen wurde schon vor einigen Jahren als einzige Chance der Regionalbörsen erkannt (vgl. Schmidt/Oesterhelweg/Treske, Kredit und Kapital 1997, S. 369 (407)); exemplarisch für den möglichen Erfolg dieser Strategie ist die Börse Stuttgart, die mit dem Optionsscheinsegment Euwax im Handel mit Aktienoptionen fast 90 % des Marktes abdeckt (F.A.Z. vom 16.08.2003, S. 19).

795 Döring, Börsen-Zeitung v. 28.03.2003, S. 1. So ist auch die Einführung des Blockhandelssegments Xetra XXL an der FWB im Zusammenhang mit den über den außerbörslichen Direkthandel, insbesondere per Telefon, stattfindenden Blocktransaktionen zu sehen, die der FWB Liquidität abziehen (vgl. Liersch, WM 2003, S. 473 (474); Lenenbach, Kapitalmarkt- und Börsenrecht, Rn. 3.48). Nach einer etwas älteren Quelle aus dem Schrifttum sollen sich die Anteile des OTC-Handels im Aktiengeschäft auf 50 % und im Rentengeschäft sogar auf 90 % belaufen (vgl. Meyer/Wittrock, ZfgKW 1994, S. 536 (537)). Diese Angaben dürften jedoch angesichts des rasanten Wandels auf den Kapitalmärkten sowie der grundsätzlichen Schwierigkeit, darüber verlässliche Daten zu erhalten, nur mit Vorsicht einer heutigen Beurteilung zugrunde gelegt werden.

796 Vgl. Dietl/Pauli/Royer, Internationaler Finanzplatzwettbewerb, S. 1; Accenture, Leaving Safe Havens, S. 14 f.; Meyer/Wittrock, ZfgKW 1994, S. 536 (536); Monopolkommission, Ordnungspolitische Leitlinien für ein funktionsfähiges Finanzsystem, S. 52.

797 Vgl. Accenture, Leaving Safe Havens, S. 21 ff.; Book, Elektronischer Börsenhandel und globale Märkte, S. 147 f.; Ludwig, Alternative-Trading-Systems als Zukunftsoption, S. 5 ff.; Schwark, WM 1997, S. 293.

Fortschritt, der zur Einführung elektronischer Handelssysteme an den großen internationalen Börsen geführt hat und der im Zusammenspiel mit der Öffnung der Märkte durch die WpDL-RL[798] die Reichweite der elektronischen Handelssysteme in Form von Remote Memberships grenzüberschreitend vergrößerte[799]. Weiterhin ist hier die zunehmende Bedeutung institutioneller Anleger zu nennen, die international agieren und ihre Orderströme an die Märkte mit den besten Renditeaussichten und den geringsten Transaktionskosten lenken[800].

Belegen lässt sich der Wettbewerb der internationalen Börsen schließlich durch Initiativen verschiedener Börsen, mit denen Orders angelockt bzw. neue Märkte erschlossen werden sollen und die als Angriff auf unmittelbare Konkurrenten verstanden werden[801].

Somit bewegen sich sowohl die Regionalbörsen als auch die FWB als sog. deutsche Leitbörse in einem stark wettbewerblich geprägten Umfeld, in dem sich die FWB mit ihrem Träger allerdings gut behauptet.

---

798 Vgl. insbesondere Art. 15 Abs. 4 der WpDL-RL.
799 Bessler/Book, Elektronischer Handel und globale Märkte, Punkt 1 (S. 2); Bessler/Book, Deregulierung und Börsenwettbewerb in Europa, Punkt 1 u. 2; Blumentritt, Die privatrechtlich organisierte Börse, S. 29 ff.
800 Accenture, Leaving Safe Havens, S. 21 f.; Book, Elektronischer Börsenhandel und globale Märkte, S. 148; Ludwig, Alternative-Trading-Systems als Zukunftsoption, S. 6 f.; ähnlich auch Wastl, WM 1999, S. 620 (621); als Beleg dafür kann der Anstieg der grenzübergreifenden Aktiengeschäfte von jährlich 20–25 % in den letzten 5 Jahren angeführt werden (vgl. Begründung des Vorschlags der EU-Kommission für eine neue Wertpapierdienstleistungsrichtlinie (KOM/2002/0625), ABl. C 71 v. 25.03.2003, S. 62 ff., Abschnitt I.2 (S. 62 ff.), abgedruckt in ZBB 2002, S. 518 (546)).
801 So versucht bspw. der zur London Stock Exchange gehörende Alternative Investment Market (AIM) als Segment für Small Caps durch ein sog. Fast-Track-Angebot, das sehr geringe Publizitätsanforderungen stellt, ausländische Unternehmen für ein Zweitlisting zu gewinnen (vgl. Börsen-Zeitung v. 27.06.2003, S. 4). Die Eurex hat im Februar 2004 den Einstieg in den US-Derivatemarkt mit der Eurex US gewagt (Börsen-Zeitung v. 10.02.2004, S. 1). Ferner versucht die Eurex nach der im März 2003 erfolgten Lancierung von 27 Optionen auf französische Aktien Marktanteile von der Euronext.Liffe zu erringen, die daraufhin mit spürbaren Gebührensenkungen sowie der Angleichung der Handelsmodalitäten an die Eurex reagierte (Börsen-Zeitung vom 27.03.2003, S. 3). Schließlich sind in diesem Zusammenhang Initiativen der LSE und der Deutschen Börse AG zu nennen, die Orders niederländischer Adressen im Aktienhandel von Euronext auf ihre eigenen Plattformen umleiten wollen (Börsen-Zeitung v. 8.08.2003, S. 1 u. 3; Börsen-Zeitung v. 18.12.2003, S. 3; Börsen-Zeitung v. 18.05.2004, S. 4) und welche die Euronext zu Gebührensenkungen sowie zu ähnlichen Plänen bewegte (Börsen-Zeitung v. 10.04.2004, S. 4; Börsen-Zeitung v. 21.05.2004, S. 6).

(b) Kriterium der Sonderstellung

Nach den vom EuGH und der Literatur aufgestellten Kriterien zur Beurteilung der gewerblichen bzw. nichtgewerblichen Tätigkeit ist weiterhin zu prüfen, ob den Börsen im Wettbewerb eine Sonderstellung eingeräumt wird, die sie gegenüber anderen Wettbewerbern bevorzugt. Insbesondere kommt als gewichtiges Indiz für die Gewerblichkeit der Aufgabenerfüllung das Tragen des finanziellen Risikos in Betracht[802]. Als Bezugspunkt kann nach den bisherigen Ausführungen nur der für das wirtschaftliche Management zuständige Börsenträger[803] herangezogen werden. Für den Börsenträger existiert nun kein Mechanismus für den Ausgleich finanzieller Verluste. Verkalkuliert er sich oder erweist sich die Konkurrenz auf dem Börsenmarkt als zu groß, dann hilft weder das Land, in dem die Börse ihren Sitz hat, noch eine andere staatliche Einrichtung finanziell aus. Verfehlt wäre es in diesem Zusammenhang zudem, in der Zuweisung der Gebühren an den Börsenträger durch die Gebührenordnungen[804] eine diesen gegenüber anderen Mitbewerbern bevorzugende Sonderleistung zu sehen. Denn damit wird lediglich dem Umstand Rechnung getragen, dass dem Träger zwar nicht die Börsenleistungen zuzurechnen sind[805], er aber die notwendigen sachlichen und personellen Voraussetzungen für deren Erbringung durch die Börse als Anstalt schafft, so dass nur eine den wirtschaftlichen Gegebenheiten entsprechende Regelung getroffen wird[806]. Das finanzielle Risiko beim Betrieb einer Börse trägt demzufolge alleine der jeweilige Träger.

Eine wettbewerbsverzerrende Sonderstellung könnte eventuell aus § 22 Abs. 1 S. 1 BörsG resultieren[807]. Nach dieser Vorschrift sind Aufträge für den Kauf oder Verkauf von Wertpapieren, die zum Handel an einer inländischen Börse zugelassen oder in den Freiverkehr einbezogen sind, über den Handel an einer Börse auszuführen, sofern der Auftraggeber seinen gewöhnlichen Aufenthalt oder

---

802 EuGH v. 22.05.2003, Rs. C–18/01, NZBau 2003, S. 396, Rn. 51; EuGH v. 10.05.2001, verbundene Rs. C–223/99 u. C–260/99, NZBau 2001, S. 403, Rn. 40; Dreher, Festschrift Hadding, S. 797 (809); Marx in Motzke/Pietzcker/Prieß, § 98 GWB, Rn. 15 a.E.; Schröder, DÖV 2002, S. 335 (337).

803 Vgl. Kümpel/Hammen, Börsenrecht, S. 123; Schwark, WM 2000, 2517, 2520.

804 Vgl. nur § 5 GebO der FWB und § 19 GebO für die Baden-Württembergische Wertpapierbörse.

805 Vgl. Mues, Die Börse als Unternehmen, S. 80 f.; v. Olenhusen, Börsen und Kartellrecht, S. 33 f.; Kümpel/Hammen, Börsenrecht, S. 179 ff.

806 Vgl. Groß, Kapitalmarktrecht, § 5 BörsG, Rn. 13; Kümpel/Hammen, Börsenrecht, S. 189; Breitkreuz, Die Ordnung der Börse, S. 52.

807 Hopt/Baum in Hopt/Rudolph/Baum, S. 429 f., zu der Vorläuferregelung in § 10 BörsG a.F., die in § 22 BörsG mit der Änderung übernommen wurde, dass nunmehr kein Vorrang des Präsenzhandels vor dem elektronischen Handel besteht.

seine Geschäftsleitung im Inland hat und er nicht für den Einzelfall bzw. als Nicht-Verbraucher generell eine andere Weisung erteilt. Mit dieser Regelung könnte zum einen eine Privilegierung der inländischen gegenüber ausländischen Börsen bewirkt werden, wenn mit der Bezeichnung „Börse" in § 22 Abs. 1 S. 1 BörsG lediglich eine nach § 1 Abs. 1 S. 1 BörsG genehmigte Börse gemeint wäre. Dies wird im Schrifttum zwar vertreten[808], entspricht jedoch nicht einer europarechtskonformen Auslegung, da ansonsten Börsen im übrigen Gemeinschaftsgebiet der EU diskriminiert würden[809]. Nach den Vorstellungen des Gesetzgebers sollte mit der Vorschrift nur sichergestellt werden, dass der Anleger aufgrund der an einer Börse bestehenden Marktregelungen und staatlichen Aufsicht die Gewähr für eine ordnungsgemäße Ausführung des Auftrags hat, was auch bei einer ausländischen Börse der Fall ist[810].

Zum anderen könnte mit § 22 Abs. 1 BörsG eine Behinderung der ATS im Wettbewerb mit den Börsen verbunden sein. In der Tat bringt das Regel-Ausnahme-Verhältnis von Börsen- und sonstiger Auftragsausführung einen Nachteil für die ATS-Betreiber mit sich, da sie nicht damit rechnen können, automatisch Orders zu erhalten, wenn sie den gleichen oder gar einen besseren Preis als Börsen offerieren können. Gleichwohl ist zu bedenken, dass sich die Bevorzugung von Börsen auf eine europarechtliche Legitimation in Art. 14 Abs. 3 u. 4 WpDL-RL stützen kann[811], wonach der Herkunftsstaat eines regulierten Marktes für Wertpapiergeschäfte inländischer Anleger mit dort gehandelten Instrumenten vorschreiben darf, dass die Geschäfte an einem regulierten Markt eines Mitgliedstaates durchzuführen sind[812]. Damit wird deutlich, dass das europäische Recht unter bestimmten Voraussetzungen eine Wettbewerbsbeschränkung hinnimmt. Sehr zweifelhaft ist allerdings, ob es dabei auch unter Geltung der in nächster Zeit umzusetzenden Mifid[813] bleibt[814]. Denn die Mifid enthält

---

808 Roth in Assmann/Schütze, Handbuch des Kapitalanlagerechts, § 12, Rn. 102; Lenenbach, Kapitalmarkt- und Börsenrecht, Rn. 4.25.
809 Schäfer/Geibel, WpHG u.a., § 10 BörsG, Rn. 5; Kümpel, Bank- und Kapitalmarktrecht, Rn. 10.117.
810 Beschlussempfehlung und Bericht des FA, BT-Drs. 12/7918, S. 97.
811 Beck, BKR 2002, S. 699 (703).
812 Vgl. dazu Klenke, Börsendienstleistungen im Europäischen Binnenmarkt, S. 180 ff., der die Regelung vor dem Hintergrund der Wettbewerbsbeschränkung zwischen den Börsenmärkten bzw. börsenähnlichen Märkten kritisiert und dem europäischen Gesetzgeber vorwirft, von einem falschen Verständnis des Kleinanlegers als „unwissenden, unerfahrenen und deshalb notorisch schutzbedürftigen" Anleger auszugehen.
813 Vgl. zur Mifid und deren Umsetzung S. 516 ff.

keine Vorschriften, die mit Art. 14 Abs. 3 u. 4 WpDL-RL vergleichbar sind. Stattdessen wird in Art. 21 Abs. 3 Unterabs. 3 S. 2 der RL 2004/39/EG festgelegt, dass die Mitgliedstaaten eine Regelung treffen müssen, nach der Wertpapierfirmen die vorherige ausdrückliche Zustimmung einholen müssen, bevor sie Kundenaufträge[815] außerhalb eines geregelten Marktes oder eines MTF ausführen. Da die Mifid auf die Förderung des Wettbewerbs zwischen den Handelsplätzen zum Wohle der Anleger und auf den Abbau von ungerechtfertigten Behinderungen bei der außerbörslichen Auftragsdurchführung ausgerichtet ist[816], kann der Wegfall der Regelungen in Art. 14 Abs. 3 u. 4 WpDL-RL nur bedeuten, dass in Zukunft ein Börsenvorrang wie in § 22 BörsG nicht mehr zulässig sein wird[817].

Bis zum Ablauf der Frist für die Umsetzung der Mifid wird § 22 BörsG jedoch vom Europarecht getragen, zumal es sich bei der dortigen Beschränkung ohnehin um keine einschneidende Maßnahme handelt, da anders als in anderen Ländern[818] kein Börsenzwang angeordnet wird, sondern dem Anleger eine Wahlmöglichkeit zwischen börslicher und außerbörslicher Auftragsausführung eingeräumt wird[819]. Somit ergibt sich aus § 22 BörsG ein geringfügiger gesetzlich bedingter Wettbewerbsvorteil von Börsen gegenüber ATS, der den Wettbewerb unter den Börsen allerdings nicht berührt und der zudem auf europarechtliche Vorgaben zum Schutz der Anleger gestützt werden kann.

(c) Kriterium der Gewinnerzielungsabsicht

Indiziell gegen gegen eine nichtgewerbliche Aufgabenerfüllung spricht nach einer der letzten Entscheidungen des EuGH die Gewinnerzielungsabsicht des als

---

814 Vgl. Beck, BKR 2002, S. 699 (703), mit Bezugnahme auf den Vorschlag der EU-Kommission für eine neue Wertpapierdienstleistungsrichtlinie, die in den hier relevanten Teilen jedoch mit den Vorgaben der Mifid übereinstimmt.

815 Vgl. zur Definition eines Kunden i.S. der Mifid Art. 4 Abs. 1 Nr. 10 RL 2004/39/EG.

816 Begründung des Vorschlags der EU-Kommission für eine neue Wertpapierdienstleistungsrichtlinie (KOM/2002/0625), ABl. C 71 v. 25.03.2003, S. 62 ff., Abschnitt II.1 u. II.2 (S. 67 ff.) (=ZBB 2002, S. 518 (549 ff.).

817 Tatsächlich wurde mit der Neufassung des BörsG im Rahmen des FRUG § 22 BörsG a.F. aufgehoben. Die Regelungen über die Ausführung von Kundenaufträgen finden nun umfassend in § 33a WpHG n.F. sowie einer dazugehörigen Verordnung (vgl. Begr. RegE FRUG, BT-Drucks. 16/4028, S. 85).

818 So bspw. in Frankreich; vgl. zu der dortigen Rechtslage Pense/Puttfarken in Hopt/Rudolph/Baum, S. 1040.

819 Vgl. Schäfer/Geibel, WpHG u.a., § 10 BörsG, Rn. 2, sowie Klenke, Börsendienstleistungen im Europäischen Binnenmarkt, S. 53, die terminologisch zutreffend zwischen dem Börsenzwang und dem in § 22 BörsG angeordneten Börsenvorrang unterscheiden.

öffentlicher Auftraggeber in Betracht kommenden Unternehmens[820]. Gleichwohl haben sowohl Stimmen in der Literatur[821] als auch der EuGH selbst[822] die Bedeutung dieses Kriteriums relativiert, indem zum einen darauf hingewiesen wird, dass privaten Organisationsformen wie der AG oder der GmbH in der Regel die Gewinnerzielungsabsicht als Wesenelement ohnehin anhafte, und zum anderen eine Einrichtung auch ohne Gewinnerzielungsabsicht ihre Arbeit nach Leistungs- und Wirtschaftlichkeitsgesichtspunkten ausrichten und das finanzielle Risiko ihrer Tätigkeit tragen könne.

Zumindest das erstgenannte Argument kann für die Börsenträger kaum Geltung beanspruchen. Denn im Rahmen der Erfüllung ihrer Betriebspflicht aus § 1 Abs. 2 BörsG können sie sich in ihrem Geschäftsgebaren nicht vom Gedanken der Gewinnerzielung leiten lassen. Das ergibt sich zunächst daraus, dass der Träger auf die Gestaltung der Gebührenordnung, die ja gem. §§ 9 Abs. 2 Nr. 1, 14 Abs. 2 BörsG vom Börsenrat erlassen wird und der Genehmigung durch die Börsenaufsichtsbehörde bedarf, keinen rechtlichen Einfluss nehmen kann[823]. Doch selbst wenn der Träger ein Mitspracherecht hätte, könnte die Aussicht auf einen möglichst hohen Gewinn bei der Bemessung der Gebühren nicht bestimmend sein, weil insoweit verwaltungs- bzw. verfassungsrechtliche Besonderheiten[824] zu beachten sind[825]. In der börsenrechtlichen Literatur wird dabei insbesondere auf die Geltung des Äquivalenzprinzips verwiesen, wonach ein angemessenes Verhältnis zwischen der Gebühr und dem Wert der besonderen Leistung für den Empfänger bestehen muss[826]. Schon durch Geltung dieses Prinzips, welches al-

---

820 EuGH v. 22.05.2003, Rs. C–18/01, NZBau 2003, S. 396, Rn. 51.

821 Dreher, Festschrift Hadding, S. 797 (807 f.); Schröder, DÖV 2002, S. 335 (337); Dietlein, NZBau 2002, S. 136 (139 f.).

822 Vgl. EuGH v. 10.05.2001, verbundene Rs. C–223/99 u. C–260/99, NZBau 2001, S. 403 (=Slg. 2001, I–3605), Rn. 40.

823 Zur Kritik daran und zu einem Änderungsvorschlag de lege ferenda vgl. Hammen, AG 2001, S. 549 (557 f.).

824 Vgl. zum Gebührenbegriff und zur Gebührenbemessung zusammenfassend Wolff/ Bachof/Stober, Verwaltungsrecht I, § 42, Rn. 22 ff., sowie P. Kirchhof in Isensee/ Kirchhof, § 88, Rn. 185 ff. und 198 ff.

825 Schon der Gesetzgeber der Börsengesetznovelle von 1975 (Gesetz zur Änderung des Börsengesetzes v. 28.04.1975, BGBl. I, S. 1013) hat in den dazu veröffentlichten Begründungen festgestellt, dass der Börsenvorstand, der damals für den Erlass der Gebührenordnung zuständig war, bei der Gebührenbemessung an die „allgemeinen gebührenrechtlichen Grundsätze gebunden" sei (Begr. RegE zum Gesetz zur Änderung des Börsengesetzes, BT-Drs. 7/101, S. 10).

826 Kümpel/Hammen, Börsenrecht, S. 188 ff.; Schwark, BörsG, § 5, Rn. 5; Schäfer/Peterhoff, WpHG u.a., § 5 BörsG, Rn. 1; Schlüter, Börsenhandelsrecht, Abschnitt G, Rn. 184.

lerdings nur vage Vorgaben für die konkrete Gebührenbemessung macht[827], wird deutlich, dass die Gewinnmaximierung kein zulässiges Kriterium für die Festsetzung der Gebührenhöhe darstellen darf. Das wird noch offenkundiger, wenn man sich des großen Gewichts des Kostendeckungsprinzips[828] vergegenwärtigt, da dieses Prinzip im „Normalfall" der Gebühr als Abgabentypus zugrunde liegt[829].

Zwar hat das BVerfG zugestanden, dass es verfassungsrechtlich durchaus zulässig ist, neben der Kostendeckung für den mit einer Leistung verbundenen Aufwand weitere Ziele zu verfolgen[830], doch hat es in einer kürzlich ergangenen Entscheidung[831] unter Berufung auf die Begrenzungs- und Schutzfunktion der Finanzverfassung (Art. 104 a ff. GG) erhöhte Anforderungen an die Rechtfertigung des Gebührengrundes und der Gebührenhöhe gestellt[832]. Die Zwecke, die mit der Gebührenerhebung bzw. -bemessung verfolgt werden dürfen, werden neben der Kostendeckung auf den Vorteilsausgleich, die Verhaltenslenkung sowie auf soziale Zwecke beschränkt. Hinzu kommt, dass die Verfolgung dieser Zwecke durch den Gesetzgeber im Wege der tatbestandlichen Ausgestaltung der Gebührenregelung für den Betroffenen erkennbar sein muss[833].

Werden diese Grundsätze auf die nach § 14 Abs. 1 BörsG in den Börsenordnungen festzusetzenden Gebühren angewandt, so wird man die Kostendeckung als wesentlichen Zweck der Börsengebühren ansehen müssen. Dafür sprechen der enumerative Katalog der einer Gebühr zugänglichen Leistungen in § 14 Abs. 1 BörsG, der in den Gesetzesbegründungen zum Ausdruck gekommene Wille des Gesetzgebers[834] sowie ansatzweise der Wortlaut, der mit dem Wort „für" das synallagmatische Verhältnis von Leistung und Gebühr deutlich macht[835], und

---

827 Sehr kritisch bspw. Sachs/Siekmann, vor Art. 104 a, Rn. 76, der eine Verwässerung hin zur „völligen Konturenlosigkeit" feststellt.

828 Vgl. dazu Im, Kommunale Gestaltungsspielräume bei der Bemessung von Gebühren, S. 88 ff.

829 Vgl. BVerfG, NVwZ 2003, S. 715 (717); so schon ansatzweise BVerfGE 50, 217 (226 f.); 97, 332 (345).

830 BVerfGE 50, 217 (226); 97, 332 (345).

831 BVerfG, NVwZ 2003, S. 715 (717 f.).

832 Vgl. Jobs, LKV 2003, S. 350 (351), der von einer „moderaten" Intensivierung der verfassungsrechtlichen Kontrolle der Gebührenbemessung spricht.

833 BVerfG, NVwZ 2003, S. 715 (717).

834 Im Zusammenhang mit den Gebühren hat der Gesetzgeber zu § 5 BörsG a.F. von der „Finanzierung der Börsen" sowie den „Kosten der laufenden Finanzierung der Börseneinrichtungen" gesprochen (Begr. RegE zum Gesetz zur Änderung des Börsengesetzes, BT-Drs. 7/101, S. 10).

835 Vgl. Lorenz, Die Wertpapierbörse und ihr Träger, S. 89 u. 93, der allerdings zu der Bemessung dieser Gebühren selbst nicht direkt Stellung nimmt, jedoch anscheinend davon ausgeht, dass insoweit Restriktionen vorhanden sind, da die „Gebühreneinnahmen" alleine die „immensen Kosten der Börse" nicht decken könnten und daher

schließlich das Fehlen von Hinweisen für vom Normalfall der Kostendeckung abweichende Zwecke[836]. Jedenfalls bleibt für die Gewinnmaximierung als Zweck der Gebühren kein Raum.

Fraglich könnte allerdings sein, ob der Gewinnerzielung nicht bei der Bemessung der privatrechtlichen Entgelte, die der Börsenträger nach h.M. neben den Gebühren für die von § 14 BörsG nicht erfassten Tätigkeiten verlangen darf[837], Bedeutung zukommen kann. Zweifelhaft ist dies nur insofern, als der Börsenträger die Entgelte für Leistungen fordert, die im Rahmen der Betriebspflicht erbracht werden, da er im Übrigen wie andere Unternehmen erwerbswirtschaftlich tätig sein kann[838]. Ob der Börsenträger diesbezüglich an dieselben Grundsätze gebunden ist wie der Börsenrat bei der Bemessung der Gebühren, wird in der Literatur kaum diskutiert. Meist wird lediglich festgestellt, dass der Träger über die privatrechtlichen Entgelte die „Kosten der laufenden Finanzierung" der Börse decken könne[839], was doch stark an die Grundsätze zur Gebührenfestlegung erinnert[840]. Explizit weist nur *Mues* auf die öffentlichrechtlichen Bindungen hin, denen der Börsenträger als Verwaltungsträger unterliege und die auch hinsichtlich der privatrechtlichen Entgelte zu berücksichtigen seien[841]. Letztlich wird damit zu Recht darauf aufmerksam gemacht, dass sich die Verwaltung mit der Wahl privatrechtlicher Rechtsformen nicht den öffentlichrechtlichen Bindungen entziehen kann[842]. Dieser Grundsatz, der auch für Beliehene gilt[843], hat unter anderem

---

dem Börsenträger die Möglichkeit eingeräumt werden müsse, durch zusätzliche privatrechtliche Nutzungsentgelte weitere Mittel zum Betrieb und zur Fortentwicklung der Börse zu beschaffen.

836 Vgl. zu den beiden letztgenannten Argumenten BVerfG, NVwZ 2003, S. 715 (717), der sie für die Auslegung ebenfalls in dieser Form heranzieht.

837 Schäfer/Peterhoff, WpHG u.a., § 5 BörsG, Rn. 20; Kümpel/Hammen, Börsenrecht, S. 190 ff.; Groß, Kapitalmarktrecht, § 5 BörsG, Rn. 1; Schlüter, Börsenhandelsrecht, Abschnitt G, Rn. 184 u. 276; Schwark, BörsG, § 5, Rn. 7; Breitkreuz, Die Ordnung der Börse, S. 52; so auch schon Bremer, JR 1957, S. 328 (329); dagegen mit gewichtigen Argumenten Mues, Die Börse als Unternehmen, S. 83 f., und jetzt auch Schwark/Schwark, § 14 BörsG, Rn. 8.

838 Das gesteht sogar Mues zu, Die Börse als Unternehmen, S. 84; Beck, WM 1996, S. 2313 (2316).

839 Schäfer/Peterhoff, WpHG u.a., § 5 BörsG, Rn. 20; Schwark, BörsG, § 5, Rn. 7; Kümpel/Hammen, Börsenrecht, S. 190 f.

840 Anders dagegen wohl Lorenz, Die Wertpapierbörse und ihr Träger, S. 93, der den privatrechtlichen Nutzungsentgelten gerade den Vorzug zuschreibt, dass erst sie es dem Börsenträger ermöglichten, flexibel auf die Bedürfnisse und Ansprüche der Börse und ihrer Teilnehmer einzugehen, mithin von anderen Festsetzungskriterien auszugehen scheint.

841 Mues, Die Börse als Unternehmen, S. 176.

842 Maurer, Allgemeines Verwaltungsrecht, § 3, Rn. 9; Ehlers in Erichsen/Ehlers, § 2, Rn. 78; Wolff/Bachof/Stober, Verwaltungsrecht I, § 23, Rn. 32 ff.

zur Folge, dass privatrechtliche Entgelte, die der Verwaltungsträger in Erfüllung seiner öffentlichen Aufgabe fordert, genauso kalkuliert werden müssen wie Gebühren oder Beiträge[844]. Somit muss der Börsenträger bei der privatrechtlichen Vergütung von Leistungen, die er als Beliehener im Rahmen seiner Betriebspflicht erbringt, die schon beschriebenen Grundsätze des Gebührenrechts beachten. Demzufolge bleibt festzuhalten, dass ein Börsenträger in Erfüllung der ihn treffenden Betriebspflicht nicht den Zweck der Gewinnerzielung verfolgen darf[845], so dass dieses Kriterium auch nicht für die Gewerblichkeit der Tätigkeit eines Börsenträgers angeführt werden kann. Insoweit besteht eine Ausnahme zu dem oben angeführten Grundsatz, dass privatrechtlichen Unternehmen die Gewinnerzielungsabsicht als Wesenselement anhaftet.

(d) Gesamtschau

Die Untersuchung der vom EuGH sowie von der Literatur vorgegebenen Kriterien zur Bestimmung der Nichtgewerblichkeit im Sinne des § 98 Nr. 2 GWB hat ergeben, dass die Börsenträger alleine das wirtschaftliche Risiko ihrer Tätigkeit tragen und kein Ausgleichsmechanismus für etwaige Verluste, die im Rahmen der Erfüllung ihrer Betriebspflicht entstehen, vorgesehen ist. Diesem Faktum muss bei der Abwägung besonderes Gewicht beigemessen werden[846]. Des Weiteren hat sich gezeigt, dass die Börsen und damit mittelbar auch die Börsenträger in einem Umfeld agieren, das sowohl auf nationaler als auch auf internationaler Ebene immer stärker von Wettbewerb geprägt wird. In diesem Wettbewerb haben die Börsen gegenüber den ATS einen geringfügigen gesetzlich bedingten Vorteil wegen der Anordnung des Börsenvorrangs in § 22 BörsG, der dem Anlegerschutz dient und auf europarechtliche Vorgaben zurückzuführen ist, in der Zukunft aber entfallen wird. Dieser Wettbewerbsdruck spricht ebenfalls entschei-

---

843 Wolff/Bachof/Stober, Verwaltungsrecht I, § 23, Rn. 31.

844 Hüting/Koch, LKV 1999, S. 132 (134); in diesem Sinne ferner BGHZ 91, S. 84 (97); OVG Lüneburg, NVwZ 1990, S. 91 (92); Wolff/Bachof/Stober, Verwaltungsrecht I, § 23, Rn. 32 b.

845 Das bedeutet allerdings nicht, dass bei der Entgeltbemessung die Kosten, die dem Börsenträger für die Bereitstellung des von ihm eingesetzten Kapitals entstehen, außer Acht gelassen werden müssten. Zu überlegen wäre im Übrigen für die Zukunft, ob nicht wie etwa in §§ 2 Abs. 1 S. 3, 3 Abs. 3 u. 4 FStrPrivFinG im BörsG ausdrücklich bestimmt werden sollte, dass die Börsengebühren bzw. die sonstigen Entgelte auch zur Sicherstellung eines angemessenen Unternehmergewinns dienen. Dem kann hier jedoch nicht weiter nachgegangen werden.

846 Dreher, Festschrift Hadding, S. 797 (809); Crass, Der öffentliche Auftraggeber, S. 103 f.; Marx in Motzke/Pietzcker/Prieß, § 98 GWB, Rn. 15 a.E.

dend für die Gewerblichkeit der Tätigkeit eines Börsenträgers[847]. Schließlich konnte festgestellt werden, dass es den Börsenträgern verwehrt ist, sich bei Erfüllung ihrer Betriebspflicht – zumindest vorrangig und ohne weiteres – am Zweck der Gewinnerzielung zu orientieren. Dem letztgenannten Umstand sollte gleichwohl kein wesentliches Gewicht beigemessen werden, da dies nichts daran ändert, dass der Börsenträger geradezu gezwungen ist, den Börsenbetrieb nach Leistungs-, Effizienz- und Wirtschaftlichkeitskriterien zu führen. Dazu zwingt ihn schon der intensive Wettbewerb in der Börsenlandschaft, der durch gesetzliche Regelungen, die auch keineswegs auf die Privilegierung der Börsen im Vergleich zu ATS abzielen, nur unwesentlich berührt wird. Der geringfügige Vorteil wird überdies relativiert durch die Beschränkungen, denen der Börsenträger im Wettbewerb unterliegt. Er hat ja keinen rechtlichen Einfluss auf die Gebührenbemessung und unterliegt nach der hier vertretenen Auffassung selbst bei Festsetzung der privatrechtlichen sonstigen Entgelte, die er im Rahmen der Erfüllung seiner Betriebspflicht verlangt, öffentlichrechtlichen Bindungen. Schließlich hat sich bisher – soweit ersichtlich – der Einfluss der Börsenaufsichtsbehörden, welcher diesen nach vorzugswürdiger Ansicht in Form der Fachaufsicht über den Börsenträger als Beliehenen zusteht, in der Praxis nicht auf Entscheidungen über Auftragsvergaben ausgewirkt.

Somit stellt sich die Erfüllung der Betriebspflicht durch einen Börsenträger unter Abwägung aller erheblichen Kriterien als gewerbliche Tätigkeit dar, so dass der persönliche Anwendungsbereich des Vergaberechts gem. § 98 Nr. 2 GWB für den Börsenträger nicht eröffnet ist.

c) Ergebnis zum vergaberechtlichen Problemkreis

Die Untersuchung gelangt also zu dem Ergebnis, dass der Börsenträger nicht als öffentlicher Auftraggeber nach § 98 Nr. 2 GWB anzusehen ist, weil er in Erfüllung seiner Betriebspflicht eine gewerbliche Tätigkeit ausübt. Das bedeutet, dass vor der Betrauung eines Unternehmens mit den Aufgaben eines Zentralen Kontrahenten, für die der Börsenträger zuständig ist, kein förmliches Vergabeverfahren gem. §§ 97 ff. GWB durchgeführt werden muss und insoweit auch keine Beschränkung des Auswahlrechts des Börsenträgers als Auftraggeber vorliegt. Da die den persönlichen Anwendungsbereich des Vergaberechts voraussetzende Nichtgewerblichkeit der Tätigkeit des Börsenträgers im Wege einer Gesamtschau der dafür heranzuziehenden Kriterien widerlegt werden konnte, ist es auch nicht

---

847 Vgl. Crass, Der öffentliche Auftraggeber, S. 103 f.; Dreher, WuW 1999, S. 244 (246 f.); Marx in Motzke/Pietzcker/Prieß, § 98 GWB, Rn. 15; Lienemeyer, EWS 2000, S. 448 (450).

erforderlich, auf die weiteren, den öffentlichen Auftraggeber bestimmenden Tatbestandsmerkmale des § 98 Nr. 2 GWB einzugehen. Insbesondere ist deshalb eine nähere Auseinandersetzung mit den Aufsichtsbefugnissen der die Beleihung des Börsenträgers vornehmenden Börsenaufsichtsbehörde nicht geboten[848, 849].

III. Auswirkungen der Neufassung des BörsG im Rahmen des FRUG

Die Neufassung des BörsG durch Art. 2 des FRUG hat einige der börsenrechtlichen Vorschriften geändert, die im Rahmen der Untersuchung der Kompetenz zur Entscheidung über die Einführung und die Auswahl des Zentralen Kontrahenten sowie der Bestimmung seines Auftraggebers näher beleuchtet wurden. Allerdings sind die Änderungen für die gewonnenen Untersuchungsergebnisse weniger bedeutsam als ein erster Blick auf die neuen Vorschriften nahelegen mag.

---

848 Vgl. zum dritten Kriterium der besonderen Staatsgebundenheit neben der Rechtspersönlichkeit und der besonderen Zwecksetzung in Form der Aufsicht über die Leitung der juristischen Person EuGH v. 1.02.2001, Rs. C–237/99, NZBau 2001, S. 215, Rn. 48 ff., sowie OLG Düsseldorf, NZBau 2003, S. 400 (403), wonach es für die Annahme einer Aufsicht i.S. des § 98 Nr. 2 GWB bzw. der zugrunde liegenden europarechtlichen Normen ausreicht, dass durch die Aufsichtsbefugnisse die Möglichkeit der Einflussnahme auf einzelne Entscheidungen zur Auftragsvergabe besteht; vgl. ferner Crass, Der öffentliche Auftraggeber, S. 105 u. 109 f.; ferner Dreher in Immenga/Mestmäcker, § 98, Rn. 42 ff., der als einziger Vertreter des vergaberechtlichen Schrifttums wenigstens kurz erwähnt, dass eine Aufsicht über die Leitung i.S. des § 98 Nr. 2 GWB, die den persönlichen Anwendungsbereich des Vergaberechts eröffnen könnte, im Falle der Beleihung juristischer Personen des Privatrechts wegen der damit verbundenen Fachaufsicht zu erwägen ist (aaO., Rn. 50). Dies ist umso erstaunlicher, als umfassende Darstellungen zu vergaberechtlichen Problemstellungen, die aus formellen oder materiellen Privatisierungen entstehen können, vorliegen (vgl. nur Opitz, ZVgR 2000, S. 97 ff.; Dreher, NZBau 2002, S. 245 ff.). Zu erklären ist dies nur mit der äußerst seltenen Konstruktion der Beleihung mit einer Anstaltsträgerschaft, die geeignet erscheint, die Auftraggebereigenschaft für zu beschaffende Leistungen auf ein Privatrechtssubjekt zu verlagern, sich aber weiterhin wesentlichen Einfluss zu sichern und damit das Vergaberecht zu umgehen.

849 Dass die Aufsicht über den Börsenträger eine klärungsbedürftige Frage darstellt, hat auch die Deutsche Börse AG in ihrem Börsenzulassungsprospekt beschrieben (vgl. Deutsche Börse AG, Börsenzulassungsprospekt, S. 87). Selbst in neuesten Publikationen wird dieser Frage jedoch nicht ausreichend Beachtung geschenkt, wie in der Diskussion um den kürzlich gescheiterten Übernahmeversuch der LSE durch die Deutsche Börse AG erneut deutlich wird (vgl. Christioph, ZBB 2005, S. 82 (84 ff.), der in seiner Auseinandersetzung mit möglichen Eingriffsbefugnissen der Börsenaufsichtsbehörde auf die Beleihung mit keinem Wort eingeht).

So wird nunmehr im Hinblick auf die Rechtsstellung der Börse – insoweit in Übereinstimmung mit den Ausführungen in den entsprechenden Abschnitten dieser Arbeit – in § 2 Abs. 1 BörsG n.F. klargestellt, dass es sich bei einer Börse um eine teilrechtsfähige Anstalt des öffentlichen Rechts handelt. Weder aus der neuen Vorschrift selbst noch aus den Gesetzesmaterialien wird jedoch deutlich, für welche Sachverhaltsgestaltungen von der Teilrechtsfähigkeit der Börse auszugehen ist. Deshalb ist es auch unter der neuen Rechtslage erforderlich, festzustellen, ob die Börse oder ihr Träger die Einrichtung auswählt und beauftragt, die die Funktionalität des Zentralen Kontrahenten ausüben soll.

Da das BörsG in der Fassung des FRUG keine Regelungen enthält, die das Verhältnis von Börse und ihrem Träger strukturell völlig neu regeln, kann für die Feststellung der Zuständigkeit für Auswahl und Beauftragung des Zentralen Kontrahenten weiterhin auf die herausgearbeiteten Kriterien zurückgegriffen werden[850]. Das bedeutet, dass es immer noch entscheidend auf die Frage ankommt, ob der Börsenträger im Rahmen seiner Betriebspflicht zur Bereitstellung eines Zentralen Kontrahenten verpflichtet ist. Die Pflichten des Börsenträgers sind zwar nach der Umsetzung entsprechender Vorgaben der Mifid in § 5 Abs. 4 BörsG n.F.[851] etwas detaillierter beschrieben als in § 1 Abs. 2 BörsG a.F. (§ 5 Abs. 1 BörsG n.F.), doch geben die dortigen Regelungen keine eindeutigen weiterführenden Hinweise, ob die Bereitstellung eines Zentralen Kontrahenten von der Betriebspflicht umfasst wird oder nicht. Gleichwohl sind die neuen, mit dem FRUG eingefügten Vorschriften des BörsG und die dazugehörigen Gesetzesmaterialien in Bezug auf manche der Problemstellungen, die im Zusammenhang mit der Auswahl und Beauftragung des Zentralen Kontrahenten erörtert wurden, nicht völlig unergiebig. So lässt die neue, mit der Überschrift „Externe Abwicklungssysteme" versehene Bestimmung in § 21 BörsG n.F., die der Umsetzung von Art. 34 Abs. 2 S. 1 der RL 2004/39/EG dient[852], einige relevante Schlussfolgerungen zu.

Nach § 21 Abs. 1 BörsG n.F. kann die Börsenordnung die Anbindung von „externen Abwicklungssystemen an die börslichen Systeme für den Börsenhandel und die Börsengeschäftsabwicklung" vorsehen, sofern näher bestimmte Voraussetzungen erfüllt sind. Der Begriff „Börsengeschäftsabwicklung" wird nunmehr in § 3 Abs. 1 S. 3 BörsG n.F. legal definiert als „ordnungsgemäße Durchführung des Handels an der Börse sowie die ordnungsgemäße Erfüllung der Börsenge-

---

850 Vgl. S. 150 ff.
851 Vgl. zur Absicht der Mifid-Umsetzung durch das FRUG Begr. RegE FRUG, BT-Drucks. 16/4028, S. 82. Zu den für den Zentralen Kontrahenten relevanten Vorschriften der Mifid siehe im Einzelnen S. 516 ff.
852 Vgl. Begr. RegE FRUG, BT-Drucks. 16/4028, S. 85. Zu Art. 34 der RL 2004/39/EG siehe im Einzelnen S. 516 ff.

schäfte"[853]. In den Gesetzesmaterialien wird darauf hingewiesen, dass mit dieser begrifflichen „Klarstellung" auch Zentrale Kontrahenten erfasst werden sollen[854]. Aus der Zusammenschau der genannten Vorschriften sowie der Gesetzesmaterialien folgt, dass nach der neuen Rechtslage keine Zweifel mehr an der Möglichkeit bestehen, die Funktion des Zentralen Kontrahenten von einem anderen Anbieter als dem Börsenbetreiber ausüben zu lassen[855]. Insofern wird das zur alten Rechtslage gefundene Ergebnis durch das neue Recht bestätigt. Auf der Grundlage der zum BörsG in seiner früheren Fassung entwickelten Ansicht, dass sich die Betriebspflicht des Börsenträgers auf die Bereitstellung des Zentralen Kontrahenten erstreckt[856], erscheint § 21 Abs. 1 BörsG n.F. als ein der Umsetzung der Mifid geschuldeter spezieller und zusätzliche Anforderungen stellender Fall der in § 5 Abs. 3 BörsG n.F. (§ 1 Abs. 3 BörsG a.F.) geregelten Auslagerungsmöglichkeit von für den Börsenbetrieb wesentlichen Bereichen auf ein anderes Unternehmen. Freilich wäre im Hinblick auf das Verhältnis zwischen § 5 Abs. 3 BörsG n.F. (§ 1 Abs. 3 BörsG a.F.) und § 21 Abs. 1 BörsG n.F. eine klarere Regelung wünschenswert, die etwa deutlich macht, dass die Voraussetzungen für eine Auslagerung gem. § 5 Abs. 3 BörsG n.F. – insbesondere im Hinblick auf die Nichtbeeinträchtigung der Börsenaufsicht[857] – auch für externe Abwicklungssysteme nach § 21 Abs. 1 BörsG n.F. gelten.

C. Erfordernis einer Clearing-Teilnahme als Börsenzulassungsbeschränkung

I. Problemstellung

Die Darstellung des Systems, in dem der Zentrale Kontrahent an der FWB tätig wird, hat gezeigt, dass sowohl die CM als auch jene Marktteilnehmer, die sich diesen anschließen müssen, durchaus anspruchsvolle Voraussetzungen zu erfüllen haben, um am Clearing-System teilnehmen zu dürfen. Das führt hin zu der

---

853 Zwar wird durch den Gesetzeswortlaut alleine nicht ganz klar, dass der Börsenhandel von der „Börsengeschäftsabwicklung" mitumfasst wird, doch entspricht dies offensichtlich dem Willen des Gesetzgebers, wenn in den Gesetzesmaterialien davon die Rede ist, mit der Definition werde klargestellt, dass „hierunter *ebenfalls* die börslichen Systeme zur Erfüllung der Börsengeschäfte fallen" (Hervorhebung durch den Verfasser), Begr. RegE FRUG, BT-Drucks. 16/4028, S. 80.
854 Begr. RegE FRUG, BT-Drucks. 16/4028, S. 80. .
855 Vgl. Begr. RegE FRUG, BT-Drucks. 16/4028, S. 85.
856 Vgl. S. 152 ff.
857 Vgl. dazu S. 248 ff.

Frage, ob in den Bedingungen des Clearing-Systems unzulässige Schranken für die Teilnahme am Börsenhandel zu sehen sind[858]. Dieser Gedanke liegt aufgrund zweier Überlegungen nicht fern. Zum einen könnte argumentiert werden, dass ein Antragsteller die Börsenzulassung i.S. des § 16 Abs. 1 S. 1 BörsG nach den entsprechenden Vorschriften der BörsO-FWB nur dann erhält, wenn er die CB-Eurex akzeptiert hat und sich damit den dort gestellten Anforderungen unterwirft, so dass letztlich neben die im BörsG und in der BörsO-FWB geregelten Zulassungsvoraussetzungen weitere Beschränkungen treten. Zum anderen könnte – eine Zulassung zum Börsenhandel unter Außerachtlassung der eben beschriebenen Umstände unterstellt – hinterfragt werden, welche Bedeutung eine Börsenzulassung ohne direkte oder indirekte Teilnahme am Clearing-System für einen Handelsteilnehmer noch haben kann, wenn der Großteil der Wertpapiere oder gar alle in den Handel über den Zentralen Kontrahenten einbezogen worden sind. Denn es könnte faktisch zum Ausschluss dieses Marktteilnehmers vom Handel führen, wenn für den Abschluss von Börsengeschäften die Teilnahme am Clearing-System der Eurex Clearing AG vorausgesetzt wird. Um diese Fragen näher zu beleuchten, sollen im Folgenden die Vorschriften zur Börsenzulassung im BörsG, in der BörsO-FWB und in den CB-Eurex auf ihre Vereinbarkeit mit jeweils höherrangigem Recht untersucht werden.

II. Allgemeine Bedeutung der Börsenzulassung

Die Aufrechterhaltung der inneren Ordnung der Börse sowie die Gewährleistung eines störungsfreien und ordnungsgemäßen Ablaufs des Börsenhandels hängen wesentlich von der Zusammensetzung des zum Handel berechtigten Teilnehmerkreises ab[859]. Die Handelsteilnehmer müssen sich für einen geordneten Wertpapierhandel grundsätzlich auf die ordnungsgemäße Erfüllung und Abwicklung der Geschäfte durch den Kontrahenten verlassen können, da sie ihrerseits Lieferverpflichtungen gegenüber den Effektenkunden oder anderen Marktakteuren ausgesetzt sind[860]. Indem die Marktteilnehmer an der Börse ihren Vertragspartner nicht frei wählen können, weil entweder der Makler zur Identität des Kontrahenten keine Aussage trifft oder im elektronischen Handelssystem Angebot und Annah-

---

858 In Ansätzen wird diese Frage auch von Alfes erkannt. Er behandelt sie jedoch im Rahmen der zivilrechtlichen Prüfung der CB-Eurex (vgl. Central Counterparty, S. 157 ff.).

859 Schäfer/Ledermann, WpHG u.a., § 7 BörsG, Rn. 1; Walter, WM 1986, S. 1489 (1490); Stockburger, Festschrift Barz, S. 525 (527); Mues, Die Börse als Unternehmen, S. 167.

860 Kümpel, WM 1993, S. 2025 (2026); Kümpel/Hammen, Börsenrecht, S. 182.

me ohne weiteres „gematcht" werden[861], sind Zulassungsvoraussetzungen für die Teilnahme am Börsenhandel zum Schutze der Funktionsfähigkeit der Börsen erforderlich[862]. Das gilt jedenfalls solange, wie der ordnungsgemäße Börsenhandel nicht durch andere Maßnahmen – zu denken ist in diesem Zusammenhang gerade an einen Zentralen Kontrahenten[863] – gewährleistet werden kann[864].

Dementsprechend ist gem. § 16 Abs. 1 BörsG für den Besuch der Börse und für die Teilnahme am Börsenhandel die Zulassung durch die Geschäftsführung nötig. Die Zulassung, die einen Verwaltungsakt darstellt[865], begründet ein öffentlichrechtliches Benutzungsverhältnis des Antragstellers zur Börse, das einen Anspruch auf Nutzung der Börseneinrichtungen mit sich bringt[866]. Die unternehmensgebundene Zulassung nach § 16 Abs. 1 BörsG[867] wird ergänzt durch die Zulassung gem. Abs. 5, die für diejenige Person gilt, die konkret Börsengeschäfte tätigen soll (Börsenhändler)[868] und für die wiederum bestimmte Voraussetzungen zu erfüllen sind. Schließlich gibt es noch die Zulassung nach § 16 Abs. 3 BörsG für Personen ohne das Recht zur Teilnahme am Handel, an die im BörsG selbst keine Bedingungen geknüpft sind, sondern deren Regelung gänzlich den Börsenordnungen überlassen wird[869].

Mit dem Abstellen auf die Erhaltung und Gewährleistung der Funktionsfähigkeit der Börse wird jedoch die allgemeine Bedeutung der Börsenzulassung nur unzureichend beschrieben, weil damit die Konsequenzen für diejenigen, die Bör-

---

861 Diese Situation wird z.T. missverständlich als „Kontrahierungszwang" bezeichnet (so z.B. Schäfer/Ledermann, WpHG u.a., § 7 BörsG, Rn. 1; Walter, WM 1986, S. 1989 (1991); Begr. RegE zum Gesetz zur Änderung des Börsengesetzes, BT-Drs. 7/101, S. 10). Es besteht kein Zwang zum Geschäftsabschluss, sondern es fehlt lediglich die Möglichkeit, sich den Kontrahenten beliebig auszusuchen.

862 Vgl. Kümpel/Hammen, Börsenrecht, S. 182; Schwark, BörsG, § 7, Rn. 9; Stockburger, Festschrift Barz, S. 525 (527); Schlüter, Börsenhandelsrecht, Abschnitt G, Rn. 425 u. 432; Mues, Die Börse als Unternehmen, S. 167.

863 Vgl. Köndgen, Festschrift Lutter, S. 1401 (1417 f.), der es zumindest für „denkbar" hält, dass in Zukunft zentrale Gegenparteien auch das Ausfallrisiko von nichtinstitutionellen und nichtprofessionellen Marktteilnehmern übernehmen.

864 Insoweit allerdings sehr skeptisch Schwark/Schwark, KMR, § 16 BörsG, Rn. 3.

865 Vgl. nur Groß, Kapitalmarktrecht, §§ 7, 7a BörsG, Rn. 3; Schwark, BörsG, § 7, Rn. 4.

866 Schäfer/Ledermann, WpHG u.a., § 7 BörsG, Rn. 3; Kümpel/Hammen, Börsenrecht, S. 182 f.; Mues, Die Börse als Unternehmen, S. 172.

867 Schlüter, Börsenhandelsrecht, Abschnitt G, Rn. 412; Groß, Kapitalmarktrecht, §§ 7, 7a BörsG, Rn. 5; Schäfer/Ledermann, WpHG u.a., § 7 BörsG, Rn. 4.

868 Schlüter, Börsenhandelsrecht, Abschnitt G, Rn. 413 f.; Schäfer/Ledermann, WpHG u.a., § 7 BörsG, Rn. 21.

869 Zur geringen praktischen Bedeutung dieser Vorschrift vgl. Schwark, BörsG, § 7, Rn. 28.

senhandel treiben wollen, nicht erfasst werden. Diese Konsequenzen werden erst deutlich, wenn man sich vergegenwärtigt, dass dieser Personenkreis ohne die Börsenzulassung nicht der von ihm angestrebten Tätigkeit nachgehen kann. Deshalb entspricht es auch allgemeiner Ansicht, dass die Zulassungsvorschriften nach § 16 BörsG die verfassungsrechtlich garantierte Berufsfreiheit einschränken und somit an Art. 12 GG zu messen sind[870]. Insofern stellen die Regelungen zur Börsenzulassung für die Handelsteilnehmer einen stets dem Verhältnismäßigkeitsgrundsatz unterworfenen Grundrechtseingriff dar[871].

III. Voraussetzungen für die Börsenzulassung von Unternehmen nach dem BörsG

Im vorliegenden Zusammenhang ist insbesondere die Zulassung der Unternehmen zum Börsenhandel nach § 16 Abs. 1 BörsG von Interesse, da sich bei den dafür zu erfüllenden Voraussetzungen tatbestandliche Überschneidungen mit den Zugangsvoraussetzungen des Clearing-Systems des Zentralen Kontrahenten ergeben können. Demgegenüber ist nach derzeitiger Sachlage die Börsenhändlerzulassung nach § 16 Abs. 5 BörsG weniger bedeutsam, obgleich zumindest denkbar ist, dass in den Clearing-Bedingungen des Zentralen Kontrahenten auch diesbezüglich konkretere bzw. strengere Anforderungen als die in jener Vorschrift gerforderte Zuverlässigkeit und notwendige berufliche Eignung[872] gestellt werden.

In § 16 Abs. 4 BörsG findet sich eine Aufzählung von Bedingungen, an welche die Zulassung eines Unternehmens zur Teilnahme am Börsenhandel geknüpft wird. So müssen der Geschäftsinhaber bzw. der oder die Geschäftsleiter nach Abs. 4 Nr. 1 persönlich zuverlässig sein und zumindest eine dieser Personen die für das börsenmäßige Wertpapiergeschäft notwendige berufliche Eignung besitzen[873]. Gem. Nr. 2 ist die ordnungsgemäße Abwicklung der Geschäfte am Börsenplatz sicherzustellen. Nach Nr. 3 haben bestimmte Unternehmen ein Eigenkapital von mindestens 50.000 Euro nachzuweisen. Dies gilt im Ergebnis jedoch

---

870 BVerwG, DVBl. 1963, S. 151; BVerwG, WM 1986, S. 963 (966 f.); Schwark, BörsG, § 7, Rn. 8; Schwark/Schwark, KMR, § 16 BörsG, Rn. 9 ff.; Walter, WM 1986, S. 1489 (1490); Stockburger, Festschrift Barz, S. 525 (527 ff.); Schneider, Festgabe an die Niedersächsische Börse zu Hannover, S. 257 (258); Groß, Kapitalmarktrecht, §§ 7, 7a BörsG, Rn. 1; Schlüter, Börsenhandelsrecht, Abschnitt G, Rn. 423 ff.

871 Vgl. Mues, Die Börse als Unternehmen, S. 167.

872 Vgl. zur Ausfüllung dieser unbestimmten Rechtsbegriffe BGH, WM 1986, S. 963 ff., sowie Schlüter, Börsenhandelsrecht, Abschnitt G, Rn. 433 ff.

873 Vgl. zu diesen Voraussetzungen Groß, Kapitalmarktrecht, §§ 7, 7a BörsG, Rn. 7; Schäfer/Ledermann, WpHG u.a., § 7 BörsG, Rn. 12 ff.

nur für solche Unternehmen, die nicht bereits als Kredit- und Finanzdienstleistungsinstitute gem. §§ 10, 33 KWG ein bestimmtes Anfangskapital nachweisen müssen oder für die nach EU-Recht entsprechende Bestimmungen gelten[874]. Schließlich dürfen gem. Nr. 4 bei den nach Nr. 3 zum Nachweis von Eigenkapital verpflichteten Unternehmen keine Tatsachen die Annahme rechtfertigen, dass ihnen die für die ordnungsgemäße Teilnahme am Börsenhandel erforderliche wirtschaftliche Leistungsfähigkeit fehlt.

Die genannten Zulassungsvoraussetzungen fußen vornehmlich auf einem Katalog von Börsenzulassungsvoraussetzungen, die mit der Börsengesetznovelle von 1975[875] ins BörsG eingefügt worden sind. Nach dieser Gesetzesänderung bestanden zwar nicht vollständig identische, aber zumindest teilweise gleiche und weitgehend ähnliche Vorschriften wie heute[876]. Der Gesetzgeber verfolgte seinerzeit das Ziel, die in zahlreichen Börsenordnungen verstreuten und voneinander abweichenden Zulassungsbestimmungen[877] durch eine abschließende bundeseinheitliche Regelung zu ersetzen[878]. Weitere Zulassungsbedingungen sollten also nach dem Willen des Gesetzgebers nicht mehr in den Börsenordnungen aufgestellt werden dürfen. Begründet wurde die Regelung im BörsG im Wesentlichen damit, dass sie aus verfassungsrechtlichen Gründen wegen der Berufsfreiheit aus Art. 12 GG geboten sei[879]. Mit dieser Aussage wurde auf den in Art. 12 Abs. 1 S. 2 GG enthaltenen Gesetzesvorbehalt angespielt, der nach ganz h.M. nicht nur

---

874 So die kurze Zusammenfassung der Norm bei Schlüter, Börsenhandelsrecht, Abschnitt G, Rn. 420; vgl. auch Schäfer/Ledermann, WpHG u.a., § 7 BörsG, Rn. 18.

875 Gesetz zur Änderung des Börsengesetzes v. 28.04.1975 (BGBl. I, S. 1013 ff.).

876 Der wichtigste Unterschied besteht darin, dass sich in der Fassung von 1975 in dem mit § 16 BörsG in aktueller Fassung vergleichbaren § 7 Abs. 4 Nr. 4 BörsG noch eine Bestimmung zur Notwendigkeit einer Sicherheitsleistung befand, die höchstens 200.000,-- DM betragen durfte. Diese Vorschrift wurde zunächst 1989 geändert (BGBl. 1989 Teil I, S. 1412), bevor dann mit Gesetz vom 22.10.1997 (BGBl. 1997 Teil I, S. 2567) das Erfordernis einer Sicherheitsleistung als Zulassungsvoraussetzung wegen Veränderung der europarechtlichen Rahmenbedingungen ganz gestrichen wurde (vgl. Begr. RegE eines Begleitgesetzes zum Gesetz zur Umsetzung von EG-Richtlinien zur Harmonisierung bank- und wertpapieraufsichtsrechtlicher Vorschriften, BT-Drs. 13/7143, S. 22, wo insbesondere auf die Kapitaladäquanzrichtlinie (93/6/EWG) verwiesen wird, und ferner Groß, Kapitalmarktrecht, § 8a BörsG, Rn. 1 ff.). Stattdessen wurde in § 8a BörsG a.F. (§ 19 n.F.) den Börsen das Recht eingeräumt, in ihren Börsenordnungen Bestimmungen zur Leistung von ausreichenden Sicherheiten durch zum Börsenhandel zugelassene Unternehmen und Kursmakler (bzw. Skontroführer) zu treffen. Auf die Bedeutung dieser Entwicklung wird noch zurückzukommen sein.

877 Vgl. die Beispiele bei Walter, WM 1986, S. 1489 (1490).

878 Begr. RegE zum Gesetz zur Änderung des BörsG, BT-Drs. 7/101, S. 9 u. 11.

879 Begr. RegE zum Gesetz zur Änderung des BörsG, BT-Drs. 7/101, S. 9 f.

für die Berufsausübung, sondern für die Berufsfreiheit als einheitliches Grundrecht gilt[880].

Vor diesem Hintergrund stellt sich die Frage, ob die Aufnahme weiterer direkter oder indirekter Zulassungsschranken in den jeweiligen Börsenordnungen rechtlich zulässig sein kann. Zu untersuchen ist, ob es sich bei den Vorschriften zur Clearing-Mitgliedschaft, die durch die BörsO-FWB, die GB-FWB sowie durch die CB-Eurex eingeführt werden, um weitere Zulassungsschranken neben den in § 16 Abs. 4 BörsG fixierten handelt oder ob die dort bestimmten Voraussetzungen lediglich konkretisiert werden. Zudem ist zu untersuchen, ob und inwieweit in den Börsenordnungen Ausgestaltungen der Zulassungsbeschränkungen vorgenommen oder gar auf Private übertragen werden dürfen.

IV. Einordnung der Clearing-Mitgliedschaft ins System der Börsenzulassungs-voraussetzungen

Die Voraussetzungen, die für die Erteilung einer Clearing-Lizenz zu erfüllen sind, wurden bereits bei der Darstellung des Clearing-Systems an der FWB beschrieben. Die Verbindung dieses Systems und damit auch seiner Voraussetzungen mit den Zulassungsschranken für den Börsenhandel lässt sich aus der schon erwähnten Stellung des Zentralen Kontrahenten als am Börsenhandel maßgeblich beteiligter Einrichtung herleiten. Denn seine Aufgabe beschränkt sich nicht auf die Abrechnung der Börsengeschäfte, sondern setzt unmittelbar beim Abschluss der Börsengeschäfte an, in die er hinsichtlich der in das System einbezogenen Wertpapiere stets als Vertragspartner integriert wird[881]. Konnten nun früher die zum Börsenhandel zugelassenen Marktteilnehmer ohne weiteres selbst Vertragspartner von an der Börse abgeschlossenen Geschäften mit anderen Handelsteilnehmern werden, so ist dies nach Einführung des Zentralen Kontrahenten mit dem dazugehörigen Clearing-System nicht mehr der Fall. Vielmehr ist die Clearing-Mitgliedschaft oder zumindest die Anbindung an ein CM erforderlich, um überhaupt die Möglichkeit zu erhalten, einen Wertpapierauftrag abzugeben oder weiterleiten zu lassen.

Rechtlich findet diese Verbindung ihren Ausdruck sowohl in Vorschriften der BörsO-FWB, als auch in den GB-FWB und in den CB-Eurex.

---

880 BVerfGE 7, 377 ff.; 13, 104 ff.; 17, 279 ff.
881 Vgl. Schwark, BörsG, § 1, Rn. 60, der dies für die Terminbörse Eurex Deutschland (damals noch DTB) im Ansatz erkennt, diesen Gedanken jedoch nicht umfassend zu Ende führt.

So wird in § 16 Abs. 1 Nr. 5 BörsO-FWB als Zulassungsvoraussetzung festgelegt, dass der Antragsteller die Erfüllung der technischen und rechtlichen Voraussetzungen zu unmittelbaren oder mittelbaren Teilnahme an den Systemen zur Leistung von Sicherheiten und zur Erfüllung von Geschäften an der FWB nachweist. Zwar wird das Clearing-System der Eurex Clearing AG nicht ausdrücklich genannt, doch ergibt sich die Zugehörigkeit des Clearing-Systems zu den Systemen i.S. der Vorschrift mittelbar aus § 16a Abs. 2 BörsO-FWB, wo klargestellt wird, dass eine Sicherheitsleistung nach § 13 BörsO-FWB in den Wertpapieren, in denen der Börsenteilnehmer am Sicherheitensystem der Eurex Clearing AG teilnimmt, nicht stattfindet. Weiterhin wird in § 16a BörsO-FWB unter der Überschrift „Technische Zulassungsvoraussetzungen" gefordert, dass der Antragsteller zur Erfüllung seiner Verbindlichkeiten aus bestimmten Geschäften eine Abwicklung über die Eurex Clearing AG zu gewährleisten und er dafür deren Clearing-Bedingungen anzuerkennen hat. Schließlich und für die Einschaltung des Zentralen Kontrahenten in den unmittelbaren Geschäftsabschluss an der Börse ganz entscheidend wird in § 92 Abs. 3 S. 1 BörsO-FWB festgelegt, dass aus der Ausführung von Aufträgen über Wertpapiere, die in den Handel über den Zentralen Kontrahenten einbezogen worden sind, jeweils ein Geschäft zwischen dem Handelsteilnehmer und der Eurex Clearing AG und ein Geschäft zwischen der Eurex Clearing AG und dem zweiten Handelsteilnehmer resultiert. Dass mit den Handelsteilnehmern, die in diesem Sinne Vertragspartner werden können, nur CM gemeint sind, wird durch S. 2 deutlich, wonach in Fällen, bei denen ein Handelsteilnehmer nicht CM ist, mit der Auftragsausführung und der Geschäftsbestätigung ein Geschäft zwischen dem NCM und einem CM sowie zwischen diesem und der Eurex Clearing AG zustande kommt. Für Geschäfte unter Einschaltung der Eurex Clearing AG sollen darüber hinaus gem. S. 3 die CB-Eurex ergänzend gelten.

Die Bedeutung des Clearing-Systems wird auch in den GB-FWB mehrmals offenkundig, wenn dort in §§ 11 S. 2, 16 Abs. 1, 29 S. 2, 31 Abs. 2, 40 Abs. 2 S. 4 direkt oder mittelbar auf die CB-Eurex Bezug genommen wird. Im Folgenden soll die grundsätzliche Frage ausgeklammert bleiben, ob der Börsenrat der FWB seiner ihm gem. § 9 Abs. 2 Nr. 5 BörsG gesetzlich obliegenden Regelungsaufgabe im Hinblick auf die Börsengeschäftsbedingungen im vollen Umfange gerecht wird, wenn er auf die CB-Eurex verweist, was durchaus zweifelhaft erscheint, da damit eine dynamische Verweisung[882] auf die Geschäftsbedingungen

---

882 Vgl. zur grundsätzlichen Problematik der dynamischen Verweisung Sachs, NJW 1981, S. 1651 ff., der unter Hinweis auf die h.M. im Schrifttum (aaO., S. 1651 mit Fn. 21) eine Verweisung auf Regeln Privater für unzulässig erklärt. Ob sich bereits daraus die Rechtswidrigkeit des Vorgehens der Börse ergibt, dürfte jedoch entscheidend von der Einordnung der Börsenusancen als Allgemeine Geschäftsbedin-

einer an den Geschäftsabschlüssen unmittelbar beteiligten Partei erfolgt[883]. Vielmehr sollte durch den Hinweis auf die angeführten Normen insbesondere der BörsO-FWB die Bedeutung des Clearing-Systems für die Handelsphase und für die Börsenzulassung aufgezeigt werden. Denn die Vorschriften belegen, dass einerseits die Börsenzulassung nur dann zu erhalten ist, wenn sich der Antragsteller dem Clearing-System anschließt und andererseits der Handel an der Börse so organisiert ist, dass man selbst dann nicht ohne eine Clearing-Anbindung am Handel teilnehmen könnte, wenn man die Erteilung der Börsenzulassung unterstellen wollte, was den tatsächlichen Wert der Börsenzulassung fraglich erscheinen lässt[884].

Nachdem somit herausgearbeitet worden ist, dass die Teilnahme am Clearing-System eine unmittelbar rechtliche (vgl. §§ 16, 16 a BörsO-FWB) und eine faktische (vgl. § 92 Abs. 3 BörsO-FWB) Börsenzulassungsschranke darstellt, kann mit der Beantwortung der eigentlichen Frage, ob es sich bei der Forderung nach einer Clearing-Mitgliedschaft um eine unzulässige Börsenzulassungsbedingung handelt, begonnen werden.

1. §§ 16 Abs. 4 S. 1 Nr. 2, 13 Abs. 4 BörsG als Ermächtigungsnormen

Als Ansatzpunkt könnte der schon erwähnte § 16 Abs. 4 S. 1 Nr. 2 BörsG dienen, der die Börsenzulassung an die Sicherstellung der ordnungsgemäßen Abwicklung der Geschäfte am Börsenplatz knüpft. In Zusammenhang mit dieser Norm ist § 13 Abs. 4 BörsG zu sehen, der zur Aufnahme von Bestimmungen über die Sicherstellung der Börsengeschäftsabwicklung in die Börsenordnung ermächtigt. In der Tat könnte es auf eine umfassende Ermächtigung hindeuten, dass die Kommentarliteratur diese Normen als Rechtsgrundlage für die Verpflichtung zum Anschluss und zur Benutzung bestimmter Einrichtungen zur Geschäftsabwicklung ansieht[885]. Genannt werden als solche Einrichtungen etwa das elektronische Börsengeschäftsabwicklungssystem BOEGA (heute XONTRO-Trade)[886] oder die

---

gungen, Satzungsrecht oder dem öffentlichen Recht zugehörige Rechtssätze sui generis abhängen; vgl. dazu Breitkreuz, Die Ordnung der Börse, S. 132 ff.

883   Vgl. ausführlich zur Problematik der dynamischen Verweisung durch die von der FWB gewählte Regelungstechnik S. 233 ff.

884   Das verkennt Kindermann, WM 1989, Sonderbeil. 2, S. 23, wenn er meint, dass die Clearing-Anforderungen den Zulassungsanspruch nach § 16 BörsG (§ 7 BörsG a.F.) unberührt ließen, da diese Bestimmung nur die Zulassung zum Börsenhandel und nicht zur Clearing-Organisation betreffe. Das eine hängt mit dem anderen rechtlich und faktisch eng zusammen.

885   Vgl. Schäfer/Ledermann, WpHG u.a., § 7 BörsG, Rn. 16; Schwark, BörsG, § 7, Rn. 25; Schlüter, Börsenhandelsrecht, Abschnitt G, Rn. 444.

886   Vgl. dazu Groß, Kapitalmarktrecht, § 2c BörsG, Rn. 12 mit Fn. 46.

Landeszentralbank und die Clearstream Banking AG[887], über welche die Regulierung der Börsengeschäfte zu erfolgen hat[888].

Die Erstreckung der Ermächtigung aus § 16 Abs. 4 S. 1 Nr. 2 BörsG auf den Anschluss- und Benutzungszwang an ein Clearing-System wie dasjenige der FWB setzt jedoch voraus, dass es der ordnungsgemäßen „Abwicklung" der Börsengeschäfte dient[889]. Dies ist insofern zweifelhaft, als bereits aufgezeigt wurde, dass die Eurex Clearing AG als Zentraler Kontrahent unmittelbar in den Börsenhandel beim Vertragsschluss über Wertpapiere eingeschaltet wird, so dass sich die Frage stellt, ob diese Funktion noch von der Wendung „Abwicklung der Geschäfte am Börsenplatz" als gedeckt anzusehen ist.

a) Auslegung des Begriffs „Börsengeschäftsabwicklung"

Setzt man bei der hiernach erforderlichen Auslegung[890] des Begriffs beim Wortlaut der Vorschrift in § 16 BörsG an, so könnte man sich auf den Standpunkt stellen, Geschäfte am Börsenplatz müssten schon abgeschlossen sein, um „abgewickelt" werden zu können. Diese Sichtweise könnte auf einen im Börsenwesen recht häufig anzutreffenden Sprachgebrauch gestützt werden, nach dem der Handelsphase, die den Abschluss eines Börsengeschäfts umfasst, eine davon zu unterscheidende Abwicklungsphase folgt, die sich auf alle Tätigkeiten nach dem Geschäftsabschluss erstreckt[891]. Andererseits ist dieses Verständnis keineswegs

---

887 Es handelt sich bei der Clearstream Banking AG um eine Tochtergesellschaft der Deutschen Börse AG. Sie ist die einzige Wertpapiersammelbank in Deutschland und sorgt für eine schnelle und sichere Erfüllung der an der Börse getätigten Geschäfte, indem sie computergestützt das Eigentum an den Wertpapieren durch Umbuchungen auf Wertpapierkonten vom Verkäufer auf den Käufer überträgt (vgl. Lenenbach, Kapitalmarkt- und Börsenrecht, Rn. 1.16, 2.12 sowie 5.42 ff., und ferner Kümpel/Hammen, Börsenrecht, S. 181 f.).

888 Groß, Kapitalmarktrecht, §§ 7, 7a, Rn. 5; Schäfer/Ledermann, WpHG u.a., § 7 BörsG, Rn. 16, mit Verweis auf § 16 Abs. 1 (nunmehr § 16 Abs. 2) BörsO-FWB; Schlüter, Börsenhandelsrecht, Abschnitt G, Rn. 444 u. 1063.

889 Davon geht Alfes, Central Counterparty, S. 40 f., aus, ohne darin ein rechtliches Problem zu sehen.

890 Vgl. zur Auslegungsbedürftigkeit des Begriffs Schwark/Beck, KMR, § 1 BörsG, Rn. 35.

891 Vgl. Bortenländer, Börsenautomatisierung, S. 77, 100; Röhrl/Rudolph in Hopt/Rudolph/Baum, S. 219; Gerke, Börsenlexikon, Stichwort: Börsengeschäftsabwicklung, wo nur die Vorgänge nach „getätigten Geschäftsabschlüssen" beschrieben werden; Blitz, Handwörterbuch des Bank- und Finanzwesens, Stichwort: Clearing und Settlement; Potthoff/Ferscha, Börsen-Zeitung v. 26.06.2002, S. 5; Börsen-Zeitung v. 14.04.2003, S. 1; ebenso Börsen-Zeitung v. 27.03.2003, S. 3, sowie Börsen-Zeitung

zwingend, weil im herkömmlichen Sprachgebrauch der Begriff „Geschäftsabwicklung" auch in einem umfassenden Sinne verwendet wird, so dass er durchaus sowohl die Geschäftsanbahnung, den Geschäftsabschluss als auch die anschließende Phase der Geschäftserfüllung erfassen könnte[892].

Versucht man unter Heranziehung weiterer Normen des BörsG, in denen von Börsengeschäftsabwicklung bzw. allgemeiner von Abwicklung oder Abwicklungssystemen die Rede ist, eine systematische Auslegung, so ergibt sich ebenfalls kein eindeutiges Bild. Dabei ist zunächst festzustellen, dass sich die Literatur kaum mit den genannten Begriffen auseinandersetzt, was angesichts ihrer häufigen Verwendung im BörsG[893] nicht nur in §§ 16 Abs. 4 S. 1 Nr. 2 und 13 Abs. 4 BörsG bemerkenswert ist. Näher erläutert wird der Begriff der „Geschäftsabwicklung" – soweit ersichtlich – lediglich im Zusammenhang mit § 1 Abs. 4 S. 2 BörsG (§ 1 Abs. 2 S. 3 BörsG a.F.), also bei der Bestimmung der Aufsichtsbefugnisse, welche der Börsenaufsichtsbehörde zustehen. So heißt es in der Kommentierung von *Groß*, zur Geschäftsabwicklung gehöre nicht die dingliche Abwicklung des Börsengeschäfts, sondern nur das Verfahren bis zur Schlussnote eines Auftrags im Parketthandel bzw. bis zur Geschäftsbestätigung im Xetra-Handel[894]. Ganz ähnlich bestimmt *Peterhoff* den Begriff, wenn er durch ihn klargestellt sieht, dass „die elektronischen Hilfseinrichtungen der Börse nur insoweit der staatlichen Überwachung unterliegen, als sie das Verfahren bis zur Schlussnote eines Börsenauftrags regeln", die „dingliche Seite" der Geschäftsabwicklung der Aufsicht jedoch nicht unterliege[895]. Diese Auslegung überrascht zumindest vor dem Hintergrund des zu § 16 Abs. 4 S. 1 Nr. 2 BörsG entwickelten Begriffsverständnisses, das mit dem Verweis auf den Anschlusszwang an die Clearstream Banking AG[896] offensichtlich die dingliche Seite der Wertpapier-

---

v. 11.02.2003, S. 4; von diesem Verständnis geht anscheinend auch die WpDL-RL (93/22/EWG) in Art. 15 Abs. 1 S. 1 aus.

892 Vgl. z.B. Brockhaus/Wahrig, Deutsches Wörterbuch, Stichwort: abwickeln, wo im Zusammenhang mit Geschäftsabwicklung von ordnungsgemäßer Erledigung die Rede ist.

893 So taucht der Begriff „Börsengeschäftsabwicklung" in §§ 1 Abs. 3 S. 1, Abs. 4 S. 2, 2 Abs. 1 S. 3, Abs. 2, 4 Abs. 1 S. 1 u. S. 2, Abs. 4 S. 2, Abs. 5 S. 1 u. S. 2, 20 Abs. 2 Nr. 1 BörsG auf; der Begriff „Abwicklung wird – sei es in Zusammenhang mit Geschäftsabwicklung oder (Geschäfts-)Abwicklungssystemen – in §§ 6 Abs. 1 S. 2, 9 Abs. 2 S. 2, 24 Abs. 3, 57 Abs. 1, 59 Nr. 2, 60 Abs. 1 S. 2, Abs. 2 BörsG gebraucht.

894 Groß, Kapitalmarktrecht, § 2c BörsG, Rn. 12.

895 Schäfer/Peterhoff, WpHG u.a., § 1 BörsG, Rn. 11; fast identisch auch Schlüter, Börsenhandelsrecht, Abschnitt G, Rn. 321 mit Fn. 283.

896 Zu den Funktionen und den Vorgängerinstitutionen der Clearstream Banking AG vgl. Schlüter, Börsenhandelsrecht, Abschnitt G, Rn. 1068 ff.

abwicklung erfasst[897]. Außerdem sollte man meinen, dass die Verwendung des Begriffspaares „Durchführung des Handels an der Börse" und „Börsengeschäftsabwicklung" in § 1 Abs. 4 S. 2 BörsG[898] doch eher darauf hindeutet, dass der Börsenhandel sich auf alle mit dem Vertragsschluss an der Börse zusammenhängenden Vorgänge erstreckt, während die Geschäftsabwicklung alle folgenden Prozesse erfasst, mithin eine deutliche Trennung dieser beiden Bereiche vorliegt. Zu erklären ist die hiervon abweichende Interpretation wohl nur mit dem Willen des Gesetzgebers, wie er in den Gesetzesbegründungen zum 2. FFG seinen Ausdruck gefunden hat[899] und wie er in den angeführten Kommentierungen praktisch wörtlich übernommen worden ist.

In den Gesetzesbegründungen heißt es überdies: „Die heutige elektronische Börsengeschäftsabwicklung (BOEGA) und das DTB-Clearing unterliegen damit der Aufsicht, das dingliche Geschäft (Abwicklung im Deutschen Kassenverein) wird hingegen nicht erfaßt." Aus dieser Passage wird deutlich, dass in den Gesetzesmaterialien zu § 1 Abs. 4 S. 2 BörsG (§ 1 Abs. 2 S. 3 BörsG a.F.) ein Begriffsverständnis zugrunde gelegt wird, das von dem im Börsenwesen üblichen abweicht[900]. Diese Position ist umso bemerkenswerter, wenn man bedenkt, dass zumindest das Clearing-System der DTB[901], das in den Grundlagen mit dem bereits dargestellten der FWB vergleichbar ist, eine Schnittstellenfunktion zwischen dem Börsenhandel und der dinglichen Erfüllung der an der Börse geschlossenen Kontrakte ausübte[902].

---

897 Vgl. Schlüter, Börsenhandelsrecht, Abschnitt G, Rn. 1063; Groß, Kapitalmarktrecht, §§ 7, 7a BörsG, Rn. 5; Schäfer/Ledermann, WpHG u.a., § 7 BörsG, Rn. 16.
898 Dieses Begriffspaar wird ferner so oder ganz ähnlich in §§ 1 Abs. 3 S. 1, 2 Abs. 1 S. 3, Abs. 2, 4 Abs. 1 S. 1 u. S. 2, Abs. 4 S. 2, Abs. 5 S. 1 u. S. 2, 6 Abs. 1 S. 2, 9 Abs. 2 S. 2, 20 Abs. 2 S. 1 Nr. 1, 57 Abs. 1, 59 S. 1 Nr. 2, 60 Abs. 1 S. 2, Abs. 2 BörsG verwendet.
899 Begr. RegE 2. FFG, BT-Drs. 12/6679, S. 59.
900 Der Grund dafür dürfte in dem Bemühen liegen, eine umfassende Aufsicht sicherzustellen, die wertpapiermäßige und geldliche Abwicklung der Börsengeschäfte aber bereits der staatlichen Depotprüfung unterliegt (vgl. Kümpel, Bank- und Kapitalmarktrecht, Rn. 18.124; Groß, Kapitalmarktrecht, § 2c BörsG, Rn. 12), so dass die Erstreckung der Börsenaufsicht auf diesen Teil der Abwicklung wohl nicht angebracht erschien.
901 Vgl. dazu Kindermann, WM 1989, Sonderbeil. 2, insbesondere S. 11 ff. u. 19 ff.
902 Dagegen erscheint die Feststellung, dass das System BOEGA (heute XONTRO-Trade) der Aufsicht unterfalle, mit der zugrunde liegenden Prämisse, die Geschäftsabwicklung erfasse nicht die dingliche Seite, vereinbar, da mit diesem System die laut der Börsenusancen (11 Abs. 1, 2 und 3 der GB-FWB (abgedruckt bei Kümpel/Hammen/Ekkenga, Kz. 450) für den *Vertragsschluss* wesentlichen Schlussnoten erstellt werden (vgl. zu BOEGA und der Erstellung der Schlussnoten Schlüter, Bör-

Allerdings gibt der Gesetzgeber mit der durch das 4. FFG erfolgten Einfügung des § 2 Abs. 1 S. 5 BörsG vorsichtig zu erkennen, dass er die Existenz von Clearing-Systemen wie das der Eurex Clearing AG voraussetzt und sie eher auf der Abwicklungsebene im börslichen Sprachgebrauch einordnet, indem er die unstreitig vom Anschlusszwang erfassten Wertpapiersammelbanken in einem Atemzug mit „Systemen zur Sicherung der Erfüllung von Börsengeschäften" – wozu ein Clearing-System mit Zentralem Kontrahenten unzweifelhaft zu zählen ist[903] – nennt.

Nach alledem führt eine systematische Auslegung unter Hinzuziehung der Gesetzesgenese nicht zu einem eindeutigen Ergebnis für die Interpretation der hier in Rede stehenden Bestimmung in § 16 Abs. 4 S. 1 Nr. 2 BörsG.

Zu einem weiter gefassten Verständnis der Begrifflichkeiten in § 16 BörsG könnte jedoch die Überlegung führen, dass nach Sinn und Zweck der Regelung ein reibungsloser Ablauf der Börsengeschäftstätigkeit gewährleistet werden soll. Wenn nun ein Clearing-System mit einem am Vertragsschluss unmittelbar beteiligten Zentralen Kontrahenten die Börsengeschäftstätigkeit sicherer macht, dann widerspricht es dem Zweck der Norm, den Anschluss an dieses System als nicht von §§ 16 Abs. 4 S. 1 Nr. 2, 13 Abs. 4 BörsG gedeckt anzusehen. Zudem kann eine weite Auslegung auf das Selbstverwaltungsrecht[904] der Börse[905] gestützt werden, da dieses besser zur Geltung kommt, wenn der Börse als Anstalt ein grö-

---

senhandelsrecht, Abschnitt G, Rn. 1070, sowie Groß, Kapitalmarktrecht, § 2c BörsG, Rn. 12 mit Fn. 46).

903 Vgl. Begr. RegE 4. FFG, BT-Drs. 14/8017, S. 72; der Gesetzgeber bezieht sich dort auf „Clearingstellen", womit sich begrifflich an das System der Eurex Deutschland angelehnt wird, das de facto für das Clearing-System mit Zentralem Kontrahenten an der FWB Modell gestanden hat; vgl. ferner Begr. RegE 2. FFG, BT-Drs. 12/6679, S. 59 u. 66, jeweils mit der Bezugnahme auf das damalige DTB-Clearing, das über einen Zentralen Kontrahenten funktionierte, sowie Begr. RegE 3. FFG, BT-Drs. 13/8933, S. 93, wo explizit die Möglichkeit von Clearingstellen als Vertragspartner erwähnt wird; vgl. außerdem Schwark/Beck, KMR, § 9 WpHG, Rn. 8.

904 Zur Geschichte und zum Begriff der Selbstverwaltung vgl. ausführlich Hendler, Selbstverwaltung als Ordnungsprinzip, S. 163 ff. und 284 ff.

905 Vgl. dazu Kümpel, BKR 2003, S. 3 (9); Schwark, BörsG, § 1, Rn. 41 ff.; zwar wird vorzugsweise im Zusammenhang mit Körperschaften von „Selbstverwaltung" gesprochen (vgl. etwa Geis, Körperschaftliche Selbstverwaltung in der Sozialversicherung, S. 68 f., der Körperschaften als „genuine Form der Selbstverwaltung bezeichnet), doch schließt das nicht aus, dass auch Anstalten des öffentlichen Rechts mit Selbstverwaltungsrechten ausgestattet werden (vgl. Hendler, Selbstverwaltung als Ordnungsprinzip, S. 287 f.; Wolff/Bachof/Stober, Verwaltungsrecht II, § 84, Rn. 37; skeptisch noch Jecht, Die öffentliche Anstalt, S. 33, der den Gebrauch dieser Begrifflichkeit seinerzeit als „neue Entwicklung bei den Anstalten" bezeichnet hat).

ßerer Spielraum bei der Ausübung ihrer „Organisationshoheit"[906] eingeräumt
wird, die insbesondere in der Börsenordnung ihren Niederschlag findet[907].

b) Zwischenergebnis

Somit sprechen überzeugende, obgleich nicht zwingende Gründe dafür, die Ermächtigung in §§ 16 Abs. 4 S. 1 Nr. 2, 13 Abs. 4 BörsG weit auszulegen und
damit auf den Erlass von Vorschriften in der Börsenordnung zum Anschlusszwang an ein Clearing-System wie das der FWB zu erstrecken, obwohl das System unmittelbar in den Bereich des Vertragsschlusses an der Börse hineinreicht
und deshalb nicht nur die „Abwicklung" nach üblichem Börsensprachgebrauch
betrifft.

*2. Voraussetzungen der Clearing-Mitgliedschaft als unzulässige Börsenzulas-
sungsbeschränkung?*

Mit der Feststellung, dass im Wege einer weiten Auslegung der §§ 16 Abs. 4 S. 1
Nr. 2, 13 Abs. 4 BörsG in einer Börsenordnung der Anschluss an ein Clearing-
System gefordert werden kann, das auch für den börslichen Vertragsschluss weit-
reichende Auswirkungen mit sich bringt, geht freilich noch keine Vorentscheidung über die Frage der rechtlichen Unbedenklichkeit des gesamten Clearing-
Systems einher. Denn letzteres hängt nicht von der Auslegung eines einzelnen
Tatbestandsmerkmals ab, sondern vielmehr von der Vereinbarkeit der Clearing-
Bedingungen mit der Systematik des BörsG sowie der damit verbundenen Problematik des Umfangs der Satzungsautonomie des Börsenrats. Insoweit liegt es
nicht fern, eine Parallele zur kürzlich aufgeflammten Diskussion um die auf
§§ 42, 50 Abs. 3, 54 S. 2 BörsG gestützte Einrichtung von Teilsegmenten an der
FWB zu ziehen, die sich insbesondere an der Pflicht zur Quartalsberichterstattung in den Teilsegmenten des Prime Standard[908] entzündet hat[909]. Denn auch

---

906 Dieser Begriff wird z.B. verwendet in Begr. RegE 4. FFG, BT-Drs. 14/8017, S. 76.
907 Vgl. Schwark, BörsG, § 4, Rn. 1; Begr. RegE zum Gesetz zur Änderung des BörsG,
    BT-Drs. 7/101, S. 8 u. 10.
908 Vgl. zu der Neusegmentierung an der FWB ausführlich Gebhardt, WM 2003, Son-
    derbeil. 2, der auch deutlich macht, dass es sowohl im Amtlichen Markt als auch im
    Geregelten Markt den Prime Standard sowie den General Standard gibt, die rechts-
    formal zu trennen sind, so dass begrifflich korrekt nicht von „dem" Prime Standard
    oder General Standard gesprochen werden kann, sondern eigentlich der Plural zu
    verwenden ist, aaO., S. 4.
909 Vgl. dazu insbesondere Spindler, WM 2003, S. 2073 ff.; Ganzer/Borsch, BKR
    2003, S. 484 ff.; vgl. auch Hammen, WM 2003, S. 997 ff., der allerdings nicht die
    Quartalsberichterstattungspflicht, sondern die Zwischenberichterstattungspflicht im

dort geht es letztlich um die Frage, welche Regelungen die Börsen im Rahmen ihrer Satzungsautonomie treffen dürfen und wo aufgrund der Systematik des BörsG sowie grundsätzlicher Überlegungen, die z.b. die Grundrechtsrelevanz berücksichtigen, eine Grenze zu ziehen ist. Allerdings kommt hinsichtlich der vorliegend behandelten Problematik hinzu, dass die Clearing-Bedingungen unmittelbar nicht einmal von der mit Satzungsautonomie ausgestatteten Börse erlassen werden, sondern von einer privaten Einrichtung, wodurch das zusätzliche Problem aufgeworfen wird, ob die Börse damit die Entscheidung über die Nutzungsbedingungen der Anstalt zu einem Teil aus der Hand geben und einem Privaten überlassen darf.

a) Vergleich mit Anschluss- und Benutzungszwang bei Gemeinden

Nun könnte man versucht sein, zur Rechtfertigung der börslichen Regelungen und der damit zusammenhängenden Clearing-Bedingungen auf die allgemeine Praxis zum Anschluss- und Benutzungszwang abzustellen[910], die zum Großteil auf die entsprechenden Vorschriften der verschiedenen Gemeindeordnungen[911] zurückgeht. Tatsächlich ist es zwar richtig, dass von der ganz h.M. der Anschluss- und Benutzungszwang mit den damit einhergehenden Grundrechtsbeeinträchtigungen für rechtlich zulässig erachtet wird, sofern er auf einer speziellen gesetzlichen Grundlage beruht und dem Verhältnismäßigkeitsgrundsatz Rechnung trägt[912]. Ebenso wird es überwiegend für zulässig gehalten, dass der Anschluss- und Benutzungszwang zugunsten einer Einrichtung in privater Trägerschaft angeordnet wird, sofern die anordnende Kommune einen derartig ausgestalteten Einfluss auf den Betreiber ausüben kann, dass das allgemeine und grundsätzlich gleiche Benutzungsrecht aller Bürger zu angemessenen Bedingungen gesichert ist[913]. Damit mag die Argumentation nahe liegend erscheinen, dass

---

Geregelten Markt näher beleuchtet, dabei aber intensiv auf die Vereinbarkeit der Teilsegmente der FWB mit der gesetzlich vorgegebenen Einteilung in Amtlicher Markt und Geregelter Markt eingeht.

910 Vgl. dazu Schmidt-Aßmann in Schmidt-Aßmann, 1. Kap., Rn. 114 ff.; Erichsen, Kommunalrecht des Landes Nordrhein-Westfalen, S. 253 ff.

911 Vgl. etwa § 11 GO Baden-Württemberg; Art. 24 GO Bayern; § 15 GO Brandenburg; § 19 Abs. 2 GO Hessen; § 9 GO Nordrhein-Westfalen; § 26 GO Rheinland-Pfalz.

912 Erichsen, Kommunalrecht des Landes Nordrhein-Westfalen, S. 256; Schmidt-Aßmann in Schmidt-Aßmann, 1. Kap., Rn. 114 ff., jeweils m.w.N.

913 Hess. VGH, VwRspr. 27, S. 64 (66); OVG Lüneburg, OVGE 25, S. 345 (352 ff.); Wagener, Anschluß- und Benutzungszwang für Fernwärme, S. 41; Erichsen, Kommunalrecht des Landes Nordrhein-Westfalen, S. 259 f.; a.A. Kauther, Private als Träger von öffentlichen Einrichtungen mit Anschluß- und Benutzungszwang,

bei dem durch die Börse angeordneten Anschlusszwang an ein privatrechtlich organisiertes Clearing-System wie das der Eurex Clearing AG im Ergebnis nichts anderes geschieht als bei den Gemeinden. Dieser Ansatz übersieht jedoch entscheidende Besonderheiten. Bei den Gemeinden führt nämlich der Anschluss- und Benutzungszwang weder zu einer direkten noch zu einer mittelbaren Zulassungsschranke in Bezug auf die Gemeinde. Am Status der Einwohner der Gemeinde ändert sich durch deren Pflicht, bestimmte Einrichtungen zu nutzen, nichts. Es kann demzufolge auch nicht zu einer Konkurrenz von Zulassungsbedingungen der Gemeinde einerseits und der Einrichtung mit Anschluss- und Benutzungszwang andererseits kommen wie dies bei Börse und Clearing-System der Fall ist. Folglich hinkt ein Vergleich zwischen dem durch die Gemeinden angeordneten Anschluss- und Benutzungszwang mit dem durch die FWB für das Clearing-System der Eurex Clearing AG festgelegten so erheblich, dass daraus keine weiterführenden Schlüsse gezogen werden können.

b) Übereinstimmung mit den Grenzen der Satzungsautonomie?

Die zentrale Frage besteht darin, ob es sich noch innerhalb der Grenzen der Satzungsautonomie bewegt, wenn die Börsenordnung die Mitgliedschaft in einem Clearing-System als Zulassungsvoraussetzung in einem rechtlichen und faktischen Sinne[914] aufstellt. Bei der Suche nach der Antwort auf diese Frage soll zunächst unberücksichtigt bleiben, dass die Clearing-Bedingungen nicht von der Börse selbst, sondern von einer privaten Einrichtung erlassen werden. Denn ungeachtet der damit verbundenen Probleme hinsichtlich der Verantwortlichkeit für die Nutzungsbedingungen der Börse als Anstalt des öffentlichen Rechts dürfte feststehen, dass die Bereiche, die von vornherein der Satzungsautonomie entzogen sind, auch nicht durch einen Anschlusszwang an eine private Einrichtung mittelbar zur Disposition des Selbstverwaltungsträgers gestellt werden dürfen.

aa) Grundsätzlicher Umfang von Satzungsautonomie

Für die Bestimmung der Grenzen der börslichen Satzungautonomie ist zunächst die Vorschrift in Art. 80 Abs. 1 S. 2 GG bedeutungslos, nach der Inhalt, Zweck und Ausmaß der erteilten Rechtsetzungsbefugnis in der gesetzlichen Ermächtigungsgrundlage selbst bestimmt sein müssen. Denn die Rechtsetzungsbefugnis

---

S. 35 ff.; ebenfalls einschränkend Krieger, Schranken der Zulässigkeit der Privatisierung öffentlicher Einrichtungen der Daseinsfürsorge mit Anschluß- und Benutzungszwang, S. 54.

914   Vgl. S. 213 f.

kann im Rahmen von Selbstverwaltungsangelegenheiten generell eingeräumt werden, ohne dass sie i.S. des Art. 80 Abs. 1 S. 2 GG konkretisiert oder beschränkt zu werden braucht[915]. Das erklärt sich daraus, dass Art. 80 Abs. 1 S. 2 GG den angesichts der deutschen Geschichte als besonders virulent empfundenen Gefahren einer Selbstentmachtung des Gesetzgebers durch das Instrument der Rechtsverordnung entgegenwirken, nicht jedoch die Autonomie bewährter Selbstverwaltungsträger einschränken soll[916].

Gleichwohl hat das nicht zur Folge, dass die Satzungsautonomie keinerlei Beschränkungen unterliegt. Unbestritten ergeben sich solche Beschränkungen zunächst aus Wesen und Aufgabenstellung des mit der Satzungsgewalt ausgestatteten Selbstverwaltungsträgers, so dass insbesondere Fragen zur Selbstorganisation sowie zur sachgerechten Erledigung der Selbstverwaltungsaufgaben von der Satzungsautonomie erfasst werden, nicht aber Regelungsgegenstände, welche die Grenzen des Selbstverwaltungsbereichs überschreiten[917]. Diese weitgehend unproblematische Einschränkung der Rechtsetzungsbefugnisse kommt vorliegend jedoch nicht zum Tragen, da der geforderte Anschluss an ein Clearing-System mit Zentralem Kontrahenten als eine die Selbstorganisation und insbesondere die sachgerechte Erledigung der Börsenaufgaben betreffende Entscheidung der Börse als Anstalt angesehen werden kann.

Fraglich ist allerdings der Umfang der Satzungsautonomie im Hinblick auf Grundrechtseingriffe[918]. Das BVerfG vertritt seit dem richtungsweisenden Facharzt-Beschluss[919] ebenso wie die überwiegende Ansicht im Schrifttum[920] die Auffassung, dass es für Grundrechtseingriffe einer speziellen Ermächtigungsgrundlage bedarf und folglich solche Eingriffe nicht lediglich durch die aus der Satzungsautonomie folgende Rechtssetzungsbefugnis gerechtfertigt werden können.

915 BVerfGE 33, S. 125 (157); Ossenbühl in Isensee/Kirchhof, § 66, Rn. 37; Groß, Kapitalmarktrecht, § 4 BörsG, Rn. 1; Wolff/Bachof/Stober, Verwaltungsrecht I, § 25, Rn. 49.

916 Vgl. BVerfGE 33, S. 125 (157 f.); Kluth, Funktionale Selbstverwaltung, S. 488; Ossenbühl in Isensee/Kirchhof, § 66, Rn. 37.

917 Vgl. BVerfGE 12, S. 319 (325); BVerfGE 33, S. 125 (157 ff.); Ossenbühl in Isensee/Kirchhof, § 66, Rn. 37, 42 u. 4; ders. in Erichsen/Ehlers, § 6, Rn. 65; Wolff/Bachof/Stober, Verwaltungsrecht I, § 25, Rn. 47 u. 49.

918 BVerfGE 33, S. 125 (157 ff.); BVerfGE 36, S. 212 (216 f.); BVerfGE 38, S. 373 (381); Ossenbühl in Erichsen/Ehlers, § 6, Rn. 66; Wolff/Bachof/Stober, Verwaltungsrecht I, § 25, Rn. 49.

919 BVerfGE 33, S. 125 ff.; nachfolgend z.B. BVerfGE 36, S. 212 (216 f.); BVerfGE 38, S. 373 (381).

920 Z.B. Wolff/Bachof/Stober, Verwaltungsrecht I, § 25, Rn. 49; Ehlers in Ehlers/Erichsen, § 29, Rn. 35; Ossenbühl in Isensee/Kirchhof, § 66, Rn. 26 ff.; Löwer, DVBl. 1985, S. 928 (938); kritisch dagegen Kluth, Funktionale Selbstverwaltung, S. 499 ff.

Damit wird auf die Bindung an den Grundsatz des Gesetzesvorbehalts Bezug genommen, der durch die sog. Wesentlichkeitstheorie eine inhaltliche Ausgestaltung erfährt[921]. Danach ist für die grundlegenden bzw. wesentlichen Entscheidungen eine formell-gesetzliche Grundlage erforderlich[922]. Auch wenn mit der Grundrechtsrelevanz ein Kriterium für die Feststellung einer grundlegenden bzw. wesentlichen Entscheidung vorgegeben wird[923], so bleiben doch die oft kritisierten Konkretisierungsprobleme bei der Anwendung dieser Formel[924]. Das zeigt schon die Formulierung im Facharzt-Beschluss, wonach „allenfalls Einzelfragen fachlich-technischen Charakters" in dem vom Gesetzgeber gezogenen Rahmen durch Satzungsrecht eines Berufsverbandes geregelt werden könnten[925] und diese Aussage in der börsenrechtlichen Literatur zum Anlass genommen wird, die Vorschriften in den Börsenordnungen zur Sicherstellung der Börsengeschäftsabwicklung für „regelmäßig zulässig" zu erklären[926].

Dass dem zumindest in dieser Allgemeinheit nicht gefolgt werden kann, haben die vorstehenden Ausführungen zur Börsenzulassungsbeschränkung durch das Erfordernis der Clearing-Mitgliedschaft aufgezeigt, welches im Ergebnis ebenso zu einer Beschränkung der Berufsfreiheit aus Art. 12 GG führt wie die Zulassungsvoraussetzungen in § 16 Abs. 4 BörsG. Für letztere ist die Grundrechtsrelevanz im Hinblick auf Art. 12 GG unbestritten[927]. Sie hat den Gesetzge-

---

921 Vgl. umfassend Axer, Normsetzung der Exekutive in der Sozialversicherung, S. 310 ff. der unter Schilderung der einschlägigen Rechtsprechung die Entwicklung des Gesetzesvorbehalts nachzeichnet und auch auf die unterschiedlichen Begrifflichkeiten hinweist.

922 Vgl. nur BVerfGE 33, S. 303 ff.; BVerfGE 40, S. 237 (249); BVerfGE 45, S. 400 (417 f.); Ossenbühl in Isensee/Kirchhof, § 62, Rn. 41 ff.

923 BVerfGE 34, S. 165 (192); BVerfGE 40, S. 237 (248 f.); BVerfGE 47, S. 46 (79); vgl. auch Kluth, Funktionale Selbstverwaltung, S. 491 f. sowie Staupe, Parlamentsvorbehalt und Delegationsbefugnis, S. 236 ff., die neben der Grundrechtsrelevanz weitere Kriterien für die Beurteilung der Wesentlichkeit entwickeln.

924 Axer, Normsetzung der Exekutive in der Sozialversicherung, S. 335 f. m.w.Nachw. u. S. 339.

925 BVerfGE 33, S. 125 (160).

926 So Breitkreuz, Die Ordnung der Börse, S. 128; dagegen äußert Schneider, Festgabe an die Niedersächsische Börse zu Hannover, S. 257 (261 u. 267 f.), unter Bezugnahme auf diese Formulierung bereits ernsthafte Zweifel an der Vereinbarkeit der die Börsenzulassung betreffenden gesetzlichen Ermächtigungen mit der Rechtsprechung des BVerfG bzw. den Vorgaben des Grundgesetzes.

927 BVerwG, DVBl. 1963, S. 151; Walter, WM 1986, S. 1489 (1490); Schneider, Festgabe an die Niedersächsische Börse zu Hannover, S. 257 (258); Stockburger, Festschrift Barz, S. 524 (529 f.); Schwark, BörsG, § 7, Rn. 8 ff.; Groß, Kapitalmarktrecht, §§ 7, 7a BörsG, Rn. 1.

ber schließlich auch dazu bewogen, die Börsenzulassungsvoraussetzungen durch ein formelles Gesetz zu regeln[928].

Der angesprochenen Problematik mag nun für die Börse wegen des Bezuges zur Berufsfreiheit der Börsenteilnehmer eine besondere Brisanz zukommen, doch kann sie letztlich auf die grundsätzliche Frage zurückgeführt werden, ob und inwieweit die Nutzungsverhältnisse einer Anstalt durch diese selbständig reglementiert werden dürfen. Nun gilt dafür nach h.M. der Parlamentsvorbehalt ebenso wie in anderen Bereichen[929], doch wird zugleich dem Satzungsgeber das Recht zur Konkretisierung der im Rahmen des Nutzungsverhältnisses durch die Anstalt zu erbringenden Leistungen sowie der damit verbundenen Bedingungen zugestanden[930]. Obgleich diese Konkretisierungsbefugnis zur Verhinderung eines „Totalvorbehalts"[931] unausweichlich erscheint, stellt sich doch verstärkt die Frage, wo die Grenze zum durch Gesetz zu regelnden Grundrechtseingriff verläuft[932]. Ohne dies hier abschließend beantworten zu können, so wird man doch zumindest die Wertung des Gesetzgebers bei der Feststellung der Wesentlichkeit einer Entscheidung zu berücksichtigen haben[933].

bb) Anwendung der Grundlagen auf das Börsenwesen

Das bedeutet für die Satzungsautonomie der Börsen, dass die Vorschriften des BörsG, welche die Börsenzulassung betreffen, darauf zu untersuchen sind, ob mit ihnen grundlegende, die Satzungsautonomie ausschließende Entscheidungen verbunden sind. Dieser Ansatz kann sich auf den gesetzgeberischen Willen berufen, wonach die Zulassungsvoraussetzungen „abschließend im Gesetz selbst" geregelt

---

928   Begr. RegE des Gesetzes zur Änderung des BörsG, BT-Drs. 7/101, S. 9 u. 10.

929   Vgl. etwa Erichsen in Erichsen/Ehlers, § 29, Rn. 35; Löwer, DVBl. 1985, S. 928 (938); Maurer, Allgemeines Verwaltungsrecht, § 8, Rn. 26 f. i.V.m. § 6, Rn. 17; Chen, Öffentlich-rechtliche Anstalten und ihre Nutzung, S. 86 ff.; Wolff/Bachof/Stober, Verwaltungsrecht II, § 99, Rn. 3.

930   Erichsen in Erichsen/Ehlers, § 29, Rn. 35; Chen, Öffentlich-rechtliche Anstalten und ihre Nutzung, S. 78; Wolff/Bachof/Stober, Verwaltungsrecht II, § 99, Rn. 3 i.V.m. Rn. 26; Zuleeg, JuS 1973, S. 34 (36 f.).

931   Dass ein „allumfassender Parlamentsvorbehalt" vom Grundgesetz nicht gewollt ist, hat auch das BVerfG erkannt (BVerfGE 68, S. 1 (86)).

932   Vgl. Maurer, Allgemeines Verwaltungsrecht, § 9, Rn. 34; Chen, Öffentlich-rechtliche Anstalten und ihre Nutzung, S. 87 f.

933   So auch Hufen, VVDStRL 47, S. 142 (152): „Der Gesetzgeber selbst – nicht das Bundesverfassungsgericht – hat primär zu entscheiden, was so wesentlich sein soll, daß es normativer Grundvorrat und rechtsstaatliche wie auch sozialstaatliche Kontinuitätsreserve gegenüber tagespolitischen Korrekturen und Begehrlichkeiten werden kann."

werden sollten[934]. Damit soll nicht in Abrede gestellt werden, dass mit den §§ 16 Abs. 4 Nr. 2, 13 Abs. 4 BörsG ausfüllungsoffene Regelungen existieren, die mit dem Gesetzesvorbehalt vereinbar sind[935] und grundsätzlich auch den Anschluss an ein Clearing-System umfassen können. Doch ist es mit den dargelegten Grundsätzen nicht in Einklang zu bringen, wenn für die Teilnahme am Clearing-System, die wiederum Voraussetzung für die Börsenzulassung und die aktive Teilnahme am Börsenhandel ist, Bedingungen aufgestellt werden, die einen unmittelbaren sachlichen Bezug zu den Regelungsgegenständen der gesetzlichen Zulassungsvorschriften aufweisen und überdies zwingend höhere Anforderungen stellen.

aaa) Zulässigkeit der Anforderungen an das Eigenkapital für die Clearing-Lizenz

Unter Zugrundelegung dieser Überlegungen bestehen gegenüber den Anforderungen an das Eigenkapital, die für die Erteilung einer Clearing-Lizenz zu erfüllen sind, erhebliche Bedenken, weil sowohl GCM als auch DCM für den Handel an der FWB ein Eigenkapital in Höhe von mindestens 25 Millionen Euro bzw. 2,5 Millionen Euro nachweisen müssen[936], obwohl § 16 Abs. 4 Nr. 3 BörsG einen Eigenkapitalnachweis nur ausnahmsweise und nur in einem sehr beschränkten Maße vorsieht. Die Eigenkapitalanforderungen für CM sind überdies vor dem Hintergrund der Bestimmung in Art. 15 Abs. 2 S. 2 WpDL-RL[937] nicht unbe-

---

934 Begr. RegE des Gesetzes zur Änderung des BörsG, BT-Drs. 7/101, S. 9 u. ähnlich auf S. 11.

935 Vgl. zur Vereinbarkeit von Generalklauseln mit dem Gesetzesvorbehalt auch in wichtigen grundrechtsrelevanten Angelegenheiten Ronellenfitsch, DÖV 1984, S. 781 (783 f.); Hill, DÖV 1987, S. 885 (893 f.).

936 Vgl. dazu näher S. 81 ff.

937 In der die WpDL-RL ablösenden Mifid findet sich zwar keine Regelung, die ausdrücklich zusätzliche Eigenkapitalanforderungen für die Mitgliedschaft in bzw. für den Zugang zu einem geregelten Markt verbietet, doch sollte sich in der Sache nichts ändern, da in Art. 33 Abs. 2 RL 2004/39/EG generell festgelegt wird, dass die Mitgliedstaaten Wertpapierfirmen, die den Marktzugang anstreben, in den von der Mifid erfassten Bereichen keine zusätzlichen rechtlichen oder verwaltungstechnischen Auflagen auferlegen. Da in Art. 12 RL 2004/39/EG die Anfangskapitalausstattung von Wertpapierfirmen geregelt und insoweit auf die RL 93/6/EWG Bezug genommen wird, sollte die Eigenkapitalausstattung nämlich zu den von der Mifid erfassten Bereichen gehören. Dagegen könnte eingewendet werden, dass in Art. 34 RL 2004/39/EG nunmehr das Zugangsrecht zu Zentralen Kontrahenten und Clearing-Systemen speziell geregelt und dort vom Verbot zusätzlicher Eigekapitalanforderungen nicht die Rede ist. Dieser Ansatz ließe aber wiederum außer Acht, dass Zugangsbeschränkungen zu Clearingeinrichtungen – wie an der FWB – unmit-

denklich. Denn nach dieser Regelung dürfen die Mitgliedstaaten[938] für den Zugang zu einem geregelten Markt zusätzliche Eigenkapitalanforderungen neben den aus der Kapitaladäquanzrichtlinie[939] folgenden nur für die nicht unter den Anwendungsbereich dieser Richtlinie fallenden Bereiche aufstellen[940]. Zwar hat der deutsche Gesetzgeber zum Ausdruck gebracht, dass er das Clearing als einen solchen nicht erfassten Bereich ansieht[941], doch leidet diese Vorstellung wiederum daran, dass sie der bereits dargestellten engen rechtlichen und faktischen Verknüpfung von Wertpapierhandel und Clearing, wie sie jedenfalls an der Eurex Deutschland oder der FWB besteht, nicht hinreichend Rechnung trägt.

bbb) Zulässigkeit der Forderungen von Sicherheiten für die Clearing-Lizenz

Problematisch sind zudem die Regelungen der CB-Eurex bzw. anderer vergleichbarer Clearing-Bedingungen zu den erforderlichen Sicherheitsleistungen[942] und den Beiträgen zum Clearing-Fonds[943]. Zwar finden sich in § 16 BörsG selbst keine Vorschriften, die die Börsenzulassung an die Erbringung einer Sicherheitsleistung knüpfen, doch bedeutet dies nicht, dass das BörsG zu diesem Aspekt gänzlich schweigt und keine Regelungskonflikte zwischen BörsG und Clearing-Bedingungen auftreten können. Vielmehr wird in § 19 Abs. 1 S. 1 BörsG festgelegt, die Börsenordnung könne bestimmen, „dass die zur Teilnahme am Börsenhandel zugelassenen Unternehmen und die Skontroführer (§ 25 Satz 1) ausrei-

---

telbare Auswirkungen auf die Zugangsmöglichkeiten zum Markt selbst haben können.

938 Die Heranziehung des Art. 15 Abs. 2 WpDL-RL als Argumentationsstütze setzt insofern voraus, dass die Regelungen in den Börsenordnungen der Börsen als Anstalten des öffentlichen Rechts und Einrichtungen der mittelbaren Staatsverwaltung als Vorschriften eines Mitgliedstaats angesehen werden.

939 Richtlinie 93/6/EWG des Rates der Europäischen Gemeinschaften über die angemessene Kapitalausstattung von Wertpapierfirmen und Kreditinstituten vom 15. März 1993 (abgedruckt in Kümpel/Hammen/Ekkenga, Kz. 940).

940 Vgl. Elster, Europäisches Kapitalmarktrecht, S. 312, der in Frage stellt, ob es überhaupt einen in Bezug auf die Eigenkapitalanforderungen der Wertpapierfirmen durch die Kapitaladäquanzrichtlinie nicht erfassten Bereich gebe, da die Richtlinie in dieser Hinsicht umfassend zu sein scheine.

941 Begr. RegE eines Begleitgesetzes zum Gesetz zur Umsetzung von EG-Richtlinien zur Harmonisierung bank- und wertpapieraufsichtsrechtlicher Vorschriften, BT-Drs. 13/7143, S. 22; dieser Auffassung schließt sich Mues, Die Börse als Unternehmen, S. 173, an.

942 Zu den Sicherheitsleistungen im Aktienhandel an der FWB vgl. unter 3. Teil: D.

943 Für den Aktienhandel an der FWB vgl. V. Kapitel Nummer 1.1.2 Abs. 4 lit. g) i.V.m. V. Kapitel Nummer 1.2.1 u. I. Kapitel Nummer 1.6.1 der CB-Eurex sowie S. 81 ff.

chende Sicherheit zu leisten haben, um die Verpflichtungen aus Geschäften, die an der Börse sowie in einem an der Börse zugelassenen elektronischen Handelssystem abgeschlossen werden, jederzeit erfüllen zu können." Nach Satz 2 wird „das Nähere über die Art und Weise der Sicherheitsleistung" der Börsenordnung überlassen. Der Bezug dieser Vorschrift zur Börsenzulassung ergibt sich zum einen aus der Entstehungsgeschichte der Norm und zum anderen aus ihrem Abs. 2, der den Börsenordnungen die Möglichkeit einräumt, das Ruhen der Zulassung vorzusehen, sofern die festgesetzten Sicherheitsleistungen nicht erbracht werden. Bis zum Inkrafttreten des Begleitgesetzes zum Gesetz zur Umsetzung von EG-Richtlinien zur Harmonisierung bank- und wertpapieraufsichtsrechtlicher Vorschriften[944] war der Zusammenhang des Erfordernisses einer Sicherheitsleistung mit der Börsenzulassung noch deutlicher, weil damals die Sicherheitsleistung nach § 7 Abs. 4 Nr. 3 i.V.m. Abs. 4 a BörsG a.F.[945] unmittelbare gesetzliche Zulassungsbedingung war[946]. Hiernach durften freilich höchstens 500.000 DM als Sicherheitsleistung gefordert werden und zwar nur von Antragstellern, die keine Kreditinstitute waren. Im Zuge der Anpassung an veränderte europäische Rahmenbedingungen[947] wurde mit den §§ 7 Abs. 4 Nr. 3, Abs. 4 a BörsG a.F. zwar auch diese Höchstgrenze[948] gestrichen, doch hat der Gesetzgeber in den Gesetzesbegründungen zur Einfügung von § 8 a BörsG a.F. (§ 19 BörsG n.F.) in das

---

944 BGBl. 1997 Teil I, S. 2567.

945 BörsG in der Fassung nach dem 2. FFG (BGBl. 1994, Teil I, S. 1749); bereits vorher bestand mit § 7 Abs. 4 Nr. 3 BörsG eine die Sicherheitsleistungen betreffende Vorschrift, die ganz ähnlich gefasst war mit der Besonderheit, dass sie noch nicht eine § 7 Abs. 4a S. 4 BörsG vergleichbare Ausnahmevorschrift enthielt, wonach es einer Sicherheitsleistung nicht bedurfte, wenn die an der Börse abgeschlossenen Geschäfte des Antragstellers aufgrund eines in der Börsenordnung geregelten Systems zur Sicherung der Erfüllung der Börsengeschäfte durch den Eintritt eines Kreditinstituts in diese Geschäfte nur zu einer Verbindlichkeit des Antragstellers gegenüber dem eintretenden Kreditinstitut führen konnte. Mit der Ausnahmeregelung sollte Clearing-Systemen wie dem der damaligen DTB Rechnung getragen werden (Begr. RegE 2. FFG, BT-Drs. 12/6679, S. 66), so dass sich bereits damals im BörsG eine Vorschrift fand, die die Auswirkungen von Clearing-Systemen mit Zentralem Kontrahenten auf den Börsenhandel zu berücksichtigen versuchte.

946 Vgl. Groß, Kapitalmarktrecht, § 8a BörsG, Rn. 1; Schäfer/Ledermann, WpHG u.a., § 7 BörsG, Rn. 17.

947 Mit Umsetzung der Kapitaladäquanz-Richtlinie (93/6/EWG) erfolgte die Verpflichtung zur laufenden Risikounterlegung von Börsengeschäften, so dass eine Privilegierung von Kreditinstituten nicht mehr angezeigt erschien (vgl. Begr. RegE eines Begleitgesetzes zum Gesetz zur Umsetzung von EG-Richtlinien zur Harmonisierung bank- und wertpapieraufsichtsrechtlicher Vorschriften, BT-Drs. 13/7143, S. 22; Schäfer/Ledermann, WpHG u.a., § 7 BörsG, Rn. 17).

948 Kritisch zu der gesetzlichen Festlegung dieser Grenze Mues, Die Börse als Unternehmen, S. 167.

Börsengesetz zum Ausdruck gebracht, dass die Börsen von der ihnen nunmehr zustehenden Regelungsbefugnis hinsichtlich der Sicherheitsleistungen nicht uneingeschränkt Gebrauch machen dürfen. Dort wurde nämlich ausgeführt, sie dürften „keine unangemessen hohen Mindestsicherheiten fordern, die sich als Marktzugangsschranke auswirken würden." Eine generelle Mindestsicherheit von 500.000 DM sei dabei „in jedem Fall unangemessen"[949].

Nun kann gegenüber Bedenken zur Vereinbarkeit der die Sicherheitsleistung betreffenden Clearing-Bedingungen mit den geschilderten gesetzgeberischen Vorstellungen mit Recht eingewendet werden, dass nach den CB-Eurex keine Sicherheitsleistung in einer generell festgelegten Höhe zu erfolgen hat, sondern diese nach den individuellen Risikopositionen berechnet wird[950]. Dieser Einwand greift jedoch nicht hinsichtlich der Beiträge zum Clearing-Fonds, der ausweislich der CB-Eurex der Sicherstellung der Erfüllung der an der FWB abgeschlossenen Geschäfte dient[951] und somit im Ergebnis nichts anderes als eine zusätzliche Sicherheitsleistung darstellt[952]. Die Höhe des zu erbringenden Fonds-Beitrags liegt gegenwärtig[953] für GCM bei mindestens 5 Millionen Euro und für DCM bei mindestens 1 Millionen Euro und damit für beide Arten von CM weit über dem, was nach den gesetzgeberischen Vorstellungen noch zulässig sein sollte. Tatsächlich dürften sich diese Beträge als Marktzugangsschranke, die gerade vermieden werden sollte, einordnen lassen.

---

949 Begr. RegE eines Begleitgesetzes zum Gesetz zur Umsetzung von EG-Richtlinien zur Harmonisierung bank- und wertpapieraufsichtsrechtlicher Vorschriften, BT-Drs. 13/7143, S. 23.
950 Vgl. zur Berechnung der Sicherheiten bei Aktiengeschäften Eurex Clearing AG, Risk-Based-Margining, S. 36 ff.
951 V. Kapitel, Nummer 1.2.1.
952 Vgl. Eurex Clearing AG, Viele Märkte – ein Clearinghaus, S. 5; Roegele, Börsen-Zeitung v. 13.07.2002, S. 3, die von einer „Sozialisierung" des Kontrahentenrisikos über den Clearing-Fonds spricht.
953 Die Höhe der zu leistenden Fonds-Einlage ist in den CB-Eurex selbst nicht festgelegt, sondern wird – hier bezogen auf Geschäfte an der FWB – gem. V. Kapitel Nummer 1.1.2 Abs. 4 lit. g, Nummer 1.2.1 Abs. 2 i.V.m. I. Kapitel Nummer 1.6.1.1 Abs. 1 CB-Eurex für jedes CM von der Eurex Clearing AG festgesetzt. In der Praxis erfolgte die Festsetzung bis zum 2. Januar 2003 aber nicht individuell, sondern nach Status als GCM oder DCM (vgl. Eurex Clearing AG, Viele Märkte – ein Clearinghaus, S. 9). Seitdem findet eine Dynamisierung der Beiträge auf Grundlage der „Total Margin Requirements" statt, die jedoch das Minimum von 5 Millionen Euro bzw. 1 Millionen Euro unberührt lässt, also lediglich zu einem noch höheren Beitrag führen kann (vgl. zu den Einzelheiten Eurex Clearing AG, Rundschreiben 097/02).

cc) *Problemlösung durch Teilnahme am Clearing-System als NCM?*

Die angeführten Bedenken könnten dem Einwand ausgesetzt sein, dass der Konflikt zwischen den gesetzlichen Börsenzulassungsvoraussetzungen und den Clearing-Bedingungen gar nicht existiert oder wenigstens nicht so gravierend ist, wie es der angestellte Vergleich der Börsenzulassungsregeln mit den Bedingungen für die Clearing-Lizenzen zunächst erscheinen lässt. Denn es wird kein Handelsteilnehmer dazu gezwungen, die Voraussetzungen für den Erhalt einer Clearing-Lizenz zu erfüllen, um am Börsenhandel teilnehmen zu können. Vielmehr besteht die Möglichkeit, als NCM auf dem Markt an der Börse aufzutreten.

Deshalb sind im Folgenden zwei Fragen zu klären. Zum einen muss ermittelt werden, ob hinsichtlich der Bedingungen, die für einen Anschluss an das Clearing-System als NCM zu erfüllen sind, ein ähnlicher Wertungswiderspruch zu den Vorgaben des BörsG besteht wie bei den Voraussetzungen für eine Clearing-Lizenz. Zum anderen ist zu untersuchen, ob das BörsG eine Aufteilung der Handelsteilnehmer in unterschiedliche Kategorien zulässt.

aaa) *Zulässigkeit der Voraussetzungen für den Anschluss als NCM*

Wie bereits angedeutet wurde, wird für die Börsenzulassung an der FWB gem. § 16 Abs. 1 Nr. 5 BörsO-FWB der Nachweis verlangt, dass der Antragsteller die technischen und rechtlichen Voraussetzungen zur unmittelbaren oder mittelbaren Teilnahme an den Systemen zur Leistung von Sicherheiten und zur Erfüllung von Geschäften an der FWB erfüllt. Ferner hat der Antragsteller gem. § 16a BörsO-FWB zur Erfüllung seiner Verbindlichkeiten aus Geschäften mit den von der Börsengeschäftsführung bestimmten Wertpapieren und Rechten eine Abwicklung über die Eurex Clearing AG zu gewährleisten und dazu deren Clearing-Bedingungen anzuerkennen. Aus diesen beiden Vorschriften wird deutlich, dass auch die Zulassung als NCM, welcher „mittelbar" i.S. des § 16a Abs. 1 Nr. 5 BörsO-FWB am Clearing-System teilnimmt, nicht losgelöst von den Clearing-Bedingungen erfolgt.

Die CB-Eurex sehen nun vor, dass die CM von den NCM Sicherheiten mindestens in der sich nach der Berechnungsmethode der Eurex Clearing AG ergebenden Höhe zu verlangen haben[954]. Weiterhin wird festgelegt, dass die GCM verpflichtet sind, mit NCM, die die sonstigen Voraussetzungen für eine Zulassung zum Handel an der Börse erfüllen, eine NCM-GCM-Clearing-Vereinbarung

---

954 Für den Aktienhandel an der FWB: V. Kapitel Nummer 1 Abs. 1 S. 3 i.V.m. I. Kapitel Nummer 1.3.1 Abs. 5 der CB-Eurex.

zu schließen[955]. Über den Inhalt dieser Vereinbarung finden sich in den CB-Eurex keine weiteren Vorgaben.

Diese Art der Regelungstechnik scheint unter mehreren Gesichtspunkten rechtlich zweifelhaft zu sein, obgleich hier die Kritik eine etwas andere Ausrichtung haben muss als bei der Untersuchung der Zulässigkeit der Bedingungen für eine Clearing-Lizenz. Es wurde bereits herausgearbeitet, dass der Gesetzgeber das Einfordern von Sicherheitsleistungen als eine wichtige Entscheidung eingestuft hat, für die er eine gesetzliche Grundlage für erforderlich hält. Zwar kann im vorliegenden Zusammenhang nicht wie bzgl. der Beiträge zum Clearing-Fonds damit argumentiert werden, es würden der gesetzgeberischen Vorstellung widersprechende Sicherheitsleistungen genereller Art gefordert werden, weil zumindest in den CB-Eurex hiervon nicht die Rede ist. Doch im Ergebnis kann die von der FWB gewählte und von der Eurex Clearing AG umgesetzte Gestaltung ebenfalls zu diesem Rechtsproblem führen. Denn die CM sind nach den CB-Eurex lediglich gehalten, eine an der Berechnungsmethode der Eurex Clearing AG orientierte Mindestsicherheit zu fordern. Demnach können sie durchaus höhere Sicherheiten einschließlich eines generellen Pauschalbetrages verlangen[956].

bbb) Zulässigkeit des Einflusses Privater auf die Börsenzulassung?

Das führt hin zu einer Problematik, die bei der Prüfung der Zulässigkeit der Anforderungen für eine Clearing-Lizenz noch ausgespart werden konnte, nämlich zu der Frage, wie es zu bewerten ist, wenn private Einrichtungen wesentlichen Einfluss auf die Kriterien nehmen können, die für die Zulassung zur Börse zu erfüllen sind.

(1) Systematik des BörsG in Bezug auf Erfordernis von Sicherheiten

Bedenklich erscheint dies zunächst vor dem Hintergrund, dass das BörsG in § 16 Abs. 4 die Zulassungsvoraussetzungen abschließend regeln soll[957] und zudem in

---

955 Für den Aktienhandel an der FWB: V. Kapitel Nummer 1 Abs. 1 S. 3 i.V.m. I. Kapitel Nummer 1.9.2 Abs. 1 der CB-Eurex; in dieser Regelung könnte eine Reaktion auf Befürchtungen von Marktteilnehmern zu sehen sein, keinen Clearer zu finden und damit nicht länger am Börsenhandel teilnehmen zu können (vgl. Börsen-Zeitung v. 24.06.2002, S. 3).

956 In der Tat wurden vor der Installation des Zentralen Kontrahenten an der FWB Befürchtungen laut, dass die NCM den CM in Bezug auf die erforderlichen Sicherheitsleistungen und zu zahlenden Gebühren mehr oder weniger ausgeliefert seien (vgl. Neubacher, Börsen-Zeitung v. 30.11.2002, S. 3).

957 Begr. RegE des Gesetzes zur Änderung des BörsG, BT-Drs. 7/101, S. 9 u. ähnlich auf S. 11.

§ 19 BörsG festgelegt wird, dass in der Börsenordnung eine ausreichende Sicherheitsleistung zur Gewährleistung der Erfüllung der börslichen Geschäfte gefordert werden kann. Von der Ermächtigung einer privaten Einrichtung zur Festsetzung der erforderlichen Sicherheitsleistungen ist dagegen nicht die Rede. Die Verleihung einer derartigen Befugnis alleine in § 16 Abs. 4 S. 1 Nr. 2 BörsG sehen zu wollen, ist unter Berücksichtigung der Gesetzessystematik angreifbar, da das BörsG mit § 19 eine spezielle Regelung zur Sicherheitsleistung enthält. Insofern besteht ein gewisses Spannungsverhältnis zwischen dem vorstehend gewonnen Auslegungsergebnis zu § 16 Abs. 4 S. 1 Nr. 2 BörsG, wonach ein Anschlusszwang an ein Clearing-System mit einem in den Vertragsschluss integrierten Zentralen Kontrahenten vom Anwendungsbereich der Norm gedeckt ist, und den rechtlichen Möglichkeiten zur wirtschaftlichen Absicherung dieses Clearing-Systems.

Das gesetzessystematische Argument könnte allenfalls deshalb etwas von seiner Überzeugungskraft verlieren, weil mit § 7 Abs. 4a S. 4 BörsG in der Fassung nach dem 2. FFG eine Vorschrift existierte, wonach es einer Sicherheitsleistung nicht bedurfte, wenn die an der Börse abgeschlossenen Geschäfte des Antragstellers aufgrund eines in der Börsenordnung geregelten Systems zur Sicherung der Erfüllung der Börsengeschäfte durch den Eintritt eines Kreditinstituts in diese Geschäfte nur zu einer Verbindlichkeit des Antragstellers gegenüber dem eintretenden Kreditinstitut führen konnten. Doch ist diese Ausnahmevorschrift im Rahmen des Begleitgesetzes zum Gesetz zur Umsetzung von EG-Richtlinien zur Harmonisierung bank- und wertpapieraufsichtsrechtlicher Vorschriften, welches zugleich den Börsenordnungen die Möglichkeit zur Einforderung von Sicherheiten einräumte, ersatzlos weggefallen[958]. Deshalb fehlt es seitdem an einer zumindest indirekten gesetzlichen Anerkennung einer durch eine private Einrichtung festgesetzten Sicherheitsleistung. Ohnehin lässt die angeführte Regelung offen, inwieweit das System zur Sicherung der Erfüllung von Börsengeschäften in der Börsenordnung geregelt werden muss, so dass der Norm eine klare Struktur fehlt, aus der heraus weiterführende Schlüsse gezogen werden könnten.

---

958 Die mit dem 4. FFG eingeführte Vorschrift des § 2 Abs. 1 S. 5 BörsG, die von „Systemen zur Sicherung der Erfüllung von Börsengeschäften" spricht, kann nicht als adäquater Ersatz angesehen werden, da sie in einen ganz anderen inhaltlichen Zusammenhang (Befugnisse der Börsenaufsicht) eingebettet und von Sicherheitsleistungen gar nicht die Rede ist.

(2) Anschlusszwang mit Wirkung einer dynamischen Verweisung

(a) Regelungstechnik der BörsO-FWB als Verweisung

Daneben ergibt sich aber noch ein grundsätzlicher Einwand gegen die Zulässigkeit des Einflusses einer privaten Einrichtung auf die Börsenzulassung. Dieser besteht darin, dass die Börse mit der Verknüpfung der Börsenzulassung an die Zustimmung zu den CB-Eurex die Voraussetzungen für die Nutzung der Anstalt Börse und damit für die Teilnahme am Börsenhandel nicht mehr alleine aufstellt, sondern sie zum Teil einer anderen Einrichtung überlässt. Damit ist hier die Konstellation einer Verweisung gegeben[959], deren rechtliche Zulässigkeit kontrovers diskutiert wird[960]. Der Einordnung als Verweisung steht nicht entgegen, dass in § 16 Abs. 1 Nr. 5 oder § 16a BörsO-FWB nicht ausdrücklich auf die CB-Eurex als Zulassungsvoraussetzung für die Teilnahme am Börsenhandel Bezug genommen wird[961], da für die Qualifikation eines Rechtsphänomens nicht dessen Bezeichnung, sondern seine Struktur und effektive Tragweite entscheidend ist[962]. Der ausschlaggebende praktische Effekt der durch die BörsO-FWB gewählten Regelungstechnik ist nun derselbe, wie wenn hinsichtlich der Zulassungsvoraussetzungen direkt auf die CB-Eurex verwiesen würde. Denn in beiden Fällen wird ohne die Erfüllung der dort aufgestellten Bedingungen keine Börsenzulassung erteilt.

Zwar konzentriert sich die Diskussion um die Verweisung als Mittel der Gesetzgebungstechnik in erster Linie auf Fallgestaltungen, bei denen sich formelle Bundes- oder Landesgesetze auf andere Rechtsnormen bzw. Regelwerke beziehen[963], doch wird aus den Stellungnahmen im Schrifttum gelegentlich deutlich, dass sich dieselben Fragen auch bei Verweisungen von niederrangigen Rechtsnormen wie Satzungen auf andere Rechtsnormen und Regelwerke stellen kön-

---

959 Vgl. Karpen, Die Verweisung als Mittel der Gesetzgebungstechnik, S. 29 f., nach dem sich die Verweisung als das gesetzgebungstechnische Hilfsmittel darstellt, durch das der Gesetzgeber die Ergänzung einer ganz oder teilweise unvollständigen Norm durch eine andere Norm anordnet; vgl. ferner ausführlich Clemens, AöR 111 (1986), S. 63 (65 ff.); Brugger, VerwArch 1987, S. 1 ff.

960 Grundlegend Ossenbühl, DVBl. 1967, S. 401 ff.

961 Recht eindeutig ist dagegen die Bezugnahme in § 92 Abs. 3 S. 3 BörsO-FWB, wo die ergänzende Geltung der CB-Eurex angeordnet wird. Dort stellt sich also auf jeden Fall die Frage nach der Zulässigkeit der gewählten Regelungstechnik.

962 Ossenbühl, DVBl. 1967, S. 401 (403).

963 Vgl. Schenke, NJW 1980, S. 743 ff.; Baden, NJW 1979, S. 623 ff.; Moritz, Verweisung im Gesetz auf Tarifverträge, S. 4 ff.; Sachs, NJW 1981, S. 1651 f.

nen[964]. Dies überrascht nicht, weil die niederrangigen Rechtsnormen in der Regel ihre Legitimation aus Ermächtigungen in Parlamentsgesetzen herleiten[965] und daher nicht einsehbar ist, warum der Rechtsetzer von Satzungen oder Verordnungen einen größeren Gestaltungsspielraum haben sollte als derjenige formeller Gesetze[966].

(b) Bedenken gegen die Gesetzgebungstechnik der Verweisung

Da es nicht Aufgabe der vorliegenden Arbeit sein kann, die Auseinandersetzung in Wissenschaft[967] und Rechtsprechung[968] zur gesetzlichen Verweisung in ihren Einzelheiten darzustellen, sollen im Folgenden lediglich die relevant erscheinenden Aspekte hervorgehoben werden. Insoweit kommt der Unterscheidung zwischen statischer und dynamischer Verweisung eine entscheidende Bedeutung zu[969]. Bei der statischen Verweisung wird Bezug genommen auf Vorschriften in ihrem konkreten Bestand zu einem bestimmten Zeitpunkt[970], so dass nachfolgende Änderungen des Bezugsobjekts den Regelungsgehalt der verweisenden Norm nicht berühren[971]. Diese Form der Verweisung wird für weitgehend unproblematisch und zulässig erachtet[972].

---

964 Ossenbühl, DVBl. 1967, S. 401; Clemens, AöR 111 (1986), S. 63 (98 ff.); Brugger, VerwArch 1987, S. 1 (17).

965 Ossenbühl in Erichsen/Ehlers, § 6, Rn. 12, 15 f. u. 60, der auch auf die Ausnahme der verfassungsunmittelbaren Rechtsetzungsermächtigung hinweist.

966 Vgl. Brugger, VerwArch 1987, S. 1 (18), der sich allerdings auf das Verhältnis von Parlamentsgesetz und Verordnung bezieht. Der Sache nach kann aber auch für Satzungen nichts anderes gelten.

967 Vgl. Karpen, Die Verweisung als Mittel der Gesetzgebungstechnik; Clemens, AöR 111 (1986), S. 63 (65 ff.); Brugger, VerwArch 1987, S. 1 ff.; Ossenbühl, DVBl. 1967, S. 401 ff.; Schenke, NJW 1980, S. 743 ff.; Baden, NJW 1979, S. 623 ff.; Moritz, Verweisung im Gesetz auf Tarifverträge, S. 4 ff.; Sachs, NJW 1981, S. 1651 f.

968 Vgl. z.B. BVerfGE 26, S. 338 (366 f.); BVerfGE 47, S. 285 (312 ff.); BVerfGE 64, S. 208 (215); BAG, NJW 1981, S. 1574 f.

969 Clemens, AöR 111 (1986), S. 63 (80 f.).

970 Karpen, Die Verweisung als Mittel der Gesetzgebungstechnik, S. 67; Arndt, JuS 1979, S. 784.

971 Ossenbühl, DVBl. 1967, S. 401; Brugger, VerwArch 1987, S. 1 (7).

972 Sachs, NJW 1981, S. 1651; Arndt, JuS 1979, S. 784; Klopfer/Elsner, DVBl. 1996, S. 964 (968); Bedenken werden allerdings auch bei der statischen Verweisung hinsichtlich der Einhaltung etwaiger Publikationsanforderungen geltend gemacht (Ossenbühl, DVBl. 1967, S. 401 (405 ff.); Schenke, NJW 1980, S. 743 (744); Clemens, AöR 111 (1986), S. 63 (100)). Diese Bedenken werden im vorliegenden Zusammenhang aber wohl nicht durchgreifen, da die Rechtsprechung bislang die Ansicht vertritt, dass die CB-Eurex zwar ebenfalls grundsätzlich der Veröffentlichungspflicht unterliegen, die erforderliche Veröffentlichung jedoch ausnahmsweise nicht

Die Verfassungsmäßigkeit der dynamischen Verweisung wird dagegen mit gewichtigen Argumenten bestritten[973]. Eine dynamische Verweisung liegt vor, wenn in einer Rechtsnorm auf eine andere Rechtsnorm in ihrem jeweiligen Bestand Bezug genommen wird[974]. Eines der Hauptprobleme[975] bei dynamischen Verweisungen, das insbesondere bei Bezugnahmen auf private Regelwerke virulent wird, besteht in der Vereinbarkeit mit den Anforderungen des Demokratieprinzips[976]. Das BVerfG hat dazu ausgeführt, dass – im konkreten Fall auf Berufsausübungsregelungen bezogen – der zuständige Gesetzgeber grundsätzlich selbst für eine ordnungsgemäße Inkraftsetzung und Änderung seiner Gesetze zu sorgen habe. Ihm obliege die Aufgabe, den Inhalt der Gesetze in eigener Verantwortung und im Wege der parlamentarischen Willensbildung selbst zu bestimmen[977]. Dies fügt sich nahtlos an die Ausführungen im Facharzt-Beschluss an, wo aus dem Rechtsstaats- und Demokratieprinzip gefolgert wird, dass die öffentliche Gewalt in allen ihren Äußerungen durch klare Kompetenzabgrenzung und Funktionentrennung kontrolliert werden müsse, die Reglementierung „durch Sätze objektiven Rechts auf eine Willensentschließung der vom Volke bestellten Gesetzgebungsorgane muß zurückgeführt werden können" und der Gesetzgeber „seine vornehmste Aufgabe nicht anderen Stellen innerhalb oder außerhalb der Staatsorganisation zu freier Verfügung überlassen" dürfe[978]. Trotz dieser scheinbar eindeutigen Aussagen halten sowohl das BVerfG[979] als auch ein beachtlicher Teil

---

über eine gedruckte Publikation erfolgen muss, sondern über die Homepage der Börse erfolgen darf (VG Frankfurt, BKR 2002, S. 965 (967)). Es wäre aber inkonsequent, einerseits die Erfüllung der Publikationspflichten über die Homepage anzunehmen, andererseits jedoch einen Publikationsmangel bei der Börsenordnung als Satzung geltend zu machen.

973 BVerfGE 47, S. 285 (312 f.); Karpen, Die Verweisung als Mittel der Gesetzgebungstechnik, S. 135 f.; Ossenbühl, DVBl. 1967, S. 401 (403 f.);

974 Karpen, Die Verweisung als Mittel der Gesetzgebungstechnik, S. 69; Sachs, NJW 1981, S. 1651; Clemens, AöR 111 (1986), S. 63 (80 f.); Schenke, NJW 1980, S. 743.

975 Neben dem Demokratieprinzip werden Verstöße gegen das schon erwähnte Verkündungsgebot, Art. 80 GG bzw. entsprechende landesverfassungsrechtliche Bestimmungen sowie das Rechtsstaats- und Bundesstaatsprinzip diskutiert (vgl. Schenke, NJW 1980, S. 743 (745); Baden, NJW 1979, S. 623; Clemens, AöR 111 (1986), S. 63 (81 ff.)).

976 Ossenbühl, DVBl. 1967, S. 401 (402 ff.); Sachs, NJW 1981, S. 1651; Karpen, Die Verweisung als Mittel der Gesetzgebungstechnik, S. 129 f. u. 174, der allerdings die von ihm angenommene Verfassungswidrigkeit der Übertragung rechtsetzender Gewalt in erster Linie auf das Prinzip der Gewaltenteilung und nur ergänzend auf das Demokratieprinzip stützt; Arndt, JuS 1979, S. 784 (787).

977 BVerfGE 47, 285 (315).

978 BVerfGE 33, 125 (158).

979 BVerfGE 26, 338 (365 ff.); 64, 208 (214 f.).

der Literatur[980] dynamische Verweisungen nicht stets für unzulässig. Vielmehr soll es darauf ankommen, ob und inwieweit der Inhalt der Regelungen, auf die Bezug genommen wird, feststeht[981] bzw. ob die inhaltliche Struktur dieser Regelungen vorgegeben oder abzusehen ist[982]. Dabei sollen die Anforderungen an die inhaltliche Bestimmbarkeit in Fällen, in denen Art. 2 Abs. 1 GG berührt wird, geringer sein als bei einem Eingriff in den Schutzbereich der übrigen Grundrechte[983]. Von diesen Anforderungen zu trennen ist dann noch die Frage, ob in dynamischen Verweisungen auf private Regelwerke Bezug genommen werden darf[984]. Diesbezüglich entspricht es der ganz herrschenden Ansicht, eine derartige Verweisung lediglich als widerlegbare Tatsachenvermutung für zulässig zu erachten[985]. Insofern kommt den schon angeführten verfassungsrechtlichen Bedenken eine besondere Bedeutung zu, die sich mit der gänzlich fehlenden Einbindung der privaten Einrichtungen in das System der demokratischen Kontrolle erklären lässt[986].

---

980   Vgl. nur Clemens, AöR 111 (1986), S. 63 (124); Schenke, NJW 1980, S. 743 (748 f.); Brugger, VerwArch 1987, S. 1 (35 ff.); Moritz, Verweisung im Gesetz auf Tarifverträge, S. 13.
981   BVerfGE 26, 338 (366 f.); 64, 208 (215).
982   Clemens, AöR 111 (1986), S. 63 (103 ff.); Schenke, NJW 1980, S. 743 (748); Brugger, VerwArch 1987, S. 1 (35 ff.).
983   Clemens, AöR 111 (1986), S. 63 (124), der diesen Ansatz der Rechtsprechung des BVerfG entnehmen zu können glaubt; Brugger, VerwArch 1987, S. 1 (24 i.V.m. 26 f.), dürfte dem in der Sache nahe stehen, wenn er allgemeiner auf die Wesentlichkeit und Grundrechtsrelevanz einer Verweisung abstellt.
984   Vgl. Brugger, VerwArch 1987, S. 1 (41 ff.), der diese Frage ausdrücklich gesondert abhandelt; unklar dagegen Clemens, AöR 111 (1986), S. 63 (108), der für die Zulässigkeit der dynamischen Verweisung ein Beispiel anführt, bei dem in einem Gesetz auf tarifliche oder betriebliche Regelungen Bezug genommen wird, ohne die Problematik der Verweisung auf private Regelungen besonders zu erörtern.
985   Brugger, VerwArch 1987, S. 1 (42); Klopfer/Elsner, DVBl. 1996, S. 964 (968 f.); Marburger, Die Regeln der Technik im Recht, S. 400 ff.; Karpen, Die Verweisung als Mittel der Gesetzgebungstechnik, S. 133; Arndt, JuS 1979, S. 784 (787) – jeweils mit Bezug auf technische Vorschriften privater Gremien; für die Rechtsetzung auf europäischer Ebene Ehricke, EuZW 2002, S. 746 (750); vgl. ferner Lepa, AöR 105 (1980), S. 337 (359 f.), und Klindt, DVBl. 1998, S. 373 (373 f.), die die Rechtsetzung durch außerstaatliche Stellen als nicht mit dem Demokratie- und Rechtsstaatsprinzip vereinbar halten.
986   Vgl. grundsätzlich Lepa, AöR 105 (1980), S. 337 (359 f.); Klindt, DVBl. 1998, S. 373 (373 f.).

(c) Auswirkungen auf die Bewertung der börslichen Regelungstechnik

Vor dem dargestellten Hintergrund hängt die Zulässigkeit der Regelungstechnik an der FWB mit der Bezugnahme auf die CB-Eurex, die sich letztlich als zusätzliche Börsenzulassungsbeschränkungen neben den im BörsG aufgelisteten Zulassungsvoraussetzungen auswirken bzw. im Hinblick auf den Spielraum der CM bei der Ausgestaltung der Clearing-Vereinbarungen mit NCM auswirken können, wesentlich davon ab, ob es sich dabei um eine dynamische oder um eine statische Verweisung handelt. In der BörsO-FWB wird nun an keiner Stelle auf die CB-Eurex in ihrer konkreten Gestalt zu einem bestimmten Datum abgestellt, sondern stets nur in allgemeiner Form Bezug genommen. Das spricht ebenso wie der verfolgte Zweck, der ja offensichtlich darin liegt, der Eurex Clearing AG ein großes Maß an Flexibilität bei der Gestaltung ihres Clearing-Systems einzuräumen, für eine dynamische Verweisung[987]. Aber auch wenn man die Bezugnahme im Wege verfassungskonformer Auslegung als statische Verweisung betrachten wollte, wären rechtliche Bedenken nicht vollständig ausgeräumt[988], weil selbst dann bspw. den CM bei der Gestaltung der Vertragsbeziehungen zu den NCM mangels konkreter Vorgaben in den CB-Eurex ein zu großer Spielraum verbliebe.

ccc) Zwischenergebnis

Demzufolge wird nach aktueller Rechtslage der Eurex Clearing AG als privater Einrichtung sowie mittelbar den angeschlossenen CM durch die BörsO-FWB eine Befugnis zur Festsetzung der für die Nutzung der Börse als Anstalt des öffentlichen Rechts und damit für die Teilnahme am Börsenhandel zu erfüllenden Voraussetzungen eingeräumt, die sich weder mit der Systematik des BörsG noch mit grundsätzlichen verfassungsrechtlichen Anforderungen vereinbaren lässt.

ddd) Vereinbarkeit der Errichtung unterschiedlicher Kategorien von Handelsteilnehmern mit der Gebührenstruktur des BörsG

Es stellt sich zudem die Frage, ob weitere Bedenken gegen die Implementierung eines in den Börsenhandel eingreifenden Clearing-Systems wie das der FWB durch die Börsenordnung angeführt werden können. Denn immerhin entstehen durch die Einführung des Clearing-Systems mit der Eurex Clearing AG als Zent-

---

987   Vgl. zu den beiden genannten Kriterien bei der Auslegung als dynamische Verweisung Marburger, Die Regeln der Technik im Recht, S. 394 f.
988   Vgl. BVerfGE 47, S. 285 (317), wo wegen verfassungsrechtlicher Bedenken eine recht deutlich als dynamische Verweisung gedachte Vorschrift als statische Verweisung ausgelegt wurde.

ralem Kontrahenten zwei unterschiedliche Kategorien von Handelsteilnehmern, nämlich die der CM und die der NCM. Man könnte sogar eine Dreiteilung in GCM, DCM und NCM vornehmen[989]. Auch hier ist noch einmal hervorzuheben, dass durchaus von einer Differenzierung der Handelsteilnehmer auszugehen ist, weil die Unterteilung nicht nur für die dem Vertragsschluss nachfolgenden Abwicklungsprozesse, sondern unmittelbar für den Vertragsschluss selbst bedeutsam ist[990].

Letztlich geht es auch hier wieder um das Verhältnis der Vorgaben des BörsG zu der Organisationshoheit der Börse, das in Bezug auf die Börsenzulassungsbedingungen ja bereits ausführlich beleuchtet worden sind. Dabei wurde festgestellt, dass es Schwierigkeiten bereiten kann, bei der Ausgestaltung eines anstaltlichen Nutzungsverhältnisses die Grenze zwischen einem notwendigerweise auf ein Gesetz zu stützenden Grundrechtseingriff und einer Regelung kraft Organisationshoheit der Anstalt zu ziehen[991]. Jedenfalls hat sich herausgestellt, dass bei der Entscheidung hierüber die Grundrechtsrelevanz sowie die gesetzlichen Wertungen von wesentlicher Bedeutung sind. Nun findet sich im BörsG selbst kein Hinweis darauf, dass es unterschiedliche Kategorien von Handelsteilnehmern geben darf. Die Unterteilung in solche, die mit dem Zentralen Kontrahenten in Vertragsbeziehungen treten können, und in diejenigen, welche dies erst über die Einschaltung von CM tun können, wird lediglich in § 92 Abs. 3 BörsO-FWB und den CB-Eurex[992] vorgenommen. Gleichwohl muss dieses Vorgehen nicht zwangsläufig rechtlichen Einwänden ausgesetzt sein, worauf etwa die bislang nicht angegriffene Einführung von Market-Maker- oder Designated-Sponsor-Systemen[993] durch Vorschriften in den verschiedenen Börsenordnungen[994] hin-

---

989 So auch Schmitt, AG 2003, R 195 (R 196); diese Dreiteilung lässt die Möglichkeit, eine Lizenz als SCM zu erhalten, außer Betracht, da von ihr an der FWB noch nicht Gebrauch gemacht wird.

990 Vgl. Schwark, BörsG, § 1, Rn. 60, für das System an der DTB (heute Eurex Deutschland).

991 Vgl. m.w.N. S. 222 ff.

992 Für Aktiengeschäfte an der FWB vgl. V. Kapitel Nummer 1.1.3 der CB-Eurex.

993 Market Maker und Designated Sponsors zeichnen sich dadurch aus, dass sie verpflichtet sind, innerhalb einer vorgegebenen maximalen Preisspanne zwischen Kauf- und Verkaufskursen verbindliche Kauf- und Verkaufsangebote für die von ihnen betreuten Wertpapiere zu unterbreiten (vgl. Lenenbach, Kapitalmarkt- und Börsenrecht, Rn. 3.50; Schmidt, Wertpapierbörsen, S. 24 f., der auch auf die Gewährleistung einer ordnungsgemäßen Kursbildung innerhalb dieser Systeme eingeht; Kümpel, Bank- und Kapitalmarktrecht, Rn. 17.500). Der rechtliche Status eines Market Maker und Designated Sponsor wird als Sonderfall eines nach § 16 BörsG zugelassenen Handelsteilnehmers angesehen (vgl. Breitkreuz, Die Ordnung der Börse, S. 250).

weist. Vielmehr ist zu untersuchen, ob ein durch die Börsenordnung bestimmtes System für die Handelsteilnehmer spürbare Beeinträchtigungen mit sich bringt.

Nachdem die erheblichen Konsequenzen der Einführung eines Clearing-Systems mit Zentralem Kontrahenten für die Börsenzulassung dargelegt worden sind, ist nunmehr das Augenmerk auf andere Bereiche zu richten. Insoweit erscheint der Einfluss der Einteilung in CM und NCM auf die Gebühren- bzw. Entgeltstruktur an den Börsen von Interesse zu sein, da sowohl auf die CM als auch auf die NCM zusätzliche Belastungen zukommen. So wird in den CB-Eurex u.a. festgelegt, dass die CM für die Clearing-Lizenz jährlich einen Betrag nach Maßgabe des jeweils gültigen Preisverzeichnisses[995] zu entrichten haben[996]. Darüber hinaus kann nach Maßgabe des Preisverzeichnisses ein Entgelt für verschiedene mit Börsentransaktionen zusammenhängende Tätigkeiten berechnet werden, wie z.B für die Zusammenführung von börslichen Geschäften[997]. Regelungen der Entgelte für Leistungen, die CM gegenüber NCM erbringen, finden sich in den CB-Eurex zwar nicht, doch kann nicht erwartet werden, dass die CM sie kostenlos erbringen[998]. Dementsprechend wurde bereits vor der Einführung des Zentralen Kontrahenten an der FWB die Tätigkeit als CM als neues lukratives Geschäftsfeld für Banken ausgemacht[999].

(1) H.M. zur Zulässigkeit privatrechtlicher Entgelte für Börsenleistungen

Die sich daraus ergebende Problematik erschließt sich erst, wenn man sich vergegenwärtigt, dass sich in § 14 Abs. 1 BörsG eine enumerative Aufzählung der

---

994 Vgl. bspw. zum Designated Sponsor an der FWB §§ 23, 23 b BörsO-FWB und zum Market Maker an der Börse Düsseldorf §§ 48 ff. BörsO der Börse Düsseldorf. Zumindest das System an der Börse Düsseldorf könnte jedoch Anlass zu kritischen Überlegungen geben, da gem. § 53 BörsO Börse Düsseldorf der Market Maker für seine Tätigkeit von seinem Kunden ein Entgelt verlangen kann, so dass sich auch hier (zu dieser Frage in Bezug auf das Clearing-System an der FWB im folgenden) die Frage nach der Vereinbarkeit mit der durch das BörsG vorgegebenen Gebührenstruktur stellt.

995 Abgedruckt in Kümpel/Hammen/Ekkenga, Kz. 473 Anhang II.

996 Für die Clearing-Lizenz an der FWB I. Kapitel Nummer 1.5.1 Abs. 1 i.V.m. V. Kapitel Nummer 1 Abs. 1 S. 3 der CB-Eurex.

997 Für Geschäfte an der FWB I. Kapitel Nummer 1.5.2 Abs. 1 lit. a i.V.m. V. Kapitel Nummer 1 Abs. 1 S. 3 der CB-Eurex.

998 Neubacher, Börsen-Zeitung v. 30.11.2002, S. 3, der von einer Weitergabe der Kosten mit einem kräftigen Aufschlag ausgeht.

999 Heer/Steiner, Börsen-Zeitung v. 1.03.2003, S. 3; dies., Börsen-Zeitung v. 2.07.2002, S. 3; allerdings wird von Seiten der Banken geltend gemacht, das Engagement als GCM sei wegen der derzeitigen Marktlage kein „Business Case" (vgl. Neubacher, Börsen-Zeitung v. 27.03.2003, S. 3).

Tätigkeiten findet, für die die jeweilige Börsenordnung eine Gebührenerhebung vorsehen kann. Die Literatur geht nun zu Recht davon aus, dass die Gebührentatbestände in dieser Vorschrift abschließend aufgelistet sind, so dass für einen darüber hinaus in einer Gebührenordnung geregelten Gebührentatbestand die Ermächtigungsgrundlage fehlt[1000]. Allerdings wird von der herrschenden Ansicht der abschließende Charakter der Aufzählung lediglich für die Gebühren angenommen, während zusätzliche privatrechtliche Entgelte für diejenigen Leistungen zulässig sein sollen, die nicht öffentlichrechtlicher Natur sind[1001]. Dieser Auffassung zufolge ist es unbedenklich, wenn für die Teilnahme am elektronischen Handelssystem Xetra oder für die Nutzung des Order-routing-Systems XONTRO-Order privatrechtliche Entgelte verlangt werden[1002], was in nicht unerheblichem Maße geschieht[1003].

(2) Abweichende Auffassung in der Literatur

Die herrschende Ansicht wird jedoch mit gewichtigen Argumenten kritisiert[1004]. So wird darauf hingewiesen, dass schon das zur Begründung der Zulässigkeit weiterer Entgelte neben den Gebühren oft angeführte Zitat aus den Gesetzesmaterialien[1005] nicht überzeugen könne, da dort nur davon die Rede sei, dass die Regelung zur Gebührenerhebung im BörsG nicht ausschließe, dass ein Börsenträger seine „Mitglieder zu den Kosten der laufenden Finanzierung der Börseneinrichtungen" heranziehe[1006]. Dies habe sich auf die Vereinsbörsen bezogen, bei denen

---

1000 Groß, Kapitalmarktrecht, § 5 BörsG, Rn. 1; Mues, Die Börse als Unternehmen, S. 83 f.; Schäfer/Peterhoff, WpHG u.a., § 5 BörsG, Rn. 2.

1001 Schlüter, Börsenhandelsrecht, Abschnitt G, Rn. 276; Kümpel/Hammen, Börsenrecht, S. 190 f.; Schwark, BörsG, § 5, Rn. 7; Groß, Kapitalmarktrecht, § 5 BörsG, Rn. 1.

1002 Vgl. Schlüter, Börsenhandelsrecht, Abschnitt G, Rn. 276; Schäfer/Peterhoff, WpHG u.a., § 5 BörsG, Rn. 20 ff.; Kümpel/Hammen, Börsenrecht, S. 190 f.

1003 Vgl. das Preisverzeichnis der Deutschen Börse AG für die Nutzung des elektronischen Handelssystems Xetra.

1004 Dies wird z.T. selbst von den Vertretern der h.M. anerkannt (vgl. Schlüter, Börsenhandelsrecht, Abschnitt G, Rn. 276 mit Fn. 248). Sogar die Deutsche Börse AG hat in ihrem Börsenzulassungsprospekt die Erzielung von Einnahmen aus privatrechtlichen Entgelten neben den Gebühren im Zusammenhang mit der Börsenträgerfunktion als „rechtlich nicht vollständig geklärt" beschrieben (Deutsche Börse AG, Börsenzulassungsprospekt, S. 20).

1005 Darauf stützt sich z.B. Schwark, BörsG, § 5, Rn. 7 mit Fn. 16 (allerdings mit nicht zutreffender Seitenangabe).

1006 Mues, Die Börse als Unternehmen, S. 83, sowie Schwark/Schwark, KMR, § 14 BörsG, Rn. 8, jeweils unter Bezugnahme auf die Begr. RegE zum Gesetz zur Änderung des BörsG, BT-Drs. 7/101, S. 10.

die Mitglieder des privatrechtlichen Trägervereins weitgehend, aber nicht notwendigerweise mit den Handelsteilnehmern identisch gewesen seien. Hieraus könne jedoch keineswegs der Schluss gezogen werden, der Gesetzgeber habe das Benutzungsverhältnis zur Börse als Anstalt nicht abschließend regeln wollen. Denn in den Gesetzesbegründungen sei von einer „umfassenden" Gebührenregelung die Rede, welche die Finanzierung der Börse sicherstellen solle[1007]. Ferner entgingen – so wird vorgetragen – privatrechtliche Entgelte der Genehmigungspflicht nach § 14 Abs. 2 S. 1 BörsG, was mit der vom Gesetzgeber intendierten Rechtsaufsicht über die Entgeltstruktur an den Börsen unvereinbar sei. Schließlich sei ein privatrechtliches Entgelt jedenfalls dann mit § 14 BörsG unvereinbar, wenn es für Leistungen gefordert werde, die im unmittelbaren Zusammenhang zu einem Gegenstand des in der Vorschrift geregelten Gebührenkatalogs stünden. Deshalb sei z.B. wegen § 14 Abs. 1 Nr. 1 BörsG ein gesonderter entgeltlicher Vertrag über den Anschluss an ein elektronisches Handelssystem rechtswidrig[1008]. Zugleich wird klargestellt, dass sich die Kritik nicht auf privatrechtliche Entgelte bezieht, die für Leistungen verlangt werden, die außerhalb des Beleihungsauftrags des Börsenträgers liegen[1009].

(3) Auswirkungen auf die Entgelte innerhalb des Clearing-Systems

Legt man die vorstehend geschilderte h.M. zugrunde, scheidet eine Kollision der Clearing-Entgelte mit dem Gebührenrecht des Börsengesetzes aus, weil diese Entgelte privatrechtlich vereinbart werden. Dagegen könnten unter Zugrundelegung der von der h.M. abweichenden Auffassung Zweifel an der Zulässigkeit der Entgeltregelungen aufkommen, weil neben die Börsengebühren zusätzliche finanzielle Belastungen treten, die weder im BörsG noch in der Gebührenordnung verankert sind. Problematisch ist dies allerdings nur für die Leistungen, die im Zusammenhang mit Tätigkeiten stehen, welche zum originären Zuständigkeitsbereich der Börse als Marktveranstalterin gehören, die also den Abschluss und nicht die Erfüllung von Handelsgeschäften betreffen[1010] und auf die sich damit grund-

---

1007 Mues, Die Börse als Unternehmen, S. 83, unter Bezugnahme auf die Begr. RegE zum Gesetz zur Änderung des BörsG, BT-Drs. 7/101, S. 10.

1008 Mues, Die Börse als Unternehmen, S. 84; im Ergebnis ebenso Schwark/Schwark, KMR, § 14 BörsG, Rn. 8.

1009 Mues, Die Börse als Unternehmen, S. 84; vgl. zu der erforderlichen Abgrenzung zwischen der Tätigkeit als Beliehener und der sonstigen erwerbswirtschaftlichen Betätigung Beck, WM 1998, S. 2313 (2314 ff.) sowie S. 144 ff.

1010 Vgl. Kümpel, Bank- und Kapitalmarktrecht, Rn. 17.704, sowie Kümpel/Hammen, Börsenrecht, S. 182, jeweils mit Verweis auf den Anstaltszweck der Börse.

sätzlich die Betriebspflicht des Börsenträgers erstreckt[1011]. Eine größere Reichweite kann den öffentlichrechtlichen Bindungen aus dem BörsG schon wegen des beschränkten Anstaltszwecks der Börsen nicht beigemessen werden. Anscheinend hat auch die Eurex Clearing AG ein gewisses Unbehagen bei der Gestaltung des Preisverzeichnisses verspürt, denn entgegen den Vorgaben in den CB-Eurex[1012] wird zumindest für Wertpapiergeschäfte an der FWB kein gesondertes Entgelt für die Zusammenführung von börslichen Geschäften berechnet[1013]. Somit stellt sich wegen des zur Zeit geltenden Preisverzeichnisses trotz der angreifbaren Formulierung in den Clearing-Bedingungen die Frage nach der Vereinbarkeit der Clearing-Entgelte mit der gesetzlich vorgegebenen Gebührenstruktur nicht in ganzer Schärfe, obgleich das jährliche Entgelt für die Clearing-Lizenz[1014] wegen der Verflechtung von Handel, Netting und Abwicklung im Clearing-System mit dem Regelungsgehalt des § 14 Nr. 1 BörsG in Konflikt stehen könnte, da damit auch das Recht zur Teilnahme am Börsenhandel „erkauft" wird. Diesbezüglich erweisen sich die angeführten Bedenken als überzeugend[1015]. Eine Gebührenordnung nach Maßgabe des BörsG hat nur dann einen Sinn, wenn ihr Regelungsziel nicht ohne weiteres durch zusätzliche privatrechtliche Entgelte, deren Bemessung zudem keiner Aufsicht unterliegt, umgangen werden kann. Andernfalls hätte es die Börse stets in der Hand, kostenträchtige Systeme privater Anbieter zu implementieren und damit die Bedeutung der Gebührenordnung immer weiter zurückzudrängen. Wegen der erheblichen finanziellen Zusatzbelastungen, welche die Einführung und der Betrieb derartiger Systeme nach sich ziehen kann, liegt es zudem nicht fern, wegen des Bezugs zur Berufsfreiheit der Marktteilnehmer (Art. 12 GG) eine spezielle gesetzliche Ermächtigung zu ver-

---

1011 Zum Umfang der Betriebspflicht vgl. ausführlich S. 144 ff.
1012 Vgl. I. Kapitel Nummer 1.5.2 Abs. 1 lit a: „Die Eurex Clearing AG berechnet den Clearing-Mitgliedern nach näherer Maßgabe des jeweils gültigen Preisverzeichnisses ein Entgelt für die Zusammenführung von börslichen Geschäften".
1013 Vgl. Nummer 5 Satz 2 des Preisverzeichnisses zu den CB-Eurex: „Transaktionsentgelte beinhalten nicht Kosten und/oder Gebühren für die Ausführung von FWB-Geschäften im elektronischen Handelssystem der FWB („Xetra®") oder im Präsenzhandel der FWB." Etwas anderes ergibt sich auch nicht aus den weiteren Regelungen unter Nummer 5 des Preisverzeichnisses zu den CB-Eurex.
1014 Nummer 1 Abs. 1 lit. b) des Preisverzeichnisses zu den CB-Eurex.
1015 Dies wird nunmehr zumindest hinsichtlich der Entgelte für die Nutzung von Xetra von Schwark anerkannt (vgl. Schwark/Schwark, KMR, § 14 BörsG, Rn. 8), was als bemerkenswerte Kehrtwendung anzusehen ist.

langen[1016], die für ein Clearing-System mit Zentralem Kontrahenten noch nicht existiert.

Hiernach sind die Entgelte im Clearing-System nur so lange mit der Gebührenstruktur des BörsG vereinbar, wie sie nicht für typischerweise dem Börsenhandel zuzurechnende Leistungen verlangt werden. Das gilt sowohl im Verhältnis zwischen der Eurex Clearing AG und den CM als auch zwischen den CM und den NCM, die ebenfalls nicht für die Teilnahme am Börsenhandel über das in der Gebührenordnung geregelte Maß hinaus entgeltpflichtig gemacht werden dürfen. Hieraus ergibt sich zudem, dass de lege lata nur unter Beachtung dieses Rahmens die Herausbildung verschiedener Arten von Handelsteilnehmern zulässig ist. Dass mit der Inanspruchnahme des Clearing-Systems durch die Handelsteilnehmer auf jeden Fall weitere Kosten für dem börslichen Vertragsschluss nachfolgende Leistungen verbunden sind, ist dann nicht ein Problem der Vereinbarkeit mit der gesetzlich vorgegebenen Gebührenstruktur, sondern eine generelle Frage der Folgen eines Anschluss- und Benutzungszwangs und somit kein börsenspezifisches Problem.

3. Ergebnis und Vorschlag zur Problemlösung

Die vorstehenden Ausführungen haben gezeigt, dass die Implementierung eines Clearing-Systems an einer Börse mit den Anforderungen an die Teilnehmer, wie sie bspw. von der Eurex Clearing AG gestellt werden und wie sie inhaltlich auch sinnvoll sind, mit der Systematik des BörsG in Konflikt geraten und so nicht ohne weiteres durch eine Börsenordnung erfolgen kann. Dies wurde bisher wohl deshalb noch nicht genauer gesehen, weil mit der Verwendung des Begriffs „Clearing" die Sicht darauf verstellt wird, dass das Clearing-System an der FWB mit Zentralem Kontrahenten und den GCM bzw. den DCM unmittelbar den Vertragsschluss an der Börse betrifft. Dabei lässt sich nicht vortragen, aus wirtschaftlicher Sicht seien weiterhin die Marktteilnehmer und nicht der Zentrale Kontrahent als Käufer und Verkäufer von Wertpapieren anzusehen[1017]. Dies stimmt ohnehin nur bedingt, weil der Zentrale Kontrahent das für eine Vertragspartei typische und wirtschaftlich bedeutsame Ausfallrisiko der Gegenseite übernimmt. Ferner ändert das nichts an der Notwendigkeit, die rechtlichen Konsequenzen der gewählten Gestaltung zu erfassen und auf die Vereinbarkeit mit den gesetzlich vorgegebenen Börsenstrukturen zu überprüfen.

1016 Vgl. Spindler, WM 2003, S. 2073 (2079 f.), der u.a. wegen der Kosten einen Grundrechtseingriff durch die Einführung der Pflicht zur Quartalsberichterstattung an der FWB bejaht, für den er eine gesetzliche Grundlage für nötig hält.
1017 Vgl. zu diesem Argument Hoffmann, WM 2003, S. 2025 (2028).

Außerdem ist bislang noch nicht hinreichend berücksichtigt worden, dass ein in der Börsenordnung festgelegter Anschluss- und Benutzungszwang geeignet ist, sich als Börsenzulassungsschranke zu erweisen, womit zugleich die Gefahr besteht, die Bestimmung der Zulassungsvoraussetzungen de facto zu einem gewichtigen Teil auf Private zu übertragen. Diesen Aspekten ist bei der Überlegung zu erforderlichen Gesetzesmodifikationen Rechnung zu tragen. Hiernach könnte folgende Ergänzung von § 16 Abs. 4 Nr. 2 BörsG die gesetzlichen Voraussetzungen für die Einführung eines Clearing-Systems wie das der FWB schaffen.

„Die Zulassung eines Unternehmens zur Teilnahme am Börsenhandel nach Absatz 2 Satz 1 ist zu erteilen, wenn
...
2. die ordnungsgemäße Abwicklung der Geschäfte am Börsenplatz sichergestellt ist; dazu kann die Börsenordnung insbesondere bestimmen, dass das antragstellende Unternehmen an ein System zur Sicherung der Erfüllung von Börsengeschäften angeschlossen sein muss. Die Börse hat zu gewährleisten, dass die Teilnahme an diesem System zu angemessenen Bedingungen möglich ist."

Diese Ergänzung hätte den Vorteil, dass die Möglichkeit eines Anschlusszwangs an ein inhaltlich wenig vorgeprägtes System, welches Spielraum für die Ausgestaltung in der Börsenordnung lässt, gesetzlich geklärt wäre. Zugleich könnte man auf eine im BörsG schon anzutreffende Terminologie[1018] zurückgreifen und sich bei der Auslegung daran orientieren, so dass es auch keiner besonderen Erwähnung mehr bedürfte, dass ein Clearing-System mit Zentralem Kontrahenten als System zur Sicherung der Erfüllung von Börsengeschäften anzusehen ist[1019]. Ferner würde durch die angeführte Ergänzung deutlich, dass das BörsG neben der Sicherheitsleistung gem. § 19 BörsG noch andere Gestaltungen zur ausreichenden Leistung von Sicherheiten als deren Festsetzung in der Börsenordnung anerkennt. Schließlich könnte mit der gesetzlichen Ergänzung sichergestellt werden, dass die Regelungsbefugnis privater Einrichtungen gesetzlich auf ein erträgliches Maß beschränkt würde. Zwar handelt es sich bei dem Vorschlag um eine Generalklausel, aber dies ist wohl angesichts des Spannungsverhältnisses von verfassungsrechtlichen Vorgaben und der nötigen Flexibilität, die einer Bör-

---

1018 § 2 Abs. 1 S. 5 BörsG sowie § 7 Abs. 4a S. 4 BörsG in der Fassung nach dem 2. FFG.

1019 Vgl. Begr. RegE 2. FFG, BT-Drs. 12/6679, S. 66, sowie Begr. RegE 4. FFG, BT-Drs. 14/8017, S. 72, zum einen mit direkter Bezugnahme auf das Clearing-System der Deutschen Terminbörse (heute Eurex Deutschland), das ja mit Zentralem Kontrahenten arbeitet, zum anderen mit indirekter Bezugnahme auf dieses System durch Gebrauch der entsprechenden Begrifflichkeiten. Vgl. außerdem Begr. RegE 3. FFG, BT-Drs. 13/8933, S. 93, wo explizit die Möglichkeit von Clearingstellen als Vertragspartner erwähnt wird, sowie Schwark/Beck, KMR, § 9 WpHG, Rn. 8.

se gewährt werden muss, nicht zu vermeiden. Außerdem würde der Spielraum der privaten Einrichtung begrenzt durch die Verantwortlichkeit der Börse, die Angemessenheit der Teilnahmebedingungen für das Clearing-System sicherzustellen. Bei Nichterfüllung dieser Verpflichtung müsste überdies die Börsenaufsichtsbehörde nach Maßgabe des § 2 Abs. 2 BörsG eingreifen[1020]. Mit der vorgeschlagenen Regelung wäre die private Einrichtung bei der Gestaltung ihrer Clearing-Bedingungen einer präventiven demokratisch legitimierten Kontrolle unterworfen, die eine gewisse Mitwirkung der Börse bei der Entstehung der Clearing-Bedingungen sicher stellte, so dass die geäußerten Bedenken hinsichtlich einer dynamischen Verweisung zurücktreten könnten. Zudem könnte sich die vorgeschlagene Regelung an die h.M. zum Anschluss- und Benutzungszwang im Kommunalrecht anlehnen, wonach der Anschluss an bzw. die Benutzung einer privaten Einrichtung nur dann verpflichtend vorgeschrieben werden darf, wenn die Kommune auf die Einrichtung in privater Trägerschaft Einfluss ausüben kann, der das allgemeine und grundsätzlich gleiche Benutzungsrecht aller Einwohner zu angemessenen Bedingungen gewährleistet[1021].

V. Auswirkungen der Neufassung des BörsG im Rahmen des FRUG

Nach der Neufassung des BörsG durch Art. 2 des FRUG kann nicht länger geltend gemacht werden, dass die börsenrechtlichen Vorschriften die Einschaltung eines Zentralen Kontrahenten in den Börsenhandel nicht vorsehen. Denn zum einen wird mit der neuen, der Umsetzung von Art. 46 Abs. 2 Hs. 1 der RL 2004/39/EG dienenden Vorschrift in § 3 Abs. 5 S. 3 Nr. 2 BörsG n.F.[1022] die Möglichkeit, einen Zentralen Kontrahenten in den Börsenhandel einzuschalten, grundsätzlich anerkannt, wenn seine Nutzung untersagt werden kann, sofern sie eine Beeinträchtigung für den Börsenhandel oder die Börsengeschäftsabwicklung darstellt. Zum anderen wird auch in den Gesetzesmaterialien zu § 3 Abs. 1 und

---

1020 Vgl. zu Fragen der Aufsicht über Clearingstellen mit Zentralem Kontrahenten eingehend auf S. 248 ff.
1021 Hess. VGH, VwRspr. 27, S. 64 (66); OVG Lüneburg, OVGE 25, S. 345 (352 ff.); Wagener, Anschluß- und Benutzungszwang für Fernwärme, S. 41; Erichsen, Kommunalrecht des Landes Nordrhein-Westfalen, S. 259 f.; a.A. Kauther, Private als Träger von öffentlichen Einrichtungen mit Anschluß- und Benutzungszwang, S. 35 ff.; ebenfalls einschränkend Krieger, Schranken der Zulässigkeit der Privatisierung öffentlicher Einrichtungen der Daseinsfürsorge mit Anschluß- und Benutzungszwang, S. 54.
1022 Vgl. Begr. RegE FRUG, BT-Drucks. 16/4028, S. 80. Zu den für den Zentralen Kontrahenten relevanten Vorschriften in der Mifid siehe im Einzelnen auf S. 516 ff.

§ 21 Abs. 1 BörsG n.F. auf den Zentralen Kontrahenten Bezug genommen und seine Nutzung als selbstverständlich vorausgesetzt[1023]. Dies ist gleich in mehrerer Hinsicht für die Frage bedeutsam, ob das Erfordernis einer Clearing-Teilnahme eine unzulässige Börsenzulassungsbeschränkung darstellt.

Zunächst wird durch eine Gesamtschau der Legaldefinition von „Börsengeschäftsabwicklung" in § 3 Abs. 1 S. 3 BörsG n.F.[1024], der Börsenzulassungsvoraussetzung in § 19 Abs. 4 S. 1 Nr. 2 BörsG n.F. (§ 16 Abs. 4 S. 1 Nr. 2 BörsG a.F.), der den Inhalt der Börsenordnung bestimmenden Regelung in § 16 Abs. 2 Nr. 2 BörsG n.F. (ersetzt die Vorschrift in § 13 Abs. 4 BörsG a.F.[1025]) sowie insbesondere des erstmals die externen Abwicklungssysteme regelnden § 21 Abs. 1 BörsG n.F.[1026] das bislang noch nicht restlos gesicherte Untersuchungsergebnis bestätigt, wonach das BörsG die erforderlichen Ermächtigungsgrundlagen für den Anschluss an ein Clearing-System mit Zentralem Kontrahenten enthält. Denn nun bestehen keine Zweifel mehr daran, dass mit dem Begriff „Börsengeschäftsabwicklung" auch der Handel über einen Zentralen Kontrahenten erfasst wird[1027].

Das alleine ließe jedoch die vorgebrachten Bedenken gegen ein Clearing-System wie das der FWB nicht entfallen. Vielmehr setzt dies eine Änderung der Systematik des BörsG durch die neuen börsenrechtlichen Vorschriften voraus, so dass ein Clearing-System mit Zentralem Kontrahenten nicht länger dem Einwand ausgesetzt ist, die Regelungen zur Clearing-Mitgliedschaft seien nicht mit dem BörsG vereinbar[1028]. Darüber hinaus müssten die Gesetzesänderungen die dargelegten Bedenken gegen den Einfluss Privater auf die Börsenzulassung[1029] sowie gegen die Einführung unterschiedlicher Kategorien von Handelsteilnehmern[1030] entkräften können.

Tatsächlich hat sich das BörsG insbesondere mit der Einfügung des § 21 BörsG n.F. in Bezug auf Clearing-Systeme mit einem Zentralen Kontrahenten wesentlich geändert. Wenn ausdrücklich angeordnet wird, dass die Börsenordnung die Anbindung von externen Abwicklungssystemen an die börslichen Systeme für den Börsenhandel und die Börsengeschäftsabwicklung vorsehen kann, dann hat der Gesetzgeber die Satzungsautonomie der Börsen in diesem Bereich offensichtlich gestärkt. Diese Schlussfolgerung wird nachdrücklich bestätigt durch die Einfügung der inhaltlich neuen Vorschrift in § 19 Abs. 4 S. 3 BörsG

1023 Begr. RegE FRUG, BT-Drucks. 16/4028, S. 80 u. 85.
1024 Vgl. S. 206 ff.
1025 Vgl. Begr. RegE FRUG, BT-Drucks. 16/4028, S. 84.
1026 Vgl. S. 206 ff.
1027 Vgl. Begr. RegE FRUG, BT-Drucks. 16/4028, S. 80 u. 85.
1028 Vgl. S.225 ff.
1029 Vgl. S. 231 ff.
1030 Vgl. S. 237 ff.

n.F., wonach die Börsenordnung regeln kann, dass „Handelsteilnehmer für den Zugang zu Handelssystemen der Börse weitere Voraussetzungen erfüllen müssen". Auch wenn in der neuen Vorschrift von weiteren Anforderungen für den Zugang zu „Handelssystemen" und nicht für die Zulassung zum Börsenhandel an sich die Rede ist, so beinhaltet sie im Ergebnis doch eine erhebliche Öffnung der Regelung in § 16 Abs. 4 BörsG a.F., die als abschließender Katalog der Zulassungsvoraussetzungen konzipiert war[1031]. Denn eine Teilnahme am Börsenhandel ist nur möglich, wenn man auch zu den im Gebrauch befindlichen Handelssystemen zugelassen ist. Ob eine so allgemein gehaltene Öffnungsklausel noch mit Art. 12 GG vereinbar ist, mag allerdings bezweifelt werden. Jedenfalls hat der Gesetzgeber die Satzungsautonomie der Börsen in den hier bedeutsamen Bereichen in einem Maße gestärkt, dass die auf die börsengesetzliche Systematik abzielenden Einwände gegen eine Clearing-Teilnahme als Börsenzulassungsbeschränkung nicht länger aufrecht erhalten werden können.

Auch der auf einen unzulässigen Einfluss von Privatpersonen gerichtete Einwand gegen das Erfordernis einer Clearing-Teilnahme verliert nach der neuen Rechtslage an Gewicht. Obgleich nämlich die grundsätzliche Problematik der dynamischen Verweisung auf von privaten Einrichtungen erlassene Regelwerke bestehen bleibt[1032], so werden doch in ähnlicher Weise wie in dem in dieser Arbeit entwickelten Vorschlag zur Problemlösung[1033] dem Gestaltungsspielraum der Betreiber von Clearing-Systemen durch die Anforderungen an eine Anbindung solcher Systeme in § 21 Abs. 1 S. 2 BörsG n.F. Schranken gesetzt. Insoweit ist insbesondere § 21 Abs. 1 S. 2 Nr. 3 BörsG n.F. hervorzuheben, wonach eine Anbindung nur dann zulässig ist, wenn sichergestellt wird, dass „eine ordnungsgemäße und unter wirtschaftlichen Gesichtspunkten effiziente Abrechnung und Abwicklung der Geschäfte an der Börse gewährleistet ist".

Schließlich werden durch § 17 Abs. 3 BörsG n.F. auch die Zweifel an der Vereinbarkeit der Errichtung unterschiedlicher Kategorien von Handelsteilnehmern mit der Gebührenstruktur des BörsG[1034] abgemildert. Nach dieser Vorschrift ist es nämlich dem Börsenträger gestattet, „unbeschadet der nach Absatz 1 erhobenen Gebühren" (entspricht § 14 Abs. 1 BörsG a.F.) für „Dienstleistungen, welche er im Rahmen des Börsenbetriebs für Handelsteilnehmer oder Dritte erbringt, separate Entgelte" zu verlangen. Mit dieser neuen Bestimmung schließt sich der Gesetzgeber der herrschenden Meinung und der Rechtspraxis zur Zulässigkeit gesonderter privatrechtlicher Entgelte an[1035]. Zwar erscheint die neue

---

1031 Vgl. im Einzelnen S. 211 ff.
1032 Vgl. S. 231 ff.
1033 Vgl. S. 243 ff.
1034 Vgl. dazu S. 237 ff.
1035 Vgl. Begr. RegE FRUG, BT-Drucks. 16/4028, S. 84.

Vorschrift mit Blick auf die Argumente, die für die alte Rechtslage vorgebracht wurden[1036], ebenso fragwürdig wie die bisherige Rechtspraxis, doch ist die Bestimmung als Entscheidung des Gesetzgebers zu akzeptieren. Folglich führen auch die für die Teilnahme am Clearing-System zu entrichtenden Entgelte nicht zu einer unzulässigen Entgeltstruktur für die Handelsteilnehmer.

Somit zeigt sich, dass das FRUG mit den Änderungen zum BörsG das Problem des Erfordernisses einer Teilnahme am Clearing-System als unzulässige Börsenzulassungsbeschränkung weitgehend gelöst hat.

D. Börsenrechtliche Aufsicht über den Zentralen Kontrahenten und das Clearing-System

Zu den börsenorganisationsrechtlichen Fragen, die sich im Zusammenhang mit dem Zentralen Kontrahenten stellen, gehört seine aufsichtsrechtliche Einordnung[1037]. Daher soll im Folgenden untersucht werden, ob und inwieweit das BörsG die Aufsicht über den Zentralen Kontrahenten und das Clearing-System regelt, in dem er tätig wird. Über das BörsG hinaus gehende aufsichtsrechtliche Regelungen bleiben an dieser Stelle ausgeklammert und werden an anderer Stelle abgehandelt[1038].

I. Grundlagen der Aufsicht über das Börsenwesen

Das deutsche Aufsichtssystem für Börsen ist dreigliedrig und begründet Zuständigkeiten des Bundes, der Börsenaufsichtsbehörden der Länder sowie der an den jeweiligen Börsen angesiedelten Handelsüberwachungsstellen[1039]. Diese Dreiteilung geht maßgeblich auf das 2. FFG zurück, mit dem das Vertrauen der Anleger in den deutschen Kapitalmarkt durch eine internationalen Standards entsprechende Kapitalmarktaufsicht gestärkt und dadurch die Wettbewerbsfähigkeit des Fi-

---

1036 Vgl. S. 240 ff.
1037 Vgl. Schwark, BörsG, § 1, Rn. 60, der diesen Bereich für „gänzlich ungeklärt" hält.
1038 Vgl. S. 447 ff.
1039 Kurth, WM 1998, S. 1715; Brockhausen, WM 1997, S. 1924 (S. 1926 f. i.V.m. S. 1929); Schäfer/Peterhoff, WpHG u.a., Vor §§ 1 ff. BörsG, Rn. 4 ff.; Schlüter, Börsenhandelsrecht, Abschnitt G, Rn. 370 f.; Lenenbach, Kapitalmarkt- und Börsenrecht, Rn. 12.2; anders Claussen, DB 1994, S. 969 ff., der die staatliche Börsenaufsicht in fünf Instanzen aufteilt, indem den Wertpapierrat nach § 5 WpHG und den Börsenrat als selbständige Aufsichtsinstanzen hinzunimmt.

nanzplatzes Deutschland verbessert werden sollte[1040]. Die Aufteilung geht zurück auf einen Kompromiss zwischen dem Bund, der für eine zentrale Aufsicht eintrat, und den Ländern, welche die bisherige föderal organisierte Aufsicht beibehalten wollten, und führt im Ergebnis u.a. zu einer Kooperation von Bund und Ländern bei der Wahrnehmung ihrer Aufsichtsbefugnisse[1041].

Der Bund nimmt seine Aufsichtsfunktionen auf dem Gebiet des börslichen und außerbörslichen Wertpapierhandels durch die BaFin als rechtsfähige bundesunmittelbare Anstalt des öffentlichen Rechts[1042] wahr[1043]. Zu ihren Aufgaben gehören die Überwachung der Einhaltung der Verhaltensregeln des WpHG, die Aufdeckung und Verfolgung von Insiderverstößen und Kurs- und Marktpreismanipulationen, die Überwachung der Meldepflichten beim Erwerb bedeutender Beteiligungen an börsennotierten Gesellschaften sowie die Zusammenarbeit mit den Wertpapieraufsichtsbehörden in und außerhalb der Europäischen Gemeinschaft[1044].

Während dem Bund somit die „allgemeine" oder „die einzelne Börse übergreifende" Marktaufsicht bzw. Kontrollfunktion obliegt[1045], nehmen die Länder durch die Börsenaufsichtsbehörden, bei denen es sich als oberste Landesbehörden regelmäßig um den Wirtschafts- oder Finanzminister handelt[1046], die Aufsicht über die Börsen als öffentlichrechtliche Anstalten wahr[1047]. Zuständig ist jeweils die Börsenaufsichtsbehörde des Bundeslandes, in dem die Börse ihren rechtlichen Sitz hat[1048]. Die Aufsicht bezieht sich zunächst auf die Einhaltung der

---

1040 Begr. RegE 2. FFG, BT-Drs. 12/6679, S. 33 f., 36, 59.

1041 Vgl. zu den unterschiedlichen Ansätzen von Bund und Ländern sowie dem folgenden Kompromiss Kümpel, Bank- und Kapitalmarktrecht, Rn. 18.20 ff.

1042 Vgl. Hagemeister, WM 2002, S. 1773 (1774).

1043 Schäfer/Peterhoff, WpHG u.a., Vor §§ 1 ff. BörsG, Rn. 5, noch mit Bezug auf das BAWe als eines der Bundesaufsichtsämter, die zum 1.05.2002 in der BaFin aufgegangen sind (vgl. Lenenbach, Kapitalmarkt- und Börsenrecht, Rn. 12.1).

1044 Vgl. eingehend Kümpel, Bank- und Kapitalmarktrecht, Rn. 18.84 ff., sowie Lenenbach, Kapitalmarkt- und Börsenrecht, Rn. 12.2 a ff.; neben diesen Aufgaben, die die allgemeine Marktaufsicht betreffen, nimmt die BaFin weitere Kontrollfunktionen wahr, die ihr nach dem KWG, dem WpÜG und dem VAG zugewiesen sind (vgl. Lenenbach, Kapitalmarkt- und Börsenrecht, Rn. 12.1 ff.).

1045 Den ersten Begriff verwendet Kümpel, Bank- und Kapitalmarktrecht, Rn. 18.88, den zweiten gebrauchen Claussen, DB 1994, S. 969 (970), und Groß, Kapitalmarktrecht, § 2 c BörsG, Rn. 8.

1046 Schröder, Die Wertpapierhandelsaufsicht, S. 164; Lenenbach, Kapitalmarkt- und Börsenrecht, Rn. 12.17.

1047 Brockhausen, WM 1997, S. 1924 (1926); Schröder, Die Wertpapierhandelsaufsicht, S. 165.

1048 Schwark/Beck, KMR, § 1 BörsG, Rn. 32; Groß, Kapitalmarktrecht, § 2 c BörsG, Rn. 3 a.

börsenrechtlichen Vorschriften und Anordnungen (§ 1 Abs. 4 S. 3 BörsG) ein-schließlich der Rechtmäßigkeit der börslichen Selbstverwaltung und stellt inso-weit bloße Rechtsaufsicht dar[1049]. Darüber hinaus erstreckt sich die Aufsicht durch das Land nach Erlass des 2. FFG auf die Markt- bzw. Handelsaufsicht, in-dem sie dort auf die „ordnungsgemäße Durchführung des Handels an der Börse und der Börsengeschäftsabwicklung" erweitert wurde (§ 1 Abs. 4 S. 3 BörsG)[1050]. Nach den Gesetzesmaterialien soll dazu die „Aufsicht über den Bör-senhandel, über die Handelsteilnehmer und über die elektronischen Hilfseinrich-tungen der Börse" gehören[1051].

Diese Markt- oder Handelsaufsicht wurde im 2. FFG jedoch nicht allein der Börsenaufsichtsbehörde vorbehalten, sondern wird auch von der Handelsüberwa-chungsstelle als Organ der Börse im Rahmen der börslichen Selbstverwaltung ausgeübt (§ 4 Abs. 1 S. 1 BörsG)[1052]. Allerdings kann nicht von einer Gleichstel-lung von Börsenaufsichtsbehörde und Handelsüberwachungsstelle gesprochen werden, da die Börsenaufsichtsbehörde der Handelsüberwachungsstelle Weisun-gen erteilen und die Ermittlungen übernehmen kann (§ 4 Abs. 1 S. 3 BörsG)[1053]. Gegenstand der Aufsicht ist, wie schon der Gesetzeswortlaut nahe legt, derselbe wie bei der Marktaufsicht durch die Börsenaufsichtsbehörde[1054]. Aus § 4 Abs. 1 S. 2 BörsG sowie aus den Gesetzesmaterialien zum 2. FFG[1055] ergibt sich aber, dass die Handelsüberwachungsstelle anders als die Börsenaufsichtsbehörde als

1049 Schlüter, Börsenhandelsrecht, Abschnitt G, Rn. 319; Brockhausen, WM 1997, S. 1924 (1926).
1050 Vgl. Schröder, Die Wertpapierhandelsaufsicht, S. 169 ff.; Schlüter, Börsenhandels-recht, Abschnitt G, Rn. 319 ff.; Breitkreuz, Die Ordnung der Börse, S. 197 f.
1051 Begr. RegE 2. FFG, BT-Drs. 12/6679, S. 59.
1052 Brockhausen, WM 1997, S. 1924 (1924, 1926 f.); Claussen, DB 1994, S. 969 (971); Schröder, Die Wertpapierhandelsaufsicht, S. 182.
1053 Deshalb bewertet Kümpel, Bank- und Kapitalmarktrecht, Rn. 18.138, das Verhält-nis zwischen Börsenaufsichtsbehörde und Handelsüberwachungsstelle als das zwi-schen einer über- und untergeordneten Behörde; a.A. Schröder, Die Wertpapier-handelsaufsicht, S. 217 f., der bei Tätigwerden der Handelsüberwachungsstelle auf-grund einer Weisung von einer Organleihe ausgeht.
1054 Brockhausen, WM 1997, S. 1924 (1926); Schröder, Die Wertpapierhandelsauf-sicht, S. 171; Groß, Kapitalmarktrecht, § 2 c BörsG, Rn. 22.
1055 Vgl. Begr. RegE 2. FFG, BT-Drs. 12/6679, S. 60, wo von einer Verpflichtung der Handelsüberwachungsstelle zur „konstanten und umfassenden Kontrolle des Ta-gesgeschäfts" die Rede ist, und S. 59, wo klargestellt wird, dass der Börsenselbst-verwaltung ungeachtet des Weisungsrechts der Börsenaufsichtsbehörde die primäre Verantwortung für die Handelsaufsicht obliegt.

Organ zur umfassenden Kontrolle des Tagesgeschäfts konzipiert ist und ihr die Primärverantwortung für die Marktaufsicht obliegt[1056].

II. Clearingstellen mit Zentralem Kontrahenten als Gegenstand der Börsenaufsicht

Betrachtet man nun die börsenrechtliche Aufsicht in Bezug auf den Zentralen Kontrahenten bzw. auf die Clearingstellen, ist es angezeigt, sich auf die Aufsicht durch die Börsenaufsichtsbehörde und die Handelsüberwachungsstelle zu beschränken, weil die Marktaufsicht durch die BaFin nicht börsenspezifisch und deshalb im vorliegenden Zusammenhang nicht relevant ist[1057].

Nach den einleitenden Ausführungen kommt für den Zentralen Kontrahenten zum einen die allgemeine Rechtsaufsicht über die Börse durch die Börsenaufsichtsbehörde, zum anderen die Marktaufsicht durch die Handelsüberwachungsstelle und die Börsenaufsichtsbehörde in Betracht. Zwar haben die Gesetzesverfasser bei Einfügung des § 1 Abs. 4 S. 3 BörsG[1058] durch das 2. FFG, das ja die Marktaufsicht implementieren sollte, ausgeführt, mit dem Begriff „Börsengeschäftsabwicklung"[1059] werde klargestellt, dass die elektronischen Hilfseinrichtungen der Börse wie die elektronische Börsengeschäftsabwicklung durch BOEGA und das DTB-Clearing der Aufsicht unterfallen, wodurch eine Lücke in der staatlichen Kontrolle geschlossen werde[1060], doch lässt diese Aussage außer Acht, dass bereits vor Inkrafttreten des 2. FFG mit § 1 Abs. 3 BörsG a.F.[1061] eine Vorschrift existierte, die eine Erstreckung der Börsenaufsicht auf Einrichtungen außerhalb der Börse als Anstalt des öffentlichen Rechts nahe liegend erscheinen ließ. In § 1 Abs. 3 BörsG a.F. wurde nämlich der Börsenaufsichtsbehörde auch die Aufsicht über die „auf den Börsenverkehr bezüglichen Einrichtungen der Kündigungsbüros, Liquidationskassen, Liquidationsvereine und ähnlicher Anstalten" übertragen[1062]. Wenn aber insbesondere die Liquidationskassen von ihrer

1056 Schwark/Beck, KMR, § 1 BörsG, Rn. 37; Groß, Kapitalmarktrecht, § 2 c BörsG, Rn. 29; Kümpel, Bank- und Kapitalmarktrecht, Rn. 18.131 und 18.137.
1057 Damit soll selbstverständlich nicht ausgeschlossen werden, dass der BaFin in anderem Zusammenhang – zu denken ist hier insbesondere an die Solvenzaufsicht nach dem KWG – noch eine maßgebliche Rolle zukommen kann.
1058 Entspricht § 1 Abs. 2 S. 3 BörsG a.F.
1059 Vgl. dazu auch die Erörterungen auf S. 216 ff.
1060 Begr. RegE 2. FFG, BT-Drs. 12/6679, S. 59.
1061 So im Wesentlichen schon in der Ursprungsfassung des BörsG von 1896 (RGBl. 1896, S. 157).
1062 Vgl. zur inhaltlichen Bestimmung dieser Einrichtungen im Einzelnen Göppert, Das Recht der Börsen, S. 259 f.; Schwark, BörsG, § 1, Rn. 56 ff.

Tätigkeit her zumindest zum Teil mit heutigen Clearing-Einrichtungen bzw. mit dem damaligen DTB-Clearing vergleichbar waren[1063], dann ist nicht ersichtlich, warum eine Lücke im Aufsichtsnetz über die in der Gesetzesbegründung zum 2. FFG aufgeführten Einrichtungen bestanden haben soll. Dies gilt umso mehr, als damals mit dem Begriff der „ähnlichen Anstalten" ein unbestimmter Rechtsbegriff vorhanden war[1064], unter den im Wege der Auslegung auch neu aufgekommene Börsenhandels- oder Abwicklungssysteme hätten subsumiert werden können. Somit lässt sich festhalten, dass für ein Clearing-System mit Zentralem Kontrahenten keine ausfüllungsbedürftige Regelungslücke bestanden hat[1065]. Gleichwohl steht damit noch nicht fest, dass bzw. welche Art von Aufsicht nach heutiger Rechtslage über ein System mit Zentralem Kontrahenten besteht. Denn die eben angeführte Vorschrift existiert so nicht mehr, sondern findet sich nun stark abgewandelt in § 1 Abs. 4 S. 2 BörsG, wonach „auch die Einrichtungen, die sich auf den Börsenverkehr beziehen", der Aufsicht der Börsenaufsichtsbehörde unterliegen. Diese Norm wird z.T. im Sinne der alten Rechtslage dahingehend ausgelegt, dass mit ihr bestimmte außerhalb der Börse stehende Unternehmen, die nicht bereits durch § 1 Abs. 4 S. 1 BörsG erfasst seien, in die Aufsicht einbezogen werden sollen[1066]. Allerdings wird gelegentlich nicht deutlich, ob die Kontrolle über Clearingstellen der allgemeinen Börsenaufsicht oder der Marktaufsicht zugeordnet sein soll[1067]. Ohnehin wird bezweifelt, dass sich beide Aufsichtsarten in der Praxis trennen lassen, obwohl sie sich vom Grundsatz her unterschieden[1068].

Teilweise wird dagegen § 1 Abs. 4 S. 2 BörsG jeglicher Bedeutungsgehalt abgesprochen, da der Norm nur Sinn zukommen könne, wenn sie eine Ausdehnung der Rechtsaufsicht auf solche Einrichtungen bezwecke, die einen Bezug zur Börse hätten und für die Durchführung des Börsenhandels erforderlich sein könnten, jedoch nicht Teil der öffentlichrechtlichen Börse seien. Dieser Bedeutungsgehalt lasse sich dem Gesetz bzw. den dazugehörigen Materialien aber nicht entnehmen[1069]. Dem ist zuzugeben, dass sich die Gesetzesverfasser missverständlich ausgedrückt haben, wenn im Zusammenhang mit der Einführung der Handelsauf-

1063 Vgl. Nußbaum, Börsengesetz, § 1, Anm. V a); Göppert, Das Recht der Börsen, S. 259 f.; Brenner, Die Liquidationskassen der Terminbörsen, S. 19 ff.
1064 Vgl. zur Bedeutung dieses Begriffs Schwark, BörsG, § 1, Rn. 59.
1065 So aber neben den Gesetzesmaterialien (aaO.) Schäfer/Peterhoff, WpHG u.a., § 1 BörsG, Rn. 11, sowie Groß, Kapitalmarktrecht, § 2 c BörsG, Rn. 11.
1066 Schröder, Die Wertpapierhandelsaufsicht, S. 169; Breitkreuz, Die Ordnung der Börse, S. 198; Kümpel, Bank- und Kapitalmarktrecht, Rn. 18.124.
1067 Vgl. Schröder, Die Wertpapierhandelsaufsicht, S. 169 u. 171.
1068 Breitkreuz, Die Ordnung der Börse, S. 197 f.
1069 Schwark/Beck, KMR, § 1 BörsG, Rn. 34.

sicht von der Aufsichtserweiterung auf Hilfseinrichtungen der Börse die Rede ist[1070]. Andererseits sollte dies nicht überbewertet werden, da der Gesetzgeber offensichtlich verkannt hat, dass bereits vor dem 2. FFG eine Aufsichtsmöglichkeit über die den Börsenhandel unterstützenden Infrastruktureinrichtungen, die nicht unmittelbar zur Börse selbst gehören, vorhanden war.

Nun könnte die Frage nach dem Bedeutungsgehalt von § 1 Abs. 4 S. 2 BörsG offen bleiben, wenn sich letztlich herausstellt, dass die Clearing-Systeme mit Zentralem Kontrahenten wenigstens der Marktaufsicht der Börsenaufsichtsbehörde nach § 1 Abs. 4 S. 3 BörsG unterfallen und dies sowohl im Umfang der Aufsicht als auch hinsichtlich der Aufsichtsbefugnisse zu keinen nennenswerten Unterschieden führt. In der Tat finden sich in der Literatur Äußerungen, welche die Aufsicht über Einrichtungen wie Clearingstellen der Handelsaufsicht zuordnen[1071], wobei allerdings auf die oben geschilderte alte Rechtslage, die bereits die Rechtsaufsicht über private Infrastruktureinrichtungen der Börse ermöglichte, gar nicht eingegangen wird. Vereinzelt wird eine Erstreckung jeglicher Art von Börsenaufsicht auf Clearing-Einrichtungen mit Zentralem Kontrahenten aber auch abgelehnt[1072]. Nur so ist es zu verstehen, dass *Beck* im Rahmen der Behandlung der Rechtsaufsicht über die Börse eine Börsenaufsicht über die Clearing-Einrichtungen grundlegend ablehnt, ohne dann im Zusammenhang mit der Marktaufsicht noch einmal auf diese Frage zurück zu kommen[1073]. Ob diese Auffassung zu überzeugen vermag, ist daher zunächst kritisch zu beleuchten.

Beck setzt in seiner eine Börsenaufsicht über Clearing-Stellen ablehnenden Argumentation am Wortlaut des § 1 Abs. 4 S. 3 BörsG an und stellt diesbezüglich zutreffend fest, dass für den Terminus „Börsengeschäftsabwicklung" kein einheitliches Begriffsverständnis besteht[1074]. Das Clearing-Verfahren mit Zentralem Kontrahenten will er jedenfalls nicht unter diesen Begriff fassen, wobei seine Gedankenführung nicht vollends nachvollziehbar ist. Denn er ist bemüht, einen Unterschied zwischen der Einschaltung eines Zentralen Kontrahenten am Terminmarkt und der am Kassamarkt zu konstruieren, schließt aber mit der Konsequenz, dass Clearing-Einrichtungen generell, also ohne Unterscheidung zwischen ihrer Tätigkeit an Termin- oder Kassamärkten, keiner Börsenaufsicht unterlie-

1070 Begr. RegE 2. FFG, BT-Drs. 12/6679, S. 59.
1071 Groß, Kapitalmarktrecht, § 2 c BörsG, Rn. 11 f.; Schäfer/Peterhoff, WpHG u.a., § 1 BörsG, Rn. 11.
1072 Schwark/Beck, KMR, § 1 BörsG, Rn. 35 f.
1073 Dieses Verständnis wird schließlich bestätigt durch seine Kommentierung zu § 2, wo er ausführt, dass Clearing-Häuser „grundsätzlich" nicht unter die Börsenaufsicht fielen (Schwark/Beck, KMR, § 2 BörsG, Rn. 3).
1074 Schwark/Beck, KMR, § 1 BörsG, Rn. 35.

gen[1075]. Diese Schlussfolgerung widerspricht indes zum einen dem Willen der Gesetzesverfasser[1076] und ist zum anderen nicht zwingend. Wo die systematischen Unterschiede zwischen einem Zentralen Kontrahenten am Termin- und am Kassamarkt liegen, bleibt im Dunkeln. Dass es auf den Terminmärkten „regelmäßig zu keiner physischen Belieferung" von Wertpapieren kommt, kann jedenfalls nicht entscheidend sein, da es sich dabei eben lediglich um eine ganz überwiegend anzutreffende, jedoch keineswegs zwingende Praxis handelt und die Bedeutung dieser Übung als Unterscheidungsmerkmal überdies zweifelhaft bleibt. Dass sich die Situation seit Inkrafttreten des 2. FFG in Bezug auf die Börsenaufsicht grundlegend geändert hat, lässt sich daher kaum behaupten[1077]. Vielmehr hat die bisherige Untersuchung an verschiedenen Stellen deutlich werden lassen, dass eine Clearing-Einrichtung mit Zentralem Kontrahenten über maßgebliche Einwirkungsmöglichkeiten auf den gesamten Börsenhandel verfügt, so dass im Prinzip noch das gilt, was die Väter des BörsG bereits 1895 mit Verweis auf die Liquidationskassen feststellten, dass nämlich solche Einrichtungen, „weil und insoweit sie in die Sphäre der Börseneinrichtungen hinübergreifen, der Aufsicht der Börsenorgane und der staatlichen Aufsicht unterstellt werden" sollten, da sie in „hohem Grade befähigt" sind, den Handel „zu beherrschen"[1078]. Wenn aber nach wie vor ein sachliches Bedürfnis nach einer börsenrechtlichen Aufsicht existiert[1079], dann ist es doch sehr nahe liegend, den durch das Gesetz eröffneten Auslegungsspielraum im Sinne einer praxisgerechten Lösung zu nutzen, zumal sich eine Erstreckung der Aufsicht auf die Clearingstellen auf historische Vorbilder stützen kann. Dieses Ergebnis wird außerdem dadurch bestätigt, dass es ein systematisch fragwürdiges Resultat wäre, im Rahmen der Handelsaufsicht alle Handelsteil-

---

1075 Schwark/Beck, KMR, § 1 BörsG, Rn. 36.

1076 Begr. RegE 2. FFG, BT-Drs. 12/6679, S. 59; vgl. außerdem die Begr. zum RegE eines Gesetzes zur Umsetzung von EG-Richtlinien zur Harmonisierung bank- und werpapieraufsichtsrechtlicher Vorschriften, BT-Drs. 13/7142, S. 68, wo ohne weiteres davon ausgegangen wird, dass die Clearingstellen in Deutschland der Börsenaufsicht unterliegen.

1077 Das gilt auch für das von Beck vorgebrachte Argument, heute seien die Clearingstellen nicht mehr unselbständiger Teil einer Börse (Schwark/Beck, KMR, § 1 BörsG, Rn. 36), da in den Gesetzesmaterialien durchaus schon davon ausgegangen wird, dass Clearingstellen rechtlich selbständige Einrichtungen sind (vgl. Begr. zum RegE eines Gesetzes zur Umsetzung von EG-Richtlinien zur Harmonisierung bank- und werpapieraufsichtsrechtlicher Vorschriften, BT-Drs. 13/7142, S. 68).

1078 Begr. des Entwurfs eines Börsengesetzes, 9. Legislaturperiode, IV. Session 1895/ 1896, 1. Anlagenband, Nr. 14 der amtlichen Drucksachen des Reichstags, S. 26 (zu § 1 BörsG).

1079 Das Erfordernis einer Aufsicht über Clearingstellen bestreitet selbst Beck nicht (vgl. Schwark/Beck, KMR, § 1 BörsG, Rn. 36 mit Fn. 229).

nehmer einer Kontrolle zu unterziehen[1080], den in den Handel unmittelbar integrierten Zentralen Kontrahenten jedoch unbeaufsichtigt zu lassen. Schließlich spricht für die Börsenaufsicht über die Clearingstelle mit Zentralem Kontrahenten ein rechtspraktisches Argument. Denn eine Börsenaufsicht kann zumindest für Marktteilnehmer an einer Terminbörse den positiven Effekt mit sich bringen, dass die Clearingstelle als Börseneinrichtung i.S. des KWG gilt und dadurch eine Eigenkapitalunterlegungspflicht von Geschäften mit der Clearingstelle als Zentralem Kontrahenten im Rahmen des Grundsatzes I entfallen kann[1081, 1082].

Folglich lässt sich konstatieren, dass Clearing-Institute mit Zentralem Kontrahenten der Börsenaufsicht unterliegen.

III. Umfang der Börsenaufsicht über Clearingstellen mit Zentralem Kontrahenten

Wie oben bereits angedeutet wurde, ist weniger die trennscharfe Unterscheidung zwischen Rechts- und Handelsaufsicht als der Umfang und die Befugnisse der jeweiligen Börsenaufsicht von Belang. Deshalb soll im Folgenden der Umfang der Aufsicht über Clearingstellen mit Zentralem Kontrahenten näher untersucht werden, wobei mit der Aufsicht durch die Börsenaufsichtsbehörde begonnen wird, da diese sowohl die Rechts- als auch die Handelsaufsicht wahrnimmt[1083], so dass es sich um eine umfassendere Aufsicht handelt als bei der durch die Handelsüberwachungsstelle.

1. Aufsichtsumfang der Börsenaufsichtsbehörde

Der Rahmen der Aufsicht wird zunächst durch § 1 Abs. 4 S. 1 BörsG abgesteckt. In dieser Vorschrift ist geregelt, dass die Börsenaufsichtsbehörde die Aufsicht über die Börse nach den Vorschriften des BörsG ausübt. Etwas konkreter wird es

---

1080 Vgl. Kümpel, Bank- und Kapitalmarktrecht, Rn. 18.121 ff.; Schwark/Beck, KMR, § 1 BörsG, Rn. 37; Schlüter, Börsenhandelsrecht, Abschnitt G, Rn. 321.

1081 Vgl. § 1 Abs. 3 e) KWG i.V.m. §§ 13 Abs. 1 Nr. 5, 4 S. 2 Nr. 4 Grundsatz I sowie die Begr. zum RegE eines Gesetzes zur Umsetzung von EG-Richtlinien zur Harmonisierung bank- und werpapieraufsichtsrechtlicher Vorschriften, BT-Drs. 13/7142, S. 68.

1082 Deshalb legte in der Vergangenheit die Kreditwirtschaft Wert auf die Einordnung der Clearingstelle als Börseneinrichtung (vgl. Schwark, BörsG, § 1, Rn. 60 mit Fn. 221).

1083 v. Rosen in Assmann/Schütze, Handbuch des Kapitalanlagerechts, § 2, Rn. 189 ff.; Schlüter, Börsenhandelsrecht, Abschnitt G, Rn. 320; Schäfer/Peterhoff, WpHG u.a., § 1 BörsG, Rn. 9.

in § 1 Abs. 4 S. 3 BörsG, wenn die Aufsicht auf die Einhaltung der börsenrechtlichen Vorschriften und Anordnungen sowie auf die „ordnungsgemäße" Durchführung des Börsenhandels und der Börsengeschäftsabwicklung erstreckt wird. Zu den börsenrechtlichen Vorschriften gehören die Zulassungs- und Zugangsregelungen für die Teilnahme zum Börsenhandel, die Handelsbedingungen sowie die hierzu von der Börse erlassenen Verwaltungsakte[1084]. Richtete sich die Börsenaufsicht alleine hiernach, wäre es um eine effektive Aufsicht über ein Clearing-System schlecht bestellt, da sich weder im BörsG noch in der BörsO-FWB Bestimmungen befinden, die Verhaltensnormen für Clearingstellen enthalten, deren Einhaltung die Aufsicht sicherstellen könnte. Die Kontrolle börsenrechtlicher Vorschriften kann allenfalls zu einer Beaufsichtigung der CM führen, sofern sie – wie an der FWB – durch die Börsenordnung dazu verpflichtet werden, sich einer Clearingstelle anzuschließen[1085]. Aber selbst in diesem Fall stellt sich die Frage, ob die Börsenaufsicht neben dem in der Börsenordnung festgelegten Anschlusszwang auch die Befolgung der Clearing-Bedingungen, die ja privatrechtliche AGB sind[1086], gewährleisten muss. Relevant wird dieses Problem bspw. bei der Kontrolle der zu leistenden Sicherheiten. Das BörsG ist, wie schon in anderem Zusammenhang aufgezeigt wurde[1087], auf die Einforderung von Sicherheitsleistungen durch eine private Clearing-Einrichtung nicht ausgerichtet. Das zeigt sich an der Vorschrift in § 19 Abs. 4 BörsG, nach welcher die Handelsüberwachungsstelle[1088] die zu leistenden Sicherheiten nach Abs. 1 zu überwachen hat. In § 19 Abs. 1 BörsG ist aber nur von Sicherheitsleistungen die Rede, die nach der jeweiligen Börsenordnung festgelegt werden. Wenn man nun die Regelungssystematik so versteht, dass die Leistung der Sicherheiten durch die CM nicht von der Börsenaufsicht, sondern nur von der Clearingstelle selbst kontrolliert wird,

---

1084 Schwark/Beck, KMR, § 1 BörsG, Rn. 38; Groß, Kapitalmarktrecht, § 2 c BörsG, Rn. 13.

1085 §§ 16 Abs. 1 Nr. 5, 16 a Abs. 1 BörsO-FWB; vgl. dazu eingehend S. 213 ff.

1086 Vgl. S. 77 ff. sowie zur Frage, ob sie als solche unter den Begriff der Börsenusancen fallen, S. 260 ff.

1087 Vgl. S. 231 ff.

1088 Dass in § 19 Abs. 4 BörsG nur die Handelsüberwachungsstelle und nicht auch die Börsenaufsichtsbehörde als zuständiges Kontrollorgan genannt wird, darf nicht dazu führen, letzterer grundsätzlich die Befugnis zur Überprüfung der Sicherheiten abzusprechen, da es sich bei § 19 Abs. 1 BörsG i.V.m. den jeweiligen Bestimmungen der Börsenordnungen um „börsenrechtliche Vorschriften" nach § 1 Abs. 4 S. 3 BörsG handelt; die Hervorhebung der Handelsüberwachungsstelle im Gesetz ist vielmehr vor dem Hintergrund zu sehen, dass bis zum Erlass des 2. FFG der Börsengeschäftsführung die Überwachung der zu leistenden Sicherheiten oblag und diese Zuständigkeit geändert werden sollte (vgl. Begr. RegE 2. FFG, BT-Drs. 12/6679, S. 68).

droht eine Aufsichtslücke, sofern nicht wenigstens die Clearingstelle ihrerseits auf die Zuverlässigkeit bei der Wahrnehmung ihrer Aufgaben überprüft wird.

Das lenkt den Blick zurück auf die Aufsicht über die Clearingstelle. Diesbezüglich könnte zunächst daran gedacht werden, in den jeweiligen Börsenordnungen und im BörsG selbst Pflichten der die Funktion des Zentralen Kontrahenten ausübenden Clearingstelle zu verankern, deren Einhaltung einer Kontrolle durch die Börsenaufsicht zugänglich ist[1089]. Zu fragen ist aber, ob bereits de lege lata der Gesetzeswortlaut einen Anhaltspunkt für eine angemessene Aufsicht enthält. Denn dass es durchgreifende rechtsstaatliche Bedenken hervorrufen muss, ohne gesetzliche Grundlage grundrechtserhebliche Aufsichtsmaßnahmen zu erlassen, darf als anerkannt vorausgesetzt werden[1090]. Insofern kann es nicht damit sein Bewenden haben, auf das „pflichtgemäße Ermessen" der Börsenaufsichtsbehörde zu verweisen[1091]. Als Ansatzpunkt für eine weitergehende Aufsicht könnte der Begriff „ordnungsmäßig" in § 1 Abs. 4 S. 3 BörsG dienen, der im Zusammenhang mit der Aufsicht über den Börsenhandel und die Börsengeschäftsabwicklung gebraucht wird und der neben den „börsenrechtlichen Vorschriften und Anordnungen" steht. Nun wurde schon darauf hingewiesen, dass diese Regelung durch das 2. FFG eingeführt wurde, um eine effektive Handelsaufsicht einzuführen[1092]. Die genannte Wendung wird deshalb in der Literatur teilweise so verstanden, dass sie der Börsenaufsicht Zweckmäßigkeitserwägungen gestattet[1093].

1089 Vgl. als Ansatz z.B. den Vorschlag auf S. 243 ff.; so wurde im Übrigen früher verfahren, wenn bspw. in der Berliner Börsenordnung die Liquidationsvereine usw. dazu verpflichtet wurden, die auf den Börsenverkehr bezogenen Regelwerke, ihre Statuten und deren Abänderungen der Handelskammer zur Genehmigung vorzulegen (vgl. Nußbaum, Börsengesetz, § 1, Anm. V b), sowie Göppert, Das Recht der Börsen, S. 261).

1090 Vgl. Ossenbühl in Isensee/Kirchhof, § 62, Rn. 16 ff.; dagegen kann auch nicht eingewendet werden, dass der Aufsichtumfang als Bestandteil der gesetzlichen Aufgabenzuweisung nichts mit Grundrechtseingriffen zu tun habe, da Aufgaben und Befugnisse der Börsenaufsichtsbehörden im BörsG aufeinander bezogen sind, wie sich insbesondere in § 2 Abs. 2 BörsG zeigt.

1091 So noch Göppert, Das Recht der Börsen, S. 261 f., der gleichwohl schon damals für die alte Rechtslage kritisch anmerkte, dass es für die Aufsicht über die Liquidationskassen „an jeder Vorschrift" fehle.

1092 Begr. RegE 2. FFG, BT-Drs. 12/6679, S. 36 u. 59; Schäfer/Peterhoff, WpHG u.a., Vor §§ 1 ff. BörsG, Rn. 1; Kurth, WM 1998, S. 1715; Kümpel, WM 1994, S. 229.

1093 Schäfer/Peterhoff, WpHG u.a., § 1 BörsG, Rn. 11; Groß, Kapitalmarktrecht, § 2 c BörsG, Rn. 11; Schwark, BörsG, Einl., Rn. 22; Schwark/Schwark, KMR, Einl. BörsG, Rn. 7; a.A. Schwark/Beck, KMR, § 1 BörsG, Rn. 34; nicht eindeutig Schröder, Die Wertpapierhandelsaufsicht, S. 247 f., der die Handelsaufsicht „grundsätzlich" der Rechtsaufsicht zuordnet, aber im Einzelfall „fachaufsichtsrechtliche Komponenten" für möglich hält.

Allerdings wird kritisch angemerkt, dass die Kompetenzen der Börsenaufsicht damit weitgehend unklar blieben. Als Richtlinie zur Konkretisierung wird vorgeschlagen, auf die im Gesetz mittelbar zum Ausdruck gekommenen Ziele des Börsenrechts abzustellen und in der „Grauzone" stets den Verhältnismäßigkeitsgrundsatz zu beachten[1094]. In der Tat erscheint es sachgerecht, den unbestimmten Rechtsbegriff der „Ordnungsmäßigkeit" anhand der dem BörsG zugrunde liegenden Ziele auszulegen. Untermauern lässt sich diese Interpretation durch die Befugnis der Börsenaufsichtsbehörde gem. § 2 Abs. 2 BörsG[1095], Verstöße gegen börsenrechtliche Vorschriften und Anordnungen zu unterbinden und außerdem „sonstige Missstände zu beseitigen und zu verhindern, welche die ordnungsgemäße Durchführung des Handels an der Börse und der Börsengeschäftsabwicklung sowie deren Überwachung beeinträchtigen können." Denn unter dem Terminus „Missstand" werden ebenfalls Verhaltensweisen verstanden, die den Zielen des BörsG zuwiderlaufen[1096], ohne zugleich börsenrechtliche Vorschriften zu verletzen[1097]. Nun wird man in der Gewährleistung eines sicheren Börsenhandels, bei dem sich in einem fairen Wettbewerb der Marktteilnehmer marktgerechte Preise bilden, ein ganz wesentliches, in verschiedenen Regelungen zum Ausdruck kommendes Ziel des BörsG bzw. der auf dieser Grundlage erlassenen Börsenordnungen sehen können[1098]. Der Gesetzgeber hat nämlich im Zusammenhang mit Änderungen des BörsG und anderer kapitalmarktrechtlicher Vorschriften der Funktionsfähigkeit des Kapitalmarkts bzw. dem Vertrauen der Anleger in diese Funktionsfähigkeit sowie der damit einhergehenden Wettbewerbsfähigkeit große Bedeutung zugemessen[1099].

Für die Aufsicht über Clearingstellen bedeutet dies, dass die Börsenaufsichtsbehörde überwachen muss, ob die Clearingstellen bei der Einforderung von Sicherheiten der CM ein angemessenes, dem jeweiligen Risiko entsprechendes

---

1094 Schwark, BörsG, Einl., Rn. 22.

1095 Vgl. Schwark/Schwark, KMR, Einl. BörsG, Rn. 7, der §§ 1 Abs. 4 S. 3, 2 Abs. 2 BörsG in einen Regelungszusammenhang stellt und daraus herleitet, dass sich die Markt-/Handelsaufsicht nicht in der Rechtsaufsicht erschöpfe.

1096 Schwark/Beck, KMR, § 2 BörsG, Rn. 20, der zudem noch die aufgrund des BörsG erlassenen Bestimmungen mit einbezieht, obwohl sich dann die Frage nach dem Unterschied zur ersten Alternative des § 2 Abs. 2 BörsG stellt.

1097 Breitkreuz, Die Ordnung der Börse, S. 254.

1098 Vgl. Schwark, BörsG, Einl., Rn. 22, Groß, Kapitalmarktrecht, Vorb. BörsG, Rn. 1 ff., Assmann in Assmann/Schütze, Handbuch des Kapitalanlagerechts, § 1, Rn. 22, mit Bezug zum gesamten Kapitalmarktrecht, Kümpel/Hammen, Börsenrecht, S. 103 ff., sowie Kümpel, Bank- und Kapitalmarktrecht, Rn. 18.118, der die Funktionsfähigkeit der Börsen als Ziel der Börsenaufsicht hervorhebt.

1099 Begr. RegE 4. FFG, BT-Drs. 14/8017, S. 62; Begr. RegE 2. FFG, BT-Drs. 12/6679, S. 33.

Berechnungsmodell zugrunde legen und ob sie für die Bereitstellung der erforderlichen Sicherheiten sorgen. Denn ein Versagen der Clearingstellen in diesen Bereichen könnte die Funktions- und Wettbewerbsfähigkeit einer Börse stark gefährden. Weiterhin muss gewährleistet werden, dass der Vorgang des Eintritts des Zentralen Kontrahenten in den Vertragsschluss und die darauf folgende Verrechnung der Geschäfte nicht zu Manipulationen im Börsenhandel bzw. bei der Geschäftsabwicklung führen, wie dies durch entsprechende Programmierung der Software zumindest vorstellbar erscheint. Gerade das Beispiel der zu leistenden Sicherheiten belegt die Vorteile des hier vorgeschlagenen Ansatzes. Nach § 19 Abs. 4 S. 1 BörsG unterliegt nämlich die Einhaltung der Vorschriften der jeweiligen Börsenordnungen zur Sicherheitsleistung sowie zur Begrenzung und Überwachung der Börsenverbindlichkeiten ausdrücklich der Aufsicht durch die Handelsüberwachungsstelle. Die Bedeutung der Börsenaufsicht in diesem Bereich wird zudem durch § 19 Abs. 4 S. 6 BörsG unterstrichen, wonach die Geschäftsführung die Börsenaufsichtsbehörde unverzüglich über eine Überschreitung des Sicherheitsrahmens zu unterrichten hat. Dadurch soll ausweislich der Gesetzesbegründung die staatliche Aufsicht in die Überwachung der zu leistenden Sicherheiten eingebunden werden[1100]. Mit dieser gesetzlichen Grundkonzeption, die eine Aufsicht über die Befolgung von börsenordnungsrechtlichen Vorschriften zur Sicherheitsleistung vorsieht, ist es nur schwer vereinbar, einen aufsichtsfreien Bereich zu schaffen, indem ein privater Dritter, die Clearingstelle, durch die Börsenordnung[1101] in das System der Erbringung von Sicherheiten eingebunden wird.

Somit erhält man mit einer an den Zielen der börsenrechtlichen Vorschriften orientierten Auslegung der Wendung von der Ordnungsmäßigkeit des Börsenhandels und der Börsengeschäftsabwicklung in § 1 Abs. 4 S. 3 BörsG Anhaltspunkte für den aufsichtsrechtlichen Rahmen der Börsenaufsichtsbehörde in Bezug auf Clearingstellen mit Zentralem Kontrahenten.

Bei der Darstellung des Aufsichtsumfangs der Börsenaufsichtsbehörde in Bezug auf Clearingstellen soll zudem § 6 Abs. 1 BörsG nicht unerwähnt bleiben. Diese Bestimmung regelt die Aufgabe der Börsenaufsichtsbehörde, auf die Einhaltung der Vorschriften des GWB hinzuwirken, insbesondere mit Blick auf den Zugang zu Handels-, Informations- und Abwicklungssystemen und sonstigen börsenbezogenen Dienstleistungseinrichtungen sowie deren Nutzung. Der Gesetzgeber wollte mit dieser Vorschrift „mögliche Tendenzen zur Konzentration oder gar Oligopolisierung des Wertpapierhandels und bestimmter Handelssyste-

---

1100 Begr. RegE 2. FFG, BT-Drs. 12/6679, S. 68.
1101 Vgl. §§ 13, 16 a Abs. 2 BörsO-FWB.

me und einer Monopolisierung im Bereich der Börsen-EDV" entgegenwirken[1102].
Der Börsenaufsichtsbehörde wird damit eine kartellrechtliche Missbrauchskontrolle eröffnet, ohne dass ihr aber die speziellen kartellrechtlichen Eingriffsbefugnisse des GWB zugewiesen werden[1103]. Da § 6 Abs. 1 S. 2 BörsG letztlich
das allgemeine Behinderungs- und Diskriminierungsverbot gem. §§ 19 Abs. 4, 20
GWB widerspiegelt, wird seine Notwendigkeit angezweifelt[1104]. Ob es tatsächlich erforderlich oder sinnvoll war, der Börsenaufsichtsbehörde eine wettbe-
werbsrechtliche Kontrollbefugnis zuzuweisen, obwohl diese Aufgabe bereits den
Kartellbehörden obliegt, deren Zuständigkeit gem. § 6 Abs. 2 S. 1 BörsG unberührt bleibt, soll hier dahinstehen. Jedenfalls hat die Regelung zur Folge, dass die
Börsenaufsichtsbehörde darauf zu achten hat, dass eine marktbeherrschende Clearing-Einrichtung[1105] die Marktteilnehmer beim Zugang zu ihren Leistungen
nicht unzulässig behindert[1106]. Erhält sie Anhaltspunkte für ein derartiges Handeln, muss sie die zuständige Kartellbehörde gem. § 6 Abs. 2 S. 2 BörsG benachrichtigen.

2. Aufsichtsumfang der Handelsüberwachungsstelle

Für den Umfang der Aufsicht im Hinblick auf eine Clearingstelle mit Zentralem
Kontrahenten durch die Handelsüberwachungsstelle gilt im Wesentlichen – mit
Ausnahme der kartellrechtlichen Missbrauchskontrolle – dasselbe wie für die
Börsenaufsichtsbehörde. Dies ergibt sich aus dem übereinstimmenden Aufsichts-
gegenstand der Marktaufsicht durch die Börsenaufsichtsbehörde einerseits und
die Handelsüberwachungsstelle andererseits[1107]. Allerdings könnte sich aus der

---

1102 Begr. RegE 2. FFG, BT-Drs. 12/6679, S. 61.
1103 Groß, Kapitalmarktrecht, § 2 c BörsG, Rn. 14; Schäfer/Peterhoff, WpHG u.a., § 2 a
      BörsG, Rn. 2 f.
1104 Schwark/Beck, KMR, § 6 BörsG, Rn. 11, allerdings mit Verweis auf die nicht
      mehr aktuellen Vorschriften der §§ 22 Abs. 4, 26 Abs. 2 GWB; dagegen wird zum
      Teil eine sinnvolle Funktion des § 6 BörsG darin gesehen, Regelbeispiele für be-
      sonders gravierende Wettbewerbsbeschränkungen im gesamten Börsenbereich auf-
      zuführen (vgl. Schäfer/Peterhoff, WpHG u.a., § 2 a BörsG, Rn. 3; Hopt/Baum in
      Hopt/Rudolph/Baum, S. 376).
1105 An der FWB wird man die Eurex Clearing AG schon deshalb als marktbeherr-
      schend anzusehen haben, weil für sie in der BörsO-FWB ein Anschlusszwang vor-
      gesehen ist, ohne dass eine Alternative in Form einer anderen Clearingstelle er-
      möglicht wird (vgl. zum Kriterium der Marktbeherrschung im Einzelnen Möschel
      in Immenga/Mestmäcker, § 19, Rn. 17 ff.).
1106 Vgl. Schlüter, Börsenhandelsrecht, Abschnitt G, Rn. 356, sowie Schwark/Beck,
      KMR, § 6 BörsG, Rn. 11.
1107 Vgl. Brockhausen, WM 1997, S. 1924 (1926); Schröder, Die Wertpapierhan-
      delsaufsicht, S. 171; Groß, Kapitalmarktrecht, § 2 c BörsG, Rn. 22.

Primärverantwortlichkeit der Handelsüberwachungsstelle für die Marktaufsicht[1108] und der Formulierung in § 4 Abs. 1 S. 2 BörsG auch ein gewisser Vorrang der Handelsüberwachungsstelle hinsichtlich der Aufsicht über die Clearingstellen ableiten lassen. Denn wenn die Handelsüberwachungsstelle Daten über den Börsenhandel und die Börsengeschäftsabwicklung „systematisch und lückenlos" zu erfassen und auszuwerten hat, dann zeigt dies, dass ihr die laufende Überwachung, mit anderen Worten das Tagesgeschäft obliegt[1109]. Zwar wird in den Gesetzesmaterialien bei der Beschreibung der Aufgaben der Handelsüberwachungsstelle nicht ausdrücklich die Aufsicht über Clearingstellen erwähnt, sondern lediglich darauf verwiesen, dass „vor allem" die Überwachung der Preisfindung, die Kontrolle der Einhaltung der Börsenusancen, die Beobachtung der Eigengeschäfte der Kursmakler, der Vergleich der Preise mit anderen Börsenplätzen und Handelssystemen sowie die Aufrechterhaltung der Ordnung im Börsensaal zu ihren Aufgaben zählten[1110]. Doch handelt es sich dabei nicht um eine abschließende Aufzählung, wie sich aus der gewählten Formulierung „vor allem" ergibt.

Die Nennung der Kontrolle der Einhaltung der Börsenusancen als Aufgabe der Handelsüberwachungsstelle in den Gesetzesbegründungen wirft im Zusammenhang mit Clearingstellen die Frage auf, ob die Handelsüberwachungsstelle für die laufende Kontrolle der Einhaltung der Clearing-Bedingungen zuständig ist. Zwar gehören die Clearing-Bedingungen grundsätzlich nicht zu den börsenrechtlichen Vorschriften und Anordnungen gem. §§ 1 Abs. 4 S. 3, 2 Abs. 1 S. 3, Abs. 2, 4 Abs. 5 S. 1 BörsG, da sie von einer privaten Einrichtung und nicht von der Börse erlassen werden[1111]. Doch ist nicht zu verkennen, dass sie für den Börsenhandel und seine Abwicklung von ganz entscheidender Bedeutung und somit mit den üblicherweise[1112] als Börsenusancen bezeichneten Börsengeschäftsbe-

---

1108 Schwark/Beck, KMR, § 4 BörsG, Rn. 3; Kümpel, Bank- und Kapitalmarktrecht, Rn. 18.131; Schröder, Die Wertpapierhandelsaufsicht, S. 170.

1109 Schäfer/Peterhoff, WpHG u.a., § 1 b BörsG, Rn. 4; Kurth, WM 1998, S. 1715; Begr. RegE 2. FFG, BT-Drs. 12/6679, S. 60; Brockhausen, WM 1997, S. 1924 (1927), spricht jedoch von einem Missständnis, wenn diese Formulierung dahingehend verstanden werde, dass eine lückenlose Kontrolle aller Geschäfte zu erfolgen habe. Dies sei technisch und personell nicht machbar. Vielmehr müssten alle Geschäfte überprüfbar sein und in hinreichend ausgewogenen Stichproben auch tatsächlich geprüft werden.

1110 Begr. RegE 2. FFG, BT-Drs. 12/6679, S. 60; vgl. ferner Brockhausen, WM 1997, S. 1924 (1927); Schwark/Beck, KMR, § 4 BörsG, Rn. 10; Groß, Kapitalmarktrecht, § 2 c BörsG, Rn. 22; Schlüter, Börsenhandelsrecht, Abschnitt G, Rn. 216.

1111 Vgl. Schwark/Beck, KMR, § 2 BörsG, Rn. 19.

1112 Vgl. bspw. Breitkreuz, Die Ordnung der Börse, S. 132, v. Olenhusen, Börsen und Kartellrecht, S. 63; Kümpel, Bank- und Kapitalmarktrecht, Rn. 8.435.

dingungen[1113] i.S. des § 9 Abs. 2 S. 1 Nr. 5 BörsG vergleichbar sind[1114]. Das gilt umso mehr, als in den GB-FWB des Öfteren auf die CB-Eurex Bezug genommen wird[1115], so dass zumindest insofern eine Inkorporierung der betreffenden Vorschriften in die Börsengeschäftsbedingungen erfolgt[1116], die eine Behandlung der CB-Eurex als Börsenusancen rechtfertigen könnte.

Gleichwohl ist fraglich, ob die Handelsüberwachungsstelle tatsächlich zur laufenden Kontrolle der Einhaltung der Clearing-Bedingungen berufen ist. Denn mit der Clearingstelle ist eine Instanz vorhanden, die vorrangig und im eigenen Interesse für die Überwachung der Einhaltung der von ihr selbst erlassenen Clearing-Bedingungen zuständig ist. Letztlich wird man daher für die Kontrolle durch die Handelsüberwachungsstelle dasselbe feststellen müssen wie für diejenige durch die Börsenaufsichtsbehörde, dass sie sich nämlich unter Beachtung des Verhältnismäßigkeitsprinzips an dem wesentlichen Ziel des Börsengesetzes, einen funktions- und wettbewerbsfähigen Marktplatz zu gewährleisten, zu orientieren hat. Eine lückenlose Überwachung der Einhaltung aller Vorschriften der Clearing-Bedingungen durch die CM wäre damit nicht vereinbar und in der Praxis wohl auch nicht möglich, so dass es bei einer Kontrolle der Clearingstellen auf Durchsetzung der von ihr aufgestellten Clearing-Bedingungen, die für die Funktionsfähigkeit der Börse wesentlich sind, verbleiben sollte. Das schließt allerdings nicht aus, dass die CM als ebenfalls auf den Börsenverkehr bezogene Einrichtungen insofern einer Überwachung ihrer Tätigkeit unterliegen, als sie die Ordnungsmäßigkeit des Börsenhandels und der Börsengeschäftsabwicklung in anderer Weise als durch Verstoß gegen die Clearing-Bedingungen gefährden[1117].

Unter Beachtung der vorstehenden Maßgaben liegt es angesichts der gesetzlichen Grundkonzeption nach dem 2. FFG nahe, der Handelsüberwachungsstelle auch die Primärverantwortlichkeit für die Aufsicht über eine Clearingstelle mit Zentralem Kontrahenten einzuräumen, auch wenn man sich damit von der ur-

---

1113 Vgl. zum Streit hinsichtlich ihrer rechtlichen Qualifizierung Breitkreuz, Die Ordnung der Börse, S. 132 ff. m.w.Nachw.

1114 Vgl. Schwark, BörsG, § 1, Rn. 60, der die Clearing-Bedingungen sogar ausdrücklich als Usancen klassifiziert.

1115 §§ 16 Abs. 1, 29 S. 2, 31 Abs. 2, 40 Abs. 2 S. 4 Geschäftsbedingungen der FWB sowie § 11 Abs. 1 S. 2 der Geschäftsbedingungen der FWB i.V.m. § 92 Abs. 3 S. 3 BörsO-FWB.

1116 Vgl. zu dem damit verbundenen Problemkreis einer dynamischen Verweisung S. 233 ff.

1117 Vgl. Schwark, BörsG, § 1, Rn. 60, der die CM als ähnliche Anstalten i.S. des § 1 Abs. 3 BörsG in der Fassung vor Änderung durch das 2. FFG klassifiziert und der Börsenaufsicht unterstellen will. Inwieweit die CM der Aufsicht unterfallen, bleibt bei Schwark allerdings offen und kann wegen des beschränkten Rahmens der vorliegenden Arbeit auch hier nicht näher untersucht werden.

sprünglichen gesetzlichen Ausgangslage des § 1 Abs. 3 BörsG vor dem Inkrafttreten des 2. FFG entfernt, die nur der Börsenaufsichtsbehörde die Aufsicht über Einrichtungen wie Clearingstellen zugewiesen hatte[1118].

IV. Befugnisse der Aufsichtsbehörden im Hinblick auf Clearingstellen

Die Aufsicht über Clearingstellen mit Zentralem Kontrahenten kann nur dann ein wirksames Instrument zur Sicherstellung der Funktionsfähigkeit einer Börse darstellen, wenn den Aufsichtsbehörden auch Befugnisse eingeräumt werden, um die Aufsicht effektiv wahrnehmen zu können. Insoweit stellen sich zwei miteinander verbundene Fragen, die zum Teil schon im Rahmen der Untersuchung des Aufsichtsumfangs angesprochen wurden, nämlich welche Maßnahmen die Aufsichtsbehörde in Ausübung ihrer Aufsichtstätigkeit ergreifen darf und wem gegenüber dies zu geschehen hat. Auch hier soll wiederum mit der Börsenaufsichtsbehörde begonnen werden, da hinsichtlich der Befugnisse der Handelsüberwachungsstelle in § 4 Abs. 3 BörsG zum Teil auf diejenigen der Börsenaufsichtsbehörde verwiesen wird[1119].

1. Befugnisse der Börsenaufsichtsbehörde

Die Befugnisse der Börsenaufsichtsbehörde lassen sich aufteilen in Ermittlungsbefugnisse nach § 2 Abs. 1 BörsG und in die Ermächtigung, Anordnungen nach § 2 Abs. 2 BörsG zu treffen, um Verstöße gegen börsenrechtliche Vorschriften zu unterbinden oder sonstige Missstände zu beseitigen oder zu verhindern, die die ordnungsmäßige Durchführung des Börsenhandels oder der Börsengeschäftsabwicklung sowie deren Überwachung beeinträchtigen können. Daneben gibt es spezielle Befugnisnormen wie bspw. in § 13 Abs. 5 S. 2 BörsG, die hier aber vernachlässigt werden können, weil sie für Maßnahmen mit Bezug zu einem Zentralen Kontrahenten oder zu Clearingstellen nicht in Betracht kommen[1120].

1118 Vgl. Schwark, BörsG, § 1, Rn. 60.

1119 Zu der missglückten Fassung der Verweisung vgl. Schwark/Beck, KMR, § 4 BörsG, Rn. 14, der von einem Redaktionsversehen ausgeht.

1120 Vgl. Schwark/Beck, KMR, § 2 BörsG, Rn. 17; Groß, Kapitalmarktrecht, § 2 c BörsG, Rn. 15.

a) *Adressatenstellung im Hinblick auf Ermittlungsmaßnahmen*

Bis zum Erlass des 4. FFG fanden sich in dem mit dem Regelungsgehalt des § 2 Abs. 1 u. Abs. 2 BörsG vergleichbaren § 1 a Abs. 1 u. Abs. 2 BörsG a.f.[1121] keine Regelungen, die sich ausdrücklich mit Befugnissen gegenüber einem Zentralen Kontrahenten bzw. entsprechenden Clearingstellen befassten. Dennoch wurde schon zum alten Recht die Auffassung vertreten, dass die Kontrollrechte aus § 1 a Abs. 1 S. 1 BörsG a.f. auch gegenüber Einrichtungen wie Clearingstellen bestehen[1122]. Diese Ansicht konnte sich auf den in den Gesetzesmaterialien zum Ausdruck gekommenen Willen des Gesetzgebers stützen, der mit Abs. 1 S. 1 „das Auskunfts- und Einsichtsrecht der Börsenaufsichtsbehörde gegenüber den Börsenteilnehmern, der Börse selbst und den Hilfseinrichtungen der Börse, soweit sie sich auf den Börsenverkehr beziehen", geregelt sah und der das damalige DTB-Clearing als solche Hilfseinrichtung einstufte[1123]. Überdies stellt die Erstreckung der Befugnisse aus § 2 Abs. 1 S. 1 BörsG (§ 1 a Abs. 1 S. 1 BörsG a.F.) auf Clearingstellen die konsequente Fortführung des in § 1 Abs. 4 S. 2 BörsG (§ 1 Abs. 2 S. 2 BörsG a.F.) zum Ausdruck gebrachten Gedankens dar, diese der Börsenaufsicht zu unterstellen. Denn die Börsenaufsicht über solche Einrichtungen müsste zwangsläufig ineffektiv sein, wenn die Behörden nicht über Mittel verfügten, sich die notwendigen Informationen zu verschaffen.

1121 § 1 a Abs. 1 S. 1 a.F. entspricht der aktuellen Fassung des § 2 Abs. 1 S. 1 BörsG mit dem Unterschied, dass das 4. FFG außerdem die Emittenten der zum amtlichen oder geregelten Markt zugelassenen Wertpapiere als Adressaten aufgenommen hat. § 1 a Abs. 2 BörsG a.F. ist identisch mit § 2 Abs. 2 BörsG n.F.

1122 Schäfer/Peterhoff, WpHG u.a., § 1 a BörsG, Rn. 2; Schröder, Die Wertpapierhandelsaufsicht, S. 177; Breitkreuz, Die Ordnung der Börse, S. 203 i.V.m. S. 198; vgl. auch Schlüter, Börsenhandelsaufsicht, Abschnitt G, Rn. 323 mit Fn. 287, der für die Rechtslage nach dem 4. FFG von einer Erstreckung der Befugnisse aus § 2 Abs. 1 S. 1 BörsG auf Hilfseinrichtungen der Börse ausgeht, dessen Einordnung einer Clearingstelle jedoch unklar bleibt, da er von einem undifferenzierten Verständnis von Clearing und Settlement ausgeht (vgl. die Nennung lediglich der Clearstream Banking AG bzw. deren Vorgängerinstitutionen in der angegebenen Fn. sowie seine Ausführungen unter Rn. 1039).

1123 Begr. RegE 2. FFG, BT-Drs. 12/6679, S. 59; allerdings ist zuzugeben, dass die Gesetzesmaterialien nicht eindeutig sind, da kurz vorher unter Bezugnahme auf die Einführung der Marktaufsicht und die damit einhergehende Kontrolle von elektronischen Handels- und Abwicklungssystemen auf derselben Seite der Begr. noch davon die Rede ist, dass „nicht der Betreiber des Systems, sondern die Nutzung der Systeme durch die Börsen" beaufsichtigt werde. Betrachtet man diese Aussage isoliert, könnte sie durchaus in dem Sinne verstanden werden, dass die Systembetreiber unmittelbar von der Börsenaufsicht nicht betroffen sind.

aa) Systematischer Einwand aus § 2 Abs. 1 S. 5 BörsG?

Demgegenüber sprechen sich diejenigen, die bereits eine Börsenaufsicht über Clearingstellen grundsätzlich ablehnen, dagegen aus, die den Börsenhandel unterstützenden Infrastruktureinrichtungen als mögliche Adressaten von Ermittlungsanordnungen nach § 2 Abs. 1 S. 1 BörsG anzuerkennen[1124]. Obgleich der Ablehnung einer Börsenaufsicht über Clearingstellen wie gezeigt nicht zugestimmt werden kann, haben die Vertreter dieser Ansicht doch auf eine Änderung durch das 4. FFG aufmerksam gemacht, durch die sich eine Adressatenstellung der Clearingstellen möglicherweise nicht mit § 2 Abs. 1 S. 5 BörsG vereinbaren lässt[1125]. In dieser Vorschrift ist nunmehr von „Systemen zur Sicherung der Erfüllung von Börsengeschäften" die Rede, von denen die Börsenaufsichtsbehörde Auskünfte über Veränderungen der Bestände von Handelsteilnehmern in an der Börse gehandelten Wertpapieren oder Derivaten verlangen kann, wenn Anhaltspunkte dafür gegeben sind, dass gegen börsenrechtliche Vorschriften verstoßen worden ist oder sonstige Missstände i.S. des § 2 Abs. 1 S. 3 BörsG vorliegen. In der Tat liegt wegen dieser speziellen Ermächtigungsnorm bei erstem Hinsehen der Umkehrschluss nahe, dass eine Clearingstelle, die ja ein System zur Sicherung der Erfüllung von Börsengeschäften betreibt[1126], grundsätzlich nicht als Adressat nach § 2 Abs. 1 S. 1 BörsG in Betracht komme[1127]. Bei genauerer Betrachtung erweist sich diese Folgerung dagegen als keineswegs zwingend. Nach den Gesetzesmaterialien soll die Regelung dem Umstand Rechnung tragen, dass es u.U. angezeigt sei, die Angaben eines Handelsteilnehmers über Bestandsveränderungen durch ein Auskunftsersuchen bei Wertpapiersammelbanken oder Clearingstellen zu überprüfen[1128]. Sie dient also nach der gesetzgeberischen Intention der Aufdeckung von Fehlverhalten der Handelsteilnehmer und nicht der Clearingstellen selbst. Deshalb kann man sich auf den Standpunkt stellen, dass § 2 Abs. 1 S. 1 u. S. 5 BörsG in Bezug auf Clearingstellen unterschiedliche Regelungsgegenstände betreffen, so dass ein Umkehrschluss unangebracht ist. Hiernach stellt § 2 Abs. 1 S. 5 BörsG eine eher klarstellende Norm dar, die den Umfang der Aufsichtsbefugnisse über die Handelsteilnehmer auf deren Beziehungen zu Clearingstellen und Wertpapiersammelbanken erstreckt, ohne dass damit eine Aussage über die Aufsicht über deren eigene Tätigkeit verbunden ist. Jede andere Auslegung führte zu dem sinnwidrigen Ergebnis, Clearingstellen zwar als Ge-

---

1124 Schwark/Beck, KMR, § 2 BörsG, Rn. 3.
1125 Vgl. Schwark/Beck, KMR, § 2 BörsG, Rn. 3, wo jedoch – wohl versehentlich – auf § 2 Abs. 1 S. 4 BörsG verwiesen wird.
1126 Vgl. die Legaldefinition in § 1 Abs. 3 e KWG.
1127 So Schwark/Beck, KMR, § 2 BörsG, Rn. 3.
1128 Begr. RegE 4. FFG, BT-Drs. 14/8017, S. 72.

genstand der Börsenaufsicht nach § 1 Abs. 4 BörsG anzusehen, die zuständigen Behörden jedoch nicht mit den erforderlichen Ermittlungsbefugnissen auszustatten. Somit stellen sich Aufsichtsgegenstand und Ermittlungsbefugnisse als zwei Seiten einer Medaille dar.

bb) Systematischer Einwand aus § 1 Abs. 3 BörsG?

Diskutabel ist ferner, die Ablehnung einer Adressatenstellung der Clearingstelle im Hinblick auf Ermittlungsmaßnahmen auf die Vorschrift in § 1 Abs. 3 BörsG zu stützen, die durch das 4. FFG ins BörsG eingefügt worden ist[1129]. Nach S. 1 dieser Vorschrift darf die Auslagerung von Funktionen und Tätigkeiten, die für die Durchführung des Börsenbetriebes wesentlich sind, auf andere Unternehmen u.a. die Aufsicht über die Börse nicht beeinträchtigen. Der Börsenträger muss sich gem. § 1 Abs. 3 S. 2 BörsG insbesondere die erforderlichen Weisungsbefugnisse vertraglich sichern und die ausgelagerten Funktionen und Tätigkeiten in seine internen Kontrollverfahren einbeziehen. Es wurde bereits ausführlich dargelegt, dass jedenfalls die Funktion eines Zentralen Kontrahenten der Betriebspflicht des Börsenträgers unterfällt und auch einiges dafür spricht, die Tätigkeit von Clearingstellen umfassend der Betriebspflicht zu unterstellen[1130]. Weiterhin wurde im Zusammenhang mit der Frage, ob für die Tätigkeit eines Zentralen Kontrahenten eine Outsourcingsperre besteht, deutlich, dass es sich jedenfalls um eine für den Börsenbetrieb wesentliche Funktion handelt[1131]. Hieraus könnte nun der Schluss naheliegen, die Gesetzessystematik spreche gegen Aufsichtsbefugnisse der Börsenaufsichtsbehörde gegenüber dem Unternehmen, welches mit der Funktionalität des Zentralen Kontrahenten beauftragt ist. Denn wenn der Börsenträger bei der Auslagerung von für den Börsenbetrieb wesentlichen Tätigkeiten dafür Sorge zu tragen hat, dass die Aufsicht über die Börse nicht beeinträchtigt wird, und er sich deshalb vertraglich insbesondere die erforderlichen Weisungsbefugnisse sichern muss, dann ist dies ein Indiz gegen unmittelbare gesetzliche Aufsichtsbefugnisse gegenüber dem Auslagerungsunternehmen. Dies gilt umso mehr, wenn das Rundschreiben des BAKred (heute BaFin) zum Outsourcing nach § 25a Abs. 2 KWG berücksichtigt wird, das wegen der Orientierung von § 1 Abs. 3 BörsG an § 25a Abs. 2 KWG[1132] zumindest partiell bei der Lösung von Zweifelsfragen zum Outsourcing im Bereich des Börsenwesens herangezogen

---

1129 Vgl. dazu kritisch Beck, BKR 2002, S. 662 (666 f.), sowie die Ausführungen S. 168 ff.
1130 Vgl. S. 157 ff.
1131 Vgl. S. 170 ff.
1132 Vgl. Stellungnahme BR zum RegE 4. FFG, BT-Drs. 14/8017, S. 146.

werden kann[1133]. Dort wird nämlich für ein zulässiges Outsourcing verlangt, dass sich das auslagernde Institut zum einen selbst die zur Überwachung des Auslagerungsunternehmens notwendigen Auskunfts-, Einsichts-, Zutritts- und Zugangsrechte sowie Weisungs- und Kontrollrechte vertraglich einräumen lässt[1134]. Zum anderen muss auch der BaFin im Wege einer vertraglichen Regelung die Möglichkeit eröffnet werden, den ausgelagerten Bereich jederzeit vollumfänglich und ungehindert einsehen und prüfen zu können[1135].

Es stellt sich also in der Tat das Problem, wie sich gesetzliche Ermittlungsbefugnisse der Börsenaufsichtsbehörde mit der scheinbar vorhandenen Notwendigkeit vertraglich eingeräumter Kontrollbefugnisse vereinbaren lassen. Dass vertraglich eingeräumte Ermittlungsbefugnisse gesetzliche Befugnisse nicht zwingend ausschließen, wird jedoch bei den Prüfungsrechten der BaFin nach dem KWG deutlich. Obwohl in § 25a Abs. 2 KWG vom auslagernden Unternehmen dasselbe verlangt wird wie von dem outsourcenden Börsenträger in § 1 Abs. 3 BörsG, weshalb die Aufsicht durch die BaFin von der vertraglichen Gestaltung zwischen auslagerndem Unternehmen und Auslagerungsunternehmen abhängig erscheint, werden der BaFin in § 44 Abs. 1 S. 2 Hs. 2 KWG gesetzliche Kontrollbefugnisse gegenüber Auslagerungsunternehmen i.S. des § 25a Abs. 2 KWG eingeräumt[1136]. Das zeigt, dass vertraglich vereinbarte Prüfungsrechte gem. § 25a Abs. 2 KWG gesetzliche Kontrollrechte keineswegs verdrängen. Folglich dürfen auch aus dem Vorhandensein vertraglich vereinbarter Prüfungsrechte gem. § 1 Abs. 3 BörsG keine voreiligen Schlüsse auf das Fehlen gesetzlicher Kontrollrechte in diesem Bereich gezogen werden.

cc) Maßgeblichkeit der historischen und teleologischen Auslegung

Ein Blick auf die Gesetzesgeschichte belegt, dass bei der Beurteilung der Adressatenstellung von Clearingstellen bei Ermittlungsmaßnahmen der Börsenaufsichtsbehörde die Gesetzessystematik nicht ausschlaggebend sein kann. Denn es war vor Inkrafttreten des 2. FFG unumstritten, dass die Aufsichtsbehörde gegenüber Einrichtungen gem. § 1 Abs. 3 BörsG a.F. wie etwa Liquidationsbüros Prüfungsmaßnahmen vornehmen durfte[1137]. Mit dem 2. FFG sollten nun aber keineswegs die Aufsichtsbefugnisse gelockert, sondern im Gegenteil eine effektive

---

1133 Schwark/Beck, KMR, § 1, Rn. 29; vgl. ferner unter 5. Teil: B.II.2.d)aa).
1134 Rundschreiben BAKred 11/2001, Tz. 30.
1135 Rundschreiben BAKred 11/2001, Tz. 33 f.
1136 Vgl. dazu Braun in Boos/Fischer/Schulte-Mattler, § 44 KWG, Rn. 46 ff.
1137 Vgl. Nußbaum, Börsengesetz, § 1, Anm. V b) u. c); Meyer/Bremer, Börsengesetz, § 1, Anm. 10; Samm, Börsenrecht, S. 69; Schwark, BörsG, § 1, Rn. 61.

Börsenaufsicht eingeführt werden[1138]. Da ferner die damaligen Liquidationsbüros, wie schon mehrmals angesprochen, mit den heutigen Clearingstellen vergleichbar sind[1139], müssen die vormals anerkannten Prüfungsrechte der Börsenaufsicht auch nach dem 2. FFG für Einrichtungen wie Clearingstellen fortgelten.
Überdies ist nur diese Folgerung mit dem Ziel des Aufsichtsrechts, die Funktionsfähigkeit der Börsen zu gewährleisten[1140], zu vereinbaren, weil die Börsenaufsichtsbehörde ohne eine direkte Kontrollmöglichkeit gegenüber den Clearingstellen darauf angewiesen wäre, dass der Börsenträger die Kontrollrechte der
Börsenaufsichtsbehörde in den Auslagerungsvertrag aufnimmt[1141]. Außerdem
müsste die Konstruktion einer vertraglich abgeleiteten Kontrollbefugnis scheitern, wenn der Börsenträger die Funktion als Clearingstelle selbst ausübt, da
anerkannt ist, dass der Börsenträger als solcher grundsätzlich nicht der Börsenaufsicht unterliegt[1142, 1143]. Betreibt der Börsenträger selbst eine auf den Börsenverkehr bezogene Einrichtung, muss er insoweit auch der Börsenaufsicht unterliegen und Kontrollmaßnahmen dulden, so dass dem Grunde nach von gesetzlich
vorgesehenen Kontrollbefugnissen der Börsenaufsichtsbehörde auszugehen ist,
die in gleicher Weise gegenüber einem Auslagerungsunternehmen bestehen. Eine
andere, sich auf § 1 Abs. 3 BörsG stützende Auffassung würde dem Sinn und
Zweck des Gesetzes in keiner Weise gerecht. Schließlich spricht das bereits erwähnte rechtspraktische Argument der Privilegierung von Börsengeschäften mit

---

1138 Vgl. Begr. RegE 2. FFG, BT-Drs. 12/6679, S. 33 f., 36, 59; Schäfer/Peterhoff,
      WpHG u.a., Vor §§ 1 ff. BörsG, Rn. 1; Kurth, WM 1998, S. 1715; Kümpel, WM
      1994, S. 229.
1139 Vgl. eingehend zu den Funktionen der Liquidationskassen Brenner, Die Liquida-
      tionskassen der Terminbörsen, S. 7 ff., sowie auch Göppert, Das Recht der Börsen,
      S. 259 ff.
1140 Kümpel, Bank- und Kapitalmarktrecht, Rn. 18.118.
1141 Vgl. zu diesem Bedenken mit Bezug auf den Parallelfall des § 25 a Abs. 2 KWG
      Begr. RegE 4. FFG, BT-Drs. 14/8017, S. 127, wo das angesprochene Defizit als
      Begründung für die Einfügung des § 44 Abs. 1 S. 2 Hs. 2 KWG angeführt wird.
1142 Schwark, BörsG, § 1, Rn. 40; Samm, Börsenrecht, S. 69; Meyer/Bremer, Börsen-
      gesetz, § 1, Anm. 7 a); Beck, WM 1998, S. 417 (421 mit Fn. 48); Schwark/Beck,
      KMR, § 1 BörsG, Rn. 32; Gegenäußerung der BReg zu der Stellungnahme des BR,
      BT-Drs. 14/8017, S. 174. Damit soll selbstverständlich nicht in Abrede gestellt
      werden, dass der Börsenträger in seiner Eigenschaft als Beliehener der allgemeinen
      Staatsaufsicht unterfällt, die nach der hier vertretenen Auffassung sogar eine Fach-
      aufsicht sein muss (vgl. unter Fn. 577). Diese Art der Aufsicht ist jedoch von der
      Börsenaufsicht nach dem BörsG zu trennen und kann in Bezug auf die Funktion als
      Clearingstelle die fehlende Börsenaufsicht nicht kompensieren.
1143 Deshalb besteht ein erheblicher Unterschied zu einem Outsourcing nach § 25a
      Abs. 2 KWG, da in diesem Fall feststeht, dass das auslagernde Unternehmen der
      Aufsicht der BaFin unterliegt.

Clearingstellen hinsichtlich der Eigenkapitalunterlegungspflicht für eine kraft Gesetzes bestehende Aufsicht, da die Anerkennung von Clearingstellen als Börseneinrichtung i.s. des KWG und somit die Privilegierung selbst von der staatlichen Regelung und Überwachung abhängt[1144, 1145] und damit nur eine gesetzlich verankerte Aufsicht gemeint sein kann.

dd) Ergebnis

Da die besseren Argumente für die Einbeziehung der Zentralen Kontrahenten und Clearingstellen in die Börsenaufsicht streiten, kommt man nicht umhin, der Börsenaufsicht gegenüber den betreffenden Einrichtungen auch nach dem Erlass des 4. FFG die Befugnisse nach § 2 Abs. 1 S. 1 BörsG zuzugestehen. Das bedeutet, dass die Börsenaufsichtsbehörde von einer Clearingstelle bzw. von einem Zentralen Kontrahenten selbst ohne besonderen Anlass Auskünfte und die Vorlage von Unterlagen verlangen sowie Prüfungen vornehmen kann.

b) Adressatenstellung im Hinblick auf Anordnungen gem. § 2 Abs. 2 BörsG

Mit der Feststellung, dass die Börsenaufsichtsbehörde gegenüber Clearingstellen Ermittlungsmaßnahmen nach § 2 Abs. 1 S. 1 BörsG ergreifen darf, ist allerdings noch nicht entschieden, dass das Gleiche auch für die Anordnungen gem. § 2 Abs. 2 BörsG gilt. In der Literatur wird vielmehr die Ansicht vertreten, neben den Handelsteilnehmern sei alleine die Börse, keineswegs aber ihre Hilfseinrichtungen Adressat derartiger Aufsichtsmaßnahmen[1146]. Nach diesem Ansatz hat die Börsenaufsichtsbehörde, sofern sie bei den auf die Börse bezogenen Hilfseinrichtungen Grund zum Einschreiten sieht, ihre Anordnungen gegenüber der Geschäftsführung der Börse als deren Vertretungsorgan zu erlassen. Die Börse habe dann ihrerseits dafür zu sorgen, dass bei den Hilfseinrichtungen entsprechend reagiert werde. Die dazu erforderlichen Einflussmöglichkeiten seien in den Verträgen, die der Börsenträger mit den betreffenden Einrichtungen schließe, sicher zu

---

1144 Vgl. § 1 Abs. 3 e) KWG i.V.m. §§ 13 Abs. 1 Nr. 5, 4 S. 2 Nr. 4 Grundsatz I sowie die Begr. zum RegE eines Gesetzes zur Umsetzung von EG-Richtlinien zur Harmonisierung bank- und werpapieraufsichtsrechtlicher Vorschriften, BT-Drs. 13/7142, S. 68.

1145 Deshalb legte in der Vergangenheit die Kreditwirtschaft Wert auf die Einordnung der Clearingstelle als Börseneinrichtung (vgl. Schwark, BörsG, § 1 BörsG, Rn. 60 mit Fn. 221).

1146 v. Rosen in Assmann/Schütze, Handbuch des Kapitalanlagerechts, § 2, Rn. 191; Breitkreuz, Die Ordnung der Börse, S. 198 f.

stellen[1147]. Gegen diese Auffassung sprechen jedoch mehrere Gründe. Zunächst ist nicht einzusehen, warum in § 2 Abs. 2 BörsG der Begriff „Börse" anders ausgelegt werden soll als in § 2 Abs. 1 S. 1 BörsG, der Hilfseinrichtungen wie Clearingstellen – wie dargelegt – mitumfasst[1148]. Des Weiteren ist es nur schwer mit Sinn und Zweck der aufsichtsrechtlichen Normen zu vereinbaren, bei den Aufsichtsmaßnahmen stets den Umweg über die Börsengeschäftsführung nehmen zu müssen. Hier gilt letztlich dasselbe wie bei der Frage nach dem Adressaten der Ermittlungsmaßnahmen gem. § 2 Abs. 1 S. 1 BörsG, nämlich dass nur die direkte Zugriffsmöglichkeit der Börsenaufsichtsbehörde auf die Urheber von festgestellten Missständen einer spätestens mit dem 2. FFG eingeführten effektiven Börsenaufsicht[1149] sowie ihrem Ziel, nämlich der Gewährleistung von funktionsfähigen Börsen[1150], gerecht wird. Man denke nur an den Fall, dass der Börse – aus welchen Gründen auch immer – einmal nicht die nötige Einwirkungsbefugnis auf ihre Hilfseinrichtungen vertraglich eingeräumt wurde oder der Börsenträger selbst die beanstandete Tätigkeit ausübt, so dass kein solche Einflussmöglichkeiten sichernder Betriebsvertrag vorliegen kann, um die Bedeutung einer direkten Zugriffsmöglichkeit zu veranschaulichen. Schließlich kann gegen die alleinige Adressatenstellung der Börse wiederum das historische Argument angeführt werden, dass die Aufsichtsbehörde vor Inkrafttreten des 2. FFG gegenüber Einrichtungen i.S. des § 1 Abs. 3 BörsG a.F. wie etwa Liquidationsbüros Aufsichtsmaßnahmen ergreifen durfte, ohne dass dies von Seiten der börsenrechtlichen Literatur in Zweifel gezogen worden wäre[1151].

Demzufolge bleibt festzuhalten, dass Clearingstellen als Adressaten der Anordnungen nach § 2 Abs. 2 BörsG grundsätzlich in Betracht kommen. Damit soll allerdings nicht bestritten werden, dass es mit Blick auf rechtsstaatliche Prinzipien, insbesondere das Bestimmtheitsgebot[1152], durchaus zu begrüßen wäre,

---

1147 v. Rosen in Assmann/Schütze, Handbuch des Kapitalanlagerechts, § 2, Rn. 191; Breitkreuz, Die Ordnung der Börse, S. 198 f.

1148 Dieses systematische Argument gilt insbesondere gegenüber der Ansicht von Breitkreuz, der einerseits Auskunftsrechte nach § 2 Abs. 1 S. 1 BörsG gegenüber Clearingstellen annimmt (aaO, S. 203 i.V.m. S. 198), andererseits alleine die Börse als Adressat von börsenaufsichtsrechtlichen Maßnahmen ansieht (S. 198 f.).

1149 Vgl. Begr. RegE 2. FFG, BT-Drs. 12/6679, S. 33 f., 36, 59; Schäfer/Peterhoff, WpHG u.a., Vor §§ 1 ff. BörsG, Rn. 1; Kurth, WM 1998, S. 1715; Kümpel, WM 1994, S. 229.

1150 Kümpel, Bank- und Kapitalmarktrecht, Rn. 18.118.

1151 Vgl. Nußbaum, Börsengesetz, § 1, Anm. V b) u. c); Meyer/Bremer, Börsengesetz, § 1, Anm. 10; Samm, Börsenrecht, S. 69; Schwark, BörsG, § 1, Rn. 61.

1152 Vgl. dazu eingehend Kunig, Das Rechtsstaatsprinzip, S. 200 ff. u. S. 396 ff., sowie ferner Schmidt-Aßmann in Isensee/Kirchhof, § 26, Rn. 60, und Sobota, Das Prin-

wenn der Gesetzgeber die Position von Hilfseinrichtungen wie Clearingstellen als potentielle Adressaten von Aufsichtsmaßnahmen deutlicher[1153] im Gesetz verankern würde.

In § 2 Abs. 2 BörsG werden keine konkreten Maßnahmen aufgeführt, sondern es ist lediglich von Anordnungen die Rede, die geeignet und erforderlich sind, Verstöße gegen börsenrechtliche Vorschriften und Anordnungen zu unterbinden oder sonstige Missstände zu beseitigen oder zu verhindern, welche die ordnungsgemäße Durchführung des Börsenhandels und der Börsengeschäftsabwicklung sowie deren Überwachung beeinträchtigen können. Das bedeutet, dass der Börsenaufsichtsbehörde durch das Gesetz sowohl auf der Tatbestandsebene durch die Verwendung unbestimmter Rechtsbegriffe[1154] als auch auf der Rechtsfolgenseite wegen der Art der Anordnung als Ermessensentscheidung[1155] ein gewisser Spielraum eingeräumt wird[1156]. Daraus ist jedoch nicht zu folgern, dass die Börsenaufsichtsbehörde in ihrer Entscheidung frei wäre. Vielmehr hat sie sich bei der Beurteilung der Frage, ob und wie sie einschreiten soll, an ihrer Aufgabe, die Funktionsfähigkeit der Börse zu gewährleisten, sowie an den allgemeinen Regeln zur Ermessensausübung[1157] zu orientieren. Dazu gehört die Beachtung des Verhältnismäßigkeitsgrundsatzes[1158], was durch die Anforderung an die getroffenen Maßnahmen als „geeignet und erforderlich" noch einmal betont wird. Da die Art der möglichen Maßnahmen somit stark von den Umständen des Einzelfalls abhängt, kann an dieser Stelle keine generelle Aussage über mögliche Anordnungen der Börsenaufsichtsbehörde gegenüber Clearingstellen bzw. Zentralen Kontrahenten getroffen werden. Denkbar sind etwa Beanstandungen im Hinblick auf das Berechnungsmodell für die zu leistenden Sicherheiten, aber auch das Verbot von bestimmten Clearing-Bedingungen, sofern durch sie die Ordnungsmäßigkeit des Börsenhandels oder der Geschäftsabwicklung gefährdet wird.

---

zip Rechtsstaat, S. 130 u. 132 ff., die auch auf den engen Zusammenhang von Gesetzesvorbehalt und Bestimmtheitsgebot hinweist.

1153 Dass sich de lege lata kein Anhaltspunkt im Gesetz findet, lässt sich jedenfalls nicht behaupten, da nach der hier vertretenen Ansicht § 1 Abs. 4 S. 2 BörsG als Grundnorm anzusehen ist, die die Auslegung des Begriffs „Börse" in den aufsichtsrechtlichen Bestimmungen vorgibt.

1154 Vgl. nur Maurer, Allgemeines Verwaltungsrecht, § 7, Rn. 26 ff.

1155 Vgl. Ossenbühl in Erichsen/Ehlers, § 10, Rn. 10 ff.; Maurer, Allgemeines Verwaltungsrecht, § 7, Rn. 7 ff.

1156 Vgl. Schwark/Beck, KMR, § 2 BörsG, Rn. 18.

1157 Siehe dazu im Überblick Maurer, Allgemeines Verwaltungsrecht, § 7, Rn. 19 ff.

1158 Maurer, Allgemeines Verwaltungsrecht, § 7, Rn. 23; Ossenbühl in Erichsen/Ehlers, § 10, Rn. 18.

2. Befugnisse der Handelsüberwachungsstelle

Der Handelsüberwachungsstelle stehen nach § 4 Abs. 3 BörsG die Befugnisse der Börsenaufsichtsbehörde gem. § 2 Abs. 1 S. 1 bis S. 6 BörsG zu, wobei § 2 Abs. 1 S. 9 u. S. 10 BörsG entsprechend gelten. Auf die Generalklausel in § 2 Abs. 2 BörsG wird also nicht verwiesen, so dass die Handelsüberwachungsstelle selbst nicht gegen Missstände vorgehen kann, die sie im Rahmen ihrer Aufsichtstätigkeit feststellt[1159]. Ihre Kompetenzen liegen lediglich auf der Ebene der Sachverhaltsermittlung, wie sich aus der gesetzlichen Verweisung ergibt[1160]. Insoweit kann auf die Ausführungen zu den Ermittlungsbefugnissen der Börsenaufsichtsbehörde Bezug genommen werden, so dass die Handelsüberwachungsstelle nach der hier vertretenen Auffassung auf der Grundlage von § 2 Abs. 1 S. 1 BörsG von Clearingstellen und Zentralen Kontrahenten auch ohne besonderen Anlass Auskünfte und die Vorlage von Unterlagen verlangen sowie Prüfungen vornehmen darf. Stellt die Handelsüberwachungsstelle bei ihrer Aufsichtstätigkeit und gegebenenfalls infolge durchgeführter Ermittlungen Tatsachen fest, welche die Annahme rechtfertigen, dass börsenrechtliche Vorschriften oder Anordnungen verletzt werden oder sonstige Missstände vorliegen, welche die ordnungsgemäße Durchführung des Handels an der Börse oder die Börsengeschäftsabwicklung beeinträchtigen können, so hat sie gem. § 4 Abs. 5 S. 1 die Börsenaufsichtsbehörde und die Geschäftsführung der Börse unverzüglich zu unterrichten. Der Börsenaufsichtsbehörde obliegt sodann die Entscheidung über die zu ergreifende Sanktion[1161]. Die Handelsüberwachungsstelle kann noch nicht einmal in Eilfällen einschreiten, weil diese Befugnis in § 4 Abs. 5 S. 2 BörsG ausdrücklich der Börsengeschäftsführung zugewiesen wird[1162].

Im Zusammenhang mit den Ermittlungsbefugnissen der Handelsüberwachungsstelle ist schließlich darauf hinzuweisen, dass dem Gesetzgeber bei der Neufassung des Verweises in § 4 Abs. 3 BörsG im Rahmen des 4. FFG ein Redaktionsversehen unterlaufen ist[1163], welches auch für die Kompetenzen gegenüber Clearingstellen Bedeutung erlangen kann. Denn nach derzeitiger Rechtslage wäre die Handelsüberwachungsstelle weder zum Betreten von Geschäftsräumen außerhalb der üblichen Arbeitszeiten befugt (§ 2 Abs. 2 S. 7 BörsG) noch wäre

1159 Breitkreuz, Die Ordnung der Börse, S. 258 f.; Schwark/Beck, KMR, § 4 BörsG, Rn. 11.

1160 Vgl. Schäfer/Peterhoff, WpHG u.a., § 1 b BörsG, Rn. 6.

1161 Vgl. Brockhausen, WM 1997, S. 1924 (1925).

1162 Vgl. dazu Schwark/Beck, KMR, § 4 BörsG, Rn. 18; Schäfer/Peterhoff, WpHG u.a., § 1 b BörsG, Rn. 20 ff.

1163 So Schwark/Beck, KMR, § 4 BörsG, Rn. 14.

§ 2 Abs. 2 S. 11 BörsG anwendbar mit der Folge, dass ein zur Auskunft Verpflichteter über sein Recht auf Aussageverweigerung nicht belehrt werden müsste. Da aber nach den Gesetzesmaterialien die Befugnisse der Handelsüberwachungsstelle durch das 4. FFG nicht geändert werden sollten[1164] und nach alter Gesetzesfassung auf beide Sätze verwiesen wurde[1165], ist wohl davon auszugehen, dass sowohl § 2 Abs. 2 S. 7 als auch S. 11 BörsG für die Handelsüberwachungsstelle gelten[1166].

V. Auswirkungen der Neufassung des BörsG im Rahmen des FRUG

Die Neufassung des BörsG durch Art. 2 des FRUG hat auch für diejenigen börsenrechtlichen Vorschriften Änderungen mit sich gebracht, die sich mit der Börsenaufsicht befassen. Einige dieser Änderungen sind für die börsenrechtliche Aufsicht über Clearing-Systeme mit Zentralem Kontrahenten bedeutsam.

Spätestens nach der Einführung einer Legaldefinition des Begriffs „Börsengeschäftsabwicklung" in § 3 Abs. 1 S. 3 BörsG n.F. sowie unter Berücksichtigung der dazugehörigen Gesetzesmaterialien[1167] ist die Auffassung, Clearing-Systeme mit Zentralem Kontrahenten seien nicht Gegenstand der Börsenaufsicht[1168], nicht länger haltbar. Der Gesetzgeber hat mit der klarstellenden Begriffsbestimmung deutlich gemacht, dass auch Clearing-Systeme mit Zentralem Kontrahenten Bestandteil des börslichen Geschäftsabwicklungsvorgangs sind und daher der Börsenaufsicht unterfallen[1169]. Mithin wird die in dieser Arbeit zum bisherigen Recht entwickelte Ansicht durch das BörsG in seiner neuen Fassung bestätigt.

Dagegen hat der Gesetzgeber die Möglichkeit versäumt, Klarheit über den Umfang der Aufsicht über Clearing-Systeme zu schaffen. Da insoweit keine neuen Vorschriften ins BörsG eingefügt wurden, behalten die Ausführungen zur alten Gesetzeslage auch unter dem neuen Recht ihre Gültigkeit.

Relevante Änderungen enthält das BörsG n.F. jedoch wiederum in Bezug auf die Befugnisse der Börsenaufsichtsbehörden gegenüber Clearing-Systemen. In § 3 BörsG n.F., in dem nunmehr die Aufgaben und Befugnisse der Börsenauf-

---

1164 Begr. RegE 4. FFG, BT-Drs. 14/8017, S. 73.
1165 § 1 b Abs. 3 BörsG a.F. verwies auf § 1 a Abs. 1 S. 1–5 a.F. und erklärte § 1 a Abs. 1 S. 8 u. 9 BörsG a.F. für entsprechend anwendbar. § 1 a Abs. 1 S. 5 BörsG a.F. regelte das Betreten der Geschäftsräume außerhalb der üblichen Arbeitszeiten und S. 9 die Belehrung über das Recht zur Aussageverweigerung.
1166 Schwark/Beck, KMR, § 4 BörsG, Rn. 14.
1167 Vgl. dazu schon S. 206 ff.
1168 So aber Beck in Schwark, KMR, § 1 BörsG, Rn. 35 f.
1169 Vgl. Begr. RegE FRUG, BT-Drucks. 16/4028, S. 80.

sichtsbehörde geregelt werden, wurden mit der Bestimmung in Abs. 4 S. 3 die Ermittlungsbefugnisse erweitert. Hiernach kann die Börsenaufsichtsbehörde „von *jedermann* Auskünfte, die Vorlage von Unterlagen und die Überlassung von Kopien verlangen sowie Personen laden und vernehmen"[1170], sofern dies zur Erfüllung ihrer Aufgaben erforderlich ist und Anhaltspunkte vorliegen, welche die Annahme rechtfertigen, dass börsenrechtliche Vorschriften oder Anordnungen verletzt werden oder sonstige Missstände vorliegen. Im folgenden Satz 4 werden daraufhin Regelbeispiele für bestimmte Ermittlungsbefugnisse aufgelistet, die bislang – mit Ausnahme von § 3 Abs. 4 S. 4 Nr. 4 BörsG n.F. – in § 2 Abs. 1 S. 3 bis S. 5 BörsG a.F. enthalten waren. Das bedeutet, dass nach neuer Rechtslage jedenfalls die gegenüber „jedermann" bestehenden Ermittlungsbefugnisse auch gegenüber Clearing-Systemen geltend gemacht werden können. Nachdem die externen Abwicklungssysteme in § 21 BörsG gesondert erwähnt werden und sowohl Zentrale Kontrahenten als auch Clearingstellen sogar in § 3 Abs. 5 S. 3 Nr. 2 BörsG n.F., also in unmittelbarem thematischen und räumlichen Zusammenhang, behandelt werden, eine gesonderte Erwähnung dieser Einrichtungen in § 3 Abs. 4 S. 1 u. S. 2 BörsG n.F. (§ 2 Abs. 1 S. 1 u. S. 2 BörsG a.F.) dagegen nicht erfolgt, deutet die Gesetzessystematik nun darauf hin, dass die Ermittlungsbefugnisse der Börsenaufsichtsbehörde gegenüber Clearing-Systemen lediglich auf der Regelung in § 3 Abs. 4 S. 3 BörsG n.F. beruhen. Ohne besonderen Anlass gem. § 3 Abs. 4 S. 1 u. S. 2 BörsG n.F. darf die Börsenaufsichtsbehörde gegenüber Clearing-Systemen daher nicht ermitteln. Somit klärt das BörsG in seiner neuen Fassung die Ermittlungsbefugnisse gegenüber Clearing-Systemen und schränkt sie dabei im Vergleich zum Untersuchungsergebnis, das zur alten Rechtslage erzielt wurde, geringfügig ein.

Die gerade zu den Ermittlungsbefugnissen der Börsenaufsichtsbehörde dargestellte Argumentation bleibt nicht ohne Auswirkungen auf die mögliche Adressatenstellung von Clearingstellen im Hinblick auf Anordnungen nach § 3 Abs. 5 S. 2 BörsG n.F. (§ 2 Abs. 2 S. 1 BörsG a.F.). Die neue Systematik des BörsG lässt es nicht mehr überzeugend erscheinen, weiterhin von Clearingstellen als möglichen Adressaten von Missstandsmaßnahmen auszugehen, wenn weder Zentrale Kontrahenten, Clearingstellen noch externe Abwicklungssysteme in den Regelbeispielen des § 3 Abs. 5 S. 3 BörsG n.F. als Adressaten von solchen Anordnungen zu finden sind, sondern lediglich als mittelbar Betroffene genannt werden. Der Gesetzgeber ist offenbar davon ausgegangen, dass es für eine wirksame Aufsicht ausreicht, der Börse die Nutzung von Clearingstellen und ähnlichen Systemen untersagen zu können, ohne unmittelbar diesen Einrichtungen ge-

---

1170 Hervorhebung durch den Verfasser.

genüber tätig zu werden. Dass dies keine wünschenswerte Lösung darstellt, wurde bereits zur bisherigen Rechtslage erörtert.

6. Teil: Vertragsschluss mit dem Zentralen Kontrahenten an der FWB

Die Einführung eines Clearing-Systems, das die Funktionalität eines Zentralen Kontrahenten anbietet, wirft nicht nur börsenorganisationsrechtliche Probleme auf, sondern führt auch zu allgemeinen rechtlichen Fragestellungen. In diesem Teil der Arbeit soll aus den zahlreichen Themenkomplexen der Vertragsschluss herausgegriffen und untersucht werden, wie die Vertragsbeziehungen zwischen den Handelsteilnehmern und dem Zentralen Kontrahenten entstehen. Da dies nicht allgemein beurteilt werden kann, sondern von der Ausgestaltung der Vertragsmodalitäten am jeweiligen Handelsplatz abhängt, soll wiederum das Regelwerk der FWB gewählt werden, um den Ablauf des Vertragsschlusses darzustellen und zu erläutern.

Mit der Fokussierung auf den Vertragsschluss mit dem Zentralen Kontrahenten an der FWB ist zugleich vorgezeichnet, dass im Folgenden lediglich ein Ausschnitt des Wertpapiergeschäfts näher beleuchtet werden soll, nämlich die Rechtsbeziehungen zwischen dem Zentralen Kontrahenten und den CM sowie diejenigen zwischen den NCM und den CM. Dagegen bedürfen die Rechtsbeziehungen zwischen den Anlegern und den durch sie mit dem Wertpapierkauf beauftragten Banken im vorliegenden Zusammenhang keiner Betrachtung[1171, 1172].

A. Normative Ausgangslage

Der 3. Titel des 3. Abschnitts des Allgemeinen Teils des BGB trägt die Überschrift „Vertrag". Die §§ 145 ff. BGB enthalten jedoch keine Definition des Vertragsbegriffs, sondern behandeln im Wesentlichen das Zustandekommen eines

---

1171 Vgl. zu diesem Ausschnitt des Effektengeschäfts, das durch das Kommissionsrecht geprägt wird, eingehend Roth in Assmann/Schütze, Handbuch des Kapitalanlagerechts, § 11, Rn. 34 ff., sowie Kümpel, Bank- und Kapitalmarktrecht, Rn. 10.67 ff.

1172 Die Einführung eines Zentralen Kontrahenten bleibt aber auch für das Kommissionsverhältnis zwischen Bank und Kunde nicht völlig ohne Auswirkung. So wird nunmehr in Ziffer 1 Abs. 1 der Sonderbedingungen für Wertpapiergeschäfte (abgedruckt in Kümpel/Hammen/Ekkenga, Kz. 220) klargestellt, dass die Bank im Rahmen der Ausführung von Kundenaufträgen als Kommissionärin auch mit einer Zentralen Gegenpartei Geschäfte abschließen kann.

Vertrages und selbst dieses geschieht nur fragmentarisch[1173]. Das allgemein anerkannte Verständnis vom Vertrag als mindestens zweiseitige rechtsgeschäftliche Regelung eines Rechtsverhältnisses, die von den Vertragsparteien einvernehmlich getroffen wird[1174], weist aber schon auf das Wesentliche für den Vertragsschluss hin, nämlich auf die Einigung der Parteien über den Eintritt einer bestimmten Rechtsfolge[1175]. Deutlicher wurde dies noch im 1. Entwurf zum BGB, wo es in § 77 hieß: „Zur Schließung eines Vertrages wird erfordert, dass die Vertragsschließenden ihren übereinstimmenden Willen sich gegenseitig erklären."[1176] Diese Vorschrift wurde als überflüssig gestrichen, weil sich die wesentlichen Elemente der Vertragsschließung bereits aus § 145 BGB (in seiner heutigen Fassung) entnehmen ließen[1177].

Die Willensübereinstimmung wird nach der gesetzlichen Grundkonzeption der §§ 145 ff. BGB durch Antrag und Annahme, also durch zwei zeitlich aufeinander folgende und aufeinander bezogene Willenserklärungen erzielt[1178]. Gleichwohl wird zu Recht darauf hingewiesen, dass dieser Ablauf nur den Regelfall darstellt und damit eine alternative Form der Abschlusstechnik nicht ausgeschlossen wird[1179]. Inwieweit für den börslichen Vertragsschluss unter Einbeziehung des Zentralen Kontrahenten Modifikationen an dem gesetzlichen Leitbild von Angebot und Annahme erfolgen müssen, wird im Einzelnen noch zu untersuchen sein. An dieser Stelle soll es zunächst genügen, das gesetzliche Fundament

---

1173 Flume, Allgemeiner Teil, Band II, § 33 2 (S. 601); Staudinger/Bork, Vorbem. zu §§ 145–156, Rn. 1 u. 4; Leenen, AcP 188 (1988), S. 381 (393 ff.).

1174 Vgl. Flume, Allgemeiner Teil, Band II, § 33 2 (S. 602); Palandt/Heinrichs, Einf. v. § 145, Rn. 1; Soergel/Wolf, Vor § 145, Rn. 4; Staudinger/Bork, Vorbem. zu §§ 145–156, Rn. 2; Medicus, Allgemeiner Teil des BGB, Rn. 203; Larenz/Wolf, Allgemeiner Teil des BGB, § 29, Rn. 6.

1175 Soergel/Wolf, § 145, Rn. 1; Staudinger/Bork, Vorbem. zu §§ 145–156, Rn. 36; Leenen, AcP 188 (1988), S. 381 (393 ff.); MünchKomm-BGB/Kramer, Vor § 145, Rn. 25.

1176 Abgedruckt bei Zitelmann, Die Rechtsgeschäfte im Entwurf eines Bürgerlichen Gesetzbuches für das Deutsche Reich, S. 171.

1177 Prot. 156 = Mugdan I, S. 688.

1178 Staudinger/Bork, Vorbem. zu §§ 145–156, Rn. 37; Soergel/Wolf, § 145, Rn. 1; MünchKomm-BGB/Kramer, § 145, Rn. 2; BGH, NJW 2002, S. 363 (364).

1179 Leenen, AcP 188 (1988), S. 381 (393 ff.); Huber, RabelsZ 43 (1979), S. 413 (445); Pawlowski, Festschrift Großfeld, S. 829 (836 f.); Köhler, Allgemeiner Teil, § 8, Rn. 3; Staudinger/Bork, Vorbem. zu §§ 145–156, Rn. 36; Larenz/Wolf[8], Allgemeiner Teil des BGB, § 29, Rn. 13; MünchKomm-BGB/Kramer, § 145, Rn. 2; vgl. auch BGH, NJW 2002, S. 363 (364), wo festgestellt wird, dass Verträge „durch auf den Vertragsschluss gerichtete, einander entsprechende Willenserklärungen, in der Regel durch Angebot („Antrag") und Annahme nach §§ 145 ff. BGB" zustande kommen.

für die weiteren Ausführungen zu legen. Dazu gehören zwangsläufig auch die Grundzüge über die Abgabe und den Zugang von Willenserklärungen, ohne die ein Vertrag nicht zustande kommen kann[1180].

Die Willenserklärung setzt sich aus zwei Elementen zusammen, nämlich den von einer Person gebildeten, auf eine bestimmte Rechtsfolge gerichteten Willen[1181] und der Kundgabe dieses Willens in der Erklärung[1182], die sich im Regelfall an einen oder mehrere konkrete Adressaten richtet und diesen zugehen muss[1183]. Ausdrücklich findet sich das Erfordernis des Zugangs zwar nur für Erklärungen unter Abwesenden in § 130 Abs. 1 S. 1 BGB, doch ist der dieser Vorschrift zugrunde liegende Gedanke auch bei Erklärungen unter Anwesenden zu beachten[1184]. Sowohl die Abgabe als auch der Zugang der Willenserklärungen kann über Mittelspersonen wie Boten oder Stellvertreter erfolgen[1185].

Die rechtlichen Grundlagen für den Vertragsschluss an der Börse werden jedoch nicht nur durch Vorschriften des BGB, sondern auch durch Bestimmungen der Börsenordnung, der Börsengeschäftsbedingungen sowie der Clearing-Bedingungen gelegt. Zu nennen ist hier insbesondere der schon mehrmals erwähnte § 92 Abs. 3 BörsO-FWB, der vollständig lautet:

„In den Fällen des § 16a Absatz 1 i.V.m. Abs. 3 S. 1 folgen aus der Ausführung eines Auftrages und der Geschäftsbestätigung jeweils ein Geschäft zwischen dem Handelsteilnehmer und der Eurex Clearing AG und ein Geschäft zwischen der Eurex Clearing AG und dem zweiten Handelsteilnehmer. Ist ein Handelsteilnehmer im Fall des Satzes 1 nicht unmittelbar zur Teilnahme am Clearing bei der Eurex Clearing AG berechtigt (Nicht-Clearing-Mitglied), so kommen mit der Ausführung seines Auftrages und der Geschäftsbestätigung ein Geschäft zwischen dem Nicht-Clearing-Mitglied und einem zum Clearing

---

1180 Vgl. Larenz/Wolf, Allgemeiner Teil des BGB, § 29, Rn. 3; Medicus, Allgemeiner Teil des BGB, Rn. 356; vgl. zur Lehre vom faktischen Vertrag, die als Ausnahme vom Vertragsschluss durch übereinstimmende Willenserklärungen verstanden werden kann und die heute so nicht mehr vertreten wird, Medicus, aaO., Rn. 246 ff., und Staudinger/Bork, Vorbem. zu §§ 145–156, Rn. 39.

1181 Zu den unterschiedlichen Willensinhalten, die mit einer Willenserklärung einhergehen müssen, siehe Larenz/Wolf, Allgemeiner Teil des BGB, § 24, Rn. 2 ff.

1182 Vgl. zu den verschiedenen Formen der Kundgabe des Willens MünchKomm-BGB/Kramer, Vor § 116, Rn. 21 ff.

1183 Vgl. Larenz/Wolf[8], Allgemeiner Teil des BGB, § 22, Rn. 6; Medicus, Allgemeiner Teil des BGB, Rn. 259.

1184 Palandt/Heinrichs, § 130, Rn. 13; Larenz/Wolf, Allgemeiner Teil des BGB, § 26, Rn. 11; gleiches gilt, wenn man – wie teilweise vertreten – in § 130 BGB nicht eine Unterscheidung von Erklärungen zwischen An- und Abwesenden sieht, sondern eine Unterscheidung zwischen verkörperten und nichtverkörperten Willenserklärungen (vgl. MünchKomm-BGB/Einsele, § 130, Rn. 2; Medicus, Allgemeiner Teil des BGB, Rn. 291).

1185 Larenz/Wolf, Allgemeiner Teil des BGB, § 26, Rn. 38 ff.

bei der Eurex Clearing AG berechtigten Unternehmen (Clearing-Mitglied) sowie zwischen diesem und der Eurex Clearing AG zustande. Für Geschäfte nach diesem Absatz gelten ergänzend die Clearing-Bedingungen der Eurex Clearing AG."

Auf diese Norm wird in § 11 Abs. 1 GB-FWB, der mit der Überschrift „Zustandekommen von Geschäften" überschrieben ist, Bezug genommen. Diese Norm, die für die Bewertung des Vertragsabschlusses ebenfalls von Bedeutung ist, lautet:

„Ein Geschäft zwischen zwei Handelsteilnehmern kommt an der Frankfurter Wertpapierbörse durch Ausführung von Aufträgen und Geschäftsbestätigung zustande. Geschäfte in Wertpapieren, die § 16a Absatz 1 i.V.m. Absatz 3 Satz 1 Börsenordnung durch die Geschäftsführung festgelegt und bekannt gemacht wurden, kommen zwischen den in § 92 Abs. 3 Börsenordnung genannten Parteien zustande. Die Geschäftsbestätigung erfolgt im elektronischen Handelssystem durch elektronische Bestätigung, im Skontroführer gestützten Handel durch Schlussnote."

Diese Regelung wird von weiteren Vorschriften flankiert und konkretisiert. So legt § 11 Abs. 2 S. 1 GB-FWB fest, dass der Makler getätigte Geschäfte unverzüglich in die EDV-Anlage einzugeben hat, damit jeder Partei der Abschluss am gleichen Tag durch eine maschinell erstellte Schlussnote bestätigt werden kann. Nach S. 2 „gilt der Abschluss als nicht zustande gekommen", wenn die Erteilung einer Schlussnote unterbleibt und sie nicht bis zum Beginn der nächsten Börsenversammlung angemahnt wird. Gem. § 11 Abs. 2 S. 3 GB-FWB kann die Schlussnote auch dadurch erteilt werden, dass auf Weisung des Empfängers die entsprechenden Daten beim Börsenrechenzentrum in einem Druck-Pool oder auf Datenträgern bereitgestellt werden.

Nach § 11 Abs. 3 Hs. 2 GB-FWB „gilt der Abschluss als nicht zustande gekommen", wenn bei Geschäften ohne Mitwirkung von Maklern keine Geschäftsbestätigung erfolgt, so dass eine fehlende Geschäftsbestätigung für Geschäfte mit oder ohne Makler dieselben Rechtsfolgen nach sich zieht.

Eine speziell den Vertragsschluss bei Aufgabegeschäften[1186] betreffende Regelung findet sich schließlich in § 13 Abs. 4 GB-FWB, wonach für Aufgabege-

---

1186 Das börsliche Aufgabegeschäft zeichnet sich dadurch aus, dass der Börsenmakler – der Handelsmakler i.S.d. §§ 93 ff. HGB ist (Baumbach/Hopt, § 93, Rn. 12) – seinem Auftraggeber eine Schlussnote übermittelt, in der die Bezeichnung der zu vermittelnden anderen Vertragspartei offen bleibt. Der Aufgabemakler behält sich damit vor, die andere Vertragspartei innerhalb der vorgegebenen Fristen zu benennen. Der Auftraggeber, der die Maklerschlussnote unter Vorbehalt der Aufgabe annimmt, ist gem. § 95 Abs. 1 HGB i.d.R. an die nachträgliche Benennung eines Kontrahenten gebunden (vgl. Schlüter, Börsenhandelsrecht, Abschnitt B, Rn. 304; Kümpel, Bank- und Kapitalmarktrecht, Rn. 17.474 ff.).

schäfte über girosammelverwahrte deutsche Aktien, die im elektronischen Handelssystem der FWB handelbar sind, § 11 Abs. 1 S. 2 GB-FWB erst mit Aufgabe des Vertragspartners Anwendung findet. Nach § 13 Abs. 4 S. 2 wird in den Fällen des S. 1 der Makler mit Ablauf der für die Benennung von Käufer bzw. Verkäufer vorgesehenen Fristen auf der Seite der vorbehaltenen Aufgabe Vertragspartner.

Die angeführten Vorschriften werden in den CB-Eurex noch einmal wiederholt und präzisiert, wenn dort in V. Kapitel Nummer 1.1.3 Abs. 1 festgelegt wird, dass die Geschäfte an der FWB über Wertpapiere oder Rechte, die in den Handel über die Eurex Clearing AG einbezogen wurden, „nur zwischen der Eurex Clearing AG und einem Clearing-Mitglied durch Ausführung von Aufträgen an der FWB und Geschäftsbestätigung zustande" kommen. In Abs. 2 des V. Kapitels Nummer 1.1.3 der CB-Eurex findet sich eine § 92 Abs. 3 BörsO-FWB stark ähnelnde Regelung, die im Detail allerdings andere Formulierungen gebraucht. Es heißt in V. Kapitel Nummer 1.1.3 Abs. 2 S. 1 der CB-Eurex, dass mit der Ausführung eines Auftrages zum Abschluss eines FWB-Geschäfts über in das Clearing der Eurex Clearing AG einbezogene Wertpapiere und deren Bestätigung ein Geschäft zwischen einem FWB-Handelsteilnehmer, soweit dieser ein CM ist, und der Eurex Clearing AG und ein inhaltsgleiches Geschäft zwischen dieser und einem anderen CM „zustande kommt". Ist ein FWB-Handelsteilnehmer im Fall des S. 1 selbst nicht zum Clearing berechtigt, so kommt nach S. 2 mit der Ausführung seines Auftrages und der Geschäftsbestätigung ein Geschäft zwischen dem NCM und dem von ihm gewählten CM und „gleichzeitig" ein inhaltsgleiches Geschäft zwischen dem CM und der Eurex Clearing AG zustande.

Schließlich befasst sich noch die Clearing-Vereinbarung, die zwischen der Eurex Clearing AG, dem NCM und demjenigen CM, dem sich das NCM anschließen will, getroffen werden muss, mit dem Vertragsschluss, wenn dort festgelegt wird, dass alle Eingaben des NCM in das Handelssystem unmittelbar für und gegen das CM wirken und die zuletzt beschriebene Formulierung der CB-Eurex noch einmal wiederholt wird[1187].

Ziel der folgenden Untersuchungen ist es nun, eine rechtlich mögliche und sinnvolle Verknüpfung zwischen den allgemeinen zivilrechtlichen Anforderungen an einen Vertragsschluss und den dargestellten Vorgaben für das Zustandekommen der Geschäfte an der FWB herzustellen. Dabei gibt § 11 GB-FWB eine Unterscheidung vor, die auch den weiteren Ausführungen zugrunde gelegt werden soll, nämlich die Differenzierung in den Geschäftsabschluss im Skontrofüh-

---

1187 Nummer 2.1 Nr. 2 Abs. 1 der Standardvereinbarungen (abgedruckt in Kümpel/ Hammen/Ekkenga, Kz. 473 Anhang 1).

rer gestützten Handel einerseits und in den Geschäftsabschluss im elektronischen Handelssystem andererseits.

B. Vertragsschluss im Parketthandel der FWB

Zunächst soll der Vertragsschluss im Skontroführer gestützten Handel näher beleuchtet werden. Dies bietet sich an, weil Skontroführer im Parketthandel, welcher oftmals auch als Präsenzhandel bezeichnet wird[1188], tätig sind und dies die traditionelle Art des Börsenhandels darstellt, die erst in den letzten Jahren zunehmend Konkurrenz durch elektronische Handelssysteme wie das an der FWB betriebene System Xetra bekommen hat[1189].

I. Grundlagen des Parketthandels

Die Bezeichnung „Parkett- oder Präsenzhandel" rührt daher, dass dieser Handel ursprünglich vollständig auf dem sog. Börsenparkett – im Börsensaal – veranstaltet wurde und die physische Anwesenheit von Handelsteilnehmern und Maklern voraussetzte[1190]. Dieser Ablauf entspricht heute nicht mehr der überwiegend anzutreffenden Gestaltung des Handelsablaufs, weil auch im Parketthandel die Kauf- und Verkaufsaufträge überwiegend nicht durch im Börsensaal anwesende Börsenhändler, sondern mittels des elektronischen Order-Routing-Systems XONTRO[1191] zur Ausführung übermittelt werden[1192]. Gleichwohl wird an der bisherigen Terminologie festgehalten, weil wenigstens die Empfänger der Orders, die Börsenmakler, noch im Börsengebäude präsent sind und dort die ihnen elektronisch zugeleiteten Orders zu Geschäftsabschlüssen zusammenführen[1193].

1188 Vgl. Kümpel, Bank- und Kapitalmarktrecht, Rn. 17.35; Lenenbach, Kapitalmarkt- und Börsenrecht, Rn. 1.17; Bauer/Möllers, Die Beendigung des Parketthandels an der Frankfurter Wertpapierbörse, S. 17.

1189 Bauer/Möllers, Die Beendigung des Parketthandels an der Frankfurter Wertpapierbörse, S. 17.

1190 Lenenbach, Kapitalmarkt- und Börsenrecht, Rn. 1.17; Schwark, BörsG, § 1, Rn. 2; Kümpel, Bank- und Kapitalmarktrecht, Rn. 17.35.

1191 Vgl. dazu Groß, Kapitalmarktrecht, § 2 c BörsG, Rn. 12 mit Fn. 46; Schäfer/Peterhoff, WpHG u.a, § 1 BörsG, Rn. 27 (noch zum früher sog. BOSS-CUBE).

1192 Kümpel, Bank- und Kapitalmarktrecht, Rn. 17.445; Beck, BKR 2002, S. 699; Schlüter, Börsenhandelsrecht, Abschnitt G, Rn. 925.

1193 Franke in Assmann/Schütze, Handbuch des Kapitalanlagerechts, § 2, Rn. 10 f.; Groß, Kapitalmarktrecht, Vorbem. BörsG, Rn. 11; Kümpel, Bank- und Kapitalmarktrecht, Rn. 17.445, hält allerdings den Begriff „Präsenzhandel" für nicht mehr

Die Vermittlung und der Abschluss von Börsengeschäften wird im Parkett-handel durch die Skontroführer vorgenommen, die hierzu gem. § 27 Abs. 1 S. 1 BörsG verpflichtet sind[1194]. Darüber hinaus können Börsengeschäfte auf dem Parkett durch sog. Freimakler vermittelt werden[1195], die ebenso wie die Skontro-führer in ihrer Eigenschaft als Geschäftsvermittler Handelsmakler i.S. der §§ 93 ff. HGB sind[1196]. Im vorliegenden Zusammenhang soll es jedoch wegen einiger Besonderheiten und der Bedeutung für den Börsenpreis nur um den Ver-tragsschluss unter Einschaltung eines Skontroführers gehen[1197, 1198].

Der Begriff des Skontroführers wurde bereits in § 8 b Abs. 1 S. 1 BörsG a.F. legal definiert und ist der Praxis schon seit langem geläufig[1199]. Im Rahmen der Neuordnung des Maklerrechts durch das 4. FFG[1200] wurde er in § 25 S. 1 BörsG in der Weise modifiziert, dass nicht mehr von Personen, sondern von Unterneh-men die Rede ist, die zur Feststellung von Börsenpreisen zugelassen sind. Die bisherige amtliche Preisfeststellung im Marksegment des früheren amtlichen Handels[1201] gem. § 29 Abs. 1 BörsG a.F. ist infolge der grundlegenden Umge-staltung des Maklerrechts weggefallen. Während bis zum 1.07.2002 (vgl. § 64

---

sachgerecht und spricht sich daher für die alleinige Verwendung des Begriffs „Par-ketthandel" aus. Diese Terminologie hat sich aber noch nicht durchsetzen können (vgl. Bauer/Möllers, Die Beendigung des Parketthandels an der Frankfurter Wert-papierbörse, S. 17 mit Fn. 15).

1194 Vgl. Kümpel, Bank- und Kapitalmarktrecht, Rn. 17.450.
1195 Schwark, BörsG, § 30, Rn. 16; Lenenbach, Kapitalmarkt- und Börsenrecht, Rn. 2.61; vgl. eingehend zum Freimakler Schlüter, Die Rechtsstellung des Freien Börsenmaklers, S. 81 ff.
1196 Vgl. Baumbach/Hopt, HGB, § 93, Rn. 12; Lenenbach, Kapitalmarkt- und Börsen-recht, Rn. 2.61; Kümpel, Bank- und Kapitalmarktrecht, Rn. 17.452.
1197 In der Literatur wird sogar hervorgehoben, dass der Prozess der Auftragsausfüh-rung durch die Börsenmakler und die Preisfeststellung durch dieselben Makler „untrennbar miteinander verbunden" seien und die Vorgänge „zwei Seiten einer Medaille" darstellten (Lenenbach, Kapitalmarkt- und Börsenrecht, Rn. 3.33), so dass sich umso mehr ein Blick auf den Vertragsschluss gerade unter Einschaltung eines Skontroführers empfiehlt.
1198 Wegen der weit verbreiteten Nutzung von XONTRO-Order, das die Orders direkt ins Orderbuch des Skontroführers lenkt, hat der Freimakler in der Praxis zudem an Bedeutung verloren (vgl. Schlüter, Börsenhandelsrecht, Abschnitt G, Rn. 926).
1199 Beck, BKR 2002, S. 699 (704).
1200 Vgl. dazu Schlüter, Börsenhandelsrecht, Abschnitt G, Rn. 233 ff., sowie Kümpel, Bank- und Kapitalmarktrecht, Rn. 17.450 ff.
1201 Vgl. zu dieser Terminologie Kümpel, Bank- und Kapitalmarktrecht, Rn. 17.601 f., sowie Schäfer/Hamann, WpHG u.a., § 36 BörsG, Rn. 7, der vom amtlichen Markt spricht, und Franke in Assmann/Schütze, Handbuch des Kapitalanlagerechts, § 2, Rn. 74, der das Marktsegment Handel mit amtlicher Notierung nennt.

Abs. 4 u. 5 BörsG) im amtlichen Handel nämlich noch die sog. Kursmakler[1202] i.S. der §§ 29 ff. BörsG a.F. für die Preisfeststellung zuständig waren, erfolgt diese nun im Präsenzhandel für alle drei Marktsegmente, also für den Amtlichen Markt, den Geregelten Markt sowie für den Freiverkehr[1203], durch Skontroführer[1204]. Das bedeutet, dass die Preisfeststellung nunmehr auch im Amtlichen Markt privatrechtlicher Natur ist[1205]. Die Börsengeschäftsführung ist gem. § 26 Abs. 1 S. 4 BörsG für die Zulassung von Skontroführern zuständig[1206]. Darüber hinaus entscheidet sie nach § 29 S. 1 BörsG im Benehmen mit einem hierfür vorgesehenen Ausschuss über die Verteilung der Skontren, also über Zuständigkeit für die Preisfeststellung in einem bestimmten Wertpapier[1207].

Nach § 24 Abs. 2 S. 1 BörsG müssen Börsenpreise[1208] ordnungsgemäß zustande kommen und der wirklichen Marktlage des Börsenhandels entsprechen. Nach § 24 Abs. 2 S. 2 BörsG setzt dies insbesondere voraus, dass den Handelsteilnehmern Angebote zugänglich sind und ihnen die Annahme der Angebote möglich ist. Nach den Gesetzesmaterialien soll damit Chancengleichheit der Handelsteilnehmer und Transparenz sichergestellt werden[1209]. Die genaue Ausgestaltung der Anforderungen an die Preisermittlung bleibt aber der jeweiligen Börsenordnung vorbehalten[1210], die gem. § 24 Abs. 2 S. 6 Hs. 1 BörsG „das Nähere" zu regeln hat. Für den Präsenzhandel haben sich in der Vergangenheit zwei

---

1202 Zur Rechtsstellung der Kursmakler vgl. Ledermann, Die Rechtsstellung des Kursmaklers an den deutschen Wertpapierbörsen, passim u. insbesondere S. 36 ff. u. 70 ff., sowie Schwark, BörsG, § 30, Rn. 2 f.

1203 Vgl. zu dieser Marktsegmentierung Kümpel/Hammen, Börsenrecht, S. 221 ff.

1204 Schwark/Beck, KMR, § 26 BörsG, Rn. 6; Schlüter, Börsenhandelsrecht, Abschnitt G, Rn. 242, 245 u. 858 ff., der allerdings auch darauf hinweist, dass für die Ernennung der Skontroführer im Freiverkehr die §§ 26 ff. BörsG nicht gelten.

1205 Schlüter, Börsenhandelsrecht, Abschnitt G, Rn. 245; für den amtlichen Handel war streitig, ob die Preisfeststellung durch den Kursmakler eine schlicht hoheitliche Tätigkeit darstellte (so Schwark, BörsG, § 29, Rn. 32; Ledermann, Die Rechtsstellung des Kursmaklers an den deutschen Wertpapierbörsen, S. 81) oder ob sie durch einen Verwaltungsakt erfolgte (so Kümpel, WM 1988, S. 1621 (1625 f.)).

1206 Vgl. zur Zulassung als Skontroführer einschließlich der dafür zu erfüllenden Bedingungen Schlüter, Börsenhandelsrecht, Abschnitt G, Rn. 553 ff.

1207 Schwark/Beck, KMR, § 29 BörsG, Rn. 1.

1208 Der Begriff des Börsenpreises wird in § 24 Abs. 1 BörsG näher, jedoch nicht abschließend bestimmt, wie § 57 Abs. 2 S. 1 BörsG zeigt, wonach auch Preise für Wertpapiere, die während der Börsenzeit an einer Wertpapierbörse im Freiverkehr ermittelt werden, Börsenpreise sind; vgl. zum Börsenpreis Schwark/Beck, KMR, § 24 BörsG, Rn. 4 ff.

1209 Begr. RegE 2. FFG, BT-Drs. 12/6679, S. 70; Begr. RegE 4. FFG, BT-Drs. 14/8017, S. 76.

1210 Begr. RegE 4. FFG, BT-Drs. 14/8017, S. 76; Schwark/Beck, KMR, § 24 BörsG, Rn. 8.

verschiedene Verfahren der Preisermittlung herausgebildet, zum einen das der gerechneten Preise bzw. Einheitspreise und zum anderen das des fortlaufenden bzw. variablen Handels[1211].

Das Einheitskursverfahren dient regelmäßig der Preisfeststellung in Wertpapieren, die lediglich kleine Umsätze aufweisen, während der fortlaufende Handel in liquiden Werten stattfindet[1212]. Gem. § 28 Abs. 2 S. 1 BörsO-FWB findet die Preisfeststellung in Werten, die nicht in den fortlaufenden Handel einbezogen wurden, „börsentäglich" – also einmal am Tag – zum Einheitspreis statt. Vor der Preisfeststellung ruft der Skontroführer eine Taxe oder Preisspanne aus[1213], um die Handelsteilnehmer über die Marktlage zu informieren und ihnen Gelegenheit zur Reaktion zu geben, indem sie dem Skontroführer weitere Aufträge erteilen oder erteilte Aufträge ändern bzw. zurückziehen[1214]. Ist daraufhin die Preisfeststellung innerhalb der ausgerufenen Taxe oder Preisspanne möglich, wird der Börsenpreis nach dem Meistausführungsprinzip bestimmt[1215]. Hiernach ist derjenige Preis festzustellen, zu dem die meisten Aufträge mit minimalem Überhang ausgeführt werden können[1216]. Sind unter Berücksichtigung dieses Prinzips mehrere Börsenpreise möglich, ist nach dem Gebot der Preiskontinuität der Kurs festzustellen, der dem zuletzt festgestellten Börsenpreis am nächsten liegt[1217]. Die zum festgestellten Kurs ausführbaren Aufträge sind durch den Skontroführer auszuführen. Ein darauf gerichteter, unter der Bedingung der Erfüllbarkeit stehender Anspruch soll den Handelsteilnehmern nach der Intention des Gesetzge-

---

1211 Schwark/Beck, KMR, § 25 BörsG, Rn. 42; Kümpel/Hammen, Börsenrecht, S. 215 ff.

1212 Franke in Assmann/Schütze, Handbuch des Kapitalanlagerechts, § 2, Rn. 95; Lenenbach, Kapitalmarkt- und Börsenrecht, Rn. 3.34; Kümpel, Bank- und Kapitalmarktrecht, Rn. 17.501.

1213 § 32 Abs. 3 BörsO-FWB u. Nummer 2.1 i.V.m. Nummer 3.1 der Regeln für die Börsenpreisfeststellung im Präsenzhandel an der FWB (im Folgenden FWB-Regeln Börsenpreisfeststellung, abgedruckt bei Kümpel/Hammen/Ekkenga, Kz. 443). In den letztgenannten Regeln hat die Börsengeschäftsführung die Vorschriften zur Börsenpreisfeststellung im BörsG und in der BörsO-FWB präzisiert und ergänzt (vgl. Kümpel, Bank- und Kapitalmarktrecht, Rn. 17.486).

1214 Vgl. Schwark/Beck, KMR, § 25 BörsG, Rn. 45; Schäfer/Ledermann, WpHG u.a., § 11 BörsG, Rn. 11.

1215 § 32 Abs. 2 BörsO-FWB sowie Nummer 3.3.2 FWB-Regeln Börsenpreisfeststellung.

1216 Vgl. zum Meistausführungsprinzip mit einem Beispiel Lenenbach, Kapitalmarkt- und Börsenrecht, Rn. 3.35 ff.

1217 § 32 Abs. 2 S. 3 BörsO-FWB sowie Nummer 3.3.3 der FWB-Regeln Börsenpreisfeststellung.

bers aus § 27 Abs. 2 BörsG zustehen[1218]. Da der Börsenpreis als Einheitspreis nur einmal am Tag festgesetzt wird, bleiben die dem Makler bis dahin erteilten Aufträge in der Schwebe[1219]. Des Weiteren können nach der Preisfeststellung bis zum Ende der Börsenversammlung keine weiteren Geschäfte abgeschlossen werden[1220].

Der fortlaufende Handel beginnt zunächst mit der Ermittlung des Eröffnungskurses, der nach denselben Grundsätzen wie der Einheitspreis festgestellt wird[1221]. Danach ruft der Skrontroführer ständig Taxen oder Spannen aus, um die Handelsteilnehmer über die Auftragslage zu informieren[1222]. Die fortlaufend beim Skrontroführer eingehenden Aufträge vermittelt er, sofern sie die jeweils vorgeschriebene Mindestumsatzmenge oder ein Vielfaches davon aufweisen[1223]. Jeder der so zustande kommenden Geschäftsabschlüsse erzeugt einen Börsenpreis, der als solcher festgestellt und veröffentlicht wird[1224]. Folglich werden fortlaufend Geschäftsabschlüsse vermittelt und Börsenpreise festgestellt[1225].

Die Darstellung der Grundlagen des Parketthandels hat also bereits insoweit Aufschluss über den Vertragsschluss gegeben, als der Skrontroführer in seiner Eigenschaft als Börsenmakler für die Vermittlung der Geschäfte von großer Bedeutung ist und sich das Verfahren der Preisfeststellung auf den Zeitpunkt der Auftragsausführung auswirkt. Offen bleibt aber noch, wie im Einzelnen die zum Abschluss von Verträgen notwendigen Einigungen zustande kommen und wie der Zentrale Kontrahent in die Verträge einzubinden ist.

II. Beteiligte Vertragsparteien

Im Folgenden soll zunächst das Börsengeschäft betrachtet werden, mit dem ein CM ein eigenes Geschäft für sich selbst abschließen will, bei dem er also nicht

---

1218 Begr. RegE 4. FFG, BT-Drs. 14/8017, S. 78; vgl. ferner Schwark/Beck, KMR, § 27 BörsG, Rn. 8, der den Kontrahierungszwang wie früher für die Kursmakler aus der Monopolstellung der Skrontroführer herleitet.

1219 Kümpel/Hammen, Börsenrecht, S. 217; Lenenbach, Kapitalmarkt- und Börsenrecht, Rn. 3.37.

1220 Kümpel, Bank- und Kapitalmarktrecht, Rn. 17.501.

1221 Vgl. § 28 Abs. 3 BörsO-FWB und Schlüter, Börsenhandelsrecht, Abschnitt G, Rn. 302.

1222 § 34 Abs. 1 BörsO-FWB; vgl. ferner Schwark/Beck, KMR, § 25 BörsG, Rn. 46.

1223 § 7 Abs. 2 GB-FWB mit der dortigen Fn., wonach der festgesetzte Mindestbetrag für Aktien 1 Stück beträgt.

1224 Vgl. § 35 BörsO-FWB sowie Schlüter, Börsenhandelsrecht, Abschnitt G, Rn. 302.

1225 Lenenbach, Kapitalmarkt- und Börsenrecht, Rn. 3.38; Kümpel/Hammen, Börsenrecht, S. 218.

für ein bei ihm angeschlossenes NCM tätig wird. Schon in dieser Konstellation stellt sich die Frage, welche Beteiligten Vertragsparteien werden. Denn es ist nicht von vornherein ausgeschlossen, dass ein Vertrag zunächst zwischen den Handelsteilnehmern, womöglich sogar nur für eine „juristische Sekunde"[1226], zustande kommt. Erst in einem zweiten Schritt – so könnte man meinen – würde dann der Zentrale Kontrahent in dieses Vertragsverhältnis eintreten und es zu einer Aufspaltung in zwei selbständige Verträge mit ihm als Partei kommen. Auf diese Konstruktion deuten Formulierungen vornehmlich in der englischsprachigen Literatur hin, die von einer Ersetzung eines ursprünglich einzelnen Vertrages zwischen den Handelsteilnehmern durch zwei neue Verträge mit jeweils dem Zentralen Kontrahenten als Vertragspartei ausgehen und diesen Vorgang als „novation" bezeichnen[1227]. Allerdings wird gelegentlich auch dort darauf hingewiesen, dass die „novation" nicht die einzige Möglichkeit darstelle, einen Zentralen Kontrahenten zum Vertragspartner zu machen[1228].

„Novation" bedeutet auch im Deutschen Novation, die auch unter den Begriffen Schuldumschaffung oder Schuldneuschaffung bekannt ist[1229]. Zwar ist sie in ihrer Erscheinungsform als abstrakte Novation anders als in ihrer Ausprägung als kausale Novation in ihrer Wirksamkeit nicht vom Bestehen einer Schuld abhängig[1230], doch sollte klar sein, dass für eine Novation weder Raum noch Bedarf besteht, wenn die Verträge von vornherein mit dem Zentralen Kontrahenten zustande kommen, mithin gar kein zwischen den Handelsteilnehmern bestehendes Schuldverhältnis umgestaltet werden kann. Dies gilt umso mehr, als von einer Novation nur dann auszugehen ist, wenn ein dahingehender Vertragswille deutlich zum Ausdruck kommt[1231]. Werden die bereits dargestellten Bestimmungen zur Einbindung der Eurex Clearing AG in die vertraglichen Beziehungen unter

1226 Vgl. zum Begriff und zur Konstruktion der „juristischen Sekunde" Wieacker, Festschrift E. Wolf, S. 421 ff.
1227 DTCC, White Paper to the Industry on the Future of CCPs, S. 4; Hills/Rule/Parkinson, Financial Stability Review 1999, S. 122; Knott/Mills, Financial Stability Review 2002, S. 162; ECB, Monthly Bulletin – August 2001, S. 69; Giordano, ECMI Short Paper No. 3, S. 39; vereinzelt wird auch in Deutschland von Novation gesprochen (so Pagnozzi/Westerberg, Börsen-Zeitung v. 29.06.2002, S. 3).
1228 Giordano, ECMI Short Paper No. 3, S. 39, der die mögliche Konstruktion einer „open offer" anführt. Ebenso BIZ/IOSCO, Recommendations for Central Counterparties, S. 13; diese Form des Vertragsschlusses wird an der LSE praktiziert (vgl. No. 2120-2126 der Rules of the London Stock Exchange).
1229 MünchKomm-BGB/Emmerich, § 311, Rn. 30; Gehrlein in Bamberger/Roth, § 311, Rn. 36.
1230 Palandt/Heinrichs, § 311, Rn. 9; MünchKomm-BGB/Emmerich, § 311, Rn. 30.
1231 BGH, NJW 1986, S. 1490; Palandt/Heinrichs, § 311, Rn. 8; Gehrlein im Bamberger/Roth, § 311, Rn. 36.

diesem Aspekt näher in den Blick genommen, so wird recht deutlich, dass die Verträge nicht erst zwischen den Handelsteilnehmern abgeschlossen werden sollen, um dann in zwei Verträge mit der Eurex Clearing AG aufgespaltet zu werden, sondern dass der Zentrale Kontrahent von vornherein Vertragspartner der CM wird. Es ist nämlich in § 92 Abs. 3 S. 1 BörsO-FWB nur von Geschäften zwischen den Handelsteilnehmern und der Eurex Clearing AG die Rede, die unter den dort angegebenen Bedingungen zustande kommen. Ein Vertragsverhältnis der Handelsteilnehmer untereinander wird dagegen nicht erwähnt. Etwas anderes ergibt sich auch nicht aus § 11 Abs. 1 GB-FWB, wenn in S. 1 dieser Bestimmung zunächst das Zustandekommen von Geschäften zwischen Handelsteilnehmern geregelt wird, da sogleich in S. 2 klargestellt wird, dass für Wertpapiergeschäfte unter Einbeziehung der Eurex Clearing AG § 92 Abs. 3 BörsO-FWB gilt. Der beabsichtigte sofortige Vertragsschluss mit der Eurex Clearing AG wird schließlich in den CB-Eurex besonders deutlich hervorgehoben, wenn dort in V. Kapitel Nummer 1.1.3 Abs. 1 geregelt wird, dass die Geschäfte „nur" zwischen der Eurex Clearing AG und den CM zustande kommen. Nun könnte eingewendet werden, dass in den CB-Eurex lediglich der Vertragsschluss mit der Eurex Clearing AG, keineswegs aber allgemein der allgemeine Vertragsschluss an der FWB geregelt werden könne, so dass sich die einschränkende Bedeutung des Wortes „nur" darauf beziehe, dass ausschließlich CM mit der Eurex Clearing AG in Vertragsbeziehungen treten könnten. Diese Sichtweise ließe aber außer Acht, dass in § 92 Abs. 3 S. 3 BörsO-FWB für Geschäfte über Wertpapiere oder Rechte, die in den Handel über die Eurex Clearing AG einbezogen sind, ausdrücklich die ergänzende Geltung der CB-Eurex angeordnet ist. Deshalb kommt der angeführten Vorschrift der CB-Eurex durchaus Bedeutung für den Vertragsschluss über diese Wertpapiere bzw. Rechte im Allgemeinen zu. Hieraus kann der Schluss gezogen werden, dass dem Wort „nur" eine doppelte Bedeutung zukommt. Es bewirkt zunächst eine Beschränkung der möglichen Vertragspartner der Eurex Clearing AG auf CM und darüber hinaus die Festlegung darauf, dass Geschäfte über die in die Abwicklung über die Eurex Clearing AG einbezogenen Wertpapiere lediglich zwischen dieser und den CM, also nicht direkt zwischen den Handelsteilnehmern, abgeschlossen werden. Dieses Ergebnis findet eine Bestätigung in Abs. 2 von Nummer 1.1.3 des V. Kapitels der CB-Eurex, da dort das Zustandekommen der Geschäfte näher dargelegt wird und dabei ein Vertragsschluss zwischen den Handelsteilnehmern unerwähnt bleibt.

Somit legen die börslichen Regelwerke die Annahme eines direkten Vertragsschlusses der Handelsteilnehmer als CM mit der Eurex Clearing AG nahe. Demzufolge ist weiter zu untersuchen, auf welche Art und Weise ein Vertrag zwischen diesen Parteien konstruiert werden kann.

III. Abgabe von auf den Vertragsabschluss gerichteten Willenserklärungen

Nachdem herausgearbeitet wurde, wer als Vertragspartner der Wertpapierge-schäfte in Betracht kommt, ist nun zu ermitteln, wie die hierfür erforderlichen Willenserklärungen abgegeben werden. Dies ist weder für die Handelsteilnehmer – die nach der zunächst unterstellten Ausgangslage CM sind – noch für die Eurex Clearing AG als Zentraler Kontrahent ohne weiteres zu erkennen.

1. Willenserklärung des Handelsteilnehmers

Schon beim Handel ohne Einschaltung eines Zentralen Kontrahenten ist die Ab-gabe von Willenserklärungen, die auf den Abschluss von Wertpapiergeschäften gerichtet sind, nicht ganz unproblematisch. In diesem Fall ist zwar klar, dass die Handelsteilnehmer Aufträge erteilen, die letzten Endes auf den Abschluss von Verträgen über Wertpapiere abzielen, doch bedeutet das nicht, dass damit bereits Aufschluss über das Zustandekommen der Verträge bzw. der dafür relevanten Willenserklärungen erreicht worden wäre. Denn der Vertragsschluss an der Börse weist wegen der Mitwirkung des Skontroführers eine Besonderheit auf, die sich auf die Abgabe und den Zugang der auf den Geschäftsabschluss gerichteten Wil-lenserklärungen auswirkt. Die Handelsteilnehmer erteilen nämlich dem Skontro-führer die Aufträge mit dem Ziel, dass dieser sie ausführt, indem er sie mit ent-sprechenden gegenläufigen Orders zusammenführt, die womöglich sogar von ihm selbst stammen[1232]. Dabei kann es sich um limitierte Aufträge handeln, also sol-che, die nur bei Erreichen eines bestimmten Preises ausgeführt werden sollen, um unlimitierte Aufträge oder gar um eine Kombination von beiden, sog. Stop-Loss-oder Stop-Buy-Orders[1233]. Diese Aufträge kann nur der Skontroführer einsehen, der sie in seinem Orderbuch sammelt, so dass es den Handelsteilnehmern schon tatsächlich nicht möglich ist, sich einen für sie interessanten Auftrag herauszusu-chen und das damit einhergehende Angebot anzunehmen[1234]. Zwar ist § 29 Abs. 2 BörsG a.F., der die Anwesenheit von Handelsteilnehmern bei der Festel-lung des Börsenpreises nicht vorsah und damit als gesetzliche Normierung eines geschlossenen Orderbuchs galt[1235], im Rahmen der Änderungen durch das 4. FFG ersatzlos weggefallen, doch hat sich im Präsenzhandel der FWB am ge-

---

1232 Kümpel, Bank- und Kapitalmarktrecht, Rn. 17.450 ff.; Lenenbach, Kapitalmarkt- und Börsenrecht, Rn. 3.26 u. 3.31; vgl. zum zulässigen Umfang der Aufgabe- und Eigengeschäfte der Skontroführer Schwark/Beck, KMR, § 27 BörsG, Rn. 10 ff.
1233 Vgl. § 2 Abs. 1–4 GB-FWB.
1234 Vgl. Schwark/Beck, KMR, § 24 BörsG, Rn. 11.
1235 Beck, BKR 2002, S. 699 (705); Schäfer/Ledermann, WpHG u.a., § 29 BörsG, Rn. 6; Schwark/Beck, KMR, § 27 BörsG, Rn. 11.

schlossenen Orderbuch nichts geändert[1236]. Vom Fortbestehen des geschlossenen Orderbuchs geht anscheinend auch der Gesetzgeber aus, der aus der Neutralitätspflicht des Skontroführers folgert, dass dieser „seine Kenntnis von der Orderlage" nicht zu Gunsten eines Handelsteilnehmers oder zu seinem Vorteil ausnutzen dürfe und somit eine exklusive Kenntnis der Orderlage voraussetzt[1237]. Das hat zur Konsequenz, dass die Handelsteilnehmer zwangsläufig auf die Mithilfe des Skontroführers beim Zustandekommen der Verträge angewiesen sind.

Wegen dieser Konstellation ist beim Börsenhandel ohne Einschaltung eines Zentralen Kontrahenten umstritten, welche Rolle dem Skontroführer beim Geschäftsabschluss im Einzelnen zukommt[1238]. Diesbezüglich werden drei Ansichten vertreten, die den Charakter des Skontroführers als Mittelsperson unterschiedlich definieren. Eine verbreitete Auffassung sieht den Makler nur als Boten an[1239]. Das bedeutet, dass er sowohl bei Abgabe der Order als auch bei deren Annahme[1240] jeweils als Bote der beteiligten Parteien auftritt. Eine andere Ansicht ordnet den Makler bei der Abgabe des Auftrags als Boten, beim Empfang der korrespondierenden Willenserklärung jedoch als Vertreter ein[1241]. Schließlich wird noch die Meinung vertreten, der Skontroführer sei von beiden am Vertragsschluss beteiligten Parteien bevollmächtigt und schließe den Vertrag als deren Vertreter im Wege des gestatteten Selbstkontrahierens nach § 181 BGB[1242].

1236 Schwark/Beck, KMR, § 27 BörsG, Rn. 11, der dies auch für die anderen deutschen Präsenzbörsen feststellt.

1237 Begr. RegE 4. FFG, BT-Drs. 14/8017, S. 78; ebenso Schlüter, Börsenhandelsrecht, Abschnitt G, Rn. 578; kritisch dagegen Beck, BKR 2002, S. 699 (705), der zumindest eine börsenordnungsrechtliche Festlegung auf Grundlage des § 24 Abs. 2 S. 6 BörsG für erforderlich hält.

1238 Vgl. Ledermann, Die Rechtsstellung des Kursmaklers an den deutschen Wertpapierbörsen, S. 56.

1239 Schwark, BörsG, § 30, Rn. 8; Schwark/Beck, KMR, § 27 BörsG, Rn. 5; Nußbaum, Börsengesetz, § 35, Anm. III b); einschränkend auf den Regelfall Heymann, Der Handelsmakler, S. 446 f.

1240 So jedenfalls ausdrücklich Schwark, BörsG, § 30, Rn. 8, und Schwark/Beck, KMR, § 27 BörsG, Rn. 5; dagegen könnten die Aussagen zur Botenschaft von Nußbaum, Börsengesetz, § 35, Anm. III b), sowie von Heymann, Der Handelsmakler, S. 396 u. 446 f., lediglich auf die Annahme der Eigenschaft des Maklers als Erklärungsbote hindeuten.

1241 Matthes, Das Recht des Kursmaklers, S. 129; Kümpel, WM 1991, Sonderbeil. 4, S. 8; Lenenbach, Kapitalmarkt- und Börsenrecht, Rn. 4.37; so wohl auch Schönle, Bank- und Börsenrecht, S. 454, der auf den Empfang der Willenserklärungen allerdings nicht ausdrücklich eingeht, sondern nur vom Börsenmakler als „Erklärungsboten" spricht.

1242 Vgl. Schmidt, Wertpapierbörsen, S. 51 mit Fn. 1; Bernstein, Das Börsengesetz, §§ 29 – 31, Anm. III 2 c (S. 84); allgemein zum Makler Canaris, Handelsrecht, § 21, Rn. 16 f.

Die Vertreter der Stellvertretungslösung weisen zunächst auf einen unge-schriebenen Handelsbrauch hin, wonach der Skontroführer Abschlussvollmacht besitze[1243]. Dass dies nicht zu überzeugen vermag, zeigen schon die zahlreichen Gegenstimmen, weshalb von einer einverständlichen Übung innerhalb des Ver-kehrkreises der Börsenteilnehmer als Voraussetzung der Annahme eines Han-delsbrauchs[1244] nicht auszugehen ist. Aber auch das Argument, dass der Skontro-führer bei der Auswahl der Vertragspartei den für einen Vertreter i.S. der §§ 164 ff. BGB charakteristischen Spielraum habe, der ihn vom Boten abgren-ze[1245], ist im Börsenhandel und erst recht im Börsenhandel unter Einbeziehung eines Zentralen Kontrahenten verfehlt. Denn diesem Spielraum kam schon früher keine wesentliche Bedeutung zu, weil die Handelsteilnehmer ohnehin jeden zuge-teilten Vertragspartner akzeptieren mussten und dies angesichts der Vorausset-zungen für eine Börsenzulassung auch zumutbar war[1246]. Deshalb handelte es sich bei den Wertpapieraufträgen aus der Sicht der Handelsteilnehmer dem Grunde nach um Erklärungen „ad incertas personas"[1247], bei denen das Be-stimmtheitsgebot[1248] dadurch gewahrt wird, dass der Erklärende mit jedem, der die Annahme erklärt, einen Vertrag abschließen will und dadurch der Vertrags-partner von vornherein zumindest bestimmbar ist[1249]. Nachdem nunmehr die Eu-rex Clearing AG Vertragspartner jedes Geschäfts über Wertpapiere oder Rechte wird, die in die Abwicklung über den Zentralen Kontrahenten einbezogen sind, kann von einem Spielraum hinsichtlich des auszuwählenden Vertragspartners je-

---

1243 Bernstein, Das Börsengesetz, §§ 29 – 31, Anm. III 2 c (S. 84); Schmidt, Wertpa-pierbörsen, S. 51 mit Fn. 1.

1244 Vgl. zu den Voraussetzungen eines Handelsbrauchs K. Schmidt, Handelsrecht, S. 23 f.

1245 So allgemein für den Makler Canaris, Handelsrecht, § 21, Rn. 17; vgl. zur Abgren-zung zwischen Boten und Stellvertreter MünchKomm-BGB/Schramm, Vor § 164 Rn. 42 ff.; Larenz/Wolf, Allgemeiner Teil des BGB, § 46, Rn. 71.

1246 Vgl. Kümpel, Bank- und Kapitalmarktrecht, Rn. 17.708; Schäfer/Ledermann, WpHG u.a., § 7 BörsG, Rn. 1. m.w.Nachw.

1247 Vgl. dazu grundlegend Sohm, ZHR 17 (1873), S. 16 (46 ff.).

1248 Vgl. zu den essentialia negotii auf den Abschluss eines Vertrages gerichteten Willenserklärungen MünchKomm-BGB/Kramer, § 145, Rn. 4; Larenz/Wolf, All-gemeiner Teil des BGB, § 29, Rn. 16 ff.; Staudinger/Bork, § 145, Rn. 17 ff. Dar-über hinaus wird der Bestimmbarkeit dadurch Rechnung getragen, dass der Kreis der Vertragspartner von vornherein auf die begrenzte Anzahl der Handelsteilneh-mer beschränkt ist. Deshalb könnte anstatt eines Angebots an eine „incerta perso-na" sogar ein jeweils an alle zugelassenen Handelsteilnehmer gerichtetes Angebot" erwogen werden, das so lange gültig sein soll, bis der erste Handelsteilnehmer das Angebot angenommen hat.

1249 Vgl. Staudinger/Bork, § 145, Rn. 19; Larenz/Wolf, Allgemeiner Teil des BGB, § 29, Rn. 22;

denfalls keine Rede mehr sein. Aus der Sicht der Handelsteilnehmer handelt es sich bei den Wertpapieraufträgen demzufolge nicht mehr jeweils um eine Offerte „ad incerta persona", sondern um Aufträge, die stets zu einem Vertragsschluss mit der Eurex Clearing AG führen sollen[1250]. Somit spricht letztlich nichts dafür, von der herkömmlichen Stellung des Maklers als Bote[1251] abzuweichen. Da es im vorliegenden Zusammenhang um die Abgabe der Willenserklärungen der Handelsteilnehmer geht, soll es an dieser Stelle bei dem Ergebnis belassen werden, dass der Handelsteilnehmer mit dem Auftrag an den Skontroführer eine auf einen Vertragsschluss gerichtete Willenserklärung abgibt, die von diesem als Bote an den Vertragspartner weitergeleitet wird.

2. Willenserklärung der Eurex Clearing AG als Zentraler Kontrahent

Während die Willenserklärungen der Handelsteilnehmer mit der Aufgabe der Wertpapieraufträge deutlich nach außen hervortreten, lässt sich dies für die Willenserklärungen der Eurex Clearing AG als Zentraler Kontrahent nicht ohne weiteres feststellen. Denn sie gibt dem Skontroführer nicht für jede eingehende Order einen einzelnen entsprechenden Ausführungsauftrag, der daraufhin mit der korrespondierenden Order zusammengeführt werden könnte. Daher stellt sich die Frage, ob sich aus allgemeinen gesetzlichen Bestimmungen oder aber aus § 92 Abs. 3 S. 1 BörsO-FWB bzw. aus Nummer 1.1.3 Abs. 2 des V. Kapitels der CB-Eurex eine für die Eurex Clearing AG wirkende Willenserklärung, die bei angestrebten Vertragsschlüssen jedes Mal aufs Neue aktualisiert wird, ableiten lässt. Insoweit kommen grundsätzlich zwei Alternativen in Betracht, nämlich einmal die Abgabe einer eigenen Willenserklärung, die in der nach außen gezeigten Bereitschaft liegt, generell – wenngleich unter bestimmten Voraussetzungen – als Zentraler Kontrahent zu fungieren. Zum anderen könnte eine gem. § 164 Abs. 1 S. 1 BGB unmittelbar für und gegen die Eurex Clearing AG wirkende Willenserklärung des Skontroführers als deren Stellvertreter vorliegen, die dieser jedes Mal beim Zustandekommen eines Vertrages mit der Eurex Clearing AG für diese abgibt und die dann aber eine entsprechende Bevollmächtigung voraussetzt[1252].

1250 So auch Alfes, Central Counterparty, S. 85, für den Vertragsschluss in Xetra.

1251 Heymann, Der Handelsmakler, S. 396; Reiner in Boujong/Ebenroth/Joost, § 93, Rn. 13; Staub/Brüggemann, § 94, Rn. 1; Heymann/Herrmann, Vor § 93, Rn. 1.

1252 Einen ähnlichen Ansatz verfolgt Rinker, Der Vertragsschluss im börslichen elektronischen Handelssystem, S. 148, für den Vertragsschluss im elektronischen Handelssystem der Strombörse EEX, die ebenfalls über einen Zentralen Kontrahenten handelt und diesbezüglich vergleichbare Vorschriften zum Vertragsschluss aufweist, indem er – allerdings ohne auf die mögliche Abgabe einer eigenen Willenserklärung einzugehen – unterstellt, dass die Handelsteilnehmer – also nicht die

Für eine Willenserklärung eines Stellvertreters ist nur dann Raum, wenn keine eigene Willenserklärung abgegeben wird, so dass vorrangig das Vorhandensein einer eigenen Willenserklärung der Eurex Clearing AG zu prüfen ist.

a) Ansatzpunkte für die Kundgabe eines Vertragswillens

Wie schon erwähnt, setzt sich eine Willenserklärung aus dem von einer Person gebildeten, auf eine bestimmte Rechtsfolge gerichteten Willen und der Kundgabe dieses Willens in der Erklärung zusammen[1253]. Hier bedarf insbesondere das Vorhandensein eines Erklärungstatbestands einer genaueren Herleitung. Denn weder in den Vorschriften der BörsO-FWB noch in den CB-Eurex findet sich etwa eine Rule 2120 der LSE entsprechende Regelung, nach der die Eurex Clearing AG den CM ein Angebot zum Vertragsschluss unterbreiten würde. Stattdessen wird in § 92 Abs. 3 S. 1 BörsO-FWB und in Nummer 1.1.3 Abs. 2 des V. Kapitels der CB-Eurex nur vorausgesetzt, dass stets ein Vertrag mit der Eurex Clearing AG zustande kommt. Eine ausdrückliche auf einen Vertragsschluss gerichtete Willenserklärung der Eurex Clearing AG findet sich somit nicht. Allerdings gilt es zu bedenken, dass Willenserklärungen auch konkludent abgegeben werden können[1254]. Eine konkludente Willenserklärung setzt voraus, dass aus einem bestimmten Verhalten anhand der Begleitumstände im Wege der Auslegung der Schluss auf einen bestimmten Geschäftswillen gezogen werden kann[1255]. In eng begrenzten Ausnahmefällen kann sogar dem Schweigen Erklärungswert zukommen[1256]. Dies gilt bspw. dann, wenn durch Gesetz die Bedeutung des Schweigens als Annahme eines Antrags bestimmt wird, wie es in § 516 Abs. 2 S. 2 BGB und in § 362 Abs. 1 S. 1 Hs. 2 HGB geschehen ist. In den letztgenann-

---

Skontroführer – neben ihrer eigenen Willenserklärung noch eine Willenserklärung in Vertretung des Zentralen Kontrahenten abgeben.

1253 Larenz/Wolf, Allgemeiner Teil des BGB, § 24, Rn. 1; Brox, Allgemeiner Teil, Rn. 83; Köhler, Allgemeiner Teil, § 6, Rn. 2.

1254 BGH, WM 1984, S. 243; MünchKomm-BGB/Kramer, Vor § 116, Rn. 21 ff.; Palandt/Heinrichs, Einf. v. § 116, Rn. 6; Larenz/Wolf, Allgemeiner Teil des BGB, § 24, Rn. 17.

1255 BGHZ 88, S. 373 (382); Wendtland in Bamberger/Roth, § 133, Rn. 8; Palandt/Heinrichs, Einf. v. § 116, Rn. 6; Medicus, Allgemeiner Teil des BGB, Rn. 333 f.

1256 Palandt/Heinrichs, Einf. v. § 116, Rn. 7 ff.; Medicus, Allgemeiner Teil des BGB, Rn. 333 u. 346 ff.; Soergel/Hefermehl, Vor § 116, Rn. 32 ff.; MünchKomm-HGB/Welter, § 362, Rn. 3.

ten Fällen handelt es sich allerdings nicht mehr um eine konkludent abgegebene Erklärung, sondern vielmehr um die Fiktion einer Willenserklärung[1257].

aa) Bloßes Schweigen als Willenserklärung

Man könnte nun versucht sein, ohne weitere Bemühungen um das Auffinden einer schlüssig abgegebenen Willenserklärung auf § 362 Abs. 1 HGB abzustellen, um zu einem Vertragsschluss mit der Eurex Clearing AG zu gelangen. Dieser Ansatz wäre jedoch nicht Erfolg versprechend. Denn zum einen ist schon sehr zweifelhaft, ob es sich bei der Tätigkeit der Eurex Clearing AG um eine Geschäftsbesorgung i.S. des § 362 Abs. 1 HGB handelt. Unter diesen, dem Auftragsrecht entstammenden Begriff fallen nämlich nur rechtsgeschäftliche oder tatsächliche Tätigkeiten für einen anderen in dessen Interesse[1258]. Die Eurex Clearing AG wird als Zentraler Kontrahent jedoch Partei von Kaufverträgen, die als solche nicht von § 362 Abs. 1 HGB erfasst werden[1259]. Ob bei den Verträgen der Eurex Clearing AG wirtschaftlich der Charakter als Dienstleistung überwiegt, soll an dieser Stelle nicht vertieft werden[1260]. Jedenfalls handelt es sich nach der rechtlichen Konstruktion um Liefergeschäfte, wie sich aus Nummer 2.1.1 des V. Kapitels der CB-Eurex ergibt, wo die Eurex Clearing AG als Vertragspartner für alle Lieferungen und Zahlungen bestimmt wird und sich Anhaltspunkte z.B. für ein Kommissionsgeschäft[1261] nicht finden lassen. Zum anderen entspricht es auch nicht dem in den Vorschriften zum Vertragsschluss zum Ausdruck gebrachten und damit den Handelsteilnehmern erkennbaren Willen der Eurex Clearing AG, auf jeden Wertpapierauftrag ohne weiteres eine korrespondierende Willenserklärung abzugeben, da sie nur dann Vertragspartner wird, wenn zwei sich entsprechende Orders von Handelsteilnehmern vorliegen, so dass sie einmal als Käufer und ein anderes Mal als Verkäufer auftreten kann. Deshalb ist davon auszugehen, dass entweder die Vorschrift des § 362 Abs. 1 HGB durch die CB-Eurex abbedungen wurde oder dass sich die Handelsteilnehmer angesichts ihres Wissens um diese Ausgangslage und des damit fehlenden Bedürfnisses nach

---

1257 Vgl. Eckert in Ebenroth/Boujong/Joost, § 362, Rn. 1; Schlegelberger/Hefermehl, § 362, Rn. 1 i.V.m. 16; Köhler, Allgemeiner Teil, § 6, Rn. 6; Soergel/Hefermehl, Vor § 116, Rn. 34a.

1258 Schlegelberger/Hefermehl, § 362, Rn. 9; Eckert in Ebenroth/Boujong/Joost, § 362, Rn. 11; Staub/Canaris, § 362, Rn. 9; MünchKomm-HGB/Welter, § 362, Rn. 19.

1259 K. Schmidt, Handelsrecht, § 19 II, S. 556; Staub/Canaris, § 362, Rn. 10; Eckert in Ebenroth/Boujong/Joost, § 362, Rn. 13.

1260 Vgl. dazu S. 474 ff.

1261 Vgl. zum Kommissionsgeschäft eingehend K. Schmidt, Handelsrecht, § 31, S. 855 ff., sowie S. 451 ff.

Verkehrsschutz, der mit § 362 HGB bezweckt wird, zumindest nicht auf sie berufen können[1262]. Somit bleibt es bei der Notwendigkeit einer konkludent abgegebenen Willensbedingung der Eurex Clearing AG selbst oder der Abgabe einer für sie wirkenden Erklärung durch einen anderen.

bb) Antizipierte Willenserklärung durch die CB-Eurex

Als Anknüpfungspunkt für eine stillschweigend abgegebene Willenserklärung kommen Handlungen der Eurex Clearing AG in Betracht, die ihre Bereitschaft zum Ausdruck bringen, als Zentraler Kontrahent zu fungieren. Das geschieht zunächst dadurch, dass sie sich gegenüber der Deutschen Börse AG verpflichtet, die Aufgabe als Zentrale Gegenpartei zu übernehmen. Diese Verpflichtung erfüllt sie daraufhin unter anderem dadurch, dass sie Clearing-Bedingungen aufstellt, in denen festgelegt wird, dass sie Vertragspartner jedes Wertpapiergeschäfts wird. Da über die Verpflichtungserklärung gegenüber der Deutsche Börse AG nichts bekannt ist und diese sich auch nicht an die Handelsteilnehmer richtet, stellen die CB-Eurex den geeigneten Ansatz zur Ermittlung der Willenserklärung der Eurex Clearing AG dar. Mit diesem Regelwerk wendet sie sich an alle Handelsteilnehmer, die zur Anerkennung der CB-Eurex gem. § 16 a Abs. 1 S. 2 BörsO-FWB verpflichtet sind. Wenn nun in Nummer 1.1.3 Abs. 2 des V. Kapitels der CB-Eurex davon die Rede ist, dass mit der Auftragsausführung ein Geschäft zwischen dem Handelsteilnehmer und der Eurex Clearing AG sowie ein inhaltsgleiches Geschäft zwischen der Eurex Clearing AG und einem anderen Handelsteilnehmer zustande kommen, dann ist dem die ständige Bereitschaft zu entnehmen, einen Vertrag mit einem Handelsteilnehmer zu schließen, sofern für die Eurex Clearing AG fest steht, dass jedem Geschäft mit ihr als Käufer ein entsprechendes Geschäft mit ihr als Verkäufer gegenübersteht. Zwar geht grundsätzlich mit einer zum Ausdruck gebrachten Bereitschaft zum Vertragsschluss noch nicht die Abgabe der dafür erforderlichen Willenserklärung einher, doch scheint einer Auslegung dieser Bereitschaft im Sinne einer antizipierten Willenserklärung nichts im Wege zu stehen, wenn bestimmte Gegebenheiten darauf hindeuten[1263]. Veranschaulichen lässt sich dies an der mitunter schwierigen Abgrenzung zwischen der invitatio ad offerendum, also der bloßen Aufforderung, Anträge für ei-

---

1262 Vgl. Staub/Canaris, § 362, Rn. 26; Eckert in Ebenroth/Boujong/Joost, § 362, Rn. 35 f.; MünchKomm-HGB/Welter, § 362, Rn. 38.
1263 Dass eine Willensklärung bei entsprechender vertraglicher Gestaltung antizipiert werden kann, hat der BGH erst kürzlich für Internet-Auktionen klargestellt (BGH, NJW 2002, S. 363 (364)); vgl. dazu ferner Ulrici, JuS 2000, S. 947 (948 f.), der die Möglichkeit einer antizipierten Annahme mit der Privatautonomie begründet, sowie Hartung/Hartmann, MMR 2001, S. 278 (282 f.).

nen Vertragsschluss abzugeben, und dem rechtlich bindenden Antrag[1264]. Dabei ist im Wege der Auslegung zu ermitteln, wie der in Frage stehende Erklärungstatbestand objektiv aus Sicht des Erklärungsempfängers aufzufassen ist[1265]. Es stellt ein wichtiges Indiz gegen die Annahme eines Bindungswillens dar, wenn eine vorzeitige Bindung für den Erklärenden erkennbar von Nachteil ist, weil dieser bspw. vor dem Vertragsschluss noch die eigene Leistungsfähigkeit oder die seines möglichen Geschäftspartners überprüfen will[1266]. Legt man diesen Maßstab bei der Ermittlung eines Rechtsbindungswillens der Eurex Clearing AG an, so überwiegen die Gründe für die Annahme einer bindenden Erklärung[1267]. Denn es besteht für die Eurex Clearing AG keine Veranlassung, ihre eigene Leistungsfähigkeit oder die ihres Vertragspartners anzuzweifeln, da das Clearing-System mit dem Erfordernis von Sicherheitsleistungen und Einzahlungen in einen Sicherungsfonds ausreichend Schutz vor dem Ausfall einer Vertragspartei bietet[1268]. Die eigene Lieferfähigkeit wird schließlich noch dadurch gewährleistet, dass die Willenserklärung zum Abschluss des Wertpapiergeschäfts nur für den Fall abgegeben wird, dass die Eurex Clearing AG ein korrespondierendes Geschäft mit einer anderen Partei abschließen kann. Diese Einschränkung kann auch nicht als Argument gegen einen Bindungswillen angeführt werden, da sie sich rechtlich mit diesem vereinbaren lässt.

aaa) Vereinbarung einer Bedingung i.S. des § 158 BGB?

Für die nähere Ausgestaltung der Konstruktion der antizipierten Willenserklärung sind zwei Alternativen denkbar. Zum einen könnte es sich um eine Willenserklärung der Eurex Clearing AG handeln, die für jeweils den Fall antizipiert ab-

---

1264 Vgl. Medicus, Allgemeiner Teil des BGB, Rn. 358 ff.; Köhler, Allgemeiner Teil, § 8, Rn. 9 ff.; Soergel/Wolf, § 145, Rn. 6 ff.

1265 Palandt/Heinrichs, § 145, Rn. 2, und Staudinger/Bork, § 145, Rn. 4; Glatt, Vertragsschluss im Internet, S. 28, nimmt Bezug auf die §§ 133, 157 BGB.

1266 Staudinger/Bork, § 145, Rn. 4; Köhler, Allgemeiner Teil, § 8, Rn. 9; Soergel/Wolf, § 145, Rn. 7.

1267 Ebenso Alfes für den Vertragsschluss im elektronischen Handelssystem, Central Counterparty, S. 113 u. 117. Alfes stellt in seinen folgenden Ausführungen (S. 120 ff.) als Alternative ein sog. „Stellvertretungsmodell" dar, bei dem die CM als Stellvertreter des Zentralen Kontrahenten die auf den Vertragsschluss gerichteten Willenserklärungen abgeben, und vertritt die Ansicht, das auch dieses Modell rechtskonstruktiv geeignet sei, den Vertragsschluss mit dem Zentralen Kontrahenten zu erklären. Jedoch stellt er schließlich fest, dass das „Antizipationsmodell" dem „Stellvertretungsmodell" überlegen sei und „am ehestem" dem entspreche, was die Beteiligten gewollt hätten.

1268 Vgl. zur Ausgestaltung des Clearing-Systems an der FWB im Einzelnen S. 71 ff.

gegeben wird, dass ein Wertpapierauftrag eines Handelsteilnehmers vorliegt, und welche auf die Vereinbarung einer aufschiebenden Bedingung i.S. des § 158 BGB gerichtet ist[1269], nach der das Wertpapiergeschäft erst dann wirksam werden soll, wenn ein anderer Handelsteilnehmer einen korrespondierenden Wertpapierauftrag abgegeben hat, so dass die Eurex Clearing AG ein entsprechendes zweites Geschäft abschließen kann[1270]. Wegen der Vorschrift in § 150 Abs. 2 BGB, die eine Annahme unter Erweiterungen, Einschränkungen oder sonstigen Änderungen und damit auch Bedingungen ausschließt[1271], müsste entweder daraufhin eine erneute, das Einverständnis mit dieser Bedingung zum Ausdruck bringende Willenserklärung des Handelsteilnehmers erfolgen oder aber dem ursprünglichen Wertpapierauftrag des Handelsteilnehmers von vornherein die angesprochene Bedingung beigefügt werden. Diese Lösung kommt im Hinblick auf die Abgabe einer Willenserklärung der Eurex Clearing AG ohne die Einschaltung des Skontroführers als Mittelsperson aus, da die Willenserklärung sofort bei Aufgabe eines Wertpapierauftrags seitens eines Handelsteilnehmers juristisch konstruiert wird, ohne dass es dafür weiterer Handlungen bedürfte. Dem Skontroführer käme dann lediglich die Aufgabe zu, den Vollzug des Bedingungseintritts zu übermitteln.

bbb) Übermittlung einer antizipierten Willenserklärung durch einen Boten

Als Alternative kommt in Betracht, eine auf den Vertragsschluss gerichtete Willenserklärung der Eurex Clearing AG nur für den Fall zu antizipieren, dass ein korrespondierender Wertpapierauftrag eines anderen Handelsteilnehmers abgegeben wird. Weil die Handelsteilnehmer nicht wissen können, ob und wann dies der Fall ist, hat der Skontroführer bei dieser Gestaltung die Funktion, als Mittelsperson die antizipierte Willenserklärung an die Handelsteilnehmer zu überbringen. Das bedeutet, dass bis zum Eingang einer inhaltsgleichen Order eines anderen Handelsteilnehmers keine Bindung der Eurex Clearing AG besteht. Dafür spricht, dass bei einer Bedingung zur Begründung einer Verpflichtung in der Regel davon ausgegangen wird, dass die Verpflichtung erst mit dem Wollen des Verpflichteten begründet wird und nicht schon mit dem Setzen der Bedin-

---

1269 Vgl. zum Begriff der Bedingung und zu der Abgrenzung zu anderen Rechtsinstituten Staudinger/Bork, Vorbem. zu §§ 158–163, Rn. 4 ff., sowie MünchKomm-BGB/Westermann, § 158, Rn. 8 ff.

1270 Von dieser Gestaltung geht Alfes für den Vertragsschluss im elektronischen Handelssystem Xetra aus, Central Counterparty, S. 116 ff.

1271 Soergel/Wolf, § 150, Rn. 9; Staudinger/Bork, § 150, Rn. 8.

gung[1272]. Gegen eine vorherige Bindung kann überdies angeführt werden, dass nach dem Wortlaut des § 11 Abs. 1 S. 1 GB-FWB ein Wertpapiergeschäft erst mit Ausführung von Aufträgen und Geschäftsbestätigung zustande kommt, also von einer früheren Bindung keine Rede ist, sie vielmehr der Sache nach auf einen späten Zeitpunkt hinausgeschoben wird[1273].

Freilich stellt sich hier noch die Frage nach der genaueren Qualifizierung des Skontroführers als Mittelsperson. Nachdem bereits herausgearbeitet wurde, dass der Skontroführer bei Abgabe der Willenserklärungen von Handelsteilnehmern als Bote fungiert und dies für einen Handelsmakler den Normalfall darstellt[1274], erscheint es nahe liegend, ihm dieselbe Eigenschaft auch bei der Abgabe von Willenserklärungen der Eurex Clearing AG zuzuschreiben. Allerdings setzt das voraus, dass sich die Botenfunktion des Skontroführers mit der dargestellten Lösung einer antizipierten Willenserklärung, die nur unter bestimmten Umständen als abgegeben gilt, vereinbaren lässt.

Dieses könnte dann in Zweifel gezogen werden, wenn dem Skontroführer bei der Abgabe der Willenserklärung ein eigener Entscheidungsspielraum eingeräumt wäre bzw. wenn er nach außen hin so aufträte, dass von der Abgabe einer eigenen Willenserklärung und nicht von der Übermittlung einer fremden auszugehen wäre[1275]. Beides ist jedoch nicht der Fall. Denn es spricht nichts dagegen, einem Boten die Anweisung zu erteilen, eine bestimmte Willenserklärung nur bei Eintritt bestimmter Umstände zu übermitteln, sofern es sich dabei um objektive Bedingungen handelt, die dem Boten keinen eigenen Entscheidungsspielraum lassen[1276]. Diese Voraussetzung ist für die Abgabe einer Willenserklärung der Eurex Clearing AG durch den Skontroführer erfüllt, da letzterer stets dann eine dem Wertpapierauftrag eines Handelsteilnehmers entsprechende Willenserklärung übermitteln soll, wenn eine korrespondierende Order eines anderen Handelsteilnehmers zu dem von ihm ermittelten Preis vorliegt bzw. eingeht. Ein gewisser Beurteilungsspielraum bleibt dem Skontroführer somit nur im Hinblick

---

1272 Hübner, Allgemeiner Teil des BGB, Rn. 1128; Köhler, Allgemeiner Teil, § 14, Rn. 17.

1273 Siehe zur Bedeutung der Geschäftsbestätigung für den Vertragsschluss S. 301 ff.

1274 Heymann, Der Handelsmakler, S. 396; Reiner in Boujong/Ebenroth/Joost, § 93, Rn. 13; Staub/Brüggemann, § 94, Rn. 1; Heymann/Herrmann, Vor § 93, Rn. 1.

1275 Vgl. zu diesen beiden Kriterien Hueck, AcP 152 (1952/53), S. 432 (434 ff.), der sich im Ergebnis – entgegen der h.M. – für eine Abgrenzung nach Maßgabe des internen Verhältnisses zum Geschäftsherren ausspricht; vgl. dazu ferner Münch-Komm-BGB/Schramm, Vor § 164, Rn. 43 ff., Soergel/Leptien, Vor § 164, Rn. 44, sowie Staudinger/Schilken, Vorbem. zu §§ 164 ff., Rn. 74 ff.

1276 Lutter, Festschrift Duden, S. 269 (276 f.).

auf die Preisfeststellung[1277], nicht aber in Bezug auf die darauf folgende Übermittlung der antizipierten Willenserklärung der Eurex Clearing AG. Zudem tritt er nach außen keineswegs so auf, dass auf die Abgabe einer eigenen Willenserklärung durch ihn zu schließen wäre. Das wird alleine durch die Schwierigkeit deutlich, überhaupt eine für die Eurex Clearing AG wirkende Willenserklärung zu ermitteln. Entschließt man sich – wie vorliegend geschehen – für die Annahme einer antizipierten Willenserklärung der Eurex Clearing AG, bleibt letztlich für eine eigene Willenserklärung des Skontroführers kein Raum[1278]. Da schließlich nicht ersichtlich ist, warum eine antizipierte Willenserklärung nicht durch einen Boten übermittelt werden können sollte, lässt sich im Ergebnis die Botenstellung mit der Gestaltung einer antizipierten Willenserklärung, die nur im Falle des Eintritts bestimmter Umstände übermittelt wird, vereinbaren. Demzufolge ist der Skontroführer als Bote einzuordnen, der die auf einen Vertragsschluss gerichtete Willenserklärung der Eurex Clearing AG an den jeweiligen Handelsteilnehmer überbringt.

b) Ergebnis

Es bleibt also festzuhalten, dass die Eurex Clearing AG mit den von ihr gestellten Clearing-Bedingungen ihren Willen zum Ausdruck bringt, Verträge mit den Handelsteilnehmern abzuschließen, sofern sie ein entsprechendes Gegengeschäft mit einem anderen Handelsteilnehmer tätigen kann. Somit liegt rechtstechnisch eine antizipierte Willenserklärung der Eurex Clearing AG vor, die für den Fall

---

1277 Dies folgt daraus, dass der Skontroführer gem. § 27 Abs. 1 S. 1 BörsG auf einen geordneten Marktverlauf hinzuwirken hat und die Börsenpreise nach § 25 Abs. 2 S. 1 BörsG der wirklichen Marktlage entsprechen müssen, so dass sich seine Tätigkeit nicht auf das rein mechanische Zusammenführen von Aufträgen beschränken kann (vgl. Begr. RegE 4. FFG, BT-Drs. 14/8017, S. 78; Schäfer/Ledermann, WpHG u.a., § 29 BörsG, Rn. 7; Schwark/Beck, KMR, § 27 BörsG, Rn. 9).

1278 Wer dagegen der Ansicht ist, eine Differenzierung zwischen Preisermittlung und Abgabe der für die Eurex Clearing AG wirkenden Willenserklärung sei nicht möglich, so dass dem Skontroführer doch ein eigener Entscheidungsspielraum bzgl. der Abgabe verbleibe, müsste den Skontroführer als Vertreter einstufen, der konkludent zur Abgabe einer für die Eurex Clearing AG wirkenden Willenserklärung ermächtigt wurde. Die Ermächtigung folgte in diesem Fall in ähnlicher Argumentation wie die Begründung der antizipierten Willenserklärung durch die den Vertragsschluss regelnden Vorschriften der CB-Eurex bzw. der BörsO-FWB. Das führte zwar zu einer unterschiedlichen Beurteilung der Stellung des Skontroführers in seinem Verhältnis zu Handelsteilnehmern einerseits und Eurex Clearing AG andererseits, hätte im Ergebnis aber keine gravierenden Auswirkungen auf das Zustandekommen der Verträge zwischen den Parteien.

des Bestehens oder Eingangs einer korrespondierenden Gegenorder eines Handelsteilnehmers vom Skontroführer als Bote überbracht wird.

IV. Zugang der abgegebenen Willenserklärungen

Mit den vorstehend getroffenen Feststellungen ist noch nicht zugleich die Frage beantwortet, ob und wie der Zugang jener Willenserklärungen erfolgt. Da es sich bei den auf einen Vertragsschluss gerichteten Willenserklärungen – von der Ausnahme in § 151 S. 1 BGB abgesehen[1279] – um empfangsbedürftige Erklärungen handelt[1280], soll im Folgenden näher untersucht werden, zu welchem Zeitpunkt der Zugang und damit die Wirksamkeit[1281] der von den Handelsteilnehmern bzw. von der Eurex Clearing AG stammenden Willenserklärungen anzunehmen ist.

Wie oben dargelegt wurde, geben die Handelsteilnehmer ihre auf den Geschäftsabschluss über Wertpapiere gerichteten Willenserklärungen nicht unmittelbar gegenüber der Eurex Clearing AG ab, sondern bedienen sich dafür ebenso wie die Eurex Clearing AG des Skontroführers als Boten. Damit ist allerdings noch keine Aussage über den Zeitpunkt des Zugangs der Willenserklärung bei der Eurex Clearing AG bzw. bei den Handelsteilnehmern verbunden. Der Zugang hängt maßgeblich von der rechtlichen Qualifizierung des Skontroführers als Mittelsperson ab. Es entspricht nämlich der nahezu unangefochtenen Meinung, dass der Zugang einer an einen Empfangsboten gerichteten Willenserklärung erst dann erfolgt, wenn nach dem gewöhnlichen Verlauf der Dinge mit der Übermittlung der Erklärung an den eigentlichen Adressaten zu rechnen ist[1282], während es für den Zugang unter Einschaltung eines Empfangsbevollmächtigten gem. § 164

1279 Vgl. dazu Schwarze, AcP 202 (2002), S. 607 ff., der allerdings entgegen der ganz h.M. bei § 151 S. 1 BGB nicht nur auf das Erfordernis des Zugangs, sondern auch auf eine Annahmehandlung verzichten will.

1280 Vgl. etwa Medicus, Allgemeiner Teil des BGB, Rn. 259, sowie Köhler, Allgemeiner Teil, § 8, Rn. 13 i.Vm. 22.

1281 Vgl. Soergel/Hefermehl, § 130, Rn. 7; MünchKomm-BGB/Einsele, § 130, Rn. 16.

1282 BGH, NJW-RR 1989, S. 757 (759); MünchKomm-BGB/Einsele, § 130, Rn. 25; Köhler, Allgemeiner Teil, § 6, Rn. 16; Brinkmann, Der Zugang von Willenserklärungen, S. 119 ff.; Medicus, Allgemeiner Teil des BGB, Rn. 285; Larenz/Wolf, Allgemeiner Teil des BGB, § 26, Rn. 41 f.; Soergel/Leptien, Vor § 164, Rn. 45; Palandt/Heinrich, § 130, Rn. 9; a.A. allerdings Flume, Allgemeiner Teil, Band II, § 14 3 d) (S. 236 f.), der einen sofortigen Zugang bei der Erklärung gegenüber dem Empfangsboten annimmt, aber für die Wahrung von Fristen auf die Möglichkeit der Kenntnisnahme abstellt.

Abs. 3 BGB ausreicht, dass diesem die Erklärung zugeht[1283]. Handelt es sich schließlich bei der Mittelsperson lediglich um einen Erklärungsboten, so kommt es für den Zugang auf die tatsächliche Übermittlung vom Boten an den Adressaten an[1284].

Deshalb ist eine Auseinandersetzung mit den Auffassungen geboten, die den Skontroführer als Empfangsbevollmächtigten[1285] bzw. als Empfangsboten[1286] einstufen.

1. Skontroführer als Empfangsbevollmächtigter

Die Stellung des Skontroführers als Empfangsbevollmächtigter wird im Wesentlichen mit einem praktischen Bedürfnis nach schnellstmöglichem Beginn der Abwicklung der vermittelten Geschäfte begründet[1287]. Ob dieses rechtspraktische Argument stichhaltig ist, hängt eng mit den normativen Vorgaben zusammen, die für den börslichen Vertragsschluss bestehen. Sollte sich danach ergeben, dass für den wirksamen Geschäftsabschluss auf jeden Fall eine Benachrichtigung der Handelsteilnehmer bzw. der Eurex Clearing AG erforderlich ist, so wäre der Lösung über eine Empfangsbevollmächtigung die Grundlage entzogen, weil vor jener Benachrichtigung ohnehin nicht mit der Abwicklung der Geschäfte begonnen werden könnte. Ein Anhaltspunkt für das Erfordernis einer Benachrichtigung könnte mit § 11 Abs. 1 GB-FWB vorhanden sein, wonach ein Geschäft an der FWB durch „Ausführung von Aufträgen und Geschäftsbestätigung" zustande kommt und die Geschäftsbestätigung im skontroführergestützten Handel durch Schlussnote erfolgt. Die Bedeutung dieser Formulierung bedarf der Erläuterung,

1283 Vgl. Staudinger/Schilken, § 164, Rn. 22; Brinkmann, Der Zugang von Willenserklärungen, S. 103; Larenz/Wolf, Allgemeiner Teil des BGB, § 26, Rn. 39; Soergel/Leptien, Vor § 164, Rn. 45; Palandt/Heinrich, § 130, Rn. 8.

1284 Medicus, Allgemeiner Teil des BGB, Rn. 284; Köhler, Allgemeiner Teil, § 6, Rn. 15 f.; Palandt/Heinrichs, § 130, Rn. 9.

1285 So Kümpel, WM 1991, Sonderbeil. 4, S. 8; Matthes, Das Recht des Kursmaklers, S. 129; Lenenbach, Kapitalmarkt- und Börsenrecht, Rn. 4.37.

1286 So etwa Schwark, BörsG, § 30, Rn. 8; Schwark/Beck, KMR, § 27 BörsG, Rn. 5; Nußbaum, Börsengesetz, § 35, Anm. III b), spricht nur von der Übermittlung der Willenserklärungen „nach Art des Boten", so dass nicht ganz deutlich wird, ob er lediglich von einer Erklärungsbotenschaft oder zusätzlich von einer Empfangsbotenschaft ausgeht, obgleich der Zusammenhang eher auf die Eigenschaft des Maklers als Erklärungsbote hindeutet.

1287 Kümpel, WM 1991, Sonderbeil. 4, S. 8 mit Fn. 30; ähnlich Lenenbach, Kapitalmarkt- und Börsenrecht, Rn. 4.37, der den sofortigen Zugang für „interessengerechter" hält.

zumal sie in den Vorschriften der BörsO-FWB und der CB-Eurex zum Geschäftsabschluss mit der Eurex Clearing AG ebenfalls gebraucht wird[1288].

Mit ihr könnte zunächst eine aufschiebende Bedingung i.S. des § 158 Abs. 1 BGB bezweckt sein, welche die Wirksamkeit des Geschäftsabschlusses von der Erteilung der Geschäftsbestätigung in der Form der Schlussnote abhängig macht. Dafür spricht, dass die Handelsteilnehmer bzw. auch die Eurex Clearing AG zu diesem Zeitpunkt ihre Willenserklärungen schon abgegeben haben und es dem Wortlaut nach nur noch von einem äußeren Ereignis abhängen soll, ob das Wertpapiergeschäft zustande kommt oder nicht. Diese Auslegung der Formulierung lässt sich zumindest teilweise auf ihren Wortlaut stützen. Denn mit dem Wort „Geschäftsbestätigung" wird gewöhnlich ein bereits bestehendes Geschäft assoziiert, wie es bei einem bedingten, wegen der Bedingung nur noch nicht wirksamen Wertpapierkauf, vorhanden wäre[1289].

Allerdings ist zuzugeben, dass das Wortlautargument im vorliegenden Zusammenhang mit dem Zugang der Willenserklärungen angreifbar ist, da eingewendet werden könnte, ein bestätigungsfähiges Geschäft komme nur bei bereits erfolgtem Zugang der betreffenden Willenserklärungen in Betracht, so dass man doch weiter nach einer Empfangsbevollmächtigung zu fragen habe. Zweifel an der konstitutiven Wirkung der Geschäftsbestätigung für die Wirksamkeit der Wertpapiergeschäfte an der FWB könnten überdies aufkommen, wenn man die Stellungnahmen des Schrifttums zur Bedeutung einer Schlussnote nach § 94 HGB bedenkt, der auch für die im Börsenhandel erteilte Schlussnote gilt[1290]. Dort wird nämlich meist einschränkungslos festgestellt, dass der Erteilung einer Schlussnote für die Wirksamkeit des vermittelten Geschäfts keine Bedeutung zukomme, sondern die Schlussnote ein bloßes Beweismittel für den Abschluss und Inhalt des Geschäfts darstelle[1291]. Nur vereinzelt wird darauf hingewiesen, dass gerade im Börsenhandel aufgrund von Börsenusancen der Aushändigung der Schlussnote für den Vertragsschluss konstitutive Wirkung zukommen könne[1292].

1288 Vgl. § 92 Abs. 3 S. 1 u. 2 BörsO-FWB sowie V. Kapitel Nummer 1.1.3 Abs. 1 u. 2 der CB-Eurex.

1289 Vgl. Staudinger/Bork, § 158, Rn. 18; Soergel/Wolf, § 158, Rn. 8.

1290 Dies ergibt sich daraus, dass der Skontroführer Handelsmakler i.S. des § 93 HGB ist und deshalb die entsprechenden Vorschriften gelten (vgl. Kümpel, Bank- und Kapitalmarktrecht, Rn. 17.452; Lenenbach, Kapitalmarkt- und Börsenrecht, Rn. 2.61; Baumbach/Hopt, § 93, Rn. 12).

1291 Baumbach/Hopt, § 94, Rn. 1; MünchKomm-HGB/v. Hoyningen-Heine, § 94, Rn. 3; Staub/Brüggemann, § 94, Rn. 2; Heymann/Herrmann, § 94, Rn. 2; Reiner in Boujong/Ebenroth/Joost, § 94, Rn. 8; i.E. ebenso BGH, NJW 1955, S. 1916 (1917).

1292 Heymann, Der Handelsmakler, S. 402; Matthes, Das Recht des Kursmaklers, S. 130; Ledermann, Die Rechtsstellung des Kursmaklers an den deutschen Wertpa-

Dieser Auffassung ist für den Börsenhandel an der FWB zu folgen[1293]. Ebenso wie die Parteien eines Vertrages kraft ihrer Parteiautonomie Bedingungen für die Wirksamkeit eines Geschäfts vereinbaren können, ist dasselbe in den Börsenusancen möglich. Dass an der FWB von der somit bestehenden Gestaltungsbefugnis Gebrauch gemacht worden ist, wird aus § 11 Abs. 2 S. 2 GB-FWB deutlich, wonach der Geschäftsabschluss als nicht zustande gekommen gilt, wenn die Schlussnotenerteilung unterbleibt und nicht bis zum Beginn der Börsenversammlung angemahnt wurde. Ohne Schlussnote kommt es demnach nicht zu einem wirksamen Geschäft.

Somit kann das rechtspraktische Argument, das für die Stellung des Skontroführers als Empfangsbevollmächtigter vorgebracht wird, nicht überzeugen.

2. Skontroführer als Empfangsbote

Fraglich bleibt dann freilich, ob der Skontroführer neben seiner Eigenschaft als Erklärungsbote auch als Empfangsbote fungiert[1294]. Es ist aber nicht zu erkennen, wie und warum das möglich sein soll, nachdem herausgearbeitet worden ist, dass der Skontroführer sowohl für die Handelsteilnehmer als auch für die Eurex Clearing AG als Erklärungsbote tätig wird. Die diese Position einnehmende Auffassung geht wohl davon aus, dass der Skontroführer einer der Vertragsparteien zuzuordnen ist und nur für sie als Bote fungiert. Es ist danach zwar konsequent, den Skontroführer als Erklärungs- und Empfangsboten jener Partei zu behandeln, doch entspricht dies nicht seiner neutralen Stellung innerhalb des Börsenhandels[1295]. Darüber hinaus wird mit einer Einordnung des Skontroführers als Empfangsboten aus rechtspraktischer Sicht nicht viel erreicht. Denn zum einen hängt der Zeitpunkt der Wirksamkeit des Geschäftsabschlusses – wie eben dargelegt – wesentlich von der Schlussnotenerteilung ab und andererseits bestehen für Einwendungen gegen Geschäftsabschlüsse spezielle Regelungen in den GB-FWB[1296]. Deshalb ist die für die Behandlung von Fehlern bei der Übermittlung der Willenserklärungen grundsätzlich wichtige Differenzierung zwischen Erklä-

---

pierbörsen, S. 58, spricht von einer „Modifikation" der Regel, dass der Schlussnote nur Beweisfunktion zukomme.

1293 Anderer Ansicht ist Alfes, Central Counterparty, S. 140, der bei seinen Ausführungen zum Vertragsschluss im elektronischen Handelssystem Xetra allerdings zugesteht, dass dieser Frage angesichts der technischen Abläufe im Ergebnis keine große praktische Bedeutung zukommen wird.

1294 Vgl. Schwark, BörsG, § 30, Rn. 8; Schwark/Beck, KMR, § 27 BörsG, Rn. 5.

1295 Vgl. zur Neutralitätspflicht des Skontroführers Kümpel, Bank- und Kapitalmarktrecht, Rn. 17.458.

1296 Vgl. §§ 12 f., 40 GB-FWB.

rungs- und Empfangsbote[1297] bzw. Stellvertreter[1298] für den Börsenhandel nicht bedeutsam[1299]. Folglich ist die Einordnung des Skontroführers als Empfangsbote weder erforderlich noch sachgerecht.

3. Ergebnis

Somit ist davon auszugehen, dass der Skontroführer jeweils nur als Erklärungsbote tätig wird und damit der Zugang der Willenserklärung der Vertragsparteien erst dann erfolgt, wenn ihnen die Nachricht der Auftragsausführung tatsächlich übermittelt wird. Das bedeutet, dass der Zugang möglicherweise erst mit der Erteilung der Schlussnote erfolgt[1300], aber bei entsprechender technischer Gestaltung bereits früher anzunehmen ist. Auf letzteres deutet § 11 Abs. 2 S. 3 GB-FWB hin, wonach die Erteilung der Schlussnote auf Weisung des Empfängers auch dadurch erfolgen kann, dass die entsprechenden Daten beim Börsenrechenzentrum in einem Druck-Pool oder auf Datenträgern bereitgestellt werden. In der Praxis machen fast alle Handelsteilnehmer von dieser Möglichkeit Gebrauch, so dass sie anstatt eines Dokuments in Papierform stündlich eine Datei mit allen in einer herkömmlichen Schlussnote aufzunehmenden Daten erhalten[1301]. Darüber hinaus werden den Handelsteilnehmern unmittelbar nach der Auftragsausführung auf ihren Handelsbildschirmen die Ausführung ihrer Aufträge sowie sämtliche relevanten Informationen angezeigt[1302].

Es bleibt also festzustellen, dass der Zugang der Willenserklärungen sowohl bei einem Handelsteilnehmer als auch bei der Eurex Clearing AG erst dann erfolgt, wenn sie selbst die Möglichkeit der Kenntnisnahme erlangen. Der genaue Zeitpunkt dafür hängt maßgeblich von der technischen Gestaltung des Systems ab und liegt bei der FWB spätestens in der Erteilung der Schlussnote durch den Skontroführer oder in der Vornahme einer die herkömmliche Schlussnote erset-

---

1297 Vgl. Brinkmann, Der Zugang von Willenserklärungen, S. 102 f.; Medicus, Allgemeiner Teil des BGB, Rn. 284 f.; Sandmann, AcP 199 (1999), S. 455 (462 ff.);
1298 Vgl. dazu Soergel/Leptien, Vor § 164, Rn. 45; MünchKomm-BGB/Schramm, Vor § 164, Rn. 47; Larenz/Wolf, Allgemeiner Teil des BGB, § 26, Rn. 38 ff.
1299 Vgl. Ledermann, Die Rechtsstellung des Kursmaklers an den deutschen Wertpapierbörsen, S. 56, sowie Kümpel, WM 1991, Sonderbeil. 4, S. 8 mit Fn. 30, die sich beide unmittelbar nur auf die Abgrenzung von Stellvertretung und Botenschaft beziehen.
1300 Vgl. Heymann, Der Handelsmakler, S. 402.
1301 Diese Information geht auf eine Antwort auf eine fernmündliche Anfrage bei der BrainTrade Gesellschaft für Börsensysteme mbH zurück, die das System XONTRO betreibt.
1302 Ruland, Effekten – Geschäft und Technik, S. 80 u. 180.

zenden Handlung, die als Ausgestaltungen der Geschäftsbestätigung ohnehin Voraussetzung für die Wirksamkeit des Geschäfts sind.

V. Technik der Einigungserzielung

Bislang wurde stets von Willenserklärungen gesprochen, wenn es um den Vertragsschluss zwischen Handelsteilnehmern und der Eurex Clearing AG ging. Die geläufige, den §§ 145 ff. BGB entstammende Terminologie von Antrag bzw. Angebot und Annahme[1303] wurde dagegen bewusst vermieden. In der Literatur wird nämlich für den börslichen Vertragsschluss ohne Einschaltung eines Zentralen Kontrahenten die Auffassung vertreten, der gesetzliche Regelfall eines Vertragsschlusses durch Angebot und Annahme passe nicht[1304]. Denn beide Handelsteilnehmer gäben mit ihrem Auftrag eine Willenserklärung ab, die den vollständigen Vertragsinhalt enthalte und durch bloßes Ja-Sagen angenommen werden könne, so dass dem Grunde nach nur Angebote, aber keine Annahmen erklärt würden[1305]. Außerdem mache die dem Modell von Angebot und Annahme zugrunde liegende zeitliche Abfolge von zunächst abgegebenem Angebot und darauf folgender Annahme für den Börsenhandel keinen Sinn[1306]. Vielmehr sei nach einer alternativen Technik für den Vertragsabschluss zu suchen, die der Rechtsverkehr mit der beiderseitigen Zustimmung zu einem Vertragstext auch zur Verfügung stelle[1307]. Dieses Verfahren komme bspw. zur Anwendung, wenn ein zunächst in längeren Verhandlungen vereinbarter Geschäftsinhalt beurkundungsbedürftig sei und dann von beiden Parteien zeitgleich unterschrieben und damit in Geltung gesetzt werde. Diese Fallkonstellation sei typisch für den Börsenhandel, bei dem allerdings ein Dritter unter Zustimmung der beteiligten Parteien den vereinbarten Geschäftsinhalt in Geltung setze, was aber ebenfalls ohne weiteres möglich sei[1308]. Für den Parketthandel bedeute dies, dass die Handelsteilnehmer mit den Vermittlungsaufträgen an den Skontroführer konkludent die für die Einigung über den Geschäftsinhalt erforderlichen Willenserklärungen abgäben, indem sie

---

1303 Vgl. nur Medicus, Allgemeiner Teil des BGB, Rn. 357, sowie Larenz/Wolf, Allgemeiner Teil des BGB, § 29, Rn. 8.

1304 Lenenbach, Kapitalmarkt- und Börsenrecht, Rn. 4.38; Kümpel, WM 1991, Sonderbeil. 4, S. 5 f.

1305 Lenenbach, Kapitalmarkt- und Börsenrecht, Rn. 4.38.

1306 Kümpel, WM 1991, Sonderbeil. 4, S. 5 f.

1307 Kümpel, WM 1991, Sonderbeil. 4, S. 5, und Lenenbach, Kapitalmarkt- und Börsenrecht, Rn. 4.39, die dabei jeweils Bezug nehmen auf die Ausführungen von Leenen, AcP 188 (1988), S. 381 (393 ff.).

1308 Kümpel, WM 1991, Sonderbeil. 4, S. 5.

mit den Aufträgen im voraus den Inhalt der von den Skontroführern vermittelten Geschäfte bestimmten[1309]. Der Skontroführer setze das Wertpapiergeschäft daraufhin durch die Zuordnung deckungsgleicher Aufträge in Geltung. Dies sei von der konkludent erklärten Zustimmung der Marktteilnehmer gedeckt[1310].

Für Geschäfte unter Einbezziehung eines Zentralen Kontrahenten trägt dieses Modell nicht[1311]. Anders als beim Börsengeschäft ohne Mitwirkung eines Zentralen Kontrahenten enthält hier nur eine Willenserklärung, nämlich die des Handelsteilnehmers, die essentialia negotii des Vertrages, während sich der Zentrale Kontrahent darauf beschränkt, der Willenserklärung des Handelsteilnehmers zuzustimmen. Die beiden für den Vertrag erforderlichen Willenserklärungen können zudem zeitlich durchaus mit der Abfolge von Angebot und Annahme in Einklang gebracht werden, da es sich bei der Willenserklärung der Eurex Clearing AG um eine antizipierte Erklärung handelt, die für jeden Vertragsschluss erst dadurch relevant wird, dass der Skontroführer als Erklärungsbote sie gewissermaßen aktualisiert, wenn er zwei sich entsprechende Aufträge von Handelsteilnehmern ausmacht[1312]. Folglich kann in jedem Wertpapierauftrag eines Handelsteilnehmers ein an die Eurex Clearing AG gerichtetes Angebot gesehen werden, das letztere nur noch anzunehmen braucht. Bedenken an diesem Modell könnten allenfalls insofern geltend gemacht werden, als die Eurex Clearing AG bereits die Annahme des an sie gerichteten Angebots erklärt, ohne dass ihr selbst das Angebot zugegangen ist[1313]. Doch ist kein Grund ersichtlich, warum nicht im Wege der Privatautonomie eine Gestaltung gewählt werden können sollte, nach der eine Mittelsperson als Erklärungsbote die Annahme eines Vertragsangebots übermittelt, sobald eine genau festgelegte Bedingung eingetreten ist, ohne dass zu diesem Zeitpunkt der Zugang des Angebots bei der annehmenden Vertragspartei erfolgt ist. Letztlich resultiert diese Besonderheit an der FWB aus der beim Börsenhandel unter Teilnahme eines Zentralen Kontrahenten anzutreffenden Kombination einer antizipierten Willenserklärung einer der beiden Vertragsparteien mit der Einschaltung einer als Erklärungsbote für beide Parteien fungierenden Mittelsperson.

Mithin handelt es sich bei den Willenserklärungen der Vertragsparteien um Angebot und Annahme i.S. der §§ 145 ff. BGB, wobei das Angebot zum Abschluss eines Wertpapiergeschäfts von dem Handelsteilnehmer unterbreitet wird und die Annahme durch die Eurex Clearing AG als Zentraler Kontrahent erfolgt.

1309 Kümpel, WM 1991, Sonderbeil. 4, S. 8.

1310 Kümpel, WM 1991, Sonderbeil. 4, S. 8.

1311 Ebenso zum Vertragsschluss unter Einbeziehung des Zentralen Kontrahenten im elektronischen Handelssystem Xetra Alfes, Central Counterparty, S. 78.

1312 Vgl. dazu S. 297 ff.

1313 Vgl. zum Zeitpunkt des Zugangs S. 304 f.

VI. Vertragsschluss unter Beteiligung eines NCM

Bislang wurde bei der Untersuchung des Vertragsschlusses an der FWB stets davon ausgegangen, dass es sich bei den beteiligten Handelsteilnehmern um CM handelt. Dies ist für die Veranschaulichung der ohnehin komplexen Grundstrukturen sicherlich von Vorteil, doch spiegelt diese Konstellation nur einen Ausschnitt des Handelsgeschehens wider. Denn die meisten Handelsteilnehmer nehmen am Clearing-System der FWB weder als GCM noch als DCM teil, sondern als NCM[1314]. Daher ist nun zu beleuchten, wie sich die Teilnahme eines als NCM agierenden Handelsteilnehmers auf den Geschäftsabschluss auswirkt.

1. Beteiligte Vertragsparteien

Auch bei der Beteiligung eines NCM ist zunächst klarzustellen, zwischen welchen Parteien Vertragsbeziehungen beim Abschluss eines Wertpapiergeschäfts zustande kommen. Insoweit kann zunächst auf die Feststellungen zu den Vertragsparteien beim Geschäftsabschluss ohne NCM Bezug genommen werden[1315]. Demnach bringen die börslichen Vorschriften zum Zustandekommen von Geschäften zwischen dem NCM und „seinem" CM sowie zwischen diesem CM und der Eurex Clearing AG[1316] zum Ausdruck, dass jene Vertragsbeziehungen von vornherein entstehen und nicht erst im Wege des Eintritts einer beteiligten Partei in ein bestehendes Vertragsverhältnis. Somit entstehen mit der Ausführung eines Wertpapierauftrags und der Geschäftsbestätigung in der Vertragskette bis zur Eurex Clearing AG zwei Vertragsverhältnisse, nämlich eines zwischen dem unmittelbar den Auftrag erteilenden NCM und dem CM sowie ein weiteres zwischen dem CM und der Eurex Clearing AG. Die gleiche Vertragskette entsteht im Falle der Teilnahme eines weiteren NCM auf der anderen Seite des Geschäfts, so dass im Ergebnis vier Verträge geschlossen werden müssen, um ein Wertpapiergeschäft, das seinen Ursprung in Handelsaktivitäten von NCM hat, rechtlich fassbar zu machen. Wie der Vertragsschluss zwischen einem NCM und „seinem" CM sowie zwischen diesem CM und der Eurex Clearing AG rechtlich zu konstruieren ist, soll im Folgenden näher untersucht werden.

1314 Von den rund 400 Handelsteilnehmern an der FWB nahmen zur Zeit der Einführung des Zentralen Kontrahenten lediglich 90 Institute als CM am Handel teil (vgl. Börsen-Zeitung v. 27.03.2003, S. 3).
1315 Vgl. S. 286 ff.
1316 § 92 Abs. 3 S. 2 BörsO-FWB, V. Kapitel Nummer 1.1.3 Abs. 2 S. 2 der CB-Eurex sowie Nummer 2.1 Nr. 2 Abs. 1 S. 2 der Standardvereinbarungen (letztgenannte abgedruckt bei Kümpel/Hammen/Ekkenga, Kz. 473 Anhang 1).

2. Willenserklärung des NCM

Die auf den Abschluss eines Vertrages gerichtete Willenserklärung des NCM ist vergleichsweise leicht zu ermitteln. Denn das NCM gibt unmittelbar die Order zum Erwerb oder Verkauf von Wertpapieren, so dass sich nur die Frage stellen kann, an wen sich seine Willenserklärung richtet. Nachdem aber festgestellt wurde, dass von vornherein nur Vertragsverhältnisse zwischen NCM und dem CM, dem es sich angeschlossen hat, zur Entstehung gelangen, ist die Antwort vorgezeichnet. Alle Willenserklärungen des NCM, welche auf einen Vertragsschluss über Wertpapiere abzielen, die in die Abwicklung über die Eurex Clearing AG einbezogen worden sind, richten sich an das CM, dem sich das NCM angeschlossen hat. Für einen anderen Vertragspartner lassen die Regelwerke und die CB-Eurex keinen Raum, weil sie nur Geschäfte zwischen dem CM und dem bei diesem angeschlossenen NCM vorsehen. Der Skontroführer fungiert auch hier wiederum als Erklärungsbote, indem er dem CM das Angebot des NCM übermittelt.

3. Willenserklärungen des CM

Hinsichtlich möglicher Willenserklärungen des CM muss differenziert werden zwischen derjenigen, die auf den Abschluss des Vertrages mit dem NCM gerichtet ist, und der, die auf den Geschäftsabschluss mit der Eurex Clearing AG abzielt. Beide Willenserklärungen müssen näher beleuchtet werden, da das CM keinen ausdrücklichen Auftrag für den Kauf oder Verkauf von Wertpapieren erteilt.

Allerdings kann bzgl. der Willenserklärung für den Vertrag mit dem NCM auf die Untersuchungsergebnisse zur Erklärung der Annahme durch die Eurex Clearing AG zurückgegriffen werden. Ebenso wie dort eine antizipierte Willenserklärung festgestellt worden ist[1317], könnte auch hier eine antizipierte Erklärung des CM vorliegen. Der erforderliche Rechtsbindungswille lässt sich aus den Clearing-Vereinbarungen i.V.m. den CB-Eurex ermitteln. Denn wenn sich nach den Clearing-Vereinbarungen die Rechte und Pflichten des CM aus diesen selbst sowie aus den CB-Eurex ergeben und darüber hinaus die Regelwerke der FWB in der jeweils aktuellen Fassung gelten[1318], dann ist diesen Regelungen die rechtsverbindliche Bereitschaft zu entnehmen, ohne weitere Einschränkungen mit dem bei ihm angeschlossenen NCM zu kontrahieren, sobald zwei sich entsprechende

---

1317 Vgl. dazu S. 297 ff.
1318 Nummer 1.1 Nr. 1 und Nummer 2.1 Nr. 1 der Standardvereinbarungen.

Aufträge durch den Skontroführer zusammengeführt werden können[1319]. Eine andere Alternative lassen die Regelungen zum Abschluss der Geschäfte, die nach den angeführten Vorschriften stets zwischen dem CM und dem NCM mit der Auftragsdurchführung zustande kommen sollen, nicht zu. Insoweit liegt beim CM dieselbe Situation vor wie bei der Eurex Clearing AG, die gleichfalls im Vorhinein konkludent die Annahme jedes Angebots von CM erklärt, sofern sie ein korrespondierendes Gegengeschäft abschließen kann. Demzufolge ist hier dieselbe rechtliche Konstruktion für den Vertragsschluss zu wählen, so dass das CM das durch das NCM ausgesprochene Angebot für ein Wertpapiergeschäft im Wege einer antizipierten Willenserklärung annimmt. Der Skontroführer fungiert dabei wiederum als Erklärungsbote der beteiligten Parteien, da die Notwendigkeit der Einschaltung einer Mittelsperson ebenso besteht, wie wenn kein NCM am Geschäft beteiligt ist.

In Bezug auf die für den Vertragsschluss mit der Eurex Clearing AG erforderliche Willenserklärung des CM kommt nun ebenfalls eine antizipierte Erklärung in Betracht. Problematisch könnte an dieser Konstruktion sein, dass es sich anders als bei den bisherigen antizipierten Willenserklärungen um ein vorweggenommenes Angebot handeln müsste, das der Eurex Clearing AG unterbreitet wird. Doch erscheint es zumindest nicht unmöglich, den Regelungen zum Geschäftsabschluss in der Clearing-Vereinbarung i.V.m. den entsprechenden Vorschriften der CB-Eurex und der BörsO-FWB die rechtsverbindliche Bereitschaft zur Unterbreitung eines Angebots zu entnehmen, das genau den Inhalt des Angebots des NCM hat. Letztlich kommt es darauf aber nicht an, da der Clearing-Vereinbarung, die zwischen der Eurex Clearing AG, dem NCM und dem CM zu schließen ist, offensichtlich eine andere Vorstellung vom Vertragsschluss zugrunde liegt[1320]. In Nummer 2.1 Nr. 2 Abs. 1 S. 1 der Clearing-Vereinbarung ist nämlich davon die Rede, dass alle Eingaben des NCM in das Handelssystem „unmittelbar für und gegen das CM" wirken. Damit wird eine in § 164 Abs. 1 S. 1 BGB gebrauchte Formulierung aufgegriffen, die auf eine Vertretungslösung hinweist und somit gegen die Abgabe einer eigenen Willenserklärung durch das CM spricht. Der danach vom NCM als Vertreter des CM abgegebene Auftrag wirkt also unmittelbar für das CM, sofern die Voraussetzungen für eine Vertre-

1319 Im Ergebnis für den Vertragsschluss im elektronischen Handelssystem Xetra ebenso Alfes, Central Counterparty, S. 144, der den Ursprung für die antizipierte Willenserklärung des CM jedoch lediglich im Abschluss der Clearing-Vereinbarung mit dem NCM sehen will.
1320 Ebenso Alfes, Central Counterparty, S. 145 ff., zum Angebot des CM beim Vertragsschluss im elektronischen Handelssystem Xetra.

tung nach § 164 Abs. 1 BGB erfüllt werden[1321]. Hieran besteht jedoch kein Zweifel, da nach der beschriebenen Regelungslage für alle Beteiligten klar sein muss, dass das NCM der Eurex Clearing AG im Namen des CM ein Angebot unterbreitet und dazu konkludent mit der Clearing-Vereinbarung von dem CM ermächtigt worden ist. Für eine antizipierte Willenserklärung ist folglich wegen der Existenz einer für und gegen das CM wirkenden Erklärung kein Raum mehr. Allerdings darf auch bei diesem Modell, gegen das aufgrund der weitreichenden Gestaltungsfreiheit der Parteien grundsätzlich keine Bedenken bestehen, nicht vergessen werden, dass eine Willenserklärung des NCM unentbehrlich bleibt. Mithin kommt der Auftragserteilung des NCM eine doppelte Bedeutung zu. Zum einen stellt sie das an das CM gerichtete Angebot zum Vertragsschluss dar, zum anderen liegt in ihr das im Wege der Vertretung abgegebene Angebot des CM an die Eurex Clearing AG, mit ihr einen Vertrag abzuschließen[1322].

4. Ergebnis

Demnach ist festzustellen, dass sich durch die Beteiligung eines NCM am Geschäftsabschluss für die Willenserklärung der Eurex Clearing AG nichts ändert. Dagegen wird die Abgabe eines an sie gerichteten Angebots komplizierter, da dieses Angebot durch das NCM als Vertreter des CM unterbreitet wird und damit zugleich ein Angebot des NCM an das CM zu sehen ist, welches letzteres im Wege einer antizipierten Willenserklärung annimmt, sobald der Skontroführer zwei in seinem Orderbuch vorhandene korrespondierende Aufträge zusammenführt.

VII. Besonderheiten bei Aufgabegeschäften

Bei der Darstellung der normativen Grundlagen für den Vertragsschluss wurde bereits darauf hingewiesen, dass für sog. Aufgabegeschäfte über Wertpapiere, die in die Abwicklung über die Eurex Clearing AG einbezogen werden, spezielle

---

1321 Vgl. zu den Voraussetzungen einer wirksamen Stellvertretung etwa Palandt/Heinrichs, § 164, Rn. 1 ff., oder Soergel/Leptien, § 164, Rn. 1 ff.

1322 Vgl. Rinker, Der Vertragsschluss im börslichen elektronischen Handelssystem, S. 148 f., der freilich die doppelte Bedeutung der Willenserklärung eines Handelsteilnehmers nicht im Zusammenhang mit der zusätzlichen Abgabe einer für ein CM wirkenden Willenserklärung feststellt, sondern sie – allerdings ohne auf eine Formulierung wie in der Clearing-Vereinbarung verweisen zu können – mit Bezug auf die zusätzliche Abgabe einer für den Zentralen Kontrahenten wirkenden Willenserklärung durch den Handelsteilnehmer annimmt.

Normen zu berücksichtigen sind. In den GB-FWB wird nämlich festgelegt, dass die Regelungen zum Vertragsschluss mit der Eurex Clearing AG bzw. zwischen den NCM und CM erst mit Aufgabe des Vertragspartners Anwendung finden[1323]. Unterbleibt in diesen Fällen die Aufgabe, wird der Makler mit dem Schluss der nächsten Börsenversammlung Verkäufer und mit Schluss der Börsenversammlung des übernächsten Börsentages Käufer auf der Seite der vorbehaltenen Aufgabe[1324]. Fraglich ist nun, ob sich diese Regelungen ohne Brüche in die hier entwickelte Struktur des Geschäftsabschlusses einfügen lassen[1325].

Das Aufgabegeschäft zeichnet sich dadurch aus, dass der Börsenmakler – nach der hier zugrunde gelegten Ausgangslage der Skontroführer – seinem Auftraggeber eine Schlussnote übermittelt, in welcher die Bezeichnung der zu vermittelnden Vertragspartei vorbehalten bleibt. Innerhalb der börsenüblichen Fristen, an der FWB also spätestens nach 1 bzw. 2 Börsentagen, muss der Makler daraufhin die von ihm ermittelte Vertragspartei benennen und seinem Auftraggeber eine sog. Schließungsnote übermitteln[1326]. Nach der Rechtslage vor Einführung des Zentralen Kontrahenten an der FWB führte die nicht rechtzeitige Schließung der Aufgabe nach § 14 Abs. 1 GB-FWB dazu, dass der Auftraggeber den Makler auf Erfüllung in Anspruch nehmen konnte[1327]. Das wurde aus dem Wortlaut von § 95 Abs. 3 S. 1 HGB abgeleitet, in dem die gesetzliche Verankerung einer Garantiehaftung gesehen wird[1328]. Ob für den Vertragsschluss unter Einbeziehung eines Zentralen Kontrahenten weiterhin von einer Garantiehaftung oder von einem echten vertraglichen Anspruch nach § 433 BGB auszugehen ist,

---

1323 § 13 Abs. 4 S. 1 i.V.m. §§ 11 Abs. 1 S. 2 GB-FWB, 92 Abs. 3 BörsO-FWB.

1324 § 13 Abs. 4 S. 2 i.V.m. Abs. 2 GB-FWB.

1325 Allerdings scheint die Praxisrelevanz der unterlassenen Aufgabe gering zu sein, da der Skontroführer wohl regelmäßig – selbst bei von vornherein als Eigengeschäfte vorgenommenen Geschäften – eine Bank als Adresse des Aufgabegeschäfts benennt, der er sich gewissermaßen als Verrechnungsbank bedient (Schlüter, Beitragspflichten der Institute gegenüber der EdW, S. 26 mit Fn. 157).

1326 Vgl. Schlüter, Börsenhandelsrecht, Abschnitt B, Rn. 304; ders., Beitragspflichten der Institute gegenüber der EdW, S. 26, wo auch die praktische Bedeutung der Aufgabegeschäfte dargestellt wird; Schwark/Beck, KMR, § 27 BörsG, Rn. 12; Kümpel, Bank- und Kapitalmarktrecht, Rn. 17.474.

1327 § 14 Abs. 1 GB-FWB besteht zwar auch jetzt noch in dieser Fassung, doch existierte damals § 13 Abs. 3 GB-FWB nicht in seiner derzeitigen Fassung mit der genaueren Rechtsfolgenregelung.

1328 Schlegelberger/Schröder, § 95, Rn. 11; Staub/Brüggemann, § 95, Rn. 13; Reiner in Boujong/Ebenroth/Joost, § 95, Rn. 18; MünchKomm-HGB/v. Hoyningen-Huene, § 95, Rn. 15; vgl. auch Kümpel, Bank- und Kapitalmarktrecht, Rn. 17.476, der deshalb eine kaufrechtliche Verbindlichkeit des von seinem Auftraggeber in Anspruch genommenen Maklers i.S. des § 433 BGB ablehnt; so auch Ruland, Effekten – Geschäft und Technik, S. 144.

erscheint allerdings zweifelhaft. Denn wenn § 13 Abs. 4 S. 2 GB-FWB vorsieht, dass der Makler bei nicht rechtzeitiger Aufgabenschließung selbst Vertragspartner wird, dann deutet dies auf eine Verbindlichkeit des Maklers aus § 433 BGB hin. Dies kann freilich nur dann angenommen werden, wenn die Voraussetzungen für einen Vertragsschluss für die Person des Maklers erfüllt werden.

Wie bei einem Aufgabegeschäft der Vertragsschluss zustande kommt, ist allerdings seit langem, also schon vor Einführung des Zentralen Kontrahenten an der FWB, umstritten[1329]. Heute fokussiert sich die Diskussion auf die Streitfrage, ob der Makler als Bote fungiert[1330] oder ob er mit Annahme der die Benennung des Vertragspartners vorbehaltenden Schlussnote Vertretungsmacht zum Abschluss eines Geschäfts mit einer anderen Partei erhält, so dass der Vertrag mit Abschluss durch den Makler mit der anderen Partei zustande kommt[1331]. Es wurde aber bereits ausführlich dargelegt, dass für den Börsenhandel an der FWB kein Anlass besteht, die neutrale Position des Skontroführers durch eine Vertretungslösung in Frage zu stellen, um einen frühzeitigen Vertragsschluss zu ermöglichen, da die Wirksamkeit des Geschäfts ohnehin erst durch die Geschäftsbestätigung in Form der Schlussnotenerteilung eintritt[1332]. Dass damit bei den Aufgabegeschäften nicht die Aufgabenschlussnote, sondern die Schließungsnote gemeint ist, also die, mit welcher der Vertragspartner benannt wird[1333], ergibt sich mittelbar aus § 13 Abs. 4 S. 1 GB-FWB, weil es danach für den Vertragsschluss auf die Aufgabe des Vertragspartners ankommt. Somit ist auch für das Aufgabegeschäft daran festzuhalten, dass der Skontroführer als Bote beider Parteien tätig wird.

Allerdings führt die Einschaltung eines Zentralen Kontrahenten zu Modifikationen des gesetzlich vorgegebenen Standardfalls des Aufgabegeschäfts. Denn in § 95 Abs. 1 HGB wird die Bindung des Auftraggebers an die nachträglich benannte Vertragspartei unter den Vorbehalt gestellt, dass gegen diese keine begründeten Einwendungen erhoben werden können. Die Einschränkung wird rechtstechnisch so verstanden, dass der Vertrag zwischen den Parteien unter einer auflösenden Bedingung i.S. des § 158 Abs. 2 BGB stehe, die eintrete, wenn der Auftraggeber begründete Einwendungen gegen die Person der nachträglich be-

---

1329 Vgl. nur Heymann, Der Handelsmakler, S. 443 ff., mit der Darstellung der unterschiedlichen Ansätze sowie zahlreichen Angaben aus dem älteren Schrifttum.
1330 So Reiner in Boujong/Ebenroth/Joost, § 95, Rn. 5; Heymann/Hermann, § 95, Rn. 3; Heymann, Der Handelsmakler, S. 443; Baumbach/Hopt, § 95, Rn. 1.
1331 Vgl. Schlegelberger/Schröder, § 95, Rn. 7; Canaris, Handelsrecht, § 21, Rn. 17.
1332 Vgl. S. 304 f.
1333 Vgl. Schlüter, Börsenhandelsrecht, Abschnitt B, Rn. 304.

nannten Vertragspartei geltend mache[1334]. Eine solche Bedingung kann für den Handel mit Beteiligung eines Zentralen Kontrahenten in der Ausgestaltung wie an der FWB nicht angenommen werden, da der Vertragspartner in Gestalt der Eurex Clearing AG für den Auftraggeber stets feststeht, so dass personenbezogene Einwendungen von vornherein ausscheiden[1335]. Das zeigt deutlich, dass die Probleme beim Aufgabegeschäft unter Einschaltung des Zentralen Kontrahenten letztlich nicht mehr in der Bestimmung des Vertragspartners, sondern in der Frage liegen, welcher der Zeitpunkt des Geschäftsabschlusses ist. Nachdem klargestellt wurde, dass der Skontroführer auch beim Aufgabegeschäft als Bote fungiert, kann insofern auf die allgemeinen Ausführungen zum Vertragsschluss im Parketthandel verwiesen werden.

Die Besonderheit des Aufgabegeschäfts für den Vertragsschluss an der FWB besteht nun darin, dass der Makler nach Ablauf der durch die Börsenusancen bestimmten Fristen selbst Vertragspartner auf der Seite der vorbehaltenen Aufgabe wird[1336]. Hier ist zunächst klarzustellen, dass mit der nicht ganz eindeutigen Vorschrift in § 13 Abs. 4 S. 2 GB-FWB kein Vertrag zwischen Auftraggeber und Skontroführer als Vertragspartner gemeint ist, sondern nur Skontroführer und Eurex Clearing AG bzw. das CM, dem sich der Skontroführer angeschlossen hat[1337], als Vertragsparteien in Betracht kommen. Das ergibt sich zum einen aus der unmittelbar vorangehenden Bezugnahme auf § 11 Abs. 1 S. 2 GB-FWB, der sich auf den Vertragsschluss mit der Eurex Clearing AG bezieht. Zum anderen müsste eine derart tief greifende Änderung der Geschäftsmodalitäten wie die Abweichung von der sonst angeordneten Vertragspartnerstellung der Eurex Clearing AG bzw. des CM deutlicher in den einschlägigen Normen zum Ausdruck gebracht werden[1338]. Daraus folgt, dass eine auf den Vertragsschluss mit der Eu-

---

1334 Reiner in Boujong/Ebenroth/Joost, § 95, Rn. 6; Heymann/Hermann, § 95, Rn. 3; Heymann, Der Handelsmakler, S. 443; MünchKomm-HGB/v. Hoyningen-Huene, § 95, Rn. 2.

1335 Vgl. Schlüter, Börsenhandelsrecht, Abschnitt B, Rn. 304, der dies schon für den Börsenhandel ohne Zentralen Kontrahenten feststellt, weil als Vertragspartner nur börsenzugelassene Institute in Betracht kämen, die eine Bonitätsprüfung erübrigten.

1336 § 13 Abs. 4 S. 2 GB-FWB.

1337 Dass die Einbeziehung des Skontroführers in das Clearing-System der Eurex Clearing AG keine unzulässige Annahme darstellt, ergibt sich daraus, dass ein Skontroführer die allgemeine Teilnehmerzulassung zum Börsenhandel nach § 16 BörsG benötigt (Schwark/Beck, KMR, § 16 BörsG, Rn. 9) und daher ebenso wie die anderen Handelsteilnehmer zur direkten oder indirekten Teilnahme am Clearing-System der Eurex Clearing AG verpflichtet ist (vgl. dazu S. 213 ff.).

1338 Dabei wäre insbesondere eine Erwähnung in der BörsO-FWB erforderlich gewesen, die von der Normenhierarchie über den GB-FWB steht (vgl. Beck, BKR 2002, S. 699 (701)), so dass eine in der BörsO-FWB nicht vorgesehene Nichteinbezie-

rex Clearing AG gerichtete Willenserklärung des Skontroführers zu ermitteln ist[1339].

Da der Skontroführer bei Ablauf der für die Aufgabe vorgegebenen Fristen keine ausdrückliche Willenserklärung abgibt, wird man auf ein konkludent abgegebenes Angebot des Skontroführers zurückgreifen müssen, das er bereits mit der Aufgabeschlussnote gegenüber der Eurex Clearing AG abgibt. Dieses Angebot, auf dessen Zugang der Zentrale Kontrahent wie auch bei den übrigen Angeboten verzichtet, hat den gleichen Inhalt wie die Order des Auftraggebers. Allerdings enthält das Angebot des Skontroführers die Modifikation, dass es nur dann wirksam sein soll, wenn er keinen anderen Vertragspartner findet. Tritt dieser Fall ein, so schließt die Eurex Clearing AG zur gleichen Zeit mit dem Skontroführer und dem den Auftrag erteilenden Handelsteilnehmer zwei inhaltsgleiche Geschäfte mit ihr als Käufer und Verkäufer. Der für das Angebot an die Eurex Clearing AG erforderliche Rechtsbindungswille des Skontroführers ist wiederum den GB-FWB zu entnehmen, die den Maklern bei Versäumung der Frist für die Aufgabe keine Alternative zum Vertragsschluss lassen[1340].

Somit kann beim Aufgabegeschäft der Fall eintreten, dass eine antizipierte Annahme auf ein konkludent abgegebenes und bedingtes Angebot folgt. Es ist freilich zuzugeben, dass diese Konstruktion im Ergebnis der bloßen Fiktion eines Vertragsschlusses nahe rückt. Das lässt sich allerdings dadurch rechtfertigen, dass der Vertragsschluss von den Beteiligten tatsächlich gewollt ist und die Einschaltung eines Zentralen Kontrahenten in den Geschäftsabschluss zu gewissen Zugeständnissen zwingt.

C. Vertragsschluss im elektronischen Handelssystem Xetra

Nachdem der Vertragsschluss im Parketthandel an der FWB unter Teilnahme der Eurex Clearing AG als Zentraler Kontrahent umfassend untersucht wurde, kann sich nun – der Unterscheidung in § 11 GB-FWB folgend – dem Vertragsschluss

---

hung der Eurex Clearing AG in den Vertragsschluss selbst bei ausdrücklicher Regelung in den GB-FWB grundsätzlichen rechtlichen Bedenken ausgesetzt wäre.

1339 Um die Untersuchung nicht unnötig zu belasten, wird im Folgenden davon ausgegangen, dass der skontroführende Makler ein CM ist. Sollte dies nicht der Fall sein, so müssten die Ausführungen zur Beteiligung eines NCM am Vertragsschluss sinngemäß auf das Aufgabegeschäft übertragen werden.

1340 § 13 Abs. 4 S. 2 GB-FWB enthält keine Ausnahme davon, dass der Makler mit Ablauf der Fristen Vertragspartner wird.

in Xetra[1341], dem elektronischen Handelssystem der FWB, in der Hoffnung zugewendet werden, die bisher gewonnenen Ergebnisse dafür fruchtbar zu machen.

I. Börsengesetzliche Vorgaben für elektronische Handelssysteme

Die rasante Entwicklung der Informations- und Kommunikationstechnologie hat auch vor dem Wertpapierhandel nicht Halt gemacht[1342]. Vielmehr hat sie zu einem internationalen Trend hin zu elektronischen Handelssystemen geführt, der 1982 in Tokio seinen Ausgang nahm[1343] und dem sich auch zahlreiche Börsen in Europa nicht verschließen konnten[1344]. Ein elektronisches Börsenhandelssystem zeichnet sich dadurch aus, dass die Marktteilnehmer ihre Orders über Terminals in einen Zentralcomputer eingeben, der daraufhin nach seinem Programm deckungsgleiche Aufträge innerhalb des Systems selbständig zu Geschäftsabschlüssen zusammenfügt[1345]. In Deutschland bestand aber zunächst das Problem, dass das seit 1897 überwiegend unverändert BörsG nicht auf die neuen technischen Möglichkeiten ausgerichtet war, so dass sich die Frage stellte, ob elektronische Handelssysteme überhaupt mit dem BörsG zu vereinbaren waren[1346]. Das bewog den Gesetzgeber dazu, das BörsG in mehreren Schritten immer stärker an die praktischen Bedürfnisse nach einer Regulierung der elektronischen Handelssysteme auszurichten. Dieser Prozess begann mit der Novellierung des BörsG im Jahr 1989[1347], als mit § 7 Abs. 1 S. 2 BörsG a.F. (jetzt § 16 Abs. 1 S. 2 BörsG) eine Vorschrift eingefügt wurde, die deutlich machte, dass die physische Präsenz der Marktteilnehmer im Börsensaal nicht mehr erforderlich ist[1348]. Zu einer weitreichenden Änderung der rechtlichen Rahmenbedingungen kam es dann im Zuge

1341 Vgl. dazu Rinker, Der Vertragsschluss im börslichen elektronischen Handelssystem, S. 103 ff., allerdings noch ohne Einbeziehung der Eurex Clearing AG; vgl. ferner allgemein zum Vertragsschluss im elektronischen Geschäftsverkehr, Borges, Verträge im elektronischen Geschäftsverkehr, S. 191 ff.
1342 Vgl. Picot/Bortenlänger/Röhrl, Börsen im Wandel, passim u. insbesondere S. 33 ff.; Beck, WM 1998, S. 417 (418).
1343 Vgl. Kümpel, Bank- und Kapitalmarktrecht, Rn. 17.540.
1344 Schwark, WM 1997, S. 293 (296 f.); Beck, WM 1998, S. 417 (418).
1345 Kümpel, Bank- und Kapitalmarktrecht, Rn. 17.538 f.; Schäfer/Geibel, WpHG u.a., § 12 BörsG, Rn. 5; Schlüter, Börsenhandelsrecht, Abschnitt G, Rn. 68; Groß, Kapitalmarktrecht, § 12 BörsG, Rn. 3; Rinker, Der Vertragsschluss im börslichen elektronischen Handelssystem, S. 30.
1346 Vgl. Schwark, BörsG, § 1, Rn. 4; Kümpel, Bank- und Kapitalmarktrecht, Rn. 17.542.
1347 Gesetz zur Änderung des Börsengesetzes vom 11.07.1989 (BGBl. I, S. 1412).
1348 Begr. RegE eines Gesetzes zur Änderung des Börsengesetzes, BT-Drs. 11/4177, S. 13; Schäfer/Ledermann, WpHG u.a., § 7 BörsG, Rn. 7.

des 2. FFG, das u.a. den elektronischen Handel auf eine sichere rechtliche Grundlage stellen sollte[1349]. Besonders geregelt wurden die Voraussetzungen für die Teilnahme am elektronischen Handel[1350], die Auftragsausführung[1351], die rechtliche Gleichstellung der im elektronischen Handelssystem ermittelten Preise mit den im Parketthandel festgestellten Preisen[1352] sowie die Bedingungen und das Verfahren für die Einführung von elektronischen Handelssystemen[1353]. Die gesetzliche Anerkennung börslicher elektronischer Handelssysteme und deren Gleichstellung mit dem Parketthandel fanden schließlich ihren vorläufigen Abschluss mit den Neuregelungen des 4. FFG, welche die Regelvermutung für die Auftragsausführung zugunsten des Parketthandels beseitigten[1354] und mit § 25 i.V.m. § 13 Abs. 2 Nr. 3 BörsG Normen einfügten, die den Wertpapierbörsen ein Wahlrecht zwischen elektronischem Handel und Parketthandel einräumen sollen[1355]. Somit besteht nunmehr eine gesetzlich anerkannte Gestaltungsfreiheit der Börsen, den Börsenhandel ganz oder teilweise elektronisch oder im Wege des Parketthandels mit Skontroführern durchzuführen[1356, 1357].

1349 Begr. RegE 2. FFG, BT-Drs. 12/6679, S. 36.

1350 § 7 a BörsG a.F., der dem heutigen § 17 BörsG entspricht.

1351 § 10 BörsG a.F., der im Unterschied zu § 22 BörsG für den Regelfall noch die Auftragsausführung im Präsenzhandel vorsah (vgl. Groß, Kapitalmarktrecht, § 10 BörsG, Rn. 1).

1352 §§ 11, 78 BörsG a.F., die mit den heutigen §§ 24, 58 BörsG nur teilweise vergleichbar sind, weil die letztgenannten Vorschriften für elektronische Handelssysteme keine Regelungen enthalten.

1353 Vgl. §§ 3 Abs. 2 S. 2, 12 BörsG a.F., von denen mit § 9 Abs. 2 S. 2 BörsG lediglich die Zustimmungspflicht des Börsenrats für die Einführung von elektronischen Handelssystemen erhalten geblieben ist.

1354 Vgl. Schwark/Schwark, KMR, § 22 BörsG, Rn. 18 f.

1355 Vgl. Begr. RegE 4. FFG, BT-Drs. 14/8017, S. 74 u. 77; Beck, BKR 2002, S. 699 (701); ob nach der bis dahin geltenden Rechtslage der Parketthandel abgeschafft werden durfte, war streitig (vgl. dazu umfassend Bauer/Möllers, Die Beendigung des Parketthandels an der Frankfurter Wertpapierbörse).

1356 Vgl. zu den damit verbundenen Fragen Beck, BKR 2002, S. 699 (701 f.).

1357 Ob die Gestaltungsfreiheit im Hinblick auf elektronische Handelssysteme durch § 312 e BGB eingeschränkt wird, der besondere Pflichten im elektronischen Handelsverkehr statuiert, bedürfte einer eingehenderen Untersuchung, von der hier abgesehen werden kann, da damit evtl. einhergehende Pflichten sich nicht unmittelbar auf das Zustandekommen des Vertrages auswirken (vgl. Masuch in Bamberger/Roth, § 312 e, Rn. 31 ff.). Gleichwohl sei darauf hingewiesen, dass zumindest unter den Handelsteilnehmern wohl kein „sich bedienen" i.S. des § 312 e Abs. 1 S. 1 BGB vorliegt, da dies die Möglichkeit voraussetzt, Einsatz und Ausgestaltung Tele- oder Mediendienstes zu kontrollieren (vgl. MünchKomm-BGB/Wendehorst, § 312 e, Rn. 38).

II. Grundstruktur des Handelssystems Xetra

Nach dem kurzen Aufriss der börsengesetzlichen Rahmenbedingungen für elektronische Handelssysteme an deutschen Börsen soll im Folgenden – ohne den Anspruch auf Vollständigkeit erheben zu wollen – ein Überblick über das an der FWB betriebene Handelssystem Xetra (exchange electronic trading) gegeben werden[1358], um den von seiner Ausgestaltung geprägten Hintergrund für den Vertragsschluss aufzuzeigen.

Vor der Einführung von Xetra im November 1997 bestand mit IBIS (Integriertes Börsenhandels- und Informationssystem) bereits ein elektronisches Handelssystem, das aus einem reinen Informationssystem zu einem Handelssystem fortentwickelt wurde und das als solches im April 1991 mit dem computergesteuerten Matching[1359] begann[1360, 1361]. Da IBIS jedoch in seiner Leistungsfähigkeit beschränkt war und eine Zersplitterung der Liquidität durch zwei nebeneinander laufende elektronische Handelssysteme vermieden werden sollte, wurde IBIS durch Xetra ersetzt[1362].

Neben der Börsenzulassung[1363] sind für die Teilnahme am Handel über Xetra verschiedene Voraussetzungen zu erfüllen, die sich aus § 17 Abs. 1 BörsG i.V.m. § 18 BörsO-FWB und den Durchführungsbestimmungen der FWB über technische Einrichtungen betreffend das elektronische Handelssystem[1364] (im Folgenden Durchführungsbestimmungen der FWB) sowie dem erforderlichen Anschlussvertrag zwischen dem Handelsteilnehmer und dem Eigentümer von Xetra,

---

1358 Vgl. dazu die umfassenden Ausführungen von Beck, WM 1998, S. 417 ff.

1359 In § 44 a Abs. 2 S. 2 BörsO-FWB wird „Matching" als das Zusammenführen von Aufträgen definiert.

1360 Beck, WM 1998, S. 417 (418); Kümpel, Bank- und Kapitalmarktrecht, Rn. 17.543.

1361 Vgl. zur Diskussion, die daraufhin insbesondere bzgl. aufsichtsrechtlicher Fragen entstand und die hier nicht im Einzelnen aufgearbeitet werden soll, Schlüter, Börsenhandelsrecht, Abschnitt G, Rn. 920 ff. m.w.Nachw., sowie Breitkreuz, Die Ordnung der Börse, S. 160 ff.

1362 Beck, WM 1998, S. 417 (417 mit Fn. 4 i.V.m. 419); vgl. zur Entwicklung von Xetra ferner Rinker, Der Vertragsschluss im börslichen elektronischen Handelssystem, S. 35 ff.

1363 Gem. §§ 17 Abs. 1 BörsG, 14 Abs. 3 BörsO-FWB reicht die Zulassung eines Unternehmens an einer anderen Wertpapierbörse aus, sofern diese Wertpapierbörse dies vorsieht und das Unternehmen das Regelwerk für das elektronische Handelssystem anerkennt. Vgl. zur Börsenzulassung ferner unter 5. Teil: C.III.

1364 Abgedruckt in Kümpel/Hammen/Ekkenga, Kz. 438 Anhang III; die Durchführungsbestimmungen der FWB werden seitens der börsenrechtlichen Literatur als Allgemeinverfügung i.S. des § 35 S. 2 Alt. 1 HessVwVfG eingestuft (vgl. Beck, WM 1998, S. 417 (425); Kümpel, Bank- und Kapitalmarktrecht, Rn. 17.555).

der Deutschen Börse AG[1365], ergeben[1366]. Da im Zusammenhang mit dem Vertragsschluss in Xetra börsenorganisationsrechtliche Fragen eine eher untergeordnete Rolle spielen[1367], soll nicht auf alle Einzelheiten eingegangen, sondern die Darstellung auf die für die Funktion von Xetra wesentlichen Aspekte beschränkt werden[1368].

Mit Xetra entsteht ein aus mehreren Komponenten zusammengesetztes Netzwerk, zu dem der Zentralrechner in Frankfurt a.M.[1369], die Zugangspunkte der Handelsteilnehmer (Access-Points) und die Teilnehmerhandelssysteme als sog. Netzwerk-Knoten sowie alle für die Verbindung der Netzwerk-Knoten notwendigen Komponenten gehören[1370]. Die Handelsteilnehmer können zwischen verschiedenen Anbindungsvarianten wählen, die sich in der technischen Ausgestaltung unterscheiden[1371].

Das Teilnehmerhandelssystem besteht aus einem oder mehreren Rechnern (Member-Integration-System-Server (MISS) bzw. Workstation), die den Handel in Xetra ermöglichen, sowie Eingabegeräten und Netzwerk-Komponenten, über die die Einbindung in das Netzwerk der FWB erfolgt[1372]. Über den MISS wird von Seiten des Teilnehmers die technische Basis für die Teilnahme am elektronischen Handelssystem gewährleistet[1373]. Die Handelsteilnehmer bekommen hinsichtlich der zulässigen Hardwarekomponenten für den Anschluss des Teilnehmerhandelssystems Vorgaben von der FWB, die ihnen zudem die Anwendungs-Software zur Verfügung stellt[1374].

Die Handelsteilnehmer, die im Wege der sog. remote membership[1375] auch vom Ausland aus am Handel teilnehmen können[1376], geben ihre Orders über

---

1365 Schlüter, Börsenhandelsrecht, Abschnitt G, Rn. 928.
1366 Vgl. ausführlich zu den Voraussetzungen Schlüter, Börsenhandelsrecht, Abschnitt G, Rn. 949 ff.
1367 Damit soll keineswegs in Abrede gestellt werden, dass sich im Zusammenhang mit der Einführung und dem Betrieb von Xetra interessante und noch nicht ausdiskutierte börsenorganisationsrechtliche Probleme stellen (vgl. etwa Köndgen/Mues, WM 1998, S. 53 ff.; Schwark/Schwark, KMR, § 17 BörsG, Rn. 4 ff.; Mues, Die Börse als Unternehmen, S. 64 f. u. 83 f.).
1368 Vgl. dazu auch Schlüter, Börsenhandelsrecht, Abschnitt G, Rn. 927 ff.; Rinker, Der Vertragsschluss im börslichen elektronischen Handelssystem, S. 31 ff.
1369 Kümpel, Bank- und Kapitalmarktrecht, Rn. 17.552.
1370 § 1 Abs. 1 Durchführungsbestimmungen der FWB.
1371 Vgl. § 1 Abs. 3 Durchführungsbestimmungen der FWB.
1372 § 1 Abs. 4 Durchführungsbestimmungen der FWB.
1373 § 1 Abs. 5 Durchführungsbestimmungen der FWB.
1374 §§ 4 u. 5 Durchführungsbestimmungen der FWB.
1375 Kümpel/Hammen, Börsenrecht, S. 20; Schlüter, Börsenhandelsrecht, Abschnitt G, Rn. 950 u. 962.
1376 Vgl. § 18 Abs. 3 BörsO-FWB.

MISS in das elektronische Handelssystem ein, wobei es auf Antrag möglich ist, sog. Quote-Machines oder Electronic-Eyes an das System anzuschließen[1377], so dass für die Handelsteilnehmer nach deren Vorgaben automatisch Aufträge erzeugt und in das elektronische Handelssystem geleitet werden können[1378].

Die Marktstruktur in Xetra weist im Vergleich zum Parketthandel sowohl Besonderheiten als auch Gemeinsamkeiten auf[1379]. Zu den Unterschieden zählt bspw. die Möglichkeit der Geschäftsführung, die nach ihrem Beschluss in Xetra handelbaren Wertpapiere nach sachlichen Kriterien wie insbesondere der Liquidität in einzelne Handelssegmente zu unterteilen, für die jeweils einheitliche Handelsbedingungen gelten, ohne dass damit die Marktsegmentierung nach dem BörsG verändert würde[1380]. Außerdem kann die Geschäftsführung bestimmen, dass im elektronischen Handel für bestimmte Wertpapiere ein sog. Designated Sponsoring durchgeführt wird[1381], um die Liquidität des Marktes sicher zu stellen[1382]. Das bedeutet, dass sich ein Handelsteilnehmer, der Designated Sponsor, verpflichtet, gleichzeitig limitierte Aufträge für den Kauf und Verkauf eines Wertes (Quotes) in das Handelssystem zu stellen und zu den darin enthaltenen Bedingungen Geschäfte abzuschließen[1383]. Damit stellt Xetra ein hybrides Marktmodell dar, welches Elemente eines Order-Driven Markets mit denen eines Quote-Driven Markets in sich vereinigt[1384].

Die Börsenpreise müssen im elektronischen Handelssystem gem. § 24 Abs. 2 S. 1 BörsG ebenso ordnungsgemäß zustande kommen wie die im Parketthandel[1385]. Sie bilden sich allerdings unabhängig von dem Preis im Parketthandel, da Xetra eine eigenständige Handelsplattform neben dem Parketthandel darstellt, so dass sich auf beiden Handelsplattformen die Preisbildung nach den jeweils vorgegebenen Regelungen vollzieht[1386]. Gleichwohl ähneln sich die Arten der Preis-

---

1377 § 2 Abs. 5 Durchführungsbestimmungen der FWB.
1378 Vgl. die Definitionen in § 1 Abs. 10 u. 11 Durchführungsbestimmungen der FWB.
1379 Vgl. Schwark/Beck, KMR, § 25 BörsG, Rn. 32, wo von einer Vergleichbarkeit bei der Preisermittlung die Rede ist.
1380 § 40 Abs. 2 BörsO-FWB; vgl. ferner Beck, WM 1998, S. 417 (426), sowie Braue/Hille, Die Bank 1997, S. 140 (141).
1381 § 23 Abs. 1 BörsO-FWB.
1382 Vgl. Beck, WM 1998, S. 417 (430); Braue/Hille, Die Bank 1997, S. 140 (145).
1383 § 23 Abs. 3 BörsO-FWB; vgl. zu den genaueren Modalitäten dieser Verpflichtung Schlüter, Börsenhandelsrecht, Abschnitt G, Rn. 965 f., sowie §§ 23 b u. 44 b BörsO-FWB.
1384 Schwark/Beck, KMR, § 25 BörsG, Rn. 31; Schlüter, Börsenhandelsrecht, Abschnitt G, Rn. 313 f. mit Fn. 275.
1385 Lenenbach, Kapitalmarkt- und Börsenrecht, Rn. 3.43; Schwark/Beck, KMR, § 24 BörsG, Rn. 6; Schlüter, Börsenhandelsrecht, Abschnitt G, Rn. 602 ff.
1386 Kümpel, Bank- und Kapitalmarktrecht, Rn. 17.562; Beck, WM 1998, S. 417 (422).

ermittlung in Xetra und im Parketthandel, weil im elektronischen Handelssystem mit dem Auktionsverfahren und dem fortlaufenden Handel vergleichbare Verfahren zur Einheitspreisfeststellung und zur fortlaufenden Notierung im Parketthandel vorhanden sind[1387]. Auf die dabei zu beachtenden Besonderheiten soll nicht hier, sondern – soweit erforderlich – im Rahmen der Darstellung des Handelsablaufs in Xetra eingegangen werden[1388].

Ferner ist darauf hinzuweisen, dass in Xetra seit 2001 die Möglichkeit zum Blockhandel[1389] besteht, für den spezielle Vorschriften existieren[1390]. Der Blockhandel dient dem Transfer von ansonsten fast ausschließlich außerbörslich gehandelten großen Wertpapierpaketen. Er soll durch seine Ausgestaltung den wegen des Volumens der Wertpapierpakete befürchteten Market Impact verhindern[1391]. Schließlich soll auch das Xetra-Best System kurz erwähnt werden, das es Handelsteilnehmern erlaubt, Kundenaufträge gegen eigene Aufträge zu einem Ausführungspreis im elektronischen Handelssystem auszuführen, die für den Kunden zu einer Preisverbesserung gegenüber der potentiellen Ausführung im herkömmlichen Xetra-System führen soll[1392]. Da für dieses Xetra-Best System nicht einmal gesichert ist, dass in ihm Börsenhandel stattfindet, und es sich letztlich wohl nur um ein Xetra nutzendes Internalisierungssystem handelt[1393], soll dieses Modell im Folgenden ebenso unerörtert bleiben wie der Blockhandel.

1387 Schwark/Beck, KMR, § 25 BörsG, Rn. 32; Kümpel, Bank- und Kapitalmarktrecht, Rn. 17.562; Lenenbach, Kapitalmarkt- und Börsenrecht, Rn. 3.43; vgl. aber auch Schlüter, Börsenhandelsrecht, Abschnitt G, Rn. 627 ff., der sich wegen im Detail abweichender Preisermittlungsmethoden kritisch über den Schutz von Kleinanlegern in Xetra äußert.

1388 Vgl. zur Preisfeststellung im Auktionsverfahren und im fortlaufenden Handel im Übrigen Schlüter, Börsenhandelsrecht, Abschnitt G, Rn. 978 ff., Schwark/Beck, KMR, § 25 BörsG, Rn. 33 ff., sowie Braue/Hille, Die Bank 1997, S. 140 (142 ff.).

1389 Vgl. zu den Rechtsfragen, die sich im Zusammenhang mit dem Blockhandel stellen können, Wastl, NZG 2000, S. 505 ff.

1390 Vgl. Schlüter, Börsenhandelsrecht, Abschnitt G, Rn. 989 ff.; Schwark/Beck, KMR, § 25 BörsG, Rn. 35; Lenenbach, Kapitalmarkt- und Börsenrecht, Rn. 3.48.

1391 Schlüter, Börsenhandelsrecht, Abschnitt G, Rn. 989; Schwark/Beck, KMR, § 25 BörsG, Rn. 35.

1392 Vgl. Schwark/Beck, KMR, § 25 BörsG, Rn. 38; Schlüter, Börsenhandelsrecht, Abschnitt G, Rn. 1012 ff.

1393 Vgl. Hammen, WM 2002, S. 2129 ff.; Köndgen/Theissen, WM 2003, S. 1497 ff.; Schlüter, Internalisierungssysteme im Wertpapierhandel und Börsenrecht, S. 7 u. 13 ff.

III. Handelsablauf in Xetra

1. Handelsphasen

Der Börsenhandelstag in Xetra ist in drei Phasen unterteilt, nämlich in die Vorhandelsphase, die Haupthandelsphase sowie die Nachhandelsphase. Während der Vorhandelsphase werden noch keine Geschäftsabschlüsse getätigt. Vielmehr besteht für die Handelsteilnehmer die Möglichkeit, Aufträge in das elektronische Handelssystem einzugeben, zu ändern oder zu löschen[1394]. Das Auftragsbuch bleibt während dieser Zeit stets geschlossen[1395], so dass sich die Handelsteilnehmer noch nicht über die Marktlage informieren können[1396]. An die Vorhandelsphase schließt sich die Haupthandelsphase an, während derer je nach Festsetzung durch die Börsengeschäftsführung die Wertpapiere in einer oder mehreren Auktionen oder im fortlaufenden Handel gehandelt werden[1397]. Ob während dieser Phase das Auftragsbuch offen oder geschlossen ist, hängt von einer entsprechenden Entscheidung der Börsengeschäftsführung sowie von der festgelegten Handelsart ab[1398]. Schließlich steht den Handelsteilnehmern das elektronische Handelssystem in der Nachhandelsphase wieder zur Vornahme von Eingaben zur Verfügung[1399], wobei das Auftragsbuch wieder geschlossen ist[1400].

2. Auftragsarten

Wie auch im Parketthandel können unlimitierte (Market-Orders) und limitierte Aufträge (Limit-Orders) in das elektronische Handelssystem eingegeben werden[1401]. Im fortlaufenden Handel können allerdings nur Aufträge mit den von der Geschäftsführung für jedes Wertpapier festgesetzten Mindestschlussgrößen bzw. mit einem ganzzahligen Vielfachen davon (Roundlots) ausgeführt werden, während sonstige Aufträge (Oddlots) in der Auktion ausgeführt werden[1402]. Die Orders können von den Handelsteilnehmern insbesondere für den fortlaufenden Handel mit einer ganzen Reihe von Ausführungsbedingungen bzw. Gültigkeitsbestimmungen versehen werden. So kann bspw. bestimmt werden, dass ein Auf-

---

1394 § 41 a Abs. 1 BörsO-FWB.
1395 § 41 a Abs. 2 S. 1 BörsO-FWB.
1396 Braue/Hille, Die Bank 1997, S. 140 (142).
1397 § 41 a Abs. 3 BörsO-FWB.
1398 §§ 41 a Abs. 3 S. 2, 44 a Abs. 2 S. 3 BörsO-FWB.
1399 § 41 a Abs. 4 BörsO-FWB.
1400 § 41 a Abs. 4 i.V.m. Abs. 2 S. 1 BörsO-FWB.
1401 § 32 Abs. 1 GB-FWB.
1402 § 32 Abs. 4 S. 1 u. 2 GB-FWB.

trag sofort komplett auszuführen und zu löschen ist, wenn dies nicht gelingt (Fill-or-Kill), oder dass der Auftrag nur für die Eröffnungsauktion gilt (Opening auction only)[1403]. Die eingegebenen Aufträge werden im System mit einem Zeitstempel und einer Transaktionsidentifikationsnummer versehen und in einem Auftragsbuch, das für jedes handelbare Wertpapier geführt wird, nach Preis und Eingangszeitpunkt geordnet[1404].

3. Handelsformen

Wie bereits erwähnt, gibt es in Xetra grundsätzlich[1405] zwei Handelsformen, nämlich die Auktion und den fortlaufenden Handel, über deren Anwendung die Börsengeschäftsführung entscheidet[1406]. Die Auktion wird in die Aufruf-, die Preisermittlungs- und die Marktausgleichsphase unterteilt[1407]. Während der Aufrufphase können die Handelsteilnehmer wie schon in der Vorhandelsphase Wertpapieraufträge in das Orderbuch eingeben, ändern oder löschen. In diesem Abschnitt ist das Orderbuch für den Aktienhandel, der in dieser Arbeit ja im Vordergrund steht, geschlossen, während es im Rentenhandel geöffnet ist[1408]. Stehen sich Aufträge ausführbar gegenüber, wird den Handelsteilnehmern ein potentiel-

---

1403 Vgl. § 33 GB-FWB; vgl. ferner Rinker, Der Vertragsschluss im börslichen elektronischen Handelssystem, S. 39 ff., der sich um die rechtliche Einordnung dieser Zusätze bemüht, sich aber im Ergebnis wohl nicht festlegen will.

1404 § 34 Abs. 1 u. 2 GB-FWB.

1405 Diese Einschränkung wird wegen der Möglichkeit einer fortlaufenden Auktion gem. § 44 b BörsO-FWB gemacht, in der nach Festlegung der Geschäftsführung Optionsscheine und andere Wertpapiere gehandelt werden können, die für diese Handelsform geeignet erscheinen. Da sich die fortlaufende Auktion aber weniger durch grundsätzliche Besonderheiten zum allgemeinen Auktionsverfahren als durch die spezifische Regelung der Einbeziehung der Designated Sponsors auszeichnet, soll dieses Verfahren im Folgenden ebenso wenig Gegenstand der Untersuchung sein wie der Blockhandel, der je nach Blickwinkel ebenfalls als eigenständige Handelsform bezeichnet werden könnte (vgl. zur fortlaufenden Auktion §§ 44 b BörsO-FWB, § 37 a GB-FWB sowie Rinker, Der Vertragsschluss im börslichen elektronischen Handelssystem, S. 61 ff.).

1406 § 41 a Abs. 3 S. 2 BörsO-FWB.

1407 § 44 a Abs. 1 S. 2 BörsO-FWB; vgl. zur Gestaltung von Auktionen in Xetra Braue/Hille, Die Bank 1997, S. 140 (142 f.).

1408 Schlüter, Börsenhandelsrecht, Abschnitt G, Rn. 980; Braue/Hille, Die Bank 1997, S. 140 (142 f.); Beck, WM 1998, S. 417 (429); die Börsengeschäftsführung hat mit dieser Differenzierung von der ihr gem. § 41 a Abs. 3 S. 2 BörsO-FWB zustehenden Befugnis Gebrauch gemacht, die Entscheidung über die Öffnung oder Schließung des Orderbuchs für die einzelnen Wertpapiere zu treffen.

ler Ausführungspreis[1409] angezeigt, der sich nach dem Meistausführungsprinzip[1410] berechnet[1411]. Ist dies nicht der Fall, so werden die besten Geld-/Brief-Limite offen gelegt[1412]. Liegt der potentielle Ausführungspreis zum Ende der Aufrufphase außerhalb des von der Geschäftsführung festgelegten Preiskorridors um einen Referenzpreis, kommt es zu einer Volatilitätsunterbrechung und damit zu einer zeitlich begrenzten Verlängerung der Aufrufphase[1413]. Ansonsten wird im Anschluss an die Aufrufphase der Preis nach dem Meistausführungsprinzip ermittelt[1414]. Ein nach der Preisermittlung verbliebener Überhang nicht ausgeführter Aufträge kann während des Marktausgleichs durch die Eingabe korrespondierender Aufträge zum Auktionspreis ausgeführt werden[1415]. Konnte in einer Auktion ein Auftrag ausgeführt werden, wird der Handelsteilnehmer unmittelbar danach hierüber und über alle wesentlichen Handels- und Geschäftsdaten informiert[1416].

Die zweite Handelsform ist der fortlaufende Handel. Er beginnt mit einer Eröffnungsauktion, die nach den eben beschriebenen Regeln für die Auktion abläuft[1417]. Die dabei nicht ausgeführten Aufträge werden in den fortlaufenden Handel übertragen, sofern sie nicht nur für die Eröffnungsauktion bestimmt sind[1418]. Daraufhin werden die in Xetra eingegebenen Aufträge durch das elektronische Handelssystem zusammengeführt, sobald und soweit sie sich ausführbar gegenüberstehen. Bei der Zuordnung in Xetra gilt die Preis-/Zeit-Priorität, das

---

1409 Der potentielle Ausführungspreis wird auch indikativer Auktionspreis genannt (vgl. Braue/Hille, Die Bank 1997, S. 140 (143 mit Fn. 14); Schlüter, Börsenhandelsrecht, Abschnitt G, Rn. 980).

1410 Das Meistausführungsprinzip im Xetra-Handel bedeutet, dass der Preis ermittelt wird, zu dem das größte Auftragsvolumen bei minimalem Überhang ausgeführt werden kann, wobei unlimitierte Aufträge vorrangig berücksichtigt werden (§ 44 a Abs. 1 S. 1 BörsO-FWB), so dass es sich vom Meistausführungsprinzip im Parketthandel (vgl. § 32 Abs. 2 S. 2 BörsO-FWB) dadurch unterscheidet, dass es der Zahl der ausgeführten Aufträge keinen Einfluss auf die Börsenpreise einräumt, sondern alleine auf das Auftragsvolumen abstellt (Schwark/Beck, KMR, § 25 BörsG, Rn. 33).

1411 § 44 a Abs. 1 S. 4 BörsO-FWB.

1412 § 44 a Abs. 1 S. 7 BörsO-FWB.

1413 Vgl. § 35 Abs. 2 GB-FWB i.V.m. § 44 Abs. 2 BörsO-FWB.

1414 § 35 Abs. 3 S. 1 GB-FWB i.V.m. § 44 a Abs. 1 S. 1 BörsO-FWB; vgl. auch § 35 Abs. 3 S. 3 GB-FWB, wo die einzelnen Regeln für die Auftragsausführung aufgelistet werden; vgl. dazu auch Braue/Hille, Die Bank 1997, S. 140 (143).

1415 Vgl. im Einzelnen § 44 a Abs. 1 S. 8–10 BörsO-FWB sowie Braue/Hille, Die Bank 1997, S. 140 (143).

1416 Vgl. § 35 Abs. 4 GB-FWB sowie Braue/Hille, Die Bank 1997, S. 140 (143).

1417 §§ 44 a Abs. 2 S. 1 BörsO-FWB, 36 Abs. 1 S. 1 GB-FWB.

1418 § 36 Abs. 1 S. 2 GB-FWB.

heißt, das beste Geld- oder Brieflimit erhält den Vorzug, während bei gleichem Preis die zeitliche Priorität der Eingabe entscheidet. Unlimitierte Aufträge werden vorrangig ausgeführt[1419]. Konnte ein Auftrag ausgeführt werden, werden die Handelsteilnehmer wie auch bei der Auktion sofort informiert[1420]. Im Unterschied zur Auktion ist während der Durchführung des fortlaufenden Handels das Orderbuch offen, da alle vorliegenden Aufträge kumuliert zum jeweiligen Limit angezeigt werden[1421]. Wie beim Auktionsverfahren dürfen Aufträge im fortlaufenden Handel nur innerhalb eines an einem Referenzpreis ausgerichteten Preiskorridors ausgeführt werden, so dass es zu einer Volatilitätsunterbrechung und der Einleitung einer Auktion kommt, wenn der potentielle Ausführungspreis außerhalb dieses Korridors liegt[1422]. Schließlich endet der fortlaufende Handel börsentäglich mit einer Schlussauktion, die wiederum nach den Regeln für das allgemeine Auktionsverfahren abläuft[1423].

IV. Übertragbarkeit der Ergebnisse zum Vertragsschluss im Parketthandel auf den Vertragsschluss in Xetra

Nachdem sowohl der Rahmen für den Handelablauf als auch dieser selbst dargestellt worden ist, kann nun beleuchtet werden, ob die Ergebnisse der Untersuchung zum Vertragsschluss im Parketthandel auf den Vertragsschluss in Xetra übertragen werden können. Es stellt sich also die Frage, ob auch in Xetra davon auszugehen ist, dass das an die Eurex Clearing AG gerichtete Angebot eines Handelsteilnehmers – der zunächst wieder ein CM sein soll – zum Kauf oder Verkauf von Wertpapieren von dieser im Wege einer antizipierten Willenserklärung für den Fall angenommen wird, dass sie ein korrespondierendes Gegengeschäft abschließen kann[1424].

1419 § 44 a Abs. 2 S. 2 BörsO-FWB; vgl. zu den einzelnen Regeln der Auftragsdurchführung und der Preisermittlung im fortlaufenden Handel § 36 Abs. 2 S. 5 GB-FWB.

1420 Vgl. § 36 Abs. 3 S. 5 i.V.m. § 35 Abs. 4 GB-FWB sowie Braue/Hille, Die Bank 1997, S. 140 (144).

1421 § 44 a Abs. 2 S. 3 BörsO-FWB.

1422 § 36 Abs. 3 GB-FWB.

1423 § 36 Abs. 4 S. 2 GB-FWB.

1424 Vgl. zu dieser Konstruktion für den Parketthandel S. 299 f.; vgl. ferner Alfes, Central Counterparty, S. 135 ff. der für den Vertragsschluss in Xetra ein „Antizipationsmodell" darstellt, das – von geringen Unterschieden abgesehen – dem oben für den Parketthandel entwickelten Modell des Vertragsschlusses entspricht.

1. Vergleichbarkeit der Handelsabläufe?

Gründe, die gegen die Übertragbarkeit sprechen, müssten in Unterschieden der Handelsarten liegen, die auf die festgestellte Konstruktion durchschlagen. Diesbezüglich kommt letztlich nur das Fehlen eines Skontroführers im elektronischen Handel in Betracht, welchem nach dem dieser Arbeit zugrunde liegenden Modell im Parketthandel die zentrale Stellung bei der Übermittlung der für den Vertragsschluss erforderlichen Willenserklärungen zukommt. Denn im Übrigen ähneln sich die Handelsabläufe so stark, dass nicht ersichtlich ist, warum die für den Parketthandel entwickelte Vertragskonstruktion mit dem Vertragsschluss in Xetra unvereinbar sein sollte.

a) Fortbestehende Notwendigkeit eines Mittlers für die Willenserklärungen

Das gilt insbesondere für die Gestaltung des Orderbuchs in Xetra, die vereinzelt zum Anlass genommen wird, einen direkten Zugang der abgegebenen Aufträge bei den Handelsteilnehmern zu erwägen und die Notwendigkeit eines Mittlers zwischen den Vertragsparteien in Zweifel zu ziehen[1425]. Gegen diesen Ansatz spricht bereits, dass das Orderbuch im Aktienhandel nur im fortlaufenden Handel geöffnet ist und selbst dann nur eine kumulierte Darstellung der Orders erfolgt[1426], so dass gleich lautende Orders volumenmäßig summiert werden. Mit dem Abstellen auf die Unterschiede hinsichtlich des Orderbuchs könnte also allenfalls ein Teilbereich des Handels erfasst werden, während Auktionen, die ja auch im fortlaufenden Handel eine Rolle spielen[1427], davon unberührt blieben. Außerdem ist nicht zu verkennen, dass die kumulierte Darstellung der Orderlage nicht vollständig vergleichbar ist mit der Kenntnis eines bestimmten Auftrags. So ist an den Fall zu denken, dass im Orderbuch eines Wertpapiers ein bestimmtes Verkaufsvolumen angezeigt wird, die betreffenden Aufträge aber den Teilausführungen verhindernden Zusatz „Fill-or-Kill" enthalten, der im Auftragsbuch nicht zu sehen ist[1428]. Will der Käufer nun einen Kaufauftrag abgeben, der nur einen Bruchteil des Verkaufsvolumens ausmacht, so kann er nie sicher sein, dass tatsächlich eine seinem Auftrag korrespondierende Order vorliegt, welche die Aus-

---

1425 So Rinker, Der Vertragsschluss im börslichen elektronischen Handelssystem, S. 104 ff.

1426 § 44 a Abs. 2 S. 3 BörsO-FWB; Schlüter, Börsenhandelsrecht, Abschnitt G, Rn. 980; Braue/Hille, Die Bank 1997, S. 140 (142 f.); Beck, WM 1998, S. 417 (429).

1427 §§ 44 a Abs. 2 S. 1 BörsO-FWB, 36 Abs. 1 S. 1, Abs. 3 S. 2, Abs. 4 S. 2 GB-FWB.

1428 § 33 Abs. 1 S. 1, 1. Spiegelstrich GB-FWB.

führung des Geschäfts ermöglicht[1429]. Damit wird deutlich, dass das offene Orderbuch im fortlaufenden Handel zwar einen Überblick über die Marktlage verschafft, aber letztlich einen Mittler für die konkreten Aufträge nicht ersetzen kann, der in Xetra eben in Form eines die Orders der Handelsteilnehmer zusammenführenden Computerprogramms vorhanden ist.

b) Vergleichbarkeit der Mittlerfunktion von Xetra und Skontroführer

Es bleibt also zu klären, ob Xetra den Skontroführer bei der Übermittlung von Angebot und Annahme sowie bei dem damit einhergehenden Zusammenführen der sich entsprechenden Aufträge so zu ersetzen vermag, dass im Prinzip an der für den Parketthandel entwickelten Lösung zur Vertragskonstruktion zwischen einem CM und der Eurex Clearing AG festgehalten werden kann. Ausgangspunkt zur Beantwortung dieser Frage muss die unbestrittene Möglichkeit sein, sich elektronischer Medien als reiner Kommunikationsmittel zu bedienen[1430]. Darüber hinaus ist weitestgehend anerkannt, dass Erklärungen, die von EDV-Anlagen aufgrund ihrer Programmierung vollautomatisiert erstellt und an den Adressaten übermittelt werden, dem Anlagenbetreiber bzw. dem Anlagennutzer zuzurechnen und insofern als vollwertige Willenserklärungen im Sinne der Rechtsgeschäftslehre anzusehen sind[1431]. Denn solche sog. automatisierten Willenserklärungen oder Computererklärungen[1432] beruhen auf dem Rechtsfolgewillen des Benutzers, der die EDV-Anlage lediglich als Instrument für die Verfertigung seiner Willenserklärung einsetzt[1433].

Werden diese Grundsätze für die Beurteilung der Mittlerfunktion von Xetra berücksichtigt, so wird deutlich, dass Xetra im Hinblick auf das an die Eurex

---

1429 Das gesteht auch Rinker, Der Vertragsschluss im börslichen elektronischen Handelssystem, S. 117, ein, ohne daraus aber zwingend Konsequenzen ziehen zu wollen.

1430 Soergel/Wolf, Vor § 145, Rn. 108; Köhler, Allgemeiner Teil, § 6, Rn. 18; Glatt, Vertragsschluss im Internet, S. 32; MünchKomm-BGB/Säcker, Einl., Rn. 164 f.; Larenz/Wolf, Allgemeiner Teil des BGB, § 30, Rn. 43; Borges, Verträge im elektronischen Geschäftsverkehr, S. 191 f.; Dörner, AcP 202 (2002), S. 363 (374).

1431 Staudinger/Dilcher, Vorbem. zu §§ 116–144, Rn. 6; Köhler, AcP 182 (1982), S. 126 (133); Borges, Verträge im elektronischen Geschäftsverkehr, S. 194 f.; Medicus, Allgemeiner Teil des BGB, Rn. 256; Larenz/Wolf, Allgemeiner Teil des BGB, § 30, Rn. 49; Soergel/Hefermehl, Vor § 116, Rn. 30; MünchKomm-BGB/Säcker, Einl., Rn. 165; Glatt, Vertragsschluss im Internet, S. 32 f.

1432 Vgl. zur synonymen Verwendung dieser Begriffe Borges, Verträge im elektronischen Geschäftsverkehr, S. 193 m.w.Nachw.

1433 Soegel/Hefermehl, Vor § 116, Rn. 30; Staudinger/Dilcher, Vorbem. zu §§ 116–144, Rn. 6; Glatt, Vertragsschluss im Internet, S. 33; Köhler, AcP 182 (1982), S. 126 (134).

Clearing AG gerichtete Angebot auf Abschluss eines Vertrages im Wesentlichen als bloßes Kommunikationsmittel dient, um der Eurex Clearing AG das Vertragsangebot zu übermitteln. Dagegen ist hinsichtlich der Annahme durch die Eurex Clearing AG von einer Computererklärung auszugehen, da die Eurex Clearing AG nicht für jedes Wertpapiergeschäft eine Willenserklärung abgibt, sondern die Annahmeerklärungen automatisch während des Matchings der Aufträge von Xetra erstellt und abgegeben werden. Dass dies dem Willen der Eurex Clearing AG entspricht, kann mit einem Verweis auf die Argumentation zur Abgabe einer antizipierten Willenserklärung im Parketthandel begründet werden[1434]. Denn die Eurex Clearing AG bringt mit ihren Regelungen in den CB-Eurex zum Vertragsschluss auch für den elektronischen Handel zum Ausdruck, stets Vertragspartner werden zu wollen, wenn sie ein entsprechendes Gegengeschäft abschließen kann. Damit nutzt die Eurex Clearing AG das elektronische Handelssystem zur Abgabe von Willenserklärungen, ohne dessen Betreiber zu sein. Dies ist zwar im Zusammenhang mit automatisierten Willenserklärungen nicht die Regel, entspricht aber einer in der Literatur teilweise anzutreffenden Terminologie, die auf den Benutzer einer EDV-Anlage als Zuordnungsperson einer von dem System erstellten Erklärung abstellt[1435]. Zudem wäre es in hohem Maße sachwidrig, die Zurechnung der Willenserklärung stets von der Betreibereigenschaft abhängig zu machen, anstatt danach zu entscheiden, wer sich die Ergebnisse der Datenverarbeitung zurechnen lassen will, sofern dies nach außen deutlich wird[1436]. Die demnach der Eurex Clearing AG zuzuordnende Willenserklärung[1437] wird daraufhin von Xetra an den Handelsteilnehmer übermittelt, dem sie zugeht[1438], sobald die Geschäftsbestätigung i.S. des § 11 Abs. 1 bzw. § 35 Abs. 4 GB-FWB erfolgt, weil im Börsenverkehr während der Handelszeiten von einer

---

1434 Vgl. S. 297 ff.

1435 Staudinger/Dilcher, Vorbem. zu §§ 116–144, Rn. 6; Soergel/Hefermehl, Vor § 116, Rn. 30.

1436 Vgl. Köhler, AcP 1982 (182), S. 126 (134), der den Willen, sich das Ergebnis einer Datenverarbeitung als Willenserklärung zurechnen zu lassen, für einen ganz wesentlichen Gesichtspunkt bei der rechtlichen Bewertung hält, und Glatt, Vertragsschluss im Internet, S. 33, der auf den Verkehrsschutz verweist.

1437 Sofern die vorliegende Argumentation nicht für überzeugend gehalten wird, steht immer noch der Weg offen, eine für die Eurex Clearing AG wirkende Willenserklärung über eine der FWB oder der Deutschen Börse AG als Eigentümerin von Xetra zuzurechnenden Computererklärung zu konstruieren, die in Vertretung für die Eurex Clearing AG abgegeben wird.

1438 Vgl. zum Zugang bei Einschaltung elektronischer Kommunikationssysteme MünchKomm-BGB/Säcker, Einl., Rn. 166 ff.; Köhler, Allgemeiner Teil, § 6, Rn. 18; Borges, Verträge im elektronischen Geschäftsverkehr, S. 223 ff.; Larenz/Wolf, Allgemeiner Teil des BGB, § 26, Rn. 25.

sofortigen Kenntnisnahme auszugehen ist[1439]. Die hier entwickelte Lösung über eine Computererklärung hat zur Folge, dass Xetra über eine bloße Mittlerstellung hinausgeht und insofern einen Unterschied zum Parketthandel aufweist. Gleichwohl hat dies im Ergebnis weniger Konsequenzen als vielleicht auf den ersten Blick anzunehmen ist.

2. Ergebnis: Modifikation der Vertragskonstruktion

Nach den vorstehenden Ausführungen muss der Vertragsschluss mit der Eurex Clearing AG als Zentraler Kontrahent in Xetra im Vergleich zum Vertragsschluss im Parketthandel etwas modifiziert werden. Während im Parketthandel von einer durch den Skontroführer als Bote an den Handelsteilnehmer überbrachten Annahmeerklärung der Eurex Clearing AG auszugehen ist, erfolgt in Xetra die Annahme durch eine Computererklärung. Zwar erscheint es nicht von vornherein denkunmöglich, auch im elektronischen Handelssystem von einer antizipierten Annahmeerklärung der Eurex Clearing AG auszugehen[1440], die jeweils dann von Xetra als Bote überbracht wird[1441], wenn zwei korrespondierende Orders von Handelsteilnehmern zusammengeführt werden können, doch liegt die Konstruktion über die der Eurex Clearing AG zuzurechnenden Computererklärung näher, da sie infolge eines Datenverarbeitungsvorgangs in Xetra erzeugt wird und damit den typischen Fall einer automatisierten Willenserklärung darstellt. Jedenfalls lässt sich auch der Vertragsschluss in Xetra unter Einschaltung eines Zentralen Kontrahenten mit dem vorhandenen Rüstzeug der Rechtsgeschäftslehre bewältigen, so dass der Einschätzung zu widersprechen ist, dass ein elektronisches Handelssystem wie Xetra den „Sprung zu einer computereigenen Willenserklärung, d.h. einer einem Computer als von ihm selbst stammend rechtlich zugeordneten Erklärung" bereite[1442]. Dies gilt auch für die Frage, wem das Matching letztlich zuzurechnen ist, da nach den bisherigen Ausführungen jedenfalls Xetra selbst als Zuordnungsobjekt ausscheidet. Diesem Problem braucht hier aber nicht weiter

---

1439 Das ergibt sich etwa aus § 18 Abs. 1 Nr. 4 BörsO-FWB, wonach die jederzeitige Erreichbarkeit eines Handelsteilnehmers während der Börsenzeiten zu den Zulassungsvoraussetzungen gehört. Vgl. ferner § 41 a GB-FWB, wo die jederzeitige telefonische Erreichbarkeit von Handelsteilnehmern gefordert und geregelt ist, dass die Handelsteilnehmer die Geschäftsführung unverzüglich zu benachrichtigen haben, wenn die Datenkommunikation in Xetra beeinträchtigt wird.

1440 Für diese Lösung spricht sich Alfes, Central Counterparty, S. 135 ff., aus.

1441 Dass Xetra als Bote von Willenserklärungen der Handelsteilnehmer fungieren könnte, wird von Lenenbach, Kapitalmarkt- und Börsenrecht, Rn. 4.39, zumindest in Erwägung gezogen. § § §

1442 So Lenenbach, Kapitalmarkt- und Börsenrecht, Rn. 4.39, allerdings ohne Bezug zum Vertragsschluss mit einem Zentralen Kontrahenten.

nachgegangen zu werden, da es sich nicht auf das Zustandekommen der Verträge zwischen den Handelsteilnehmern und der Eurex Clearing AG auswirkt[1443].

3. Konsequenzen für den Vertragsschluss unter Beteiligung eines NCM

Die festgestellte Modifikation der Vertragskonstruktion zwischen einem Handelsteilnehmer, der zugleich CM ist, und der Eurex Clearing AG bleibt nicht ohne Auswirkungen auf das Zustandekommen des Vertrages zwischen einem NCM und dem CM, dem es sich angeschlossen hat. Vielmehr ist infolge der vorstehenden Überlegungen jeweils dann, wenn für den Parketthandel von einer antizipierten Willenserklärung auszugehen ist, die vom Skontroführer als Bote überbracht wird, in Xetra die Möglichkeit einer Computererklärung in Betracht zu ziehen[1444]. Darüber hinaus wird in den übrigen Fällen der Abgabe von Willenserklärung der Skontroführer als Mittelsperson durch Xetra als bloßes Kommunikationsmittel ersetzt.

Das bedeutet, dass das NCM seinem CM und zugleich als dessen Stellvertreter der Eurex Clearing AG gegenüber mittels Xetra ein Angebot zum Abschluss eines Wertpapiergeschäfts unterbreitet[1445]. Die Eurex Clearing AG nimmt das Angebot des CM an, indem Xetra eine entsprechende Erklärung erstellt, sobald sich zwei Aufträge von Handelsteilnehmern ausführungsfähig gegenüberstehen.

Fraglich bleibt schließlich lediglich, ob es Gründe gibt, die der Annahme einer dem CM zuzurechnenden Computererklärung entgegenstehen. Im Parketthandel wurde nämlich die Vertragsannahme des CM über eine antizipierte Willenserklärung konstruiert, die vom Skontroführer zu übermitteln ist, sobald sich ein Auftrag des bei ihm angeschlossenen NCM und ein Auftrag eines anderen Handelsteilnehmers ausführungsfähig gegenüberstehen. Nach dem vorgeschlagenen Modell müsste also in Xetra stattdessen eine dem CM zurechenbare Compu-

---

1443 Vgl. zur Zuordnung des Matchings Rinker, Der Vertragsschluss im börslichen elektronischen Handelssystem, S. 81 ff., der es der FWB zuordnet. Nicht von Vornherein abwegig erscheint aber auch eine Zuordnung zu der Deutschen Börse AG als Eigentümerin von Xetra oder gar die Ablehnung einer dritten Partei als Zuordnungsobjekt. In diesem Sinne ist wohl die Erwägung von Lenenbach zu verstehen, dass sich die Vertragsparteien lediglich eines als Träger von Willenserklärungen fungierenden komplexen elektronischen Systems bedienen könnten, da die Handlungsabläufe wegen der Programmierung feststünden (in Kapitalmarkt- und Börsenrecht, Rn. 4.39).

1444 Dagegen kommt nach Alfes, Central Counterparty, der Vertrag im elektronischen Handelssystem Xetra über antizipierte Willenserklärungen zustande, ohne dass auf die Möglichkeit einer Computererklärung, die dem jeweiligen Vertragspartner zuzurechnen ist, eingegangen wird.

1445 Vgl. zur Begründung dieser Konstruktion im Parketthandel S. 310.

tererklärung vorliegen. Dagegen könnte nun eingewendet werden, dass bereits die Eurex Clearing AG das System Xetra zur Erstellung von Willenserklärungen nutze und deshalb eine entsprechende Verwendung seitens der CM nicht mehr möglich sei. Dem kann allerdings entgegengesetzt werden, dass eine mehrseitige Nutzung einer EDV-Anlage solange unbedenklich sein sollte, wie der Wille, sich die Erklärung zurechnen zu lassen, deutlich nach außen hervortritt und somit keine Zuordnungsprobleme entstehen können. Genau dies ist hier der Fall, da die CM mit der Teilnahme am Clearing-System der FWB konkludent ihre Bereitschaft erklären, sich die von Xetra vermittelten Geschäfte zurechnen zu lassen und andererseits für die NCM aufgrund der normativen Vorgaben stets klar ist, dass sie es mit einer Willenserklärung ihrer CM und nicht der Eurex Clearing AG zu tun haben. Wollen sich die CM die von Xetra erstellten Erklärungen nicht länger zurechnen lassen, müssen sie ihre Clearing-Lizenz zurückgeben oder auf eine andere Ausgestaltung des Clearing-Systems oder des elektronischen Handelssystems dringen[1446]. Somit erfolgt die Vertragsannahme des CM gegenüber dem NCM ebenso durch eine Computererklärung wie die Annahme der Eurex Clearing AG gegenüber dem CM.

[1446] Insofern beherrschen sie mittelbar die Herstellung der Erklärung durch Xetra; vgl. zu diesem Kriterien für die Zurechnung von Computererklärungen Borges, Verträge im elektronischen Geschäftsverkehr, S. 195.

7. Teil: Erfüllung der Börsengeschäfte an der FWB

Nachdem das Zustandekommen der Verträge über den Kauf und den Verkauf von in die Abwicklung über die Eurex Clearing AG einbezogenen Wertpapieren an der FWB geklärt ist, kann damit begonnen werden, die rechtlichen Aspekte der Erfüllung dieser Geschäfte im Hinblick auf die Einschaltung eines Zentralen Kontrahenten näher zu beleuchten[1447]. Dabei soll wie bisher verfahren und das Augenmerk weiterhin auf die Gestaltung an der FWB gerichtet werden. Dabei ist eine Differenzierung zwischen dem Netting einerseits und der Übertragung des Eigentums an den Wertpapieren aufgrund der Börsengeschäfte andererseits angebracht, da lediglich die sich aus dem Netting ergebenden Salden einer weiteren Abwicklung nach sachenrechtlichen Grundsätzen bedürfen[1448]. Im Folgenden wird deshalb zunächst auf das Netting näher eingegangen, um dann in einem zweiten Schritt die sich mit der Eigentumsübertragung stellenden Fragen näher zu behandeln.

A. Netting der Wertpapiergeschäfte

Bereits bei der Darstellung der Vor- und Nachteile, die mit der Einführung eines Zentralen Kontrahenten verbunden werden, wurde auf die Bedeutung des Netting verwiesen[1449]. Was genau unter Netting zu verstehen ist und wie es sich rechtlich einordnen lässt, wurde bisher freilich nur am Rande erörtert. Diesen Fragen und den damit verbundenen Problemen ist zunächst auf den Grund zu gehen, bevor festgestellt werden kann, wie das Verfahren an der FWB in Bezug auf das Netting zu bewerten ist.

1447 Vgl. grundsätzlich zur Erfüllung von Börsengeschäften Schlüter, Börsenhandelsrecht, Abschnitt G, Rn. 1039 ff., sowie Kümpel, Bank- und Kapitalmarktrecht, Rn. 11.344 ff.

1448 Horn, WM 2002, Sonderbeil. 2, S. 7; Kümpel, Bank- und Kapitalmarktrecht, Rn. 11.383.

1449 Vgl. 2. 65 ff.

I. Begriff des „Netting"

Der Begriff des Netting ist wegen seiner vielfältigen Verwendung einer präzisen rechtlichen Definition nur schwer zugänglich[1450]. So hat die Europäische Kommission in ihrem Vorschlag für die Finanzsicherheiten-RL[1451] zutreffend ausgeführt, dass der Begriff „Netting" in Rechtstexten erst seit kurzem verwendet werde und eine Reihe von Saldierungsregelungen in unterschiedlichen Zusammenhängen bezeichne[1452]. Damit wird insbesondere auf europäische Richtlinien Bezug genommen, in denen der aus dem Englischen stammende Begriff[1453] selbst in den deutschen Fassungen gebraucht wird. So wird der Begriff „Netting" etwa in Art. 2 lit. k) der Richtlinie über die Wirksamkeit von Abrechnungen in Zahlungs- sowie Wertpapierliefer- und Abrechnungssystemen[1454] definiert als die Verrechnung von Forderungen und Verbindlichkeiten aus Zahlungs- bzw. Übertragungsaufträgen, die ein oder mehrere Teilnehmer eines Verrechnungssystems an einen oder mehrere Teilnehmer erteilt haben oder von einem oder mehreren Teilnehmern erhalten haben, zu einer einzigen Nettoforderung bzw. -verbindlichkeit pro Teilnehmer mit der Folge, dass nur diese Nettoforderung bzw. -verbindlichkeit besteht. Daneben ist in europäischen Richtlinien noch einige Male von Netting[1455], Nettingvereinbarungen[1456] bzw. „close out netting"[1457] die Rede, ohne dass dort jedoch näherer Aufschluss über die Charakteristika des Netting gegeben wird.

In der Literatur wird versucht, der begrifflichen Unschärfe durch Bildung von bestimmten Typen des Netting entgegenzuwirken und dabei rechtliche Besonder-

---

1450 Vgl. eingehend Berger, Der Aufrechnungsvertrag, S. 19 ff.; Ehricke, ZIP 2003, S. 273 (280); Böhm, Rechtliche Aspekte grenzüberschreitender Nettingvereinbarungen, S. 22 ff.

1451 Richtlinie 2002/47/EG des Europäischen Parlaments und des Rates vom 6. Juni 2002 über Finanzsicherheiten (abgedruckt in Kümpel/Hammen/Ekkenga, Kz. 915).

1452 KOM/2001/168 endg., Begründung zu Art. 8 des Vorschlags.

1453 Das zugrunde liegende Verb „to net" beruht auf dem Adjektiv „net", was soviel heißt wie netto oder bereinigt um Abzugsposten. Das Verb könnte man also übersetzen in das Zurückführen eines Bruttobetrags auf den Nettobetrag (vgl. dazu Bosch, WM 1995, S. 365 (367), sowie Jahn in Schimansky/Bunte/Lwowski, Band III, § 114, Rn. 131).

1454 RL 98/26/EG des Europäischen Parlaments und des Rates vom 19. Mai 1998 (abgedruckt in Kümpel/Hammen/Ekkenga, Kz. 965).

1455 Erwägungsgrund (18) der RL 2002/47/EG.

1456 Erwägungsgrund (52) der RL 2000/12/EG.

1457 Erwägungsgrund (5) und (14) sowie Art. 2 Abs. 1 lit. l) der RL 2002/47/EG.

heiten herauszuarbeiten[1458]. Als wegweisend für die Unterscheidung von unterschiedlichen Netting-Systemen kann der „*Angell*-Report" bezeichnet werden[1459], in dem eine Expertengruppe der Bank für Internationalen Zahlungsausgleich (BIZ) die möglichen Risiken solcher Systeme aufgezeigt hat[1460] und der als Grundlage für den sog. „*Lamfalussy*-Report" diente, der sowohl mehrere Empfehlungen an die Zentralbanken als auch eine Liste mit Mindestanforderungen für die Gestaltung sowie den Betrieb grenzüberschreitender und mehrere Währungen einbeziehender Netting- und Saldenausgleichssysteme enthält[1461, 1462]. In dem *Angell*-Report wird – soweit ersichtlich – zum ersten Mal zwischen „position netting", „binding payments netting", „netting by novation" und „netting by close-out" als unterschiedlichen Nettingvereinbarungen differenziert[1463]. Darüber hinaus wird auf gesetzlich eingeräumte Aufrechnungsbefugnisse („legal rights of set-off") verwiesen, die allerdings nur am Rande behandelt werden[1464].

In der deutschen Literatur, die sich mit dem Netting vorwiegend mit Bezug auf die Ausgestaltung des Derivatehandels beschäftigt[1465], wird das reine „position netting", das auch als Positionenaufrechnung[1466] bezeichnet wird, nur vereinzelt von „binding payments netting" unterschieden[1467]. Überwiegend wird stattdessen eine Dreiteilung in das Zahlungsverkehrsnetting – wofür zum Teil ebenfalls der Begriff Positionenaufrechnung gebraucht wird[1468], das aber darüber

---

1458 Vgl. instruktiv Berger, Der Aufrechnungsvertrag, S. 28 ff.; ferner Bosch, WM 1995, S. 365 (367 f.); Jahn in Schimansky/Bunte/Lwowski, Band III, § 114, Rn. 132 ff.

1459 Vgl. Jahn in Schimansky/Bunte/Lwowski, Band III, § 114, Rn. 131; Berger, Der Aufrechnungsvertrag, S. 20, meint allerdings, der Bericht habe „für Verwirrung bei der rechtlichen Qualifizierung" der Netting-Systeme gesorgt.

1460 BIZ, Angell-Report, S. 13 ff. (Punkt 6.).

1461 BIZ, Lamfalussy-Report, S. 3 ff. (Part A, Section 3), wo eine Zusammenfassung der Empfehlungen bzw. Mindestanforderungen erfolgt.

1462 Vgl. zur weiteren Entwicklung nach dem Lamfalussy-Report Berger, Der Aufrechnungsvertrag, S. 20 mit Fn. 70; da diese Entwicklung für die Einordnung des Netting nicht weiterführt, soll ihr an dieser Stelle nicht weiter nachgegangen werden.

1463 BIZ, Angell-Report, S. 11 ff. (Punkt 5).

1464 BIZ, Angell-Report, S. 13 (Punkt 5).

1465 Vgl. etwa Benzler, Nettingvereinbarungen im außerbörslichen Derivatehandel, S. 34 f., 56 und passim; Klingner-Schmidt in Handbuch zum deutschen und europäischen Bankrecht, § 48, Rn. 41 ff.; Claussen, Bank- und Börsenrecht³, § 9, Rn. 205; Jahn in Schimansky/Bunte/Lwowski, Band III, § 114, Rn. 131 ff.; Heemann/Nägele, ZfgKW 1996, S. 841 ff.; Bosch, WM 1995, S. 365 (367 ff.).

1466 Berger, Der Aufrechnungsvertrag, S. 30.

1467 Berger, Der Aufrechnungsvertrag, S. 30, macht auf den Unterschied aufmerksam; ähnlich auch Benzler, Nettingvereinbarungen im außerbörslichen Derivatehandel, S. 61 ff.

1468 So bei Jahn in Schimansky/Bunte/Lwowski, Band III, § 114, Rn. 132.

hinaus als „payment netting", „accounting netting" oder „settlement netting" bezeichnet wird[1469] – das Novationsnetting[1470] und schließlich in das Liquidationsnetting[1471] vorgenommen[1472]. Gemeinsam ist allen Nettingformen, wie die Europäische Kommission zutreffend festgestellt hat[1473], dass sie der Saldierung dienen[1474].

II. Rechtliche Einordnung der verschiedenen Nettingformen

Obgleich mit der Saldierung eine gemeinsame Zielsetzung der verschiedenen Nettingvereinbarungen vorhanden ist, unterscheiden sie sich in der rechtlichen Konstruktion und Bedeutung zum Teil erheblich[1475]. Dies wird bspw. beim bloßen „position netting" deutlich, da es lediglich der abwicklungstechnischen Ver-

---

1469 Vgl. Böhm, Rechtliche Aspekte grenzüberschreitender Nettingvereinbarungen, S. 69; angesichts der englischen Formulierung vom „binding payments netting" bzw. der deutschen Übersetzung Zahlungsverkehrsnetting könnte der Eindruck entstehen, dass lediglich Zahlungen unter diese Form des Netting zu fassen sind. Zwar sind Zahlungen insbesondere im Interbankenverkehr häufig Gegenstand dieser Nettingform, so dass sich auch die einschlägige Literatur vorwiegend darauf bezieht(vgl. nur Böhm, aaO., S. 83 ff.), doch können andere Leistungen ebenso Gegenstand der Nettingvereinbarung sein (vgl. Jahn in Schimansky/Bunte/Lwowski, Band III, § 114, Rn. 132, und die Auflistung der Anwendungsbereiche des Netting in der Praxis bei Berger, Der Aufrechnungsvertrag, S. 40 ff.). Deshalb spricht z.B. Keller, WM 2000, S. 1269 (1270), zu Recht vom „payment (and securities) netting", wenn er den Zuschnitt des Anwendungsbereichs der RL 98/26/EG beschreibt.
1470 Das Novationsnetting wird dem englischen Sprachgebrauch folgend gelegentlich als „netting by novation", „obligation netting" oder auch „kleines Netting" bezeichnet (vgl. Böhm, Rechtliche Aspekte grenzüberschreitender Nettingvereinbarungen, S. 106, m.w.Nachw. in Fn. 187).
1471 Für das Liquidationsnetting werden auch die Begriffe „netting by close out", „default netting" oder „großes Netting" gebraucht (vgl. Böhm, Rechtliche Aspekte grenzüberschreitender Nettingvereinbarungen, S. 111, m.w.Nachw. in Fn. 221).
1472 Böhm, Rechtliche Aspekte grenzüberschreitender Nettingvereinbarungen, S. 69; Horn, ZBB 1994, S. 130 (140); Jahn in Schimansky/Bunte/Lwowski, Band III, § 114, Rn. 131 ff.; Bosch, WM 1995, S. 365 (367 f.); Benzler, Nettingvereinbarungen im außerbörslichen Derivatehandel, S. 60 ff.; Klingner-Schmidt in Handbuch zum deutschen und europäischen Bankrecht, § 48, Rn. 41 ff.
1473 Com/2001/168 endg., Begründung zu Art. 8 des Vorschlags.
1474 Ebenso Böhm, Rechtliche Aspekte grenzüberschreitender Nettingvereinbarungen, S. 69, Horn, ZBB 1994, S. 130 (140), und Benzler, ZInsO 2000, S. 1.
1475 Vgl. dazu Böhm, Rechtliche Aspekte grenzüberschreitender Nettingvereinbarungen, S. 84 ff., 106 ff. u. 117 ff., sowie Jahn in Schimansky/Bunte/Lwowski, Band III, § 114, Rn. 132 ff.

einfachung durch Reduzierung der Zahl und des Umfangs der abzuwickelnden Leistungen dient und keine Aufrechnungsvereinbarung im Rechtssinne darstellt[1476].

Dagegen ist für das Verständnis der rechtlichen Funktionsweise des „binding payments netting" bzw. „binding securities netting"[1477] ein Rückgriff auf das Aufrechnungsrecht nahe liegend und sachdienlich[1478], so dass kurz auf dessen Grundzüge einzugehen ist.

Die gesetzlichen Vorschriften für die Aufrechnung finden sich in den §§ 387 ff. BGB, die nach h.M. unmittelbar lediglich die einseitige Aufrechnung regeln[1479]. Gleichwohl ist die Zulässigkeit eines Aufrechnungsvertrags wegen des Grundsatzes der Vertragsfreiheit allgemein anerkannt[1480]. Der Bezeichnung Aufrechnungsvertrag ist dabei Oberbegriff für verschiedene Erscheinungsformen einer die Aufrechnung betreffenden Vereinbarung[1481]. So besteht die Möglichkeit, einen unmittelbar wirksamen Aufrechnungsvertrag über bereits entstandene Forderungen zu schließen („eigentlicher Aufrechnungsvertrag"), mit dem über existente Forderungen, die durch gegenseitige Verrechnung getilgt werden, verfügt wird[1482]. Denkbar ist ebenso, dass die Parteien einen Aufrechnungsvertrag unter

---

1476 Berger, Der Aufrechnungsvertrag, S. 30; Bosch, WM 1995, S. 365 (367); BIZ, Angell-Report, S. 11 (Punkt 5).

1477 Vgl. zu diesem so noch nicht gebräuchlichen, aber angebrachten Begriff unter Fn. 1469; im Folgenden wird die Formulierung „binding payments/securities netting" gebraucht, um beide Gegenstände der bindenden Verrechnungsabreden zu erfassen.

1478 Berger, Der Aufrechnungsvertrag, S. 29 f.; Böhm, Rechtliche Aspekte grenzüberschreitender Nettingvereinbarungen, S. 88 f.; Le Guen, Netting-Systeme aus französischer Sicht, S. 425 (433 ff.), für die Behandlung von Nettingsystemen nach französischem Recht, das hinsichtlich der Regelungen zur Aufrechnung jedoch dem deutschen Recht vergleichbar ausgestaltet ist.

1479 Staudinger/Gursky, Vorbem. zu §§ 387 ff., Rn. 1; Palandt/Heinrichs, § 387, Rn. 1; Gernhuber, Die Erfüllung und ihre Surrogate, § 14 I 4 (S. 328); a.A. jedoch Berger, Der Aufrechnungsvertrag, S. 84 ff., der auch den Aufrechnungsvertrag als Aufrechnung i.S. der §§ 387 ff. einordnet, allerdings die Abdingbarkeit der darin enthaltenen Voraussetzungen bis auf die Gleichartigkeit bejaht (S. 238 ff.).

1480 Vgl. nur Staudinger/Gursky, Vorbem. zu §§ 387 ff., Rn. 61; MünchKomm-BGB/Schlüter, § 387, Rn. 51; Gernhuber, Die Erfüllung und ihre Surrogate, § 14 I 2; Palandt/Heinrichs, § 387, Rn. 19.

1481 Instruktiv Berger, Der Aufrechnungsvertrag, S. 17 f. u. 141 ff.; vgl. auch Gernhuber, Die Erfüllung und ihre Surrogate, § 14 I 1 (S. 326).

1482 Berger, Der Aufrechnungsvertrag, S. 144; MünchKomm-BGB/Schlüter, § 387, Rn. 51; vgl. zum Streit über die Rechtsnatur eines solchen Aufrechnungsvertrags Staudinger/Gursky, Vorbem. zu §§ 387 ff., Rn. 83 ff., und Berger, aaO., S. 121 ff., jeweils mit zahlreichen Nachweisen. Da dieser Streit – zumindest im vorliegenden Zusammenhang – keine wesentlichen Konsequenzen nach sich zieht, soll er an dieser Stelle nicht weiter ausgebreitet oder gar entschieden werden (vgl. Gernhuber,

einer Bedingung nach § 158 BGB abschließen, so dass die Aufrechnungswirkung zu einem späteren Zeitpunkt eintritt bzw. wieder entfällt[1483]. Weiterhin kann ein antizipierter Aufrechnungsvertrag gewollt sein. Dieser ist anzunehmen, wenn im Zeitpunkt des Abschlusses der Aufrechnungsvereinbarung die aufzurechnende Forderung noch nicht entstanden ist, die Parteien aber die Einigung über die Aufrechnungswirkung vorwegnehmen, so dass sich die Aufrechnung mit Entstehen der Forderung ohne weiteres vollzieht[1484]. Schließlich fallen unter die Aufrechnungsverträge auch diejenigen Vereinbarungen über die Aufrechnung, denen nicht selbst Verfügungswirkung zukommt. Zum einen gehört dazu der von der h.M. anerkannte sog. Aufrechnungsvorvertrag[1485], der das Recht bzw. die Pflicht der beteiligten Parteien festlegt, zu einem späteren Zeitpunkt einen Aufrechnungsvertrag zu schließen, mithin später durch Vertrag aufzurechnen[1486]. Da von der h.M. zugestanden wird, dass dem Aufrechnungsvorvertrag nur eine geringe praktische Bedeutung zukommt[1487], soll hier nicht weiter untersucht werden, ob die Einwände gegen die Konstruktion eines solchen Vorvertrages greifen, sondern stattdessen der Blick auf die in der Praxis wichtigere Vereinbarung zur Begründung einer einseitigen Aufrechnungsbefugnis gerichtet werden[1488]. Die Befugnis zur einseitigen Aufrechnung folgt in diesem Fall nicht aus dem Gesetz, sondern basiert auf der getroffenen Vereinbarung über das Recht zur Aufrech-

---

Die Erfüllung und ihre Surrogate, § 14 I 2 (S. 327), der angesichts der allgemeinen Anerkennung des Aufrechnungsvertrags keinen Anlass sieht, ihn „in das Prokrustesbett einer mehr oder minder überzeugenden ‚Konstruktion' zu pressen").

1483 Berger, Der Aufrechnungsvertrag, S. 149, mit dem Hinweis, dass § 388 S. 2 BGB dieser Gestaltung nicht entgegensteht. Als Bedingung für die Wirksamkeit der Aufrechnung kann auch die Erklärung der berechtigten Partei vereinbart werden, dass bestimmte Forderungen von der Aufrechnung erfasst werden sollen (Berger, aaO., S. 151).

1484 Staudinger/Gursky, Vorbem. zu §§ 387 ff., Rn. 71; Berger, Der Aufrechnungsvertrag, S. 152.

1485 Staudinger/Gursky, Vorbem. zu §§ 387 ff., Rn. 79; Gernhuber, Die Erfüllung und ihre Surrogate, § 14 I 1 (S. 326); MünchKomm-BGB/Schlüter, § 387, Rn. 51; Jauernig/Stürner, § 387, Rn. 16; vgl. darüber hinaus die Nachweise bei Berger, Der Aufrechnungsvertrag, S. 160 f.; a.A. jedoch Berger selbst, aaO., S. 162 f., der die Rechtsnatur des Aufrechnungsvertrages als Verfügungsvertrag für nicht vereinbar mit der Konstruktion eines Vorvertrages hält.

1486 Staudinger/Gursky, Vorbem. zu §§ 387 ff., Rn. 79; MünchKomm-BGB/Schlüter, § 387, Rn. 51.

1487 Vgl. etwa Staudinger/Gursky, Vorbem. zu §§ 387 ff., Rn. 79.

1488 Diese Konstruktion wird z.T. ebenfalls als Aufrechnungsvorvertrag bezeichnet (vgl. etwa Soergel/Zeiss, vor § 387, Rn. 5; MünchKomm-BGB/Schlüter, § 387, Rn. 51); vgl. zu diesem Typ des Aufrechnungsvertrages Staudinger/Gursky, Vorbem. zu §§ 387 ff., Rn. 80 f.; Berger, Der Aufrechnungsvertrag, S. 165 ff.).

nungserklärung[1489]. Sinnvollerweise wird diese Vereinbarung mit einer Abschwächung der Voraussetzungen gegenüber den Anforderungen der gesetzlichen Aufrechnung nach §§ 387 ff. BGB verbunden sein, da ansonsten direkt auf die gesetzlich eingeräumte Aufrechnungsbefugnis zurückgegriffen werden könnte[1490]. Möglich ist zudem, dass in dem Vertrag über die Aufrechnung die Verpflichtung begründet wird, die Forderungen nicht auf andere Weise als durch Aufrechnung geltend zu machen, oder dass nur einer der beteiligten Parteien das Recht zur Aufrechnung eingeräumt wird, während die andere Partei von der Geltendmachung dieses Rechts ausgeschlossen sein soll[1491]. Somit zeigt sich, dass Aufrechnungsverträge viele Gestaltungsformen aufweisen können, so dass stets für den Einzelfall festzustellen ist, welches der dargestellten Modelle die Parteien gewollt haben. Dass dies Probleme bereiten kann, zeigen die unterschiedlichen Ansichten zur Einordnung von Konzernverrechnungsklauseln[1492] oder Kontokorrentabreden[1493, 1494]. Letztlich hat das zur Folge, dass keine generelle Aussage über die rechtliche Funktionsweise des „binding payments/securities netting" getroffen werden kann, sondern die jeweilige Gestaltung auf ihre Besonderheiten hin untersucht und dementsprechend beurteilt werden muss[1495].

Die zivilrechtliche Struktur des sog. Novationsnetting[1496] wird durch das Ziel geprägt, mit der Verrechnung eine zusammengefasste neue Forderung bzw. Ver-

---

1489 Berger, Der Aufrechnungsvertrag, S. 165.

1490 Vgl. Staudinger/Gursky, Vorbem. zu §§ 387 ff., Rn. 80; Gernhuber, Die Erfüllung und ihre Surrogate, § 14 I 1 (S. 326).

1491 Vgl. Berger, Der Aufrechnungsvertrag, S. 168 ff. u. 238.

1492 Vgl. zu den Konzernverrechnungsklauseln Westermann, WM 1986, Sonderbeil. 2; die h.M. ordnet die Konzernverrechnungsklauseln als Einräumung einer einseitigen Aufrechnungsbefugnis ein (Palandt/Heinrichs, § 387, Rn. 22; Staudinger/Gursky, Vorbem. zu §§ 387 ff., Rn. 90).

1493 Vgl. zum Kontokorrent K. Schmidt, Handelsrecht, § 21 (S. 614 ff.); die wohl überwiegende Ansicht in der Literatur sieht in der Kontokorrentabrede einen antizipierten Aufrechnungsvertrag (K. Schmidt, Handelsrecht, § 21 IV. 1. (S. 624 f.); Canaris, Handelsrecht, § 27, Rn. 15 f.).

1494 Vgl. zu den verschiedenen Einordnungsansätzen eingehend Berger, Der Aufrechnungsvertrag, S. 171 ff., mit zahlreichen Nachweisen.

1495 So auch Benzler, Nettingvereinbarungen im außerbörslichen Derivatehandel, S. 61 ff.; deshalb ist es auch nicht grundsätzlich weiterführend, wenn mit Blick auf bestimmte vertragliche Bestimmungen das Zahlungsverkehrsnetting als Vereinbarung eines mit einem antizipierten Aufrechnungsvertrag einhergehenden Staffelkontokorrents angesehen wird (vgl. Böhm, Rechtliche Aspekte grenzüberschreitender Nettingvereinbarungen, S. 85 u. 88 f.; Jahn in Schimansky/Bunte/Lwowski, Band III, § 114, Rn. 132).

1496 Vgl. Heermann/Nägele, ZfgKW 1996, S. 841; Kaiser, WiB 1997, S. 341 (341 f.); Böhm, Rechtliche Aspekte grenzüberschreitender Nettingvereinbarungen, S. 69;

bindlichkeit zu schaffen und die verrechneten Forderungen hierdurch zu ersetzen[1497]. Anders als bei der Aufrechnung erfolgt also nicht nur die Tilgung von Forderungen, sondern die vertragliche Begründung eines neuen Schuldverhältnisses unter Aufhebung eines älteren. Diese Gestaltung entspricht der Novation nach deutschem Recht, die im Gesetz zwar nicht geregelt, aber wegen des Grundsatzes der Vertragsfreiheit anzuerkennen ist[1498]. Dass es sich beim Novationsnetting um eine Novation im Rechtssinne handelt, wird freilich durch die in diesem Zusammenhang gelegentlich verwendeten Begriffe wie „Aufrechnungsvereinbarung"[1499] oder „Aufrechnung"[1500] etwas verdeckt[1501]. Aufgrund früherer regulatorischer Rahmenbedingungen diente das Novationsnetting in besonderem Maße der Reduzierung des mit Terminkontrakten verbundenen Kreditrisikos und damit des aufzubringenden Eigenkapitals[1502].

Die rechtliche Gestaltung des Liquidationsnetting, das insbesondere bei Finanzderivaten von großer Bedeutung ist[1503], wird etwas klarer, wenn man seine wirtschaftliche Funktion berücksichtigt, die darin besteht, einen Vertrag bei Eintritt eines vorher festgelegten Ereignisses – insbesondere bei Insolvenz einer Partei – zu beenden und alle Forderungen fällig zu stellen, um sie dann miteinander zu verrechnen[1504]. Damit sollen die Unwägbarkeiten des jeweils anwendbaren Konkursrechts soweit wie möglich ausgeschaltet und die Eigenkapitalanforderungen reduziert werden[1505]. Die Beendigung der Vertragsbeziehungen kann ent-

Höfer, Die Bank 1997, S. 50 (51); Jahn in Schimansky/Bunte/Lwowski, Band III, § 114, Rn. 133.

1497 Vgl. BIZ, Angell-Report, S. 11 f. (Punkt 5.3); Horn, ZBB 1994, S. 130 (140); Böhm, Rechtliche Aspekte grenzüberschreitender Nettingvereinbarungen, S. 109 f.; Rosenthal, FLF 1994, S. 142; Lehnhoff, WM-Festgabe für Hellner, S. 41 (42); Kaiser, WiB 1997, S. 341 (341 f.).

1498 Vgl. Gernhuber, Die Erfüllung und ihre Surrogate, § 18 1. u. 2. (S. 402 f.); Palandt/Heinrichs, BGB, § 311, Rn. 8.

1499 Erne, Die Swapgeschäfte der Banken, S. 194 f.

1500 Schulte-Mattler, Die Bank 1994, S. 302 (305).

1501 Vgl. Berger, Der Aufrechnungsvertrag, S. 31; Böhm, Rechtliche Aspekte grenzüberschreitender Nettingvereinbarungen, S. 108 f.

1502 Vgl. zu diesem Zusammenhang Höfer, Die Bank 1997, S. 50 ff.; Berner, Die Bank 1996, S. 753 ff.

1503 Berger, Der Aufrechnungsvertrag, S. 33; Bosch, WM 1995, S. 365 (368); Claussen, Bank- und Börsenrecht³, § 9, Rn. 205.

1504 Le Guen, Netting-Systeme aus französischer Sicht, S. 425 (430); Horn, ZBB 1994, S. 130 (140); Schulte-Mattler, Die Bank 1994, S. 302 (306); Kaiser, WiB 1997, S. 341 (342); Berger, Der Aufrechnungsvertrag, S. 33; Lehnhoff, WM-Festgabe für Hellner, S. 41 (42).

1505 Vgl. Heemann/Nägele, ZfgKW 1996, S. 841 ff.; Lehnhoff, WM-Festgabe für Hellner, S. 41 (42); Boos/Schulte-Mattler, Die Bank 1997, S. 474 (477); Jahn in Schimansky/Bunte/Lwowski, Band III, § 114, Rn. 135.

sprechend der vertraglichen Regelungen automatisch bei Eintritt des festgelegten Ereignisses eintreten oder aber durch eine Kündigung herbeigeführt werden[1506]. Ebenfalls im Vertrag ist festzulegen, wie der wirtschaftliche Ausgleich für die vorzeitige Beendigung der Geschäftsbeziehungen vorzunehmen ist[1507]. Erst in einem zweiten Schritt kommt es dann zur Verrechnung der nach den vertraglichen Vorgaben errechneten Einzelforderungen, sofern nicht eine Vertragsgestaltung gewählt wird, bei der lediglich eine Saldierung der unselbständigen Rechnungsposten zur Ermittlung der Höhe eines einheitlichen Ausgleichsanspruchs vorgenommen wird[1508]. Diese Verrechnung ist als Aufrechnungsvertrag einzuordnen, der unter der aufschiebenden Bedingung der vorzeitigen Beendigung der Vertragsbeziehungen steht[1509].

III. Bilaterales und multilaterales Netting

Das Netting kann sowohl bilateral als auch multilateral erfolgen[1510]. Hiernach kann das Netting zwischen lediglich zwei Parteien, aber auch in einem mehrere Beteiligte umfassenden Verfahren stattfinden[1511]. Multilaterale Nettingsysteme finden sich mittlerweile weltweit[1512]. Dies kann nicht zu verwundern, da sich mit einem multilateralen Nettingsystem die grundsätzlichen Vorteile des Netting in

---

1506 Böhm, Rechtliche Aspekte grenzüberschreitender Nettingvereinbarungen, S. 114 f.

1507 Böhm, Rechtliche Aspekte grenzüberschreitender Nettingvereinbarungen, S. 117; Berger, Der Aufrechnungsvertrag, S. 34; vgl. aber zu den Einschränkungen S. 362.

1508 Vgl. MünchKomm-InsO/Jahn, § 104, Rn. 140 u. 159 mit Fn. 148; Ehricke, ZIP 2003, S. 273 (280 f.); gleichwohl kann auch bei dieser Gestaltung eine Aufrechnungsabrede im Rechtssinne gewollt sein, wenn die Saldierung mit rückständigen Zahlungen oder Leistungen, die mit der Beendigung der noch offen Einzelgeschäfte nichts zu tun haben, vereinbart wird (vgl. Ehricke, ZIP 2003, S. 273 (280 f.).

1509 Böhm, Rechtliche Aspekte grenzüberschreitender Nettingvereinbarungen, S. 118 f.; Berger, Der Aufrechnungsvertrag, S. 34; Jahn in Schimansky/Bunte/Lwowski, Band III, § 114, Rn. 134.

1510 Navara, ZfgKW 1999, S. 1206 (1207); Rosenthal, FLF 1994, S. 142 (142 f.); Bosch, WM 1995, S. 365 (367); BIZ, Lamfalussy-Report, S. 8 f. (Part B, Section 2.8 ff.); Böhm, Rechtliche Aspekte grenzüberschreitender Nettingvereinbarungen, S. 70.

1511 Bosch, WM 1995, S. 365 (367); Berger, Der Aufrechnungsvertrag, S. 27 f.

1512 Vgl. zu verschiedenen multilateralen Systemen Jahn in Schimansky/Bunte/Lwowski, Band III, § 114, Rn. 143; Böhm, Rechtliche Aspekte grenzüberschreitender Nettingvereinbarungen, S. 31 ff. (CHIPS), S. 36 ff. (EAF), S. 66 f. (ECHO), S. 67 ff. (Multinet), jeweils mit ausführlicher Beschreibung dieser Systeme.

ihrem Umfang vergrößern lassen[1513]. Letztlich ist mit der sog. Skontration[1514] im deutschen Rechtsverkehr seit langem ein Verfahren gebräuchlich, dass als multilaterales Nettingsystem anzusehen ist[1515]. Bei der Skontration wird zum Zwecke der Ausgleichung gegenseitiger Forderungen unter mehr als zwei natürlichen oder juristischen Personen ein Kreis gebildet. Jeder Teilnehmer des Kreises ist Gläubiger eines anderen und zugleich Schuldner eines dritten Teilnehmers[1516]. Ausschlaggebend für die Multilateralität der Skontration ist nun, dass zwischen den Teilnehmern vereinbart wird, die Forderungen und Verbindlichkeiten aller Teilnehmer gegeneinander so weit zu verrechnen, wie sie sich decken, so dass schließlich kein oder ein nur geringer tatsächlich zu leistender Saldobetrag übrig bleibt[1517]. Besondere Aufmerksamkeit hat die Skontration[1518] durch ihre Verwendung im Bereich des bankgeschäftlichen Abrechnungsverkehrs erfahren[1519]. Während nach älterer Auffassung die Skontration dogmatisch über eine Vielzahl von Erlassverträgen konstruiert wurde[1520, 1521], ist heute allgemein anerkannt,

---

1513 Vgl. Jahn in Schimansky/Bunte/Lwowski, Band III, § 114, Rn. 143 unter Bezugnahme auf die deutlich höheren Verrechnungsmöglichkeiten nach Einführung eines multilateralen Netting bei ECHO; BIZ, Lamfalussy-Report, S. 9 (Part B, Section 2.12), um die zu erzielende Reduzierung des Abwicklungsumfangs und der Abwicklungsvorgänge auf bis zu 80% bei multilateralen Nettingsystemen geschätzt wird, während sich die Reduzierung bei bilateralen Systemen auf ca. 50% belaufen soll; Berger, Der Aufrechnungsvertrag, S. 38.

1514 Vgl. eingehend zur Rechtsnatur der Skontration Michahelles, Die Funktionsweise und Rechtsnatur der Skontration, S. 143 ff.

1515 Berger, Der Aufrechnungsvertrag, S. 355; Böhm, Rechtliche Aspekte grenzüberschreitender Nettingvereinbarungen, S. 86 f.

1516 Staudinger/Gursky, Vorbem. zu §§ 387 ff., Rn. 89.

1517 Staudinger/Gursky, Vorbem. zu §§ 387 ff., Rn. 89; Berger, Der Aufrechnungsvertrag, S. 357; MünchKomm-BGB/Schlüter, § 387, Rn. 52; Soergel/Zeiss, Vor § 387, Rn. 6; Palandt/Heinrichs, § 387, Rn. 19; BGH, WM 1972, S. 1379; vgl. zur Veranschaulichung das Beispiel zum Abrechnungsverkehr der Bundesbank bei Pfister, ZHR 143 (1979), S. 24 (29 ff.), das wegen des technischen Fortschritts so zwar nicht mehr aktuell ist, aber die Funktionsweise der Skontration weiterhin gut deutlich werden lässt.

1518 Vgl. zur historischen Entwicklung der Skontration die umfassenden Nachweise bei Michahelles, Die Funktionsweise und Rechtsnatur der Skontration, S. 143.

1519 Vgl. Canaris, Bankvertragsrecht, Rn. 884 ff.; ders., WM 1976, S. 994 ff.; Pfister, ZHR 143 (1979), S. 24 ff.; Berger, Der Aufrechnungsvertrag, S. 370 ff.; Baumbach/Hopt, Bankgeschäfte, Anm. C 5 lit. c); Kümpel, Bank- und Kapitalmarktrecht, Rn. 4.508 und 4.268 f.

1520 Trumpler, ZHR 50 (1900), S. 388 (435 f.); Teschemacher, ZHR 67 (1910), S. 401 (449).

1521 Vgl. zu weiteren älteren Lösungsmodellen Berger, Der Aufrechnungsvertrag, S. 359 f., und Michahelles, Die Funktionsweise und Rechtsnatur der Skontration, S. 154 ff.

340

dass es sich bei der Skontration um einen multilateralen Aufrechnungsvertrag handelt, bei dem auf das für die gesetzlich vorgesehene Aufrechnung aus § 387 BGB folgende Erfordernis der Gegenseitigkeit der Forderungen verzichtet wird[1522]. Demzufolge steht das geltende Recht einer multilateralen Nettingvereinbarung nicht entgegen, so dass ein in jeden Vertragsschluss eingebundener Zentraler Kontrahent gar nicht erforderlich ist, um die Vorteile der Verrechnung zwischen den Börsenhandelsteilnehmern zu erzielen. Vielmehr könnte in Anlehnung an den Zahlungsverkehr der Banken eine Gestaltung gewählt werden, bei der eine Börseneinrichtung als Geschäftsbesorger der CM lediglich die Verrechnung der aus den Börsengeschäften resultierenden Forderungen übernimmt[1523]. Es könnte sich dann – je nach den Regelungen des zugrunde liegenden Vertrages – um einen antizipierten Aufrechnungsvertrag zwischen allen CM handeln, der zusammen mit dem Vertrag zur Clearing-Mitgliedschaft geschlossen wird und der seine Verfügungswirkung entfaltet, sobald die aufzurechnenden Forderungen entstehen. Denkbar könnte ebenso ein Vertragsschluss während des Abrechnungsverfahrens sein, sei es durch Abgabe entsprechender Erklärungen durch die Clearingstelle als von den Beschränkungen aus § 181 BGB befreiter Vertreter der CM oder als deren Bote[1524]. Schließlich könnte der Clearingstelle in den Clearing-Bedingungen als neutraler dritter Partei das Recht eingeräumt werden, durch einseitige Erklärung die Forderungen der CM untereinander aufzurechnen.

Bei rein rechtlicher, die wirtschaftlichen Zusammenhänge außer Acht lassenden Betrachtung stellt sich das Netting unter Einschaltung eines Zentralen Kontrahenten als bilaterales und nicht als multilaterales Verrechnungssystem dar, weil das Netting stets nur zwischen dem CM und dem Zentralen Kontrahenten stattfindet, mithin zwischen zwei Vertragsparteien, deren Forderungen sich wechselseitig gegenüberstehen[1525]. Deshalb werden Clearing-Systeme mit Zentralem

---

1522 Canaris, Bankvertragsrecht, Rn. 885; ders., WM 1976, S. 994 (997); Berger, Der Aufrechnungsvertrag, S. 363 ff.; Palandt/Heinrichs, § 387, Rn. 19; Michahelles, Die Funktionsweise und Rechtsnatur der Skontration, S. 216 f.; Staudinger/Gursky, Vorbem. zu §§ 387 ff., Rn. 89; MünchKomm-BGB/Schlüter, § 387, Rn. 52; Soergel/Zeiss, Vor § 387, Rn. 6; Böhm, Rechtliche Aspekte grenzüberschreitender Nettingvereinbarungen, S. 7.

1523 Vgl. Berger, Der Aufrechnungsvertrag, S. 28.

1524 Vgl. Berger, Der Aufrechnungsvertrag, S. 384 ff., der ähnliche Vertragskonstruktionen für den Inter-Banken-Abrechnungsverkehr zusammenfasst.

1525 Vgl. Benzler, Nettingvereinbarungen im außerbörslichen Derivatehandel, S. 269, der davon spricht, dass das Netting in einem solchen Fall „allenfalls in seinem wirtschaftlichen Ergebnis einer multilateralen Verrechnung" entspricht; Böhm, Rechtliche Aspekte grenzüberschreitender Nettingvereinbarungen, S. 88, führt aus, dass sich das Netting mit zentraler Gegenpartei dem bilateralen Netting annähert, da

Kontrahenten zum Teil als „unechte"[1526] oder „uneigentliche"[1527] multilaterale Nettingsysteme bezeichnet, ohne dass behauptet werden könnte, dass sich diese Differenzierung bisher durchgesetzt hätte[1528].

IV. Ausgestaltung des Netting an der FWB

Nachdem ein Überblick über den Begriff und die Erscheinungsformen des Netting gegeben wurde, kann nun die Rechtslage in Bezug auf das Netting an der FWB näher beleuchtet werden. Wie schon bei der Darstellung der Grundzüge des Clearing-Systems an der FWB angedeutet wurde, existieren sowohl in den CB-Eurex als auch in der für die Clearing-Vereinbarung zwischen der Eurex Clearing AG, dem NCM sowie dessen CM vorgesehenen Standardvereinbarung[1529] Vorschriften, die sich auf das Netting beziehen. Im Folgenden sollen zunächst nur die den „Normalfall" der Verrechnung betreffenden Regelungen dargestellt und die Vorschriften zum Nettingverfahren in der Insolvenz eines CM einschließlich der damit verbundenen Probleme erst im Anschluss daran erörtert werden.

1. Einschlägige Bestimmungen der CB-Eurex

In den Allgemeinen Bestimmungen des I. Kapitels der CB-Eurex findet sich unter Nummer 1.2.3 eine Bestimmung zum „Aufrechnungsverfahren", die gem. Nummer 1 Abs. 1 S. 3 des V. Kapitels der CB-Eurex mangels umfassender spezieller Vorschriften[1530] auch für die Verrechnung von an der FWB abgeschlossenen Wertpapiergeschäften gilt. Nach Abs. 1 dieser Bestimmung rechnet die Eurex Clearing AG am Ende jedes Handelstages gegenüber jedem CM Forderungen

---

sich die Rechtsstellung der zentralen Gegenpartei nicht mehr von derjenigen einer Gegenpartei beim bilateralen Netting unterscheide.

1526 Böhm, Rechtliche Aspekte grenzüberschreitender Nettingvereinbarungen, S. 88, der diese Differenzierung in seiner Arbeit aber nicht durchgehend vornimmt; Berger, Der Aufrechnungsvertrag, S. 387.

1527 Berger, Der Aufrechnungsvertrag, S. 28.

1528 Vgl. Jahn in Schimansky/Bunte/Lwowski, Band III, § 114, Rn. 143, der mit ECHO ein System mit Zentralem Kontrahenten beim multilateralen Netting aufführt, ohne dies besonders zu begründen; vgl. ferner BIZ, Angell-Report, S. 5 (Punkt 2.5); dies., Lamfalussy-Report, S. 2 (Part A, Section 2.5), S. 8 f. (Part B, Section 2.8 ff.); Giovannini-Group, 1. Giovannini-Report, S. 73 (Annex IV, Punkt 2.3.4); dies., 2. Giovannini-Report, S. 55 (Glossary); Rosenthal, FLF 1994, S. 142 (143); Lattemann/Neumann, ZfgKW 2002, S. 1159 (1162).

1529 Abgedruckt in Kümpel/Hammen/Ekkenga, Kz. 473, Anhang 1, Abschnitt 2.

1530 Vgl. aber die Ergänzung im V. Kapitel Nummer 2.1.2 der CB-Eurex.

und Verbindlichkeiten bezüglich Geldzahlungen und Wertpapiertransaktionen aus Geschäften, deren Clearing von der Eurex Clearing AG gemäß den nachfolgenden Kapiteln der CB-Eurex durchgeführt wird, zu einer Nettoforderung bzw. Nettoverbindlichkeit je Wertpapiergattung auf, mit der Folge, dass im Verhältnis zwischen der Eurex Clearing AG und dem jeweiligen CM nur diese Nettoforderung bzw. -verbindlichkeit bezüglich einer Geldzahlung bzw. Wertpapierübertragung besteht.

Nach Abs. 2 jener Bestimmung erfolgt die Aufrechnung von Geldzahlungen und Wertpapiertransaktionen gem. Abs. 1 bezüglich der in den einzelnen Kapiteln der CB-Eurex geregelten Geschäfte, deren Clearing die Eurex Clearing AG durchführt, getrennt. Die aufgrund der Aufrechnungen entstehenden Ansprüche und Verpflichtungen im Hinblick auf Geldzahlungen oder Wertpapierübertragungen werden nicht miteinander aufgerechnet.

Nach Abs. 3 werden die Aufrechnungen gem. Abs. 1 und 2 bezüglich der Geschäfte auf Eigen- und Kundenpositionskonten des jeweiligen CM getrennt durchgeführt.

In Nummer 1.2.4 des I. Kapitels der CB-Eurex wird ferner festgelegt, dass Einwendungen gegen die Abrechnungsbenachrichtigungen, die nach Nummer 1.5.2 Abs. 2 des I. Kapitels der CB-Eurex den CM zu erteilen sind, unverzüglich bzw. spätestens bis zum Ende der Pre-Trade-Periode des betreffenden Produkts des nächsten Börsentages schriftlich oder mittels Telefax gegenüber der Eurex Clearing AG bzw. dem GCM oder dem DCM, mit welchem das Geschäft zustande gekommen ist, erhoben werden müssen. Andernfalls gelten sie als genehmigt.

Schließlich enthält Nummer 2.1.2 des V. Kapitels der CB-Eurex eine mit „Brutto-Liefermanagement" überschriebene Regelung. Danach bietet die Eurex Clearing AG für die Durchführung des Clearings von FWB-Geschäften einen automatisierten Service an, der CM und Abwicklungsinstituten ein Brutto-Liefermangement ermöglicht[1531]. Was das im Einzelnen bedeutet, wird nicht erläutert, sondern es wird lediglich darauf verwiesen, dass beim Brutto-Liefermanagement die CM und gegebenenfalls die Abwicklungsinstitute alle Einzelgeschäftsdaten von abgeschlossenen FWB-Geschäften erhalten[1532]. Tatsächlich hat die Vorschrift zur Folge, dass das Netting nach dem I. Kapitel, Nummer 1.2.3 der CB-Eurex für die über die Eurex Clearing AG als Zentralen Kontrahent zu handelnden Wertpapiere noch nicht verpflichtend ist und die CM weiterhin die Möglichkeit haben, sich für eine Abwicklung jeder einzelnen Transaktion zu ent-

---

1531 V. Kapitel Nummer 2.1.2 S. 1 der CB-Eurex.
1532 V. Kapitel Nummer 2.1.2 S. 2 der CB-Eurex.

scheiden[1533]. Nach der Ausgestaltung des für das Brutto-Liefermanagement zur Verfügung gestellten Systems @X-Pert gelangen freilich alle ohne besondere Eingabe-Hinweise versehenen Aufträge in die „Nettoverarbeitung"[1534].

Die das Netting zwischen der Eurex Clearing AG und dem jeweiligen CM betreffenden Regelungen werden ergänzt durch Nummer 3 der Standard-Clearing-Vereinbarung zwischen der Eurex Clearing AG, dem jeweiligen NCM und seinem CM. Inhaltlich entsprechen die drei Absätze von Nummer 3 der Standard-Clearing-Vereinbarung den oben dargelegten Vorschriften des I. Kapitels, Nummer 1.2.3 der CB-Eurex mit der Besonderheit, dass sie sich nicht auf das Verhältnis zwischen der Eurex Clearing AG und dem jeweiligen CM, sondern auf das zwischen dem NCM und seinem CM beziehen, welches gegenüber dem NCM aufzurechnen hat.

2. Einordnung als antizipierter Aufrechnungsvertrag

Fraglich ist nun, wie die Regelungen der CB-Eurex[1535] rechtlich in das oben dargestellte System der Nettingvereinbarungen einzuordnen sind. Da schon im Wortlaut der einschlägigen Bestimmungen von Aufrechnungsverfahren bzw. Aufrechnungen die Rede ist, liegt ihre Einstufung als Aufrechnungsvertrag und damit als Erscheinungsform des „binding payments/securities netting" nahe. Die vorausgegangenen Erörterungen zum Aufrechnungsvertrag haben jedoch gezeigt, dass diese Feststellung alleine für die rechtliche Bewertung noch nicht ausreicht, sondern dass weiter zu differenzieren ist[1536]. In Betracht kommen sowohl die Vereinbarung eines antizipierten Aufrechnungsvertrages, der aufschiebend bedingt durch die Entstehung der aufzurechnenden Forderungen und zudem aufschiebend befristet durch Ablauf des Handelstages ist, als auch die Einräumung einer einseitigen Aufrechnungsbefugnis zu Gunsten der Eurex Clearing AG[1537].

Gegen die Annahme einer vertraglich zugewiesenen einseitigen Aufrechnungsbefugnis könnte zunächst eingewendet werden, dass diese wenig sinnvoll sei, da den Parteien doch bereits das gesetzliche Aufrechnungsrecht gem.

1533 Ruland, Effekten – Geschäft und Technik, S. 209; vgl. auch das Präsentationspapier der Eurex Clearing AG, Zentraler Kontrahent für Aktien, S. 13 ff.

1534 Ruland, Effekten – Geschäft und Technik, S. 213 ff., der dort auch auf die weiteren mit dem @X-Pert-System verbundenen Anwendungsmodalitäten eingeht.

1535 Ob im Hinblick auf die Standardvereinbarungen für das Verhältnis zwischen CM und NCM eine entsprechende Beurteilung zu erfolgen hat, liegt zwar angesichts vergleichbarer Vorschriften nahe, ist aber letztlich von den weiteren einzelnen Vereinbarungen zwischen CM und NCM abhängig.

1536 Vgl. S. 334 ff.

1537 Vgl. Alfes, Central Counterparty, S. 172 ff.

§§ 387 ff. BGB zustehe. Dieser Einwand ließe freilich außer Acht, dass die gesetzliche Aufrechnung nach § 387 BGB voraussetzt, dass der Aufrechnende die ihm gebührende Leistung fordern kann, mithin u.a. die Fälligkeit seiner Forderung gegeben ist[1538]. Nach § 15 Abs. 1 GB-FWB sind Börsengeschäfte an der FWB jedoch erst am zweiten Tag nach dem Tag des Geschäftsabschlusses zu erfüllen, so dass es problematisch wäre, von einer Fälligkeit der Forderungen am Ende des Handelstages auszugehen[1539]. Obwohl sich somit ein eigenständiger Anwendungsbereich für eine vertragliche einseitige Aufrechnungsbefugnis begründen ließe und sie damit nicht von vornherein als Auslegungsergebnis der betreffenden Klausel in den CB-Eurex ausscheidet, scheint doch die Vereinbarung eines in ein Kontokorrentverhältnis eingebetteten antizipierten Aufrechnungsvertrages eher dem Willen der beteiligten Parteien gerecht zu werden. Denn die Klauseln ähneln der typischen Vertragsgestaltung für ein Kontokorrentverhältnis i.S. des § 355 HGB, das nach h.M. mit einem antizipierten Aufrechnungsvertrag einhergeht[1540]. Zwar wird in den CB-Eurex nicht ausdrücklich vereinbart, dass die einzelnen Forderungen aus den Wertpapiergeschäften ins Kontokorrent gestellt werden, doch ist anerkannt, dass eine Kontokorrentabrede auch stillschweigend getroffen werden kann[1541]. Als wichtige Indizien für einen hierauf gerichteten Willen sollen u.a. die Übersendung der regelmäßigen Rechnungsabschlüsse zur Anerkennung sowie die Anerkennung selbst dienen[1542]. Von beidem kann für das Verrechnungsverfahren an der FWB ausgegangen werden, da die Eurex Clearing AG den CM täglich eine Abrechnungsbescheinigung ausstellt, gegen welche die CM bis spätestens zum nächsten Handelstag Einwendungen vorbringen müssen, andernfalls sie als genehmigt gelten[1543]. Damit ist eine Rege-

---

1538 MünchKomm-BGB/Schlüter, § 387, Rn. 36; Staudinger/Gursky, § 387, Rn. 130.

1539 Zumindest denkbar wäre insoweit eine konkludent in den Clearing-Bedingungen getroffene, womöglich nach § 1 S. 2 GB-FWB zulässige Abweichung von § 15 Abs. 1 GB-FWB, da die CM gem. Kapitel V. Nummer 2.1.1 Abs. 2 der CB-Eurex ihre Liefer- und Zahlungsverpflichtungen „nach Weisung" der Eurex Clearing AG zu erfüllen haben und im I. Kapitel Nummer 1.2.3 Abs. 1 der CB-Eurex eine stillschweigende Konkretisierung dieser Weisungsbefugnis im Hinblick auf die Fälligkeit der Forderung gesehen werden könnte.

1540 K. Schmidt, Handelsrecht, § 21 IV. 1. (S. 624 f.); Canaris, Handelsrecht, § 27, Rn. 15 f.; Berger, Der Aufrechnungsvertrag, S. 173; Staudinger/Gursky, Vorbem. zu §§ 387 ff., Rn. 92; MünchKomm-BGB/Schlüter, § 387, Rn. 51; dies lässt Alfes, Central Counterparty, S. 174, bei seiner Auslegung der maßgeblichen Bestimmungen der CB-Eurex außer Acht.

1541 BGH, WM 1991, S. 1630; Schlegelberger/Hefermehl, § 355, Rn. 14; Sonnenhof in BuB, Rn. 1/193.

1542 Vgl. BGH, WM 1991, S. 1630; Schlegelberger/Hefermehl, § 355, Rn. 14; Sonnenhof in BuB, Rn. 1/193.

1543 I. Kapitel Nummer 1.2.4 i.V.m. Nummer 1.5.2 Abs. 2 der CB-Eurex.

lung getroffen worden, die inhaltlich bspw. den Vorschriften aus Nr. 7 Abs. 1 und Abs. 2 der AGB-Banken[1544] ähnelt, die auf Kontokorrentkonten anzuwenden sind[1545]. Des Weiteren steht es einem Kontokorrent nicht entgegen, dass am Ende des Handelstages ein neuer Saldo begründet wird[1546], da selbst eine Verrechnung nach jedem kontokorrentzugehörigen Vorgang als sog. Staffelkontokorrent vereinbart werden kann[1547]. Schließlich sind die aus dem Geschäftsverhältnis zwischen den CM und der Eurex Clearing AG resultierenden Ansprüche kontokorrentfähig[1548]. Dies gilt sowohl für die – insoweit unproblematischen – Zahlungsforderungen als auch für die Wertpapierforderungen, weil es sich bei ihnen ebenfalls um Ansprüche auf vertretbare Sachen handelt, die wegen ihres Börsenpreises verrechnungsfähig sind[1549]. Demzufolge spricht einiges dafür, in den Vorschriften der CB-Eurex zum Aufrechnungsverfahren die Festlegung einer Kontokorrentabrede zu sehen, die dazu führt, dass die Geldforderungen und -verbindlichkeiten bzw. die Forderungen und Verbindlichkeiten je Wertpapiergattung in Rechnung gestellt[1550] und am Ende des Handelstages durch eine antizipierte Aufrechnung miteinander verrechnet werden, so dass die Einzelforderungen erlö-

---

1544 Abgedruckt in Kümpel/Hammen/Ekkenga, Kz. 210.

1545 Vgl. zu diesen das Kontokorrentverhältnis betreffenden Vorschriften der AGB-Banken Sonnenhof in BuB, Rn. 1/192 f.; Kümpel, Bank- und Kapitalmarktrecht, Rn. 2.411 ff.

1546 Vgl. MünchKomm-HGB/Hefermehl, § 355, Rn. 16; Schlegelberger/Hefermehl, § 355, Rn. 16.

1547 K. Schmidt, Handelsrecht, § 21 II 2 e) (S. 620); Heymann/Horn, § 355, Rn. 3; tatsächlich liegt nach den CB-Eurex kein Staffelkontokorrent vor, da nicht nach jedem Kauf oder Verkauf von Wertpapieren eine Aufrechnung stattfindet, sondern erst am Ende des Handelstages, so dass letztlich ein Periodenkontokorrent mit sehr kurzer, nämlich täglicher Abrechnungsperiode vereinbart ist.

1548 Vgl. zu diesem Erfordernis eines Kontokorrents MünchKomm-HGB/Hefermehl, § 355, Rn. 18 ff.; Heymann/Horn, § 355, Rn. 11.

1549 Vgl. allgemein zum ausschlaggebenden Kriterium der Verrechnungsfähigkeit der Ansprüche, die nicht nur bei Geldforderungen vorliegen kann: Staub/Canaris, § 355, Rn. 68; Grundmann in Ebenroth/Boujong/Joost, § 355, Rn. 8; Heymann/Horn, § 355, Rn. 11; Baumbach/Hopt, § 355, Rn. 1 u. 13; MünchKomm-HGB/Hefermehl, § 355, Rn. 19; dagegen sollen nach einer älteren Auffassung Geldansprüche und Geldleistungen den einzigen zulässigen Gegenstand eines Kontokorrents bilden können (vgl. die Nachweise bei MünchKomm-HGB/Hefermehl, § 355, Rn. 19 mit Fn. 44).

1550 Dies führt zur sog. „Lähmung" der Einzelforderungen, die nicht selbständig geltend gemacht, zur Aufrechnung verwendet oder abgetreten werden können (vgl. K. Schmidt, Handelsrecht, § 21 III 1 (S. 621)). Auch diese Kontokorrentbindung dürfte den Interessen insbesondere der Eurex Clearing AG entsprechen, da sie den reibungslosen Ablauf des Clearing-Systems erleichtert.

schen, soweit die Posten ausgeglichen werden[1551]. Die daraus folgende Saldo-forderung wird dann in Form eines Schuldanerkenntnisses nach § 781 BGB festgestellt[1552]. In welchem Verhältnis das Saldoanerkenntnis und die nach der Verrechnung entstandene Saldoforderung stehen, ist zwar lebhaft umstritten, soll hier jedoch nicht weiter vertieft werden[1553].

Im Übrigen kann selbst für den Fall, dass der Einordnung als Kontokorrent-verhältnis wegen der damit einhergehenden speziellen Folgen nicht zugestimmt wird, von einem antizipierten Aufrechnungsvertrag mit anschließendem Schuld-anerkenntnis ausgegangen werden, da die CB-Eurex die Aufrechnung lediglich vom Ablauf des Handelstages abhängig machen und für die zur Nettoverarbei-tung vorgesehenen Aufträge keine Konstellation vorgesehen ist, in der auf die Aufrechnung verzichtet werden soll[1554], so dass die „automatische" Aufrechnung ohne weitere konstitutive Erklärung sach- und interessengerecht ist[1555]. Auf das folgende Schuldanerkenntnis weist schließlich die Genehmigungsfiktion in den CB-Eurex[1556] hin, die ansonsten überflüssig wäre. Allerdings ist zuzugeben, dass die Annahme der Einräumung einer einseitigen Aufrechnungsbefugnis durch die CB-Eurex ebenfalls zumindest nicht abwegig erscheint[1557], so dass für die Zu-kunft eine deutlichere Regelung wünschenswert ist.

1551 Vgl. K. Schmidt, Handelsrecht, § 21 IV 1 (S. 624); Canaris, Handelsrecht, § 27, Rn. 15 f.; Schimansky in Schimansky/Bunte/Lwowski, Band I, § 47, Rn. 44.

1552 Vgl. zu dieser Voraussetzung einer Kontokorrentabrede Heymann/Horn, § 355, Rn. 8 u. 25 ff.; Canaris, Handelsrecht, § 27, Rn. 28 ff.

1553 Die Rechtsprechung geht von der Novationstheorie aus, nach der die bisherigen Forderungen erlöschen und durch eine neue abstrakte Forderung ersetzt werden (vgl. RGZ 82, 400 (404); 132, 218 (221); BGHZ 26, 142 (150); 58, 257 (260); 93, 307 (313)). Dagegen geht die überwiegende Ansicht in der Literatur davon aus, dass das abstrakte Schuldanerkenntnis gem. § 364 Abs. 2 BGB neben die durch die Aufrechnung entstandene kausale Forderung tritt, mithin ein ergänzender Anspruch anzunehmen ist (Canaris, Handelsrecht, § 27, Rn. 30; K. Schmidt, Handelsrecht, § 21 V 1 b) (S. 628); Heymann/Horn, § 355, Rn. 27; MünchKomm-HGB/Hefer-mehl, § 355, Rn. 58 f.)

1554 Daran ändert auch die Möglichkeit des Brutto-Liefermanagements nichts. Denn die Vorschriften im I. Kapitel Nummer 1.2.3 der CB-Eurex gelten ja von vornherein nur für die Aufträge, die nicht mit dem Hinweis auf eine Bruttoverarbeitung verse-hen wurden, so dass der letztgenannten Konstellation bei der Auslegung der die Aufrechnung betreffenden Regelungen keine Bedeutung zukommt.

1555 A.A. Alfes, Central Counterparty, S. 174.

1556 I. Kapitel Nummer 1.2.4 der CB-Eurex.

1557 Für diese Auslegung spricht sich Alfes aus, Central Counterparty, S. 174.

V. Netting in der Insolvenz

Es wurde bereits darauf hingewiesen, dass die Wirksamkeit von Nettingvereinbarungen in der Insolvenz eines CM für die Stabilität eines Clearing-Systems und somit für die des Kapitalmarkts von großer Bedeutung ist[1558]. Denn das mit den Nettingvereinbarungen verfolgte Ziel der Reduzierung des Bonitäts- bzw. Liquiditätsrisikos von einem Brutto- auf einen Nettobetrag kann nur erreicht werden, wenn beim Ausfall eines Beteiligten nicht doch wieder die Bruttobeträge ausgeglichen werden müssen[1559]. Wäre letzteres erforderlich, dann würde das tatsächliche Engagement der beteiligten Parteien nicht verringert, sondern lediglich verschleiert[1560]. Da die zu erbringenden Sicherheiten für die Außenstände auf Nettobasis festgelegt werden und sie deshalb zur Abdeckung der Brutto-Risiken in der Regel nicht ausreichen, würde der Zentrale Kontrahent im Falle der Unwirksamkeit der Nettingvereinbarung plötzlich ungesicherte Außenstände aufweisen, die zu einem Totalverlust und damit zu einer Gefahr für das gesamte Clearing-System einschließlich der angeschlossenen Systemteilnehmer führen könnten[1561]. Daher soll im Folgenden näher beleuchtet werden, wie sich die Insolvenz eines CM auf das Netting im Clearing-System der FWB auswirkt[1562]. Allerdings würde es den Rahmen dieser Arbeit sprengen, alle Probleme aufzuarbeiten, die mit der Insolvenz eines CM in einem Clearing-System wie dem an der

---

1558 Vgl. S. 74 f.

1559 Böhm, Rechtliche Aspekte grenzüberschreitender Nettingvereinbarungen, S. 41.

1560 BIZ, Lamfalussy-Report, S. 2 (Part A, Section 2.4); Le Guen, Netting-Systeme aus französischer Sicht, S. 425 (431); Böhm, Rechtliche Aspekte grenzüberschreitender Nettingvereinbarungen, S. 41.

1561 Vgl. CESR/ECB, Standards for Securities Clearing and Settlement in the European Union, Rz. 59; BIZ, Lamfalussy-Report, S. 2 (Part A, Section 2.4); Böhm, Rechtliche Aspekte grenzüberschreitender Nettingvereinbarungen, S. 41 f.; vgl. zu den Systemrisiken ausführlicher S. 70 ff.

1562 Es wird dabei im Folgenden davon ausgegangen, dass deutsches Recht – wie im I. Kapitel Nummer 2.1 Abs. 1 der CB-Eurex bestimmt – anwendbar ist, auch wenn diese Festlegung für das anwendbare Insolvenzrecht nicht bindend sein muss (vgl. eingehend Böhm, Rechtliche Aspekte grenzüberschreitender Nettingvereinbarungen, S. 123 ff., der auch die Auswirkungen der europäischen Rechtssetzung in diesem Bereich darstellt, sowie Kieper, Abwicklungssysteme in der Insolvenz, S. 173 ff.). Im Übrigen können die entsprechenden Regelungen zumindest in den anderen Ländern der EU von den deutschen Vorschriften nicht wesentlich abweichen, da dieses Rechtsgebiet stark von Vorgaben durch Richtlinien der EU, geprägt wird (vgl. RL 98/26/EG über die Wirksamkeit von Abrechnungen in Zahlungs- sowie Wertpapierliefer- und -abrechnungssystemen sowie RL 2002/47/EG über Finanzsicherheiten).

FWB verbunden sind[1563]. Deshalb werden sich die Ausführungen dazu im Wesentlichen auf zwei mit der Funktionalität des Zentralen Kontrahenten besonders eng zusammenhängende Fragen konzentrieren, nämlich zum einen, wie sich die Insolvenz auf die laufenden Geschäfte zwischen einem insolventen CM und der Eurex Clearing AG auswirkt, und zum anderen, welche Folgen die Insolvenz für bereits durchgeführte Aufrechnungen nach sich ziehen kann.

1. Auswirkungen der Insolvenz auf laufende Geschäfte

Zunächst soll untersucht werden, wie sich die Insolvenz eines CM auf die laufenden Geschäfte mit der Eurex Clearing AG auswirkt[1564]. In Betracht kommt insoweit die Vereinbarung eines Liquidationsnetting im oben beschriebenen Sinne[1565], das auf entsprechende Vorschriften der CB-Eurex oder womöglich auf die §§ 387 ff. BGB zurückgeht.

a) Liquidationsnetting nach den CB-Eurex oder nach §§ 387 ff. BGB?

Bei der Suche nach Bestimmungen, die von der Aufrechnungsvereinbarung für den Normalfall abweichen und die Insolvenz eines CM erfassen, stößt man auf

---

1563 Vgl. eingehend Kieper, Abwicklungssysteme in der Insolvenz, S. 107 ff., der sich zwar nicht speziell mit dem Clearing-System an der FWB, sondern mit dem an der Eurex auseinandersetzt, dessen Ausführungen aber trotzdem Aufschluss über einige auch für das Clearing an der FWB relevante Fragen geben.

1564 Dabei soll auf Maßnahmen des Insolvenzgerichts nach § 21 Abs. 2 Nr. 2 InsO im Laufe des Eröffnungsverfahrens nicht näher eingegangen werden, da der BGH selbst zu der Rechtslage vor der Änderung der InsO durch das Gesetz zur Umsetzung der Richtlinie 2002/47/EG vom 6. Juni 2002 über Finanzsicherheiten und zur Änderung des Hypothekenbankgesetzes und anderer Gesetze den Standpunkt vertritt, dass ein – vorliegend für die CB-Eurex ja angenommener – antizipierter Aufrechnungsvertrag durch Verfügungsbeschränkungen gem. § 21 Abs. 2 Nr. 2 InsO nicht beendet wird, sondern fortbesteht (vgl. BGH, NJW 1997, S. 1857 (1858); ZIP 1998, S. 1319; dem BGH zustimmend MünchKomm-InsO/Brandes, § 95, Rn. 42, m.w.Nachw. zu der im Schrifttum und in der unterinstanzlichen Rechtsprechung vorherrschenden Gegenmeinung). Die Gegenansicht wird sich – wie die weiteren Ausführungen zu Systemen nach § 1 Abs. 16 KWG zeigen werden (vgl. S. 367 ff.) – nach der Einführung des § 21 Abs. 2 S. 2 InsO zumindest für Konstellationen wie beim Clearing-System an der FWB nicht mehr halten lassen, da dort festgelegt wird, dass die Anordnung von Sicherheitsmaßnahmen nach § 21 Abs. 2 die Wirksamkeit von Verrechnungen von Ansprüchen, die in ein System nach § 1 Abs. 16 KWG eingebracht wurden, nicht berührt (vgl. Hölzle, ZIP 2003, S. 2144 (2145 f.); Kollmann, WM 2004, S. 1012 (1020).

1565 Vgl. S. 332 ff.

die Vorschriften der CB-Eurex zur Beendigung der Clearing-Lizenz[1566]. Diese Vorgaben gelten mangels spezieller Regelungen im V. Kapitel auch für die Beendigung der Clearing-Lizenzen für Geschäfte an der FWB[1567].

Hiernach beendet die Eurex Clearing AG die Lizenz für das GCM oder DCM u.a. dann, wenn gegen das betreffende CM das Insolvenzverfahren beantragt wurde oder Maßnahmen nach §§ 45 ff. KWG[1568] angeordnet worden sind[1569]. Beendet die Eurex Clearing AG die Clearing-Lizenz, dann muss das betreffende CM alle bestehenden Positionen glattstellen oder auf ein anderes CM übertragen. Zudem dürfen keine neuen Positionen mehr eröffnet werden[1570]. Wird die Glattstellung[1571] bzw. die Übertragung der Positionen nicht innerhalb einer von der Eurex Clearing AG hierfür im Einzelfall gesetzten Frist abgeschlossen, so kann die Eurex Clearing AG die Glattstellung selbst vornehmen[1572]. Letzteres geschieht nach den für das Verfahren bei Verzug eines CM vorgesehenen Vorschriften, so dass zunächst die Saldierung der offenen Positionen aller von dem CM gehaltenen Konten sowie die anschließende Glattstellung der sich hieraus resultierenden Netto-Positionen erfolgen[1573].

Aus den angeführten Bestimmungen ergibt sich, dass die CB-Eurex schon im Vorfeld einer drohenden Insolvenz auf Zahlungsschwierigkeiten eines CM eingreifen. Deshalb ist es unwahrscheinlich, dass es in der Praxis zu einer Konstellation kommen wird, bei der zum Zeitpunkt der Eröffnung des Insolvenzverfahrens noch Geschäfte zwischen der Eurex Clearing AG und dem insolventen CM offen sind. Denn die Eurex Clearing AG wird ein eigenes Interesse daran haben, die Glattstellung bzw. Übertragung der Geschäfte zu forcieren, gegebenenfalls die Glattstellung selbst vorzunehmen sowie die Clearing-Lizenz zu beenden und damit neue Vertragsabschlüsse auszuschließen. Ferner wird deutlich, dass das Vorgehen bei Zahlungsschwierigkeiten eines CM in erster Linie auf Termingeschäfte zugeschnitten ist. Das wird schon daraus erkennbar, dass der Begriff „Glattstel-

---

1566 I. Kapitel Nummer 1.1.4 der CB-Eurex.
1567 Vgl. V. Kapitel Nummer 1 Abs. 1 S. 3 der CB-Eurex.
1568 Vgl. zu den aus §§ 46 ff. KWG folgenden Besonderheiten für Kreditinstitute Kieper, Abwicklungssysteme in der Insolvenz, S. 195 ff.
1569 I. Kapitel Nummer 1.1.4 Abs. 2 lit. d) der CB-Eurex.
1570 Vgl. I. Kapitel Nummer 1.1.4 Abs. 4 der CB-Eurex.
1571 Der Begriff „Glattstellung" ist in den CB-Eurex nicht ausdrücklich definiert. Er dient nach dem Sprachgebrauch der Finanzmärkte als Bezeichnung für die Schließung einer offenen Position durch den Abschluss eines entsprechenden Gegengeschäfts (vgl. Gerke, Börsenlexikon, Stichwort: Glattstellung; Gabler Banklexikon, Stichwort: Glattstellungstransaktion; Knapps Enzyklopädisches Lexikon des Geld-, Bank- und Börsenwesens, Stichwort: Glattstellung).
1572 I. Kapitel Nummer 1.1.4 Abs. 5 i.V.m. Nummer 1.8.1 Abs. 1 Nr. 1 der CB-Eurex.
1573 I. Kapitel Nummer 1.8.1 Abs. 1 Nr. 1 der CB-Eurex.

lung" aus dem Bereich der Termingeschäfte stammt[1574]. Außerdem hat die Glattstellung bzw. die Übertragung der offenen Positionen auf ein anderes CM laut nach den CB-Eurex nicht unverzüglich, sondern innerhalb einer gesetzten Frist zu erfolgen. Da Geschäfte über Aktien an der FWB aber ohnehin innerhalb von zwei Tagen abzuwickeln sind[1575], erscheint die Notwendigkeit einer noch in diesem recht engen Erfüllungszeitraum gesetzten Frist eher unwahrscheinlich. Auszuschließen ist jedoch nicht, dass die Eurex Clearing AG es selbst in diesem Falle für erforderlich hält, offene Positionen eines CM innerhalb von Stunden durch Gegengeschäfte zu schließen. Größere Relevanz wird der Glattstellung und der Positionenübertragung jedoch bei Termingeschäften, bei denen zwischen Geschäftsabschluss und Erfüllungszeitpunkt ein größerer Zeitraum liegt[1576], zukommen, da es insbesondere dort angebracht sein kann, vor einer weiteren Verschlechterung der Zahlungsfähigkeit die offenen Positionen durch Gegengeschäfte zu schließen und damit etwaige Verluste und Gewinne realisieren sowie einer Verrechnung zuführen zu können[1577]. Ohnehin ist die Verwendung des Begriffs „Glattstellung" nur von den Termingeschäften her bekannt und passt eigentlich nicht zur Situation bei Aktiengeschäften, die auf effektive Lieferung gerichtet sind.

Das beschriebene Verfahren regelt nun zwar einige Maßnahmen, die bei einer drohenden Insolvenz eines CM zu ergreifen sind, doch bleibt offen, ob und wie die Verrechnung der glattgestellten Geschäfte zu erfolgen hat. In den CB-Eurex finden sich keine speziellen Bestimmungen über die Art und Weise der Verrechnung für den Fall, dass das hierzu aufgeforderte CM seine offenen Positionen glattgestellt hat. Somit könnte grundsätzlich das bereits beschriebene allgemeine Aufrechnungsmodell nach dem I. Kapitel Nummer 1.2.3 der CB-Eurex eingreifen. Freilich enthält dieses Verfahren einige Beschränkungen, die es für ein umfängliches Liquidationsnetting untauglich machen. So erfolgt die Aufrechnung der Geschäfte getrennt zwischen Eigen- und Kundenpositionskonten des jeweiligen CM[1578]. Außerdem ist die Aufrechnung nur innerhalb der in den einzelnen Kapiteln der CB-Eurex geregelten Geschäfte und nicht zwischen diesen Geschäften möglich[1579]. Schließlich erfasst das allgemeine Aufrechnungsverfahren von

---

1574 Vgl. MünchKomm-HGB/Ekkenga, Effektengeschäft, Rn. 393.
1575 Vgl. § 15 Abs. 1 GB-FWB.
1576 Vgl. Kümpel/Hammen, Börsenrecht, S. 255 f.; Häuser/Welter in Assmann/Schütze, Handbuch des Kapitalanlagerechts, § 16, Rn. 68 ff.
1577 Vgl. Lenenbach, Kapitalmarkt- und Börsenrecht, Rn. 6.87; Schwark, BörsG, Einl. §§ 50–70, Rn. 4 f.
1578 I. Kapitel Nummer 1.2.3 Abs. 3 der CB-Eurex.
1579 I. Kapitel Nummer 1.2.3 Abs. 2 der CB-Eurex.

vornherein nicht jene Geschäfte, für die das Brutto-Liefermanagement gewählt wurde[1580].

Deshalb ist daran zu denken, auf das gesetzliche Aufrechnungsrecht gem. §§ 387 ff. BGB zurückzugreifen. Allerdings ist dabei zu beachten, dass die gesetzliche Aufrechnungsbefugnis die Fälligkeit der zur Aufrechnung gestellten Gegenforderung voraussetzt[1581], diese bei Geschäften an der FWB aber erst zwei Tage nach Geschäftsabschluss eintritt[1582]. Demzufolge kann vorher nicht nach §§ 387 ff. BGB aufgerechnet werden. Hinzu kommt noch, dass die gesetzliche Aufrechnung nur bei Gleichartigkeit der zu verrechnenden Forderungen möglich ist[1583], so dass zwischen den einzelnen Wertpapiergattungen keine Aufrechnung erfolgen kann[1584]. Demnach bieten weder die CB-Eurex noch die gesetzlichen Regelungen eine ausreichende Grundlage für ein Liquidationsnetting, das beim Antrag auf Eröffnung des Insolvenzverfahrens eingreift und zu einer Beendigung aller noch nicht erfüllten Geschäfte sowie einer Ersetzung derselben durch einen Ausgleichsanspruch in Höhe des Netto-Marktwertes aller dieser Geschäfte führt.

b) Liquidationsnetting gem. § 104 Abs. 2 S. 3 InsO?

Ob es mit diesem Befund sein Bewenden hat, erscheint mit Blick auf die Präambel der CB-Eurex allerdings fraglich. Denn dort wird in Unterabs. 3 festgelegt, dass es sich bei den CB-Eurex um einen Rahmenvertrag i.S. von § 104 Abs. 2 S. 3 InsO[1585] handelt[1586]. Nach dieser Vorschrift gilt die Gesamtheit der in einem Rahmenvertrag zusammengefassten Geschäfte über Finanzleistungen als ein gegenseitiger Vertrag i.S. der §§ 103 f. InsO, wenn in dem Rahmenvertrag vereinbart ist, dass er bei Vorliegen eines Insolvenzgrundes nur einheitlich beendet werden kann. Bereits der Verweis in der genannten Vorschrift auf die §§ 103 f. InsO legt es nahe, einen Blick auf diese Bestimmungen zu werfen, um den Rege-

---

1580 Vgl. S. 342 f.
1581 Palandt/Heinrichs, § 387, Rn. 11; MünchKomm-BGB/Schlüter, § 387, Rn. 36.
1582 § 15 Abs. 1 GB-FWB.
1583 Vgl. dazu MünchKomm-BGB/Schlüter, § 387, Rn. 29 f.; Staudinger/Gursky, § 387, Rn. 60 ff.
1584 Vgl. nur Bosch, WM 1995, S. 365 (368), der das Liquidationsnetting deshalb von der Aufrechnung streng unterscheiden will; diese Einschränkung gilt allerdings auch für die Aufrechnungsvereinbarung nach den CB-Eurex, da dort die Aufrechnung „je Wertpapiergattung" erfolgt und für die Insolvenz keine Ausnahme vorgesehen ist (vgl. I. Kapitel Nummer 1.2.3 Abs. 1 der CB-Eurex).
1585 Insolvenzordnung (InsO) vom 5.10.1994 (BGBl. I, S. 2866), zuletzt geändert durch Art. 9 des Justizkommunikationsgesetzes vom 22.03.2005 (BGBl. I, S. 837).
1586 Diese Klausel wurde eingefügt durch eine zum 30.08.2004 wirksam gewordene Änderung der CB-Eurex.

lungsgehalt der Präambel richtig einschätzen zu können. Im Folgenden soll daher nach einer kurzen Erläuterung des Normzwecks untersucht werden, wie sich Aktiengeschäfte an der FWB[1587] in die Systematik der §§ 103 f. InsO einfügen und welche Konsequenzen sich daraus für das Netting in der Insolvenz eines CM ergeben. Hervorzuheben ist dabei, dass sich die §§ 103 f. InsO unmittelbar[1588] nur mit den Folgen der Eröffnung des Insolvenzverfahrens befassen, also zu einem späteren Zeitpunkt eingreifen als die bisher untersuchten Klauseln der CB-Eurex zur Beendigung der Clearing-Lizenz, die bereits Rechtsfolgen an die Stellung eines Antrags auf Eröffnung eines Insolvenzverfahrens bzw. an Maßnahmen nach §§ 45 ff. KWG knüpfen[1589].

aa) Normzweck des § 104 InsO

Der Normzweck[1590] des § 104 InsO[1591] erschließt sich vor dem Hintergrund der das Wahlrecht des Insolvenzverwalters sichernden Norm des § 103 InsO[1592]. Nach § 103 InsO steht dem Insolvenzverwalter bei gegenseitigen Verträgen, welche zur Zeit der Eröffnung des Insolvenzverfahrens vom Schuldner und von dem anderen Teil nicht oder nicht vollständig erfüllt sind, das Wahlrecht zwischen der Erfüllung des Vertrages und der Ablehnung der Erfüllung des Vertrages zu[1593]. Damit kann der Insolvenzverwalter entscheiden, ob bei beiderseits nicht voll-

---

1587 Die Beschränkung auf Aktiengeschäfte erfolgt, weil zunächst nur girosammelverwahrte deutsche Aktien in die Abwicklung über den Zentralen Kontrahenten einbezogen worden sind und sich gerade im Hinblick auf Aktiengeschäfte bei der Anwendung des Insolvenzrechts Probleme stellen.

1588 Diese Einschränkung wird vorgenommen, weil Teile der Regelungen eine „Leitbildfunktion" ausüben können, die mittelbar auch auf den Zeitraum vor Eröffnung des Insolvenzverfahrens ausstrahlt (vgl. Benzler, Nettingvereinbarungen im außerbörslichen Derivatehandel, S. 312).

1589 Vgl. I. Kapitel Nummer 1.1.4 Abs. 2 lit. d) i.V.m. Abs. 4 der CB-Eurex.

1590 Vgl. dazu ausführlich v. Wilmowsky, WM 2002, S. 2264 (2266 ff.), der den in der Literatur vorgeschlagenen Regelungszwecken allerdings kritisch gegenübersteht und die zutreffende Funktion des § 104 InsO darin sieht, eine Aufrechnungslage herzustellen und damit der nicht insolventen Vertragspartei einen Befriedigungsvorrang an denjenigen Termingeschäften zu begründen, die für die insolvente Vertragspartei einen positiven Wert verkörpern (S. 2269 f.); auf die im Ergebnis nur geringe Abweichung dieser Auffassung von der h.M. weist freilich Ehricke, ZIP 2003, S. 273 (273 mit Fn. 5), hin.

1591 Vgl. zur Entstehungsgeschichte der Norm ausführlich Böhm, Rechtliche Aspekte grenzüberschreitender Nettingvereinbarungen, S. 165 ff.

1592 Bosch in Kölner Schrift zur InsO, S. 1017, Rn. 30 f.; MünchKomm-InsO/Jahn, § 104, Rn. 26 ff.; Köndgen in Kübler/Prütting, § 104, Rn. 3 ff.

1593 Vgl. Häsemeyer, Insolvenzrecht, Rn. 20.15 ff.; Gottwald/Huber, Insolvenzrechtshandbuch, § 34, Rn. 11 u. 14 ff.

ständig erfüllten gegenseitigen Verträgen Pflichten der Insolvenzmasse begründet werden oder ob das sonstige Insolvenzrecht zur Anwendung kommt, mit der Folge, dass die Vertragspartei des Schuldners nur als Insolvenzgläubiger seine Forderung wegen Nichterfüllung anmelden kann[1594]. Das Wahlrecht in § 103 InsO steht allerdings unter dem Vorbehalt der Spezialregelungen in §§ 104 ff. InsO, die für bestimmte Fallgestaltungen das Wahlrecht ausschließen oder modifizieren[1595].

Mit der Ausnahmevorschrift in § 104 InsO wird dem Insolvenzverwalter für bestimmte Geschäfte das Wahlrecht genommen und eine Abrechnung der nicht erfüllten Geschäfte auf Nichterfüllungsbasis angeordnet[1596]. Mit dieser Ausnahmevorschrift soll die schnelle Klärung der Rechtslage erreicht und die solvente Partei in die Lage versetzt werden, unverzüglich ein Ersatzgeschäft zu schließen[1597]. Außerdem soll ein selektives Erfüllungswahlrecht des Insolvenzverwalters, das sog. „cherry-picking"[1598], verhindert werden, das dem Verwalter sonst die Möglichkeit einräumte, die für den Schuldner ungünstigen Geschäfte zu beenden und an den für die Masse günstigen festzuhalten[1599]. Die mit der Vorschrift in § 104 Abs. 2 S. 3 InsO einhergehende Schaffung von Verrechnungsmöglichkeiten bei bereits einseitig abgewickelten Geschäften[1600] soll darüber hinaus internationalen Usancen gerecht werden[1601] und beseitigt damit einen Wettbewerbsnachteil gegenüber ausländischen Konkurrenten[1602].

1594 Häsemeyer, Insolvenzrecht, Rn. 20.16 ff.; Gottwald/Huber, Insolvenzrechtshandbuch, § 34, Rn. 31 ff.

1595 Gottwald/Huber, Insolvenzrechtshandbuch, § 34, Rn. 11 und Rn. 17, der § 103 InsO als „Grund- und Auffangnorm" bezeichnet und auch auf die Ausnahmen zu dem Wahlrecht nach § 103 InsO in den §§ 104–128 InsO näher eingeht.

1596 Häsemeyer, Insolvenzrecht, Rn. 20.34; Bosch in Kölner Schrift zur InsO, S. 1017, Rn. 30.

1597 Gottwald/Huber, Insolvenzrechtshandbuch, § 38, Rn. 2; Bosch in Kölner Schrift zur InsO, S. 1017, Rn. 31; Häsemeyer, Insolvenzrecht, Rn. 20.35.

1598 Obermüller, Insolvenzrecht in der Bankpraxis, Rn. 8.290.

1599 Vgl. Uhlenbruck/Lüer, § 104, Rn. 3; Bosch in Kölner Schrift zur InsO, S. 1037, Rn. 109 ff.

1600 Vgl. dazu kritisch Häsemeyer, Insolvenzrecht, Rn. 20.34, der darin eine eklatante Verletzung des Gleichbehandlungsgrundsatzes sieht.

1601 Beschlussempfehlung und Bericht des RA zum RegE für eine InsO, BT-Drs. 12/7302, S. 168; Köndgen in Kübler/Prütting, § 104, Rn. 6.

1602 Vgl. MünchKomm-InsO/Jahn, § 104, Rn. 12; Bosch in Kölner Schrift zur InsO, S. 1037, Rn. 111.

bb) Finanzleistungen i.S. des § 104 Abs. 2 InsO aus Aktiengeschäften an der FWB

Von den in § 104 Abs. 1 und 2 InsO aufgeführten Geschäften bzw. Finanzleistungen, die zu einem Ausschluss des Wahlrechts nach § 103 InsO führen, kommt für die an der FWB mit der Eurex Clearing AG geschlossenen Aktiengeschäfte lediglich das Regelbeispiel[1603] in § 104 Abs. 2 S. 2 Nr. 2 InsO näher in Betracht. Zwar mag „Finanzleistung" ein schillernder Begriff sein[1604], doch steht außer Zweifel, dass es sich bei Aktien als fungiblen Wertpapieren des Kapitalmarkts um Wertpapiere i.S. des § 104 Abs. 2 S. 2 Nr. 2 InsO handelt[1605], so dass deren Lieferung auf jeden Fall eine Finanzleistung darstellt, sofern nicht der Erwerb einer Beteiligung an einem Unternehmen zur Herstellung einer dauernden Verbindung zu diesem Unternehmen beabsichtigt ist. Da bei den Verträgen mit der Eurex Clearing AG gerade diese Leistung geschuldet ist[1606], sind aufgrund der Geschäfte mit der Eurex Clearing AG an der FWB Finanzleistungen zu erbringen.

Da die an der FWB gehandelten Aktien einen Börsenpreis haben[1607], ist für die Anwendbarkeit von § 104 Abs. 2 InsO lediglich noch zu klären, ob es sich um Finanzleistungen handelt, für die eine bestimmte Zeit oder eine bestimmte Frist vereinbart ist, so dass das Eintreten der Zeit bzw. der Fristablauf erst nach Eröffnung des Insolvenzverfahrens zu einer Forderung wegen Nichterfüllung führt. Für diese Zeit- bzw. Fristbestimmung ist nicht erforderlich, dass ein Fixgeschäft nach § 376 HGB oder § 323 Abs. 2 Nr. 2 BGB vorliegt, dass also die Geschäfte ihren Zweck verfehlen, wenn sie nicht pünktlich erbracht werden[1608]. Geschäfte, die sofort zu erfüllen sind oder die auf unbestimmte Zeit abgeschlossen werden, werden von der Vorschrift allerdings nicht erfasst[1609]. Während Termingeschäfte, also die Geschäfte, bei denen der Erfüllungs- bzw. Valutierungszeit-

---

1603 Vgl. zum Charakter der aufgezählten Erscheinungsformen als Regelbeispiele von Finanzleistungen Köndgen in Kübler/Prütting, § 104, Rn. 17; Ehricke, ZIP 2003, S. 273 (274).

1604 So v. Wilmowsky, WM 2002, S. 2264 (2270).

1605 Ehricke, ZIP 2003, S. 273 (274); MünchKomm-InsO/Jahn, § 104, Rn. 58; Uhlenbruck/Lüer, § 104, Rn. 19; Obermüller, Insolvenzrecht in der Bankpraxis, Rn. 8.305.

1606 V. Kapitel Nummer 2.1.1 Abs. 1 u. 3 der CB-Eurex; die Wertpapierlieferungen, die auf die Herstellung einer dauernden Verbindung abzielen, sollen im Folgenden unerörtert bleiben (vgl. dazu MünchKomm-InsO/Jahn, § 104, Rn. 60).

1607 Vgl. dazu Ehricke, ZIP 2003, S. 273 (275);

1608 Obermüller, Insolvenzrecht in der Bankpraxis, Rn. 8.311; Ehricke, ZIP 2003, S. 273 (275); Bosch in Kölner Schrift zur InsO, S. 1022, Rn. 53; Uhlenbruck/Lüer, § 104, Rn. 15.

1609 Uhlenbruck/Lüer, § 104, Rn. 15; MünchKomm-InsO/Jahn, § 104, Rn. 53.

punkt nicht sofort bei Geschäftsabschluss liegt, sondern zum Teil wesentlich in die Zukunft verschoben wird[1610], ohne jeden Zweifel unter § 104 Abs. 2 InsO fallen, ist dies für Kassageschäfte „noch nicht vollständig geklärt"[1611]. Kassageschäfte wie die Aktiengeschäfte an der FWB sind nach den Börsenusancen innerhalb von zwei Börsentagen nach Abschluss des Geschäfts gegen Zahlung des Kaufpreises zu erfüllen[1612]. Mithin findet die Erfüllung nicht sofort statt. Die Gründe dafür liegen allerdings anders als bei Termingeschäften nicht etwa in der Aussicht auf Differenzgewinne oder im Bedürfnis nach Schutz vor Kursschwankungen, sondern in der abwicklungstechnischen Schwierigkeit, vorher eine ordnungsgemäße Belieferung der Wertpapiergeschäfte zu gewährleisten[1613].

Ob die unterschiedliche Ursache für die verzögerte Erfüllung eine andere Beurteilung im Hinblick auf die Anwendbarkeit des § 104 Abs. 2 InsO rechtfertigt, erscheint indes zweifelhaft[1614]. Denn auch bei solchen Geschäften kann zwischen Abschluss und Fälligkeit aus Marktentwicklungen ein Verlustrisiko entstehen, so dass sich die solvente Partei nach Ausfall der Gegenpartei umgehend neu eindecken muss[1615]. Hinzu kommt, dass die Überschrift von § 104 InsO, die früher „Fixgeschäfte. Finanztermingeschäfte" lautete und daher durchaus Anlass zu Zweifeln geben konnte, ob Kassageschäfte unter die Norm zu fassen sind[1616], durch das Gesetz zur Umsetzung der Richtlinie 2002/47/EG[1617] geändert wurde und nunmehr von „Fixgeschäften. Finanzleistungen" spricht. Der Gesetzgeber wollte damit auf die an der Fassung des § 104 InsO geübte Kritik eingehen[1618],

1610 Vgl. Kümpel/Hammen, Börsenrecht, S. 255 f.; Häuser/Welter in Assmann/Schütze, Handbuch des Kapitalanlagerechts, § 16, Rn. 68 ff.
1611 So die Formulierung bei Ehricke, ZIP 2003, S. 273 (276).
1612 Vgl. § 15 GB-FWB.
1613 Kümpel/Hammen, Börsenrecht, S. 256.
1614 Für eine Gleichbehandlung deshalb Ehricke, ZIP 2003, S. 273 (276); Kieper, Abwicklungssysteme in der Insolvenz, S. 64 f.; Bosch, WM 1995, S. 413 (420); ders. in Kölner Schrift zur InsO, S. 1027 f., Rn. 72 ff.; MünchKomm-InsO/Jahn, § 104, Rn. 73 f.; Uhlenbruck/Lüer, § 104, Rn. 23; Böhm, Rechtliche Aspekte grenzüberschreitender Nettingvereinbarungen, S. 170; a.A. Smid/Meyer, § 104, Rn. 11 u. 29, sowie Benzler, Nettingvereinbarungen im außerbörslichen Derivatehandel, S. 240 mit Fn. 12, allerdings beide ohne Begründung ihrer Auffassung.
1615 Bosch in Kölner Schrift zur InsO, S. 1027, Rn. 72; Ehricke, ZIP 2003, S. 273 (276); Kieper, Abwicklungssysteme in der Insolvenz, S. 64.
1616 Vgl. MünchKomm-InsO/Jahn, § 104, Rn. 74; Ehricke, ZIP 2003, S. 273 (276).
1617 Gesetz zur Umsetzung der Richtlinie 2002/47/EG vom 6.6.2002 über Finanzsicherheiten und zur Änderung des Hypothekenbankgesetzes und anderer Gesetze vom 5.04.2004 (BGBl. I, S. 502).
1618 Begr. des RegE eines Gesetzes zur Umsetzung der Richtlinie 2002/47/EG vom 6.6.2002 über Finanzsicherheiten und zur Änderung des Hypothekenbankgesetzes und anderer Gesetze, BT-Drs. 15/1853, S. 14 f.

obgleich aus den Gesetzesmaterialien weiterhin nicht eindeutig hervorgeht, ob Kassageschäfte mit in der Zukunft liegendem Erfüllungszeitpunkt als Finanzleistungen anzusehen sein sollen[1619, 1620]. Trotz dieses Versäumnisses sprechen angesichts der Korrektur der Überschrift und der rechtspolitischen Zielsetzung von § 104 InsO überzeugende Gründe für die Einordnung von Kassageschäften mit hinaus geschobenen Erfüllungszeitpunkt als Finanzleistungen i.S. des § 104 Abs. 2 InsO. Somit ist zu konstatieren, dass auch aus Aktiengeschäften an der FWB Finanzleistungen nach § 104 Abs. 2 InsO folgen.

cc) Rechtsfolgen des § 104 Abs. 2 InsO

Nachdem festgestellt werden konnte, dass die aus den Aktiengeschäften an der FWB resultierenden Wertpapierlieferungen unter den Tatbestand der Finanzleistungen nach § 104 Abs. 2 S. 1 u. 2 Nr. 2 InsO zu fassen sind, stellt sich nun die Frage, worin die Rechtsfolge aus diesem Tatbestand besteht. Es ist bereits darauf hingewiesen worden, dass im Falle des Vorliegens eines Fixgeschäfts oder einer Finanzleistung mit Eröffnung des Insolvenzverfahrens der Erfüllungsanspruch durch einen auf Geld gerichteten Anspruch wegen Nichterfüllung ersetzt wird[1621]. Für die Zusammensetzung der Forderung wegen Nichterfüllung ist zwischen Geschäften über Finanzleistungen, die in einem Rahmenvertrag i.S. des § 104 Abs. 2 S. 3 InsO zusammengefasst sind, und solchen, bei denen dies nicht geschehen ist, zu differenzieren[1622]. Bei der letztgenannten Kategorie wird für jedes Wertpapiergeschäft einzeln die Höhe des Anspruchs nach § 104 Abs. 3 InsO

1619 So wird zunächst in der Regierungsbegründung (aaO.) die Kritik am Wortlaut der Überschrift, nach der es im Hinblick auf Kassageschäfte zu Fehlinterpretationen kommen könne, dargestellt, dann jedoch ausgeführt, dass keine vollständige Abkopplung der Norm von den eigentlichen Termingeschäften erfolgen solle, andererseits die Frist- und Terminbestimmung nicht zu eng verstanden werden dürfe. Wie nun Kassageschäfte mit zweitägiger Erfüllungsfrist beurteilt werden sollen, wird nicht mehr thematisiert.

1620 Weniger zurückhaltend im Hinblick auf die Einbeziehung von Kassageschäften Kollmann, WM 2004, S. 1012 (1021), die die vorhergehende Unklarheit durch die gesetzliche Änderung beseitigt sieht.

1621 Während überwiegend in diesem Geldanspruch eine Art Schadensersatzanspruch gesehen wird (vgl. MünchKomm-InsO/Jahn, § 104, Rn. 38; Benzler, Nettingvereinbarungen im außerbörslichen Derivatehandel, S. 259 ff.; Köndgen in Kübler/ Prütting, § 104, Rn. 14 u. 36 i.V.m. 46; Bosch in Kölner Schrift zur InsO, S. 1017, Rn. 30.), deutet v. Wilmowsky § 104 InsO als eine Aufrechnungsregelung, welche die auf Geldzahlungspflichten umgestalteten Vertragsansprüche in der sich deckenden Höhe zum Erlöschen bringt (WM 2002, S. 2264 (2265 f.)).

1622 Vgl. v. Wilmowsky, WM 2002, S. 2264 (2270); Kieper, Abwicklungssysteme in der Insolvenz, S. 70.

berechnet. Das heißt, dass so viele Forderungen entstehen, wie Wertpapierge-schäfte abgeschlossen wurden. Die danach vorhandenen Ansprüche sind gegen-einander aufrechenbar[1623], doch vollzieht sich die Aufrechnung nicht kraft Geset-zes von selbst, sondern muss entweder durch einseitige Erklärung oder im Wege einer vor Verfahrenseröffnung geschlossenen Aufrechnungsvereinbarung bewirkt werden[1624]. Deshalb wird zu Recht angemerkt, die Formulierung vom „gesetzli-chen Netting" aus § 104 Abs. 2 S. 1 InsO sei streng genommen unzutreffend[1625].

Demgegenüber führt das Bestehen eines Rahmenvertrages bei Eröffnung des Insolvenzverfahrens zur Beendigung aller durch den Rahmenvertrag verbunde-nen Geschäfte und zu einem Ausgleichsanspruch in Höhe des Nettomarktwertes aller Geschäfte[1626]. Es findet mithin eine Gesamtsaldierung der Werte der Ein-zelgeschäfte statt, die zu einer einzigen Forderung wegen Nichterfüllung führt[1627]. Allerdings ist auch diese Form der Vertragsbeendigung im Falle der In-solvenz keine Aufrechnung im Rechtssinne, da die Saldierung der Einzelge-schäftswerte lediglich einen rechnerischen Vorgang zur Feststellung der Forde-rungshöhe darstellt[1628]. Wegen der grundsätzlichen Möglichkeit, einzelne Forde-rungen gem. §§ 93 ff. InsO[1629] aufzurechnen, kommt der Regelung zu Rahmen-

---

1623 Bosch in Kölner Schrift zur InsO, S. 1012, Rn. 8; Obermüller, Insolvenzrecht in der Bankpraxis, Rn. 8.314; MünchKomm-InsO/Jahn, § 104, Rn. 122.

1624 Ehricke, ZIP 2003, S. 273 (277 f.); Benzler, Nettingvereinbarungen im außerbörs-lichen Derivatehandel, S. 264 f.; v. Wilmowsy, WM 2002, S. 2264 (2270); Kieper, Abwicklungssysteme in der Insolvenz, S. 70.

1625 MünchKomm-InsO/Jahn, § 104, Rn. 122; Ehricke, ZIP 2003, S. 273 (280); Kieper, Abrechnungssysteme in der Insolvenz, S. 71.

1626 So die ganz h.M. (vgl. Uhlenbruck/Lüer, § 104, Rn. 26; MünchKomm-InsO/Jahn, § 104, Rn. 140; Köndgen in Kübler/Prütting, § 104, Rn. 41 f.; Bosch in Kölner Schrift zur InsO, S. 1013, Rn. 15; FK-InsO/Wegener, § 104, Rn. 30; Kieper, Ab-wicklungssysteme in der Insolvenz, S. 76 f. u. 81); unklar Obermüller, Insolvenz-recht in der Bankpraxis, Rn. 8.314, der davon spricht, dass die Ausgleichsansprü-che verrechnet werden „können"; gegen eine Gesamtsaldierung im Rahmen des § 104 Abs. 2 S. 3 InsO spricht sich Benzler, Nettingvereinbarungen im außerbörs-lichen Derivatehandel, S. 276, aus, der meint, der Gesetzgeber habe lediglich eine Möglichkeit für die Verrechnung der entstehenden einzelnen Schadensersatzan-sprüche schaffen wollen.

1627 Innerhalb der h.M. ist allerdings umstritten, ob durch einen Rahmenvertrag nach § 104 Abs. 2 S. 3 InsO auch Forderungen in das gesetzliche Netting miteinbezogen werden können, die aus der Zeit vor oder nach der Insolvenz unbedingt und fällig wurden. Bejaht man dies, kann man tatsächlich davon sprechen, dass § 104 Abs. 2 S. 3 InsO eine lex specialis zu §§ 95, 96 InsO darstellt (so Kieper, Abwicklungs-systeme in der Insolvenz, S. 81, und Balthasar in Nerlich/Römermann, § 104, Rn. 10; a.A. z.B. Ehricke, ZIP 2003, S. 273 (278)).

1628 MünchKomm-InsO/Jahn, § 104, Rn. 140; Ehricke, ZIP 2003, S. 273 (280).

1629 Vgl. dazu S. 363 ff.

verträgen in § 104 Abs. 2 S. 3 InsO, wenn man von der damit einhergehenden Entbehrlichkeit einer Aufrechnungserklärung bzw. -vereinbarung absieht[1630], insofern Bedeutung zu, als sie auch Geschäfte erfasst, bei denen eine Seite ihre Verpflichtung bereits vollständig erfüllt hat und die daher eigentlich dem Wahlrecht des Insolvenzverwalters nach § 103 InsO ausgesetzt wären[1631]. Dies ist – das Vorliegen eines Rahmenvertrages unterstellt – wegen der an der FWB üblichen Zug-um-Zug-Regulierung[1632] nur dann von Belang, wenn ein CM neben den Geschäften an der FWB noch weitere, bereits einseitig erfüllte Geschäfte an einem der anderen in den CB-Eurex geregelten Handelsplätze getätigt hat und auch diese mit Eröffnung des Insolvenzverfahrens beendet und durch einen Gesamtausgleichsanspruch ersetzt werden[1633].

dd) CB-Eurex als Rahmenvertrag i.S. des § 104 Abs. 2 S. 3 InsO

Die Frage, ob die CB-Eurex als Rahmenvertrag i.S. von § 104 Abs. 2 S. 3 InsO anzusehen sind, untergliedert sich in zwei Probleme. Zum einen ist zu klären, ob die Festlegung in der Präambel der CB-Eurex für eine Einordnung als Rahmenvertrag ausreicht. Zum anderen ist zu überlegen, ob grundsätzliche Einwände dagegen bestehen, in Vorschriften, die den Handel an einer Börse regeln, einen Rahmenvertrag nach § 104 Abs. 2 S. 3 InsO zu sehen.

Ob ein Rahmenvertrag vorliegt, ist im Einzelfall nach dem Willen der beteiligten Parteien zu ermitteln[1634]. Entscheidend ist insoweit, dass die Parteien die Einheitlichkeit ihrer Vertragsbeziehungen vereinbaren wollen, so dass alle geschuldeten Leistungen des einen Vertragspartners zusammen die Gegenleistung für die von der anderen Partei zu erbringenden Leistungen darstellen[1635] oder aber trotz der rechtlichen Selbständigkeit der Geschäfte diese als wirtschaftliche

---

1630 Vgl. Köndgen in Kübler/Prütting, § 104, Rn. 42.

1631 Bosch in Kölner Schrift zur InsO, S. 1025, Rn. 64; MünchKomm-InsO/Jahn, § 104, Rn. 125;

1632 Vgl. § 15 Abs. 2 GB-FWB, V. Kapitel Nummer 2.1.1 Abs. 3 der CB-Eurex sowie Schlüter, Börsenhandelsrecht, Abschnitt G, Rn. 1061 f.

1633 So ist etwa denkbar, dass ein CM sowohl für die FWB als auch für die Eurex eine Clearing-Lizenz erworben hat und für die dort getätigten Optionsgeschäfte, bei denen die effektive Lieferung ausgeschlossen ist, die zu leistende Optionsprämie vollständig erbracht hat, so dass es dann auf die Zusammenfassung der Geschäfte des CM in einem Rahmenvertrag ankommt (vgl. Ehricke, ZIP 2003, S. 273 (275)).

1634 Bosch in Kölner Schrift zur InsO, S. 1036, Rn. 106; Ehricke, ZIP 2003, S. 273 (278 f.).

1635 Böhm, Rechtliche Aspekte grenzüberschreitender Nettingvereinbarungen, S. 171; Bosch, WM 1995, S. 413 (419); v. Wilmowsky, WM 2002, S. 2264 (2275), der allerdings darauf hinweist, dass dies in der Praxis unüblich sei.

Einheit betrachtet werden. Diese Einheit kommt dadurch zum Ausdruck, dass die grundsätzlich selbständigen Geschäfte nur einheitlich beendet werden können[1636]. Daran anknüpfend wird bei Rahmenverträgen über Finanzdienstleistungen mit Gesamtbeendigungsklausel die Einheitlichkeit der Vertragsbeziehungen nach § 104 Abs. 2 S. 3 InsO unwiderleglich vermutet[1637].

Ein Hinweis auf die nach den CB-Eurex gewünschte Einheitlichkeit der Vertragsbeziehungen zwischen der Eurex Clearing AG und dem jeweiligen CM kann in der schon dargestellten Klausel zur Beendigung der Clearing-Lizenz gesehen werden, weil nach dieser Klausel alle Geschäfte mit der Eurex Clearing AG im Falle des Antrags auf ein Insolvenzverfahren ebenfalls entweder glattzustellen oder auf ein anderes CM zu übertragen sind und damit die Geschäftsbeziehungen im Ergebnis beendet werden[1638]. Im Übrigen ergibt sich unabhängig davon aus Unterabs. 3 der Präambel die Einordnung der CB-Eurex als Rahmenvertrag i.S. des § 104 Abs. 2 S. 3 InsO. Es wird dort zwar nicht ausdrücklich festgelegt, dass alle Geschäfte bei Vorliegen eines Insolvenzgrundes einheitlich beendet werden, doch wird man dies auch nicht für erforderlich halten dürfen, solange mit dem Verweis auf § 104 Abs. 2 S. 3 InsO die Einheitlichkeit der Vertragsbeziehungen und damit die gesetzliche Saldierung als beabsichtigt zum Ausdruck kommt.

Zweifel an der Eigenschaft der CB-Eurex als Rahmenvertrag i.S. des § 104 Abs. 2 S. 3 InsO könnten sich daher lediglich noch aus der Anmerkung ergeben, bei der Qualifizierung von börslichen Regelwerken als derartige Rahmenverträge bestünden „in der Anwendung des Gesetzes noch Unsicherheiten"[1639]. Diese „Unsicherheiten" werden damit begründet, dass der Gesetzgeber einem im Gesetzgebungsverfahren geäußerten Wunsch klarzustellen, dass als Rahmenvertrag i.S. des § 104 Abs. 2 S. 3 InsO auch Vereinbarungen mit Börseneinrichtungen und sonstigen Verrechnungsstellen gelten, nicht entsprochen habe[1640]. Als Begründung für die unterlassene Klarstellung wird die Vorstellung des Gesetzgebers vermutet, dass die Verrechnung an den (Termin-)Börsen rechtlich ein multi-

---

1636 Vgl. Benzler, ZInsO, S. 1 (5); Ehricke, ZIP 2003, S. 273 (279); Köndgen in Kübler/Prütting, § 104, Rn. 44.

1637 Bosch in Kölner Schrift zur InsO, S. 1035, Rn. 104; MünchKomm-InsO/Jahn, § 104, Rn. 130.

1638 Vgl. auch Kieper, Abwicklungssysteme in der Insolvenz, S. 79 f., der die gewollte Einheitlichkeit aus den entsprechenden Regelungen bei Verzug eines CM herleitet.

1639 Bosch in Kölner Schrift zur InsO, S. 1030, Rn. 84; ders., WM 1995, S. 413 (422); ähnlich Benzler, Nettingvereinbarungen im außerbörslichen Derivatehandel, S. 257, der die Anwendbarkeit von § 104 Abs. 2 S. 3 InsO auf Börsenregelwerke als „unklar" bezeichnet.

1640 So berichtet von Bosch in Kölner Schrift zur InsO, S. 1030, Rn. 85; ders., WM 1995, S. 413 (422).

lateraler Vorgang sei, der Sonderregelungen erfordern könne[1641]. In diesem Sinne könnten auch Äußerungen im Schrifttum verstanden werden, nach denen § 104 Abs. 2 S. 3 InsO nicht auf ein multilaterales Netting anwendbar sei, bei dem Forderungen mehrerer Teilnehmer in einem Clearing-System zu einem Einheitssaldo verrechnet werden[1642]. Da aber bereits herausgearbeitet werden konnte, dass es sich bei dem Clearing an der FWB rechtlich um einen bilateralen Vorgang handelt[1643] und auch sonst keine Gründe ersichtlich sind, die gegen die Einordnung der CB-Eurex als Rahmenvertrag sprechen, bleibt festzuhalten, dass mit den CB-Eurex ein Rahmenvertrag nach § 104 Abs. 2 S. 3 InsO vorliegt[1644].

ee) Ergebnis

Aus den vorstehenden Ausführungen folgt, dass mit Eröffnung des Insolvenzverfahrens alle noch nicht abgewickelten Geschäfte des insolventen CM mit der Eurex Clearing AG erlöschen und durch einen auf Geld gerichteten Anspruch wegen Nichterfüllung ersetzt werden. Da nach der Präambel der CB-Eurex dieses Regelwerk als Rahmenvertrag nicht auf bestimmte Geschäftsarten (Geschäfte an der Eurex, der FWB usw.), beschränkt ist, sind alle Geschäfte eines CM mit der Eurex Clearing AG in die Gesamtsaldierung miteinzubeziehen, soweit aus ihnen Finanzleistungen resultieren.

c) Vorschlag für ein vertragliches Liquidationsnetting

Nachdem festgestellt werden konnte, dass die CB-Eurex grundsätzlich als Rahmenvertrag i.S. des § 104 Abs. 2 S. 3 InsO eingeordnet werden können und sie ausweislich ihrer Präambel auch als solcher gelten sollen, muss nachgefragt werden, warum nicht in Anlehnung an die für Finanzgeschäfte üblichen Rahmenverträge[1645, 1646] eine Regelung in die CB-Eurex aufgenommen worden ist, welche die Rechtsfolgen nach § 104 Abs. 2 u. 3 InsO bereits an den Zeitpunkt der Stellung des Antrags auf Eröffnung des Insolvenzverfahrens knüpft. So könnten die

---

1641 Bosch, WM 1995, S. 413 (422 mit Fn. 95).
1642 Uhlenbruck/Lüer, § 104, Rn. 27; Köndgen in Kübler/Prütting, § 104, Rn. 45.
1643 Vgl. S. 339 ff.
1644 Vgl. Benzler, Nettingvereinbarungen im außerbörslichen Derivatehandel, S. 257.
1645 Vgl. Böhm in Schimansky/Bunte/Lwowski, Band III, § 114, Rn. 134; Böhm, Rechtliche Aspekte grenzüberschreitender Nettingvereinbarungen, S. 45 u. 60 ff.; Benzler, Nettingvereinbarungen im außerbörslichen Derivatehandel, S. 144 ff.
1646 Einige für die Praxis besonders relevante Rahmenverträge sind abgedruckt bei Jahn in Schimansky/Bunte/Lwowski, Band III, § 114, Anhang 1 (Rahmenvertrag über Finanztermingeschäfte), Anhang 6 (Schweizer Rahmenvertrag über OTC-Derivate) und Anhang 7 (Europäischer Rahmenvertrag (EMA)).

in ihrer Ausgestaltung sowie in ihren Rechtsfolgen recht diffus gehaltenen Klauseln zur Glattstellung im Falle des Antrags auf Eröffnung des Insolvenzverfahrens durch Vorschriften ersetzt werden, die an dieses Ereignis die automatische Beendigung aller Geschäfte mit anschließender Verrechnung der sich daraus ergebenden Positionen knüpfen[1647]. Demgegenüber kommt der Einordnung der CB-Eurex als Rahmenvertrag nach der geltenden Fassung keine praktische Bedeutung zu, weil die Glattstellung bzw. Übertragung der Geschäfte schon nach dem Antrag auf Eröffnung des Insolvenzverfahrens erfolgt, während § 104 Abs. 2 InsO die Vertragsbeendigung durch Eröffnung des Insolvenzverfahrens regelt. Der zwischen diesen beiden Maßnahmen liegende Zeitraum sollte in aller Regel zu einer vollständigen Abwicklung der Geschäfte führen und so die Anwendbarkeit von § 104 Abs. 2 InsO verhindern.

Die Wirksamkeit einer der vorgeschlagenen Regelung entsprechenden vertraglichen Klausel ist zumindest insoweit unproblematisch, als sie die Rechtsfolge des § 104 Abs. 2 InsO nur zeitlich vorverlegt und keine Abweichungen von den gesetzlichen Rechtsfolgen enthält[1648]. Schließt man sich darüber hinaus einer in der Literatur verbreiteten Meinung an, können sogar die Modalitäten der Berechnung des Ausgleichsanspruchs in dem Rahmenvertrag geregelt werden, also von der gesetzlichen Vorgabe des § 104 Abs. 3 InsO abweichen[1649]. Sollte dagegen – wie andere meinen – die Berechnungsmethode nach § 104 Abs. 3 InsO mit Blick auf § 119 InsO zwingend sein[1650], so muss es bei der im Gesetz vorgesehenen abstrakten Berechnung bleiben, nach der sich die Forderung wegen Nichterfüllung nach einem hypothetischen Deckungsgeschäft richtet[1651, 1652].

1647 Vgl. etwa die entsprechende Regelungen in Nr. 7 Abs. 2 i.V.m. Nr. 8 Abs. 1 des Rahmenvertrages für Finanztermingeschäfte sowie Nr. 6 Abs. 1 lit. b) S. 2 i.V.m. lit. a) Unterabs. (viii) i.Vm. Nr. 7 EMA.

1648 Vgl. Uhlenbruck/Luer, § 104, Rn. 28; Bosch in Kölner Schrift zur InsO, S. 1013 u. 1030, Rn. 16 u. 87 ff.; Köndgen in Kübler/Prütting, § 104, Rn. 39; Ehricke, ZIP 2003, S. 273 (279); Kieper, Abwicklungssysteme in der Insolvenz, S. 89 ff.

1649 MünchKomm-InsO/Jahn, § 104, Rn. 162; Bosch in Kölner Schrift zur InsO, S. 1034 f., Rn. 97 u. 100; Smid/Meyer, § 104, Rn. 49; Böhm, Rechtliche Aspekte grenzüberschreitender Nettingvereinbarungen, S. 177 f.; Kieper, Abwicklungssysteme in der Insolvenz, S. 100.

1650 Uhlenbruck/Lüer, § 104, Rn. 28; Köndgen in Kübler/Prütting, § 104, Rn. 39 u. 48; Benzler, Nettingvereinbarungen im außerbörslichen Derivatehandel, S. 258 f.

1651 Vgl. Ehricke, ZIP 2003, S. 273 (281); Smid/Meyer, § 104, Rn. 47 f.; Köndgen in Kübler/Prütting, § 104, Rn. 46.

1652 Ob in der zum 9. April 2004 in Kraft getretenen Änderung der InsO (BGBl. 2004, Teil I, S. 502), durch die den Parteien das Recht eingeräumt wird, den Zeitpunkt für das hypothetische Deckungsgeschäft innerhalb eines Zeitraums von fünf Tagen nach Eröffnung des Insolvenzverfahrens vertraglich festzulegen und nach der die bisherige Zwei-Tages-Regel nur noch als Auffangvorschrift gilt (vgl. Begr. des

Mit einer Vorschrift, welche im Falle des Antrags auf Eröffnung eines Insolvenzverfahrens die Beendigung aller noch nicht abgewickelten Geschäfte und deren Ersetzung durch einen einzigen Anspruch wegen Nichterfüllung vorsieht, wäre eine klare Zäsur mit eindeutigen Rechtsfolgen geschaffen, an die wohl auch die Eurex Clearing AG gedacht hat, als sie in der Präambel der CB-Eurex dieses Regelwerk als Rahmenvertrag i.S. des § 104 Abs. 2 S. 3 InsO bezeichnet hat.

2. Konsequenzen der Insolvenz für bereits erfolgtes Netting

Die Auswirkungen der Insolvenz einer Vertragspartei beschränken sich nicht auf die laufenden Geschäfte, sondern können sich darüber hinaus auf schon abgewickelte Verträge erstrecken. Denn mit den Vorschriften zur Anfechtung in der Insolvenz nach §§ 129 ff. InsO steht ein rechtliches Instrumentarium zur Verfügung, bestimmte Vermögensverschiebungen, die vor der Eröffnung des Insolvenzverfahrens erfolgt sind, rückgängig zu machen und dadurch die Insolvenzmasse anzureichern[1653]. Es ist daher zu untersuchen, ob die grundsätzliche Möglichkeit der Anfechtung Konsequenzen für die nach den CB-Eurex börsentäglich durchgeführten Aufrechnungen nach sich zieht.

a) Gesetzlicher Rahmen für die Aufrechnung in der Insolvenz (§§ 94–96 InsO)[1654]

Da für die Behandlung anfechtbarer Aufrechnungen einige Besonderheiten zu beachten sind, die ihren gesetzlichen Ursprung nicht in den Vorschriften zur Insolvenzanfechtung, sondern zur Aufrechnung in der Insolvenz haben, soll zunächst ein Überblick über die gesetzlichen Regelungen zu dem letztgenannten Problemkomplex gegeben werden.

RegE eines Gesetzes zur Umsetzung der Richtlinie 2002/47/EG vom 6.6.2002 über Finanzsicherheiten und zur Änderung des Hypothekenbankgesetzes und anderer Gesetze, BT-Drs. 15/1853, S. 15), eine gesetzliche Wertentscheidung zur weitgehenden Anerkennung vertraglicher Rechtsfolgenabreden auch für den Fall der Vorverlegung der Vertragsbeendigung auf den Zeitpunkt der Antragstellung auf Eröffnung des Insolvenzverfahrens gesehen werden kann, muss die weitere Diskussion in Schrifttum und Rechtsprechung zeigen.

1653 Gottwald/Huber, Insolvenzrechtshandbuch, § 46, Rn. 3; Haarmeyer/Wutzke/Förster, Handbuch zur Insolvenzordnung, Kapitel 5, Rn. 306 u. 308.

1654 Daneben sind in den §§ 110 Abs. 3 und 114 Abs. 2 InsO Vorschriften enthalten, welche die Aufrechnung bei gewissen Dauerschuldverhältnissen betreffen, auf die wegen ihrer Spezialität hier jedoch nicht weiter eingegangen zu werden braucht (vgl. dazu Gottwald/Gottwald, Insolvenzrechtshandbuch, § 45, Rn. 64 f.).

Das Insolvenzverfahren wird vom Prinzip der Gläubigergleichbehandlung geprägt[1655]. Das bedeutet, dass grundsätzlich[1656] alle Gläubiger entsprechend der Höhe ihrer ursprünglichen Forderung anteilig mit der Quote befriedigt werden[1657]. Könnten sich Insolvenzgläubiger nun durch Aufrechnung über ihre Insolvenzquote hinaus befriedigen, könnte dies einen Verstoß gegen das Gleichbehandlungsprinzip bedeuten, da diese Gläubiger im Vergleich zu den Gläubigerkonkurrenten, die keine Aufrechnungsbefugnis besitzen, erheblich bessere Aussichten auf Befriedigung ihrer Forderungen hätten[1658]. Das Insolvenzrecht trägt diesem Interessenkonflikt in den §§ 94–96 InsO Rechnung, indem es den Insolvenzgläubiger[1659] nicht unbeschränkt aufrechnen lässt[1660]. Die genannten Regelungen lassen sich auf den Grundsatz zurückführen, dass das Vertrauen auf eine bestehende oder mit Sicherheit eintretende Aufrechnungslage geschützt wird, während im Übrigen der Gleichbehandlung der Insolvenzgläubiger Vorrang eingeräumt wird[1661].

In § 94 InsO ist bestimmt, dass einem Insolvenzgläubiger, der vor der Eröffnung des Insolvenzverfahrens zur Aufrechnung berechtigt gewesen ist, dieses Recht auch im Insolvenzverfahren zusteht[1662]. Die am 1.1.1999 in Kraft getretene InsO bringt im Vergleich zur der vorher geltenden Konkursordnung in § 94 Alt. 2 InsO insoweit eine Neuerung[1663] bzw. Klarstellung[1664], als eine vertraglich geregelte Aufrechnungsberechtigung[1665] der gesetzlichen gleichgestellt wird[1666]. Er-

---

1655 Vgl. Gottwald/Braun, Insolvenzrechtshandbuch, § 66, Rn. 13 f.

1656 Dies schließt Privilegien wie bei Absonderungsrechten gem. §§ 49 ff. InsO nicht aus (vgl. Haarmeyer/Wutzke/Förster, Handbuch zur Insolvenzordnung, 7. Kapitel, Rn. 7 f.).

1657 Höhn/Kaumann, JuS 2003, S. 751; Häsemeyer, Insolvenzrecht, Rn. 2.33 f. u. 10.34; v. Wilmowski, NZG 1998, S. 481 (483).

1658 Foerste, Insolvenzrecht, Rn. 193.

1659 Die §§ 94–96 InsO gelten lediglich für die Insolvenzgläubiger, da nur sie vom Grundsatz der Gleichbehandlung betroffen sind. Massegläubiger (§§ 53 ff. InsO) und der Insolvenzverwalter sind dagegen von den §§ 94–96 InsO nicht betroffen (Häsemeyer, Insolvenzrecht, Rn. 19.01 f.; Höhn/Kaufmann, JuS 2003, S. 751 (752)).

1660 Foerste, Insolvenzrecht, Rn. 195.

1661 Landfermann in Kölner Schrift zur InsO, S. 179, Rn. 60; Höhn/Kaufmann, JuS 2003, S. 751 (755).

1662 Vgl. Landfermann in Kölner Schrift zur InsO, S. 180, Rn. 63; Uhlenbruck/ Uhlenbruck, § 94, Rn. 1; Foerste, Insolvenzrecht, Rn. 196.

1663 Häsemeyer, Insolvenzrecht, Rn. 19.27; Adam, WM 1998, S. 801 (802).

1664 So die Gesetzesmaterialien zur InsO (BT-Drs. 12/7302, S. 165); kritisch zu dieser Formulierung MünchKomm-InsO/Brandes, § 94, Rn. 36, sowie Lüke in Kübler/ Prütting, § 94, Rn. 73.

1665 Vgl. zu den für die Insolvenz bedeutsamen drei Typen einer Aufrechnungsvereinbarung und ihrer Behandlung in der Insolvenz Häsemeyer, Insolvenzrecht,

weitert wird die Aufrechnungsbefugnis durch § 95 Abs. 2 InsO[1667], der – anders als seine systematische Stellung vermuten lässt – die Aufrechnungsbefugnis nicht nur für Fälle des § 95 Abs. 1 InsO, sondern auch im Anwendungsbereich von § 94 InsO auf unterschiedliche Währungen und damit ungleichartige Forderungen im Sinne des § 387 BGB erstreckt[1668]. Ausgeschlossen wird die grundsätzlich nach § 94 InsO zulässige Aufrechnung gem. § 96 Abs. 1 Nr. 3 InsO allerdings für den im vorliegenden Zusammenhang besonders interessanten Fall, dass der Insolvenzgläubiger die Aufrechnungslage durch eine anfechtbare Rechtshandlung erlangt hat[1669]. Die Aufrechnung wird dann automatisch mit Verfahrenseröffnung unwirksam, so dass der Insolvenzverwalter die Anfechtung gar nicht zu erklären braucht[1670].

Entsteht die Aufrechnungslage erst nach Eröffnung des Insolvenzverfahrens, richtet sich die Zulässigkeit der Aufrechnung nach §§ 95 f. InsO[1671]. Damit kann eine Aufrechnung, wenn die aufzurechnenden Forderungen oder eine von ihnen bei Eröffnung des Insolvenzverfahrens noch aufschiebend bedingt oder nicht fällig sind oder die Forderungen noch nicht auf gleichartige Leistungen gerichtet sind, die Aufrechnung erst erfolgen, wenn ihre Voraussetzungen eingetreten sind (§ 95 S. 1 InsO)[1672]. Dies gilt jedoch nicht (§ 95 S. 3 InsO), wenn schon vor dem Eintritt der Aufrechnungsvoraussetzungen die zur Masse gehörige Hauptforderung unbedingt und fällig geworden ist[1673]. Außerdem ergeben sich für die Aufrechnungsbefugnis nach § 95 Abs. 1 InsO weitere Einschränkungen durch § 96 Abs. 1 InsO[1674], die aus dem Gleichbehandlungsgrundsatz folgen[1675] und die die

---

Rn. 19.27 ff., der zwischen sofortigem Aufrechnungsvollzug, vorgreiflichen Verrechnungsvereinbarungen sowie vorgreiflichen Erweiterungen der Aufrechnungsvoraussetzungen unterscheidet.

1666 Vgl. Uhlenbruck/Uhlenbruck, § 94, Rn. 1.
1667 Lüke in Kübler/Prütting, § 95, Rn. 40; MünchKomm-InsO/Brandes, § 94, Rn. 14.
1668 Gottwald/Gottwald, Insolvenzrechtshandbuch, § 45, Rn. 13; Höhn/Kaufmann, JuS 2003, S. 751 (753).
1669 Vgl. dazu Uhlenbruck/Uhlenbruck, § 94, Rn. 45; Foerste, Rn. 198.
1670 Uhlenbruck/Uhlenbruck, § 94, Rn. 45; MünchKomm-InsO/Brandes, § 96, Rn. 37.
1671 Höhn/Kaufmann, JuS 2003, S. 751 (753); Foerste, Insolvenzrecht, Rn. 199.
1672 Vgl. zur Konstellation, in der die massezugehörige Forderung, gegen die aufgerechnet werden soll, zwar noch nicht fällig, aber bereits erfüllbar ist, Uhlenbruck/Uhlenbruck, § 95, Rn. 2, der eine Korrektur des Wortlauts befürwortet.
1673 Vgl. Landfermann in Kölner Schrift zur InsO, S. 182, Rn. 66, der meint, dass der „großzügig anmutende" § 95 Abs. 1 S. 1 InsO durch dessen S. 3 „zur Bedeutungslosigkeit reduziert" werde; vgl. ferner Häsemeyer, Insolvenzrecht, Rn. 19.18 ff.
1674 Vgl. zu den einzelnen Unzulässigkeitsbestimmungen Landfermann in Kölner Schrift zur InsO, S. 183 ff., Rn. 70 ff., und Foerste, Insolvenzrecht, Rn. 201 ff.
1675 Landfermann in Kölner Schrift zur InsO, S. 183, Rn. 70; Lüke in Kübler/Prütting, § 96, Rn. 3.

Unwirksamkeit der Aufrechnung nach sich ziehen[1676]. So ist die Aufrechnung unzulässig, wenn der Insolvenzgläubiger erst nach Eröffnung des Insolvenzverfahrens etwas zur Masse schuldig geworden ist (§ 95 Abs. 1 Nr. 1 InsO), er seine Forderung erst nach Verfahrenseröffnung von einem anderen Gläubiger erworben hat (§ 95 Abs. 1 Nr. 2 InsO) oder wenn ein Gläubiger, dessen Forderung aus dem freien Vermögen des Schuldners zu erfüllen ist, etwas zur Insolvenzmasse schuldet (§ 95 Abs. 1 Nr. 4 InsO).

Eine Ausnahme von den angeführten Aufrechnungsbeschränkungen in §§ 95 Abs. 1 S. 3, 96 Abs. 1 InsO ist in § 96 Abs. 2 InsO vorgesehen für die Verrechnung von Ansprüchen und Leistungen aus Überweisungs-, Zahlungs- oder Übertragungsverträgen, die in ein System i.S. des § 1 Abs. 16 KWG eingebracht wurden, das der Ausführung solcher Verträge dient, sofern die Verrechnung spätestens am Tage der Eröffnung des Insolvenzverfahrens erfolgt[1677].

b) Bedeutung für die weitere Untersuchung

Der Überblick über die insolvenzrechtlichen Vorschriften zur Aufrechnung weist den Weg für die weitere Prüfung. Da es angesichts der bisherigen Erkenntnisse über das Clearing-System der Eurex Clearing AG zu einer Aufrechnung nach Eröffnung des Insolvenzverfahrens nicht kommen wird, ist das Augenmerk auf die vor Eröffnung des Insolvenzverfahrens erfolgten Aufrechnungen zu richten. Deshalb ist näher zu beleuchten, wie sich die die Aufrechnung vor Eröffnung des Insolvenzverfahrens einschränkende Vorschrift in § 96 Abs. 1 Nr. 3 InsO und die wiederum diese Vorschrift einschränkende Bestimmung in § 96 Abs. 2 InsO auf die Aufrechnungen im Clearing-System der Eurex Clearing AG auswirken. Denn unabhängig davon, ob in den CB-Eurex die Vereinbarung eines antizipierten Aufrechnungsvertrags im Rahmen einer Kontokorrentabrede oder lediglich die einer einseitigen Aufrechnungsbefugnis gesehen wird, besteht die Gefahr der Unwirksamkeit der Aufrechnung wegen einer anfechtbar erlangten Aufrechnungslage[1678]. Sollte sich herausstellen, dass das Clearing-System der Eurex

---

1676 Lüke in Kübler/Prütting, § 96, Rn. 60.

1677 Vgl. dazu im Überblick Uhlenbruck/Uhlenbruck, § 96, Rn. 34; Lüke in Kübler/Prütting, § 96, Rn. 60 a ff.

1678 Vgl. zur Anfechtbarkeit bei antizipiertem Aufrechnungsvertrag Häsemeyer, Insolvenzrecht, Rn. 19.29; MünchKomm-InsO/Brandes, § 94, Rn. 37; Lüke in Kübler/Prütting, § 94, Rn. 75; auf die geringe praktische Relevanz weist freilich Keller, WM 2000, S. 1269 (1278), hin; vgl. zur Anfechtbarkeit bei einseitiger Aufrechnungsbefugnis Uhlenbruck/Uhlenbruck, § 94, Rn. 22; Gottwald/Gottwald, Insolvenzrechtshandbuch, § 45, Rn. 26; vgl. auch Begr. des Entwurfs eines Gesetzes zur Änderung insolvenzrechtlicher und kreditwesenrechtlicher Vorschriften, BT-Drs. 14/1539, S. 10.

Clearing AG als System i.S. von § 96 Abs. 2 InsO einzuordnen ist und die Verrechnung der an der FWB getätigten Geschäfte nicht wegen Anfechtbarkeit unwirksam sein kann, so würde es sich erübrigen, auf die einzelnen Anfechtungstatbestände einzugehen[1679].

c) Verrechnung der Eurex Clearing AG als Verfahren i.S. der §§ 96 Abs. 2 InsO, 1 Abs. 16 KWG

Vorrangig ist also zu klären, ob es sich bei der Verrechnung im Clearing-System der Eurex Clearing AG um ein unter § 96 Abs. 2 InsO fallendes Verfahren handelt. In § 96 Abs. 2 InsO wird diesbezüglich auf § 1 Abs. 16 KWG verwiesen. Auch dort wird keine eigene Definition des erforderlichen Systems gegeben, sondern auf Art. 2 lit. a) der RL 98/26/EG[1680] verwiesen. Danach liegt ein „System" bei einer förmlichen Vereinbarung vor, „die – ohne Mitrechnung einer etwaigen Verrechnungsstelle, zentralen Vertragspartei oder Clearingstelle oder eines etwaigen indirekten Teilnehmers – zwischen mindestens drei Teilnehmern getroffen wurde und gemeinsame Regeln und vereinheitlichte Vorgaben für die Ausführung von Zahlungs- und Übertragungsaufträgen zwischen den Teilnehmern vorsieht". Darüber hinaus muss diese Vereinbarung dem Recht eines von den Teilnehmern gewählten Mitgliedstaats unterliegen und der Kommission von dem Mitgliedstaat, dessen Recht maßgeblich ist, gemeldet worden sein.

aa) Alleiniges Abstellen auf die Mitteilung an die Kommission?

Nun könnte man – den Vorstellungen des Gesetzgebers folgend[1681] – zunächst versucht sein, einer näheren Auseinandersetzung mit § 96 Abs. 2 InsO und den damit zusammenhängenden Normen auszuweichen, indem auf die erforderliche Mitteilung der Systeme an die Kommission abgestellt wird[1682]. Doch auch bei dieser Vorgehensweise gelangt man nicht ohne weiteres zu einer Einordnung des von der Eurex Clearing AG für die FWB bereitgestellten Clearing-Systems als

---

1679 Problematisch ist insoweit insbesondere, ob die Herbeiführung einer Aufrechnungslage einer kongruenten Deckung nach § 130 InsO oder einer inkongruenten Deckung nach § 131 InsO gleichzustellen ist (vgl. Landfermann in Kölner Schrift zur InsO, S. 184 f., Rn. 74; Uhlenbruck/Uhlenbruck, § 96, Rn. 24; MünchKomm-InsO/Brandes, § 96, Rn. 30 f.).

1680 Abgedruckt in Kümpel/Hammen/Ekkenga, Kz. 965.

1681 Vgl. Begr. des Entwurfs eines Gesetzes zur Änderung insolvenzrechtlicher und kreditwesenrechtlicher Vorschriften, BT-Drs. 14/1539, S. 11.

1682 Ob die Entscheidung der zuständigen Behörden der Mitgliedstaaten konstitutive Wirkung entfaltet, wird von Benzler, Nettingvereinbarungen im außerbörslichen Derivatehandel, S. 350, als „unklar" bezeichnet.

System i.S. von Art. 2 lit. a) der RL 98/26/EG und damit als System i.S. der §§ 96 Abs. 2 InsO, 1 Abs. 16 KWG. Denn die Bundesbank als die nach § 24b Abs. 1 S. 3 KWG für die Mitteilungen an die Kommission zuständige Einrichtung hat zuletzt mit Schreiben vom 22. Juli 1999 der Kommission die relevanten Zahlungs- sowie Wertpapierliefer- und -abrechnungssysteme benannt[1683]. Im Jahre 1999 hat die Eurex Clearing AG aber noch kein Geldclearing oder Wertpapierabrechnungssystem für Aktiengeschäfte an der FWB angeboten, so dass sich auf jeden Fall die Frage stellt, ob es zulässig ist, dieses Clearing-System unter das in der Mitteilung aufgeführte Wertpapierliefer- und -abrechnungssystem der Eurex Clearing AG zu fassen[1684]. Außerdem bestätigt alleine die Mitteilung an die Kommission noch nicht, dass gerade die Verrechnung der Zahlungs- und Lieferverpflichtungen zu den Verfahren gehört, die innerhalb eines Systems i.S. der RL 98/26/EG besonderen Schutz genießen. Das kann nur geklärt werden, indem die Übereinstimmung des Clearing-Systems mit den europarechtlichen und den hieran anschließenden insolvenz- und kreditwesenrechtlichen Vorgaben geprüft wird.

bb) Tatbestandliche Konkretisierung der §§ 96 Abs. 2 InsO, 1 Abs. 16 KWG i.V.m. Art. 2 lit. a) und k) sowie Art. 3 Abs. 1 S. 1 RL 98/26/EG

Die Einschränkung des Aufrechnungsverbots in § 96 Abs. 2 InsO beruht auf der RL 98/26/EG über die Wirksamkeit von Abrechnungen in Zahlungs- sowie Wertpapierliefer- und -abrechnungssystemen[1685, 1686]. Deshalb und weil in § 96 Abs. 2 InsO selbst keine Definition der Abrechnungssysteme vorgenommen, sondern über § 1 Abs. 16 KWG auf Art. 2 lit. a) der RL 98/26/EG verwiesen wird, hat die inhaltliche Bestimmung der relevanten Verfahren bei der Richtlinie

---

1683 Vgl. Fischer in Boos/Fischer/Schulte-Mattler, § 24 b KWG, Rn. 9; Reischauer/Kleinhans, KWG, Kz. 115, § 24 b, Anm. 2.

1684 Notifiziert wurden u.a. die Geldclearings der Deutschen Börse Clearing AG, deren Funktionsnachfolgerin heute die Clearstream Banking AG ist (vgl. zu der Entwicklung Schlüter, Börsenhandelsrecht, Abschnitt G, Rn. 1068), und der Eurex Clearing AG sowie auch deren Wertpapierabrechnungssysteme (Keller, WM 2000, S. 1269 (1270 mit Fn. 14)).

1685 Die zwischenzeitliche Änderung durch das Gesetz zur Umsetzung der Richtlinie 2002/47/EG vom 6.6.2002 über Finanzsicherheiten und zur Änderung des Hypothekenbankgesetzes und anderer Gesetze vom 5.04.2004 (BGBl. I, S. 502) geht, wie der Name schon sagt, ebenfalls auf eine europäische Richtlinie zurück, die eine gemeinschaftsweite Regelung für die Bereitstellung von Wertpapieren und Kontoguthaben als Sicherheit zum Ziel hat und insoweit die RL 98/26/EG ergänzt, aber nicht inhaltlich ändert (vgl. zur RL 2002/47/EG und deren Umsetzung ins deutsche Recht Kollmann, WM 2004, S. 1012 ff.).

1686 Vgl. dazu umfassend Keller, WM 2000, S. 1269 ff.

anzusetzen. Wie schon bei den Ausführungen zur Bedeutung der Mitteilung an die Kommission angeklungen ist, sind diesbezüglich zwei Fragen zu unterscheiden. Zum einen ist zu prüfen, ob das Clearing-System an der FWB grundsätzlich als System i.S. der RL 98/26/EG anzusehen ist. Zum anderen ist zu klären, ob auch die von der Eurex Clearing AG vorgenommene Verrechnung am besonderen Schutz durch die europäischen Vorgaben teilnimmt, so dass an eine Ausstrahlung auf das deutsche Recht im Wege europarechtskonformer Auslegung gedacht werden kann.

aaa) Clearing-System an der FWB als System nach Art. 2 lit. a) RL 98/26/EG

In Art. 2 lit. a) der RL 98/26/EG ist von einem „System" als einer Vereinbarung die Rede, die gemeinsame Regeln und vereinheitlichte Vorgaben für die Ausführung „von Zahlungs- bzw. Übertragungsaufträgen" zwischen den Teilnehmern des Systems enthält. Was mit einem Zahlungs- bzw. Übertragungsauftrag i.S. der Richtlinie gemeint ist, wird in Art. 2 lit. i) der RL 98/26/EG erklärt. Danach ist ein Zahlungsauftrag die *Weisung eines Teilnehmers, einem Endbegünstigten einen bestimmten Geldbetrag mittels Verbuchung auf dem Konto eines Kreditinstituts, einer Zentralbank oder einer Verrechnungsstelle zur Verfügung zu stellen, oder eine Weisung, die die Übernahme oder Erfüllung einer Zahlungsverpflichtung i.S. der Regeln des Systems nach sich zieht.* Ein Übertragungsauftrag ist dagegen *die Weisung eines Teilnehmers, die auf die Übertragung des Eigentums an Wertpapieren oder eines Anspruchs auf Übereignung von Wertpapieren im Wege der Verbuchung oder auf sonstige Weise gerichtet ist.* Mithin gehen sowohl Zahlungs- als auch Übertragungsauftrag implizit von einem Rechtsverhältnis zwischen dem anweisenden Systemteilnehmer und einer dritten Partei aus. Der Weisungsempfänger wird in dieses Verhältnis mittels eines *Auftrags* eingeschaltet, um die aus diesem Rechtsverhältnis entspringenden Pflichten zu erfüllen. Beispielhaft für eine solche Konstellation ist der Ablauf einer Banküberweisung, bei der eine Bank aus dem Girovertrag mit ihrem Kunden die Verpflichtung übernimmt, dessen Zahlungsaufträge auszuführen, und sie zu diesem Zweck eine andere Bank einschalten muss, weil der Zahlungsempfänger bei dieser Bank und nicht bei ihr selbst ein Konto unterhält[1687]. Eine Vereinbarung, die gemeinsame Regelungen oder vereinheitlichte Vorgaben für die Behandlung von *Kaufverträgen* zwischen den Systemteilnehmern enthält, liegt also zunächst nicht vor. Diese Problematik kann hier aber noch offen bleiben, wenn sich jedenfalls gemeinsame

---

1687 Vgl. zur Banküberweisung und zu den Rechtsbeziehungen zwischen den mitwirkenden Kreditinstituten Kümpel, Bank- und Kapitalmarktrecht, Rn. 4.100 ff. bzw. 4.244 ff.

Vorschriften für die Ausführung von Zahlungs- und Übertragungsaufträgen i.S. der unmittelbaren Vorgaben nach Art. 2 lit. i) der RL 98/26/EG finden lassen. Tatsächlich existieren in den CB-Eurex Regelungen, die Weisungen eines Teilnehmers betreffen, einem anderen Geldbeträge zur Verfügung zu stellen bzw. das Eigentum an Wertpapieren zu übertragen. So wird etwa die Verpflichtung jedes CM festgelegt, die Eurex Clearing AG durch Erteilung einer entsprechenden Vollmacht gegenüber der Wertpapiersammelbank bzw. dem Custodian oder Central Securities Depository zu ermächtigen, im Namen des CM und mit Wirkung für sowie gegen dieses CM alle Lieferinstruktionen zu erteilen, freizugeben, zu übermitteln und Lieferinstruktionen zu ergänzen, zu ändern oder zu stornieren, die zur fristgemäßen bzw. korrekten Erfüllung ihrer gegenüber der Eurex Clearing AG bestehenden Liefer- und Zahlungsverpflichtungen aus Transaktionen von Geschäften an der FWB erforderlich sind[1688]. Des Weiteren können auch die übrigen Vorgaben für die Art und Weise der Geschäftsabwicklung als entsprechende gemeinsame Regeln angesehen werden, da sie den Rahmen für die Zahlungs- und Übertragungsaufträge vorgeben[1689]. Schließlich zählt die Aufrechnungsklausel[1690] zu den in diesem Zusammenhang aufzuführenden einheitlichen Vorgaben, weil durch sie bestimmt wird, in welcher Höhe der Zahlungs- bzw. Übertragungsauftrag zu erteilen ist, der zur Umbuchung der Wertpapiere auf den Depots der CM und zur Belastung bzw. Gutschrift auf den Geldkonten der CM führt, die diese bei der Clearstream Banking AG oder bei den Landeszentralbanken unterhalten[1691]. Angesichts der genannten Vorschriften stellt sich also das Clearing-System an der FWB auf jeden Fall als ein System i.S. des Art. 2 a) der RL 98/26/EG dar.

bbb) Schutz des Netting im Clearing-System an der FWB

Mit dem so gewonnen Ergebnis geht allerdings noch nicht zwangsläufig die Konsequenz einher, dass die innerhalb des Clearing-Systems vorgenommenen Verrechnungen am besonderen Schutz in der Insolvenz aus Art. 3 der RL 98/26/EG teilnehmen, dessen Umsetzung § 96 Abs. 2 InsO dienen soll[1692]. Nach Art. 3 Abs. 1 S. 1 der RL 98/26/EG sind Aufrechnungen rechtlich verbindlich und auch im Fall eines Insolvenzverfahrens gegen einen Teilnehmer Dritten gegenüber

---

1688 V. Kapitel, Nummer 2.1.1 Abs. 5 der CB-Eurex.

1689 Vgl. V. Kapitel, Nummer 2.1.1 Abs. 2, 3 u. 4 der CB-Eurex.

1690 I. Kapitel, Nummer 1.2.3 der CB-Eurex.

1691 Vgl. zum Vorgang der Erfüllung eines an der Börse geschlossenen Wertpapiergeschäfts Lenenbach, Rn. 5.48 ff., sowie S. 391 ff.

1692 Begr. des Entwurfs eines Gesetzes zur Änderung insolvenzrechtlicher und kreditwesenrechtlicher Vorschriften, BT-Drs. 14/1539, S. 9 f.

sam. Des Weiteren dürfen nach Abs. 2 Rechtsvorschriften, welche die Aufhebung von Verträgen oder Geschäften, die vor dem Zeitpunkt der Eröffnung des Insolvenzverfahrens abgeschlossen wurden, nicht zu einer Rückgängigmachung der Aufrechnung führen. Was unter einer Aufrechnung i.S. der Richtlinie zu verstehen ist, wird in Art. 2 lit. k) der RL 98/26/EG näher beschrieben. Danach meint „Aufrechnung" die Verrechnung von Forderungen und Verbindlichkeiten *aus Zahlungs-* bzw. *Übertragungsaufträgen*, die ein oder mehrere Teilnehmer an einen oder mehrere Teilnehmer erteilt haben oder von einem oder mehreren Teilnehmern erhalten haben, zu einer einzigen Nettoforderung bzw. -verbindlichkeit, so dass nur diese Nettoforderung bzw. -verbindlichkeit besteht. Damit findet sich eine ähnliche Terminologie wie in § 96 Abs. 2 InsO, wo die Verrechnung von „Ansprüchen und Leistungen aus Überweisungs-, Zahlungs- oder Übertragungsverträgen" privilegiert wird. Vom Schutz der Verrechnung der aus einem *Kaufvertrag* resultierenden Ansprüche ist also weder in der europäischen Richtlinie noch in ihrer deutschen Umsetzung die Rede, so dass der Sachverhalt, bei dem ein Zentraler Kontrahent mit den CM Kaufverträge abschließt und die daraus resultierenden Forderungen aufrechnet, von den betreffenden Vorschriften unmittelbar nicht erfasst zu sein scheint.

Dieser Eindruck könnte allerdings dadurch korrigiert werden, dass in der RL 98/26/EG mehrmals von der „zentralen Vertragspartei" die Rede ist[1693] und in Art. 2 lit. f) S. 2 der RL 98/26/EG sogar festgestellt wird, dass ein und derselbe Teilnehmer am betreffenden System als zentrale Vertragspartei, Verrechnungsstelle und Clearingstelle fungieren kann. Indes wird in Art. 2 lit. c) der RL 98/26/EG die zentrale Vertragspartei richtlinienspezifisch als eine Stelle definiert, „die in einem System zwischen den Instituten eingeschaltet ist und in Bezug auf die *Zahlungs-* bzw. *Übertragungsaufträge* dieser Institute als deren ausschließliche Vertragspartei fungierte"[1694]. Somit bezieht sich die Richtlinie bei ihrer Definition der zentralen Vertragspartei wiederum auf Zahlungs- sowie Übertragungsaufträge und nicht auf Kaufverträge. Demzufolge hilft der Wortlaut bzw. die Erwähnung einer zentralen Vertragspartei in der Richtlinie bei der Beantwortung der Frage, ob die Verrechnung von Forderungen aus Kaufverträgen, die mit einem Zentralen Kontrahenten abgeschlossen wurden, an der Privilegierung nach Art. 3 Abs. 1 und 2 RL 98/26/EG partizipiert, kaum weiter. Auch die denkbare Möglichkeit, neben den Kaufverträgen stets einen damit einhergehenden Zahlungs- bzw. Übertragungsauftrag zu konstruieren[1695], dürfte nicht weiter helfen, da im Falle des Clearing-Systems an der FWB die Eurex Clearing AG als

---

1693 Vgl. Art. 2 lit. a), c), d), e), f) und l) sowie Art. 3 Abs. 1 RL 98/26/EG.
1694 Hervorhebung durch den Verf.
1695 So im Ansatz wohl Kieper, Abwicklungssysteme in der Insolvenz, S. 118.

Bevollmächtigte der CM[1696] erst nach der Verrechnung der Ansprüche aus den Kaufverträgen die Weisung zur Zahlung des sich aus der Verrechnung ergebenden Geldbetrages oder zur Umbuchung des entsprechenden Wertpapiersaldos an die Wertpapiersammelbank bzw. an die kontoführende Bank erteilt[1697], so dass die Aufrechnung von Zahlungs- und Übertragungsaufträgen durch die Eurex Clearing AG im Rahmen ihrer Tätigkeit als Zentraler Kontrahent für Geschäfte an der FWB nicht in Betracht kommt.

Dass ein die kaufvertraglichen Ansprüche verrechnendes System von der Richtlinie erfasst wird, könnte allerdings aus ihrem in den Erwägungsgründen zum Ausdruck gebrachten Ziel zu folgern sein. Dort wird auf den *Lamfalussy*-Report Bezug genommen und die Verringerung der in diesem Bericht festgestellten Risiken von Nettingvereinbarungen als wichtige Aufgabe bezeichnet. Es sei überaus bedeutsam, die mit der Teilnahme an Wertpapierliefer- und -abrechnungssystemen verbundenen Risiken zu reduzieren[1698]. Ferner wird hervorgehoben, dass die Verminderung des „Systemrisikos" die Wirksamkeit von Abrechnungen erfordere[1699]. Außerdem wird ausgeführt, dass die Richtlinie *alle* Zahlungssysteme sowie Wertpapierliefer- und -abrechnungssysteme der Gemeinschaft erfasse[1700]. Betrachtet man diese Aussagen vor dem Hintergrund, dass der *Lamfalussy*-Report sich intensiv mit den Systemrisiken von Einrichtungen mit einem Zentralen Kontrahenten befasst hat[1701] und dass solche Systeme für Finanztermingeschäfte bei Erlass der Richtlinie schon lange bekannt und gebräuchlich waren[1702], dann wird deutlich, dass die Intention des europäischen Gesetzgebers darin bestand, auch Abrechnungssysteme mit einem Zentralen Kontrahenten, der in die Kaufverträge über Wertpapiere eingeschaltet wird, mit der Richtlinie zu erfassen. Diesem erkennbaren Anliegen muss Vorrang vor dem insoweit missverständlichen Wortlaut, der nur von Überweisungs- oder Übertragungsaufträgen

---

1696 Vgl. V. Kapitel Nummer 2.1.1 Abs. 5 S. 2 der CB-Eurex sowie Nummer 1.1 Nr. 4 der Standardvereinbarung zwischen der Eurex Clearing AG und dem jeweiligen CM.

1697 Vgl. Kümpel, Bank- und Kapitalmarktrecht, Rn. 11.384.

1698 Erwägungsgrund (1) und (2) der RL 98/26/EG.

1699 Erwägungsgrund (9) der RL 98/26/EG.

1700 Erwägungsgrund (6) der RL 98/26/EG.

1701 Vgl. BIZ, Lamfalussy-Report, S. 2 (Part A, Section 2.5), S. 9 f. (Part B, Section 2.9 ff.), S. 11 f. (Part B, Section 2.28 ff.) und S. 22 f. (Part C, Section 3.2 ff.).

1702 So existierte an der Deutschen Terminbörse seit ihrer Handelsaufnahme 1990 ein Clearing-System mit Zentralem Kontrahenten, der zu Beginn von der DTB Deutsche Terminbörse GmbH gestellt wurde (vgl. Kindermann, WM 1989, Sonderbeil. 2, S. 11; Beer, Die Deutsche Terminbörse, S. 19).

spricht[1703], eingeräumt werden. Dies gilt umso mehr, als es sich bei den Verträgen mit dem Zentralen Kontrahenten um eine untypische Kategorie von Kaufverträgen handelt, die in ihrem wirtschaftlichen Ziel und den praktischen Konsequenzen den Zahlungs- bzw. Übertragungsaufträgen zumindest ähneln[1704]. Es wäre schließlich ein den auf die Stabilisierung der Finanzmärkte gerichteten Willen der Richtlinienverfasser geradezu missachtendes Ergebnis, ein Clearing-System, in dem die Verrechnung von kaufvertraglichen Ansprüchen vor der Erteilung eines Überweisungs- bzw. Zahlungsauftrags erfolgt und das für die Finanzmärkte eine ebenso große Bedeutung hat wie andere Abrechnungssysteme, aus dem Anwendungsbereich der Richtlinie herauszunehmen. Das hat zur Folge, dass die Ansprüche aus Kaufverträgen mit dem Zentralen Kontrahenten nach Sinn und Zweck[1705] der RL 98/26/EG als Zahlungs- und Übertragungsaufträge i.S. dieser Richtlinie einzuordnen sind, folglich diese Forderungen in gebotener richtlinienkonformer Auslegung als verrechnungsfähige Ansprüche i.S. des § 96 Abs. 2 InsO gelten müssen.

cc) Zwischenergebnis

Demnach kann festgehalten werden, dass es sich bei dem für die Geschäfte an der FWB installierten Clearing-System der Eurex Clearing AG materiell um ein System gem. Art. 2 lit. a) der RL 98/26/EG handelt, so dass die Bundesbank das Verfahren nach § 24 b Abs. 1 S. 3 KWG grundsätzlich der Kommission als System i.S. der Richtlinie mitteilen könnte und daher auch keine Bedenken dagegen bestehen, es unter die bereits im Jahre 1999 erfolgte Mitteilung an die Kommission zu fassen. Ferner erweist sich, dass die Verrechnung von Ansprüchen aus Kaufverträgen mit einem Zentralen Kontrahenten ungeachtet des missverständlichen Richtlinienwortlauts als insolvenzfest zu betrachten ist.

1703 Vgl. Kieper, Abwicklungssysteme in der Insolvenz, S. 119, der meint, die nach dem Gesetzeswortlaut privilegierten Verträge stimmten nicht mit denen der Wirklichkeit überein.

1704 Letztlich soll ja die Abwicklung der Wertpapiergeschäfte durch Einschaltung des Zentralen Kontrahenten nur sicherer und günstiger werden, ohne dass der Zentrale Kontrahent ein eigenes wirtschaftliches Interesse am Kauf oder Verkauf der Wertpapiere hätte; vgl. zur Einordnung als Kaufvertrag, der stark durch das Element einer Dienstleistung geprägt wird, S. 456 ff. und S. 474 ff.

1705 Vgl. zur überragenden Bedeutung der teleologischen Auslegung bei der Interpretation von EU-Recht nur Schroeder, JuS 2004, S. 180 (183 u. 185 f.).

d) Ergebnis

Hiernach kann festgehalten werden, dass es sich bei dem Clearing-System an der FWB um ein unter § 96 Abs. 2 InsO fallendes Modell handelt und dass der Verrechnung aus den Kaufverträgen zwischen der Eurex Clearing AG und den CM das Aufrechnungshindernis wegen anfechtbar herbeigeführter Aufrechnungslage gem. § 96 Abs. 1 Nr. 3 InsO nicht entgegensteht, sofern die Verrechnung spätestens am Tage der Eröffnung des Insolvenzverfahrens über das CM erfolgt. Daraus kann überdies der Schluss gezogen werden, dass auch der Abschluss eines Rahmenvertrages, wie er oben vorgeschlagen wurde, der zu einem vertraglichen Liquidationsnetting im Falle des Antrags auf Eröffnung des Insolvenzverfahrens führt, nicht der Anfechtung unterliegt[1706]. Denn nur mit einer Anerkennung der Unanfechtbarkeit kann den europarechtlichen Vorgaben hinreichend Rechnung getragen werden, weil nach Art. 3 Abs. 2 der RL 98/26/EG Rechtsvorschriften zur Aufhebung von vor der Insolvenzeröffnung abgeschlossenen Verträgen nicht zur Folge haben dürfen, dass eine Aufrechnung im System rückgängig gemacht wird[1707]. Somit steht fest, dass die Aufrechnungen im Clearing-System der FWB

1706 Auch wenn man § 96 Abs. 2 InsO unberücksichtigt lassen wollte, wird von Teilen der Literatur die Anfechtbarkeit von Rahmenverträgen nach §§ 129 ff. InsO nur eingeschränkt anerkannt, weil diese durch § 104 Abs. 2 S. 3 InsO gesetzlich akzeptiert worden seien (vgl. Bosch in Kölner Schrift zur InsO, S. 1035, Rn. 100, der im Einzelfall die Möglichkeit der Insolvenzanfechtung „nach § 133 Abs. 1 InsO" für gegeben hält; Obermüller, Insolvenzrecht in der Bankpraxis, Rn. 8.298 f., will die Anfechtung der vor der Eröffnung des Insolvenzverfahrens vollzogenen Saldierung nach §§ 129 ff. InsO grundsätzlich ausschließen und nur für den Fall anerkennen, dass sich der Insolvenzschuldner die zur Verrechnung geeigneten Gegenforderungen in anfechtbarer Weise verschafft hat; nach MünchKomm-InsO/Jahn, § 104, Rn. 159, soll jedenfalls eine Anfechtung nach § 131 InsO ausscheiden). Allerdings tritt die wohl h.M. für die grundsätzliche Anfechtbarkeit von Rahmenverträgen ein (vgl. eingehend Benzler, Nettingvereinbarungen im außerbörslichen Derivatehandel, S. 289 ff.; Smid/Meyer, § 104, Rn. 38; Köndgen in Kübler/Prütting, § 104, Rn. 40; Uhlenbruck/Lüer, § 104, Rn. 28).

1707 Nur vereinzelt werden die Auswirkungen von Art. 3 Abs. 2 der RL 98/26/EG auf den Streit zur Anfechtbarkeit der Rahmenverträge angedeutet (vgl. Benzler, Nettingvereinbarungen im außerbörslichen Derivatehandel, S. 313, der die Konsequenzen als „offen" bezeichnet, in einem später publizierten Beitrag (InsO 2000, S. 1 (11)) jedoch pauschal die unzutreffende Behauptung aufstellt, dass Nettingvereinbarungen von § 96 Abs. 2 InsO nicht erfasst würden, da sie kein System i.S. der RL 98/26/EG darstellten). Die europarechtlichen Vorgaben werden wohl auch vom Gesetzgeber in ihrer Bedeutung nicht vollends erkannt, wenn er in den Gesetzesmaterialien zu § 96 Abs. 2 InsO meint, dass nach dem neuen Abs. 2 von § 96 InsO die Aufrechnung nicht mehr nach § 95 Abs. 1 Nr. 3 InsO automatisch unwirksam, sondern vom Insolvenzverwalter gesondert geltend zu machen sei (vgl.

bei einer späteren Insolvenz eines CM nicht der Anfechtung nach §§ 130 ff. InsO unterliegen und demnach eine wichtige Voraussetzung für die Stabilität dieses Systems und damit der Finanzmärkte gegeben ist[1708].

VI. Exkurs: Behandlung von Sicherheiten in der Insolvenz

Im vorstehenden Kapitel konnten die denkbaren Gefahren einer Insolvenz von CM für den Zentralen Kontrahenten und sein Clearing-System gezeigt werden. Deshalb soll an dieser Stelle der thematische Zusammenhang aufgegriffen und zur Abrundung des Bildes ein kurzer Blick auf die Auswirkungen der Insolvenz eines CM auf die von ihm gestellten Sicherheiten geworfen werden. Obgleich sich nämlich die Aufrechnung im Clearing-System an der FWB als insolvenzfest erwiesen hat, sind damit noch nicht alle mit einer Insolvenz verbundenen Risiken gebannt. Denn es besteht weiterhin die Möglichkeit, dass sich aus einem durchgeführten Netting eine Forderung des Zentralen Kontrahenten in nicht unbeträchtlicher Höhe gegenüber dem CM ergibt, deren vollständige Erfüllung als bloße Insolvenzforderung nicht zu erwarten ist. Deshalb kommt es entscheidend darauf an, ob der Zentrale Kontrahent auf die von dem nunmehr insolventen CM geleisteten Sicherheiten zugreifen kann oder ob die Insolvenz die Wirksamkeit der Sicherheitenbestellung oder die Verwertung der bestellten Sicherheiten zu beeinträchtigen geeignet ist.

Begr. des Entwurfs eines Gesetzes zur Änderung insolvenzrechtlicher und kreditwesenrechtlicher Vorschriften, BT-Drs. 14/1539, S. 10).

1708 Ob aus den vorstehenden Ausführungen der Schluss zu ziehen ist, dass auch die der Verrechnung zugrunde liegenden Kaufverträge mit dem Zentralen Kontrahenten der Anfechtung entzogen sind, soll hier nicht näher beleuchtet werden. Allerdings scheint dies die einzig konsequente Fortführung der bisherigen Überlegungen zu sein, da ansonsten das System i.S. der RL 98/26/EG entgegen dem gesetzgeberischen Willen doch durch die Insolvenz und die danach folgende Anfechtungsmöglichkeit in Mitleidenschaft gezogen werden könnte. Eine Alternative bietet Kieper an, der einen Anfechtungsausschluss wegen der Eigenschaft des Zentralen Kontrahenten als bloße Mittelsperson erwägt, diese Lösung jedoch verwirft (Abwicklungssysteme in der Insolvenz, S. 151). Da er aber von einer falschen Prämisse ausgeht, erscheint dieser Ansatz, der zu einer Anfechtungsmöglichkeit gegenüber der letztlich begünstigten Partei führt, durchaus praktikabel. Gleichwohl bedarf es wegen des Interesses an Rechtssicherheit einer baldigen gesetzlichen Klarstellung.

1. Verschiedene Arten von Sicherheiten

Es wurde bereits bei der Skizzierung des Clearing-Systems an der FWB darauf hingewiesen, dass sich die Eurex Clearing AG durch verschiedene Maßnahmen gegen das Risiko des Ausfalls eines CM absichert. Zu diesen Sicherungsvorkehrungen gehören insbesondere die Einforderung von Beiträgen zum Clearing-Fonds[1709] sowie von täglich berechneten Sicherheitsleistungen[1710]. Der Beitrag zum Clearing-Fonds ist durch Bankgarantien oder Sicherheiten in Geld oder Wertpapieren zu erbringen[1711]. Die Bankgarantie muss von einer von der Eurex Clearing AG anerkannten Bank mit Sitz in einem Staat der EU oder der Schweiz erklärt werden, die von dem beitragspflichtigen CM in einem durch die Eurex Clearing AG bestimmten Umfang unabhängig sein muss[1712]. Sie hat die unbedingte und unwiderrufliche Verpflichtung der Bank zu enthalten, den garantierten Betrag auf erstes Anfordern der Eurex Clearing AG auf ein von dieser benanntes Konto einzuzahlen. Nähere Vorgaben zu Art, Inhalt und Form der Bankgarantie bestimmt die Eurex Clearing AG[1713].

Wird der Beitrag zum Clearing-Fonds durch Sicherheiten in Geld geleistet, so gelten dieselben Grundsätze wie bei der Sicherheitsleistung für Geschäfte mit der Eurex Clearing AG[1714]. Hiernach können die Sicherheiten in verschiedenen, vom Vorstand der Eurex Clearing AG festgelegten Währungen geleistet werden. Die Sicherheiten werden erbracht, indem das CM die Deutsche Bundesbank zeitgerecht beauftragt, die von der Eurex Clearing eingehenden Lastschriften zu Lasten seines Kontos bei der Deutschen Bundesbank einzulösen und den jeweiligen Betrag auf das Konto der Eurex Clearing AG bei der Deutschen Bundesbank zu übertragen. Zumindest vom Ergebnis her ähnlich wird auch in den Fällen verfahren, bei denen die Sicherheiten durch Schweizer Franken oder in einer anderen Währung geleistet werden, weil das Geld ebenfalls auf Konten der Eurex Clea-

---

1709 Vgl. S. 81 ff.
1710 Vgl. S. 85 f.
1711 V. Kapitel, Nummer 1.2.1 Abs. 2 S. 2 der CB-Eurex.
1712 V. Kapitel, Nummer 1.2.1 Abs. 2 S. 3 i.V.m. I. Kapitel, Nummer 1.1.2 Abs. 2 S. 2–4 der CB-Eurex.
1713 V. Kapitel, Nummer 1.2.1 Abs. 2 S. 3 i.V.m. I. Kapitel, Nummer 1.1.2 Abs. 2 S. 5 u. 6 der CB-Eurex.
1714 V. Kapitel, Nummer 1.2.1 Abs. 2 S. 3 i.V.m. I. Kapitel, Nummer 1.1.2 Abs. 2 S. 7 u. Nummer 1.3.4 der CB-Eurex.

ring AG gelangt[1715], die damit einen eigenen Auszahlungsanspruch gegen die Bank erwirbt[1716].

Demgegenüber ist das Verfahren bei Erbringung des Beitrags zum Clearing-Fonds durch Wertpapiere erläuterungsbedürftig. Dies liegt daran, dass die Vorschriften zum Clearing-Fonds für Geschäfte an der FWB auf das I. Kapitel Nummer 1.1.2 Abs. 2 S. 2 bis 7 der CB-Eurex verweisen[1717], das Verfahren für die Erbringung des Beitrags durch Wertpapiere jedoch in S. 8 der entsprechenden Regelung zu finden ist, in dem auf die Grundsätze für die Hinterlegung von Sicherheiten für Geschäfte mit der Eurex Clearing AG verwiesen wird. Da jedoch keine anderen Vorschriften zur Regelung der Erbringung des Beitrags zum Clearing-Fonds durch Wertpapiere vorhanden sind, dürfte es sich dabei um einen redaktionellen Fehler handeln[1718], so dass die Verweisungsnorm korrigierend bzw. ergänzend auszulegen ist und damit S. 8 von der Verweisung erfasst wird. Hiernach ist der Beitrag zum Clearing-Fonds in Form von Wertpapieren gem. dem I. Kapitel Nummer 1.3.5 der CB-Eurex durch Sicherheitsübereignung auf ein von der Eurex Clearing AG bestimmtes Depot bei der Clearstream Banking AG oder bei der SegaIntersettle AG zu leisten.

Die Sicherheitenleistung durch eine Sicherungsübereignung unterscheidet sich von der Stellung von Sicherheiten, die für das Verfahren der täglich berechneten Sicherheitsleistungen gewählt wird. Denn diese Sicherheiten sind, sofern sie in Form von Wertpapieren gestellt werden, durch eine Pfandrechtsbestellung[1719] zu erbringen[1720]. Das CM hat ein Pfanddepot bei der Clearstream Ban-

---

1715 V. Kapitel, Nummer 1.2.1 Abs. 2 S. 3 i.V.m. I. Kapitel, Nummer 1.1.2 Abs. 2 S. 7 u. Nummer 1.3.4 Abs. 2 u. 4 der CB-Eurex.

1716 Kieper, Abwicklungssysteme in der Insolvenz, S. 155, der zudem darauf hinweist, dass es sich nicht nur um eine Sicherungszession vom CM an die Eurex Clearing AG handelt. Dies wird bestätigt durch die zum 30.08.2004 wirksam gewordene Änderung der CB-Eurex, durch die im I. Kapitel, Nummer 1.3.4 ein neuer Abs. 5 eingefügt wurde, nach dem die Eurex Clearing AG berechtigt ist, die in Geld geleistete Sicherheit nach eigenem Ermessen im Rahmen ihrer Geschäftstätigkeit zur Sicherung der Funktionsfähigkeit als Clearing-Haus und zu Anlagezwecken zu nutzen.

1717 V. Kapitel, Nummer 1.2.1 Abs. 2 S. 3 der CB-Eurex.

1718 Dasselbe gilt für die Verweisungen im I. Kapitel, Nummer 1.3.4 Abs. 2 u. 4 der CB-Eurex, die auf die internen Geld- bzw. Sicherheitenverrechnungskonten verweisen (vgl. dazu Kieper, Abwicklungssysteme in der Insolvenz, S. 23), die sich nach der Änderung der CB-Eurex zum 30.08.2004 nicht mehr unter I. Kapitel, Nummer 1.4.1 bzw. 1.4.2 der CB-Eurex, sondern unter I. Kapitel Nummer 1.4.2 bzw. 1.4.3 der CB-Eurex finden.

1719 Die Pfandrechtsbestellung an Inhaberpapieren wie bspw. Aktien erfolgt gem. § 1293 BGB nach den Vorschriften über die Verpfändung beweglicher Sachen (vgl. zu den Einzelheiten Merkel in Schimansky/Bunte/Lwowski, Band II, § 93,

king AG oder bei der SegaIntersettle AG einzurichten und mit der Eurex Clearing AG eine Verpfändungsvereinbarung über alle in diesem Depot befindlichen Wertpapiere abzuschließen. Der Clearstream Banking AG bzw. der SegaIntersettle AG ist der Abschluss dieser Verpfändungsvereinbarung anzuzeigen[1721]. Erfolgt die Erbringung der täglich berechneten Sicherheiten in Wertrechten[1722], so soll nach den CB-Eurex eine Sicherungszession an die Eurex Clearing AG stattfinden[1723].

Hinsichtlich der Leistung der Sicherheiten in Geld sind dagegen keine Besonderheiten gegenüber der Beitragsleistung zum Clearing-Fonds zu beachten, da vollumfänglich dieselben Vorschriften zur Anwendung kommen[1724].

Mithin sind recht unterschiedliche Formen von Sicherheiten im Clearing-System an der FWB möglich, nämlich die Garantie einer Bank, die Verschaffung von Eigentum an Geld, die Sicherungsübereignung von Wertpapieren, die Sicherungszession[1725] von Wertrechten sowie die Verpfändung von Wertpapieren.

Rn. 84 ff.). Für im Ausland verwahrte Wertpapiere sind allerdings die damit verbundenen Besonderheiten zu beachten (vgl. Than in Festschrift Kümpel, S. 543 (548 f.), so dass diese Wertpapiere nach den Grundsätzen der Forderungsverpfändung zu verpfänden sind (vgl. Merkel in Schimansky/Bunte/Lwowski, Band II, § 93, Rn. 107).

1720 Das ergibt sich aus der Verweisung im V. Kapitel Nummer 2.1.4 Abs. 1 auf I. Kapitel Nummer 1.3.5 Abs. 1 u. Abs. 3 S. 1 der CB-Eurex.

1721 V. Kapitel Nummer 2.1.4 Abs. 1 i.V.m. I. Kapitel Nummer 1.3.5 Abs. 3 S. 1 u. 2 der CB-Eurex; vgl. zur Rolle der Clearstream Banking AG bei der Besitzverschaffung von girosammelverwahrten Wertpapieren Than, Festschrift Kümpel, S. 543 (547 f.).

1722 Unter Wertrechten sind staatliche Anleihen zu verstehen, bei denen die Verbriefung in Inhaberschuldverschreibungen durch eine Registereintragung ersetzt wird (Merkel in Schimansky/Bunte/Lwowski, Band II, § 93, Rn. 80, sowie Kieper, Abwicklungssysteme in der Insolvenz, S. 162 ff.).

1723 I. Kapitel Nummer 1.3.5 Abs. 3 S. 3 der CB-Eurex; ob dies überhaupt rechtlich möglich ist, dürfte fraglich sein, da die h.M. auf die Wertrechte die sachenrechtlichen Vorschriften analog anwendet (vgl. Kümpel in Schimansky/Bunte/Lwowski, Band III, § 104, Rn. 86 ff.), so dass danach von einer Sicherungsübereignung und einer Verpfändung, jedoch nicht von einer Sicherungszession auszugehen ist (so auch Kieper, Abwicklungssysteme in der Insolvenz, S. 164).

1724 V. Kapitel Nummer 2.1.4 Abs. 1 i.V.m. I. Kapitel Nummer 1.3.4 der CB-Eurex.

1725 Vgl. aber Fn. 1723.

2. Auswirkungen der Insolvenz auf die Sicherheiten

Die Probleme, die eine Insolvenz für gestellte Sicherheiten mit sich bringt, können innerhalb des vorliegenden Rahmens nicht umfassend dargestellt werden[1726]. Deshalb soll sich auch hier wiederum auf die Fragen beschränkt werden, die einen besonderen Bezug zur Funktionalität des Zentralen Kontrahenten bzw. zu seiner Einbindung in das Clearing-System an der FWB aufweisen.

a) Europarechtliche Vorgaben durch die RL 98/26/EG?

Zunächst ist zu untersuchen, ob die schon erwähnten RL 98/26/EG über die Wirksamkeit von Abrechnungen in Zahlungs- sowie Wertpapierliefer- und -abrechnungssystemen Vorgaben für die insolvenzrechtliche Behandlung von Sicherheiten innerhalb eines Clearing-Systems wie das an der FWB durch die nationalen Rechtsordnungen innerhalb der EU entnommen werden können. Dies kommt deshalb in Betracht, weil zum einen bereits festgestellt wurde, dass es sich bei dem Clearing-System an der FWB um ein in den Regelungsbereich der Richtlinie fallendes System i.S. des Art. 2 a) der RL 98/26/EG handelt[1727], und zum anderen in der Richtlinie im Zusammenhang mit dem Insolvenzrecht mehrfach von Sicherheiten die Rede ist[1728]. Von großer Bedeutung ist die kollisionsrechtliche Norm in Art. 9 Abs. 2 der RL 98/26/EG, die für Verfügungen über Wertpapiere zu Sicherungszwecken das Recht des Orts der maßgeblichen Depotkontenführung bestimmt[1729]. Im vorliegenden Zusammenhang von noch größerem Interesse ist jedoch Art. 9 Abs. 1 der RL 98/26/EG, der festlegt, dass Rechte von Teilnehmern an dinglichen Sicherheiten, die ihnen im Rahmen eines Systems geleistet wurden, durch ein Insolvenzverfahren gegen den die Sicherheit leisten-

---

1726 Vgl. näher Kieper, Abwicklungssysteme in der Insolvenz, S. 153 ff., der dort allerdings noch von der Rechtslage vor der Umsetzung der RL 2002/47/EG ausgeht, die richtlinienbedingten Besonderheiten jedoch später (aaO., S. 217 ff.) einbezieht.

1727 Vgl. S. 368 ff.

1728 Erwägungsgrund (18) und Art. 9 der RL 98/26/EG; daneben werden Sicherheiten freilich noch des Öfteren erwähnt, allerdings nicht mehr in dem unmittelbaren Zusammenhang zu ihrer Verwertung in der Insolvenz (vgl. etwa Erwägungsgründe (6), (7), (9), (10), (20) und (21) sowie Art. 1 lit. c), Art. 2 lit. m) und Art. 4 S. 2 der RL 98/26/EG.

1729 Keller, WM 2000, S. 1269 (1273 f.); ders., BKR 2002, S. 347 (351); darauf soll hier und im Folgenden jedoch nicht weiter eingegangen, sondern die Anwendbarkeit des deutschen Rechts wegen der Depotkontenführung durch die Clearstream Banking AG in Frankfurt vorausgesetzt werden (vgl. näher dazu Than, Festschrift Kümpel, S. 543 (551 ff.); Horn, Festschrift Hadding, S. 893 (896 ff.)).

den Teilnehmer nicht berührt werden. Ob sich daraus eine Privilegierung der Sicherheiten in der Insolvenz ergibt, ist problematisch[1730].

Zum Teil wird die Norm so verstanden, dass mit ihr auch die Bestellung der Sicherheit erfasst und damit deren Anfechtbarkeit ausgeschlossen wird[1731]. Begründet wird diese Ansicht damit, dass der Wortlaut von Art. 9 Abs. 1 S. 1 der RL 98/26/EG nicht auf die Verwertung der Sicherheiten beschränkt, sondern allgemein von Rechten an dinglichen Sicherheiten die Rede sei, die von einem Insolvenzverfahren unberührt bleiben sollten. Außerdem spreche für diese Auffassung, dass sich nicht wie in anderen Regelungswerken der Hinweis finde, dass die Anfechtungsvorschriften weiterhin anzuwenden seien[1732]. Hiergegen wird mit Blick auf die Materialien zur RL 98/26/EG eingewendet, es könne nicht eindeutig festgestellt werden, ob die Bestellung der Sicherheiten vor dem insolvenzrechtlichen Anfechtungsrecht geschützt werden solle[1733]. Der europäische Gesetzgeber selbst scheint eher der letztgenannten Auffassung zuzuneigen, da sich sonst kaum erklären lässt, warum er im Rahmen der vier Jahre später erlassenen RL 2002/47/EG dezidierte Regelungen zur Behandlung von Sicherheiten in der Insolvenz erlassen hat[1734], die zwar in ihrem Anwendungsbereich über den der RL 98/26/EG hinausgehen[1735], aber zentrale Vertragsparteien und Clearingstellen wieder ausdrücklich erwähnen. Demzufolge ist zwar nicht gänzlich auszuschließen, dass ursprünglich mit der RL 98/26/EG die umfassende Regelung der Anfechtbarkeit der Bestellung von Sicherheiten innerhalb eines Systems intendiert war, doch sind nach Erlass der RL 2002/47/EG etwaige Vorgaben dazu aus dieser Richtlinie zu entnehmen, die sich detaillierter mit diesen Problemen befasst und sich damit jedenfalls als die speziellere Norm erweist.

b) Europarechtliche Vorgaben durch die RL 2002/47/EG

Die RL 2002/47/EG des Europäischen Parlaments und des Rates vom 6. Juni 2002 über Finanzsicherheiten[1736] soll den effizienten Einsatz von grenzüberschreitenden Sicherheiten erleichtern und damit eine Ergänzung zur RL 98/26/

1730 Vgl. Kieper, Abwicklungssysteme in der Insolenz, S. 166 ff.
1731 Keller, WM 2000, S. 1269 (1273); FK-InsO/Wimmer, Anhang I, Rn. 215 f.
1732 Keller, WM 2000, S. 1269 (1273).
1733 Kieper, Abwicklungssysteme in der Insolenz, S. 167 ff.
1734 Vgl. sogleich S. 382 f.
1735 Erwägungsgrund (4) S. 3 der RL 2002/47/EG.
1736 Abgedruckt bei Kümpel/Hammen/Ekkenga, Kz. 915.

EG darstellen[1737]. Die Bedeutung der Richtlinie für die Behandlung von Sicherheiten in der Insolvenz wird klar, wenn man sich die Gründe, die für den Erlass der Richtlinie maßgeblich waren, näher betrachtet. Dort wird nämlich darauf hingewiesen, dass die Mitgliedstaaten dafür sorgen sollen, Finanzsicherheiten von bestimmten Vorschriften des Insolvenzrechts auszunehmen, um die Rechtssicherheit im Bereich der Finanzsicherheiten zu erhöhen[1738]. Die Relevanz der Erwägungsgründe und auch der übrigen Regelungen in der RL 2002/47/EG für die innerhalb eines Clearing-Systems wie desjenigen an der FWB geleisteten Sicherheiten hängt freilich maßgeblich davon ab, dass diese Sicherheiten überhaupt vom Anwendungsbereich dieser Richtlinie erfasst werden.

aa) Eröffnung des Anwendungsbereichs der RL 2002/47/EG auf Sicherheiten im Clearing-System an der FWB

Dass die Richtlinie sowohl von ihrem sachlichen als auch von ihrem persönlichen Anwendungsbereich[1739] für Clearing-Systeme wie das der Eurex Clearing AG bedeutsam ist, bestätigen Art. 1 u. 2 der RL 2002/47/EG. Dort wird zunächst festgelegt, dass die Richtlinie eine Gemeinschaftsregelung für Finanzsicherheiten enthält[1740]. Als Finanzsicherheiten können Barsicherheiten oder Finanzinstrumente dienen[1741]. Zu den Finanzinstrumenten gehören u.a. Aktien und andere, diesen gleichzustellende Wertpapiere, Schuldverschreibungen sowie sonstige verbriefte und unverbriefte Schuldtitel, die auf dem Kapitalmarkt gehandelt werden können[1742]. Diese Finanzinstrumente sind dann eine „Finanzsicherheit", wenn sie in der Form der Vollrechtsübertragung oder in Form eines beschränkten dinglichen Sicherungsrechts als Sicherheit bestellt werden[1743]. Als Barsicherheit gilt ein in beliebiger Währung auf einem Konto gutgeschriebener Betrag oder vergleichbare Geldforderungen[1744]. Damit ist der sachliche Anwendungsbereich der Richtlinie für die Sicherheitenbestellung innerhalb des Clearing-Systems an der FWB eröffnet. Denn dort werden ja – wie oben dargelegt wurde – Sicherheiten in Form der Sicherungsübereignung bzw. der Sicherungszession von Wertpa-

---

1737 EU-Kommission, Vorschlag für eine Richtlinie des Europäischen Parlaments und des Rates über Finanzsicherheiten, KOM/2001/168, S. 2; vgl. ferner Erwägungsgründe (3)–(5) der RL 2002/47/EG sowie Ehricke, ZIP 2003, S. 1065 (1065 f.).
1738 Erwägungsgründe (5) u. (16) der RL 2002/47/EG.
1739 Vgl. Flöther/Bräuer, DZWiR 2004, S. 89 (90 ff.).
1740 Art. 1 Abs. 1 der RL 2002/47/EG.
1741 Art. 1 Abs. 4 a) der RL 2002/47/EG.
1742 Art. 2 Abs. 1 lit. e) der RL 2002/47/EG.
1743 Vgl. Art. 2 Abs. 1 lit. a) der RL 2002/47/EG.
1744 Art. 2 Abs. 1 lit. d) der RL 2002/47/EG.

pieren und Wertrechten, also im Wege der Vollrechtsübertragung[1745], oder durch Verpfändung von Wertpapieren bzw. Wertrechten, mithin im Wege der Bestellung eines beschränkt dinglichen Sicherungsrechts[1746], sowie durch die Gutschrift von Geld geleistet.

Des Weiteren wird für die Anwendbarkeit der Richtlinie vorausgesetzt, dass sowohl Sicherungsnehmer als auch Sicherungsgeber einer bestimmten Kategorie angehören. In Betracht kommt u.a. die Einordnung als beaufsichtigtes Finanzinstitut[1747], als zentrale Vertragspartei und als Verrechnungs- oder Clearingstelle i.S. der RL 98/26/EG[1748]. Da es sich bei den CM um Finanzinstitute[1749] und bei der Eurex Clearing AG um eine zentrale Vertragspartei sowie um eine Clearingstelle nach der Definition der RL 98/26/EG handelt[1750], ist auch der persönliche Anwendungsbereich der Richtlinie eröffnet, so dass sich die Regelungen der Richtlinie durchaus auf das Clearing-System auswirken können.

bb) Überblick über relevante Regelungen

Die Relevanz der RL 2002/47/EG für die in einem Clearing-System von einem insolvenzgefährdeten CM bestellten Sicherheiten wird nun nicht nur aus ihren Erwägungsgründen deutlich, sondern zeigt sich darüber hinaus in verschiedenen einzelnen Vorschriften. So haben die Mitgliedstaaten sicher zu stellen, dass eine Finanzsicherheit vereinbarungsgemäß wirksam werden kann, auch wenn gegenüber dem Sicherungsgeber oder -nehmer ein Liquidationsverfahren[1751] eröffnet oder Sanierungsmaßnahmen[1752] eingeleitet worden sind oder das Verfahren bzw.

1745 Vgl. Begr. des RegE eines Gesetzes zur Umsetzung der Richtlinie 2002/47/EG vom 6.6.2002 über Finanzsicherheiten und zur Änderung des Hypothekenbankgesetzes und anderer Gesetze, BT-Drs. 15/1853, S. 12.

1746 Vgl. Löber, BKR 2002, S. 601 (602).

1747 Art. 1 Abs. 2 lit. c) der RL 2002/47/EG.

1748 Art. 1 Abs. 2 lit. d) der RL 2002/47 EG.

1749 Vgl. V. Kapitel, Nummer 1.1.1 Abs. 1 Hs. 2 i.V.m. I. Kapitel, Nummer 1.1.1 Abs. 3 der CB-Eurex.

1750 Bei der Einordnung als zentrale Vertragspartei nach Art. 2 lit. c) der RL 98/26/EG wird die oben entwickelte Ansicht zugrunde gelegt, dass die Begriffe „Zahlungs- und Übertragungsaufträge" weit bzw. ergänzend auszulegen sind (vgl. S. 370 ff.). Jedenfalls ist die Eurex Clearing AG als Clearingstelle i.S. des Art. 2 lit. e) der RL 98/26/EG einzustufen, da die dortige Definition nur auf die Berechnung der Nettopositionen der Institute etc. abstellt, ohne sich auf Zahlungs- und Übertragungsaufträge zu beziehen.

1751 Das Liquidationsverfahren wird in Art. 2 Abs. 1 lit. j) der RL 2002/47/EG definiert und erfasst für das deutsche Recht das Insolvenzverfahren.

1752 Was unter Sanierungsmaßnahmen zu verstehen ist, wird in Art. 2 Abs. 1 lit. k) erläutert.

die Maßnahmen andauern[1753]. Des Weiteren haben sie dafür Sorge zu tragen, dass die Aufrechnung infolge Beendigung („close out netting")[1754] vereinbarungsgemäß wirksam werden kann, auch wenn gegenüber dem Sicherungsgeber ein Liquidationsverfahren eröffnet oder Sanierungsmaßnahmen eingeleitet worden sind[1755]. Ferner haben die Mitgliedstaaten dafür zu sorgen, dass die Bestellung einer Finanzsicherheit nicht alleine deshalb unwirksam ist oder rückgängig gemacht wird, weil sie am Tag der Eröffnung des Liquidationsverfahrens oder der Einleitung von Sanierungsmaßnahmen bzw. innerhalb eines bestimmten Zeitraums vor diesen Verfahrensschritten erfolgt ist[1756]. Eine ganz ähnliche Regelung legt praktisch dasselbe noch einmal speziell für Aufstockungs- und Ersatzsicherheiten fest, wobei noch hinzukommt, dass die Bestellung dieser Sicherheiten auch nicht alleine deshalb unwirksam sein oder rückgängig gemacht werden darf, weil die zu besichernde Verbindlichkeit vor der Bestellung der Finanzsicherheit, der zusätzlichen Finanzsicherheit oder der Ersatz- bzw. Austauschsicherheit entstanden ist[1757]. Darüber hinaus muss die Bestellung einer Finanzsicherheit sogar für den Fall rechtlich verbindlich und absolut wirksam sein, dass sie nach der Eröffnung des Liquidationsverfahrens oder der Einleitung von Sanierungsmaßnahmen erfolgt ist, sofern die Sicherheitenbestellung noch am selben Tage vorgenommen wird und der Sicherungsnehmer nachweisen kann, dass er von den entsprechenden Verfahrensschritten keine Kenntnis hatte und auch nicht haben konnte[1758]. Klarstellend wird festgelegt, dass im Übrigen das allgemeine einzelstaatliche Insolvenzrecht zur Anfechtbarkeit oder Nichtigkeit von Geschäften, die vor der Eröffnung des Liquidationsverfahrens oder der Einleitung von Sanierungsmaßnahmen abgeschlossen worden sind, durch die Richtlinie nicht berührt wird[1759].

c) Umsetzung der RL 2002/47/EG ins deutsche Recht

Die vom deutschen Gesetzgeber für erforderlich erachteten Änderungen von Rechtsvorschriften wurden mit einem am 9. April 2004 in Kraft getretenen Arti-

---

1753 Art. 4 Abs. 5 der RL 2002/47/EG.
1754 Definiert in Art. 2 Abs. 1 lit. n) der RL 2002/47/EG, wonach die Verrechnungsabrede stets im Zusammenhang mit der Bestellung von Finanzsicherheiten stehen muss.
1755 Art. 7 Abs. 1 lit. a) der RL 2002/47/EG.
1756 Art. 8 Abs. 1 RL 2002/47/EG.
1757 Art. 8 Abs. 3 RL 2002/47/EG.
1758 Art. 8 Abs. 2 RL 2002/47/EG.
1759 Art. 8 Abs. 4 RL 2002/47/EG.

kelgesetz[1760] vorgenommen. Im Folgenden wird sich auf die Umsetzung derjenigen Vorschriften der RL 2002/47/EG beschränkt, die vorstehend als für die Behandlung von Sicherheiten in der Insolvenz besonders bedeutsam herausgestellt worden sind[1761].

Dazu zählt zunächst die Ergänzung von § 21 Abs. 2 InsO durch S. 2, der festlegt, dass die Anordnung von Sicherungsmaßnahmen nicht die Wirksamkeit von Verfügungen über Finanzsicherheiten nach § 1 Abs. 17 KWG und die Wirksamkeit der Verrechnung von Ansprüchen und Leistungen aus Überweisungs-, Zahlungs- oder Übertragungsverträgen, die in ein System nach § 1 Abs. 16 KWG eingebracht wurden, berühren darf. In § 1 Abs. 17 KWG wird hinsichtlich der Definition von Finanzsicherheiten auf die RL 2002/47/EG verwiesen, deren Bedeutung für die Bestellung von Sicherheiten in einem Clearing-System wie an der FWB bereits festgestellt wurde[1762]. Die Einfügung des S. 2 hat zur Folge, dass sowohl eine Verfügung des Sicherungsnehmers über die zu seinen Gunsten bestellte Finanzsicherheit als auch die Verfügung des Sicherungsgebers in Form der Bestellung einer Finanzsicherheit bei einer Anordnung von Sicherungsmaßnahmen wirksam bleibt[1763]. Des Weiteren wurde in § 81 Abs. 3 InsO ein S. 2 eingefügt, der eine Verfügung des Schuldners über Finanzsicherheiten selbst nach Eröffnung des Insolvenzverfahrens für wirksam erklärt, sofern sie am Tag der Eröffnung erfolgt und der andere Teil, also der Sicherungsnehmer, die Eröffnung der Verfahrens weder kannte noch kennen musste[1764].

1760 Gesetz zur Umsetzung der RL 2002/47/EG vom 6.06.2002 über Finanzsicherheiten und zur Änderung des Hypothekenbankengesetzes und anderer Gesetze vom 5.04.2004 (BGBl. I, S. 502).

1761 Vgl. zu der Richtlinienumsetzung Kollmann, WM 2004, S. 1012 ff., Keller, BKR 2003, S. 481 ff., sowie Ehricke, ZIP 2003, S. 1065 ff. (die beiden letztgenannten Autoren allerdings noch zum entsprechenden Diskussionsentwurf des Bundesministeriums der Justiz).

1762 Vgl. S. 381 f.

1763 In den Gesetzesmaterialien wird lediglich die erstgenannte Folge explizit ausgesprochen (Begr. des RegE eines Gesetzes zur Umsetzung der Richtlinie 2002/47/ EG vom 6.6.2002 über Finanzsicherheiten und zur Änderung des Hypothekenbankgesetzes und anderer Gesetze, BT-Drs. 15/1853, S. 14), während die zweite Konsequenz lediglich etwas verschlungen zum Ausdruck gebracht wird (vgl. Stellungnahme des BR, BT-Drs. 15/1853, S. 25, sowie Gegenäußerung der BReg, BT-Drs. 15/1853, S. 31).

1764 Mit der Änderung soll Art. 8 Abs. 2 der RL 2002/47/EG Rechnung getragen werden (Kollmann, WM 2004, S. 1012 (1020 f.)); die Ergänzung des § 147 Abs. 1 InsO ist eine Konsequenz aus dieser Änderung (vgl. Begr. des RegE eines Gesetzes zur Umsetzung der Richtlinie 2002/47/EG vom 6.6.2002 über Finanzsicherheiten und zur Änderung des Hypothekenbankgesetzes und anderer Gesetze, BT-Drs. 15/1853, S. 16).

Der Anwendungsbereich von § 96 Abs. 2 InsO wurde zur Umsetzung der von der RL 2002/47/EG vorgegebenen Anerkennung der Aufrechnung infolge Beendigung erweitert, indem auch Verfügungen über Finanzsicherheiten in der Form einer Aufrechnung oder Verrechnung im Beendigungsfall von den Beschränkungen der §§ 95 Abs. 2 S. 3, 96 Abs. 1 InsO ausgenommen werden[1765]. Ebenfalls vor dem genannten Hintergrund erfolgte die Ergänzung des § 104 Abs. 2 S. 2 InsO durch die Nr. 6, welche die Bestellung von Finanzsicherheiten i.S. des § 1 Abs. 17 KWG in den Regelungsbereich des § 104 InsO einbezieht[1766].

Im vorliegenden Zusammenhang besonders hervorzuheben ist die Änderung des die Insolvenzanfechtung bei kongruenter Deckung[1767] regelnden § 130 InsO, dem in Abs. 1 ein zweiter Satz eingefügt wurde. Danach besteht die Möglichkeit der Anfechtung einer Rechtshandlung nach § 130 Abs. 1 S. 1 InsO nicht, wenn die maßgebliche Rechtshandlung auf einer Sicherungsvereinbarung beruht, welche die Verpflichtung enthält, eine Finanzsicherheit, eine andere (Ersatzsicherheit) oder eine zusätzliche Finanzsicherheit (Aufstockungssicherheit) zu bestellen, um das in der Sicherungsvereinbarung festgelegte Verhältnis zwischen dem Wert der gesicherten Verbindlichkeiten und dem Wert der geleisteten Sicherheiten wiederherzustellen[1768].

Das bedeutet, dass nunmehr eine Sicherheitenbestellung nicht deshalb als kongruente Deckung angefochten werden kann, weil sie kurz vor dem Insolvenzantrag oder der Eröffnung des Insolvenzverfahrens erfolgt ist[1769]. Ob diese Ergänzung ausreicht, um den Vorgaben aus Art. 8 der RL 2002/47/EG gerecht zu werden, ist allerdings fraglich[1770]. Denn die Vorschriften zur Anfechtbarkeit we-

---

1765 Vgl. Begr. des RegE eines Gesetzes zur Umsetzung der Richtlinie 2002/47/EG vom 6.6.2002 über Finanzsicherheiten und zur Änderung des Hypothekenbankgesetzes und anderer Gesetze, BT-Drs. 15/1853, S. 14.

1766 Vgl. Kollmann, WM 2004, S. 1012 (1021), die anmerkt, dass dies zu einem „gespaltenen" persönlichen Anwendungsbereich des § 104 InsO und damit zu einem Verlust an Transparenz führe; kritisch zur systematischen Stellung des § 104 Abs. 2 S. 2 Nr. 6 InsO Ehricke, ZIP 2003, S. 1065 (1070 mit Fn. 25).

1767 Eine kongruente Deckung liegt vor, wenn der Gläubiger genau die Sicherung oder Befriedigung erhalten hat, die ihm zusteht (vgl. Gottwald/Huber, Insolvenzrechtshandbuch, § 47, Rn. 20).

1768 Die Gesetz gewordene Fassung des § 130 Abs. 1 S. 2 weicht von der des RegE ab, ohne dass damit erkennbare materiell-rechtliche Änderungen verbunden wären (vgl. Kollmann, WM 2004, S. 1012 (1022 mit Fn. 79).

1769 Vgl. Ehricke, ZIP 2003, S. 1065 (1070).

1770 So insbesondere Obermüller, ZIP 2003, S. 2336 (2340); dagegen ist der Bundesrat der Ansicht, dass die deutsche Umsetzung der RL 2002/47/EG über das dort vorgegebene Schutzniveau sogar hinausgeht, da § 130 InsO schon vor der Gesetzesänderung die Anfechtbarkeit nicht alleine vom Zeitpunkt der Sicherheitenbestellung, sondern zusätzlich von der Kenntnis des Gläubigers vom Eröffnungsantrag

gen inkongruenter Deckung[1771] werden nicht geändert. Das ist insoweit problematisch, als die Rechtsprechung und der ihr folgende Teil der Literatur einen recht strengen Maßstab an einen die Inkongruenz ausschließenden Anspruch auf die Bestellung einer Sicherheit anlegen, so dass nur das vor oder bei Kreditgewährung konkret vereinbarte Sicherungsmittel als kongruente Deckung anzusehen ist[1772]. Demzufolge wäre die Bestellung einer Sicherheit, die nicht frühzeitig als mögliches Sicherungsmittel bestimmt wurde, nach § 131 Abs. 1 Nr. 1 InsO anfechtbar, wenn sie im letzten Monat vor dem Antrag auf Eröffnung des Insolvenzverfahrens erfolgte. Der deutsche Gesetzgeber glaubte freilich, den europarechtlichen Vorgaben zum Schutz der Sicherheiten in der Insolvenz bereits dadurch hinreichend Rechnung zu tragen, dass er in den Gesetzesmaterialien eine Auslegung des § 131 InsO „im Lichte von" § 130 Abs. 1 S. 2 InsO fordert, welche an die sich aus der Sicherungsvereinbarung ergebende Bestimmbarkeit der Sicherheit „keine übertriebenen Anforderungen stellt"[1773]. Ob der Verweis auf eine entsprechende Auslegung zur Umsetzung einer Richtlinie tatsächlich ausreicht, wird mit Recht bezweifelt[1774], soll hier aber nicht weiter vertieft werden.

Daneben finden sich noch einige weitere Änderungen und Ergänzungen der InsO, die einen Bezug zu Clearing-Systemen aufweisen. So wurde in § 166 InsO ein Abs. 3 eingefügt, der das Verwertungsrecht des Insolvenzverwalters u.a. für Gegenstände, an denen eine Sicherheit zu Gunsten des Teilnehmers eines Systems nach § 1 Abs. 16 KWG zur Sicherung seiner Ansprüche aus dem System besteht, sowie allgemein für Finanzsicherheiten i.S. des § 1 Abs. 17 KWG ausschließt. Damit sollen die insbesondere aus der Kostenregelung in § 171 InsO resultierenden Beeinträchtigungen der Verwertung von Finanzsicherheiten beseitigt werden[1775]. Ebenfalls dem Schutz vor Verwertungsbeeinträchtigungen dient die

---

bzw. von der Zahlungsunfähigkeit abhängig gemacht habe (vgl. Stellungnahme des BR zum RegE eines Gesetzes zur Umsetzung der Richtlinie 2002/47/EG vom 6.6.2002 über Finanzsicherheiten und zur Änderung des Hypothekenbankgesetzes und anderer Gesetze, BT-Drs. 15/1853, S. 26).

1771 Vgl. zur Abgrenzung von kongruenter und inkongruenter Deckung Gottwald/Huber, Insolvenzrechtshandbuch, § 47, Rn. 34 ff.

1772 BGH, NJW 1999, S. 645 (645 f.); Gottwald/Huber, Insolvenzrechtshandbuch, § 47, Rn. 36; Obermüller, Insolvenzrecht in der Bankpraxis, Rn. 8.103; Kieper, Abwicklungssysteme in der Insolvenz, S. 165.

1773 Begr. des RegE eines Gesetzes zur Umsetzung der Richtlinie 2002/47/EG vom 6.6.2002 über Finanzsicherheiten und zur Änderung des Hypothekenbankgesetzes und anderer Gesetze, BT-Drs. 15/1853, S. 16.

1774 Obermüller, ZIP 2003, S. 2336 (2340).

1775 Begr. des RegE eines Gesetzes zur Umsetzung der Richtlinie 2002/47/EG vom 6.6.2002 über Finanzsicherheiten und zur Änderung des Hypothekenbankgesetzes und anderer Gesetze, BT-Drs. 15/1853, S. 16; vgl. zu der eher geringen praktischen Bedeutung der Änderung Kollmann, WM 2004, S. 1012 (1022 f.).

Ergänzung des § 223 Abs. 1 S. 2 InsO, die sicherstellt, dass die Verwertung von Finanzsicherheiten nicht durch einen Insolvenzplan behindert wird, während es sich bei der Änderung von § 340 Abs. 3 InsO um eine bloße Anpassung an den neuen § 96 Abs. 2 InsO handelt[1776].

d) Konsequenzen für die Sicherheiten im Clearing-System an der FWB

Die Konsequenzen der dargestellten Regelungen für die Behandlung von Sicherheiten innerhalb des Clearing-Systems an der FWB können in zwei Bereiche unterteilt werden, nämlich zum einen in die Folgen für die Möglichkeit der Bestellung von Sicherheiten und zum anderen in die Auswirkungen auf die Möglichkeit der Verwertung von bestellten Sicherheiten[1777].

aa) Beseitigung möglicher Hindernisse bei der Bestellung von Sicherheiten

Probleme bei der Bestellung von Sicherheiten konnten schon vor der Änderung der InsO zur Umsetzung der RL 2002/47/EG allenfalls für den Zeitraum nach dem Antrag auf Eröffnung des Insolvenzverfahrens entstehen, weil die Regelungen in den CB-Eurex dazu führen, dass alle Geschäfte mit der Eurex Clearing AG und die Clearing-Lizenz selbst bis zur Eröffnung des Insolvenzverfahrens abgewickelt bzw. beendet werden[1778], so dass es nach diesem Zeitpunkt auch nicht mehr zur Bestellung von Sicherheiten kommen konnte, für die der Verlust der Verfügungsbefugnis eine Rolle gespielt hätte und für die nach neuer Rechtslage § 81 Abs. 3 InsO eingreift. Schwierigkeiten hätten sich jedoch für den Fall ergeben können, dass nach dem Antrag auf Eröffnung des Insolvenzverfahrens und dem Erlass eines Verfügungsverbots durch das Insolvenzgericht die Eurex Clearing AG eine Frist zur Glattstellung aller Geschäfte setzte und noch vor Ablauf dieser Frist eine weitere Sicherheitsleistung etwa in Form einer Additional Margin[1779] erfolgte. Nachdem mit der Regelung in § 21 Abs. 2 S. 2 InsO festgelegt wird, dass Sicherungsmaßnahmen nach § 21 InsO – zu denen ein Verfügungsverbot gem. § 21 Abs. 2 S. 1 Nr. 2 InsO ja zählt – die Wirksamkeit von Verfügungen über Finanzsicherheiten i.S. des § 1 Abs. 17 KWG nicht berühren, braucht

1776 Vgl. Kollmann, WM 2004, S. 1012 (1023).
1777 Hinsichtlich der denkbaren Verwertungshindernisse wird sich im Folgenden wegen der besonderen Bedeutung und der sich dort stellenden Probleme auf die Insolvenzanfechtung beschränkt, während etwa auf die insoweit unproblematische Privilegierung der Sicherungsnehmer von Finanzsicherheiten durch § 166 Abs. 3 oder § 223 Abs. 1 InsO nicht mehr gesondert eingegangen wird.
1778 Vgl. S. 349 ff.
1779 Vgl. V. Kapitel, Nummer 2.1.4 Abs. 4 der CB-Eurex.

nunmehr eine Unwirksamkeit der Bestellung von Sicherheiten innerhalb des Clearing-Systems an der FWB nach dem Antrag auf Eröffnung des Insolvenzverfahrens nicht mehr befürchtet zu werden.

bb) Einschränkung von Verwertungshindernissen durch Insolvenzanfechtung

Mit dem Ausschluss der Unwirksamkeit der Bestellung von Sicherheiten ist aber noch nicht entschieden, dass die Sicherheiten ohne weiteres verwertet werden können. Denn der Verwertung kann die Anfechtbarkeit entgegenstehen, die nach § 143 InsO zu einem vom Insolvenzverwalter geltend zu machenden schuldrechtlichen Rückgewähranspruch an die Insolvenzmasse führt[1780]. Jedoch scheidet mit der Neufassung von § 130 Abs. 1 InsO die schon bisher wenig wahrscheinliche Anfechtung bei kongruenter Deckung innerhalb des Clearing-Systems an der FWB gänzlich aus. Auszuschließen war nach alter Rechtslage aber nicht, dass ein CM der Eurex Clearing AG in den letzten drei Monaten vor dem Antrag auf Eröffnung des Insolvenzverfahrens oder kurz nach diesem Antrag Sicherheiten bestellt hat und die Eurex Clearing AG zu diesem Zeitpunkt die Zahlungsunfähigkeit bzw. den Eröffnungsantrag oder aber nach der Gleichstellungsklausel in § 130 Abs. 2 InsO zumindest Umstände kannte, die zwingend auf die Zahlungsunfähigkeit bzw. den Eröffnungsantrag schließen ließen[1781]. Die Anfechtung bei kongruenter Deckung wäre von vornherein nur dann ausgeschlossen gewesen, wenn in den CB-Eurex eine – tatsächlich nicht vorhandene – Lösungsklausel enthalten gewesen wäre, die an den Eintritt der Zahlungsunfähigkeit sowie an die Stellung des Antrags auf Eröffnung des Insolvenzverfahrens die automatische Beendigung aller Geschäfte und der Clearing-Lizenz geknüpft hätte. Denn in diesem Fall wäre es in den nach § 130 Abs. 1 InsO relevanten Zeiträumen nicht mehr zu einer Bestellung von Sicherheiten gekommen. Die Möglichkeit der Anfechtung wegen inkongruenter Deckung nach § 131 InsO wurde – wie schon ausgeführt[1782] – nicht expressis verbis eingeschränkt, obwohl dies nach den europäischen Vorgaben für § 131 Abs. 1 Nr. 1 InsO angezeigt gewesen wäre[1783]. Es ist jedoch zu erwarten, dass die Rechtsprechung in gebotener europarechtskonfor-

---

1780   Vgl. zu dieser für die Praxis maßgeblichen Auffassung Gottwald/Huber, Insolvenzrechtshandbuch, § 51, Rn. 1 ff. m.w.Nachw. aus Rspr. und Schrifttum.

1781   Vgl. Kieper, Abwicklungssysteme in der Insolvenz, S. 166, allerdings ohne direkten Bezug zum Clearing-System der Eurex Clearing AG.

1782   Vgl. S. 383 ff.

1783   Obermüller, ZIP 2003, S. 2336 (2340), der darüber hinaus auch eine Änderung des § 131 Abs. 1 Nr. 2 InsO befürwortet, aber aufgrund der RL 2002/47/EG nicht unbedingt für erforderlich hält.

mer Auslegung der Forderung des Gesetzgebers in den Gesetzesmaterialien[1784] nachkommt und an die sich aus der Sicherungsvereinbarung ergebende Bestimmbarkeit einer zu leistenden Finanzsicherheit keine hohen Anforderungen stellen wird. Das bedeutet, dass keineswegs deshalb von einer inkongruenten Deckung auszugehen ist, weil dem CM in den CB-Eurex im Hinblick auf die von ihm zu leistenden Sicherheiten ein großer Spielraum eingeräumt wird[1785]. Vielmehr wird man in den entsprechenden Klauseln der CB-Eurex die Einräumung eines Anspruchs auf die im problematischen Zeitraum bestellten Sicherheiten sehen müssen[1786], so dass § 131 Abs. 1 Nr. 1 InsO nicht zur Anwendung kommen kann[1787]. Fraglich ist aber, ob dasselbe auch für § 131 Abs. 1 Nr. 2 und Nr. 3 InsO gilt. Denn in der RL 2002/47/EG wird die Bestellung von Finanzsicherheiten nach dem Wortlaut der betreffenden Regelungen nur insofern vor der Unwirksamkeit oder Rückgängigmachung wegen nationaler Insolvenzbestimmungen geschützt, als diese Rechtsfolgen „nicht allein deshalb"[1788] bzw. „nicht alleine deswegen"[1789] eintreten dürfen, weil die Bestellung der Sicherheit innerhalb eines bestimmten Zeitraums vor insolvenzrechtlichen Maßnahmen erfolgt ist[1790]. In § 131 Abs. 1 Nr. 2 und Nr. 3 InsO wird die Anfechtung aber nicht lediglich von einer Handlung innerhalb eines bestimmten Zeitraums abhängig gemacht, sondern zusätzlich die Zahlungsunfähigkeit des Schuldners oder die Kenntnis[1791] des Gläubigers von der Benachteiligung der Insolvenzgläubiger verlangt. Andererseits ist in den Gesetzesmaterialien ohne Einschränkung davon die Rede, dass „§ 131 InsO im Lichte von § 130 Abs. 1 Satz 2 InsO-E auszulegen" sei[1792] und dass ban-

---

1784 Begr. des RegE eines Gesetzes zur Umsetzung der Richtlinie 2002/47/EG vom 6.6.2002 über Finanzsicherheiten und zur Änderung des Hypothekenbankgesetzes und anderer Gesetze, BT-Drs. 15/1853, S. 16.

1785 Vgl. S. 376 ff.

1786 So auch das Verständnis der Bundesregierung, die in der Änderung des § 130 Abs. 1 InsO die Klarstellung sieht, dass eine bankenübliche Margensicherheit keine inkongruente Deckung darstelle (vgl. Gegenäußerung der BReg zur Stellungnahme des BR, BT-Drs. 15/1853, S. 32).

1787 Vgl. Kollmann, WM 2004, S. 1012 (1022).

1788 Art. 8 Abs. 1 RL 2002/47/EG.

1789 Art. 8 Abs. 3 RL 2002/47/EG.

1790 Darauf weist der BR in seiner Stellungnahme zum RegE hin (BT-Drs. 15/1853, S. 26).

1791 Gem. § 131 Abs. 2 S. 1 InsO steht auch hier die Kenntnis von Umständen, die zwingend auf die Benachteiligung der Insolvenzgläubiger schließen lassen, der Kenntnis der Benachteiligung gleich.

1792 Begr. des RegE eines Gesetzes zur Umsetzung der Richtlinie 2002/47/EG vom 6.6.2002 über Finanzsicherheiten und zur Änderung des Hypothekenbankgesetzes und anderer Gesetze, BT-Drs. 15/1853, S. 16.

kenübliche Margensicherheiten keine inkongruenten Deckungen darstellten[1793]. Das spricht eindeutig dafür, dass der Gesetzgeber eine einheitliche Behandlung von Sicherheiten, wie sie im Clearing-System der Eurex Clearing AG zu bestellen sind, beabsichtigte. Deshalb wird man zwar die Anfechtung nach § 131 Abs. 1 Nr. 2 und Nr. 3 InsO für das Clearing-System der Eurex Clearing AG für irrelevant halten dürfen, doch folgt dieses Ergebnis nicht aus einer richtlinienkonformen Auslegung[1794], sondern aus dem in den Gesetzesmaterialien zum Ausdruck gekommenen Willen des nationalen Gesetzgebers.

Im Übrigen bestehen für die Anfechtbarkeit der Bestellung von Sicherheiten innerhalb eines Clearing-Systems wie desjenigen der Eurex Clearing AG keine weiteren Besonderheiten. Allerdings werden sich die verbleibenden Anfechtungsmöglichkeiten auf die Verwertung von geleisteten Sicherheiten kaum auswirken. Denn selbst wenn man entgegen der zutreffenden Ansicht[1795] § 134 InsO neben §§ 130, 131 InsO für anwendbar erachtet[1796], so müsste auch hier wieder im Wege der Auslegung festgestellt werden, dass der Eurex Clearing AG mit ihren CB-Eurex ein die Unentgeltlichkeit ausschließender Anspruch auf die Bestellung von Sicherheiten eingeräumt wird[1797]. Schließlich dürfte die Vorsatzanfechtung nach § 133 InsO in der Praxis keine Rolle spielen, da kaum eine Konstellation vorstellbar sind, bei der im Clearing-System Sicherheiten bestellt werden, um einen anderen Gläubiger zu benachteiligen, und bei der die Eurex Clearing AG zudem den Benachteiligungsvorsatz des CM kannte oder ihre Kenntnis nach § 133 Abs. 1 S. 2 InsO vermutet wird[1798].

3. Ergebnis

Die vorstehenden Ausführungen haben gezeigt, dass nach geltender Rechtslage für die im Clearing-System an der FWB bestellten Finanzsicherheiten so gut wie keine Verwertungshindernisse in Form von Anfechtungsrisiken bestehen und so-

---

1793 Gegenäußerung der BReg zur Stellungnahme des BR, BT-Drs. 15/1853, S. 32.
1794 Allenfalls ließe sich erwägen, bei der Auslegung unterstützend auf die mit der RL 2002/47/EG intendierte Erhöhung der Rechtssicherheit im Bereich Finanzsicherheiten abzustellen, die eine restriktive Anwendung von solchen Insolvenzvorschriften nahe legt, die die Bestellung von Sicherheiten rückgängig machen (vgl. Erwägungsgründe (5) und (16) der RL 2002/47/EG).
1795 BGHZ 58, S. 240 (244 f.); BGH, WM 1990, S. 1588 (1588 f.), Gottwald/Huber, Insolvenzrechtshandbuch, § 46, Rn. 6 u. § 47, Rn. 45.
1796 So MünchKomm-InsO/Kirchhof, vor §§ 129 bis 147, Rn. 94, § 134, Rn. 3.
1797 Vgl. Kieper, Abwicklungssysteme in der Insolvenz, S. 228, der einen solchen (Nach-)Besicherungsanspruch anscheinend sogar ohne entsprechende vertragliche Vereinbarung unmittelbar in Art. 8 Abs. 3 der RL 2002/47/EG verankert sieht.
1798 Kieper, Abwicklungssysteme in der Insolvenz, S. 169.

mit das Ziel des Gesetzgebers, die Rechtssicherheit im Bereich der Finanzsicherheiten zu erhöhen[1799], zumindest durch eine an der ratio legis der entsprechenden Vorschriften ausgerichteten Auslegung erreicht wird.

B. Eigentumsübertragung bei Wertpapiergeschäften unter Einschaltung eines Zentralen Kontrahenten

Ob und wie sich die Einschaltung eines Zentralen Kontrahenten auf die Eigentumsübertragung von an der Börse gekauften Wertpapieren auswirkt, waren die ersten Fragen, die im Zusammenhang mit der Funktionalität des Zentralen Kontrahenten einer näheren rechtlichen Untersuchung durch die Wissenschaft unterzogen wurden[1800]. An die Ausführungen von *Horn* angelehnt soll im Folgenden diese Problematik am Beispiel deutscher Aktien, die an der FWB gehandelt werden und die in die Abwicklung über die Eurex Clearing AG einbezogen sind, dargestellt werden. Dazu wird nach einem Überblick über die Grundlagen der rechtsgeschäftlichen Übertragung von Aktien zunächst auf die Probleme der Eigentumsübertragung von girosammelverwahrten Aktien ohne Zentralen Kontrahenten eingegangen, um dann in einem weiteren Schritt zu prüfen, ob sich durch die Einbeziehung des Zentralen Kontrahenten wesentliche Unterschiede zur bisherigen Konstruktion des Eigentumsübergangs ergeben. Da bereits die Eigentumsübertragung von deutschen Aktien innerhalb der Landesgrenzen mit einigen grundsätzlichen Problemen verknüpft ist, sollen bei der folgenden Untersuchung Fragen, die sich bei grenzüberschreitenden Transaktionen unter Beteiligung eines Zentralen Kontrahenten stellen, außer Betracht bleiben. Hiernach bleiben sowohl die Übertragung ausländischer Aktien, die seit kurzem teilweise in die Abwicklung über die Eurex Clearing AG einbezogen sind[1801], als auch die Übertragung von Aktien unter Beteiligung ausländischer Akteure unerörtert[1802].

1799 Begr. des RegE eines Gesetzes zur Umsetzung der Richtlinie 2002/47/EG vom 6.6.2002 über Finanzsicherheiten und zur Änderung des Hypothekenbankgesetzes und anderer Gesetze, BT-Drs. 15/1853, S. 14.
1800 Vgl. Horn, WM 2002, Sonderbeil. 2.
1801 Vgl. S. 331 ff.
1802 Zu aktuellen internationalen Entwicklungen in diesem Bereich vgl. Einsele, WM 2003, S. 2349 ff., dies., WM 2005, S. 1109 ff., sowie Paech, WM 2005, S. 1101 ff., die auch einen Eindruck von den Problemen bei grenzüberschreitenden Wertpapierverfügungen vermitteln.

I. Überblick über die rechtsgeschäftliche Übertragung von Aktien ohne Berücksichtigung der Verwahrungsform

Die Form der rechtsgeschäftlichen Übertragung einer Aktie hängt zum einen davon ab, ob sie als Inhaber- oder Namensaktie ausgegeben und damit verbrieft wurde[1803]. Zum anderen richtet sie sich nach der Art ihrer Verwahrung[1804].

Ist eine Aktie als Mitgliedschaftsrecht[1805] in einer Aktiengesellschaft (noch) nicht verbrieft, so steht dies ihrer Übertragung keineswegs entgegen[1806]. Denn das AktG enthält in § 41 Abs. 4 S. 1 AktG lediglich ein Verfügungsverbot vor Eintragung der Gesellschaft in das Handelsregister[1807]. Die Übertragung der Aktie als Mitgliedschaftsrecht erfolgt in diesem Falle im Wege der Abtretung gem. §§ 398, 413 BGB[1808].

Ist eine Verbriefung des Mitgliedschaftsrechts in einer Urkunde erfolgt, so ist – eine besondere Art der Verwahrung zunächst außer Acht gelassen – hinsichtlich der rechtsgeschäftlichen Übertragungsmöglichkeiten zwischen der Inhaber- und Namensaktie zu unterscheiden[1809]. Bei der Inhaberaktie sind die mit der Aktie verbundenen Rechte in der Urkunde verkörpert, so dass der Inhaber der Urkunde der Berechtigte ist[1810]. Damit gilt für die Inhaberaktie der Grundsatz, dass das Recht aus dem Papier dem Recht am Papier folgt[1811]. Das Eigentum an der die Mitgliedschaftsrechte verbriefenden Urkunde wird nach den für bewegliche Sachen geltenden Vorschriften gem. §§ 929 ff. BGB übertragen[1812]. Umstritten

---

1803 Vgl. Eder, NZG 2004, S. 107 (108 f.); Wiesner in Münchener Hdb. d. GesR, § 14, Rn. 1 ff.

1804 Vgl. Mentz/Fröhling, NZG 2002, S. 201 (203 ff.).; Modlich, DB 2002, S. 671 (672 ff.).

1805 Das AktG verwendet den Begriff „Aktie" nicht stets einheitlich (vgl. Wiesner in Münchener Hdb. des GesR, § 12, Rn. 1; Hüffer, AktG, § 1, Rn. 13).

1806 Lutter in Kölner Kommentar zum AktG, Anh. § 68, Rn. 2; Wiesner in Münchener Hdb. d. GesR, § 14, Rn. 1; Modlich, DB 2002, S. 671.

1807 Vgl. Hefermehl/Bungenroth in Geßler/Hefermehl, § 68, Rn. 44; Lutter in Kölner Kommentar zum AktG, Anh. § 68, Rn. 2.

1808 RGZ 86, S. 154 (157); Wiesner in Münchener Hdb. d. GesR, § 14, Rn. 1; Lutter in Kölner Kommentar zum AktG, Anh. § 68, Rn. 2; Hefermehl/Bungenroth in Geßler/Hefermehl, § 68, Rn. 45; Hüffer, AktG, § 10, Rn. 2.

1809 Vgl. Eder, NZG 2004, S. 107 (108); Mentz/Fröhling, NZG 2002, S. 201 (201 f.).

1810 MünchKomm-BGB/Hüffer, Vor § 793, Rn. 14.

1811 Vgl. Hefermehl/Bungenroth in Geßler/Hefermehl, § 68, Rn. 42; Lutter in Kölner Kommentar zum AktG, Anh. § 68, Rn. 15; MünchKomm-BGB/Hüffer, Vor § 793, Rn. 14.

1812 Wiesner in Münchener Hdb. d. GesR, § 14, Rn. 4; Hefermehl/Bungenroth in Geßler/Hefermehl, § 68, Rn. 42; Lutter in Kölner Kommentar zum AktG, Anh. § 68, Rn. 15; Modlich, DB 2002, S. 671 (672).

ist, ob daneben auch eine Übertragung der Inhaberaktie gem. §§ 413, 398 BGB erfolgen kann[1813]. Zum Teil wird diese Übertragungsform abgelehnt, weil sie neben der nach §§ 929 ff. BGB nicht notwendig sei und überdies der gesetzlich vorgesehenen Struktur des Mitgliedschaftsrechts nach einer Verbriefung widerspreche[1814]. Zudem wird zu bedenken gegeben, dass die Rechtsprechung zur Namensaktie, welche die Übergabe der Urkunde bei der Übertragung nach §§ 398, 413 BGB zum notwendigen Übertragungstatbestand zählt[1815], auch für die Inhaberaktie gelten könnte[1816]. Dagegen sprechen sich in der Literatur immer mehr Stimmen für die Übertragungsmöglichkeit nach §§ 398, 413 BGB aus[1817]. Begründet wird diese Ansicht damit, dass es wegen der Anwendung von § 952 Abs. 2 BGB nicht zu einer Aufspaltung von Eigentum an der Aktienurkunde und Innehabung der Mitgliedschaft kommen könne[1818] und die Verbriefung des Mitgliedschaftsrechts ohnehin rein deklaratorisch wirke, letzteres nämlich unabhängig von der Ausstellung der Aktienurkunden entstehe, so dass die Aktie stets ein Recht bleibe, welches dementsprechend übertragen werden könne[1819]. Allerdings ist nach §§ 398, 413 BGB kein gutgläubiger Erwerb möglich, so dass in der Praxis die Inhaberaktie zweckmäßigerweise nach §§ 929 ff. BGB übertragen wird[1820].

Die Namensaktie als geborenes Orderpapier setzt voraus, dass in der Urkunde der Name des Berechtigten oder eine durch dessen Order zur Rechtsausübung bezeichnete Person genannt wird[1821], wobei ein Blankoindossament zulässig ist[1822]. Zur Indossierung muss nach überwiegender Auffassung die Übertragung an der indossierten Namensaktie gem. §§ 929 ff. BGB hinzutreten[1823]. Wie sich

---

1813 Vgl. Mentz/Fröhling, NZG 2002, S. 201 (202).
1814 Lutter in Kölner Kommentar zum AktG, Anh. § 68, Rn. 15; gegen die Anwendung der §§ 398, 413 BGB auch RGRK-Steffen, § 793, Rn. 11.
1815 RGZ 88, S. 290 (292); BGH, NJW 1958, S. 302 (303).
1816 Mentz/Fröhling, NZG 2002, S. 201 (202).
1817 Staudinger/Marburger, Vorbem. zu §§ 793–808, Rn. 7; Wiesner in Münchener Hdb. d. GesR, § 14, Rn. 4; wohl ebenso MünchKomm-BGB/Hüffer, Vor § 793, Rn. 14; Modlich, DB 2002, S. 671 (672 f.).
1818 Wiesner in Münchener Hdb. d. GesR, § 14, Rn. 4.
1819 Modlich, DB 2002, S. 671 (672 f.).
1820 Eder, NZG 2004, S. 107 (108).
1821 Vgl. MünchKomm-BGB/Hüffer, Vor § 793, Rn. 15; Staudinger/Marburger, Vorbem. zu §§ 793–808, Rn. 8 f.
1822 Hüffer, AktG, § 68, Rn. 5; Hefermehl/Bungenroth in Geßler/Hefermehl, § 68, Rn. 9.
1823 Hüffer, AktG, § 68, Rn. 4; Lutter in Kölner Kommentar zum AktG, § 68, Rn. 7; MünchKomm-AktG/Bayer, § 68, Rn. 3; Wiesener in Münchener Hdb. d. GesR, Band 4, § 14, Rn. 7; a.A. Zöllner, Wertpapierrecht, S. 13 u. 84 ff., der lediglich einen formlosen Begebungsvertrag für erforderlich hält.

aus § 68 Abs. 1 S. 1 AktG ergibt, ist die Übertragung durch Indossament zwar eine mögliche Übertragungsform, aber nicht die einzige[1824]. Vielmehr ist bei der Namensaktie einhellig anerkannt, dass eine Übertragung durch Abtretung des Mitgliedschaftsrechts gem. §§ 398, 413 BGB zulässig ist[1825]. Uneinigkeit besteht freilich bei der Frage, ob daneben die Übergabe der Urkunde erforderlich ist, wie dies von der Rechtsprechung gefordert wird[1826]. Das Schrifttum lehnt dieses Erfordernis ab, weil die Innehabung eines Rechts nicht mit seiner Ausübung verwechselt werden dürfe und die Ausübung der Rechte aus der Aktie nach § 67 Abs. 2 AktG von der Eintragung ins Aktienregister und nicht von der Innehabung der Aktienurkunde abhänge[1827]. Zu beachten ist bei Namensaktien ferner eine mögliche Vinkulierung nach § 68 Abs. 2 AktG, welche die Wirksamkeit einer Übertragung von der Zustimmung der Gesellschaft abhängig macht[1828].

II. Rechtsgeschäftliche Übertragung von girosammelverwahrten Aktien nach dem bisherigen Modell

Es wurde bereits darauf hingewiesen, dass die Übertragung des Eigentums an Aktien maßgeblich mit der Art ihrer Verwahrung zusammenhängt. Üblich ist insoweit – zumindest was die börsennotierten Aktiengesellschaften angeht – nicht die Verwahrung durch den Aktionär selbst, sondern durch Kreditinstitute[1829]. Die Regelungen, die bei der Verwahrung von Wertpapieren und für die Übertragung von Eigentum an solchen Wertpapieren gelten, sind im DepotG[1830] enthalten[1831].

1824 Begr. der BReg zum Entwurf eines Gesetzes zur Namensaktie und zur Erleichterung der Stimmrechtsausübung (Namensaktiengesetz – NaStraG), BT-Drs. 14/4051, S. 12.

1825 Hefermehl/Bungenroth in Geßler/Hefermehl, § 68, Rn. 33; Lutter in Kölner Kommentar zum AktG, § 68, Rn. 17; MünchKomm-AktG/Bayer, § 68, Rn. 30; Wiesner in Münchener Hdb. d. GesR, § 14, Rn. 14; Modlich, DB 2002, S. 671 (672).

1826 RGZ 86, S. 154 (157); BGH, NJW 1958, S. 302 (303), in Bezug auf einen Wechsel; KG, NZG 2003, S. 226 (227 f.).

1827 Lutter in Kölner Kommentar zum AktG, § 68, Rn. 17; Modlich, DB 2002, S. 671 (672); Hefermehl/Bungenroth in Geßler/Hefermehl, § 68, Rn. 33; Wiesner in Münchener Hdb. d. GesR, § 14, Rn. 14; MünchKomm-AktG/Bayer, § 68, Rn. 30; Hüffer, AktG, § 68, Rn. 3.

1828 Vgl. Wiesner in Münchener Hdb. d. GesR, § 14, Rn. 16 ff.; MünchKomm-AktG/Bayer, § 68, Rn. 38 ff.

1829 Modlich, DB 2002, S. 671 (672); Kümpel, Bank- und Kapitalmarktrecht, Rn. 11.2.

1830 Gesetz über die Verwahrung und Anschaffung von Wertpapieren (DepotG) v. 4.2.1937 (RGBl. I, S. 171) in der Bekanntmachung der Neufassung v. 11.01.1995 (BGBl. I, S. 34), zuletzt geändert durch Art. 4 des Gesetzes zur Umsetzung der RL 2002/47/EG über Finanzsicherheiten und zur Änderung des HypothekenbankG und

Das DepotG unterscheidet zwei Arten der Verwahrung von Wertpapieren eines Hinterlegers durch eine Bank, wobei das Rechtsverhältnis zwischen Bank und Hinterleger jeweils in einem Depotvertrag als gemischttypischem Vertrag mit sowohl verwahrungsrechtlichen als auch dienstvertraglichen Elementen besteht[1832].

1. Abgrenzung zu Aktien in Sonderverwahrung

Bis zur Änderung des DepotG durch das 2. FFG bestand die rechtliche Regelform der Verwahrung in der sog. Sonderverwahrung i.S. des § 2 DepotG[1833]. Bei der Sonderverwahrung ist der Verwahrer[1834] gem. § 2 S. 1 DepotG verpflichtet, die Aktien unter äußerlich erkennbarer Bezeichnung jedes Hinterlegers gesondert von seinen eigenen Beständen und von denen Dritter aufzubewahren. Mit dieser Pflicht zur getrennten Aufbewahrung soll sichergestellt werden, dass der Hinterleger sein Eigentum an den eingebrachten Wertpapieren nicht durch Vermischung oder Vermengung nach §§ 947 f. BGB verliert, sondern die Eigentumsverhältnisse durch die Einlieferung der Wertpapiere unberührt bleiben[1835]. Die Aufbewahrung kann u.a. in Mappen, Umschlägen oder Streifbändern erfolgen, die der Sonderverwahrung auch die in der Praxis gebräuchliche Bezeichnung als Streifbandverwahrung eingebracht haben[1836]. Die rechtsgeschäftliche Eigentumsübertragung von in dieser Form aufbewahrten Aktien vollzieht sich nach den bereits dargestellten allgemeinen Grundsätzen, so dass §§ 929 ff. BGB bzw.

---

anderer Gesetze vom 5.04.2004 (BGBl. I, S. 502), abgedruckt in Kümpel/Hammen/ Ekkenga, Kz. 310.

1831 MünchKomm-HGB/Einsele, Depotgeschäft, Rn. 1 f.

1832 Vgl. BGH, NJW 1991, S. 978; Staub/Canaris, Bankvertragsrecht, Rn. 2089; Kümpel, Bank- und Kapitalmarktrecht, Rn. 11.9; MünchKomm-HGB/Einsele, Depotgeschäft, Rn. 3.

1833 MünchKomm-HGB/Einsele, Depotgeschäft, Rn. 37; vgl. auch die amtliche Begr. zu § 2 DepotG von 1937, wo noch davon die Rede ist, dass die Sonderverwahrung die „Grundform des Verwahrungsgeschäfts ist, die im Zweifel stets durchzuführen ist und von der nur bei Vorliegen besonderer Vereinbarungen" abgewichen werden darf (Opitz, Depotgesetz, Begr. zu § 2).

1834 Gem. § 1 Abs. 2 DepotG ist Verwahrer, wem im Betrieb seines Gewerbes Wertpapiere unverschlossen zur Verwahrung anvertraut werden. Die Tätigkeit als Verwahrer i.S. des DepotG gehört gem. § 1 Abs. 1 S. 2 Nr. 5 KWG zu den Bankgeschäften (vgl. Fülbier in Boos/Fischer/Schulte-Mattler, § 1 KWG, Rn. 62 ff.).

1835 Gößmann in Schimansky/Bunte/Lwowski, Band II, § 72, Rn. 120 f.; MünchKomm-HGB/Einsele, Depotgeschäft, Rn. 37 f.

1836 Kümpel, Bank- und Kapitalmarktrecht, Rn. 11.21.

§§ 398, 413 BGB zur Anwendung kommen[1837]. Die Sonderverwahrung von Aktien ist schon lange nicht mehr üblich, sondern mit der Zeit durch die Sammelverwahrung verdrängt worden[1838], die nunmehr nach §§ 2 S. 1, 5 Abs. 1 S. 1 DepotG auch den gesetzlichen Regelfall der Verwahrung darstellt[1839]. Die relative Bedeutungslosigkeit der Sonderverwahrung spiegelt sich darin wider, dass die Funktionalität des Zentralen Kontrahenten an der FWB ursprünglich gem. § 16 a Abs. 1 und 3 BörsO-FWB a.F.[1840] i.V.m. Nummer 1 Abs. 1 des IV. Kapitels der CB-Eurex a.F.[1841] ausdrücklich nur für girosammelverwahrte Aktien zur Verfügung stand. Nun wird diese Einschränkung zwar nicht mehr explizit in den Regelwerken festgelegt[1842], doch sind weiterhin nur girosammelverwahrte Aktien in die Abwicklung über den Zentralen Kontrahenten einbezogen. Nur die Konstruktion der rechtsgeschäftlichen Eigentumsübertragung solcher Wertpapiere ist somit für den Untersuchungsgegenstand dieser Arbeit von weiterem Interesse, so dass hier nicht weiter auf die Sonderverwahrung eingegangen wird.

2. Grundzüge der Girosammelverwahrung

Im Regelfall befinden sich heute Wertpapiere in der Sammelverwahrung[1843]. Bei der Sammelverwahrung werden vertretbare Wertpapiere[1844] von der Depotbank für mehrere Hinterleger ungetrennt von ihren eigenen Beständen derselben Art oder von denen anderer Depotkunden aufbewahrt[1845]. Das Gesetz unterscheidet dabei in § 5 Abs. 1 DepotG die Sammelverwahrung durch eine Wertpapiersammelbank von der durch einen Verwahrer, der die ihm anvertrauten Wertpapiere

---

1837 Mentz/Fröhling, NZG 2002, S. 201 (203); Eder, NZG 2004, S. 107 (109 f.); explizit nur §§ 929 ff. BGB erwähnend BGH, WM 1967, S. 902.
1838 Vgl. schon Heinsius/Horn/Than, Depotgesetz, § 2, Rn. 1.
1839 MünchKomm-HGB/Einsele, Depotgeschäft, Rn. 37 u. 39; Gößmann in Schimansky/Bunte/Lwowski, Band II, § 72, Rn. 119.
1840 BörsO-FWB in der Fassung vom 27.03.2003.
1841 CB-Eurex in der Fassung vom 30.07.2003.
1842 Vgl. § 16 a Abs. 3 BörsO-FWB, wonach die Börsengeschäftsführung bekannt gibt, für welche Wertpapiere und Rechte die Abwicklung über die Eurex Clearing AG erfolgt.
1843 MünchKomm-HGB/Einsele, Depotgeschäft, Rn. 39; Gößmann in Schimansky/Bunte/Lwowski, Band II, § 72, Rn. 73.
1844 Die eine Sammelverwahrung voraussetzende Fungibilität der Wertpapiere wird auch bei Namensaktien angenommen, sofern sie blankoindossiert sind (Gößmann in Schimansky/Bunte/Lwowski, Band II, § 72, Rn. 77). Wenn dies der Fall ist, werden sogar vinkulierte Namensaktien in die Sammelverwahrung genommen (kritisch dazu allerdings Einsele, Wertpapierrecht als Schuldrecht, S. 23).
1845 Kümpel, Bank- und Kapitalmarktrecht, Rn. 11.22; Modlich, DB 2002, S. 671 (673); Heinsius/Horn/Than, Depotgesetz, § 5, Rn. 15.

nur dann nicht einer Wertpapiersammelbank zur Sammelverwahrung anvertrauen darf, wenn der Hinterleger ihn ausdrücklich und schriftlich zur eigenen Sammelverwahrung ermächtigt hat. Diese Art der Sammelverwahrung, die auch „Haussammelverwahrung" genannt wird, spielt nur noch eine untergeordnete praktische Rolle, da sie ebenso wie die Streifbandverwahrung von der rationelleren und kostengünstigeren Sammelverwahrung durch Wertpapiersammelbanken verdrängt worden ist[1846]. Wertpapiersammelbanken sind nach § 1 Abs. 3 DepotG Kreditinstitute, die von der nach Landesrecht zuständigen Stelle des Landes, in dessen Gebiet das Institut seinen Sitz hat, als solche anerkannt sind. Erfolgt die Verwahrung durch eine Wertpapiersammelbank, dann wird von „Girosammelverwahrung" gesprochen[1847]. Bis zum 1.1.1990 existierten sieben solcher Wertpapiersammelbanken, die jedoch zu diesem Zeitpunkt auf die Frankfurter Kassenverein AG verschmolzen wurden, so dass heute lediglich eine Wertpapiersammelbank besteht[1848], die nach einigen Umfirmierungen als Clearstream Banking AG am Rechtsverkehr teilnimmt[1849].

Mit der Girosammelverwahrung wurde das Fundament für den Effektengiroverkehr gelegt, bei dem zur Erfüllung der Wertpapiergeschäfte keine körperliche Bewegung der Wertpapierurkunden erforderlich ist, sondern die rein buchmäßige Übertragung von Miteigentumsanteilen am Wertpapiersammelbestand von einem Berechtigten auf einen anderen ausreicht[1850]. Die Besonderheit der Sammelverwahrung besteht nun darin, dass die bisherigen Eigentümer von Wertpapieren gem. § 6 Abs. 1 S. 1 DepotG mit deren Einlieferung in das Sammeldepot ihr Eigentum an den Wertpapieren verlieren und sie[1851] stattdessen Miteigentum nach

---

1846 MünchKomm-HGB/Einsele, Depotgeschäft, Rn. 58; Kümpel, Bank- und Kapitalmarktrecht, Rn. 11.23 u. 11.173.

1847 Kümpel, Bank- und Kapitalmarktrecht, Rn. 11.23; Heinsius/Horn/Than, Depotgesetz, § 5, Rn. 19; Modlich, DB 2002, S. 671 (673); MünchKomm-HGB/Einsele, Depotgeschäft, Rn. 47.

1848 Streng genommen nimmt allerdings auch die Europäische Zentralbank als Wertpapiersammelbank am Geschäftsverkehr der Wertpapiersammelbanken teil (vgl. Art. 2 des Gesetzes zu dem Abkommen vom 18.09.1998 zwischen der Regierung der Bundesrepublik Deutschland und der Europäischen Zentralbank über den Sitz der Europäischen Zentralbank vom 19.12.1998 (BGBl. II, S. 2995)).

1849 Vgl. dazu und zur konzernrechtlichen Einbindung in die Deutsche Börse AG Schlüter, Börsenhandelsrecht, Abschnitt G, Rn. 1045 mit Fn. 860 u. Rn. 1068; MünchKomm-HGB/Einsele, Depotgeschäft, Rn. 47; Kümpel, Bank- und Kapitalmarktrecht, Rn. 11.181.

1850 Delorme, Die Wertpapiersammelbanken, S. 29; Brink, Rechtsbeziehungen und Rechtsübertragung im nationalen und internationalen Effektengiroverkehr, S. 43 f.; Staub/Canaris, Bankvertragsrecht, Rn. 1988 u. 2007.

1851 Die Entstehung des Miteigentums am Sammelbestand hängt nicht davon ab, dass der Hinterleger Eigentümer der eingelieferten Wertpapiere war. Vielmehr erlangt

Bruchteilen an dem zum Sammelbestand des Verwahrers gehörenden Wertpapieren der gleichen Art erhalten[1852]. Die Größe des Bruchteils am Miteigentum richtet sich dabei gem. § 6 Abs. 1 S. 2 DepotG nach dem Nennbetrag der Wertpapiere bzw. nach der Stückzahl, sofern die Wertpapiere über keinen Nennbetrag verfügen[1853]. Die Bruchteile werden ersichtlich durch die Depotbücher, die durch die Wertpapiersammelbank als Verwahrer nach § 14 DepotG geführt werden müssen und in denen bei Erwerb oder Veräußerung von Aktien entsprechende Änderungen in Form von Umbuchungen erfolgen[1854]. Wie sich die Umgestaltung der Eigentumslage auf die Konstruktion einer späteren Eigentumsübertragung auswirkt, ist Gegenstand einer intensiv geführten Diskussion in der Wissenschaft[1855], die noch dadurch verschärft wird[1856], dass bei einer Wertpapiersammelbank nicht nur eine Vielzahl von einzelnen artgleichen Wertpapieren, sondern auch sog. Sammel- oder Globalurkunden[1857] verwahrt werden. Hierunter sind gem. § 9 a Abs. 1 S. 1 DepotG Wertpapiere zu verstehen, die mehrere Rechte verbriefen, die jedes für sich in vertretbaren Wertpapieren ein und derselben Art verbrieft sein könnten[1858]. Nachdem in § 10 Abs. 5 AktG der satzungsmäßige Ausschluss des Anspruchs der Aktionäre auf Verbriefung ihrer Anteile ermöglicht wurde[1859], ist in vielen Satzungen von Aktiengesellschaften die Verbriefung

---

der bisherige Eigentümer Miteigentum, auch wenn er nicht selbst der Hinterleger ist (vgl. Staub/Canaris, Bankvertragsrecht, Rn. 2106; Heinsius/Horn/Than, Depotgesetz, § 6, Rn. 15).

1852 Vgl. Heinsius/Horn/Than, Depotgesetz, § 6, Rn. 9; Gößmann in Schimansky/Bunte/Lwowski, Band II, § 72, Rn. 82 ff.; Staub/Canaris, Bankvertragsrecht, Rn. 2104.

1853 Vgl. zur Veranschaulichung MünchKomm-HGB/Einsele, Depotgeschäft, Rn. 69.

1854 Vgl. zu den persönlichen und sachlichen Depotbüchern im Einzelnen Gößmann in Schimansky/Bunte/Lwowski, Band II, § 72, Rn. 45 ff.; Einsele, Wertpapierrecht als Schuldrecht, S. 41 f.

1855 Vgl. vorerst nur Einsele, Wertpapierrecht als Schuldrecht, S. 64 ff. m.w.Nachw., und S. 410 ff.

1856 Vgl. Habersack/Mayer, WM 2000, S. 1678 ff.

1857 Vgl. zur Terminologie Brink, Rechtsbeziehungen und Rechtsübertragung im nationalen und internationalen Effektengiroverkehr, S. 62 mit Fn. 11; Dechamps, Wertrechte im Effektengiroverkehr, S. 6; Heinsius/Horn/Than, Depotgesetz, § 9 a, Rn. 1.

1858 Vgl. zu den drei unterschiedlichen Typen von Sammelurkunden, nämlich den technischen, interimistischen und den Dauerglobalurkunden Dechamps, Wertrechte im Effektengiroverkehr, S. 7 ff., sowie Heinsius/Horn/Than, Depotgesetz, § 9 a, Rn. 14 ff.

1859 Zunächst wurde mit dem Gesetz für kleine Aktiengesellschaften und zur Deregulierung des Aktienrechts vom 2.8.1994 (BGBl. I, S. 1961) der satzungsmäßige Ausschluss des „Anspruchs auf Einzelverbriefung" ermöglicht, um kurz darauf durch das Gesetz zur Kontrolle und Transparenz im Unternehmensbereich (KonTraG)

nur noch in Form einer Dauerglobalurkunde vorgesehen[1860], so dass die Verwahrung in Form einer girosammelverwahrten Globalurkunde für die weiteren Überlegungen durchaus von Belang ist.

3. Eigentumsübertragung gem. §§ 929 ff. BGB

Nach der überwiegenden Auffassung in Rechtsprechung und Schrifttum vollzieht sich die rechtsgeschäftliche Eigentumsübertragung von girosammelverwahrten Wertpapieren nach den Vorschriften für bewegliche Sachen gem. §§ 929 ff. BGB, und zwar unabhängig davon, ob die Wertpapiere in einer Globalurkunde verbrieft sind oder nicht[1861]. Das bedeutet, dass sowohl eine Einigung i.S. des § 929 S. 1 BGB als auch eine Übergabe oder zumindest ein Übergabesurrogat zwischen Veräußerer und Erwerber vorhanden sein müssen. Ist dies der Fall, dann ist zugleich auch die seit kurzem vorgebrachte Kritik[1862] an der herrschenden Meinung entkräftet. Außerdem hat diese Lösung zur Folge, dass sich der Eigentumsübergang von girosammelverwahrten Aktien grundsätzlich nicht von den bereits dargestellten allgemeinen Prinzipien unterscheidet, sondern lediglich Modifikationen vorzunehmen sind, die durch die Einschaltung einer Wertpapier-

---

vom 27.4.1998 (BGBl. I, S. 786) darüber hinaus zu gehen und „auch den Anspruch der einzelnen Aktionäre auf Ausstellung einer Mehrfachurkunde über ihren jeweiligen Anteil auszuschließen" (Beschlussempfehlung und Bericht des RA u.a. zu dem RegE – BT-Drs. 13/9712 – (Entwurf eines Gesetzes zur Kontrolle und Transparenz im Unternehmensbereich (KonTraG), BT-Drs. 13/10038, S. 25).

1860 Seibert, DB 1999, S. 267 (268); so auch schon die Feststellung von Blitz, WM 1997, S. 2211.

1861 BGH, WM 1967, S. 902; ders., WM 1974, S. 450; Kümpel, Bank und Kapitalmarktrecht, Rn. 11.346; Schwintowski/Schäfer, Bankrecht, § 17, Rn. 17; Gößmann in Schimansky/Bunte/Lwowski, Band II, § 72, Rn. 107 ff.; Horn, WM 2002, Sonderbeil. 2, S. 8 ff.; Heinsius/Horn/Than, Depotgesetz, § 6, Rn. 35 f.; Mentz/Fröhling, NZG 2002, S. 201 (205 f.); Modlich, BB 2002, S. 671 (674 f.); Eder, NZG 2004, S. 107 (111 ff.); a.A. für globalverbriefte Wertpapiere in Girosammelverwahrung Habersack/Mayer, WM 2000, S. 1678 (1682), die als Gegenstand der Verfügung bei globalverbrieften sammelverwahrten Aktien das Recht als solches, also die Mitgliedschaft in der AG, sehen und deshalb eine Übertragung nach § 398 BGB befürworten; ähnlich Einsele, Wertpapierrecht als Schuldrecht, S. 90 u. 96, sowie in WM 2001, S. 7 (13), die jeglichen Besitz des Eigentümers bei girosammelverwahrten Aktien verneint und deshalb alleine die Einigung nach § 929 BGB zur Eigentumsübertragung ausreichen lassen will, so dass im Ergebnis zu einer Abtretung nach § 398 BGB kein erkennbarer Unterschied besteht, wie sie selbst einräumt (Wertpapierrecht als Schuldrecht, S. 90).

1862 Vgl. Habersack/Mayer, WM 2000, S. 1678 (1680 ff.); Einsele, Wertpapierrecht als Schuldrecht, S. 64 ff.

sammelbank erforderlich werden[1863]. Ferner geht mit diesem Modell der Vorzug einher, dass ein gutgläubiger Erwerb auch bei Aktien in Sammelverwahrung möglich ist[1864].

a) Einigung über die Eigentumsübertragung

Die Konstruktion der Einigung nach § 929 S. 1 BGB über den Eigentumsübergang zwischen Veräußerer und Erwerber, der an der Börse regelmäßig unter Mitwirkung von Kommissionären stattfindet[1865], ist keineswegs so unproblematisch, wie die zahlreichen Stimmen, die einen direkten Eigentumsübergang ohne Durchgangserwerb der Kommissionäre annehmen[1866], nahe legen mögen[1867].

aa) Angebot zur Eigentumsübertragung

Bereits die Abgabe des auf die Eigentumsübertragung gerichteten Angebots bedarf genaueren Hinsehens. Denn wenn der Kunde seiner Bank den Auftrag erteilt, Aktien zu veräußern, geht damit keineswegs die für die Eigentumsübertragung erforderliche Willenserklärung einher. Vielmehr wird das entsprechende Angebot von der beauftragten Depotbank im eigenen Namen abgegeben[1868]. Dies ist rechtlich möglich, weil die Bank von ihrem Kunden mit Erteilung des Verkaufsauftrags konkludent i.S. von § 185 BGB zur Veräußerung ermächtigt wird[1869]. Die auf die Einigung über den Eigentumsübergang gerichtete Willens-

---

1863 Vgl. Schlüter, Börsenhandelsrecht, Abschnitt G, Rn. 1051.

1864 Vgl. vorerst nur Gößmann in Schimansky/Bunte/Lwowski, Band II, § 72, Rn. 114.

1865 Anders beim Nostrogeschäft der Banken (vgl. Kümpel, Bank- und Kapitalmarktrecht, Rn. 2.800; Oelkers, WM 2001, S. 340 (345)) sowie beim Festpreisgeschäft (vgl. Kümpel, Bank- und Kapitalmarktrecht, Rn. 10.67 u. 10.264 ff.).

1866 Horn, WM 2002, Sonderbeil. 2, S. 11; MünchKomm-HGB/Einsele, Depotgeschäft, Rn. 97; Gößmann in Schimansky/Bunte/Lwowski, Band II, § 72, Rn. 108; Heinsius/Horn/Than, Depotgesetz, § 6, Rn. 35; Wolter, Effektenkommission und Eigentumserwerb, S. 295 f.; Baumbach/Hopt, § 383, Rn. 29.

1867 Vgl. kritisch zur h.M. Krüger in Ebenroth/Boujong/Joost, § 383, Rn. 51 u. 53.

1868 Instruktiv dazu Wolter, Effektenkommission und Eigentumserwerb, S. 184 ff., der überzeugend darlegt, dass aus als Veräußerer (damit ist bei ihm die Person gemeint, welche die auf den Eigentumsübergang gerichtete Verfügung vornimmt) nur der Kommissionär und damit – wie in der älteren Literatur zum Teil vertreten wird (vgl. die Zusammenstellung der Ansichten m.w.Nachw. bei Brink, Rechtsbeziehungen und Rechtsübertragung im nationalen und internationalen Effektengiroverkehr, S. 87 ff.) – weder der Kommittent noch die Wertpapiersammelbank in Betracht kommt.

1869 Kümpel, Bank- und Kapitalmarktrecht, Rn. 11.371; vgl. auch Horn, WM 2002, Sonderbeil. 2, S. 11, und Einsele, WM 2001, S. 7 (12), die beide aber nicht explizit

erklärung wird seitens der Depotbank nicht ausdrücklich, sondern ebenfalls konkludent mit der Anweisung an die Wertpapiersammelbank abgegeben, die Miteigentumsanteile von dem eigenen Depotkonto bei der Wertpapiersammelbank auf das der Käuferbank umzubuchen[1870]. Die entsprechende Anweisung ist dabei in der Unterzeichnung und Rückgabe der Lieferliste[1871], die auf elektronischem Wege erstellt und zur Kontrolle an die Depotbanken geschickt wird, an die Wertpapiersammelbank zu sehen[1872].

Nicht nur die Feststellung der maßgeblichen Willenserklärung bedarf eines genaueren Blickes, sondern auch die des Adressaten, an den die Einigungsofferte gerichtet ist. Klarheit bestünde diesbezüglich dann, wenn der Erwerber dem Verkaufskommissionär etwa aus den Informationen der Lieferlisten bekannt wäre. In diesen Lieferlisten wird jedoch lediglich der Kommissionär aufgeführt, dessen sich der Kunde beim Kauf von Wertpapieren bedient, so dass dem Veräußerer der Erwerber nur für den Fall bekannt ist, dass das mit dem Kauf beauftragte Institut zumindest für kurze Zeit selbst Eigentum erwerben soll. Durchgangseigentum auf Seiten des mit dem Kauf beauftragten Kommissionärs entspricht jedoch nicht der Interessenlage der am Effektengeschäft beteiligten Parteien, nach der vielmehr der Bankkunde des Einkaufskommissionärs direkt vom Kunden des Verkaufskommissionärs das Eigentum erhalten soll[1873]. Damit besteht zwar ein Unterschied zum „normalen" Kommissionsgeschäft, bei dem in der Regel Durch-

---

von einer konkludenten Ermächtigung durch den Verkaufsauftrag sprechen, aber anscheinend – wie der Zusammenhang nahe legt – von dieser Grundlage ausgehen.

1870 Kümpel, Bank- und Kapitalmarktrecht, Rn. 11.372; Schlüter, Börsenhandelsrecht, Abschnitt G, Rn. 1051; Schlegelberger/Hefermehl, § 406 Anh., Rn. 321; MünchKomm-HGB/Einsele, Depotgeschäft, Rn. 99; Horn, WM 2002, Sonderbeil. 2, S. 11.

1871 Vgl. dazu Wolter, Effektenkommission und Eigentumserwerb, S. 102 ff. i.V.m. 190 ff., Schlüter, Börsenhandelsrecht, Abschnitt G, Rn. 1051 i.V.m. 1070, sowie Einsele, Wertpapierrecht als Schuldrecht, S. 38 f.; vgl. ferner zum CASCADE/LION-System der Clearstream Banking AG, das für die Lieferlisten heute ein tragende Rolle spielt, Ruland, Effekten – Geschäft und Technik, S. 182 ff.

1872 Schlüter, Börsenhandelsrecht, Abschnitt G, Rn. 1051; Staub/Canaris, Bankvertragsrecht, Rn. 2019; Heinsius/Horn/Than, Depotgesetz, § 6, Rn. 89; Schlegelberger/Hefermehl, § 406 Anh., Rn. 321; Kümpel in BuB, Rn. 8/338; vgl. auch Lenenbach, Kapitalmarkt- und Börsenrecht, Rn. 5.56, der die Ansicht vertritt, dass die Übereignungsangebote sowohl im Negativ- als auch im Positivverfahren bedingt seien, nämlich einmal auflösend bedingt durch die Sperrerklärung und das andere Mal aufschiebend bedingt durch die Freigabe. Warum nicht in der Freigabe selbst bzw. in der unterlassenen Sperrerklärung konkludent das *unbedingte* Übereignungsangebot zu sehen ist, bleibt dabei allerdings unklar.

1873 MünchKomm-HGB/Einsele, Depotgeschäft, Rn. 98; Wolters, Effektenkommission und Eigentumserwerb, S. 201 ff.; Horn, WM 2002, Sonderbeil. 2, S. 11; Mentz/Fröhling, NZG 2002, S. 201 (206).

gangserwerb in der Person des Einkaufskommissionärs angenommen wird[1874], doch ist diese Abweichung durch die Besonderheiten des Börsenhandels gerechtfertigt, so dass die Grundsätze des Geschäfts für den, den es angeht[1875], eingreifen können[1876].

Die Voraussetzungen dafür, nämlich insbesondere das Desinteresse des Veräußerers an der Person des Erwerbers sowie der Wille des mittelbaren Vertreters, für den Geschäftsherrn zu erwerben[1877], sind im Börsenhandel erfüllt[1878]. Dies ergibt sich zunächst daraus, dass durch die Entindividualisierung der Börsengeschäfte die Person des Erwerbers für den Veräußerer von untergeordneter Bedeutung ist und es letztlich nur um die schnelle und reibungslose Abwicklung der Wertpapiergeschäfte geht[1879]. Der Verkaufskommissionär will daher in erster Linie zum Zwecke der Erfüllung seiner schuldrechtlichen Verpflichtung leisten[1880]. Erfüllen kann er aber auch, ohne unmittelbar an seinen Vertragspartner zu übereignen, sondern stattdessen an eine von diesem ausgewählte Person[1881]. Ein weiterer Grund dafür, dass dem Verkaufskommissionär beim börslichen Effektengeschäft der Vertragspartner bei der dinglichen Einigung gleichgültig sein kann, ist die den Verkaufskommissionär absichernde Zug-um-Zug-Regulierung an den Börsen, so dass eine Parallele zu den Bargeschäften des täglichen Lebens besteht[1882], bei denen die Möglichkeit eines Geschäfts für den, den es angeht, weitgehend anerkannt ist[1883]. Überdies wird man sogar so weit gehen können, im Effektengiroverkehr eine Verkehrssitte anzunehmen, der zufolge es dem Einkaufskommissionär überlassen bleibt, die Bestimmung des Erwerbers der zu

---

1874 Heymann/Hermann, § 383, Rn. 15; Schlegelberger/Hefermehl, § 383, Rn. 60; Staub/Koller, § 383, Rn. 87; MünchKomm-HGB/Häuser, § 383, Rn. 73.

1875 Vgl. dazu eingehend v. Lübtow, ZHR 112 (1949), S. 257 ff.

1876 Einsele, Wertpapierrecht als Schuldrecht, S. 48 ff.; Wolter, Effektenkommission und Eigentumserwerb, S. 206 ff.; Heinsius/Horn/Than, Depotgesetz, § 6, Rn. 84; Kümpel, Bank- und Kapitalmarktrecht, Rn. 11.387; Eder, NZG 2004, S. 107 (112).

1877 Vgl. MünchKomm-BGB/Schramm, § 164, Rn. 47; Soergel/Leptien, Vor § 164, Rn. 29; Köhler, Allgemeiner Teil, § 11, Rn. 21; Larenz/Wolf, Allgemeiner Teil des BGB, § 46, Rn. 44.

1878 Lenenbach, Kapitalmarkt- und Börsenrecht, Rn. 5.59.

1879 Wolter, Effektenkommission und Eigentumserwerb, S. 204; Einsele, Wertpapierrecht als Schuldrecht, S. 54 f.

1880 Wolter, Effektenkommission und Eigentumserwerb, S. 214.

1881 BGHZ 87, S. 156 (163); Wolter, Effektenkommission und Eigentumserwerb, S. 201; MünchKomm-BGB/§ 362, Rn. 17.

1882 Wolter, Effektenkommission und Eigentumserwerb, S. 200 ff.

1883 Vgl. BGH, WM 2003, S. 973 (974); Palandt/Heinrichs, § 164, Rn. 8; Larenz/Wolf, Allgemeiner Teil des BGB, § 46, Rn. 42 f.; Köhler, Allgemeiner Teil, § 11, Rn. 21; MünchKomm-BGB/Quack, § 929, Rn. 68; kritisch dagegen Flume, Allgemeiner Teil, Band II, § 44 II 2 (S. 771 ff.).

übereignenden Wertpapiere vorzunehmen[1884]. Mit dem letztgenannten Ansatz kann zugleich die zweite wesentliche Voraussetzung des Geschäfts für den, den es angeht, als erfüllt angesehen werden, nämlich der Wille des Einkaufskommissionärs, für den Bankkunden Eigentum zu erwerben. Nur bei Nostrogeschäften erwirbt die Bank daher für sich selbst das Eigentum an den Wertpapieren. Dieser Fremderwerbswille wird auch den Interessen des Einkaufskommissionärs gerecht, da er zum einen dem Kommittenten aus dem Kommissionsvertrag ohnehin zur Eigentumsverschaffung verpflichtet ist[1885] und er zum anderen durch das gesetzliche Pfandrecht gem. § 397 HGB bzw. das vertragliche Pfandrecht aus Nr. 14 AGB-Banken[1886] ausreichend geschützt wird[1887]. Schließlich findet der Fremderwerbswille des Einkaufskommissionärs darin seinen objektiv erkennbaren Ausdruck, dass keine Zwischenbuchung der erworbenen Wertpapiere auf dem Konto „eigene Wertpapiere" erfolgt, die auf einen Durchgangserwerb hindeuten würde[1888]. Folglich ist Adressat der Einigungsofferte derjenige, an den sie nach den Grundsätzen des Geschäfts für den, den es angeht, gerichtet ist, also in der Regel der Bankkunde oder bei Eigengeschäften die Bank selbst.

bb) Zugang und Annahme des Angebots

Nicht nur die Feststellung des Angebots für eine Einigung über den Eigentumsübergang sowie die seines Adressaten bereitet im Effektengiroverkehr Schwierigkeiten, sondern auch die Konstruktion des Zugangs der Offerte sowie dessen Annahme. Umstritten ist insoweit die Funktion der Wertpapiersammelbank, also der Clearstream Banking AG[1889]. Während in der Vergangenheit noch vereinzelt die Ansicht vertreten wurde, die Wertpapiersammelbank gebe die auf die dingliche Einigung gerichtete Offerte im eigenen Namen als ermächtigter Nichteigentümer ab[1890], konzentriert sich nunmehr die Kontroverse auf die Einordnung der Wertpapiersammelbank als Bote oder Stellvertreter bei Zugang und Annahme

---

1884 Wolter, Effektenkommission und Eigentumserwerb, S. 214 f.
1885 Staub/Canaris, Bankvertragsrecht, Rn. 1979; Wolter, Effektenkommission und Eigentumserwerb, S. 274.
1886 Abgedruckt bei Kümpel/Hammen/Ekkenga, Kz. 210.
1887 MünchKomm-HGB/Einsele, Depotgeschäft, Rn. 98; Wolter, Effektenkommission und Eigentumserwerb, S. 265 f.
1888 Ausführlich Wolter, Effektenkommission und Eigentumserwerb, S. 275 ff.
1889 Vgl. Dechamps, Wertrechte im Effektengiroverkehr, S. 50 ff.; Horn, WM 2002. Sonderbeil. 2, S. 11.
1890 Büchner, Die treuhandrechtliche Organisation des Effektengiroverkehrs, S. 110 f.; Brink, Rechtsbeziehungen und Rechtsübertragung im nationalen und internationalen Effektengiroverkehr, S. 93 ff.

des Angebots[1891]. In der Tat stellt sich hier das Problem der Abgrenzung zwischen Botenschaft und Stellvertretung, das bei der rechtlichen Einordnung des Empfangs einer Willenserklärung wegen der damit verbundenen Passivität der Mittelsperson oft besonders schwer zu lösen ist[1892].

Für eine Stellung der Wertpapiersammelbank als Empfangsbote wird zunächst geltend gemacht, dass sich die Rolle der Wertpapiersammelbank tatsächlich sowie nach den Vorstellungen der Marktteilnehmer auf die Umstellung des Besitzmittlungsverhältnisses und die technische Übermittlung der Einigungsofferte beschränke[1893]. Die Annahme der über die Wertpapiersammelbank als Bote an die Bank als Einkaufskommissionär übermittelten Einigungsofferte werde daraufhin von letztgenannter dadurch konkludent erklärt, dass sie sich vorbehaltlos den mittelbaren Besitz an den betreffenden Wertpapieren einräumen lasse[1894]. Außerdem könne die Wertpapiersammelbank mit der Umbuchung gar nicht die Annahme als Vertreter der Bank erklären, da sie nicht wisse, ob mit der Umbuchungsanweisung wirklich eine Einigungsofferte bezweckt werden solle[1895].

Gegen die Botenstellung der Wertpapiersammelbank sprechen jedoch mehrere Gründe. So ist es rechtspraktisch zum einen wünschenswert, den Eigentumsübergang möglichst frühzeitig herbeizuführen und zeitlich genau bestimmen zu können[1896]. Dies ist bei der Einschaltung eines Empfangsboten jedoch nicht ohne weiteres der Fall, da für den Zugang der Willenserklärung noch die Zeitspanne hinzurechnen ist, die der Empfangsbote bei ordnungsgemäßer Ausübung seiner Funktion unter normalen Umständen benötigt, um seinem Geschäftsherrn die Kenntnisnahme der Erklärung zu ermöglichen[1897]. Zum anderen ist es ein bedenkliches, zumindest aber unpraktisches Ergebnis, zunächst die Eigenschaft als Vertreter abzulehnen, dann jedoch bei dem Problem des gutgläubigen Erwerbs

---

1891 Vgl. Einsele, Wertpapierrecht als Schuldrecht, S. 59 ff.

1892 Vgl. Staudinger/Schilken, § 164, Rn. 25; MünchKomm-BGB/Schramm, Vor § 164, Rn. 59; vgl. ferner grundsätzlich zur Abgrenzung MünchKomm-BGB/ Schramm, Vor § 164, Rn. 42 ff., Staudinger/Schilken, Vorbem. zu §§ 164 ff., Rn. 74 ff., Soergel/Leptien, Vor § 164, Rn. 44.

1893 Horn, WM 2002, Sonderbeil. 2, S. 11.

1894 Kümpel in BuB, Rn. 8/338; ders., WM 1976, S. 942 (953) (anders jedoch nun in Bank- und Kapitalmarktrecht, Rn. 11.373, wo Kümpel von der Stellung der Wertpapiersammelbank als Empfangsvertreter ausgeht); Dechamps, Wertrechte im Effektengiroverkehr, S. 51 ff.; Horn, WM 2002, Sonderbeil. 2, S. 11.

1895 Dechamps, Wertrechte im Effektengiroverkehr, S. 60; Kümpel in BuB, Rn. 8/339.

1896 Kümpel, Bank- und Kapitalmarktrecht, Rn. 11.374.

1897 BGH, NJW-RR 1989, S. 757 (758 f.); Medicus, Allgemeiner Teil des BGB, Rn. 285; Soergel/Leptien, Vor § 164, Rn. 45; Sandmann, AcP 199 (1999), S. 455 (462 ff.), auch mit Nachweisen zur vereinzelt vertretenen Gegenansicht (aaO. in Fn. 34).

wegen der tatsächlichen Gegebenheiten eine analoge Anwendung des § 166 Abs. 1 BGB anzunehmen[1898], um auf die Kenntnis der Wertpapiersammelbank bei Feststellung der Gutgläubigkeit abstellen zu können[1899]. Von diesen, an den Erfordernissen der Praxis orientierten Überlegungen abgesehen, sprechen auch allgemeine Erwägungen gegen die Stellung der Wertpapiersammelbank als Bote[1900]. Denn ihre Tätigkeit bei der Umbuchung der Wertpapiere, die nach richtiger Ansicht die Annahme des Angebots auf Übereignung darstellt[1901], weist durchaus selbständige und eigenverantwortliche Züge auf[1902]. Des Weiteren wird dem Einwand, nicht mit jedem Auftrag zur Umbuchung werde ein Eigentumswechsel beabsichtigt, zutreffend entgegengehalten, dass die zur Umbuchung führende Einreichung der Lieferlisten durch die Depotbanken nur zum Zwecke der Erfüllung von Börsengeschäften eingesetzt wird, so dass in diesem Falle stets eine Eigentumsübertragung gewollt ist[1903]. Schließlich spricht für die Stellung der Wertpapiersammelbank als Vertreter die Konsequenz der Lösung, weil im Hinblick auf die Begründung des Besitzmittlungsverhältnisses[1904] für die zu übertragenden Wertpapiere zwischen dem Einkaufskommissionär und der Wertpapiersammelbank ebenfalls – und zwar auch von denen, die bei der dinglichen Einigung die Botenlösung favorisieren – von deren Eigenschaft als Vertreter ausgegangen wird[1905].

1898 Vgl. zur Unanwendbarkeit des § 166 BGB bei der Botenschaft Staudinger/Schilken, § 166, Rn. 4; Soergel/Leptien, § 166, Rn. 10; MünchKomm-BGB/Schramm, § 166, Rn. 35; Larenz/Wolf, Allgemeiner Teil des BGB, § 46, Rn. 103 u. 115.

1899 So aber Horn, WM 2002, Sonderbeil. 2, S. 12, und Kümpel in BuB, Rn. 8/76 u. 78; anders allerdings Dechamps, Wertrechte im Effektengiroverkehr, S. 60, der anscheinend gerade die Rechtsfolge aus § 166 BGB mit seiner Botenkonstruktion verhindern will.

1900 Vgl. eingehend Wolter, Effektenkommission und Eigentumserwerb, S. 231 ff.

1901 Lenenbach, Kapitalmarkt- und Börsenrecht, Rn. 5.58; MünchKomm-HGB/Einsele, Depotgeschäft, Rn. 100; Staub/Canaris, Bankvertragsrecht, Rn. 2019; Wolter, Effektenkommission und Eigentumserwerb, S. 242 ff.

1902 Vgl. im Einzelnen die Darstellungen des Ablaufs bei Einsele, Wertpapierrecht als Schuldrecht, S. 62, Wolter, Effektenkommission und Eigentumserwerb, S. 231 f., sowie Becker, Das Problem des gutgläubigen Erwerbs im Effektengiroverkehr, S. 48.

1903 Wolter, Effektenkommission und Eigentumserwerb, S. 195; vgl. auch Einsele, Wertpapierrecht als Schuldrecht, S. 63, die freilich auf das Argument von Wolter nicht eingeht, sondern meint, in Ausnahmefällen könne kein Eigentumsübergang, sondern eine bloße Depotumlegung gewollt sein. Dies sei jedoch unschädlich, da dann wegen des Nichtvorliegens einer relevanten Offerte eben keine Einigung über den Eigentumsübergang zustande komme.

1904 Vgl. zu dieser von der h.M. vertretenen Konstruktion, zu der in dieser Arbeit allerdings ein Gegenentwurf vorgestellt wird, näher S. 411 ff.

1905 Vgl. Wolter, Effektenkommission und Eigentumserwerb, S. 232 f.

Folglich ist der h.M. darin zuzustimmen, dass die Wertpapiersammelbank bei Zugang und Annahme des Angebots zur dinglichen Einigung als Vertreter der Käuferbank tätig wird[1906]. Die erforderliche Vertretungsmacht dafür wird der Wertpapiersammelbank konkludent mit der Kontoeröffnung durch die Bank bei ihr erteilt[1907]. Allerdings ist damit die Konstruktion der dinglichen Einigung immer noch nicht vollständig erklärt. Vielmehr kommt – wie sich letztlich schon aus den Ausführungen zum Adressaten des Angebots ergibt – hinzu, dass die Wertpapiersammelbank die Einigungserklärung im Ergebnis nicht für die als Einkaufskommissionär tätige Bank, sondern für den abgibt, den es angeht[1908]. Das bedeutet für den Regelfall des Kommissionsgeschäfts, dass die Annahme direkt für den Bankkunden wirkt, da dieser in verdeckter Stellvertretung von der Bank vertreten wird[1909]. Nur bei Nostrogeschäften ist die Annahme der kaufenden Bank zuzurechnen.

Die damit von der Wertpapiersammelbank mit Wirkung für den kaufenden Bankkunden bzw. bei den Nostrogeschäften für die Bank selbst erklärte Annahme der Offerte zur Übereignung der Wertpapiere braucht nach § 151 S. 1 BGB dem Veräußerer nicht zuzugehen, weil damit nach den Gepflogenheiten des Effektengiroverkehrs nicht zu rechnen ist[1910]. Demzufolge ist der Einigungsvertrag mit der Erklärung der Annahme in Form der Umbuchung durch die Wertpapiersammelbank geschlossen.

1906 Lenenbach, Kapitalmarkt- und Börsenrecht, Rn. 5.58; Kümpel, Bank- und Kapitalmarktrecht, Rn. 11.373; MünchKomm-HGB/Einsele, Depotgeschäft, Rn. 100; Heinsius/Horn/Than, Depotgesetz, § 6, Rn. 84; Mentz/Fröhling, NZG 2002, S. 201 (206); Eder, NZG 2004, S. 107 (111 f.).

1907 Lenenbach, Kapitalmarkt- und Börsenrecht, Rn. 5.58; Heinsius/Horn/Than, Depotgesetz, § 6, Rn. 84; Wolter, Effektenkommission und Eigentumserwerb, S. 249.

1908 MünchKomm-HGB/Einsele, Depotgeschäft, Rn. 100; Gößmann in Schimansky/Bunte/Lwowski, Band II, § 72, Rn. 108; Heinsius/Horn/Than, Depotgesetz, § 6, Rn. 84; Eder, NZG 2004, S. 107 (112); Mentz/Fröhling, NZG 2002, S. 201 (206).

1909 Lenenbach, Kapitalmarkt- und Börsenrecht, Rn. 5.59; Schlüter, Börsenhandelsrecht, Abschnitt G, Rn. 1051; Staub/Canaris, Bankvertragsrecht, Rn. 2025; vgl. im Einzelnen zur Zurechnung der von der Wertpapiersammelbank abgegebenen Annahmeerklärung über den Einkaufskommissionär zum Bankkunden Wolter, Effektenkommission und Eigentumserwerb, S. 249 ff., der die Ansicht vertritt, dass es sich um eine „mittelbare Untervertretung" handelt, bei welcher die Wertpapiersammelbank als Untervertreter den Einkaufskommissionär als mittelbaren Hauptvertreter vertritt. Dagegen nimmt Canaris zwei eigenständige Vertretungsverhältnisse an (vgl. Staub/Canaris, Bankvertragsrecht, Rn. 2025).

1910 Kümpel, Bank- und Kapitalmarktrecht, Rn. 11.375; Staub/Canaris, Bankvertragsrecht, Rn. 2019; Lenenbach, Kapitalmarkt- und Börsenrecht, Rn. 5.58.

cc) Modifikationen bei Kompensationsgeschäften

Ob das bisher herausgearbeitete System für das Zustandekommen der für die Eigentumsübertragung erforderlichen Einigung nach § 929 S. 1 BGB tatsächlich für alle in der Börsenpraxis des Effektengiroverkehrs vorkommenden Fälle geeignet ist, wird allerdings mit guten Gründen bezweifelt[1911]. Stattdessen wird für sog. Kompensationsgeschäfte eine andere rechtliche Konstruktion vorgeschlagen. Kompensationsgeschäfte weisen u.a.[1912] die Besonderheit auf, dass die Depotbanken bankintern durch Umbuchung Miteigentum am Girosammelbestand von einem verkaufenden an einen erwerbenden Bankkunden übertragen[1913]. Die Bedeutung dieser Geschäfte wird nachvollziehbar, wenn man bedenkt, dass nur relativ wenig große Institute bei der Clearstream Banking AG über ein eigenes Depotkonto verfügen und die übrigen Banken ihre Geschäfte über diese kontenführenden Institute abwickeln[1914]. Da eine Buchung auf den bei der Clearstream

---

1911 Vgl. Becker, Das Problem des gutgläubigen Erwerbs im Effektengiroverkehr, S. 59; Dechamps, Wertrechte im Effektengiroverkehr, S. 111; Wolters, Effektenkommission und Eigentumserwerb, S. 329 f.

1912 Oftmals wird die Bedeutung der Kompensationsgeschäfte lediglich im Zusammenhang mit dem Vertragsschluss an der Börse diskutiert. Dabei wird insbesondere auf das Problem eingegangen, ob ein Institut verpflichtet ist, einen Wertpapierauftrag an die Börse zur Ausführung weiterzuleiten oder ob die Möglichkeit des Selbsteintritts bzw. der Kompensation mit anderen Kundenaufträgen besteht (vgl. Heinsius/Horn/Than, Depotgesetz, § 18, Rn. 48; Becker, Das Problem des gutgläubigen Erwerbs im Effektengiroverkehr, S. 56; Einsele, Wertpapierrecht als Schuldrecht, S. 55 f.). Nach der Änderung der Sonderbedingungen für Wertpapiergeschäfte der deutschen Banken (abgedruckt in Kümpel/Hammen/Ekkenga, Kz. 220), hat sich diese Fragestellung allerdings weitgehend erledigt (vgl. Kümpel, Bank- und Kapitalmarktrecht, Rn. 10.249 ff.; vgl. zur fortbestehenden Möglichkeit der Kompensation von Kundengeschäften Becker, Das Problem des gutgläubigen Erwerbs im Effektengiroverkehr, S. 56 f.). Schuldrechtlich von Interesse bleiben die Kompensationsgeschäfte insofern, als nach wie vor die Möglichkeit besteht, dass gelegentlich Angebote von demselben Handelsteilnehmer an der Börse zusammengeführt werden, die er als Kommissionär von zwei seiner Kunden abgibt. In diesen Fällen stellt sich das Problem, ob bzw. wie ein wirksames Geschäft, das ja zwei personenverschiedene Vertragsparteien erfordert, zustande kommen kann (vgl. dazu eingehend Hammen, ZBB 2000, S. 293 ff.). Der Handel über einen Zentralen Kontrahenten, der – wie bereits ausführlich dargestellt – rechtlich von Beginn an Vertragspartner wird, stellt dafür eine probate Lösungsmöglichkeit dar (Hammen, ZBB 2000, S. 293 (300 f.), so dass sich hier ein weiterer, bislang in der Diskussion um die Vorteile eines Zentralen Kontrahenten kaum berücksichtigter Vorteil offenbart.

1913 Dechamps, Wertrechte im Effektengiroverkehr, S. 107; Wolters, Effektenkommission und Eigentumserwerb, S. 330.

1914 Vgl. Becker, Das Problem des gutgläubigen Erwerbs im Effektengiroverkehr, S. 55 f.; diese Einschätzung wird bestätigt durch Vorschriften in den CB-Eurex,

Banking AG geführten Konten bei der Eigentumsübertragung zur Erfüllung von Kompensationsgeschäften nicht stattfinden muss[1915], liegt es nahe, die Übereignung der Wertpapiere gänzlich ohne Einschaltung der Wertpapiersammelbank erfolgen zu lassen[1916]. Tatsächlich werden für die dingliche Einigung zur Erfüllung von Kompensationsgeschäften – soweit ersichtlich – nur Konstruktionen angeboten, die die Wertpapiersammelbank bei der Übermittlung der entsprechenden Willenserklärungen außen vor lassen. Nach *Dechamps* soll die dingliche Einigung dadurch zustande kommen, dass der veräußernde Depotkunde zusammen mit dem Verkaufsauftrag die Einigungsofferte abgebe, die von der Depotbank als Empfangsbotin ihres erwerbenden Depotkunden entgegengenommen werde. Letzterer nehme das Angebot konkludent durch die widerspruchslose Hinnahme der Depotgutschrift an[1917]. Diese Konstruktion entfernt sich jedoch recht weit von dem Modell, das für den Normalfall als vorzugswürdig festgestellt wurde. Deshalb erscheint es sachgerechter, die Einigung in Form eines Insichgeschäfts der Depotbank zu konstruieren[1918]. Dabei wird die Einigungsofferte von der dazu konkludent ermächtigten Depotbank abgegeben, welche das Angebot daraufhin als Vertreter des Erwerbers unter ebenfalls konkludenter Befreiung von der Beschränkung des § 181 BGB annimmt[1919].

---

wonach selbst ein CM nicht unbedingt über ein eigenes Depotkonto bei der Clearstream Banking AG bzw. einer anderen von der Eurex Clearing AG anerkannten Wertpapiersammelbank verfügen muss, sondern sich eines Abwicklungsinstituts bedienen kann, über dessen Depotkonto bei der Wertpapiersammelbank die an der Börse abgeschlossenen Geschäfte des CM dann abgewickelt werden (vgl. V. Kapitel Nummer 1.1.2 Abs. 4 lit. b) i.V.m. Abs. 5 der CB-Eurex).

1915 Vgl. Wolters, Effektenkommission und Eigentumserwerb, S. 330; differenzierter Becker, Das Problem des gutgläubigen Erwerbs im Effektengiroverkehr, S. 57 ff., der darauf hinweist, dass je nach Ausgestaltung des Wertpapierabwicklungssystems auch bei Kompensationsgeschäften eine Umbuchung in Form einer „Plus-Minus-Buchung" durch die Wertpapiersammelbank erfolgen kann, die den Saldo des Wertpapierbestands des kontoführenden Instituts unberührt lässt. Diese Buchungsvorgänge sollten jedoch nur der vollständigen Dokumentation aller abgeschlossenen Geschäfte an der Börse dienen, so dass sie für die dingliche Rechtslage unerheblich seien.

1916 Dechamps, Wertrechte im Effektengiroverkehr, S. 108.

1917 Dechamps, Wertrechte im Effektengiroverkehr, S. 111.

1918 Wolters, Effektenkommission und Eigentumserwerb, S. 330; Becker, Das Problem des gutgläubigen Erwerbs im Effektengiroverkehr, S. 59.

1919 Becker, Das Problem des gutgläubigen Erwerbs im Effektengiroverkehr, S. 59.

dd) Bestimmtheit des Verfügungsobjekts

Im Zusammenhang mit der Abgabe der auf die Wertpapierübertragung gerichteten Willenserklärungen stellt sich darüber hinaus das Problem, ob die dingliche Einigung die erforderliche Bestimmtheit aufweist. Die Einigung nach § 929 BGB muss nämlich auf bestimmte einzelne Sachen gerichtet sein, da ansonsten nicht feststellbar wäre, auf welche Sachen sich die intendierte Verfügungswirkung bezieht[1920]. Zwar wird bei girosammelverwahrten Wertpapieren wegen des Miteigentums des Hinterlegers am gesamten Sammelbestand keine Verfügung über einzelne Wertpapiere vorgenommen, die anhand ihrer Stückenummern konkretisiert werden könnten[1921]. Doch wird dem Bestimmtheitsgrundsatz nach allgemeiner Meinung bei Verfügungen über Sammeldepotanteile dadurch hinreichend Rechnung getragen, dass die Miteigentumsanteile der Hinterleger anhand der Depotbücher[1922] jederzeit bestimmt werden können und somit auch die Miteigentumsquote, über die verfügt werden soll, feststellbar ist[1923].

b) Übergabe des Besitzes oder Übergabesurrogat

Wie schon angedeutet wurde, ist bei der Eigentumsübertragung im Effektengiroverkehr insbesondere die Frage umstritten, ob die Eigentümer der girosammelverwahrten Wertpapiere eine besitzrechtliche Position an den Wertpapieren innehaben, die als Gegenstand einer Übergabe gem. § 929 S. 1 BGB oder eines Übergabesurrogats nach §§ 930 f. BGB in Betracht kommt. Um dies zu klären, ist im Folgenden ein Blick auf die Besitzverhältnisse an den girosammelverwahrten Wertpapieren zu werfen.

aa) Unmittelbarer Besitz der Wertpapiersammelbank

Im Zusammenhang mit den Besitzverhältnissen an girosammelverwahrten Wertpapieren ist lediglich die Feststellung unstreitig, dass die Wertpapiersammelbank

---

1920 Vgl. MünchKomm-BGB/Quack, § 929, Rn. 75; Schapp/Schur, Sachenrecht, Rn. 174; Staudinger/Wiegand, § 929, Rn. 11.
1921 Vgl. Einsele, Wertpapierrecht als Schuldrecht, S. 41.
1922 Vgl. zu den persönlichen und sachlichen Depotbüchern im Einzelnen Gößmann in Schimansky/Bunte/Lwowski, Band II, § 72, Rn. 45 ff.; Einsele, Wertpapierrecht als Schuldrecht, S. 41 f.
1923 Eingehend dazu Kümpel, WM 1980, S. 422 ff.; vgl. ferner Opitz, Depotgesetz, §§ 6, 7, 8, Anm. 13, Einsele, Wertpapierrecht als Schuldrecht, S. 40 f., Dechamps, Wertrechte im Effektengiroverkehr, S. 69 ff., Koller, DB 1972, S. 1857 (1861) sowie Mentz/Fröhling, NZG 2002, S. 201 (207).

unmittelbaren Besitz an den von ihr verwahrten Wertpapieren innehat[1924]. Dies erklärt sich damit, dass sowohl bei den herkömmlich sammelverwahrten als auch bei den in Form einer Globalurkunde verbrieften Wertpapieren eine Sache i.S. des § 90 BGB vorliegt, die dem Besitz als tatsächliche Gewalt über eine Sache nach § 854 Abs. 1 BGB zugänglich ist[1925].

bb) Mittelbarer Besitz oder vergleichbare Position der Depotbanken und ihrer Kunden

Sehr umstritten ist dagegen die Einordnung der Besitzverhältnisse von Depotbanken und ihren Kunden. Insoweit haben sich im Wesentlichen drei Ansichten herausgebildet. Die h.M. geht davon aus, dass ein gestufter mittelbarer Besitz der Depotbanken und ihrer Kunden besteht[1926], während namentlich *Einsele* die Auffassung vertritt, weder Depotbanken noch ihre Kunden hätten eine besitzrechtliche Position inne[1927]. Schließlich wird noch eine differenzierende Meinung vertreten, die zwischen dem gesetzlichen Regelfallfall der Girosammelverwahrung und sammelverwahrten Globalurkunden unterscheidet und nur für die erstgenannte Verwahrungsform mittelbaren Besitz der Depotbanken sowie deren Kunden annimmt[1928].

1924 Kümpel, Bank- und Kapitalmarktrecht, Rn. 11.347; Habersack/Meyer, WM 2000, S. 1678 (1679); Einsele, Wertpapierrecht als Schuldrecht, S. 96; Becker, Das Problem des gutgläubigen Erwerbs im Effektengiroverkehr, S. 3; Staub/Canaris, Bankvertragsrecht, Rn. 2020; Schwintowski/Schäfer, Bankrecht, § 17, Rn. 11; Lenenbach, Kapitalmarkt- und Börsenrecht, Rn. 5.61; Habersack/Meyer, WM 2000, S. 1678 (1679); Horn, WM 2002, Sonderbeil. 2, S. 8.

1925 Vgl. zum Begriff und den Erscheinungsformen des Besitzes Holler, Die Besitzveränderung als tatbestandliche Voraussetzung der Übertragung beweglicher Sachen, S. 4 ff.

1926 Kümpel, Bank- und Kapitalmarktrecht, Rn. 11.197 u. 11.347; Schwintowski/Schäfer, Bankrecht, § 17, Rn. 11 ff.; Gößmann in Schimansky/Bunte/Lwowski, Band II, § 72, Rn. 106; Becker, Das Problem des gutgläubigen Erwerbs im Effektengiroverkehr, S. 3; Heinsius/Horn/Than, Depotgesetz, § 6, Rn. 33; Lenenbach, Kapitalmarkt- und Börsenrecht, Rn. 5.61; Horn, WM 2002, Sonderbeil. 2, S. 17; Eder, NZG 2004, S. 107 (111 ff.); Modlich, DB 2002, S. 671 (674).

1927 Einsele, Wertpapierrecht als Schuldrecht, S. 88; dies. in MünchKomm-HGB, Depotgeschäft, Rn. 90 f.; deren Argumente halten etwa Schlüter, Börsenhandelsrecht, Abschnitt G, Rn. 1052 mit Fn. 871, und Mentz/Fröhling, NZG 2002, S. 201 (206 mit Fn. 58), für überzeugend, ohne sich freilich im Ergebnis ihrer Ansicht anzuschließen.

1928 Habersack/Meyer, WM 2000, S. 1678 (1680 f.); Mentz/Fröhling, NZG 2002, S. 201 (210); so auch schon Staub/Canaris, Bankvertragsrecht, Rn. 2125.

aaa) Gestufter mittelbarer Mitbesitz von Depotbanken und Kunden

Die ganz überwiegende Ansicht in Schrifttum[1929] und Rechtsprechung[1930] geht von einem gestuften mittelbaren Besitz der Depotbanken und Kunden aus. Danach mittle die Wertpapiersammelbank als unmittelbare Fremdbesitzerin der Depotbank als mittelbare Fremdbesitzerin erster Stufe den Besitz, während dem Kunden der Depotbank der mittelbare Eigenbesitz zweiter Stufe zustehe. Weitere Stufen des mittelbaren Besitzes können nach diesem Ansatz hinzukommen, wenn der Verwahrkette weitere Zwischenverwahrer i.S. von § 3 Abs. 2 DepotG angehören, so dass eine mehrstufige Besitzmittlungspyramide konstruiert wird, an deren Spitze der Wertpapierinhaber als Oberbesitzer steht[1931]. Da bei der Girosammelverwahrung nicht nur einem Wertpapierinhaber, sondern mehreren Hinterlegern der Besitz am Sammelbestand vermittelt werde, handele es sich um mittelbaren Mitbesitz i.S. des §§ 866, 868, 871 BGB am Bestand der sammelverwahrten Wertpapiere[1932].

Begründet wird diese Auffassung im Wesentlichen damit, dass dem Hinterleger gegenüber seiner Depotbank als Vertragspartner aus dem Depotvertrag ein durch § 7 DepotG modifizierter Herausgabeanspruch nach § 695 BGB zustehe[1933], womit diese notwendige Bedingung für die Annahme eines Besitzmittlungsverhältnisses[1934] erfüllt sei[1935]. Denselben Anspruch habe die Depotbank

---

1929 Kümpel, Bank- und Kapitalmarktrecht, Rn. 11.197 u. 11.347; Schwintowski/Schäfer, Bankrecht, § 17, Rn. 11 ff.; Gößmann in Schimansky/Bunte/Lwowski, Band II, § 72, Rn. 106; Becker, Das Problem des gutgläubigen Erwerbs im Effektengiroverkehr, S. 3; Heinsius/Horn/Than, Depotgesetz, § 6, Rn. 33; Lenenbach, Kapitalmarkt- und Börsenrecht, Rn. 5.61; Horn, WM 2002, Sonderbeil. 2, S. 17; Eder, NZG 2004, S. 107 (111 ff.); Modlich, DB 2002, S. 671 (674).

1930 BGH, WM 1967, S. 902; ders., WM 1974, S. 450; ders., NJW 1997, S. 2110 (2111); OLG Karlsruhe, WM 1999, S. 2451 (2455).

1931 Vgl. nur Horn, WM 2002, Sonderbeil. 2, S. 8, sowie Lenenbach, Kapitalmarkt- und Börsenrecht, Rn. 5.61.

1932 Vgl. Heinsius/Horn/Than, Depotgesetz, § 6, Rn. 33; Staub/Canaris, Bankvertragsrecht, Rn. 2020; Horn, WM 2002, Sonderbeil. 2, S. 8; Eder, NZG 2004, S. 107 (110); Mentz/Fröhling, NZG 2002, S. 201 (205).

1933 Opitz, Depotgesetz, §§ 6,7,8, Anm. 25; Staub/Canaris, Bankvertragsrecht, Rn. 2119; Schlegelberger/Hefermehl, Anh. § 406, Rn. 289; daneben existiert noch der Herausgabeanspruch des Eigentümers nach § 8 DepotG, der § 985 BGB abwandelt und auf den § 7 DepotG anzuwenden ist (vgl. Staub/Canaris, Bankvertragsrecht, Rn. 2120). Dieser dingliche Anspruch wird ebenfalls zur Begründung des mittelbaren Besitzes herangezogen wird (vgl. Habersack/Meyer, WM 2000, S. 1678 (1679 f.).

1934 Ein Besitzmittlungsverhältnis setzt nach h.M. ein konkretes Rechtsverhältnis voraus, das dem unmittelbaren Besitzer nur für eine begrenzte Zeit den Besitz einräumt. Des Weiteren ist ein Herausgabeanspruch des mittelbaren Besitzers sowie

gegenüber der Wertpapiersammelbank, so dass auch in diesem Verhältnis von einem Besitzmittlungsverhältnis auszugehen sei[1936]. Der Hinterleger habe darüber hinaus noch einen direkten, ebenfalls durch §§ 7, 8 DepotG modifizierten Herausgabeanspruch gegenüber der Wertpapiersammelbank in analoger Anwendung der §§ 546 Abs. 2, 604 Abs. 4 BGB[1937]. Der Annahme eines gestuften mittelbaren Besitzes stehe auch nicht entgegen, dass die Wertpapiersammelbank als unmittelbare Besitzerin gar nicht wisse, ob und wem die Depotbank ihrerseits den Besitz an den Wertpapieren vermittle, da der Besitzmittlungswille des unmittelbaren Besitzers gegenüber dem mittelbaren Besitzer der ersten Stufe bzw. des mittelbaren Besitzers der einen Stufe gegenüber dem der nächst höheren Stufe unabhängig davon ausreiche[1938]. Schließlich gelte nichts anderes für eine girosammelverwahrte Globalurkunde, bei der nach § 9 a Abs. 3 S. 2 DepotG i.V.m. § 10 Abs. 5 AktG die Herstellung und Auslieferung einzelner Wertpapierstücke ausgeschlossen sei[1939]. Denn auch in diesem Falle müsse das vom Gesetzgeber intendierte Festhalten am wertpapierrechtlichen und damit sachenrechtlichen Ansatz berücksichtigt werden, so dass vom mittelbaren Mitbesitz der Wertpapierinhaber auszugehen sei[1940]. Des Weiteren sei es nicht zutreffend, in § 9 a Abs. 3 S. 2 DepotG den Ausschluss jeglichen Herausgabeanspruchs zu sehen, da diese Vorschrift lediglich das Recht auf Auslieferung einzelner Wertpapiere verhindere. Dagegen könne der Herausgabeanspruch geltend gemacht werden, wenn sich alle Anteile einer Aktiengesellschaft in der Hand eines Aktionärs vereinigten und

---

der Fremdbesitzerwillen des unmittelbaren Besitzers für den mittelbaren Besitzer erforderlich (vgl. Schapp/Schur, Sachenrecht, Rn. 56 f.; Wilhelm, Sachenrecht, Rn. 455).

1935 Vgl. zum Erfordernis eines Herausgabeanspruchs für die Annahme eines Besitzmittlungsverhältnisses BGHZ 10, S. 81 (87), MünchKomm-BGB/Joost, § 868, Rn. 11, sowie Staudinger/Bund, § 868, Rn. 23, jeweils m.w.Nachw.; vgl. zu abweichenden Ansicht, die sich allerdings nicht durchsetzen konnte, Wieling, AcP 184 (1984), S. 438 (445 ff.).

1936 Dechamps, Wertrechte im Effektengiroverkehr, S. 40; Gößmann in Schimansky/ Bunte/Lwowski, Band II, § 72, Rn. 89; Eder, NZG 2004, S. 107 (110).

1937 Kümpel, Bank- und Kapitalmarktrecht, Rn. 11.201; Staub/Canaris, Bankvertragsrecht, Rn. 2119 u. 2163; Horn, WM 2002, Sonderbeil. 2, S. 8; Schwintowsky/ Schäfer, Bankrecht, § 17, Rn. 19 (zum Teil noch unter Bezugnahme auf Vorgängernormen nach alter Rechtslage).

1938 Horn, WM 2002, Sonderbeil. 2, S. 10 unter zutreffender Berufung auf BGH, JZ 1964, S. 130; MünchKomm-BGB/Joost, § 868, Rn. 17 i.V.m. § 871, Rn. 2; Staudinger/Bund, § 871, Rn. 2.

1939 Schwintowsky/Schäfer, Bankrecht, § 17, Rn. 14; Horn, WM 2002, Sonderbeil. 2, S. 16; Modlich, DB 2002, S. 671 (674); Eder, NZG 2004, S. 107 (113 f.).

1940 Ausführlich Horn, WM 2002, Sonderbeil. 2, S. 16; Kümpel, Bank- und Kapitalmarktrecht, Rn. 11.366 f.; Schwintowsky/Schäfer, Bankrecht, § 17, Rn. 14.

dieser die Globalurkunde herausverlange. Insofern bestehe ein aufschiebend bedingter Herausgabeanspruch, der zur Begründung eines Besitzmittlungsverhältnisse grundsätzlich geeignet sei[1941].

bbb) Kein Besitz der Depotbanken und Kunden

Demgegenüber wird insbesondere von *Einsele* jegliche besitzrechtliche Position an den girosammelverwahrten Wertpapieren seitens der Depotbanken und deren Kunden grundsätzlich abgelehnt[1942]. Die Ansprüche aus §§ 7 f. DepotG seien nämlich nicht geeignet, den für ein Besitzmittlungsverhältnis erforderlichen Herausgabeanspruch zu begründen. Der Anspruch aus § 7 DepotG ähnele dem Anspruch des Hinterlegers bei der unregelmäßigen Verwahrung i.S. des § 700 BGB bzw. des § 15 DepotG[1943]. Ein solcher schuldrechtlicher Rückerstattungsanspruch auf Sachen gleicher Art, Güte und Menge lasse aber kein Besitzmittlungsverhältnis zwischen Darlehensnehmer und Darlehensgeber entstehen. Ebenso wenig sei der Anspruch aus § 8 DepotG geeignet, mittelbaren Besitz an den girosammelverwahrten Wertpapieren zu begründen, weil es sich dabei lediglich um den modifizierten Anspruch des Miteigentümers auf Aufhebung der Miteigentumsgemeinschaft gem. §§ 741 ff. BGB handle. Dieser Anspruch auf Herausgabe nach Teilung führe jedoch keineswegs zu einer tatsächlichen Sachherrschaft über die im Miteigentum stehenden Sachen[1944]. Überdies bestünden auch keine Direktansprüche des Hinterlegers gegen den höherstufigen Verwahrer, da dies der Interessenlage der Wertpapiersammelbank widerspreche, die – wie in den AGB der Clearstream Banking AG deutlich zum Ausdruck gebracht werde – nicht mit einzelnen Privatkunden, sondern nur mit Kredit- und Finanzdienstleistungsinstituten zu tun haben wolle, woraus sich gerade die Vorteilhaftigkeit des

---

1941 Vgl. zu dieser Argumentation Modlich, DB 2002, S. 671 (674); Eder, NZG 2004, S. 107 (113).

1942 Einsele, Wertpapierrecht als Schuldrecht, S. 72 ff., sowie in MünchKomm-HGB, Depotgeschäft, Rn. 90 f. (ihre Argumentation bezieht sich unmittelbar zwar auf die Wertpapierinhaber, doch ist sie mutatis mutandis auch für die Depotbank in ihrer Eigenschaft als Zwischenverwahrer gültig; dass ihre Einwände von einigem Gewicht sind, wird oftmals eingestanden (vgl. Habersack/Meyer, WM 2000, S. 1678 (1680); Mentz/Fröhling, NZG 2002, S. 201 (206 mit Fn. 58); MünchKomm-BGB/K. Schmidt, § 1008, Rn. 30; Schwintowski/Schäfer, Bankrecht, § 17, Rn. 14).

1943 Einsele, Wertpapierrecht als Schuldrecht, S. 80 ff.; dies. in MünchKomm-HGB, Depotgeschäft, Rn. 90.

1944 Einsele, Wertpapierrecht als Schuldrecht, S. 83 ff.; dies. in MünchKomm-HGB, Depotgeschäft, Rn. 90.

derzeitigen Sammelverwahrungssystems ergebe[1945]. Besonders deutlich trete das Fehlen eines Herausgabeanspruchs bei Dauerglobalurkunden hervor, wenn der Anspruch auf Auslieferung einzelner Urkunden nach § 9 Abs. 3 S. 2 DepotG ausgeschlossen sei oder die Einzelurkunden, mit denen der Auslieferungsanspruch später erfüllt werde, noch gar nicht hergestellt seien, so dass von einer Sachherrschaft an dem Sammelbestand nicht die Rede sein könne[1946].

ccc) Kein mittelbarer Besitz an Globalurkunden

Eine differenzierende Ansicht schließt mittelbaren Besitz von Hinterlegern und Depotbanken an girosammelverwahrten Wertpapieren nicht grundsätzlich, wohl aber an auf diese Art verwahrten Globalurkunden aus. Die Begründung für diese Auffassung stützt sich dabei zunächst auf das bereits angeführte Argument eines Ausschlusses des Herausgabeanspruchs bei Globalurkunden nach § 9 Abs. 3 S. 2 DepotG[1947]. Darüber hinaus wird für den Fall, dass die Depotbank selbst Aktionärin der die Globalurkunde ausgebenden Gesellschaft ist, darauf hingewiesen, dass es kein Nebeneinander von Eigen- und Fremdbesitz gebe[1948]. Gestützt wird diese Ansicht auf ein Urteil des BGH[1949] zum Besitz an einem Grundschuldbrief, in dem es um die Frage ging, ob der unmittelbare Besitzer sowohl Eigenbesitzer als auch Fremdbesitzer sein kann. Nach den Ausführungen des BGH soll in diesem Falle Eigen- und Fremdbesitzerwille nebeneinander nicht möglich sein. Vielmehr verhindere der Eigenbesitz des Besitzmittlers eine Herrschaftsbeziehung des Oberbesitzers zur Sache[1950]. Diese Rechtsprechung wird auf den Besitz an einer Globalurkunde übertragen, so dass in der Konsequenz der mittelbare Eigenbesitz einer Depotbank dem mittelbaren Besitz anderer Aktionäre entgegenstehe[1951].

1945 MünchKomm-HGB/Einsele, Depotgeschäft, Rn. 81; Einsele, Wertpapierrecht als Schuldrecht, S. 78; vgl. dazu bereits Zöllner, Festschrift L. Raiser, S. 249 (264 f.).
1946 Einsele, Wertpapierrecht als Schuldrecht, S. 87 f.; dies. in MünchKomm-HGB, Depotgeschäft, Rn. 91.
1947 Habersack/Meyer, WM 2000, S. 1678 (1680 f.); Staub/Canaris, Bankvertragsrecht, Rn. 2125; Mentz/Fröhling, NZG 2002, S. 201 (210).
1948 Habersack/Meyer, WM 2000, S. 1678 (1680 f.).
1949 BGHZ 85, S. 263 ff.
1950 BGHZ 85, S. 263 (265 f.).
1951 Habersack/Meyer, WM 2000, S. 1678 (1681).

ddd) Stellungnahme

In der Tat erscheint die Konstruktion eines gestuften mittelbaren Besitzes, wie sie von der h.M. befürwortet wird, recht lebensfremd und künstlich[1952]. Zudem haben die Argumente der für Globalurkunden bzw. generell den mittelbaren Besitz der Hinterleger ablehnenden Auffassungen erhebliches Gewicht. Mit mittelbarem Besitz im üblichen Sinne hat die Stellung der Hinterleger und Depotbanken jedenfalls nicht mehr viel gemeinsam[1953].

(1) Wille des Gesetzgebers

Gleichwohl kommt man nicht umhin anzuerkennen, dass der Gesetzgeber davon ausging und trotz der angeführten Kritik weiter ausgeht[1954], dass die sachenrechtlichen Vorschriften auf die Übertragung von Wertpapieren im Effektengiroverkehr Anwendung finden. Zu Recht wird nämlich darauf hingewiesen[1955], dass der Gesetzgeber schon bei Erlass der zweiten Verordnung über die Behandlung von Anleihen des deutschen Reichs im Bank- und Börsenverkehr vom 18. April 1942[1956] von der Anwendbarkeit der Vorschriften des bürgerlichen Rechts zum Eigentumsübergang ausging, wenn er in der Regierungsbegründung zu der Gleichstellung von Reichsschuldbuchforderungen, für die Schuldverschreibungen nicht ausgeliefert werden können, mit dem Anteil an einem Sammelbestand ausführte, dass für die Schuldbuchforderungen die sachenrechtlichen Grundsätze, insbesondere die Vorschriften über den gutgläubigen Erwerb, Anwendung finden[1957]. Dieser Wille des Gesetzgebers findet seine Bestätigung durch Bekundungen im Rahmen von zwei erst kürzlich verabschiedeten Gesetzesvorhaben. So wird in den Gesetzesbegründungen zur Änderung des § 10 Abs. 5 AktG durch das KonTraG, durch das die Möglichkeit eröffnet wurde, den Anspruch einzelner Aktionäre auf Ausstellung einer Mehrfachurkunde über den jeweiligen Anteil auszuschließen, erklärt, es werde damit „nicht der Schritt zum Wertrecht unter

---

1952 Vgl. zu dieser Einschätzung Staub/Canaris, Bankvertragsrecht, Rn. 2022, der allerdings noch sehr viel deutlichere Worte für diese Besitzkonstruktion findet, sowie Kümpel, Bank- und Kapitalmarktrecht, Rn. 11.365, der die Frage nach der Sachwidrigkeit der dargestellten Besitzkonstruktion aufwirft.

1953 Vgl. Kümpel, Bank- und Kapitalmarktrecht, Rn. 11.365.

1954 Vgl. Horn, WM 2002, Sonderbeil. 2, S. 13; Kümpel, Bank- und Kapitalmarktrecht, Rn. 11.366 f.

1955 Horn, WM 2002, Sonderbeil. 2, S. 13.

1956 RGBl. 1942 I, S. 183 (abgedruckt bei Heinsius/Horn/Than, Depotgesetz, Anhang V, S. 685 f.).

1957 Zitiert nach Einsele, Wertpapierrecht als Schuldrecht, S. 197.

Abkehr vom Wertpapier vollzogen"[1958], wodurch letztlich an den sachenrechtlichen Grundsätzen bei der Wertpapierübertragung festgehalten wird[1959]. Noch deutlicher kommt dies in der Regierungsbegründung zum BWpVerwG[1960] zum Ausdruck, wenn im Hinblick auf die Gleichstellungsfiktion der Sammelschuldbuchforderung mit einem Wertpapiersammelbestand in § 8 Abs. 2 BWpVerwG davon die Rede ist, dass die Sammelschuldbuchforderung „verdinglicht" und damit „ihre Übertragung nach sachenrechtlichen Grundsätzen ermöglicht" werde[1961]. An anderer Stelle wird aus der Gleichstellung sogar explizit gefolgert, dass Verfügungen über Anteile an der Sammelschuldbuchforderung nach §§ 929 ff. BGB erfolgten und ein gutgläubiger Erwerb nach §§ 932 ff., 1207 BGB, 366 f. HGB möglich sei[1962]. Das bedeutet also, dass der Gesetzgeber von der Anwendung dieser Vorschriften im Bereich der girosammelverwahrten Wertpapiere ausgeht. Vor diesem Hintergrund gibt es nur zwei nicht gleichwertige Alternativen. Entweder man ignoriert den Willen des Gesetzgebers sowie die Bedürfnisse der Praxis nach einer rechtssicheren Wertpapierübertragung[1963] oder man entwickelt eine Lösung, die die Besonderheiten des Effektengiroverkehrs mit den Anforderungen der §§ 929 ff. BGB in Einklang bringt. Die erste Möglichkeit kommt angesichts ihrer unerwünschten Konsequenzen nur in Betracht, wenn sich die zweite als nicht realisierbar erweist.

1958 Beschlussempfehlung und Bericht des RA (6. Ausschuss) u.a. zu dem RegE für ein Gesetz zur Kontrolle und Transparenz im Unternehmensbereich (KonTraG), BT-Drs. 13/9712, S. 25.

1959 Vgl. Seibert, DB 1999, S. 267 (269); Habersack/Meyer, WM 2000, S. 1678.

1960 Gesetz zur Neuordnung des Schuldbuchrechts des Bundes und der Rechtsgrundlagen der Bundesschuldenverwaltung (Bundeswertpapierverwaltungsgesetz – BwpVerwG) vom 11.12.2001 (BGBl. I, S. 3519) (abgedruckt bei Kümpel/Hammen/Ekkenga, Kz. 335).

1961 Begr. zum Entwurf eines Gesetzes zur Neuordnung des Schuldbuchrechts des Bundes und der Rechtsgrundlagen der Bundesschuldenverwaltung (Bundeswertpapierverwaltungsgesetz – BWpVerwG), BT-Drs. 14/7010, S. 15.

1962 Begr. zum Entwurf eines Gesetzes zur Neuordnung des Schuldbuchrechts des Bundes und der Rechtsgrundlagen der Bundesschuldenverwaltung (Bundeswertpapierverwaltungsgesetz – BWpVerwG), BT-Drs. 14/7010, S.16.

1963 Dass dieses Bedürfnis, das insbesondere die Möglichkeit eines Gutglaubenserwerbs einschließt, besteht, wird allseits anerkannt (vgl. Einsele, Wertpapierrecht als Schuldrecht, S. 197; Becker, Das Problem des gutgläubigen Erwerbs im Effektengiroverkehr, S. 7 ff.; Koller, DB 1972, S. 1857 (1858); Staub/Canaris, Bankvertragsrecht, Rn. 2026).

(2) *Vorzugswürdigkeit eines alternativen Lösungsmodells*

Nun scheint es tatsächlich einen denkbaren Weg zur Begründung der zweiten Alternative darzustellen, die Vorschriften des DepotG nicht einseitig an den Grundsätzen des Sachenrechts zu messen, sondern vielmehr die allgemeinen sachenrechtlichen Vorschriften als durch die Spezialvorschriften des DepotG modifiziert anzusehen[1964]. Wird dieser Ansatz gewählt, kann letztlich jeder Einwand am Bestehen eines Besitzmittlungsverhältnisses entkräftet werden, indem auf die zu beachtenden Besonderheiten im Effektengiroverkehr verwiesen wird[1965]. Da eine derartige Argumentation stets Gefahr läuft, als dogmatisch nicht überzeugend und beliebig kritisiert zu werden, stellt sich die Frage, ob es nicht eine andere juristische Konstruktion für die Anwendbarkeit der sachenrechtlichen Vorschriften bei der Übertragung von girosammelverwahrten Wertpapieren gibt, die nicht oder zumindest weniger der Kritik einer dogmatischen Beliebigkeit ausgesetzt ist.

Ansatzpunkt für eine zweite Erklärung könnte die Bedeutung der Buchung im Effektengiroverkehr sein. Dass die Buchung für die Übertragung von Wertpapieren relevant ist, wird allgemein anerkannt[1966]. Bisher ist der Buchung vor allem[1967] im Zusammenhang mit dem Gutglaubenserwerb als Rechtsscheinträger Bedeutung beigemessen worden[1968]. Wenn aber die Buchung für die Möglichkeit des Gutglaubenserwerbs maßgeblich ist, liegt der Gedanke nahe, sie bereits für den Normalfall des Eigentumserwerbs als Besitzsurrogat[1969] fruchtbar zu ma-

---

1964 Vgl. Horn, WM 2002, Sonderbeil. 2, S. 13; Eder, NZG 2004, S. 107 (111); ähnlich, jedoch ohne diesen methodischen Ansatz auf die Globalurkunde zu erstrecken Habersack/Meyer, WM 2000, S. 1678 (1680).

1965 Vgl. zu diesem Vorgehen Horn, WM 2002, Sonderbeil. 2, S. 13 ff., sowie Eder, NZG 2004, S. 107 (111 ff.).

1966 Vgl. Koller, DB 1972, S. 1905 ff.; Fabricius, AcP 162 (1963), S. 456 (481 f.); MünchKomm-BGB/K. Schmidt, § 747, Rn. 21; Staub/Canaris, Bankvertragsrecht, Rn. 2027; Schlegelberger/Hefermehl, § 406 Anh., Rn. 327; MünchKomm-HGB/ Einsele, Depotgeschäft, Rn. 107; Gößmann in Schimanski/Bunte/Lwowski, Band II, § 72, Rn. 110 f. u. 114; Kümpel, Bank- und Kapitalmarktrecht, Rn. 11.365.

1967 Die Buchung hat darüber hinaus Auswirkungen auf den Zeitpunkt des Eigentumserwerbs (vgl. Mentz/Fröhling, NZG 2002, S. 201 (206 f.); Horn, WM 2002, Sonderbeil. 2, S. 21; Kümpel, Bank- und Kapitalmarktrecht, Rn. 11.352 ff.).

1968 Koller, DB 1972, S. 1905 ff.; Heinsius/Horn/Than, Depotgesetz, § 6, Rn. 91; MünchKomm-BGB/K. Schmidt, § 747, Rn. 21; Lenenbach, Kapitalmarkt- und Börsenrecht, Rn. 5.73; Gößmann in Schimanski/Bunte/Lwowski, Band II, § 72, Rn. 114.

1969 Vgl. MünchKomm-BGB/K. Schmidt, § 747, Rn. 21, der von der Umbuchung als de facto „neues Übergabesurrogat" spricht.

chen[1970]. Denn der gutgläubige Erwerb nach § 932 BGB basiert ja auf der durch die Übergabe nach § 929 S. 1 BGB vorausgesetzten besitzrechtlichen Stellung des Veräußerers[1971].

Ohne bereits an dieser Stelle im Einzelnen auf die Argumente für und gegen die Möglichkeit eines gutgläubigen Erwerbs im Effektengiroverkehr einzugehen[1972], soll hier zunächst die Frage beantwortet werden, ob die Buchung als Übergabesurrogat in Betracht kommt. Dagegen könnte sprechen, dass die Buchung nicht mit dem in §§ 929 ff. BGB verankerten Traditionsprinzip[1973] und der dadurch bewirkten Publizitätswirkung[1974] vereinbar ist. Doch ist insoweit zunächst zu berücksichtigen, dass das Traditionsprinzip und das damit verfolgte Publizitätsinteresse nicht uneingeschränkt gelten, sondern schon durch §§ 929 S. 2–931 BGB eine starke Relativierung erfahren haben[1975]. Weitere Einschränkungen finden sich etwa durch die gemeinhin gebilligte Zulassung des Geheißerwerbs, bei der eine Besitzposition des Veräußerers bzw. Erwerbers nicht vorhanden ist[1976], oder durch die gesetzlichen Vorschriften zu den sog. Traditionspapieren Orderschein (§§ 475 g HGB), Ladeschein (§§ 448 HGB) und Konnossement (§§ 650 HGB)[1977], die der Übergabe des entsprechenden Papiers dieselben Wirkungen zuweisen wie der Übergabe des betreffenden Guts selbst[1978]. Bedenkt

---

1970 Insoweit zustimmend Einsele, Wertpapierrecht als Schuldrecht, S. 172, die bemängelt, dass in der Literatur die Relevanz der Buchung lediglich im Rahmen des gutgläubigen Erwerbs behandelt wird.

1971 Vgl. Wilhelm, Sachenrecht, Rn. 831 u. 836, Schapp/Schur, Sachenrecht, Rn. 203 ff.; Kolb, Geheißerwerb, S. 134 f.; Staudinger/Wiegand, Vorbem. zu §§ 932 ff., Rn. 12 f.

1972 Vgl. dazu S. 436 ff.

1973 Vgl. Schapp/Schur, Sachenrecht, Rn. 170; Holler, Die Besitzveränderung als tatbestandliche Voraussetzung der Übertragung beweglicher Sachen, S. 30 ff.; Staudinger/Wiegand, Vorbem. zu §§ 929 ff., Rn. 19 ff..

1974 Das Erfordernis der Übergabe hat in erster Linie den Zweck, den Übereignungswillen unter den Parteien zu manifestieren. Zugleich geht damit die Publizitätsfunktion der Übergabe einher, die den Erwerbsvorgang nach außen offenkundig macht und im Sinne von Rechtsklarheit und Rechtssicherheit wünschenswert ist, die jedoch hinter dem Zweck der Bestätigung des Übereignungswillens zurücktritt (vgl. eingehend Kolb, Geheißerwerb, S. 39 ff.; vgl. ferner Staudinger/Wiegand, Vorbem. zu §§ 929 ff., Rn. 21).

1975 Schapp/Schur, Sachenrecht, Rn. 170; Wilhelm, Sachenrecht, Rn. 770; Staudinger/Wiegand, Vorbem. zu §§ 929 ff., Rn. 20; Holler, Die Besitzveränderung als tatbestandliche Voraussetzung der Übertragung beweglicher Sachen, S. 94 ff.

1976 Vgl. umfassend dazu Kolb, Geheißerwerb, passim u. insbesondere S. 81 ff., sowie ferner Schapp/Schur, Sachenrecht, Rn. 178 ff.

1977 Kolb, Geheißerwerb, S. 49.

1978 Über die Bedeutung des angeführten Vorschrift besteht zwar Streit (vgl. die Darstellung bei K. Schmidt, Handelsrecht, § 24 III 2, S. 696 ff.), doch wird von ge-

man ferner, dass der Gesetzgeber mit § 14 DepotG detaillierte Regelungen zu den Verwahrungsbüchern geschaffen hat, in die jeder Erwerb sowie jede Veräußerung einzutragen sind[1979] und die einer besonderen Prüfung unterliegen[1980], so spricht das ebenso für die Anerkennung der Buchung als Übergabeersatz wie die Regelung in § 24 Abs. 2 DepotG, die der Buchung in bestimmten Konstellationen sachenrechtliche Wirkungen zukommen lässt[1981]. Denn damit finden sich genügend Anhaltspunkte, um eine Rechtsfortbildung mit gesetzlichen Wertungen im Interesse der Bedürfnisse des Rechtsverkehrs[1982] zu rechtfertigen[1983]. Darüber hinaus steht diese Rechtsfortbildung im Einklang mit dem Willen des Gesetzgebers, der an der sachenrechtlichen Konstruktion der Wertpapierübertragung festhalten will, sich zu der Frage der Übergabe aber nicht eindeutig geäußert hat[1984]. Es verwundert daher, dass der Schritt hin zur Buchung als Übergabesurrogat bislang nur vereinzelt befürwortet wird[1985], sondern stattdessen nur davon die Rede

---

wichtigen Stimmen im Schrifttum die Ansicht vertreten, bei der Übergabe der Traditionspapiere an Stelle der Sachübergabe handele es sich um ein Übergabesurrogat eigener Art, das im Gesetz nicht vollständig geregelt sei und sachgemäß auf das Traditionsprinzip des BGB abgestimmt werden müsse (K. Schmidt, Handelsrecht, § 24 III 2 c), S. 699 f.; Schnauder, NJW 1991, S. 1642 (1646); ähnlich auch Zöllner, Wertpapierrecht, § 25 IV 4).

1979 Vgl. Heinsius/Horn/Than, Depotgesetz, § 14, Rn. 2 f.; MünchKomm-HGB/Einsele, Depotgeschäft, Rn. 59 ff.

1980 Die Zuverlässigkeit der Depotbuchungen wird durch die Vorschriften zur Depotführung sichergestellt, auf deren Einhaltung nach § 30 KWG alle das Effekten- oder Depotgeschäft betreibenden Kreditinstitute kontrolliert werden (vgl. Einsele, Wertpapierrecht als Schuldrecht, S. 165 ff.; Dechamps, Wertrechte im Effektengiroverkehr, S. 128 f.).

1981 Vgl. Horn, WM 2002, Sonderbeil. 2, S. 14 f., allerdings mit Bezug zum gutgläubigen Erwerb.

1982 Vgl. zu diesen Voraussetzungen der Rechtsfortbildung Larenz/Canaris, Methodenlehre der Rechtswissenschaft, S. 246 i.V.m. 233.

1983 Vgl. zur Zulässigkeit der richterrechtlichen Rechtsfortbildung BVerfGE 96, S. 375 (394 f.), wo festgestellt wird, dass „angesichts des beschleunigten Wandels der gesellschaftlichen Verhältnisse und der begrenzten Reaktionsmöglichkeiten des Gesetzgebers sowie der offenen Formulierung zahlreicher Normen ... die Anpassung des geltenden Rechts an veränderte Verhältnisse ... zu den Aufgaben der Dritten Gewalt" gehöre.

1984 Vgl. Begr. zum Entwurf eines Gesetzes zur Neuordnung des Schuldbuchrechts des Bundes und der Rechtsgrundlagen der Bundesschuldenverwaltung (Bundeswertpapierverwaltungsgesetz – BWpVerwG), BT-Drs. 14/7010, S.15 f.

1985 Ausdrücklich befürwortet diese Rechtsfortbildung Lenenbach, Kapitalmarkt- und Börsenrecht, Rn. 5.75; so letztlich aber schon Fabricius, AcP 162 (1963), S. 456 (481 f.); kritisch dazu Zöllner, Festschrift L. Raiser, S. 249 (262), der diese Konstruktion im Zusammenhang mit dem Gutglaubenserwerb als wünschenswert, aber „wohl allzu frei" bezeichnet, ohne allerdings darauf einzugehen, warum eine

ist, dass „de facto"[1986] oder „in Wahrheit"[1987] die Eigentumsübertragung durch Einigung und Buchung erfolge[1988], aber rechtlich an der im Grundsatz für hochgradig künstlich oder sachwidrig gehaltenen Konstruktion über den gestuften mittelbaren Besitz festgehalten wird. Dies gilt umso mehr, als beim gutgläubigen Erwerb überwiegend keine Bedenken gegen eine Rechtsfortbildung zur Anerkennung der Buchposition als Rechtsscheinträger geltend gemacht werden[1989].

cc) Zwischenergebnis

Somit bleibt als Zwischenergebnis festzuhalten, dass mittelbarer Besitz der Depotbanken und ihrer Kunden an girosammelverwahrten Wertpapieren zwar rechtskonstruktiv nicht völlig ausgeschlossen ist, jedoch die Annahme einer mit dem Besitz vergleichbaren Rechtsposition in Form einer Buchungsgutschrift in den Verwahrbüchern der Wertpapiersammelbank bzw. der übrigen Depotkonten führenden Banken die vorzugswürdige Lösung darstellt. Diese Auffassung wird der weiteren Untersuchung zugrunde gelegt.

III. Einschaltung des Zentralen Kontrahenten in die rechtsgeschäftliche Eigentumsübertragung

Nachdem die grundsätzliche Struktur der rechtsgeschäftlichen Eigentumsübertragung girosammelverwahrter Wertpapiere weitgehend geklärt ist, kann nun damit

---

Rechtsfortbildung hier nicht angebracht ist; ebenfalls für eine Loslösung von der besitzrechtlichen Konstruktion und der Annerkennung der Buchung als eingeständigen Teil des Übertragungsvorgangs spricht sich tendenziell Dechamps, Wertrechte im Effektengiroverkehr, S. 75, aus.

1986 So die Formulierung bei MünchKomm-BGB/K. Schmidt, § 747, Rn. 21.

1987 Staub/Canaris, Bankvertragsrecht, Rn. 2022; Kümpel, Bank- und Kapitalmarktrecht, Rn. 11.365.

1988 Vgl. auch Dechamps, Wertrechte im Effektengiroverkehr, S. 43, der in Bezug auf girosammelverwahrte Globalurkunden feststellt, dass „strenggenommen" nach den Vorschriften des BGB kein mittelbarer Besitz der Hinterleger möglich sei und selbst von einer bloßen „Hilfskonstruktion" spricht. Im Effektengiroverkehr seien vielmehr Verfügungen mittels Umbuchung die typische Art der Wahrnehmung von Herrschaftsgewalt über die Effekten.

1989 Vgl. Staub/Canaris, Bankvertragsrecht, Rn. 2026 f.; Heinsius/Horn/Than, Depotgesetz, § 6, Rn. 91; Dechamps, Wertrechte im Effektengiroverkehr, S. 115 ff.; Schlegelberger/Hefermehl, § 406 Anh., Rn. 327; Brink, Rechtsbeziehungen und Rechtsübertragung im nationalen und internationalen Effektengiroverkehr, S. 102 f.; Lennenbach, Kapitalmarkt- und Börsenrecht, Rn. 5.73; Horn, WM 2002, Sonderbeil. 2, S. 14 f.; Eder, NZG 2004, S. 107 (112).

begonnen werden, die rechtsgeschäftliche Eigentumsübertragung unter Einbeziehung des Zentralen Kontrahenten zu beleuchten. Dazu sollen im Folgenden zunächst die Vorschriften aus den relevanten Regelwerken vorgestellt werden, die nach den bisherigen Ausführungen für die Eigentumsübertragung von Bedeutung sein könnten, um dann in einem zweiten Schritt die juristische Konstruktion der Wertpapierübertragung zu untersuchen.

1. Vertragliche Rahmenbedingungen

Weder in der BörsO-FWB noch in den GB-FWB finden sich Vorschriften, die sich unmittelbar mit der Übertragung der börsengehandelten Wertpapiere befassen. Dies ist auch nicht verwunderlich, weil es sich bei der Wertpapierübertragung um einen dem börslichen Vertragsschluss nachfolgenden Vorgang handelt. Die einschlägigen Regelungen hierfür sind sowohl in den CB-Eurex als auch – freilich ohne konkreten Bezug zu dem Zentralen Kontrahenten – in den AGB der Clearstream Banking AG[1990] als Wertpapiersammelbank enthalten.

Die entscheidende, sich auf den Eigentumsübergang auswirkende Klausel in den CB-Eurex findet sich im V. Kapitel Nummer 2.1.1. Dort wird zunächst in Abs. 1 festgelegt, dass die Eurex Clearing AG „Vertragspartner für alle Lieferungen und Zahlungen bei der Erfüllung von FWB-Geschäften" ist. In Abs. 3 erfolgt sodann eine Beschreibung des Verfahrens, das bei Lieferungen und Zahlungen nach Abs. 1 gilt. Hiernach erfolgen alle stückemäßigen Lieferungen und Zahlungen Zug um Zug direkt zwischen den CM und der Eurex Clearing AG und entsprechend zwischen der Eurex Clearing AG und den zu beliefernden CM am zweiten Geschäftstag nach dem Tag des Geschäftsabschlusses. Die Eurex Clearing AG tritt nach S. 2 „hinsichtlich der an sie gelieferten Wertpapiere als Besitzmittler auf", um diese Wertpapiere an die zu beliefernden CM weiterzuliefern. Dabei sollen die stückemäßigen Lieferungen über das Konto der Eurex Clearing AG bei einer von dieser anerkannten Wertpapiersammelbank bzw. einen Custodian[1991] oder Central Securities Depository[1992] sowie die Zahlung über das

---

1990   Abgedruckt in Kümpel/Hammen/Ekkenga, Kz. 380.
1991   Als Custodian definiert die Deutsche Börse AG dem börsenüblichen Sprachgebrauch entsprechend eine Einrichtung, oftmals eine Bank, die Dienstleistungen als Wertpapierverwahrer und -verwalter für ihre Kunden erbringt. Sie kann darüber hinaus weitere Dienstleistungen anbieten wie etwa Clearing und Settlement (vgl. Deutsche Börse AG, The European Post-Trade Market, Glossary – Keyword „Custodian", sowie BIZ, A glossary of terms used in payments and settlement systems – Keyword „Custodian").
1992   Als Central Securities Depository werden von der Deutschen Börse AG in Anlehnung an ähnliche Definitionen Einrichtungen bezeichnet, die als Beauftragte die ganze Bandbreite an Funktionen erbringen, die dem eigentlichen Börsenhandel

entsprechende von der Wertpapiersammelbank bzw. dem Custodian oder Central Securities Depository festgelegte Konto erfolgen. Gem. S. 3 findet bei der Erfüllung von Eigengeschäften von CM eine „Übertragung des Eigentums an den zu liefernden Wertpapieren *unmittelbar* zwischen den beteiligten Clearing-Mitgliedern statt".

In Abs. 4 von Nummer 2.1.1 des V. Kapitels der CB-Eurex werden zudem Voraussetzungen für den Eigentumsübergang aufgestellt. Die Eigentumsübertragung bezüglich der zu liefernden Wertpapiere findet danach statt, wenn „die in die Wertpapierübertragung einbezogene Wertpapiersammelbank oder Custodian oder Central Securities Depository, soweit erforderlich, alle Buchungen vom Depotkonto der Eurex Clearing AG bezüglich der von der Eurex Clearing AG vorrechneten oder nicht verrechneten Geschäfte auf die Depots der zu beliefernden Clearing-Mitglieder vorgenommen hat" und „seitens der Wertpapiersammelbank oder des Custodian oder des Central Securities Depository die entsprechende Geldverrechnung durchgeführt wurde" sowie „den Clearing-Mitgliedern von der Eurex Clearing AG der Ist-Lieferreport bereitgestellt wurde, der die tatsächlich belieferten Einzelgeschäfte ausweist".

Schließlich wird in Abs. 5 festgelegt, dass jedes CM und die Eurex Clearing AG durch entsprechende Beauftragung der Wertpapiersammelbank bzw. des Custodian oder Central Securities Depository sicherzustellen hat, dass die Transaktion an dem Geschäftstag bearbeitet werden kann, an dem die Valutierung erfolgt. Die CM verpflichten sich darüber hinaus nach S. 2, die Eurex Clearing AG durch Erteilung einer entsprechenden Vollmacht gegenüber der Wertpapiersammelbank bzw. dem Custodian oder Central Securities Depository zu ermächtigen, im Namen des CM und mit Wirkung für sowie gegen dieses CM alle Lieferinstruktionen zu erteilen, freizugeben, zu übermitteln und Lieferinstruktionen zu ergänzen, zu ändern oder zu stornieren, die zur fristgemäßen bzw. korrekten Erfüllung ihrer gegenüber der Eurex Clearing AG bestehenden Liefer- und Zahlungsverpflichtungen aus Transaktionen von FWB-Geschäften erforderlich sind.

Daneben finden sich in den AGB der Clearstream Banking AG Regelungen, die sich mit den Buchungen auf den Depotkonten ihrer Kunden befassen und sich somit auf den Eigentumsübergang auswirken können. So wird in Nr. 6 dieser AGB festgelegt, dass der Kunde für Wertpapiere, die im Inland girosammelverwahrt werden, eine Gutschrift auf seinem Depot erhält. Des Weiteren wird in Nr. 8 der AGB, die mit der Überschrift „Übergang des Mitbesitzes und Erwerb

---

nicht mehr unmittelbar angehören, sondern diesem nachgelagert sind, wie bspw. das Clearing und Settlement oder die Wertpapierverwahrung (vgl. Deutsche Börse AG, The European Post-Trade Market, Glossary – Keyword „Central securities depository").

von Eigentum bei der Abwicklung von Wertpapier-Übertragungsaufträgen" versehen ist, in Anlehnung an die bisher vorherrschende, hier jedoch abgelehnte Lehre vom gestuften mittelbaren Mitbesitz an girosammelverwahrten Wertpapieren[1993] ausgeführt, dass sich die „Umstellung der Besitzmittlungsverhältnisse" an den Wertpapieren vollzieht, wenn die Clearstream Banking AG auf Anweisung des einen Kunden dessen Depotkonto belastet und dem Depotkonto des anderen Kunden den entsprechenden Sammelbestand gutschreibt und ihr Besitzmittlungsverhältnis von dem einen auf den anderen Kunden umstellt. Der „Mitbesitz an Sammelbestandanteilen" soll dann mit Abschluss des Buchungsvorgangs auf das Depot des Kunden übergehen. Schließlich sind in den AGB der Clearstream Banking AG Vorschriften enthalten, welche die Zug-um-Zug-Abwicklung der Zahlungs- und Lieferungsgeschäfte sicherstellen sollen[1994].

2. Rechtliche Konsequenzen für die Eigentumsübertragung gem. §§ 929 ff. BGB

Es fragt sich nun, ob und inwiefern die angeführten vertraglichen Regelungen oder schon die Einschaltung der Eurex Clearing AG in den Vorgang der Übertragung des Eigentums an den Wertpapieren zu Modifikationen an dem oben dargestellten Verfahren von Einigung und Übergabe bzw. Übergabesurrogat in der Form der Umbuchung zwingen.

a) Zustandekommen der Einigung

Für das bisherige System der Geschäftsabwicklung im Effektengiroverkehr wurde festgestellt, dass die Depotbank von ihrem Kunden zur Veräußerung der Wertpapiere ermächtigt ist und mit Rückgabe der Lieferliste die erforderliche auf den Eigentumsübergang gerichtete eigene Willenserklärung abgibt, die von der Wertpapiersammelbank als Vertreter des Erwerbers angenommen wird[1995]. Fraglich ist nun, ob diese Konstruktion auch für die dingliche Einigung unter Einschaltung der Eurex Clearing AG als Zentraler Kontrahent Geltung beanspruchen kann. Im Folgenden soll dabei davon ausgegangen werden, dass die CM selbst über ein Depotkonto bei der Clearstream Banking AG verfügen[1996, 1997].

1993 Vgl. dazu S. 410 ff.
1994 Vgl. Nr. 9 Abs. 1 lit. a) der AGB; vgl. zu dem damit einhergehenden sog. Geldverrechnungsverkehr, auf den hier wegen fehlender spezifischer Relevanz nicht gesondert eingegangen werden soll, Kümpel, Bank- und Kapitalmarktrecht, Rn. 11.353 ff.
1995 Vgl. S. 400 ff.
1996 Ist dies nicht der Fall, so verlängert sich lediglich die Kette der in den Einigungsvorgang eingeschalteten Parteien.

aa) Rechtswirkung der Einigung für den Zentralen Kontrahenten?

Klarzustellen ist in diesem Zusammenhang zunächst, dass die Rechtswirkungen der dinglichen Einigung die Eurex Clearing AG nicht selbst treffen. Denn ausweislich der CB-Eurex erfolgen die stückemäßigen Lieferungen und Zahlungen zwar direkt zwischen den CM und der Eurex Clearing AG, doch soll letztere hinsichtlich der an sie gelieferten Wertpapiere als Besitzmittler der lieferpflichtigen CM[1998] und somit notwendigerweise nicht selbst als Eigentümer auftreten. Dass ein Eigentumserwerb der Eurex Clearing AG nicht stattfinden soll, wird zudem aus dem klarstellenden Hinweis deutlich, dass bei der Erfüllung von Eigengeschäften der CM eine Übertragung des Eigentums an den zu liefernden Wertpapieren „unmittelbar" zwischen den beteiligten CM stattfindet[1999]. Folglich ist ein Durchgangserwerb des Eigentums seitens der Eurex Clearing AG offensichtlich nicht gewollt, so dass auch keine entsprechende Einigungserklärung an sie bzw. durch sie im Wege der Auslegung festgestellt werden kann[2000]. Dass ein Durchgangserwerb nicht zwangsläufig erfolgen muss, obwohl grundsätzlich ein Anspruch auf Eigentumsverschaffung aus den schuldrechtlichen Verträgen besteht, wurde bereits oben für das Kommissionsgeschäft festgestellt. Da in den CB-Eurex der rechtsgeschäftliche Wille der Eurex Clearing AG, kein Eigentum zu erwerben, noch ein ganzes Stück deutlicher hervortritt, kann hier nichts anderes gelten.

bb) Wesentlichkeit der tatsächlichen Abläufe

Damit steht jedoch noch nicht fest, dass die bisherige Gestaltung der dinglichen Einigung ohne Modifikationen beibehalten werden kann. Vielmehr ist zu prüfen, ob die Eurex Clearing AG bei der Abgabe oder dem Empfang der auf die dingliche Einigung gerichteten Willenserklärungen als Mittelsperson mitwirkt.

Unabweisbar erforderlich erscheint dies nicht, da weiterhin ein System denkbar ist, in dem den Lieferlisten, die an die Depotbanken versendet und von diesen nach deren Billigung an die Wertpapiersammelbank zurückgeschickt werden, entscheidende Bedeutung zukommt. Freilich setzte dies voraus, dass die Lieferlisten neben den aus dem Netting resultierenden Salden, die tatsächlich eine Um-

---

1997 Die Differenzierung der „Mitgliedschaft" im Clearing-System der Eurex Clearing AG und der im Abwicklungssystem der Clearstream Banking AG wird im Gutachten von Horn, WM 2002, Sonderbeil. 2, nicht richtig deutlich, wenn dort stets – und zwar im Zusammenhang mit beiden Systemen – von CM gesprochen wird.
1998 V. Kapitel Nummer 2.1.1 Abs. 3 S. 3 der CB-Eurex.
1999 V. Kapital Nummer 2.1.1 Abs. 3 S. 5 der CB-Eurex.
2000 Vgl. Horn WM 2002, Sonderbeil. 2, S. 19.

buchung auf den Depotkonten bei der Clearstream Banking AG erforderlich machen[2001], alle Informationen über das durch die Eurex Clearing AG durchgeführte Netting enthalten. Denn die Umbuchungen und die zu ihnen führenden Informationen über die Salden spiegeln im neuen System mit Zentralem Kontrahenten nur noch sehr unvollkommen die erforderlichen Eigentumsübertragungen wider[2002]. Dies liegt daran, dass durch das Netting im Verhältnis zwischen den CM und der Eurex Clearing AG sowie zwischen den CM und deren NCM zwar weniger Kaufverträge im Wege der Eigentumsübertragung von Wertpapieren zu erfüllen sind, aber gleichwohl für den Regelfall des zugrunde liegenden Geschäfts von Bankkunden außerhalb der erwähnten Vertragsbeziehungen jedes einzelne Geschäft auf einen Eigentumsübergang abzielt, der durch das Netting noch nicht bewirkt wird. Die Wertpapiersammelbank nimmt also weniger Buchungen auf den Depotkonten ihrer Kunden vor als Eigentumsübertragungen im Verhältnis zum Bankkunden stattfinden haben. Deshalb sind Lieferlisten, die alleine Anweisungen zu Umbuchungen auf den Depotkonten der Kunden der Clearstream Banking AG enthalten, nicht länger geeignet, als Angebote für die dingliche Einigung aller erforderlichen Eigentumsverschiebungen angesehen zu werden.

Nun könnte ein Verfahren implementiert werden, bei dem alle Daten über die Geschäftsabschlüsse von der Eurex Clearing AG zur Clearstream Banking AG übertragen werden. Die Wertpapiersammelbank könnte dann Datenträger erstellen, die mit den herkömmlichen Lieferlisten vergleichbar sind und die darüber hinaus alle für die Eigentumsübertragungen nötigen Informationen, mithin die Einzelgeschäftsdaten, enthalten. Insofern hat das Netting nicht zwangsläufig die Entfernung der Clearstream Banking AG als Wertpapiersammelbank aus dem Vorgang der Einigung nach § 929 S. 1 BGB zur Folge[2003]. Gleichwohl wäre ein solches System unnötig kompliziert, da die Eurex Clearing AG über alle Informationen zu den Einzelgeschäften verfügt und sie deshalb gleich selbst die Stellung der Clearstream Banking AG beim Zustandekommen der dinglichen Einigung einnehmen könnte.

2001 Vgl. Kümpel, Bank- und Kapitalmarktrecht, Rn. 11.379.

2002 Vgl. in diesem Sinne Horn, WM 2002, Sonderbeil. 2, S. 19, sowie Kümpel, Bank- und Kapitalmarktrecht, Rn. 11.382 u. 11.386, die etwas verkürzend feststellen, dass „die Buchungsinformationen über die einzelnen Wertpapiergeschäfte" nicht „in vollem Umfang (brutto) über CBF, sondern über den Zentralen Kontrahenten (CCP)" laufen bzw. dass der Wertpapiersammelbank die für die rechtsgeschäftliche Mitwirkung an der dinglichen Einigung „erforderliche Kenntnis der Einzelheiten der zu erfüllenden Lieferansprüche" fehlt.

2003 Diesen Schluss könnten aber Äußerungen im Schrifttum nahe legen (vgl. in diesem Sinne Horn, WM 2002, Sonderbeil. 2, S. 19; Kümpel, Bank- und Kapitalmarktrecht, Rn. 11.382).

Das ist wohl der Grund dafür, dass nicht am alten System mit den Lieferlisten der Clearstream Banking AG festgehalten wurde, sondern stattdessen vom Inhalt her ähnliche Reports durch die Eurex Clearing AG erstellt werden[2004]. Diesbezüglich sind vor allem zwei Reports von Interesse. Zum einen der Soll-Lieferreport, der in den CB-Eurex nicht gesondert erwähnt wird und aus dem ersichtlich wird, welche Geschäfte nach dem Netting zu erfüllen sind und welche Einzelgeschäfte (brutto) sich dahinter verbergen. Zum anderen der Ist-Lieferreport, der die tatsächlich belieferten Geschäfte ausweist und von dem in den CB-Eurex die Rede ist[2005]. In beiden Reports sind auch die internen Geschäfte zwischen Kunden der gleichen Bank enthalten[2006]. Der Soll-Lieferreport ist vergleichbar mit dem Lieferreport, der im alten Abwicklungssystem von der Wertpapiersammelbank an die Depotbanken geschickt wurde, damit diese die Geschäftsdaten kontrollieren und daraufhin die von ihnen ausgewählten Geschäfte zur Regulierung durch die Wertpapiersammelbank freigeben konnten[2007]. Dieser Vergleich liegt nahe, weil die CM aufgrund dieses Reports, der online ständig auf aktuellem Stand abrufbar ist, entscheiden können, ob die Geschäfte zur Belieferung freigegeben oder gesperrt bzw. ob sie brutto oder netto verarbeitet werden[2008]. Damit besteht eine Parallele zum alten System, so dass es gerechtfertigt erscheint, in der Kontrolle und anschließenden Reaktion der CM auf den Soll-Lieferreport ebenso das Angebot auf die dingliche Einigung zu sehen wie in der Rücksendung der kontrollierten Lieferliste an die Wertpapiersammelbank im alten Verfahren[2009].

cc) *Stellung des Zentralen Kontrahenten als Mittelsperson*

Mit der Bestimmung der Einigungsofferte im neuen System ist freilich noch keine Entscheidung der Frage verbunden, ob die Eurex Clearing AG nicht nur im Hinblick auf die Erstellung der Lieferlisten die Funktion der Wertpapiersammelbank übernimmt, sondern auch in deren Position als Mittelsperson beim Zustan-

---

2004 Vgl. Horn, WM 2002, Sonderbeil. 2, S. 4.

2005 Vgl. V. Kapitel Nummer 2.1.1 Abs. 4 Spiegelstrich 3 der CB-Eurex.

2006 Horn, WM 2002, Sonderbeil. 2, S. 4.

2007 Dagegen meint Alfes, Central Conterparty, S. 181, die „Ist-Lieferliste" enthalte alle erforderlichen Informationen, obwohl er in Fn. 590 klarstellt, dass der Soll-Lieferreport auch die Geschäfte enthalte, die nicht tatsächlich beliefert werden.

2008 Vgl. Ruland, Effekten – Geschäft und Technik, S. 213.

2009 Insofern wohl noch zustimmend Horn, WM 2002, Sonderbeil. 2, S. 19, wenn er die Einigungsofferte in der Buchungsinformation des veräußernden CM sieht, da der Soll-Lieferreport ja genau diese Informationen enthält; a.A. Alfes, Central Conterparty, S. 181, der die Erstellung der Ist-Lieferliste als Einigungsofferte ansieht, die der Zentrale Kontrahent als Vertreter der veräußernden CM abgebe.

dekommen der dinglichen Einigung einrückt. Nach den bisherigen Feststellungen würde das bedeuten, dass die Eurex Clearing AG als Stellvertreter des Erwerbers das Angebot des CM, das dieser als Ermächtigter des Bankkunden abgibt und das an den, den es angeht, gerichtet ist, entgegennimmt und die Annahme erklärt[2010]. Daneben kommt in Betracht, die Eurex Clearing AG als Erklärungsbote oder als Empfangsbote[2011] anzusehen. Die Einordnung als Erklärungsbote kann vernachlässigt werden[2012], da nicht ersichtlich ist, warum der Zentrale Kontrahent im neuen Verfahren anders als im alten System bei Abgabe der Einigungsofferte der Seite des Erklärenden zuzurechnen sein soll und außerdem damit für die Frage des Zugangs der Willenserklärung nicht viel gewonnen wäre[2013]. Deshalb ist das Augenmerk auf die beiden anderen Ansichten zu richten, die in der Literatur unter Bezugnahme auf die korrespondierenden Auffassungen zur Stellung der Wertpapiersammelbank im alten System vertreten werden[2014].

Es ist jedoch zweifelhaft, ob es zur Begründung der einen oder der anderen Ansicht tatsächlich ausreicht, auf die entsprechende Konstruktion im früheren Verfahren zu verweisen. Denn dies lässt außer Acht, dass die Eurex Clearing AG zwar den CM Berichte zur Verfügung stellt, die mit den Lieferreports der Wertpapiersammelbank vergleichbar sind, dass sie im Übrigen aber nicht alle Tätigkeiten ausübt, die im früheren Verfahren von der Wertpapiersammelbank durchgeführt wurden bzw. immer noch durchgeführt werden. Gerade die Überprüfung der Depotdeckung durch die Clearstream AG und ihre Entscheidungsbefugnis darüber, ob sie eine Buchung vornimmt oder nicht, soll ja der Wertpapiersammelbank die auf eine Stellvertretung hindeutende Selbständigkeit[2015] verleihen[2016]. Diese Aufgabe wird weiterhin von der Wertpapiersammelbank wahrgenommen, so dass ein bloßer Verweis auf die Stellung der Wertpapiersammelbank

---

2010 Dafür spricht sich im Ergebnis Kümpel, Bank- und Kapitalmarktrecht, Rn. 11.386 f., aus.
2011 Für die Stellung als Bote plädiert Horn, WM 2002, Sonderbeil. 2, S. 19.
2012 Vgl. dazu Dechamps, Wertrechte im Effektengiroverkehr, S. 54 f.
2013 Die Ansicht, dass die Wertpapiersammelbank im hergebrachten Lieferlistenverfahren als Übermittlungsbote fungiert (vgl. Schlegelberger/Hefermehl, Anh. § 406, Rn. 322), ist deshalb nur vereinzelt und ohne nähere Begründung geäußert worden.
2014 Vgl. zur Stellung als Bote Horn, WM 2002, Sonderbeil. 2, S. 19 i.V.m. S. 11, sowie zum Modell der Stellvertretung Kümpel, Bank- und Kapitalmarktrecht, Rn. 11.386 f.
2015 Vgl. zu diesem Kriterium MünchKomm-BGB/Schramm, Vor § 164, Rn. 42 ff. u. 59; Staudinger/Schilken, § 164, Rn. 25 u. Vorbem. zu §§ 164 ff., Rn. 74 ff.; Larenz/Wolf, Allgemeiner Teil des BGB, § 46, Rn. 71.
2016 Vgl. zum Modell der Abwicklung ohne Zentralen Kontrahenten Becker, Das Problem des gutgläubigen Erwerbs im Effektengiroverkehr, S. 48; Wolter, Effektenkommission und Eigentumserwerb, S. 231 f.; Einsele, Wertpapierrecht als Schuldrecht, S. 62.

im alten Lieferlistenverfahren kein eigenständiges Tätigwerden der Eurex Clearing AG begründen kann. Andererseits schließt eine starke Weisungsgebundenheit die Annahme von Stellvertretung nicht schlechterdings aus[2017]. Entscheidend muss vielmehr sein, wie die Mittelsperson nach außen auftritt und wie der Geschäftspartner dieses Auftreten verstehen muss[2018].

Wird dieser Maßstab bei der Beurteilung zugrunde gelegt, dann spricht wohl doch mehr für die Stellvertreterstellung des Zentralen Kontrahenten[2019]. Denn obwohl der Eurex Clearing AG letztlich kein erkennbarer Spielraum bei der Entgegennahme der Einigungsofferte zusteht, kommt ihrem ganzen Tätigwerden so erhebliches Gewicht zu, dass die Annahme einer bloßen Botenstellung verfehlt erscheint. Nicht ohne Grund wird in den CB-Eurex die Verpflichtung der CM festgestellt, der Eurex Clearing AG eine „Vollmacht" zur Erteilung oder Übermittlung von Lieferinstruktionen auszustellen[2020]. Zwar geht es in der entsprechenden Klausel unmittelbar nur um die Vollmacht der Eurex Clearing AG, für die CM wirkende Lieferinstruktionen gegenüber der Wertpapiersammelbank zu erteilen oder zu übermitteln, doch spielen diese Lieferinstruktionen wegen der folgenden Umbuchung auf den Depots für die Eigentumsübertragung eine erhebliche Rolle. Folglich lässt eine Gesamtschau der Funktionen der Eurex Clearing AG und deren rechtliche Einordnung in den CB-Eurex den Schluss auf die Stellung der Eurex Clearing AG als Stellvertreter beim Empfang der Einigungsofferte zu[2021]. Dieses Ergebnis lässt sich durch ein rechtspraktisches Argument stützen. Für den gutgläubigen Erwerb im Effektengiroverkehr wird nämlich selbst von *Horn* als Befürworter der Botenlösung die analoge Anwendung des § 166 BGB gefordert[2022], ohne dass die Erfüllung der Voraussetzungen einer Analogie im Einzelnen dargelegt werden. Wenn es tatsächlich so dringend erforderlich ist,

---

2017 BGH, LM Nr. 1 zu § 173; Soergel/Leptien, Vor § 164, Rn. 44.

2018 Larenz/Wolf, Allemeiner Teil des BGB, § 46, Rn. 75; Soergel/Leptien, Vor § 164, Rn. 44; Hübner, Allgemeiner Teil, Rn. 1170; MünchKomm-BGB/Schramm, Vor § 164, Rn. 43 f.; a.A. Hueck, AcP 152 (1953), S. 432 (435 ff.), der auf das Innenverhältnis zwischen Geschäftsherrn und Mittelsperson als entscheidendes Kriterium abstellt.

2019 Vgl. Alfes, Central Counterparty, S. 180.

2020 V. Kapitel Nummer 2.1.1 Abs. 5 S. 2 der CB-Eurex. Diese Verpflichtung wird in Nummer 1.1 Nr. 4 der Standardvereinbarungen für das Verhältnis zwischen der Eurex Clearing AG und den CM umgesetzt (abgedruckt in Kümpel/Hammen/Ekkenga, Kz. 473 Anhang 1).

2021 Ähnlich wird gelegentlich für das alte Verfahren die Stellvertreterstellung der Wertpapiersammelbank begründet (vgl. Heinsius/Horn/Than, Depotgesetz, § 6, Rn. 86, sowie Wolters, Effektenkommission und Eigentumserwerb, S. 230 f.).

2022 Vgl. zur Unanwendbarkeit des § 166 BGB bei der Botenschaft Staudinger/Schilken, § 166, Rn. 4; Soergel/Leptien, § 166, Rn. 10; MünchKomm-BGB/Schramm, § 166, Rn. 35; Larenz/Wolf, Allgemeiner Teil des BGB, § 46, Rn. 103 u. 115.

auf die Kenntnis der Eurex Clearing AG abzustellen, dann ist es vorzugswürdig, sie von vornherein als Vertreter einzuordnen[2023], anstatt einen nicht näher ausgeführten Analogieschluss zu ziehen. Im Übrigen bietet *Horn* keine Lösung an, die mit dem bisherigen Verfahren bzw. seiner rechtlichen Interpretation durch die h.M. in Einklang zu bringen ist. Denn in der Literatur wird bislang – soweit ersichtlich – nirgendwo die Auffassung vertreten, dass die Weiterleitung des Regulierungsdatenträgers der Clearstream Banking AG, der dem früheren Depottagesauszug entspricht und von *Horn* mit der Ist-Lieferliste gleichgesetzt wird, von der Wertpapiersammelbank als Empfangsbote an die Depotbank des Erwerbers für den Zugang der Einigungsofferte entscheidend ist[2024].

Schließlich ist zu bedenken, dass die passive Stellvertretung in den allermeisten Fällen mit der aktiven Stellvertretung einhergeht[2025]. Das lenkt den Blick auf die Frage, wer die Annahme erklärt bzw. durch welche Handlung sie erfolgt. *Horn* sieht vor dem Hintergrund seiner Botenlösung in der Entgegennahme des Ist-Lieferreports durch die Depotbanken die konkludente Annahme der Einigungsofferte[2026]. Besser mit dem bisherigen Verfahren ist es freilich zu vereinbaren, wenn eine Handlung der Eurex Clearing AG festgestellt werden kann, die

---

2023 So in diesem Zusammenhang auch Becker, Das Problem des gutgläubigen Erwerbs im Effektengiroverkehr, S. 47.

2024 Selbst auf Kümpel, WM 1976, S. 942 (953), der zu dieser Zeit noch von der Eigenschaft der Wertpapiersammelbank als Empfangsbote ausging, kann sich *Horn* insoweit nicht berufen, da Kümpel trotz der Annahme einer Empfangsbotenschaft ausführt, dass „mit dem Eingang der Lieferliste ... beim kontoführenden Kassenverein" die damit verbundene Übereignungsofferte „zugleich dem kaufenden Kreditinstitut" zugeht. Das Verschicken der Depottagesauszüge/Gutschriftsanzeigen wird darüber hinaus zum Teil als Abgabe der Einigungsofferte durch die Wertpapiersammelbank als Ermächtige i.S. des § 185 BGB gewertet (so etwa Brink, Rechtsbeziehungen und Rechtsübertragung im nationalen und internationalen Effektengiroverkehr). Unklar in Bezug auf die Bedeutung der Absendung des Depottagesauszugs Schlegelberger/Hefermehl, § 406 Anh., Rn. 322, der einerseits die „*Annahme* der Übertragungsofferte erst mit der Absendung oder Aushändigung des Depot-Tagesauszuges auf den Begünstigten" erfolgen lassen will, andererseits die Wertpapiersammelbank, die ja diese Tätigkeit ausführt, als „Übermittlungsboten" hinsichtlich der „Übertragungs*offerte*" ansieht. Jedenfalls wird auch dort nicht von einer Empfangsbotenschaft ausgegangen. Auch von Dechamps, Wertrechte im Effektengiroverkehr, S. 54 ff., werden die Depottagesauszüge nur im Zusammenhang mit der Eigenschaft der Wertpapiersammelbank als Erklärungsbote erwähnt.

2025 Larenz/Wolf, Allgemeiner Teil des BGB, § 46, Rn. 29; Soergel/Leptien, § 164, Rn. 37; Joussen, Jura 2003, S. 577 (578).

2026 Horn, WM 2002, Sonderbeil. 2, S. 20.

der nach oft vertretener Meinung[2027] als Annahme anzusehenden Buchung durch die Wertpapiersammelbank entspricht. Als solche Handlung ist die Weiterleitung der Buchungsinformationen von der Eurex Clearing AG an die Clearstream Banking AG in Betracht zu ziehen. Die Übermittlung der entsprechenden Daten muss jedenfalls erfolgen, damit die Wertpapiersammelbank die erforderlichen Umbuchungen auf den Depots der CM vornehmen kann. Obgleich nun eingewendet werden mag, dass es sich dabei womöglich nur um einen elektronischen Vorgang handelt und dass die Buchungsinformationen wegen des Netting die für die Eigentumsübertragungen erforderlichen Einigungen inhaltlich nur unvollkommen abbilden, ist doch nicht von der Hand zu weisen, dass mit der Übertragung ein Vorgang feststellbar ist, an den bei der Ermittlung einer konkludenten Willenserklärung seitens der Eurex Clearing AG angeknüpft werden kann. Dieser Vorgang ist letztlich auch besser geeignet, als konkludente Annahmeerklärung zu dienen als die bloße Entgegennahme des Ist-Lieferreports. Denn der Empfang des Reports ist in seinem Erklärungsgehalt ebenso wenig aussagekräftig wie das vorbehaltlose Sich-Einräumenlassen des mittelbaren Besitzes[2028], das teilweise im bisherigen Verfahren als Annahme gewertet wurde[2029].

Demzufolge ist festzuhalten, dass die dingliche Einigung über den Eigentumsübergang der zu übertragenden Wertpapiere mit dem Zentralen Kontrahenten als Stellvertreter des Erwerbers zustande kommt. Hieran ändert sich nichts dadurch, dass sowohl das Angebot an als auch die Annahmeerklärung für den, den es angeht, abgegeben werden[2030].

dd) Einschränkung der Stellung des Zentralen Kontrahenten als Mittelsperson

Die vorstehenden Ausführungen zur Position des Zentralen Kontrahenten als Mittelsperson gingen von der Stellung der Clearstream Banking AG im hergebrachten Verfahren aus und haben sich damit auf den bisherigen Regelfall bezogen, dass in die dingliche Einigung zwei verschiedene Banken mit eigenem Depotkonto bei der Wertpapiersammelbank eingebunden sind. Denkbar und durchaus praxisrelevant sind jedoch auch Fälle, bei denen die Wertpapierübertra-

---

2027 Vgl. Lenenbach, Kapitalmarkt- und Börsenrecht, Rn. 5.58; MünchKomm-HGB/Einsele, Depotgeschäft, Rn. 100; Staub/Canaris, Bankvertragsrecht, Rn. 2019; Wolter, Effektenkommission und Eigentumserwerb, S. 242 ff.
2028 Wolters, Effektenkommission und Eigentumserwerb, S. 239 f., legt überzeugend dar, dass es sich dabei nicht um eine Manifestation des Annahmewillens, sondern um die Fiktion einer Annahmehandlung handelt.
2029 Vgl. dazu Kümpel, WM 1976, S. 942 (953); ders. in BuB, Rn. 8/338;
2030 Vgl. zum Vorliegen der Voraussetzungen des Geschäfts für den, den es angeht, bei der Eigentumsübertragung im Effektengiroverkehr S. 400 ff. und S. 403 ff.

gung zwischen Kunden desselben über ein Depotkonto bei der Wertpapiersammelbank verfügenden CM erfolgt. Fraglich ist in diesen Konstellationen, ob es erforderlich ist, die Eurex Clearing AG in die dingliche Einigung einzuschalten oder ob nicht ein einfacherer Weg zur Verfügung steht, um das Zustandekommen der Einigung zu ermöglichen. Tatsächlich bietet sich eine Anlehnung an die Konstruktion der Einigung bei den Kompensationsgeschäften[2031] an, da dieselbe Ausgangssituation besteht und nicht ersichtlich ist, warum die Funktionalität des Zentralen Kontrahenten insofern eine Änderung nötig machen soll. Das bedeutet, dass die Einigung in der Form eines Insichgeschäfts des CM zustande kommt. Dabei wird die Einigungsofferte von dem dazu konkludent ermächtigten CM abgegeben, welches das Angebot daraufhin als Vertreter des Erwerbers unter ebenfalls konkludenter Befreiung von der Beschränkung des § 181 BGB annimmt. Somit zeigt sich, dass der Zentrale Kontrahent nicht stets die Stellung einer Mittelsperson bei der Wertpapierübertragung einnimmt, sondern diese Funktion auf Fälle beschränkt bleibt, bei denen die Eigentumsübertragung zwischen Kunden verschiedener CM vorzunehmen ist.

ee) Modalitäten der Einigung über den Eigentumsübergang

Zu untersuchen ist schließlich, ob und gegebenenfalls wie sich die Bestimmungen in den CB-Eurex zum Zeitpunkt des Eigentumsübergangs[2032] auf den Inhalt der dinglichen Einigung auswirken. Dass den CB-Eurex als AGB[2033] für den Eigentumsübergang zwischen Veräußerer und Erwerber, zu denen mangels eines entsprechenden rechtsgeschäftlichen Willens niemals die Eurex Clearing AG als Zentraler Kontrahent gehört, grundsätzlich Bedeutung zukommen kann, ergibt sich nach der oben dargelegten Lösung zwanglos aus der Stellung des Zentralen Kontrahenten als Stellvertreter des Erwerbers. Denn als Vertreter gibt er eine eigene Willenserklärung ab, so dass er für das von ihm vorgenommene Rechtsgeschäft eigene AGB aufstellen kann, auch wenn die Rechtswirkungen des Vertrages nicht ihn, sondern den Vertretenen treffen. Das bedeutet, dass die CB-Eurex im Verhältnis zwischen CM und Eurex Clearing AG unmittelbar als AGB gelten und damit den Inhalt der Einigung über den Eigentumsübergang beeinflussen können[2034].

2031 Vgl. dazu S. 407 ff.
2032 V. Kapitel Nummer 2.1.1 Abs. 4 der CB-Eurex.
2033 Vgl. zu der Einordnung der CB-Eurex als AGB S. 78.
2034 Vgl. MünchKomm-BGB/Basedow, § 305, Rn. 21, der sogar davon ausgeht, dass die AGB dann als vom Vertretenen gestellt anzusehen sind. Diese Annahme wäre allerdings in Bezug auf die CB-Eurex angesichts der fehlenden Einflussmöglichkeit der CM nicht haltbar.

Selbst wenn der Einordnung des Zentralen Kontrahenten als Stellvertreter nicht gefolgt werden sollte, sind die CB-Eurex für den Inhalt der Einigung zwischen Veräußerer und Erwerber von maßgeblicher Bedeutung. Denn die Anerkennung der CB-Eurex ist Voraussetzung für den direkten oder indirekten Anschluss an das Clearing-System der Eurex Clearing AG[2035], so dass jedes CM von der allseitigen Anerkennung der CB-Eurex ausgehen kann. Aus der Sicht des objektiven Empfängerhorizonts kommt daher allen abgegebenen Erklärungen von Teilnehmern am Clearing-System der in den CB-Eurex beigemessene Erklärungswert zu[2036]. Insofern stellen sie den maßgeblichen Hintergrund für die Auslegung der Erklärungen dar[2037].

In den CB-Eurex wird der Eigentumsübergang nun an drei Voraussetzungen geknüpft, deren rechtliche Bedeutung zu klären ist[2038]. Zunächst soll der Eigentumsübergang nicht vor dem Zeitpunkt vollzogen werden, zu dem die Wertpapiersammelbank alle erforderlichen Buchungen vom Depotkonto der Eurex Clearing AG auf die Depots der zu beliefernden CM vorgenommen hat[2039]. Diese Voraussetzung soll vermeiden, dass ein CM seinem Kunden mittels Gutschrift Eigentum verschafft, ohne selbst über eine ausreichende Deckung auf dem Konto der Wertpapiersammelbank zu verfügen[2040]. Rechtlich lässt sich diese Anforderung als aufschiebende Bedingung i.S. des § 158 Abs. 1 BGB einordnen. Grundsätzlich bestehen nämlich keine Bedenken dagegen, die dingliche Einigung mit einer Bedingung oder Befristung zu verknüpfen[2041]. Mit dieser Bedingung wird sichergestellt, dass ein gutgläubiger Erwerb durch den Erwerber bei fehlender Deckung erst gar nicht in Betracht kommt[2042].

2035 Vgl. dazu eingehend S. 208 ff.

2036 Vgl. für den ähnlich gelagerten Fall der AGB eines Internetauktionshauses OLG Hamm, MMR 2001, S. 105 (107).

2037 Vgl. wiederum zu den AGB eines Internetauktionshauses BGH, NJW 2002, S. 363 (364), sowie Deutsch, MMR 2004, S. 586 (589), der zudem mit zahlreichen weiteren Nachweisen einen guten Überblick über die in der Literatur diskutierten Möglichkeiten der Einbeziehung dieser AGB in das Rechtsverhältnis zwischen Anbieter und Höchstbietendem liefert (aaO., S. 587 f.).

2038 Vgl. dazu Horn, WM 2002, Sonderbeil. 2, S. 20 f.

2039 V. Kapitel Nummer 2.1.1 Abs. 4 Spiegelstrich 1 der CB-Eurex.

2040 Horn, WM 2002, Sonderbeil. 2, S. 20.

2041 Schapp/Schur, Sachenrecht, Rn. 174; Staudinger/Wiegand, § 929, Rn. 29; MünchKomm-BGB/Quack, § 929, Rn. 91.

2042 Vgl. aber auch Horn, WM 2002, Sonderbeil. 2, S. 20, der darauf hinweist, dass ein gutgläubiger Erwerb wegen der Bösgläubigkeit der Bank, die ihrem Kunden nach § 166 BGB zuzurechnen sei, ohnehin nicht stattfinden kann. Dennoch sieht auch er in der Buchungsklausel eine aufschiebende Bedingung.

Darüber hinaus wird der Eigentumsübergang davon abhängig gemacht, dass seitens der Wertpapiersammelbank die Geldverrechnung[2043] durchgeführt wurde[2044]. Mit dieser Klausel soll die Zug-um-Zug-Erfüllung gewährleistet werden[2045], die im bisherigen Verfahren durch entsprechende Vorschriften in den AGB der Clearstream Banking AG sichergestellt wurde[2046]. Auch diese Voraussetzung stellt eine aufschiebende Bedingung gem. § 158 Abs. 1 BGB dar, welche die Rechtswirkungen der dinglichen Einigung bis zur Durchführung der Geldverrechnung aufschiebt[2047].

Schließlich muss zusätzlich für den Eigentumsübergang den CM der Ist-Lieferreport von der Eurex Clearing AG bereitgestellt worden sein[2048]. Während *Horn* auf der Grundlage seiner Auffassung von der Stellung der Eurex Clearing AG als Empfangsbote, der die Einigungsofferte in Form des Ist-Lieferreports an die CM weiterleitet, in dieser Klausel keine Bedingung, sondern ein Element des dinglichen Rechtsgeschäfts selbst sieht[2049], kann es sich nach der oben dargelegten Auffassung vom Zugang der Einigungsofferte mit Entgegennahme durch den Zentralen Kontrahenten nur um eine weitere aufschiebende Bedingung für die dingliche Einigung handeln[2050]. Diese Annahme wird zudem dadurch gestützt, dass der Ist-Lieferreport als Element des dinglichen Rechtsgeschäfts gar keiner besonderen Erwähnung bedürfte, da der Zugang der Offerte ohnehin Voraussetzung der dinglichen Einigung ist, so dass in der Regelung allenfalls eine klarstellende Zugangsregelung zu sehen sein könnte. Als solche ist sie jedoch nicht formuliert. Gegen ihre Einordnung als Zugangsregelung für die Einigungsofferte spricht überdies ihre Stellung hinter zwei als aufschiebende Bedingungen identifizierte Klauseln.

b) Übergabe bzw. Übergabesurrogat

Neben der Einigung ist nach den grundsätzlichen Ausführungen zur Eigentumsübertragung im Effektengiroverkehr die Umbuchung in den Depotbüchern als

---

2043 Vgl. zu diesem Verfahren Kümpel, Bank- und Kapitalmarktrecht, Rn. 11.353 f.
2044 V. Kapitel Nummer 2.1.1 Abs. 4 Spiegelstrich 2 der CB-Eurex.
2045 Horn, WM 2002, Sonderbeil. 2, S. 20.
2046 Vgl. Lenenbach, Börsen- und Kapitalmarktrecht, Rn. 5.64, sowie Nr. 8 Abs. 1 S. 4 u. 5 i.V.m. Nr. 9 Abs. 1 ABG der Clearstream Banking AG (abgedruckt in Kümpel/ Hammen/Ekkenga, Kz. 380).
2047 Horn, WM 2002, Sonderbeil. 2, S. 20 f.
2048 V. Kapitel Nummer 2.1.1 Abs. 4 Spiegelstrich 3 der CB-Eurex.
2049 Horn, WM 2002, Sonderbeil. 2, S. 21.
2050 So auch Alfes, Central Counterparty, S. 182.

Übergabesurrogat erforderlich[2051]. Dagegen ist nach der noch h.M. für die Übergabe nach § 929 S. 1 BGB die Erlangung von Besitz notwendig[2052].

Betrachtet man die Buchung als Übergabesurrogat, stellt die Erfüllung der neben die dingliche Einigung tretenden zweiten Voraussetzung kein echtes Problem dar. Die für den Eigentumsübergang als Übergabesurrogat relevante Buchung erfolgt entweder durch die Wertpapiersammelbank, sofern es um Eigengeschäfte des CM geht und das Netting einen auszugleichenden Saldo ergeben hat, oder durch die CM bzw. durch die nachgeschalteten Banken als Zwischenverwahrer, wenn Geschäfte der NCM oder Endkunden zu erfüllen sind[2053]. Die Regelungen in den CB-Eurex und den AGB der Clearstream Banking AG, die den Übergang des Besitzes bzw. die Umstellung des Besitzmittlungsverhältnisses betreffen[2054], sind nach dieser Auffassung obsolet. Demgegenüber muss auf der Grundlage der h.M. der Zentrale Kontrahent in die ohnehin schon komplizierte Konstruktion der mehrstufigen Besitzmittlungspyramide eingebaut werden. Nach der hierfür von *Horn* entwickelten Lösung geschieht dies dergestalt, dass die Wertpapiersammelbank eine Umbuchung auf den Depotkonten der CM in Höhe der Salden vornimmt, die sich aus dem Netting ergeben. Lediglich in diesem Umfang ändere die Clearstream Banking AG ihren Besitzmittlungswillen[2055]. Im Gegensatz hierzu sollen die CM als Zwischenverwahrer in der Regel[2056] für alle Geschäftsvorfälle, also brutto, Umbuchungen auf den Depotkonten ihrer Kunden vornehmen und insoweit ihren Besitzmittlungswillen umstellen. Die somit entstehende Disparität zwischen der Änderung des Besitzmittlungswillens der Wertpapiersammelbank und der CM als Zwischenverwahrer bei der Erfüllung der Wertpapiergeschäfte sei besitzrechtlich unbedenklich und stelle kein Hindernis bei der Erfüllung der Wertpapiergeschäfte dar. Denn besitzrechtlich sei eine Mitwirkung des Besitzmittlers der ersten Stufe (Wertpapiersammelbank) an der Begründung oder Änderung des Besitzmittlungswillens der Besitzmittlers der zweiten Stufe

---

2051 Vgl. ausführlich S. 415 ff.

2052 Vgl. S. 411 ff.

2053 Dass auch in den Fällen der Eigentumsübertragung zur Erfüllung von Geschäften der NCM oder der Endkunden die Buchung der Wertpapiersammelbank eine wichtige Rolle spielen kann, wurde im Rahmen der Modalitäten der Einigung erörtert. In diesen Konstellationen handelt es sich jedoch nicht um die Buchung als Übergabesurrogat.

2054 Vgl. Nummer 2.1.1 Abs. 3 S. 3 CB-Eurex und Nr. 8 der AGB der Clearstream Banking AG.

2055 Horn, WM 2002, Sonderbeil. 2, S. 18.

2056 Ausnahmen von der Regel ergeben sich bei Nettingpotential zwischen den CM und ihren NCM-Kunden und womöglich sogar im Verhältnis zu Endkunden, wenn diese Daytrading betreiben (vgl. Horn, WM 2002, Sonderbeil. 2, S. 18 mit Fn. 116 u. 117).

(CM) nicht erforderlich. Der Besitzmittler der ersten Stufe brauche Einzelheiten der Besitzmittlung der zweiten Stufe oder selbst die Tatsache der weiteren Besitzmittlung nicht in seinen Besitzwillen aufzunehmen[2057]. Vielmehr genüge es, dass das CM als Besitzmittler zweiter Stufe über ausreichend Besitz, mithin über Deckung auf seinem Depotkonto bei der Clearstream Banking AG, verfüge, um den Besitz an die NCM oder die Endkunden weitermitteln zu können[2058].

Freilich ist damit die besitzrechtliche Konstruktion der Übergabe unter der Einschaltung des Zentralen Kontrahenten noch nicht vollständig geklärt. Denn die Zwischenbuchungen auf dem Konto der Eurex Clearing AG[2059], die eigentlich nur der Anonymisierung des Wertpapierumlaufs dienen[2060], müssen ebenfalls noch berücksichtigt werden, da nach der eine Besitzmittlungspyramide befürwortenden Ansicht die Wertpapiersammelbank für alle Wertpapiere, die auf ihren Depotkonten verwahrt werden, einen entsprechenden Besitzmittlungswillen hat[2061]. Nach *Horn* ist die Eurex Clearing AG als mittelbarer Besitzer anzusehen, der für die kurze Zeit der Zwischenbuchung dem veräußernden CM den Besitz an den Wertpapieren mittelt[2062]. Damit wird die mehrstufige Besitzleiter um eine weitere Stufe ausgebaut. Das für die Annahme eines Besitzmittlungsverhältnisses i.S. des § 868 BGB erforderliche konkrete Rechtsverhältnis zwischen dem veräußernden CM und dem Zentralen Kontrahenten soll dabei in einer konkludent abgeschlossenen Abrede zu sehen sein, wonach die Eurex Clearing AG verpflichtet sei, den veräußernden CM für den Zeitraum der Zwischenbuchungen den Besitz an den umzubuchenden Wertpapieren zu verschaffen[2063]. Mit dieser Konstruktion zeigt sich deutlich, wie gekünstelt[2064] das Festhalten am Modell des gestuften mittelbaren Besitzes ist. Auch dies kann letztlich als Argument dafür angeführt werden, die Buchung als Übergabesurrogat einzuordnen.

2057 So in der Tat der BGH, NJW 1964, S. 398 f., und aus dem Schrifttum z.B. Staudinger/Bund, § 871, Rn. 2, MünchKomm-BGB/Joost, § 871, Rn. 2 i.V.m. § 868, Rn. 17, sowie Schapp/Schur, Sachenrecht, Rn. 59.

2058 Horn, WM 2002, Sonderbeil. 2, S. 18 f.

2059 Vgl. V. Kapitel Nummer 2.1.1 Abs. 3 S. 4 der CB-Eurex.

2060 Horn, WM 2002, Sonderbeil. 2, S. 19; vgl. zur Anonymisierung als intendierter Vorzug der Einführung eines Zentralen Kontrahenten unter 2. Teil: B.II.

2061 Vgl. Gößmann in Schimansky/Bunte/Lwowski, Band II, § 72, Rn. 110; Schwintowks/Schäfer, § 17, Rn. 11; Horn, WM 2002, Sonderbeil. 2, S. 20.

2062 Horn, WM 2002, Sonderbeil. 2, S. 20; ebenso Alfes, Central Counterparty, S. 177 ff. u. 183.

2063 Horn, WM 2002, Sonderbeil. 2, S. 20.

2064 Vgl. Kümpel, Bank- und Kapitalmarktrecht, Rn. 11.365; Staub/Canaris, Bankvertragsrecht, Rn. 2022, die als Anhänger des besitzrechtlichen Ansatzes zugestehen, dass die Konstruktion lebensfremd und wenig sachgerecht ist.

3. Das Problem des gutgläubigen Erwerbs

Nachdem auf Grundlage sowohl des in dieser Arbeit entwickelten Ansatzes als auch der h.M. die Eigentumsübertragung unter Einschaltung der Eurex Clearing AG dargestellt wurde, ist nun noch zu beleuchten, wie sich die Integration des Zentralen Kontrahenten in den Erfüllungsvorgang auf die Möglichkeit des gutgläubigen Erwerbs auswirkt. In diesem Zusammenhang ist zunächst zu klären, ob im Effektengiroverkehr ein gutgläubiger Erwerb überhaupt in Betracht kommt.

a) Der Rechtsscheinträger im Effektengiroverkehr

Im Zuge der Ausführungen zur Eigentumsübertragung von Wertpapieren im Effektengiroverkehr wurde zwar schon darauf hingewiesen, dass ein wesentlicher Grund für die Bemühungen, die Eigentumsübertragung nach den §§ 929 ff. BGB vorzunehmen, in dem Bestreben liegt, den gutgläubigen Erwerb vom Nichtberechtigten zu ermöglichen. Gleichwohl bedeutet die Anwendung von § 929 S. 1 BGB noch nicht zwangsläufig, dass der Weg zur Anwendung der §§ 932 ff. BGB, 366 HGB tatsächlich eröffnet ist. Denn der gutgläubige Erwerb beweglicher Sachen knüpft am Rechtsschein der Berechtigung des Veräußerers an, welcher auf dem Besitz beruht[2065]. Nun wird jedoch mit Recht bezweifelt, dass auch vom Mitbesitz ein tauglicher Rechtsschein für den gutgläubigen Erwerb ausgehen kann, da der Mitbesitz nur eine Vermutung für das Miteigentum als solches, nicht jedoch für die Größe des Miteigentumsbruchteils begründet[2066]. Deshalb wird auch für den Bereich des Effektengiroverkehrs der mittelbare Mitbesitz der Hinterleger als alleiniger Rechtsscheinträger abgelehnt. Stattdessen will der ganz überwiegende Teil des Schrifttums im Wege der Rechtsfortbildung[2067] auf die

---

2065 Vgl. BGHZ 10, S. 81 (86); 56, S. 123 (128 f.); Baur/Stürner, Lehrbuch des Sachenrechts, § 52 Rn. 3; Schapp/Schur, Sachenrecht, Rn. 204; Wilhelm, Sachenrecht, Rn. 835; Westermann/Gursky, Sachenrecht, § 45 III 1 a) (S. 366); dagegen wird zum Teil die Legitimationsbasis für den Gutglaubenserwerb in der Besitzverschaffungsmacht gesehen (MünchKomm-BGB/Quack, § 932, Rn. 16 f.; Hager, Verkehrsschutz durch redlichen Erwerb, S. 245 ff.), was für die vorliegende Frage aber nicht weiter relevant ist.

2066 Palandt/Bassenge, § 932, Rn. 1; Staudinger/Langhein, § 747, Rn. 23; Soergel/ Henssler, § 932, Rn. 10; Schulze-Osterloh, Das Prinzip der gesamthänderischen Bindung, S. 212; Koller, DB 1972, S. 1857 (1860); differenzierend (anders als noch in der 3. Aufl.) MünchKomm-BGB/K. Schmidt, § 747, Rn. 20; a.A. Becker, Gutgläubiger Erwerb im Effektengiroverkehr, S. 22 ff. u. zusammenfassend S. 41 f.

2067 Vgl. zur insoweit in Betracht kommenden „gesetzesübersteigenden Rechtsfortbildung" Larenz/Canaris, Methodenlehre der Rechtswissenschaft, S. 232 ff.

Buchung als zusätzlichen oder gar alleinigen Rechtsscheinträger abstellen[2068].
Die Buchung in den Verwahrungsbüchern, zu deren Führung die Verwahrer nach
§ 14 DepotG verpflichtet sind und in denen jeder Erwerb sowie jede Veräußerung einzutragen ist[2069], gebe zuverlässig[2070] Aufschluss über die Höhe des Mit-
eigentumsanteils des Kontoinhabers und habe insofern eine dem Besitz gleich-
kommende Funktion[2071].

Gegen diese Argumentation werden freilich einige Einwände vorgebracht[2072].
Es vertraue, so wird gesagt, die Wertpapiersammelbank, auf deren Gut- oder
Bösgläubigkeit es nach § 166 Abs. 1 BGB als Vertreter des Erwerbers ankomme,
auf einen Rechtsschein, den sie zuvor selbst durch vorausgehende Buchungen ge-

2068 Staub/Canaris, Bankvertragsrecht, Rn. 2026 f.; Heinsius/Horn/Than, Depotgesetz,
§ 6, Rn. 91; Dechamps, Wertrechte im Effektengiroverkehr, S. 115 ff.; Schlegel-
berger/Hefermehl, § 406 Anh., Rn. 327; Brink, Rechtsbeziehungen und Rechtsübertragung im nationalen und internationalen Effektengiroverkehr, S. 102 f.; Lenenbach, Kapitalmarkt- und Börsenrecht, Rn. 5.73; Horn, WM 2002, Sonderbeil.
2, S. 14 f.; Eder, NZG 2004, S. 107 (112).
2069 Vgl. Heinsius/Horn/Than, Depotgesetz, § 14, Rn. 2 f.; MünchKomm-HGB/Einsele,
Depotgeschäft, Rn. 59 ff.
2070 Die Zuverlässigkeit der Depotbuchungen wird durch die Vorschriften zur Depotführung sichergestellt, auf deren Einhaltung nach § 30 KWG alle das Effekten-
oder Depotgeschäft betreibenden Kreditinstitute kontrolliert werden (vgl. Einsele,
Wertpapierrecht als Schuldrecht, S. 165 ff.; Dechamps, Wertrechte im Effektengiroverkehr, S. 128 f.); einzuräumen ist gleichwohl, dass die Zuverlässigkeit der
Auskünfte der Depotbücher nur dann gewährleistet ist, wenn die Eigentumsüber-
tragungsformen außerhalb der Depotbücher praktisch keine Rolle spielen (vgl. zu
diesen Übertragungsmöglichkeiten nur Kümpel, Bank- und Kapitalmarktrecht,
Rn. 11.221 ff.). Tatsächlich erscheint es für den Effektengiroverkehr angebracht,
für die rechtsgeschäftliche Übertragung die Mitwirkung einer Bank und damit einen Publizitätsakt in Form einer Buchung zu fordern (vgl. zu diesem Gedanken auf
Grundlage der von ihr abgelehnten h.M. Einsele, Wertpapierrecht als Schuldrecht,
S. 172 mit Fn. 72). Diese Notwendigkeit stimmt mit der in dieser Arbeit entwickelten Lösung der Buchung als Übergabesurrogat und der Ablehnung eines mittel-
telbaren Mitbesitzes der Hinterleger überein, so dass sich auch hier die Schlüssig-
keit des dargestellten Ansatzes bestätigt.
2071 Vgl. Heinsius/Horn/Than, Depotgesetz, § 6, Rn. 91; Lenenbach, Kapitalmarkt- und
Börsenrecht, Rn. 5.73; Gößmann in Schimansky/Bunte/Lwowski, Band II, § 72,
Rn. 114; Brink, Rechtsbeziehungen und Rechtsübertragung im nationalen und internationalen Effektengiroverkehr, S. 82 f. i.V.m. 102 f.; Koller, DB 1972,
S. 1905 ff.; Dechamps, Wertrechte im Effektengirorverkehr, S. 115 ff.; Fabricius,
AcP 162 (1963), S. 456 (481 f.).
2072 Vgl. dazu Einsele, Wertpapierrecht als Schuldrecht, S. 172 ff., sowie Haber-
sack/Mayer, WM 2000, S. 1678 (1682 f.).

setzt habe[2073]. Darüber hinaus passten die dem Verkehrsschutz dienenden Vorschriften zum gutgläubigen Erwerb nicht zu den Abläufen des Effektengiroverkehrs, der bei der Wertpapiersammelbank vollständig auf EDV-Basis umgestellt sei, so dass gar keine natürlichen Personen vorhanden seien, die einen guten oder bösen Glauben entfalten könnten[2074]. Schließlich werde mit der Anerkennung der Buchung als Rechtsscheinträger mit zentralen sachenrechtlichen Prinzipien gebrochen, da es der Buchung im Unterschied zu sonstigen Rechtsscheinträgern an der allgemeinen Erkennbarkeit und Offenkundigkeit fehle[2075]. Denn die Kreditinstitute seien schon aufgrund des Bankgeheimnisses[2076] daran gehindert, die Buchungsvorgänge der Allgemeinheit zugänglich zu machen[2077].

Dass diese Kritik an der h.M., die den Gutglaubenserwerb im Effektengiroverkehr für möglich hält, nicht überzeugen kann, ist nach der oben vertretenen Ansicht von der Buchung als Übergabesurrogat vorgezeichnet. Denn es ist nur konsequent, bei Anerkennung der Buchung als Übergabesurrogat und damit als Bestandteil des „normalen" Übereignungstatbestands die Buchung auch als geeigneten Rechtsscheinträger anzusehen. Selbst wenn man sich dieser Auffassung von der Buchung als notwendigem Bestandteil der Eigentumsübertragung im Effektengiroverkehr nicht anschließt, ist doch zu berücksichtigen, dass nach dem Willen des Gesetzgebers, der in § 24 Abs. 2 DepotG zumindest im Ansatz zum Ausdruck kommt[2078], der gutgläubige Erwerb im Effektengiroverkehr zulässig sein soll[2079]. Dagegen können die geltend gemachten Bedenken nicht durchgreifen. Dass es nicht zwangsläufig gegen den gutgläubigen Erwerb spricht, wenn auf einen Rechtsschein vertraut wird, bei dessen Entstehung der Erwerber bzw. sein Vertreter irgendwann einmal im Vorfeld der Übertragung mitgewirkt hat, wird

---

2073 Einsele, Wertpapierrecht als Schuldrecht, S. 174 f.; dies. in MünchKomm-HGB, Depotgeschäft, Rn. 111; kritisch dazu auch Dechamps, Wertrechte im Effektengiroverkehr, S. 142, sowie Hager, Verkehrsschutz durch redlichen Erwerb, S. 326.

2074 Einsele, Wertpapierrecht als Schuldrecht, S. 177 ff.; dies. in MünchKomm-HGB, Depotgeschäft, Rn. 112.

2075 Habersack/Mayer, WM 2000, S. 1678 (1682 f.); MünchKomm-HGB/Einsele, Depotgeschäft, Rn. 113.

2076 Vgl. dazu umfassend Bruchner in Schimansky/Bunte/Lwowski, Band I, § 39, sowie im Zusammenhang mit aktuellen Entwicklungen Klüwer/Meister, WM 2004, S. 1157 ff.

2077 MünchKomm-HGB/Einsele, Depotgeschäft, Rn. 113.

2078 Lenenbach, Kapitalmarkt- und Börsenrecht, Rn. 5.73; Staub/Canaris, Bankvertragsrecht, Rn. 2026; Horn, WM 2002, Sonderbeil. 2, S. 14 f., der darüber hinaus auf § 14 DepotG verweist.

2079 Vgl. eingehend zum Willen des Gesetzgebers unter 7. Teil: B.II.3.b)bb)ddd)(1); dies wird von Einsele, Wertpapierrecht als Schuldrecht, S. 197, ausdrücklich eingeräumt.

von *Einsele* selbst eingeräumt[2080]. Die umfängliche Verwendung von EDV bei der Buchung kann ebenfalls nicht gegen deren Bedeutung als Rechtsscheinträger angeführt werden, da es sich insoweit um einen unspezifischen Einwand handelt, der grundsätzlich für alle rechtsgeschäftlichen Erklärungen unter Einschaltung von EDV gelten müsste[2081]. Allgemein ist jedoch der Grundsatz anerkannt, dass elektronische Vorgänge, Erklärungen und Buchungen jeweils den dahinter stehenden Personen zuzurechnen sind[2082]. Schließlich scheint auch der Einwand der fehlenden Offenkundigkeit der Buchung als Rechtsscheinträger nicht zuzutreffen[2083]. Denn in Bezug auf den mittelbaren Besitz vertritt der BGH den Standpunkt, dass es ausreiche, wenn der Erwerber das Besitzmittlungsverhältnis erkennen könne[2084]. Dann ist es nicht einzusehen, warum bei der Buchung höhere Anforderungen an die Publizität gestellt werden sollten. Bei den Buchungen sind nun die dargestellten Publizitätsanforderungen erfüllt, da die nach dem bisherigen System in den Erwerbsvorgang eingeschalteten Stellen[2085] die Buchungen erkennen können[2086].

Abgesehen davon muss ein weiterer Aspekt berücksichtigt werden. Die Banken, welche die Buchungen vornehmen, genießen nämlich eine Art abstraktes Vertrauen darauf, dass sie die erforderlichen Buchungen richtig vornehmen[2087]. Angesichts der strengen Vorschriften zur Depotführung und der regelmäßig stattfindenden Depotprüfungen[2088] ist dieses Vertrauen auch berechtigt[2089]. Das be-

2080 Einsele, Wertpapierrecht als Schuldrecht, S. 175; vgl. dazu auch Koller, JZ 1972, S. 1905 (1907).
2081 Horn, WM 2002, Sonderbeil. 2, S. 15.
2082 Vgl. Staudinger/Dilcher, Vorbem. zu §§ 116–144. Rn. 6; Köhler, AcP 182 (1982), S. 126 (133); Borges, Verträge im elektronischen Geschäftsverkehr, S. 194 f.; Medicus, Allgemeiner Teil des BGB, Rn. 256; Larenz/Wolf, Allgemeiner Teil des BGB, § 30, Rn. 49; Soergel/Hefermehl, Vor § 116, Rn. 30; MünchKomm-BGB/Säcker, Einl., Rn. 165.
2083 Horn, WM 2002, Sonderbeil. 2, S. 15.
2084 BGH, JZ 1964, S. 130; vgl. auch Wilhelm, Sachenrecht, Rn. 20, der klarstellt, dass es nicht notwendig auf die Offenkundigkeit eines Veräußerungsakts für Dritte, sondern auf die Realisierung der neuen Eigentümerstellung durch die Sachherrschaft des Erwerbs ankommt.
2085 Im Falle der Beteiligung zweier CM ist dies die Wertpapiersammelbank, bei einem Erwerbsvorgang zwischen zwei Kunden desselben CM dieses CM, da es die entscheidende Umbuchung ohne Beteiligung der Wertpapiersammelbank vornimmt (vgl. Horn, WM 2002, Sonderbeil. 2, S. 15, sowie unter 7. Teil: B.III.2.a)dd)).
2086 Horn, WM 2002, Sonderbeil. 2, S. 15; dies gibt auch Einsele, Wertpapierrecht als Schuldrecht, S. 176, zumindest für den Regelfall zu.
2087 Vgl. zur Bedeutung des Vertrauens für den Verkehrsschutz in Bezug auf die Banken, Zöllner, Festschrift L. Raiser, S. 249 (267).
2088 Vgl. Einsele, Wertpapierrecht als Schuldrecht, S. 165 ff.

deutet, dass die Wertpapierinhaber selbst dann von ordnungsgemäß erfolgten Buchungen ausgehen können, wenn sie sich nicht selbst von ihnen überzeugt haben oder überzeugen können[2090]. Insofern lässt sich von einer „indirekten Publizität" der Buchungen sprechen, die durch das Nichteinschreiten der Depotprüfungseinrichtungen und dem damit einhergehenden Vertrauen auf die zuverlässige Vornahme der Buchungen durch die Banken bis an die Wertpapierinhaber vermittelt wird.

Demzufolge bleibt festzuhalten, dass der gutgläubige Erwerb vom Nichtberechtigten im Effektengiroverkehr gem. §§ 932 ff. BGB, 366 f. HGB mit der zu beachtenden Besonderheit möglich ist, dass im Wege der Rechtsfortbildung nicht der Besitz, sondern die Buchung bzw. das diese ausweisende Depotkonto den relevanten Rechtsscheinträger darstellt.

b) Bedeutung des Zentralen Kontrahenten für den gutgläubigen Erwerb

aa) Konsequenzen für den Rechtsscheinträger

Nach den vorstehenden Ausführungen dient im bislang geübten Verfahren der Wertpapierübertragung das Depotkonto als Grundlage des Gutglaubensschutzes. Die für einen Rechtsscheinträger erforderliche Publizität wird dabei einerseits durch die Kenntnis der Buchungen seitens der Wertpapiersammelbank, die dem Erwerber gem. § 166 Abs. 1 BGB zuzurechnen ist, andererseits in Form einer indirekten Offenkundigkeit durch das gerechtfertigte Vertrauen auf die Ordnungsmäßigkeit der Buchungen hergestellt.

Fraglich ist nun, ob sich durch die Einschaltung des Zentralen Kontrahenten in den Einigungsvorgang an dieser Ausgangsposition etwas ändert. Kein Unterschied kann jedenfalls in Bezug auf die indirekte Offenkundigkeit eintreten, da der Zentrale Kontrahent mit dem berechtigten Vertrauen auf die Ordnungsmäßigkeit der Buchungen seitens der Banken nicht zusammenhängt und sich deshalb seine Einschaltung auf dieses Offenkundigkeitselement nicht auswirkt. Doch

---

2089 Dass die Depotbücher wegen der Depotprüfung eine hohe Richtigkeitsgewähr beanspruchen können, wird selbst von denen, die die Buchung als Rechtsscheinträger ablehnen, anerkannt (vgl. Habersack/Meyer, WM 2000, S. 1678 (1682 f.); Einsele, Wertpapierrecht als Schuldrecht, S. 165 ff.).

2090 Dagegen kann auch nicht argumentiert werden, dass andere Register, an die der öffentliche Glaube anknüpft, stets jedermann offen stünden. Dies mag beim Handelsregister (vgl. § 9 Abs. 1 HGB) und schon nur mit Abstrichen beim Grundbuch (vgl. § 12 Abs. 1 GBO) der Fall sein, trifft jedoch nicht mehr beim Bundesschuldbuch zu, weil in § 3 Abs. 4 RSchbG vom 31.5.1910 (RGBl. 1910, S. 840) bzw. in der entsprechenden Nachfolgeregelung des § 9 Abs. 4 BWpVerwG die Einsichtnahme in das Schuldbuch auf einen kleinen Personenkreis beschränkt wird.

selbst wenn man die Argumentation mit dem für eine Form von Publizität sorgenden berechtigten Vertrauen auf die ordnungsgemäße Depotführung durch die Banken nicht für überzeugend halten wollte, kann von der Offenkundigkeit der wesentlichen Informationen über die Depotkontenstände ausgegangen werden. Denn die von der Clearstream Banking AG an die Eurex Clearing AG gesendete Ist-Lieferliste erlaubt in aller Regel den Schluss, dass die nach dieser Liste vorgenommenen Buchungen auch von ausreichenden Kontoguthaben gedeckt werden, da die Wertpapiersammelbank die Buchungen nur im Falle der ausreichenden Deckung vornimmt. Somit liegt ein Verlautbarungstatbestand vor[2091], der sogar von der Eurex Clearing AG an die CM weitergeleitet wird, so dass die Entfernung der Wertpapiersammelbank aus der dinglichen Einigung und der damit einhergehende Wegfall der Zurechnungsmöglichkeit ihres Wissens um die Buchungen gem. § 166 Abs. 1 BGB nicht zwangsläufig den Ausschluss jeder Publizität zur Folge haben. Allerdings ist zuzugeben, dass die Verlautbarung aufgrund des Ist-Lieferreports nach dem hier vertretenen Standpunkt im konkreten Fall nicht ursächlich für die Abgabe der auf die dingliche Einigung abzielenden Annahmeerklärung sein kann, weil der Report erst im Anschluss daran von der Wertpapiersammelbank versendet wird[2092].

bb) Relevante Fallgestaltungen

Für den gutgläubigen Erwerb vom Nichtberechtigten sind nun zwei Grundkonstellationen zu unterscheiden. Zunächst könnte eine Situation auftreten, in der das für die in Rede stehende Wertpapierübertragung erforderliche Guthaben eines CM auf dem Depotkonto bei der Wertpapiersammelbank vorhanden, der Veräußerer aber dennoch nicht Eigentümer der Wertpapiere ist, etwa weil er seinerseits das vermeintliche Eigentum von einem geschäftsunfähigen Veräußerer erworben hat[2093]. In solchen Fällen spielt nach dem herkömmlichen Verfahren die Ein-

---

2091 Vgl. zu dieser Argumentation Horn, WM 2002, Sonderbeil. 2, S. 19.

2092 Zu einem anderen Ergebnis muss – zumindest formal – die Konstruktion der Einigung von Horn führen, weil danach die Kenntnis des Ist-Lieferreports dem erwerbenden Kunden gem. § 166 Abs. 1 BGB analog bereits mit Zugang des Reports beim Zentralen Kontrahenten als Empfangsboten und damit vor der Erklärung der Annahme durch Entgegennahme des Reports seitens des CM zuzurechnen ist. Gleichwohl handelt es sich auch nach dieser Konstruktion lediglich um eine scheinbare Kausalität von Publizität und Annahmerklärung, da die Entgegennahme des Reports ja auf jeden Fall erfolgt, unabhängig davon, was in dem Report ausgewiesen wird.

2093 Da im Effektengiroverkehr die Bank als nach § 185 BGB Ermächtigte das dingliche Angebot unterbreitet, müsste auf die Geschäftsunfähigkeit des Kunden bei Eingabe seines Verkaufsauftrags gegenüber der Bank abgestellt werden, da in die-

schaltung der Wertpapiersammelbank praktisch keine Rolle, da sie kaum von der Unwirksamkeit des vorhergehenden Erwerbsvorgangs etwas weiß oder wissen müsste, so dass dem Erwerber auch nichts zugerechnet werden kann, was die Gutgläubigkeit ausschlösse. Gleiches gilt für den Zentralen Kontrahenten, der den Platz der Wertpapiersammelbank beim Zustandekommen der dinglichen Einigung einnimmt. Das bedeutet also, dass sich in diesen Fällen durch die Einschaltung des Zentralen Kontrahenten in die Wertpapierübertragung an der Möglichkeit des gutgläubigen Erwerbs nichts ändert[2094].

Offen ist noch, ob dies auch für die zweite Grundkonstellation zutrifft. Diese ist dadurch gekennzeichnet, dass eine Buchung vorgenommen wird, obwohl auf dem zu belastenden Depotkonto gar keine oder keine ausreichende Deckung vorhanden ist[2095]. Im alten System der Wertpapierübertragung kann ein gutgläubiger Erwerb erfolgen, wenn eine Bank mit Konto bei der Wertpapiersammelbank über Wertpapiere verfügt, obwohl ihr Kunde kein ausreichendes Guthaben bei ihr hat, die Wertpapiersammelbank jedoch aufgrund des Depotkontenstands der Bank annehmen musste, dass letztere verfügungsberechtigt war[2096]. Dagegen soll im herkömmlichen Verfahren kein gutgläubiger Erwerb zulässig sein, wenn die Wertpapiersammelbank irrtümlich eine Buchung vornimmt, obwohl auf dem Depotkonto der veranlassenden Bank kein entsprechendes Guthaben vorhanden

---

sem Vorgang die konkludente Ermächtigung zur Abgabe der für den Eigentumsübergang erforderlichen Erklärung gesehen wird (Kümpel, Bank- und Kapitalmarktrecht, Rn. 11.371). Zudem könnte auf Seiten der Bank bzw. auf Seiten eines ihrer Mitarbeiter ein Umstand vorliegen, der die Unwirksamkeit der durch sie bewirkten Abgabe der Willenserklärung herbeiführt. Darüber hinaus könnte dem gutgläubigen Erwerb im Effektengiroverkehr in all den Fällen des Vorhandenseins von ausreichender Depotdeckung Bedeutung zukommen, bei denen aufgrund gesetzlicher Anordnung der Erwerbsvorgang, der vor dem für den gutgläubigen Erwerb relevanten Vorgang liegt, nichtig ist, so z.B. nach § 41 Abs. 1 S. 2 GWB (vgl. Rieger zur inhaltsgleichen Vorgängervorschrift in Frankfurter Kommentar zum Kartellrecht, § 24 a GWB, Rn. 163, sowie Holzborn/Israel, BKR 2002, S. 982 (985), oder nach § 134 BGB, wie es für die dingliche Vollziehung von Insidergeschäften zumindest diskutiert wird (vgl. dazu Assmann/Cramer in Assmann/ Schneider, § 14, Rn. 105 f.). Weitere, wohl eher äußerst unwahrscheinliche Fälle für die Bedeutung des gutgläubigen Erwerbs finden sich bei Horn, WM 2002, Sonderbeil. 2, S. 19 mit Fn. 123, während Becker, Das Problem des gutgläubigen Erwerbs im Effektengiroverkehr, S. 7, noch auf den praktisch durchaus denkbaren Fall des Scheinerben hinweist, der über Wertpapiere des Erblassers verfügt.

2094 Zu diesem Ergebnis gelangt auch Horn, WM 2002, Sonderbeil. 2, S. 19.
2095 Vgl. Koller, JZ 1972, S. 1857 (1859); Heinsius/Horn/Than, Depotgesetz, § 6, Rn. 91.
2096 Staub/Canaris, Bankvertragsrecht, Rn. 2030, auch zur Frage, wie in diesen Fällen der Rechtsverlust zu verteilen ist; Koller, JZ 1972, S. 1905 (1909); Horn, WM 2002, Sonderbeil. 2, S. 12.

ist[2097]. Der Grund dafür liegt im fehlenden Vertrauenstatbestand beim Erwerber, weil die Kenntnis oder grob fahrlässige Unkenntnis von dem fehlenden Depotguthaben nach § 166 Abs. 1 BGB dem Erwerber zuzurechnen ist[2098, 2099]. Ob sich an diesen Ergebnissen durch die Einschaltung des Zentralen Kontrahenten in den Einigungsvorgang tatsächlich nichts ändert[2100], ist näher zu beleuchten.

Die erstgenannte Konstellation weist keine Abweichungen auf, da der Zentrale Kontrahent ebenso wenig wie die Wertpapiersammelbank wissen kann, ob der Veräußerer bei seiner Depotbank über ein ausreichendes Guthaben verfügt, so dass dem Erwerber keine den gutgläubigen Erwerb ausschließende Kenntnis oder grob fahrlässige Unkenntnis zuzurechnen ist. Problematischer ist dies jedoch im Hinblick auf den zweiten Fall, also den Ausschluss des gutgläubigen Erwerbs bei Buchung durch die Wertpapiersammelbank, obwohl kein Guthaben vorhanden ist. Zwar wird es sich dabei um einen in der Praxis äußerst selten vorkommenden Fall handeln, weil die Wertpapiersammelbank erst den Depotbestand prüft, bevor sie eine Buchung vornimmt[2101], doch ist nicht auszuschließen, dass ihr dabei Fehler unterlaufen[2102]. Da die Wertpapiersammelbank in die dingliche Einigung nicht mehr eingeschaltet ist, sondern diesbezüglich durch den Zentralen Kontrahenten ersetzt wird, kann ihr Wissenstand dem Erwerber grundsätzlich nicht mehr nach § 166 Abs. 1 BGB zugerechnet werden. Ob es mit diesem Ergebnis, das auf die Möglichkeit eines gutgläubigen Erwerbs und damit auf einen wesent-

---

2097 Koller, JZ 1972, S. 1905 (1909); Horn, WM 2002, Sonderbeil. 2, S. 12; Kümpel in BuB, Rn. 8/78; Heinsius/Horn/Than, Depotgesetz, § 6, Rn. 91; zu unterscheiden ist davon der Fall, dass die Wertpapiersammelbank ohne Anweisung eine Buchung vornimmt. Denn dann liegt bereits keine auf die Eigentumsübertragung gerichtete Willenserklärung vor (vgl. Heinsius/Horn/Than, Depotgesetz, § 6, Rn. 91).

2098 Kümpel in BuB, Rn. 8/78; Horn, WM 2002, Sonderbeil. 2, S. 12; vgl. auch Staub/Canaris, Bankvertragsrecht, Rn. 2029, sowie Koller, JZ 1972, S. 1905 (1909), die allerdings nicht ausdrücklich auf § 166 Abs. 1 BGB verweisen.

2099 Gleiches muss konsequenterweise auch für den Fall der Eigentumsübertragung ohne Beteiligung der Wertpapiersammelbank, also zwischen zwei Kunden derselben Depotbank gelten, wenn letztere eine Buchung ohne ausreichende Deckung vornimmt, da ihr Wissen dem Bankkunden ebenfalls zuzurechnen ist (vgl. Horn, WM 2002, Sonderbeil. 2, S. 12).

2100 So wohl Horn, WM 2002, Sonderbeil. 2, S. 19, wenn er ohne Einschränkung feststellt, dass sich für den Gutglaubenserwerb durch das neue System keine Änderungen ergeben.

2101 Vgl. Wolter, Effektenkommission und Eigentumserwerb, S. 231, sowie Becker, Das Problem des gutgläubigen Erwerbs im Effektengiroverkehr, S. 48.

2102 Davon gehen implizit die Stimmen in der Literatur aus, die sich zu dieser Problematik äußern (vgl. Kümpel in BuB, Rn. 8/78, sowie Staub/Canaris, Bankvertragsrecht, Rn. 2029).

lichen Unterschied zum alten System hinausläuft[2103], sein Bewenden haben kann, ist jedoch zweifelhaft. Denn das würde bedeuten, dass die Umgestaltung des Verfahrens der Wertpapierübertragung durch zwei Unternehmen der Deutschen Börse AG zu einer Ausweitung der Möglichkeiten des Gutglaubenserwerbs führt. Hiergegen könnte die Verbundenheit von Clearstream Banking AG und Eurex Clearing AG unter dem Dach der Deutsche Börse AG sprechen, weil aus diesem Grund eine Wissenszurechnung in Betracht kommt[2104], welche die Gutgläubigkeit des Zentralen Kontrahenten ausschließen könnte.

Als Ausgangspunkt für die Wissenszurechnung im Konzern der Deutsche Börse AG kommen die grundsätzlichen Feststellungen des BGH zur Wissenszurechnung in Betracht, wonach diese nicht mit logisch-begrifflicher Stringenz, sondern aufgrund einer wertenden Betrachtung vorzunehmen sei. Maßgeblicher Grund für die Wissenszurechnung sei die Pflicht zur ordnungsgemäßen Organisation gesellschaftsinterner Kommunikation, die sich ähnlich einer Verkehrspflicht aus der Beherrschung eines selbst eröffneten Verkehrsbereichs ergebe. Die Organisation der internen Kommunikation habe sich dabei an den berechtigten Erwartungen des Rechtsverkehrs auszurichten[2105]. Werden diese Aussagen vor dem Hintergrund der BGH-Urteile[2106], in denen eine Wissenszurechnung im Konzern erwogen wird, und der Stellungnahmen im Schrifttum[2107] zu dieser Problematik gesehen, dann erscheint eine die Gutgläubigkeit der Eurex Clearing AG ausschließende Zurechnung der Kenntnis bzw. des Kennenmüssens der Clearstream Banking AG von der fehlenden Depotdeckung sach- und interessengerecht. Es liegen nämlich Umstände vor, die über eine bloße Konzernierung von zwei Unternehmen hinausgehen und eine Zurechnung rechfertigen könnten[2108].

2103 Dieser Unterschied müsste selbst nach der Konstruktion der dinglichen Einigung, wie sie Horn vertritt, eintreten, da sich dadurch am Ausschluss der Wertpapiersammelbank aus der dinglichen Einigung nichts ändert.

2104 Vgl. zur Wissenszurechnung im Konzern Drexl, ZHR 161 (1997), S. 491 ff., Schüler, Wissenszurechnung im Konzern, passim, sowie Nobbe, Bankrechtstag 2002, S. 121 (156 ff.).

2105 So lassen sich die Aussagen in BGHZ 132, S. 30 (35 ff.) zusammenfassen (vgl. Drexl, Bankrechtstag 2002, S. 85 (89 f.); ähnlich schon BGHZ 109, S. 327 (330); vgl. auch das nicht veröffentlichte Urteil des BGH vom 8.10.1999, Az. V ZR 149/98 (zitiert nach Nobbe, Bankrechtstag 2002, S. 121 (136)).

2106 BGH, NJW-RR 1990, S. 285 (285 f.); NJW 1993, S. 2807 (2807 f.); NJW 2001, S. 359 (360).

2107 Vgl. etwa – ohne Anspruch auf Vollständigkeit – Drexl, ZHR 161 (1997), S. 491 ff.; Nobbe, Bankrechtstag 2002, S. 121 (158 ff.); Schüler, Die Wissenszurechnung im Konzern, passim u. zusammenfassend S. 271 ff.

2108 Dass die Konzernierung alleine für eine Wissenszurechung nicht ausreicht, ist anerkannt (vgl. Nobbe, Bankrechtstag 2002, S. 121 (159 f.); Drexl, ZHR 161 (1997), S. 491 (508); Schüler, Die Wissenszurechnung im Konzern, S. 273); die in Be-

Zwar handelt es sich im Verhältnis zwischen der Eurex Clearing AG und der Clearstream Banking AG nicht um ein beherrschtes und ein herrschendes Unternehmen, doch wäre die Deutsche Börse AG ohne Zweifel in der Lage gewesen, statt der gewählten Gestaltung ein Wissensmanagement durchzusetzen[2109], das dem Zentralen Kontrahenten die erforderlichen Informationen über die Depotdeckung zugänglich machen könnte. Freilich setzt diese Argumentation voraus, dass nicht nur eine Wissenszurechnung von unten nach oben, also zu Lasten des herrschenden Unternehmens[2110], sondern auch von oben nach unten, also zu Lasten des beherrschten Unternehmens möglich ist, da die mangelnde Organisation des Wissensmanagements nicht zu einer Zurechnung an die Deutsche Börse AG, sondern zur Eurex Clearing AG führen soll[2111]. Wird dieser – nach dem derzeitigen Stand von Rechtsprechung und Rechtswissenschaft zugegebenermaßen gewagte – Schritt zur Wissenszurechnung abgelehnt, so bleibt wohl nichts anderes übrig, als den gutgläubigen Erwerb bei Buchung durch die Wertpapiersammelbank trotz fehlender Depotdeckung anzuerkennen.

IV. Ergebnis

Die vorstehenden Ausführungen haben gezeigt, dass die Eigentumsübertragung von girosammelverwahrten Wertpapieren unter Einschaltung eines Zentralen Kontrahenten mit der bisherigen juristischen Konstruktion nach §§ 929 ff. BGB zwar im Wege ebenso umfangreicher wie angreifbarer Erwägungen begründet werden kann, jedoch die Annahme eines neben die Einigung tretenden Besitzsurrogats in Form einer Umbuchung auf den betroffenen Wertpapierkonten durch Rechtsfortbildung vorzugswürdig und praxisgerecht erscheint. Wird diese Auffassung abgelehnt, so muss der Zentrale Kontrahent wegen einer kurzen Zwischenbuchung auf sein Wertpapierkonto in die nach der h.M. bestehende mehrstufige Besitzmittlungspyramide integriert werden. Denkbar ist dabei die Einordnung des Zentralen Kontrahenten als Besitzmittler des Veräußerers.

Ferner konnte dargelegt werden, dass der Zentrale Kontrahent bei dem Zustandekommen der nach § 929 S. 2 BGB erforderlichen Einigung lediglich als

tracht kommenden Zurechnungsgründe werden übersichtlich abgehandelt bei Drexl, Bankrechtstag 2002, S. 85 (103 ff.).

2109 Vgl. zum Kriterium der Beherrschbarkeit als Grund für eine Wissenszurechnung im Konzern Drexl, Bankrechtstag 2002, S. 85 (110 ff.).

2110 So aber Drexl, Bankrechtstag 2002, S. 85 (108 ff.)

2111 Vgl. Schüler, Die Wissenszurechnung im Konzern, S. 154 u. 202, der auf Grundlage seines Modells, nach dem Weisungen innerhalb eines Konzerns zurechnungsbegründend sind, eine Zurechnung in beide Richtungen befürwortet.

Mittelsperson fungiert, mithin nicht selbst Eigentum an den zu übertragenden Wertpapieren erlangt. Das Zustandekommen der Einigung hängt entscheidend von der Ausgestaltung des Clearing-Systems ab, in dem der Zentrale Kontrahent tätig wird. Für das Clearing-System an der FWB bedeutet dies, dass der Zentrale Kontrahent ein konkludent abgegebenes Angebot des Veräußerers auf Eigentumsübertragung als Stellvertreter des Erwerbers entgegennimmt und ebenfalls konkludent die Annahme erklärt. Sowohl das Angebot als auch die Annahme werden in diesem Zusammenhang für denjenigen, den es angeht, abgegeben.

Schließlich konnte gezeigt werden, dass die Einschaltung des Zentralen Kontrahenten im Hinblick auf den Gutglaubenserwerb im Ergebnis nur insoweit zu Veränderungen führen könnte, als Wertpapierbuchungen erfolgen, die nicht von einem entsprechenden Guthaben des CM auf Veräußererseite gedeckt werden. Für diese Fälle sprechen jedoch einige Argumente für eine den Gutglaubenserwerb ausschließende Wissenszurechnung von der Wertpapiersammelbank zur Eurex Clearing AG und somit für eine Kontinuität zu der bisherigen Beurteilung solcher Sachverhaltskonstellationen.

8. Teil: Erlaubnispflicht der Tätigkeit eines Zentralen Kontrahenten nach dem KWG

Das reibungslose Funktionieren eines Clearing-System mit Zentralem Kontrahenten ist für die Stabilität der Finanzmärkte von großer Bedeutung[2112]. Umso mehr erstaunt es, dass bislang noch völlig ungeklärt ist, ob zum Betreiben eines derartigen Systems nach geltendem Recht eine besondere Zulassung erforderlich ist. Eine Zulassungspflicht ergibt sich aus § 32 Abs. 1 S. 1 KWG, wenn die Tätigkeiten eines Zentralen Kontrahenten Bankgeschäfte oder Finanzdienstleistungen darstellen, die im Inland gewerbsmäßig oder in einem Umfang betrieben bzw. erbracht werden, der einen in kaufmännischer Weise eingerichteten Gewerbebetrieb erfordert.

Sollte es sich bei einer der Tätigkeiten des Zentralen Kontrahenten um ein in § 1 Abs. 1 KWG enumerativ aufgezähltes Bankgeschäft oder um eine der in § 1 Abs. 1a KWG aufgelisteten Finanzdienstleistungen handeln, dann könnte dies weitreichende Konsequenzen nach sich ziehen. Denn nach § 54 Abs. 1 Nr. 2 KWG ist es strafbar, ohne Erlaubnis nach § 32 Abs. 1 S. 1 KWG Bankgeschäfte zu betreiben und Finanzdienstleistungen zu erbringen. Darüber hinaus wären mit der Einordnung als Institut i.S. des § 1 Abs. 1b KWG im laufenden Geschäftsbetrieb weitreichende Reglementierungen hinsichtlich Organisation und Tätigkeitsausübung zu beachten[2113]. So müssten bspw. die der Solvenzsicherung dienenden Eigenkapitalanforderungen gem. § 10 KWG beachtet werden[2114]. Darüber hinaus wäre mit Folgen für die Anwendbarkeit der Verhaltensvorschriften gem. §§ 31 ff. WpHG[2115] zu rechnen[2116], weil die Aufgreiftatbestände des WpHG mit den ent-

---

2112 Vgl. BIZ/IOSCO, Recommendations for Central Counterparties, S. 1; EU-Kommission, Clearing und Abrechnung in der Europäischen Union – Künftige Maßnahmen, KOM/2004/312, S. 11; Kieper, Abwicklungssysteme in der Insolvenz, S. 3; Hills/Rule/Parkinson, Financial Stability Review 1999, S. 122 (131 ff.).

2113 Vgl. Schlüter, Börsenhandelsrecht, Abschnitt B, Rn. 267; freilich könnte in diesem Zusammenhang die Möglichkeit der weitreichenden Befreiung von Verpflichtungen nach dem KWG durch die BaFin gem. § 2 Abs. 4 KWG für eine Entschärfung sorgen (vgl. dazu Fülbier in Boos/Fischer/Schulte-Mattler, § 2 KWG, Rn. 37 ff.). Allerdings setzt diese Ausnahmevorschrift voraus, dass überhaupt ein Institut nach § 1 Abs. 1 b) KWG vorliegt (VG Berlin, WM 1997, S. 218 (220)), so dass die Problematik der Einordnung als Institut grundsätzlich bestehen bliebe.

2114 du Bouisson, WM 2003, S. 1401.

2115 Vgl. dazu Schwark/Schwark, KMR, Vor § 31 WpHG, Rn. 1 ff.; Koller in Assmann/Schneider, Vor § 31, Rn. 8 ff.

sprechenden Tatbeständen in §§ 1 Abs. 1 und Abs. 1a KWG weitgehend identisch sind[2117]. Schließlich wäre die BaFin gem. § 6 Abs. 1 KWG für die Aufsicht über den Zentralen Kontrahenten nach den Vorschriften des KWG zuständig. Damit stellte sich im Anschluss das Problem, in welchem Verhältnis die Aufsicht über den Zentralen Kontrahenten durch die BaFin zu der durch die Börsenaufsichtsbehörden der Länder stünde, da letzteren – zumindest nach der in dieser Arbeit entwickelten Lösung[2118] – die Kompetenz zur Aufsicht über den Zentralen Kontrahenten nach dem BörsG zusteht[2119, 2120].

Andererseits zeigt ein Blick in die Rechtspraxis, dass die Annahme einer Erlaubnispflicht nicht notwendigerweise unerwünscht sein muss. Obwohl die BaFin seit Jahren nicht nach § 37 Abs. 1 KWG gegen die Tätigkeit der Eurex Clearing AG als Zentraler Kontrahent ohne Banklizenz eingeschritten ist, wie es zu erwarten gewesen wäre[2121], wenn die Aufsichtsbehörde von der Erlaubnispflicht ausginge, ist bekannt geworden, dass sich die Eurex Clearing AG um eine Lizenz als

---

2116 du Bouisson, WM 2003, S. 1401.
2117 Vgl. zur Notwendigkeit der einheitlichen Auslegung der gleich lautenden Definitionen in § 1 KWG und § 2 WpHG am Beispiel des „Eigenhandels für andere" Oelkers, WM 2001, S. 340.
2118 Vgl. dazu S. 248.
2119 Vgl. zur ähnlichen Problematik im Zusammenhang mit der Aufsicht über Börsen und ihre Träger nach dem BörsG und dem KWG Hammen, WM 2001, S. 929 (932 ff.), sowie zum Verhältnis von Aufsicht nach dem InvG und dem KWG Fock, ZBB 2004, S. 365 (369 ff.).
2120 Dieses Problem würde sich freilich nur bei Zentralen Kontrahenten stellen, die ihre spezifische Funktion an genehmigten Börsen oder – wegen der weitgehenden, obgleich nicht vollständigen Gleichstellung im Hinblick auf die Aufsicht durch § 60 BörsG – an börsenähnlichen Einrichtungen anbieten. Dagegen wäre die Einordnung als Bankgeschäft bzw. Finanzdienstleistung für die Aufsicht über eine Einrichtung, die sich für OTC-Geschäfte als Zentraler Kontrahent anbietet – wie seit Längerem von der Deutschen Börse AG geplant und seit kurzem teilweise eingeführt (vgl. Börsen-Zeitung vom 24.02.2004, S. 4) –, von grundsätzlicher Bedeutung. Denn in diesem Falle entscheidet die Einordnung nach derzeitiger Rechtslage darüber, ob überhaupt eine Aufsicht stattfindet.
2121 Bei der Frage, ob und wie die BaFin eingreift, steht der Behörde zwar ein Ermessen zu (Fischer in Boos/Fischer/Schulte-Mattler, § 37 KWG, Rn. 7), doch unterliegt dieses Ermessen den allgemeinen Beschränkungen (vgl. dazu Maurer, Allgemeines Verwaltungsrecht, § 7, Rn. 17 ff.). Über Jahre hinweg vollkommen untätig zu bleiben, obwohl eine erlaubnispflichtige Tätigkeit vorliegt, die im Falle ihrer Ausübung ohne Erlaubnis sogar mit einer Kriminalstrafe sanktioniert wird, müsste daher wohl als Ermessensfehler gewertet werden. Außerdem wäre aufgrund des Legalitätsprinzips zumindest die Staatsanwaltschaft zum Einschreiten verpflichtet, wenn eine erlaubnispflichtige Tätigkeit vorläge.

Institut bemüht hat[2122]. Dahinter verbirgt sich wohl die Vorstellung, dass die Zulassung eine Art Gütesiegel darstellt, das im internationalen Wettbewerb einen Vorteil bedeuten könnte.

Die vielfältigen Implikationen, welche die Einordnung als Bankgeschäft oder Finanzdienstleistung mit sich bringt, machen es somit erforderlich, die einzelnen Tatbestände näher zu beleuchten und ihre Anwendbarkeit auf die Tätigkeit eines Zentralen Kontrahenten zu untersuchen. Dabei soll im Folgenden nicht auf alle Tatbestände in § 1 Abs. 1 und Abs. 1a KWG eingegangen werden, sondern lediglich auf diejenigen, die dem ersten Anschein nach eine gewisse Nähe zur Tätigkeit eines Zentralen Kontrahenten aufweisen. Da es insofern wiederum entscheidend auf die Ausgestaltung des jeweiligen Systems ankommt, in dem der Zentrale Kontrahent seine Funktion ausübt, wird abermals das bereits eingehend dargestellte Clearing-System an der FWB als Prüfungsgegenstand herangezogen.

A. Einlagengeschäft gem. § 1 Abs. 1 S. 2 Nr. 1 KWG

Nach § 1 Abs. 1 S. 2 Nr. 1 KWG betreibt ein Bankgeschäft, wer fremde Gelder als Einlagen oder andere rückzahlbare Gelder des Publikums annimmt, sofern der Rückzahlungsanspruch nicht in Inhaber- oder Orderbuchschuldverschreibungen verbrieft wird, ohne Rücksicht darauf, ob Zinsen vergütet werden[2123]. Da die CM Beiträge zu einem von der Eurex Clearing AG verwalteten Clearing-Fonds leisten müssen und diese Beiträge u.a. in Geld zu erbringen sind[2124, 2125], könnte dar-

---

2122 Die BaFin hat nach eigener Auskunft einige Monate geprüft, ob die Eurex Clearing AG einer Erlaubnis bedarf. Ob die Prüfung aufgrund eines förmlichen Antrags der Eurex Clearing AG zur Herbeiführung einer Entscheidung der BaFin nach § 4 KWG vorgenommen wurde, ist nicht bekannt, dürfte jedoch zweifelhaft sein, weil in diesem Fall wegen einer drohenden Untätigkeitsklage nach §§ 42 Abs. 1, 75 Abs. 1 VwGO mit einer derart langen Verfahrensdauer wohl nicht zu rechnen gewesen wäre (vgl. zum Anspruch auf eine Entscheidung Fülbier in Boos/Fischer/Schulte-Mattler, § 4 KWG, Rn. 10 f.). Die Lizenz ist schließlich im Laufe des Jahres 2005 erteilt worden (vgl. die Angaben auf der Homepage der BaFin, wo alle Institute aufgelistet werden (*www.bafin.de* > Datenbanken & Statistiken > Datenbanken)).

2123 Vgl. umfassend zum Bankgeschäft in Form des Einlagengeschäfts Demgensky/Erm, WM 2001, S. 1445 ff.

2124 Vgl. zu den Einzelheiten der Beitragspflicht S. 376 ff.

2125 Die Annahme von Wertpapieren, die ebenfalls als Beitrag zum Clearing-Fonds erbracht werden können, reicht nach einhelliger Ansicht nicht zur Anwendung von § 1 Abs. 1 S. 2 Nr. 1 KWG aus (vgl. Reischauer/Kleinhans, KWG, Kz. 115, § 1, Rn. 49; Fülbier in Boos/Fischer/Schulte-Mattler, § 1 KWG, Rn. 34).

in die Annahme von Einlagen oder anderer rückzahlbarer Gelder seitens des Zentralen Kontrahenten liegen.

Was unter einer Einlage i.S. von § 1 Abs. 1 Nr. 1 KWG zu verstehen ist, wird im Gesetz nicht definiert. In Rechtsprechung und Literatur wird davon ausgegangen, dass es sich bei der Einlage um einen bankwirtschaftlichen Begriff handelt, der nur unter Berücksichtigung der bankwirtschaftlichen Verkehrsauffassung bestimmt werden kann[2126]. Vor der Gesetzesänderung zum 1. Januar 1998, mit der durch die zweite Alternative des § 1 Abs. 1 Nr. 1 KWG ein Auffangtatbestand für die Erfassung von Einlagengeschäften geschaffen wurde[2127], sah man ein gewichtiges Indiz für das Vorhandensein einer Einlage in der Absicht bei Annahme der Mittel, sie für eigene Zwecke zu nutzen[2128]. Der Gesetzgeber wollte jedoch mit der Einfügung der zweiten Alternative des Einlagengeschäfts, also der Annahme anderer rückzahlbarer Gelder des Publikums, sofern der Rückzahlungsanspruch nicht in Inhaber- oder Orderschuldverschreibungen verbrieft wird, jede Form von subjektiver Zwecksetzung für irrelevant erklären[2129]. Somit kann der Umstand, dass die Beiträge zum Clearing-Fonds nicht dem Zweck der Gewinnerzielung durch die Eurex Clearing AG, sondern der Absicherung der Geschäfte der CM dienen sollen[2130], nicht zwingend gegen die Einordnung als Einlagengeschäft angeführt werden. Freilich führt die Eigenschaft des Beitrags zum Clearing-Fonds als Sicherheitsleistung letztlich doch zur Ablehnung eines Einlagengeschäfts. Denn der Gesetzgeber hat zur zweiten Alternative festgestellt, dass der Anspruch auf Rückzahlung der Gelder unbedingt sein muss[2131]. Da es sich bei der zweiten Alternative um einen Auffangtatbestand handelt[2132], können für die erste Alternative keine strengeren Maßstäbe gelten[2133]. Das bedeutet, dass Sicherheitsleistungen, welche ja nur im Falle des Nichteintritts des Sicherungsfalles

---

2126 BGH, ZIP 2001, S. 1503 (1504 f.); ders., ZIP 1995, S. 635 (636 f.); Fülbier in Boos/Fischer/Schulte-Mattler, § 1 KWG, Rn. 36; Reischauer/Kleinhans, KWG, Kz. 115, § 1, Rn. 41; Kümpel, Bank- und Kapitalmarktrecht, Rn. 3.13.

2127 Fülbier in Boos/Fischer/Schulte-Mattler, § 1 KWG, Rn. 41; Kümpel, Bank- und Kapitalmarktrecht, Rn. 3.17 ff.; Reischauer/Kleinhans, KWG, Kz. 115, § 1, Rn. 50.

2128 BGH, ZIP 1995, S. 635 (637); ders., ZIP 2001, S. 1503 (1504); BVerwG, WM 1984, S. 1364; Szagunn/Haug/Ergenzinger, KWG, § 1, Rn. 18 a f.; Fülbier in Boos/Fischer/Schulte-Mattler, § 1 KWG, Rn. 36.

2129 Begr. RegE für ein Gesetz zur Umsetzung von EG-Richtlinien zur Harmonisierung bank- und wertpapieraufsichtsrechtlicher Vorschriften, BR-Drs. 963/96, S. 62.

2130 Vgl. V. Kapitel Nummer 1.2.1 Abs. 1 der CB-Eurex.

2131 Begr. RegE für ein Gesetz zur Umsetzung von EG-Richtlinien zur Harmonisierung bank- und wertpapieraufsichtsrechtlicher Vorschriften, BR-Drs. 963/96, S. 63.

2132 Davon wird auch in den Gesetzesmaterialien ausgegangen (vgl. Begr. RegE für ein Gesetz zur Umsetzung von EG-Richtlinien zur Harmonisierung bank- und wertpapieraufsichtsrechtlicher Vorschriften, BR-Drs. 963/96, S. 62).

2133 Vgl. Plück/Schmutzler/Kühn, Kapitalmarktrecht, S. 18.

zurückzugewähren sind, weder als Einlagen noch als andere rückzahlbare Gelder des Publikums anzusehen sind[2134]. Demzufolge liegt mit der Annahme der Beiträge zum Clearing-Fonds kein Bankgeschäft in Form des Einlagengeschäfts nach § 1 Abs. 1 S. 2 Nr. 1 KWG vor.

B. Finanzkommissionsgeschäft gem. § 1 Abs. 1 S. 2 Nr. 4 KWG

Fraglich ist weiterhin, ob die Tätigkeit des Zentralen Kontrahenten als Anschaffung und Veräußerung von Finanzinstrumenten im eigenen Namen für fremde Rechnung und damit als Finanzkommissionsgeschäft gem. § 1 Abs. 1 S. 2 Nr. 4 KWG anzusehen ist. Das setzt voraus, dass die Tätigkeit des Zentralen Kontrahenten, also der Kauf und Verkauf von Wertpapieren, als Anschaffung und Veräußerung von Finanzinstrumenten eingeordnet werden kann und der Vertragsschluss außerdem stets im eigenen Namen für fremde Rechnung erfolgt. Um das beurteilen zu können, sollen im Folgenden zwei Fragen geklärt werden. Zunächst ist zu untersuchen, ob die Tätigkeit der Eurex Clearing AG als Zentraler Kontrahent die typischen Merkmale eines Kommissionsgeschäfts i.S. der §§ 383 ff. HGB aufweist. Denn bis vor kurzem war es der unbestritten, dass das Finanzkommissionsgeschäft nach § 1 Abs. 1 S. 2 Nr. 4 KWG eine besondere Form des Kommissionsgeschäfts nach §§ 383 ff. HGB darstellt[2135]. Sollte die Tätigkeit als Zentraler Kontrahent die typischen Kriterien eines Kommissionsgeschäfts nicht erfüllen, dann wäre in einem zweiten Schritt zu überlegen, ob im Wege der Auslegung diese Tätigkeit dennoch als Finanzkommissionsgeschäft und damit als erlaubnispflichtige Tätigkeit einzuordnen ist. Selbst wenn sich herausstellen sollte, dass die Funktionalität des Zentralen Kontrahenten die Merkmale eines Kommissionsgeschäfts aufweist, wäre eine zweite Prüfungsstufe nicht von vornherein obsolet, weil zusätzlich zu erwägen wäre, ob nicht aus übergeordneten Gesichtspunkten das Vorliegen eines Finanzkommissionsgeschäft abzulehnen ist.

2134 Vgl. zur Ablehnung der Einordnung von Sicherheitsleistungen als Einlage i.S. des § 1 Abs. 1 S. 2 Nr. 1 Alt. 1 KWG ausdrücklich Fülbier in Boos/Fischer/Schulte-Mattler, § 1 KWG, Rn. 39.

2135 Szagunn/Haug/Ergenzinger, KWG, § 1, Rn. 46; Reischauer/Kleinhans, KWG, Tz. 115, § 1, Rn. 83; Fülbier in Boos/Fischer/Schulte-Mattler, § 1 KWG, Rn. 57; Bähre/Schneider, KWG, § 1, Anm. 10; Fischer in Schimansky/Bunte/Lwowski, Band III, § 127, Rn. 14; Schlüter, Börsenhandelsrecht, Abschnitt B, Rn. 157; Oelkers, WM 2001, S. 340 (341 f.); Zerwas/Hanten, ZBB 2000, S. 44 (47); Fock, ZBB 2004, S. 365 (367); so auch unter Auseinandersetzung mit neuerdings auftretenden Gegenströmungen in der Rechtsprechung und Aufsichtspraxis Dreher, ZIP 2004, S. 2161 (2166), Hammen, WM 2005, S. 813 (814 ff.).

I. Tätigkeit des Zentralen Kontrahenten als Kommissionsgeschäft gem. §§ 383 ff.
HGB

1. Grundlagen des Kommissionsgeschäfts

Die Einordnung der Tätigkeit eines Zentralen Kontrahenten als Kommissionsgeschäft gem. §§ 383 ff. HGB hängt entscheidend von den charakteristischen Merkmalen eines solchen Geschäfts ab. In Literatur und Rechtsprechung werden mehrere typische Eigenschaften aufgeführt, anhand derer das Vorliegen eines Kommissionsgeschäfts bestimmt und dieses Geschäft insbesondere von einem herkömmlichen Kaufvertrag abgegrenzt werden kann[2136]. Ausschlaggebend für die Einordnung als Kommissionsgeschäft ist deshalb nicht die von den Parteien gewählte Bezeichnung, sondern Inhalt und Auslegung ihrer Absprachen[2137]. Bei der Abgrenzung ist freilich zu beachten, dass es sich beim Kommissionsgeschäft um einen Vertragstypus handelt[2138], so dass die Übergänge zu anderen Vertragstypen fließend sein können[2139]. Ein wesentliches Charakteristikum der Kommission besteht darin, dass bei ihr grundsätzlich zwei Rechtsverhältnisse[2140] zu unterscheiden sind[2141]. Zunächst gibt es den Kommissionsvertrag[2142], der in der Regel[2143] zwischen dem Kommissionär und dem Kommittenten abgeschlossen wird und durch den es der Kommissionär bzw. der Kaufmann im Betriebe seines

2136 Vgl. Baumbach/Hopt, § 383, Rn. 7; Schlegelberger/Hefermehl, § 383, Rn. 23 ff.; Heymann/Herrmann, § 383, Rn. 4; MünchKomm-HGB/Häuser, § 383, Rn. 32; K. Schmidt, Handelsrecht, § 31 III 2 (S. 866 ff.).
2137 BGH, NJW 1975, S. 776 (777); RGZ 114, S. 9 (10); Baumbach/Hopt, § 383, Rn. 7; MünchKomm-HGB/Häuser, § 383, Rn. 31.
2138 Staub/Koller, § 383, Rn. 3; K. Schmidt, Handelsrecht, § 31 III (S. 863).
2139 Staub/Koller, § 383, Rn. 13; K. Schmidt, Handelsrecht, 31 III 2 b) (S. 870).
2140 Zum Teil werden drei zu unterscheidende Rechtsverhältnisse angenommen (vgl. Baumbach/Hopt, § 383, Rn. 1; Dreher, ZIP 2004, S. 2161 (2166)). Ob die weitere Differenzierung in ein drittes Rechtsverhältnis, nämlich das der Übertragung des durch das Ausführungsgeschäft Erlangten vom Kommissionär an den Kommittenten, großen Erkenntnisgewinn mit sich bringt, ist fraglich, da es sich letztlich nur um den erfüllungsrechtlichen Teil des Kommissionsverhältnisses handelt (vgl. MünchKomm-HGB/Häuser, § 383, Rn. 19).
2141 Schmidt-Rimpler, Handbuch des gesamten Handelsrechts, S. 485; Staub/Koller, § 383, Rn. 5; MünchKomm-HGB/Häuser, § 383, Rn. 9 u. 19; Schlegelberger/ Hefermehl, § 383, Rn. 10; K. Schmidt, Handelsrecht, § 31 III 1 c) (S. 864 f.).
2142 Häufig wird auch von Kommissionsgeschäft gesprochen (vgl. Staub/Koller, § 383, Rn. 3; K. Schmidt, Handelsrecht, § 31 III 1 (S. 863)).
2143 Wegen § 406 Abs. 1 S. 2 HGB setzt der Kommissionsvertrag nicht notwendigerweise die Beteiligung eines Kommissionärs i.S. der Definition in § 383 Abs. 1 HGB voraus (vgl. Baumbach/Hopt, § 383, Rn. 1; K. Schmidt, Handelsrecht, § 31 I 1 a) (S. 855 f.)).

Handelsgewerbes übernimmt, für Rechnung eines anderen im eigenen Namen ein Geschäft zu schließen[2144]. Aufgrund dieses Rechtsverhältnisses schließt der Kommissionär nach der gesetzlichen Grundkonzeption mit einem Dritten ein Ausführungsgeschäft ab[2145]. Allerdings muss es nicht zwangsläufig zur Einbeziehung eines Dritten kommen, da in § 400 HGB die Möglichkeit des Selbsteintritts des Kommissionärs mit der Folge vorgesehen ist, dass er selbst als Verkäufer liefert oder als Käufer abnimmt[2146]. Hiernach kann z.b. der Einkaufskommissionär gegebenenfalls aus eigenen Beständen seine Verpflichtung als Verkäufer erfüllen. Ein Deckungsgeschäft mit einer dritten Partei ist dann nicht unbedingt erforderlich[2147]. Freilich liegt der praktische Nutzen des Selbsteintritts heutzutage[2148] nicht in der Möglichkeit, die einzukaufenden Waren oder Wertpapiere aus eigenen Beständen zu liefern oder die zu verkaufenden Waren oder Wertpapiere als eigene Bestände zu übernehmen, sondern vielmehr in der Beschränkung der Rechenschaftspflicht[2149]. Denn der Kommissionär schließt auch im Falle des Selbsteintritts regelmäßig Deckungsgeschäfte ab, die er dann freilich für eigene und nicht für fremde Rechnung vornimmt[2150]. Seine Rechenschaftspflicht erfüllt er beim Selbsteintritt gem. § 400 Abs. 2 HGB bereits durch den Nachweis, den zurzeit der Kommissionsausführung bestehenden Börsen- oder Marktpreis eingehalten zu haben. Damit muss der Kommissionär nicht wie beim gewöhnlichen Kommissionsgeschäft nach § 384 Abs. 2 HGB über den Geschäftspartner und die Details des Ausführungsgeschäfts Auskunft erteilen[2151]. Die Unterschiede zwischen dem herkömmlichen Kommissionsgeschäft und demjenigen mit Selbsteintritt sind indes noch weitreichender[2152]. Denn im gesetzlichen Regelfall des Kommissionsgeschäfts gem. § 383 HGB liegt im Innenverhältnis zwischen

---

2144 Staub/Koller, § 383, Rn. 3; Schlegelberger/Hefermehl, § 383, Rn. 7 f.; Baumbach/Hopt, § 383, Rn. 1.

2145 Schmidt-Rimpler, Handbuch des gesamten Handelsrechts, S. 485; MünchKomm-HGB/Häuser, § 383, Rn. 18 f. u. 39; Schlegelberger/Hefermehl, § 383, Rn. 9.

2146 Vgl. dazu vorerst nur MünchKomm-HGB/Häuser, § 400, Rn. 1 ff., sowie Schmidt-Rimpler, Handbuch des gesamten Handelsrechts, S. 977 ff.

2147 Vgl. Schlegelberger/Hefermehl, § 383, Rn. 2.

2148 Vgl. zu den Ursprüngen des Selbsteintrittsrechts, das früher tatsächlich oft auf einen wirtschaftlichen Selbsteintritt zielte, v. Dalwigk zu Lichtenfels, Das Effektenkommissionsgeschäft, S. 61 f., sowie Schmidt-Rimpler, Handbuch des gesamten Handelsrechts, S. 979 ff.

2149 Schlegelberger/Hefermehl, § 400, Rn. 5; Schmidt-Rimpler, Handbuch des gesamten Handelsrechts, S. 977; vgl. zum Spezialfall der Effektenkommission Münch-Komm-HGB/Ekkenga, Effektengeschäft, Rn. 56.

2150 Schmidt-Rimpler, Handbuch des gesamten Handelsrechts, S. 977 f.; Staub/Koller, § 400, Rn. 3.

2151 Vgl. Schlegelberger/Hefermehl, § 400, Rn. 5; Staub/Koller, § 400, Rn. 45.

2152 Vgl. Schlegelberger/Heferlmehl, § 383, Rn. 9.

Kommissionär und Kommittenten ein speziell geregelter Geschäftsbesorgungsvertrag i.S. von § 675 BGB vor, so dass das Kommissionsgeschäft den §§ 383 ff. HGB und darüber hinaus den §§ 663, 665–670, 672–674 BGB unterliegt[2153]. Dagegen führt der Selbsteintritt des Kommissionärs dazu, dass zu wesentlichen Teilen Kaufrecht anwendbar wird, auch wenn sich der Kommissionsvertrag nicht vollständig in einen Kaufvertrag umwandelt[2154]. Dieses Nebeneinander verschiedener Vertragstypen hat zur Folge, dass die ohnehin nicht einfache Abgrenzung von Kommissionsvertrag und Kaufvertrag beim Selbsteintritt noch schwieriger wird[2155].

2. Denkbare Konstruktion eines Kommissionsgeschäfts mit Zentralem Kontrahenten

Nachdem die Grundstrukturen des Kommissionsgeschäfts aufgezeigt worden sind, kann nun untersucht werden, ob sich diese Strukturen mit der Tätigkeit eines Zentralen Kontrahenten in irgendeiner Form in Einklang bringen lassen. In diesem Zusammenhang ist zunächst zwischen dem Verhältnis von Zentralem Kontrahenten und CM im Vorfeld einer konkreten Transaktion einerseits und der Durchführung eines einzelnen Wertpapiergeschäfts andererseits zu unterscheiden.

Die Vertragsbeziehung zwischen dem Zentralen Kontrahenten und den CM in Bezug auf ein einzelnes Wertpapiergeschäft ist eingebettet in den vertraglichen Rahmen, den die CB-Eurex bilden. Da die CB-Eurex jedoch nicht bestimmte einzelne auszuführende Aufträge als Regelungsgegenstand aufgreifen, begründen die CB-Eurex selbst noch kein Kommissionsverhältnis[2156]. Es könnte jedoch erwogen werden, in den CB-Eurex einen Rahmenvertrag zu sehen, durch den sich die Eurex Clearing AG verpflichtet, fortlaufend für die CM als Kommissionär tätig zu werden. Das wäre im Kommissionsrecht kein Novum, da der sog. Kommissionsagent, der gerade eine derartige Verpflichtung in einem Rahmenvertrag

---

2153 Schlegelberger/Hefermehl, § 383, Rn. 36 ff.; MünchKomm-HGB/Häuser, § 383, Rn. 28; K. Schmidt, Handelsrecht, § 31 III 3 a) (S. 871); Heymann/Herrmann, § 383, Rn. 6; Baumbach/Hopt, § 383, Rn. 6.
2154 MünchKomm-HGB/Häuser, § 400, Rn. 35 ff.; Staub/Koller, § 400, Rn. 20; K. Schmidt, Handelsrecht, § 31 VI 1 c) (S. 909).
2155 Vgl. K. Schmidt, Handelsrecht, § 31 III 2 b) (S. 866 f.), für den speziellen Fall des Effektenhandels.
2156 Vgl. zum Abschluss des Kommissionsvertrages und dem Erfordernis der hinreichenden Bestimmtheit der auszuführenden Geschäfte Staub/Koller, § 383, Rn. 51.

übernimmt[2157], zu den bekannten Erscheinungen des Kommissionsrechts zählt[2158].

Problematischer ist allerdings die sich daraus ergebende Schlussfolgerung, dass letztlich alle CM Kommittenten der Eurex Clearing AG wären. Als Alternative hierzu käme lediglich in Betracht, im Falle eines Wertpapiergeschäfts das eine CM als Kommittent und das andere als bloßen Dritten anzusehen. Die Entscheidung über den Status der CM als Kommittent oder als Dritter müsste dann mangels vorhandener Einordnungskriterien rein willkürlich erfolgen, so dass diese Möglichkeit nicht zu überzeugen vermag. Demzufolge wäre also tatsächlich eine Konstellation vorhanden, bei welcher die Eurex Clearing AG als Kommissionär gleichzeitig für zwei Kommittenten mit entgegengesetzten Interessen tätig wird. Der eine will nämlich bestimmte Wertpapiere kaufen, während der andere sie gerade verkaufen will. Auch diese Fallgestaltung ist im Kommissionsrecht nicht unbekannt, sondern wird unter dem Terminus der Kompensation mehrerer Kommissionen behandelt[2159].

Dem ersten Anschein nach könnte zwar der Gedanke nahe liegen, der Kommissionär schließe in diesen Fällen für Rechnung des einen Kommittenten mit dem anderen ab und umgekehrt. Doch das wäre mit dem Inhalt der ihm erteilten Aufträge, die auf Ausführung der Kommission durch Abschluss eines Ausführungsgeschäfts gerichtet sind, nicht vereinbar[2160]. Vielmehr muss der Kommissionär zumindest gegenüber einem Kommittenten selbst eintreten. In der Regel wird er sogar beiden Kommittenten gegenüber selbst eintreten, so dass er jeweils dem einen Kommittenten das zuwenden kann, was er durch den Selbsteintritt vom anderen erhält[2161]. Das bedeutet für ein potentielles Kommissionsgeschäft zwischen der Eurex Clearing AG und ihren CM, dass die Eurex Clearing AG als Kommissionär nach § 400 HGB selbst in die Geschäfte eintreten müsste, um rechtstechnisch eine Kompensation der entgegengesetzten Aufträge von zwei verschiedenen CM als Kommittenten zu ermöglichen. Zugleich könnte mit dem Selbsteintritt die durch die Einschaltung des Zentralen Kontrahenten beabsichtig-

---

2157 Staub/Koller, § 383, Rn. 33.

2158 Vgl. Schmidt-Rimpler, Handbuch des gesamten Handelsrechts, S. 539 ff., der allerdings den Ausdruck „Agenturkommissionär" bevorzugt; vgl. ferner zum Kommissionsagenten MünchKomm-HGB/Häuser, § 406, Rn. 22 ff., sowie Canaris, Handelsrecht, § 18, S. 357 ff.

2159 Vgl. Schmidt-Rimpler, Handbuch des gesamten Handelsrechts, S. 979; Schlegelberger/Hefermehl, § 400, Rn. 3; Staub/Koller, § 400, Rn. 4; v. Dalwigk zu Lichtenfels, Das Effektenkommissionsgeschäft, S. 32 ff.

2160 Schlegelberger/Hefermehl, § 400, Rn. 3; v. Dalwigk zu Lichtenfels, Das Effektenkommissionsgeschäft, S. 33.

2161 Vgl. Staub/Koller, § 400, Rn. 4; Schlegelberger/Hefermehl, § 400, Rn. 3; Schmidt-Rimpler, Handbuch des gesamten Handelsrechts, S. 979.

te Anonymisierung erreicht werden[2162], da die Eurex Clearing AG nicht wie beim herkömmlichen Kommissionsgeschäft über ihre Gegenpartei Auskunft erteilen müsste.

Folglich bleibt festzuhalten, dass eine Konstruktion denkbar ist, welche die Tätigkeit des Zentralen Kontrahenten konzeptionell mit dem Kommissionsrecht in Einklang bringt. Gleichwohl ist damit noch keine Vorentscheidung zu der Frage verbunden, ob das aufgrund einer Wertpapierorder entstehende Vertragsverhältnis zwischen der Eurex Clearing AG und einem CM mit dem Vertragstypus des Kommissionsgeschäfts richtig charakterisiert wird. Für die Beantwortung dieser Frage bedarf es eines näheren Blicks auf die Typ bildenden Merkmale eines Kommissionsgeschäfts, die zur Abgrenzung dieses Geschäftstyps von anderen Geschäftstypen geeignet sind.

3. Abgrenzung zum Kaufvertrag

Letztlich kommt im Zusammenhang mit der Tätigkeit des Zentralen Kontrahenten nur ein Kaufvertrag nach § 433 BGB als der Kommission ähnlicher Geschäftstyp in Betracht, so dass das Augenmerk auf die Abgrenzung dieser beiden Vertragstypen zu richten ist. Es wurde schon darauf hingewiesen, dass diese Abgrenzung ein altes, teilweise erhebliche Schwierigkeiten bereitendes Problem darstellt[2163]. Bei der Erörterung dieser Frage wird terminologisch oft weniger der Kaufvertrag in den Mittelpunkt gestellt als die Begriffe „Eigenhandel"[2164] oder „Eigengeschäft"[2165]. Ohne an dieser Stelle auf die nähere Bedeutung dieser Begriffe einzugehen[2166], lässt sich doch bereits jetzt feststellen, dass beiden Geschäftsarten statt eines Kommissionsvertrages jeweils ein Kaufvertrag zugrunde liegt[2167], so dass es in der Diskussion tatsächlich um die Einordnung als Kom-

---

2162 Vgl. dazu S. 64 f.

2163 Vgl. z.B. RGZ 94, S. 65 (66), sowie Staub/Koller, § 383, Rn. 13.

2164 Schlegelberger/Hefermehl, § 383, Rn. 23.

2165 Schmidt-Rimpler, Handbuch des gesamten Handelsrechts, S. 507; K. Schmidt, Handelsrecht, § 31 III 2 c) (S. 870); Heymann/Herrmann, § 383, Rn. 4; sowohl von „Eigenhandel" als auch von „Eigengeschäft" spricht MünchKomm-HGB/Häuser, § 383, Rn. 30.

2166 Vgl. zum Eigenhandel ausführlich S. 472 ff.

2167 Vgl. Kümpel in Schimansky/Bunte/Lwowski, Band III, § 104, Rn. 17; Roth in Assmann/Schütze, Handbuch des Kapitalanlagerechts, § 11, Rn. 49 f.; MünchKomm-HGB/Ekkenga, Effektengeschäft, Rn. 67 u. 84; MünchKomm-HGB/Häuser, § 383, Rn. 30 f.; Staub/Canaris, Bankvertragsrecht, Rn. 1823; Plück/Schmutzler/Kühn, Kapitalmarktrecht, S. 29.

missions- oder Kaufvertrag geht[2168]. Beim Eigengeschäft i.S. des Sprachgebrauchs der Wertpapierbranche[2169] stellt sich allerdings erst gar nicht die Frage nach einem Kommissionsgeschäft, weil mit diesem Terminus ein Wertpapiergeschäft der Banken „in eigener Sache", also ohne Veranlassung eines Kunden, gemeint ist[2170].

Wie schon erwähnt, bedarf es zur Feststellung, ob ein Kommissions- oder ein Kaufvertrag vorliegt, der Auslegung der getroffenen Vereinbarung[2171]. Da das Kommissionsgeschäft seiner Rechtsnatur nach ein Geschäftsbesorgungsvertrag i.S. von § 675 BGB ist[2172], werden zur Abgrenzung vom Kaufvertrag insbesondere seine typischen Merkmale herangezogen. Hiernach steht das Fehlen jeglicher Weisungsbefugnis ein starkes Indiz gegen ein Kommissionsgeschäft dar[2173], während die Verpflichtung zur Wahrung der Interessen des Vertragspartners auf ein Kommissionsgeschäft hindeutet[2174]. Deshalb spricht die Vereinbarung, zum bestmöglichen Preis zu kaufen, für ein Kommissionsgeschäft, wohingegen ein fester Preis einen deutlichen Hinweis auf das Vorliegen eines Kaufvertrags gibt[2175]. Aus der Formulierung in § 383 Abs. 1 HGB „für Rechnung eines anderen" wird ferner gefolgert, dass die Risikobelastung für die Einordnung als Kommissionsgeschäft oder Kaufvertrag je nach Ausgestaltung des Vertragsver-

---

2168 Vgl. Schmidt-Rimpler, Handbuch des gesamten Handelsrechts, S. 507 ff.; MünchKomm-HGB/Häuser, § 383, Rn. 31.
2169 Der dortige Sprachgebrauch wird vom Aufsichtsrecht geprägt, das in § 1 Abs. 1a S. 2 Nr. 4 KWG vom Eigenhandel für andere und in § 1 Abs. 3 Nr. 5 KWG vom Handel für eigene Rechnung spricht und damit zwischen durch Kunden veranlasstem Handel und Handel in eigener Sache unterscheiden will (vgl. Zerwas/Hanten, ZBB 2000, S. 44 ff.).
2170 MünchKomm-HGB/Ekkenga, Effektengeschäft, Rn. 84; Kümpel in Schimansky/Bunte/Lwowski, Band III, Rn. 14; Roth in Assmann/Schütze, Handbuch des Kapitalanlagerechts, § 11, Rn. 50; MünchKomm-HGB/Häuser, § 383, Rn. 30; anders in der Terminologie wohl Staub/Canaris, Bankvertragsrecht, Rn. 1823, der nur von „Eigen- oder Propergeschäft" spricht und damit auch Eigenhandel für andere meint.
2171 BGH, NJW 1975, S. 776 (777); RGZ 114, S. 9 (10); Baumbach/Hopt, § 383, Rn. 7; MünchKomm-HGB/Häuser, § 383, Rn. 31; Heymann/Herrmann, § 383, Rn. 4.
2172 Baumbach/Hopt, § 383, Rn. 6; Heymann/Hermann, § 383, Rn. 6; K. Schmidt, Handelsrecht, § 31 III 3 a) (S. 871 f.); Schlegelberger/Hefermehl, § 383, Rn. 36.
2173 BGHZ 1, S. 75 (79 ff.); BGH, NJW 1975, S. 776 (777); Baumbach/Hopt, § 383, Rn. 7; MünchKomm-HGB/Häuser, § 383, Rn. 32; Staub/Koller, § 383, Rn. 20.
2174 Staub/Koller, § 383, Rn. 13 f.
2175 RGZ 94, S. 65 (66); BGHZ 8, S. 222 (226); BGH, NJW 1975, S. 776 (777); MünchKomm-HGB/Häuser, § 383, Rn. 32; Baumbach/Hopt, § 383, Rn. 7; Schlegelberger/Hefermehl, § 383, Rn. 24; Heymann/Hermann, § 383, Rn. 4.

hältnisses im Einzelnen eine erhebliche Rolle spielen kann[2176]. Auf eine Kommission kann überdies eine Provisionsabrede hindeuten, ohne dass diese Schlussfolgerung allerdings zwingend ist[2177]. Schließlich wird auf einen wichtigen Unterschied zwischen Kommissions- und Kaufvertrag in der Art und Weise ihrer Ausführung verwiesen[2178]. Denn das Kommissionsgeschäft enthält wegen seiner Rechtsnatur als Geschäftsbesorgungsvertrag zunächst die Bemühungspflicht um ein Ausführungsgeschäft bzw. den Selbsteintritt[2179], so dass gerade nicht wie beim Kaufvertrag von vornherein eine Zahlungs- oder Lieferpflicht übernommen wird. Vielmehr fallen Begründung und Vollzug der aus dem Kommissionsvertrag resultierenden Pflichten zeitlich auseinander[2180].

Werden die aufgeführten Kriterien auf die Tätigkeit der Eurex Clearing AG als Zentralem Kontrahenten angewandt, dann ergibt sich ein recht klares Bild. Zwar könnte man in den transaktionsbezogenen Clearing-Entgelten[2181] eine Provision sehen und meinen, die Eurex Clearing AG trage kein wirtschaftliches Risiko, da sie einen Vertrag mit einem CM nur dann abschließe, wenn sie zugleich ein entsprechendes Gegengeschäft tätige[2182], doch ist das zum einen nicht ganz zutreffend und kann zum anderen angesichts der zahlreichen Gegenhinweise nicht ausreichen, um ein Kommissionsgeschäft i.S. der §§ 383 ff. HGB anzunehmen. Denn die Eurex Clearing AG trägt ja zunächst das Ausfallrisiko ihrer Gegenpartei, obwohl man dagegen wiederum einwenden könnte, dass dieses Risiko durch die verschiedenen Sicherheiten, welche die CM zu erbringen haben, gewissermaßen sozialisiert wird[2183]. Entscheidend gegen das Kommissionsgeschäft und für die Annahme eines Kaufvertrages spricht jedoch, dass bei der Tätigkeit des Zentralen Kontrahenten zu viele geschäftsbesorgungsrechtliche Elemente fehlen. Die Eurex Clearing AG ist weder an Weisungen der CM gebunden,

---

2176 Vgl. BGHZ 8, S. 222 (228 f.); Heymann/Hermann, § 383, Rn. 4; Schlegelberger/Hefermehl, § 383, Rn. 21 u. 25; Staub/Koller, § 383, Rn. 15; K. Schmidt, Handelsrecht, § 31 III 2 b) (S. 868).

2177 RGZ 94, S. 65 (66); Schlegelberger/Hefermehl, § 383, Rn. 24; MünchKomm-HGB/Häuser, § 383, Rn. 32; Baumbach/Hopt, § 383, Rn. 7.

2178 MünchKomm-HGB/Ekkenga, Effektengeschäft, Rn. 70; Staub/Koller, § 383, Rn. 15.

2179 Roth in Assmann/Schütze, Handbuch des Kapitalanlagerechts, § 11, Rn. 78.

2180 Vgl. MünchKomm-HGB/Ekkenga, Effektengeschäft, Rn. 70; Staub/Koller, § 383, Rn. 15; Schlegelberger/Hefermehl, § 406 Anh., Rn. 64; Roth in Assmann/Schütze, Handbuch des Kapitalanlagerechts, § 11, Rn. 78 ff.

2181 Vgl. Nummer 5 des Preisverzeichnisses der Eurex Clearing AG (abgedruckt in Kümpel/Hammen/Ekkenga, Kz. 473 Anhang 2).

2182 Vgl. zur Konstruktion des Vertragsschlusses eingehend unter 6. Teil:.

2183 Vgl. Roegele, Börsen-Zeitung v. 13.07.2002, S. 3; ferner Giordano, ECMI Short Paper No. 3, S. 40.

noch hat sie überhaupt einen erkennbaren Spielraum, die Interessen der CM zu wahren. Untypisch für das Kommissionsgeschäft ist ferner die sofortige Begründung von Liefer- und Zahlungsverpflichtungen, die unmittelbar mit den auf den Vertragsschluss gerichteten Willenserklärungen entstehen. Von einer Bemühungspflicht, die auf Abschluss eines Ausführungsgeschäfts bzw. auf Selbsteintritt gerichtet ist, kann daher keine Rede sein. Dass der Zentrale Kontrahent selbst gar kein eigenes wirtschaftliches Interesse am Erwerb oder an der Veräußerung von Wertpapieren hat, sondern seine Tätigkeit eine Dienstleistung für die Börsenhandelsteilnehmer darstellt[2184], kann demgegenüber nicht den Ausschlag zugunsten der Annahme eines Kommissionsgeschäfts geben, da grundsätzlich anerkannt ist, dass mit Kaufverträgen eine Dienstleistungskomponente verbunden sein kann[2185].

Demzufolge handelt es sich bei der Tätigkeit der Eurex Clearing AG als Zentraler Kontrahent nicht um Kommissionsgeschäft i.S. der §§ 383 ff. HGB, sondern um den Abschluss von Kaufverträgen gem. § 433 BGB, auch wenn damit eine Dienstleistung für die Börsenhandelsteilnehmer einhergeht.

II. Modifikation des Kommissionsgeschäfts in § 1 Abs. 1 S. 2 Nr. 4 KWG?

Nachdem herausgearbeitet wurde, dass die Eurex Clearing AG als Zentraler Kontrahent kein Kommissionsgeschäft i.S. der §§ 383 ff. HGB betreibt, stellt sich die Anschlussfrage, ob damit zugleich das Finanzkommissionsgeschäft gem. § 1 Abs. 1 S. 2 Nr. 4 KWG ausscheidet. Denn während es bislang der allgemeinen Auffassung entsprach, dass es sich bei dem Finanzkommissionsgeschäft um ein Kommissionsgeschäft nach §§ 383 ff. HGB handelt[2186], ist seit neuestem in

---

2184 Vgl. zum Dienstleistungscharakter näher S. 474 ff.
2185 Vgl. Kümpel, Festschrift T. Raiser, S. 699 (705 f.); Oelkers, WM 2001, S. 340 (345); Zerwas/Hanten, ZBB 2000, S. 44 (47 f.); du Buisson, WM 2003, S. 1401 (1407 f.); MünchKomm-HGB/Ekkenga, Effektengeschäft, Rn. 71; Plück/Schmutzler/Kühn, Kapitalmarktrecht, S. 29; Schlüter, Börsenhandelsrecht, Abschnitt B, Rn. 271 ff.; vgl. auch die Begr. RegE eines Gesetzes zur Umsetzung von EG-Richtlinien zur Harmonisierung bank- und wertpapieraufsichtsrechtlicher Vorschriften, BR-Drs. 963/96, S. 66, wo ausgeführt wird, dass beim Eigenhandel nach § 1 Abs. 1a S. 2 Nr. 4 KWG „das Institut seinem Kunden nicht als Kommissionär, sondern als Käufer und Verkäufer gegenübertritt. Auch wenn es sich zivilrechtlich hierbei um einen reinen Kaufvertrag handelt, ist das Geschäft Dienstleistung im Sinne der Wertpapierdienstleistungsrichtlinie."
2186 Szagunn/Haug/Ergenzinger, KWG, § 1, Rn. 46; Reischauer/Kleinhans, KWG, Kz. 115, § 1, Rn. 83; Fülbier in Boos/Fischer/Schulte-Mattler, § 1 KWG, Rn. 57; Bähre/Schneider, KWG, § 1, Anm. 10; Fischer in Schimansky/Bunte/Lwowski,

der Aufsichtspraxis der BaFin sowie in der ihr folgenden Rechtsprechung das Bestreben erkennbar, die beiden Begriffe voneinander abzukoppeln und das Finanzkommissionsgeschäft nach § 1 Abs. 1 S. 2 Nr. 4 KWG erweiternd auszulegen[2187]. Angesichts der weit reichenden Konsequenzen, die mit der Einordnung als erlaubnispflichtiges Bankgeschäft verbunden sind, ist somit das Augenmerk auf die Auslegung von § 1 Abs. 1 S. 2 Nr. 4 KWG zu richten und zu prüfen, ob die Tätigkeit eines Zentralen Kontrahenten als Finanzkommissionsgeschäft anzusehen ist, obwohl die Ausübung seiner Funktionalität kein Kommissionsgeschäft i.S. der §§ 383 ff. HGB darstellt. Bei der Untersuchung der Bedeutung des Begriffs „Finanzkommissionsgeschäft" ist der gesamte Auslegungskanon anzuwenden. Das bedeutet, dass vom Wortsinn ausgehend unter Berücksichtigung der Gesetzessystematik, der Entstehungsgeschichte der Norm und der damit verfolgten Absicht des Gesetzgebers sowie dem objektiv erkennbaren Zweck des Gesetzes dessen Bedeutung zu erforschen ist[2188]. Darüber hinaus sind möglicherweise die Gebote verfassungskonformer[2189] sowie europarechtskonformer Auslegung[2190] bei der Begriffsbestimmung zu beachten.

1. Der Wortlaut des § 1 Abs. 1 S. 2 Nr. 4 KWG

Zunächst muss es sich bei einem Finanzkommissionsgeschäft um die „Anschaffung und Veräußerung von Finanzinstrumenten" handeln. Finanzinstrumente sind nach § 1 Abs. 11 KWG u.a. Wertpapiere wie Aktien (S. 2 Nr. 1). Nach selten ausdrücklich ausgesprochener, jedoch unangefochtener Ansicht bedeuten die Begriffe „Anschaffung" und „Veräußerung" nicht, dass der Handelnde selbst Eigentum an den Wertpapieren erwerben bzw. verlieren muss. Vielmehr erfassen die Begriffe die schuldrechtlichen Geschäfte, die auf den Wechsel der Inhaber-

---

Band III, § 127, Rn. 14; Schlüter, Börsenhandelsrecht, Abschnitt B, Rn. 157; Oelkers, WM 2001, S. 340 (341 f.); Zerwas/Hanten, ZBB 2000, S. 44 (47); Fock, ZBB 2004, S. 365 (367); so auch unter Auseinandersetzung mit den jüngst zu beobachtenden Gegenströmungen in Rechtsprechung und Aufsichtspraxis Dreher, ZIP 2004, S. 2161 (2166), Hammen, WM 2005, S. 813 (814 ff.).

2187 VG Frankfurt, WM 2004, S. 1917 (1918 f.), sowie dass., WM 2005, S. 515 (517), jeweils mit Hinweisen auf nicht veröffentlichte Urteile. Vgl. dazu ferner die Angaben zu nicht veröffentlichten Urteilen bei Dreher, ZIP 2004, S. 2161 in Fn. 3.

2188 Vgl. zu diesen Kriterien der Auslegung Larenz/Canaris, Methodenlehre der Rechtswissenschaft, S. 141 ff.

2189 Vgl. Larenz/Canaris, Methodenlehre der Rechtswissenschaft, S. 159 ff.

2190 Vgl. EuGH v. 13.11.1990, Rs. C–106/89, Slg. 1990, I–4135, Rn. 8; ders. v. 16.12.1993, Rs. 334/92, Slg. 1993, I–6911, Rn. 20 f. = NJW 1994, S. 921 (922); BGH, NJW 1993, S. 1594 (1595); ders., NJW 2002, S. 1881 (1881 f.); Piekenbrock/Schulze, WM 2002, S. 521 (523 f.).

schaft eines Rechts gerichtet sind[2191]. Mithin scheidet die Einordnung der Tätigkeit des Zentralen Kontrahenten als Finanzkommissionsgeschäft zumindest nicht deshalb aus, weil er selbst kein Eigentum an den Aktien erwirbt oder verliert[2192]. Denn auf die Übertragung von Eigentum sind die mit der Eurex Clearing AG als Vertragspartner abgeschlossen Kaufverträge ja schon gerichtet[2193].

Des Weiteren muss die Anschaffung und Veräußerung „im eigenen Namen für fremde Rechnung" erfolgen. Damit ist eine Formulierung vorhanden, die große Ähnlichkeit zu der in §§ 383, 406 HGB verwendeten aufweist, wo von der Übernahme von Geschäften „für Rechnung eines anderen (Kommittenten) in eigenem Namen" die Rede ist. Die Verbindung von § 1 Abs. 1 S. 2 Nr. 4 KWG zu §§ 383 ff. HGB wird noch deutlicher, wenn der in der Klammer des § 1 Abs. 1 S. 2 Nr. 4 KWG enthaltene, legal definierte Begriff „Finanz*kommissionsgeschäft*"[2194] berücksichtigt wird[2195]. Gerade die Verwendung des rechtlich vorgeprägten Begriffs „Kommissionsgeschäft" weist darauf hin, dass mit dem legaldefinierten Begriff der typische Fall des Handelns für fremde Rechnung, also die Kommission, gemeint ist[2196]. Demgegenüber erscheint es zwar nicht ausgeschlossen, doch wenig überzeugend, die Wendung „für fremde Rechnung" in § 1 Abs. 1 S. 2 Nr. 4 KWG in dem Sinne weit auszulegen, dass es genügen soll, wenn das Ergebnis des Handelns dem anderen bei wirtschaftlicher Betrachtungsweise zu Gute kommt oder zum Nachteil gereicht[2197]. Denn damit ließe man die Bezeichnung „Finanz*kommissionsgeschäft*" völlig außer Acht, obwohl sie keineswegs eine leere Hülle ist, sondern ein Tatbestandsmerkmal für diese Art von Bankge-

---

2191 Hammen, WM 2005, S. 813 (814); du Buisson, WM 2003, S. 1401 (1407); Szagunn/Haug/Ergenzinger, KWG, § 1, Rn. 43 u. 49.
2192 Vgl. zur fehlenden Eigentumserlangung der Eurex Clearing AG im Clearing-System der FWB S. 424.
2193 Vgl. V. Kapitel Nummer 2.1.1 Abs. 1 der CB-Eurex.
2194 Hervorhebung durch den Verfasser.
2195 Dreher, ZIP 2004, S. 2161 (2162); Hammen, WM 2005, S. 813 (816).
2196 Dreher, ZIP 2004, S. 2161 (2162); vgl. in diesem Sinne auch Hammen, WM 2005, S. 813 (816 f.), für diese Auffassung zudem mit dem Hinweis auf die Vorläuferbezeichnung „Effektengeschäft" stützt, die in Ermangelung des Wortbestandteils „Kommission" Auslegungsspielräume eröffnete, die nach der 6. KWG-Novelle nicht mehr bestehen.
2197 Vgl. Begr. zum Referentenentwurf eines Gesetzes zur Änderung der Insolvenzordnung, des Kreditwesengesetzes und anderer Gesetze, S. 42 (abrufbar im Internet unter *www.bag-schuldnerberatung.de/download/Referentenentwurf%2016.9.20 04.pdf*), wo festgestellt wird, dass es für die Annahme eines Finanzkommissionsgeschäfts nicht ausreiche, dass aus einem Geschäft wirtschaftliche Vorteile fließen, sondern es vielmehr erforderlich sei, dass im „rechtlichen Sinne ... für fremde Rechnung" gehandelt werde.

schäften darstellt[2198]. Demnach spricht bereits der Wortlaut dafür, dass mit § 1 Abs. 1 S. 2 Nr. 4 KWG das Kommissionsgeschäft gem. §§ 383 ff. HGB gemeint ist[2199].

2. Die Entstehungsgeschichte des § 1 Abs. 1 S. 2 Nr. 4 KWG

Die heutige Fassung von § 1 Abs. 1 S. 2 Nr. 4 KWG geht auf § 1 Abs. 1 S. 2 lit. b) des Reichsgesetzes über das Kreditwesen vom 5. Dezember 1934[2200] zurück. Dort wurde als Bankgeschäft „die Anschaffung und Veräußerung von Wertpapieren für andere" erfasst. Da in dieser Fassung des KWG ebenso wie in der Überarbeitung[2201] aus dem Jahre 1961[2202] der Begriff „Kommissionsgeschäft" nicht verwendet wurde, sondern lediglich „die Anschaffung und die Veräußerung von Wertpapieren für andere" als Bankgeschäft erfasst wurde[2203], bestand zum Teil die Auffassung, dass die Norm Auslegungsspielräume eröffnete, um auch Tätigkeiten, die nicht als Kommissionsgeschäft i.S. der §§ 383 ff. HGB einzuordnen waren, unter das Bankgeschäft dieser Art zu subsumieren[2204]. Nach der Neufassung der Vorschrift durch die 6. KWG-Novelle im Jahre 1997[2205] besteht jener – ohnehin zweifelhafte – Spielraum jedenfalls nicht mehr, da die Bezeichnung „Finanzkommissionsgeschäft" neu aufgenommen wurde[2206]. Denn in den Gesetzesmaterialien zur KWG-Novelle hat der Gesetzgeber deutlich gemacht, dass mit

---

2198 Hammen, WM 2005, S. 813 (816); vgl. ferner du Buisson, WM 2003, S. 1401, der in Bezug auf das Emissionsgeschäft gem. § 1 Abs. 1 S. 2 Nr. 10 KWG ebenfalls davon ausgeht, dass der Name ein weiteres zu erfüllendes Tatbestandsmerkmal darstellt.

2199 So auch Hammen, WM 2005, S. 813 (817), sowie Dreher, ZIP 2004, S. 2161 (2162).

2200 RGBl. I, S. 1203.

2201 Dort in § 1 Abs. 1 S. 2 Nr. 4 KWG.

2202 BGBl. I, S. 881.

2203 In der Fassung des KWG von 1961 fand sich darüber hinaus noch der Klammerzusatz „Effektengeschäft".

2204 Vgl. Hammen, WM 2005, S. 813 (816 f. m.w.Nachw.); vgl. zur Gegenansicht, die schon nach den alten Gesetzesfassungen in § 1 Abs. 1 S. 2 lit. b) KWG bzw. § 1 Abs. 1 S. 4 Nr. 4 KWG nur das typische Kommissionsgeschäft erfasst sehen wollte, Dreher, ZIP 2004, S. 2161 (2162 f.).

2205 Art. 1 des Gesetzes zur Umsetzung von EG-Richtlinien zur Harmonisierung bank- und wertpapieraufsichtsrechtlicher Vorschriften vom 22. Oktober 1997 (BGBl. I, S. 2518).

2206 Hammen, WM 2005, S. 813 (817).

dieser Vorschrift „nunmehr allgemein die *kommissionsweise* Anschaffung und Veräußerung von Finanzinstrumenten als Bankgeschäft" definiert werde[2207].

Die historische Gesetzesauslegung spricht noch aus einem anderen Grund gegen ein weites Verständnis des § 1 Abs. 1 S. 2 Nr. 4 KWG. Denn im Laufe der letzten siebzig Jahre ist der Gesetzgeber immer mehr dazu übergegangen, die erlaubnispflichtigen Bankgeschäfte selbst enumerativ aufzuführen[2208]. In der Gesetzesfassung von 1934 war in § 1 Abs. 1 S. 2 KWG nämlich noch davon die Rede, dass Bank- und Sparkassengeschäfte „insbesondere solche der nachstehend bezeichneten Art" waren. Eine erschöpfende Aufzählung lag hierin also nicht. Vielmehr eröffnete § 1 Abs. 3 KWG a.F. der Reichsregierung und später[2209] dem Reichswirtschaftsminister die Möglichkeit, „andere Arten von Geschäften zu bezeichnen, durch deren Betrieb eine Unternehmung Kreditinstitut im Sinne dieses Gesetzes wird". Die KWG-Fassung von 1961 enthielt dann bereits nicht mehr die Formulierung „insbesondere solche der nachstehend bezeichneten Art", doch ließ auch sie noch in § 1 Abs. 1 S. 3 KWG a.F. die Bezeichnung weiterer Geschäfte als Bankgeschäfte zu. Allerdings konnte die Aufnahme weiterer Geschäfte nicht wie bisher formlos erfolgen, sondern bedurfte seitdem einer Rechtsverordnung[2210]. Diese Ermächtigung entfiel im Zuge der 6. KWG-Novelle, so dass nunmehr der Katalog der Bankgeschäfte tatsächlich abschließend ist und nicht mehr durch die Exekutive erweitert werden darf[2211]. Diese Entwicklung hin zur Einschränkung der Befugnisse der Exekutive bei der Bezeichnung von Bankgeschäften darf nicht durch eine erweiternde Auslegung der einzelnen Geschäftsarten konterkariert werden, da ansonsten der Wille des Gesetzgebers missachtet würde. Folglich spricht auch die historische Auslegung gegen ein Normverständnis, das durch § 1 Abs. 1 S. 2 Nr. 4 KWG andere als Kommissionsgeschäfte über Finanzinstrumente erfasst sieht.

3. Systematische Erwägungen

Zu untersuchen ist weiterhin, ob sich das bisher gefundene Ergebnis mit weiteren aus der systematischen Auslegung folgenden Argumenten untermauern lässt. Zu beachten sind in diesem Zusammenhang zunächst die übrigen Tatbestände des

---

2207 Begr. RegE eines Gesetzes zur Umsetzung von EG-Richtlinien zur Harmonisierung bank- und wertpapieraufsichtsrechtlicher Vorschriften, BR-Drs. 963/96, S. 63 (Hervorhebung durch den Verfasser).
2208 Vgl. eingehend Hammen, WM 2005, S. 813 (817).
2209 Seit der Novelle des KWG im Jahr 1939 (RGBl. I, S. 1953).
2210 Consbruch/Möller, KWG, § 1, Anm. 5.
2211 Fülbier in Boos/Fischer/Schulte-Mattler, § 1 KWG, Rn. 27, § 4 KWG, Rn. 4; Hammen, WM 2005, S. 813 (817).

§ 1 KWG, die bestimmte Formen des Wertpapierhandels erlaubnispflichtig machen. Grundsätzlich lässt sich aus der Struktur der Norm der erlaubnispflichtige Handel[2212] mit Wertpapieren und anderen Finanzinstrumenten in drei Kategorien unterteilen. Zum einen gibt es die Abschlussvermittlung gem. § 1 Abs. 1 a S. 2 Nr. 2 KWG als Handel im fremden Namen für fremde Rechnung, zum anderen das Finanzkommissionsgeschäft nach § 1 Abs. 1 S. 2 Nr. 4 KWG und schließlich den Eigenhandel nach § 1 Abs. 1 a S. 2 Nr. 4 KWG als die Anschaffung und Veräußerung von Finanzinstrumenten im Wege des Eigenhandels für andere[2213]. Dagegen ist der Handel mit Finanzinstrumenten für eigene Rechnung i.S. von § 1 Abs. 3 S. 1 Nr. 5 KWG erlaubnisfrei, so dass insgesamt, also ohne Rücksicht auf die Erlaubnispflichtigkeit, sogar von vier Geschäftsarten innerhalb der Tatbestände in § 1 KWG auszugehen ist, welche dem Handel von Finanzinstrumenten zuzuordnen sind[2214]. Die angeführten Regelungen zeigen, dass alleine das Finanzkommissionsgeschäft als Bankgeschäft eingestuft wird, während die übrigen Tätigkeiten entweder als Finanzdienstleistung oder gar nicht erlaubnispflichtig sind. Das bedeutet, dass für das Finanzkommissionsgeschäft im Vergleich zu den übrigen Gruppen die höchsten Anforderungen für eine Erlaubnis gestellt werden, da für Bankgeschäfte etwa das „Vier-Augen-Prinzip" aus § 33 Abs. 1 Nr. 5 i.V.m. § 1 Abs. 2 KWG gilt[2215]. Schon deshalb geht es nicht an, das Finanzkommissionsgeschäft in erweiternder Auslegung gewissermaßen als Auffangtatbestand zu den anderen Erlaubnistatbeständen anzusehen[2216].

Nicht nur die dargelegte innere Struktur des § 1 KWG spricht gegen eine erweiternde Auslegung des Finanzkommissionsgeschäfts, sondern auch die Zusammenschau mit anderen Vorschriften aus dem KWG sowie aus anderen Gesetzen[2217]. Denn gerade im Hinblick auf die Funktionalität des Zentralen Kontrahenten existieren Regelungen, die eine Erstreckung der Erlaubnispflicht auf seine Tätigkeit wegen des Vorliegens eines Finanzkommissionsgeschäfts und darüber hinaus wegen des Vorliegens eines anderen Tatbestands aus § 1 Abs. 1 und Abs. 1a KWG äußerst zweifelhaft erscheinen lassen. So wird in § 2 Abs. 1 Nr. 8 KWG

2212 Vgl. zu der Frage, ob die Tätigkeit des Zentralen Kontrahenten überhaupt als „Handel" anzusehen ist, im Folgenden S. 476 f.

2213 Begr. RegE eines Gesetzes zur Umsetzung von EG-Richtlinien zur Harmonisierung bank- und wertpapieraufsichtsrechtlicher Vorschriften, BR-Drs. 963/96, S. 66; Reischauer/Kleinhans, KWG, Kz. 115, § 1, Anm. 196; Zerwas/Hanten, ZBB 2001, S. 44 (44 f.); Dreher, ZIP 2004, S. 2161 (2164).

2214 Zerwas/Hanten, ZBB 2001, S. 44 (44 f.); Reischauer/Kleinhans, KWG, Kz. 115, § 1, Rn. 196.

2215 Oelkers, WM 2001, S. 340 (341); Dreher, ZIP 2004, S. 2161 (2164).

2216 Dreher, ZIP 2004, S. 2161 (2164).

2217 Vgl. dazu umfassend Hammen, WM 2005, S. 813 (817 ff.), allerdings ohne Bezug zum Zentralen Kontrahenten.

als Ausnahme zu § 1 Abs. 1 KWG festgelegt, dass Unternehmen, die das Finanz-kommissionsgeschäft ausschließlich an einer Börse, an der ausschließlich Derivate gehandelt werden, für andere Mitglieder dieser Börse betreiben und deren Verbindlichkeiten durch ein System zur Sicherung der Erfüllung der Geschäfte an dieser Börse abgedeckt sind, nicht als Kreditinstitute gelten. Eine entsprechende Ausnahmeregelung findet sich in § 2 Abs. 6 Nr. 9 KWG bezogen auf Finanzdienstleistungen[2218]. Von Systemen zur Sicherung der Erfüllung von Geschäften an Börsen ist ferner in § 1 Abs. 3 e) KWG die Rede, wo Wertpapier- oder Terminbörsen im Sinne des KWG als Wertpapier- oder Terminmärkte definiert werden, „die von staatlich anerkannten Stellen geregelt und überwacht werden, regelmäßig stattfinden und für das Publikum unmittelbar oder mittelbar zugänglich sind, einschließlich ihrer Systeme zur Sicherung der Erfüllung der Geschäfte an diesen Märkten (Clearingstellen), die von staatlich anerkannten Stellen geregelt und überwacht werden". Nun wurde im Laufe der bisherigen Ausführungen schon mehrmals darauf hingewiesen, dass der Gesetzgeber unter den Systemen zur Sicherung der Erfüllung von Börsengeschäften bzw. unter Clearingstellen insbesondere Einrichtungen versteht, die sich zur Absicherung der Geschäfte eines Zentralen Kontrahenten bedienen[2219]. Wenn der Gesetzgeber also die Funktion einer Clearingstelle kennt und im Rahmen von Ausnahmetatbeständen zur Erlaubnispflicht nach dem KWG berücksichtigt, dann liegt der Schluss nahe, dass er die damit verbundenen Tätigkeiten selbst nicht nach dem KWG für erlaubnispflichtig erachtet und sie demzufolge auch nicht durch erweiternde Auslegung des Finanzkommissionsgeschäfts oder eines anderen Tatbestands in § 1 Abs. 1 u. Abs. 1a KWG einer Erlaubnispflicht unterstellt werden sollte. Denn ansonsten hätte problemlos ein spezieller auf die Tätigkeiten einer Clearingstelle zugeschnittener Erlaubnistatbestand eingeführt werden können. Diese Konsequenz wird bestätigt durch die Gesetzesmaterialien zu § 1 Abs. 3 e) KWG, in denen lediglich davon die Rede ist, dass Clearingstellen der Börsenaufsicht unterliegen, ohne eine Aufsicht nach dem KWG zu erwähnen[2220].

2218 Vgl. Begr. RegE eines Gesetzes zur Umsetzung von EG-Richtlinien zur Harmonisierung bank- und wertpapieraufsichtsrechtlicher Vorschriften, BR-Drs. 963/96, S. 72.

2219 Vgl. Begr. RegE 2. FFG, BT-Drs. 12/6679, S. 59 u. 66, jeweils mit der Bezugnahme auf das damalige DTB-Clearing, das über einen Zentralen Kontrahenten funktionierte, sowie Begr. RegE 3. FFG, BT-Drs. 13/8933, S. 93, Clearingstellen als Vertragspartner erwähnt werden; vgl. ferner Schwark/Beck, KMR, § 9 WpHG, Rn. 8.

2220 Begr. RegE eines Gesetzes zur Umsetzung von EG-Richtlinien zur Harmonisierung bank- und wertpapieraufsichtsrechtlicher Vorschriften, BR-Drs. 963/96, S. 68.

Schließlich ergibt sich ein weiterer Hinweis gegen eine erweiternde Auslegung des Finanzkommissionsgeschäfts aus § 9 Abs. 1 S. 3 WpHG. In dieser Vorschrift wird die gem. § 9 Abs. 1 S. 1 WpHG für Kreditinstitute, Finanzdienstleistungsinstitute mit der Erlaubnis zum Betreiben des Eigenhandels sowie für bestimmte andere Unternehmen bestehende Meldepflicht über Wertpapiergeschäfte auf „inländische Stellen, die ein System zur Sicherung der Erfüllung von Geschäften an einem organisierten Markt betreiben, hinsichtlich der von ihnen abgeschlossenen Geschäfte" erstreckt. Diese Ausdehnung der Meldepflicht wurde im Rahmen des 3. FFG vorgenommen, weil es der Gesetzgeber zur Sicherstellung einer effektiven Überwachungstätigkeit durch die BaFin für erforderlich hielt, Clearingstellen in die Auflistung der meldepflichtigen Stellen aufzunehmen[2221]. Da es sich bei den in § 9 Abs. 1 S. 1 WpHG aufgeführten Kredit- und Finanzdienstleistungsunternehmen um solche i.S. von § 1 Abs. 1 u. Abs. 1a KWG handelt[2222], ist der Gesetzgeber also davon ausgegangen, dass Clearingstellen als solche weder als Kreditinstitute noch als Finanzdienstleistungsinstitute mit der Erlaubnis zum Betreiben des Eigenhandels einzustufen sind. Das bedeutet, dass nach der gesetzlichen Grundkonzeption ihre Tätigkeit kein Finanzkommissionsgeschäft gem. § 1 Abs. 1 S. 2 Nr. 4 KWG und auch kein Eigenhandel für andere nach § 1 Abs. 1a S. 2 Nr. 4 KWG darstellen kann. Denn ansonsten hätte es der Einfügung einer besonderen Meldepflicht nicht bedurft.

Demzufolge spricht die systematische Auslegung sowohl grundsätzlich gegen eine erweiternde Auslegung des Kommissionsgeschäfts als auch im Besonderen gegen die Einbeziehung der Tätigkeit eines Zentralen Kontrahenten in den Erlaubnistatbestand nach § 1 Abs. 1 S. 2 Nr. 4 KWG.

4. Teleologische Aspekte der Auslegung

Sowohl die Aufsichtsbehörde[2223] als auch die Rechtsprechung[2224] stützen die von ihnen vorgenommene erweiternde Auslegung des § 1 Abs. 1 S. 2 Nr. 4 KWG vor allem auf den Zweck dieser Vorschrift. Die Zielsetzung des gesamten KWG ist es, die Funktionsfähigkeit des Kreditapparates zu wahren sowie Gläubiger von

---

2221 Begr. RegE 3. FFG, BT-Drs. 13/8933, S. 92.
2222 Schwark/Beck, KMR, § 2 WpHG, Rn. 43; Assmann in Assmann/Schneider, § 2, Rn. 89 f.
2223 Vgl. zur Argumentation der BaFin Hammen, WM 2005, S. 813 (819).
2224 Nur so ist es zu verstehen, wenn von der „gebotenen wirtschaftlichen Betrachtungsweise" gesprochen wird (VG Frankfurt, WM 2004, S. 1917 (1919)). Denn die wirtschaftliche Betrachtungsweise stellt eine Methode der teleologischen Gesetzesauslegung dar (vgl. BGH, WM 2005, S. 807 (809), Hammen, WM 2005, S. 813 (819), sowie Tipke/Lang, Steuerrecht, S. 142).

Kreditinstituten vor Verlusten zu schützen[2225]. Darüber hinaus folgt aus den Erwägungsgründen der WpDL-RL, deren Umsetzung die neueren Bestimmungen des KWG teilweise dienen, dass der Anlegerschutz sowie die Stabilität des Finanzsystems gefördert werden sollen[2226]. Nun könnte zwar – so wie es der BaFin in Bezug auf andere Tätigkeiten vorschwebt – argumentiert werden, dass eine wirtschaftliche Betrachtungsweise bei § 1 Abs. 1 S. 2 Nr. 4 KWG angebracht sei, weil es zur Sicherstellung der Stabilität des Finanzsystems erforderlich sei, für Clearingstellen mit Zentralem Kontrahenten eine Erlaubnispflicht sowie eine bundeseinheitliche Aufsicht vorzusehen[2227]. Es wurde nämlich bereits dargelegt, dass das ordnungsgemäße Funktionieren eines Clearing-System mit Zentralem Kontrahenten für die Stabilität des Finanzsystems von erheblicher Bedeutung ist[2228]. Doch ließe eine derartige Argumentation außer Acht, dass die teleologische Auslegung nicht zu einer schrankenlosen Ausdehnung von Tatbeständen führen darf, zumal weder der Wortlaut, noch die Entstehungsgeschichte noch die Gesetzessystematik eine erweiternde Auslegung zulassen[2229]. Dies gilt umso mehr, als die Schranken in Art. 103 Abs. 2 GG zu beachten ist[2230], wonach eine Tat nur bestraft werden kann, wenn die Strafbarkeit gesetzlich bestimmt war, bevor die Tat begangen wurde. Aus dieser grundgesetzlichen Regelung folgen das Gebot einer hinreichend bestimmten Gesetzesfassung sowie das damit verbundene Analogieverbot[2231]. Zwar bedeutet das nicht, dass ein auslegungsbedürftiges Strafgesetz unzulässig wäre[2232], doch bildet der Wortsinn des Gesetzes die äußerste Grenze der Auslegung, wobei der Wortsinn aus der Sicht des Bürgers zu bestimmen ist[2233]. Deshalb darf sich die Auslegung nicht gänzlich vom allgemei-

---

2225 Begr. RegE eines Gesetzes über das Kreditwesen, BT-Drs. 3/1114, S. 19 f.; Götze, WM 2005, S. 727 (728 m.w.Nachw.).

2226 Vgl. Dreher, ZIP 2004, S. 2161 (2165); VG Frankfurt, WM 2004, S. 1917 (1919); vgl. auch Götze, WM 2005, S. 727 (728).

2227 Eine derartige Argumentation könnte wohl auch dann erfolgen, wenn man mit Dreher, ZIP 2004, S. 2161 (2165 f.), auf den konkreten Zweck des § 1 Abs. 1 S. 2 Nr. 4 KWG abstellt und diesen im Schutz vor den spezifischen Gefahren des Kommissionsgeschäfts i.S. der §§ 383 ff. HGB sieht, da ähnliche Gefahren bei der Zwischenschaltung eines Zentralen Kontrahenten bestehen.

2228 Vgl. nur die Nachweise in Fn. 2112.

2229 Hammen, WM 2005, S. 813 (819).

2230 Vgl. Dreher, ZIP 2004, S. 2161 (2166); Hammen, WM 2005, S. 813 (819 f.).

2231 Sachs/Degenhart, Art. 103, Rn. 49; Dreier/Schulze-Fielitz, Art. 103 II, Rn. 33 u. 39 f.

2232 Vgl. BVerfGE 85, S. 69 (73); 87, S. 363 (391 f.); BVerfG, NJW 1997, S. 1910 (1911); dass., NJW 1999, S. 3399 (3400); Dreier/Schulze-Fielitz, Art. 103 II, Rn. 35; Sachs/Degenhart, Art. 103, Rn. 68.

2233 BVerfGE 71, S. 108 (114 f.); 82, S. 236 (269); 87, S. 209 (224).

nen Sprachgebrauch lösen[2234]. Für die Auslegung von § 1 Abs. 1 S. 2 Nr. 4 KWG sind diese Grundsätze bedeutsam, weil das Betreiben eines Finanzkommissionsgeschäfts ohne die erforderliche Erlaubnis gem. § 54 Abs. 1 Nr. 2 KWG eine Straftat darstellt und es deshalb für die Strafbarkeit entscheidend auf die Bestimmung des Bedeutungsgehalts eines Finanzkommissionsgeschäfts ankommt[2235]. Mithin scheidet hier im Rahmen einer teleologischen Auslegung eine über den Wortsinn hinausgehende Auslegung aus, so dass dieser methodische Ansatz an dem bisher gewonnenen Ergebnis nichts zu ändern vermag und es daher dabei bleiben muss, dass mit dem Finanzkommissionsgeschäft das Kommissionsgeschäft i.S. der §§ 383 ff. HGB gemeint ist, demzufolge die Tätigkeit eines Zentralen Kontrahenten von § 1 Abs. 1 S. 2 Nr. 4 KWG nicht erfasst wird.

5. Europarechtliche Aspekte der Auslegung

Bei der Auslegung von § 1 Abs. 1 S. 2 Nr. 4 KWG ist schließlich zu berücksichtigen, dass mit der im Rahmen der 6. KWG-Novelle erfolgten Neufassung dieser Vorschrift europäisches Recht umgesetzt worden ist[2236]. Diesem Umstand kommt in zweierlei Hinsicht Bedeutung zu.

Zum einen ist die gebotene richtlinienkonforme Auslegung zu beachten[2237], zum anderen ist die vom EuGH[2238] entwickelte Einschränkung des Gestaltungsspielraums der nationalen Gesetzgeber bei der Umsetzung von EG-Richtlinien zu bedenken, die ihnen eine Art Transparenzgebot auferlegt[2239].

a) Richtlinienkonforme Auslegung

Die bisherigen Argumente gegen eine erweiternde Auslegung des Begriffs des Finanzkommissionsgeschäfts könnten erheblich an Gewicht verlieren, wenn sich herausstellen sollte, dass der europäische Gesetzgeber durch eine europäische Richtlinie Einrichtungen mit Zentralem Kontrahenten erfassen wollte. Denn dann müsste dieses Ziel bei der Auslegung der nationalen Umsetzungsakte Berücksich-

---

2234 BVerfGE 73, S. 206 (244 f.); Sachs/Degenhart, Art. 103, Rn. 70 a; Dreier/Schulze-Fielitz, Art. 103 II, Rn. 39.

2235 Vgl. Hammen, WM 2005, S. 813 (819); Dreher, ZIP 2004, S. 2161 (2166).

2236 Vgl. Begr. RegE eines Gesetzes zur Umsetzung von EG-Richtlinien zur Harmonisierung bank- und wertpapieraufsichtsrechtlicher Vorschriften, BR-Drs. 963/96, S.55 u. 63. Mit den dortigen Bezugnahmen auf die WpDL-RL ist der Gesetzgeber der Aufforderung dazu in Art. 31 Abs. 3 der WpDL-RL nachgekommen.

2237 Vgl. Piekenbrock/Schulze, WM 2002, S. 521 (523 f.).

2238 EuGH v. 21.11.2002, Rs. C–356/00, Slg. 2002, I–10797.

2239 Vgl. eingehend Hammen, WM 2005, S. 813 (820 f.).

tigung finden[2240]. Andererseits stellt es ein Indiz gegen die Erfassung von Zentralen Kontrahenten durch ein nationales Umsetzungsgesetz dar, wenn sich zeigt, dass die betreffende europäische Richtlinie ihren Anwendungsbereich bewusst nicht auf die Funktion des Zentralen Kontrahenten erstreckt hat. Dies gilt zumindest dann, wenn nicht ersichtlich ist, ob der nationale Gesetzgeber ausgerechnet mit dem Umsetzungsgesetz über die Vorgaben der Richtlinie hinausgehen oder sich zu den Zielen der europäischen Vorgaben in Widerspruch setzen wollte.

Untersucht man nun die WpDL-RL, die der aktuellen Fassung von § 1 Abs. 1 S. 2 Nr. 4 KWG zugrunde liegt, daraufhin, ob sie die Tätigkeit von Zentralen Kontrahenten in ihren Regelungsbereich miteinbezieht, dann ist festzustellen, dass die damit verbundene Funktionalität nicht ausdrücklich als Dienstleistung aufgeführt wird[2241]. Trotzdem lässt sich nicht behaupten, dass sich die Richtlinie überhaupt nicht mit Zentralen Kontrahenten befasst. Vielmehr ist von „Clearing- und Abwicklungsaufgaben"[2242], vom „Clearingmitglied"[2243], von „Clearing- und Abwicklungssystemen"[2244] sowie von „Clearing- und Abwicklungs*dienstleistungen*"[2245] die Rede. Gerade die letztgenannte Formulierung spricht jedoch dafür, dass der europäische Gesetzgeber mit der WpDL-RL die mit den Clearingdienstleistungen zusammenhängende Funktionalität des Zentralen Kontrahenten nicht erfassen wollte, da er diese sonst bei den Dienstleistungen im Anhang zur Richtlinie aufgenommen hätte. Diese Einschätzung wird bestätigt durch die Begründung der EG-Kommission zu ihrem Vorschlag für eine neue WpDL-RL[2246], der mittlerweile in die die alte WpDL-RL ersetzenden Mifid[2247] mündete[2248]. Dort

---

2240 Vgl. EuGH v. 13.11.1990, Rs. C–106/89, Slg. 1990, I–4135, Rn. 8; ders. v. 16.12.1993, Rs. C–334/92, Slg. 1993, I–6911, Rn. 20 f. = NJW 1994, S. 921 (922); BGH, NJW 1993, S. 1594 (1595); ders., NJW 2002, S. 1881 (1881 f.); Piekenbrock/Schulze, WM 2002, S. 521 (523 f.).

2241 In Art. 1 Nr. 1 WpDL-RL i.V.m. dem Anhang zur RL, Abschnitt A Nummer 1 lit. b) wird als Wertpapierdienstleistung „die Ausführung solcher Aufträge für fremde Rechnung" aufgeführt. Gemeint sind damit Aufträge zum Erwerb oder zur Veräußerung bestimmter Finanzinstrumente i.S. des Abschnitts B des Anhangs zur WpDL-RL. Außerdem ist in Nr. 2 des Anhangs Abschnitt A „der Handel mit jedem der in Abschnitt B genannten Instrumente für eigene Rechnung" als Dienstleistung definiert.

2242 Erwägungsgrund (35) zur WpDL-RL.

2243 Art. 2 Abs. 2 lit. j) WpDL-RL.

2244 Art. 15 Abs. 1 u. 2 WpDL-RL.

2245 Art. 25 Abs. 7 WpDL-RL (Hervorhebung durch den Verfasser).

2246 ABl. C 71 E vom 25.03.2003, S. 62 ff.; der Vorschlag samt seiner Begründung ist außerdem abgedruckt in ZBB 2002, S. 518 ff.

2247 RL 2004/39/EG des Europäischen Parlaments und des Rates vom 21.04.2004 über Märkte für Finanzinstrumente, zur Änderung der Richtlinien 85/611/EWG und 93/6/EWG des Rates und der Richtlinie 2000/12/EG der Europäischen Parlaments

wird nämlich ausgeführt, dass mit dem Vorschlag „kein harmonisierter Rahmen für die Zulassung, laufende Beaufsichtigung und gegenseitige Anerkennung von Unternehmen, die Clearing und Abrechnungstätigkeiten ausführen, geschaffen werden" solle. Ergänze man das Verzeichnis der Dienstleistungen gem. der WpDL-RL um die Clearing- und Abrechnungsfunktionen, ohne die anzuwendenden Risikomanagementpraktiken zu harmonisieren oder einen tatsächlichen Aufsichtsrahmen zu schaffen, werde es nicht nur unmöglich sein, ein effizientes Binnenmarktumfeld für die Durchführung dieser Tätigkeiten zu schaffen, sondern es könnte sich dies aus der Sicht einer angemessenen Beaufsichtigung dieser Unternehmen auch als kontraproduktiv erweisen. Die genannten Tätigkeiten als Wertpapierdienstleistungen zu bezeichnen, sei kein „Allheilmittel". Es müsse zunächst überlegt werden, wie der Regulierungsrahmen aussehen solle. Deshalb beschränke sich der Vorschlag der Kommission auf die Behandlung des Clearings und der Abrechnung in Bezug auf die Rechte der Wertpapierhäuser und Teilnehmer an den geregelten Märkten auf Zugang zu und Auswahl der Clearing- und Abrechnungsstellen in anderen Mitgliedstaaten[2249]. Hierdurch wird deutlich zum Ausdruck gebracht, dass bislang kein europäischer Rechtsrahmen für das Clearing vorliegt. Da der deutsche Gesetzgeber im Zuge der Umsetzung der WpDL-RL auch nicht darauf hingewiesen hat, in Bezug auf Clearingstellen über die europäischen Vorgaben hinausgehen zu wollen, deutet die richtlinienkonforme Auslegung ebenfalls auf das bisher gewonnene Ergebnis hin, dass die Tätigkeit eines Zentralen Kontrahenten vom Finanzkommissionsgeschäft nicht erfasst wird und § 1 Abs. 1 S. 2 Nr. 4 KWG somit nicht erweiternd auszulegen ist[2250].

b) Auslegungsschranke durch das Transparenzgebot

Wie schon angedeutet kommt dem Europarecht noch unter einem anderen Aspekt bei der Auslegung des § 1 Abs. 1 S. 2 Nr. 4 KWG Bedeutung zu. Der EuGH hat nämlich die Gestaltungsspielräume bei der Umsetzung der WpDL-RL in formaler Hinsicht eingeschränkt und dem nationalen Gesetzgeber eine Art Transparenzgebot auferlegt, dessen Verletzung dazu führt, dass das europäische Richtlinien-

---

und des Rates und zur Aufhebung der Richtlinie 93/22/EWG (abgedruckt in Kümpel/Hammen/Ekkenga, Kz. 925).

2248 Vgl. dazu Seitz, AG 2004, S. 497 ff.

2249 ABl. C 71 E vom 25.03.2003, S. 62 ff. (unter Abschnitt V. 1, S. 87 ff.) (= ZBB 2002, S. 518 (562)).

2250 Vgl. zudem Hammen, WM 2005, S. 813 (821), der allgemein, also ohne konkrete Bezugnahme auf den Zentralen Kontrahenten, darlegt, dass mit Abschnitt A Nr. 1 lit. b) des Anhangs zur WpDL-RL das Kommissionsgeschäft herkömmlicher Prägung gemeint ist.

recht der betreffenden nationalen Regelung entgegensteht[2251]. In dem angesprochenen Urteil des EuGH ging es – etwas vereinfachend dargestellt – darum, dass der italienische Gesetzgeber in Umsetzung der WpDL-RL für bestimmte Tätigkeiten eine Zulassungspflicht als Wertpapierfirma vorsah und dabei über die Vorgaben in der WpDL-RL hinausging[2252]. Der EuGH stellt dazu zunächst fest, dass grundsätzlich nichts dagegen einzuwenden sei, wenn ein Mitgliedstaat die Erlaubnispflicht über die von der Richtlinie erfassten Bereiche hinaus ausdehne. Allerdings gelte dies nicht ohne Einschränkung. Vielmehr sei zu beachten, dass mit der WpDL-RL eine Harmonisierung bei der Gewährleistung der gegenseitigen Anerkennung der Zulassungen und Aufsichtssysteme angestrebt werde, die die Erteilung einer einzigen Zulassung an Wertpapierdienstleistungsunternehmen für die gesamte EU ermögliche[2253]. Da die in ihrem Herkunftsland zugelassenen Wertpapierfirmen aufgrund der gegenseitigen Anerkennung in der gesamten Gemeinschaft unter die Richtlinie fallende Tätigkeiten ausüben dürften, müssten die in der Richtlinie enthaltenen Definitionen beachtet werden. Die gegenseitige Anerkennung gelte nämlich nur für die von der Richtlinie erfassten Dienstleistungen. Eine Ausdehnung auf von der Richtlinie nicht erfasste Tätigkeiten dürfe mithin nur dann erfolgen, wenn „klar ersichtlich ist, dass derartige Rechtsvorschriften nicht die Umsetzung der Richtlinie darstellen und keine Verwirrung hinsichtlich der Anerkennung der für die betreffenden Tätigkeiten und Wirtschaftsteilnehmer erteilten Zulassung in den anderen Mitgliedstaaten hervorrufen"[2254].

Wenn nun eine Regelung wie § 1 Abs. 1 S. 2 Nr. 4 KWG, die in den Gesetzesmaterialien als Umsetzungsvorschrift zur WpDL-RL ausgewiesen ist, sowohl harmonisierte als auch nicht harmonisierte Tatbestände erhält, ohne dass dies zu erkennen ist, dann besteht die Gefahr, dass ein Unternehmen die Zulassung erhält und damit der Anschein entsteht, das Unternehmen verfüge über den sog. Europapass, also die Erlaubnis, auch in anderen Mitgliedstaaten seine Wertpapierdienstleistungen zu erbringen, obwohl die Zulassung lediglich auf autonomem und nicht auf umgesetztem Recht beruht[2255]. Dieselbe Gefahr besteht auch dann, wenn eine Aufsichtsbehörde durch *Auslegung* eines auf Europarecht beruhenden Zulassungstatbestands zu einer über die Vorgaben der Richtlinie hinausgehenden Festlegung einer erlaubnispflichtigen Tätigkeit gelangt[2256]. Genau dies geschieht,

2251 EuGH v. 21.11.2002, Rs. C–356/00, Slg. 2002, I–10797, Rn. 35 ff.; vgl. dazu Hammen, WM 2005, S. 813 (820 f.).
2252 Vgl. zu den Einzelheiten Hammen, WM 2005, S. 813 (820).
2253 EuGH v. 21.11.2002, Rs. C–356/00, Slg. 2002, I–10797, Rn. 33 ff.
2254 EuGH v. 21.11.2002, Rs. C–356/00, Slg. 2002, I–10797, Rn. 36.
2255 Hammen, WM 2005, S. 813 (820).
2256 Hammen, WM 2005, S. 813 (820).

wenn man sich der wirtschaftlichen Betrachtungsweise der BaFin und einiger Gerichte zur Bestimmung des Finanzkommissionsgeschäfts anschließt und die Tätigkeit eines Zentralen Kontrahenten unter § 1 Abs. 1 S. 2 Nr. 4 KWG subsumieren wollte. Denn es wurde bereits herausgearbeitet, dass der europäische Gesetzgeber die damit verbundene Funktionalität der Clearingstellen mit der WpDL-RL gerade nicht reglementieren wollte[2257]. Folglich steht auch das vom EuGH entwickelte Transparenzgebot einer wirtschaftlichen Betrachtungsweise des Finanzkommissionsgeschäfts in § 1 Abs. 1 S. 2 Nr. 4 KWG entgegen, die zur Erfassung der Tätigkeit eines Zentralen Kontrahenten führen könnte.

III. Zwischenergebnis

Die vorstehenden Ausführungen haben gezeigt, dass die Tätigkeit eines Zentralen Kontrahenten nicht als Bankgeschäft nach § 32 Abs. 1 S. 1 KWG erlaubnispflichtig sein kann, da sie weder als herkömmliches Kommissionsgeschäft i.S. der §§ 383 ff. HGB einzuordnen ist, noch im Rahmen einer erweiternden Auslegung durch eine wirtschaftliche Betrachtungsweise als Finanzkommissionsgeschäft i.S. des § 1 Abs. 1 S. 2 Nr. 4 KWG einzustufen ist.

C. Eigenhandel für andere gem. § 1 Abs. 1a S. 2 Nr. 4 KWG

Es wurde bereits darauf hingewiesen, dass das KWG die Erlaubnispflicht für den Handel mit Finanzinstrumenten mit Bezug auf einen Dritten entweder an das Finanzkommissionsgeschäft gem. § 1 Abs. 1 S. 2 Nr. 4 KWG, an die Abschlussvermittlung nach § 1 Abs. 1a S. 2 Nr. 2 KWG oder an den Eigenhandel gem. § 1 Abs. 1a S. 2 Nr. 4 KWG knüpft[2258]. Da im Hinblick auf die Funktionalität des Zentralen Kontrahenten die Einordnung als Abschlussvermittlung[2259] nicht in Betracht kommt und auch eine Zuordnung zum Finanzkommissionsgeschäft nicht

---

2257 Vgl. S. 468 f.; darüber hinaus sprechen gewichtige europarechtliche Argumente dafür, generell von einer ausdehnenden Auslegung des § 1 Abs. 1 S. 2 Nr. 4 KWG über das herkömmliche Kommissionsgeschäft hinaus abzusehen (vgl. Hammen, WM 2005, S. 813 (820 f.).

2258 Begr. RegE eines Gesetzes zur Umsetzung von EG-Richtlinien zur Harmonisierung bank- und wertpapieraufsichtsrechtlicher Vorschriften, BR-Drs. 963/96, S. 66; Reischauer/Kleinhans, KWG, Kz. 115, § 1, Anm. 196; Zerwas/Hanten, ZBB 2001, S. 44 (44 f.); Dreher, ZIP 2004, S. 2161 (2164).

2259 Vgl. dazu Fülbier in Boos/Fischer/Schulte-Mattler, § 1 KWG, Rn. 124; Zerwas/Hanten, ZBB 2000, S. 44 (48).

vorgenommen werden kann, ist nunmehr zu untersuchen, ob die Tätigkeit eines Zentralen Kontrahenten als Finanzdienstleistung nach § 1 Abs. 1a S. 2 Nr. 4 i.V.m. § 32 Abs. 1 S. 1 KWG erlaubnispflichtig ist.

I. Parallelen zur Auslegung beim Finanzkommissionsgeschäft

In § 1 Abs. 1a S. 2 Nr. 4 KWG wird der Eigenhandel als „die Anschaffung und die Veräußerung von Finanzinstrumenten im Wege des Eigenhandels für andere" definiert. Eine gleich lautende Formulierung findet sich in § 2 Abs. 3 Nr. 2 WpHG, wo die Eigenschaft der damit verbundenen Tätigkeit als Wertpapierdienstleistung festgelegt wird. Beide Tatbestände wurden wie auch die neue Definition des Finanzkommissionsgeschäfts mit dem Gesetz zur Umsetzung von EG-Richtlinien zur Harmonierung bank- und wertpapieraufsichtsrechtlicher Vorschriften eingeführt, um den Vorgaben der WpDL-RL gerecht zu werden[2260]. Daraus folgt zunächst, dass die europarechtlich bedingten Argumente, die gegen die Erstreckung des Finanzkommissionsgeschäfts auf die Tätigkeit des Zentralen Kontrahenten sprechen[2261], auch gegen die Einordnung dieser Tätigkeit als Eigenhandel für andere geltend zu machen sind. Es konnte nämlich dargelegt werden, dass der europäische Gesetzgeber die Funktionen von Clearingstellen mit der WpDL-RL nicht als Wertpapierdienstleistung erfassen wollte, so dass zum einen die richtlinienkonforme Auslegung und zum anderen das Transparenzgebot einer Erstreckung der Erlaubnispflicht aus § 1 Abs. 1a S. 2 Nr. 4 i.V.m. § 32 Abs. 1 S. 1 KWG auf den Zentralen Kontrahenten entgegenstehen.

Ebenso können die bei der Untersuchung des Finanzkommissionsgeschäfts gewonnenen Ergebnisse zur systematischen Auslegung[2262] zur Beantwortung der Frage herangezogen werden, ob ein Zentraler Kontrahent Eigenhandel für andere betreibt. Denn es spricht selbstverständlich auch hier gegen die aus der Einstufung als Finanzdienstleistung folgende Erlaubnispflicht, wenn Clearingstellen im KWG mehrmals, nur nicht im Umfeld der erlaubnispflichtigen Tätigkeiten aufgeführt werden. Gleiches gilt für die besondere Erwähnung der Clearingstellen in § 9 Abs. 1 S. 3 WpHG, die nicht erforderlich wäre, wenn die damit verbundenen Tätigkeiten bereits als erlaubnispflichtiger Eigenhandel einzustufen wären und somit bereits die Einordnung der Clearingstellen als Finanzdienstleistungsinstitut erlaubten.

2260 Begr. RegE eines Gesetzes zur Umsetzung von EG-Richtlinien zur Harmonisierung bank- und wertpapieraufsichtsrechtlicher Vorschriften, BR-Drs. 963/96, S. 66 u. 101; Oelkers, WM 2001, S. 340; Assmann in Assmann/Schneider, § 2, Rn. 49.
2261 Vgl. S. 468 ff.
2262 Vgl. dazu S. 463 ff.

II. Weitere Auslegungsansätze

Daneben kann auch die Abfassung des Tatbestandes in § 1 Abs. 1a S. 2 Nr. 4 KWG grundlegende Zweifel wecken, ob die Funktionalität des Zentralen Kontrahenten mit dem Begriff des Eigenhandels für andere zutreffend erfasst wird.

1. Konkretisierung der Formulierung „für andere"

Diese Zweifel könnten sich daraus ergeben, dass der Eigenhandel i.S. des § 1 Abs. 1a S. 2 Nr. 4 KWG *für andere* erbracht werden muss. In dieser einschränkenden Formulierung kommt der Dienstleistungscharakter der ausgeübten Tätigkeit zum Ausdruck[2263]. Welche Kriterien zur Bestimmung des Dienstleistungscharakters heranzuziehen sind, wird in der Literatur allerdings nicht einheitlich beurteilt. Teilweise wird eine subjektive Abgrenzung befürwortet, indem darauf abgestellt wird, ob der Eigenhandel „als Dienstleistung", also mit der Absicht eines wirtschaftlich fremdbezogenen Geschäfts, erfolgen soll oder nicht[2264]. Andere wollen die Abgrenzung nach objektiven Kriterien vornehmen, wobei im Detail wiederum Differenzen bestehen. So wird zum Teil ein dem Geschäftsabschluss vorausgehender Auftrag gefordert[2265]. Hiergegen wird zu Recht vorgebracht, es bedürfe keineswegs notwendigerweise eines weiteren Rechtsgeschäfts neben dem als Eigenhandel bezeichneten Vorgang[2266]. Vielmehr sei für den Dienstleistungscharakter entscheidend, ob die Umstände des Geschäfts darauf hindeuten, dass die handelnde Einrichtung für einen anderen und nicht lediglich wie ein schlich-

---

2263 Kümpel, Festschrift T. Raiser, S. 699 (706); Oelkers, WM 2001, S. 340 (345); du Buission, WM 2003, S. 1401 (1407 f.).

2264 Mielk, WM 1997, S. 2200 (2203); Boos, Die Bank 1997, S. 119 (120).

2265 Fülbier in Boos/Fischer/Schulte-Mattler, § 1 KWG, Rn. 133; vgl. auch Plück/ Schmutzler/Kühn, Kapitalmarktrecht, S. 29, und Reischauer/Kleinhans, KWG, Kz. 115, § 1, Rn. 193 f., wo jeweils von einem „Auftrag" oder „Auftragsverhältnis" zwischen Bank und Kunde die Rede ist, so dass dort anscheinend von einem rechtsverbindlichen Auftrag i.S. der §§ 662 ff. BGB ausgegangen wird.

2266 Oelkers, WM 2001, S. 340 (345); Kümpel, Festschrift T. Raiser, S. 699 (706); Schwark/Beck, KMR, § 2 WpHG, Rn. 23; vgl. auch Begr. RegE eines Gesetzes zur Umsetzung von EG-Richtlinien zur Harmonisierung bank- und wertpapieraufsichtsrechtlicher Vorschriften, BR-Drs. 963/96, S. 66 u. 101, wo von einem „reinen Kaufvertrag" bzw. vom „market making" als Beispiel des Eigenhandels die Rede ist, so dass ein über den Kaufvertrag hinausgehendes bzw. ein weiteres Rechtsverhältnis mit dem Käufer bzw. Verkäufer erst gar nicht in Betracht gezogen wird. Du Buisson, WM 2003, S. 1401 (1407 f.), meint sogar, dass ein „echter Geschäftsbesorgungsvertrag" gerade nicht vorliegen dürfe, da ansonsten die Grenze zum Kommissionsgeschäft überschritten werde.

ter Käufer oder Verkäufer im Eigeninteresse tätig werde[2267]. Damit wird zugleich deutlich, dass letztlich keine Entscheidung zwischen objektiven und subjektiven Kriterien angebracht ist, sondern beide Komponenten bei der Bestimmung des Dienstleistungscharakters heranzuziehen sind[2268]. Als objektives, auf eine Dienstleistung hinweisendes Merkmal wird etwa das Vorhandensein einer Kundenkauf- oder Verkaufsorder genannt[2269]. Ferner wird aus der Erwähnung des „market making" in den Gesetzesmaterialien als ein Beispiel für den Eigenhandel geschlossen[2270], es erweise sich derjenige Händler als Finanzdienstleister, der über seine bloße Marktteilnahme hinaus durch Wahrnehmung besonderer Funktionen maßgeblich an der Schaffung eines Marktes mitwirke[2271].

Beurteilt man nach diesen Kriterien die Funktion eines Zentralen Kontrahenten, so werden etwaige Zweifel an seiner Eigenschaft als Dienstleister i.S. des § 1 Abs. 1a S. 2 Nr. 4 KWG ausgeräumt. Zunächst handelt es sich bei den vom Zentralen Kontrahenten abgeschlossenen Kaufverträgen um wirtschaftlich fremdbezogene Geschäfte, da der Zentrale Kontrahent kein eigenes Interesse am Erwerb oder der Veräußerung der Wertpapiere aufweist. Bei der wirtschaftlichen Fremdbezogenheit handelt es sich auch keinesfalls lediglich um eine schwer nachvollziehbare Absicht, sondern um eine objektiv feststellbare Tatsache. Denn der Zentrale Kontrahent wird nur Partei eines Kaufvertrages, wenn er ein inhaltsgleiches Gegengeschäft abschließen kann und entsprechende Orders vorhanden sind[2272]. Darüber hinaus besteht sogar das von manchen zusätzlich geforderte Auftragsverhältnis, das den Dienstleistungscharakter noch einmal betont. Die Eurex Clearing AG hat sich nämlich gegenüber der Deutschen Börse AG als Börsenbetreiber verpflichtet, als Zentraler Kontrahent zu fungieren. Eine entsprechende Verpflichtung besteht gegenüber den CM, auch wenn diese Verpflichtung als solche nicht explizit angesprochen, sondern in der Vorgabe der CB-Eurex, dass alle Verträge nur mit der Eurex Clearing AG als Vertragspartei zustande kommen, vorausgesetzt wird. Schließlich schafft der Zentrale Kontrahent zwar

---

2267 Kümpel, Festschrift T. Raiser, S. 699 (706); Oelkers, WM 2001, S. 340 (345); Schwark/Beck, KMR, § 2 WpHG, Rn. 23.

2268 Vgl. Schwark/Beck, KMR, § 2 WpHG, Rn. 23, der von der objektiven und subjektiven Komponente spricht, die bei der Normanwendung behilflich sein könnten.

2269 Zerwas/Hanten, ZBB 2000, S. 44 (46); du Buisson, WM 2003, S. 1401 (1408); Assmann in Assmann/Schneider, § 2 WpHG, Rn. 49.

2270 Begr. RegE eines Gesetzes zur Umsetzung von EG-Richtlinien zur Harmonisierung bank- und wertpapieraufsichtsrechtlicher Vorschriften, BR-Drs. 963/96, S. 101; kritisch zur Einordnung des Market Making als Eigenhandel MünchKomm-HGB/ Ekkenga, Effektengeschäft, Rn. 85, sowie Schwark/Beck, KMR, § 2 WpHG, Rn. 25.

2271 du Buisson, WM 2003, S. 1401 (1407 f.).

2272 Vgl. zum Vertragsschluss S. 277 ff.

mit seiner Tätigkeit keinen Markt wie ein Market Maker[2273], doch nimmt er andere besondere Funktionen wahr, die sich gerade nicht mit einer Stellung als gewöhnlicher Käufer oder Verkäufer von Wertpapieren zutreffend beschreiben lassen. Mit seiner Einschaltung in die Kaufverträge übernimmt er insbesondere das Ausfallrisiko und bietet damit einen speziellen Service an.

Folglich wird der Zentrale Kontrahent trotz des von ihm vorgenommenen Abschlusses von Kaufverträgen[2274] als Dienstleister für die bei ihm angeschlossenen CM tätig, so dass er die Geschäfte „für andere" im Sinne von § 1 Abs. 1a S. 2 Nr. 4 KWG abschließt.

2. Konkretisierung des Begriffs „Eigenhandel"

Der Begriff des „Eigenhandels" setzt sich zusammen aus den Worten „Eigen" und „Handel". Durch den ersten Begriffsbestandteil kommt zum Ausdruck, dass der Handel i.S. des § 1 Abs. 1a S. 2 Nr. 4 KWG im eigenen Namen und für eigene Rechnung erfolgt[2275]. Da bereits dargelegt werden konnte, dass der Zentrale Kontrahent die Kaufverträge weder im fremden Namen noch für fremde Rechnung abschließt, ist lediglich noch offen, ob die Vertragsabschlüsse des Zentralen Kontrahenten als „Handel" einzustufen sind.

Nur relativ selten wird sich mit der Bedeutung des Begriffs „Handel" in § 1 Abs. 1a S. 2 Nr. 4 KWG auseinander gesetzt[2276]. Nach *Oelkers* liegt ein „Handel" mit Finanzinstrumenten nur dann vor, wenn der Eigenhändler „bestehende oder erwartete Unterschiede zwischen dem Kauf- und Verkaufspreis oder anderen Preis- oder Zinsschwankungen kurzfristig ausnutzen will"[2277]. Entwickelt wird dieser Ansatz aus einem KWG-spezifischen Verständnis des „Handels", das sich auf § 1 Abs. 12 Nr. 1 und § 33 Abs. 1 S. 1 Nr. 1 lit. c) KWG stützt, die beide

---

2273 Vgl. zum Market Making Kümpel, Bank- und Kapitalmarktrecht, Rn. 17.500, sowie Lenenbach, Kapitalmarkt- und Börsenrecht, Rn. 3.50.

2274 Vgl. dazu S. 456 ff.

2275 Vgl. Begr. RegE eines Gesetzes zur Umsetzung von EG-Richtlinien zur Harmonisierung bank- und wertpapieraufsichtsrechtlicher Vorschriften, BR-Drs. 963/96, S. 66, Fülbier in Boos/Fischer/Schulte-Mattler, § 1 KWG, Rn. 132, Schwark/Beck, KMR, § 2 WpHG, Rn. 23, sowie MünchKomm-HGB/Ekkenga, Effektengeschäft, Rn. 67.

2276 Am ausführlichsten widmet sich – soweit ersichtlich – Oelkers, WM 2001, S. 340 (343 f.), der Auslegung des Wortes „Handel" in § 1 Abs. 1 a) S. 2 Nr. 4 KWG; vgl. auch du Buisson, WM 2003, S. 1401 (1407 u. 1409), der sich gegen die von Oelkers vorgeschlagene Auslegung ausspricht.

2277 Oelkers, WM 2001, S. 340 (343); ähnlich, jedoch ohne die Kurzfristigkeit des Ausnutzens der Preisschwankungen zu erwähnen, Fülbier in Boos/Fischer/Schulte-Mattler, § 1 KWG, Rn. 132.

auf Art. 2 Nr. 6 lit. a) der Kapitaladäquanz-RL[2278] zurückgehen[2279]. In allen genannten Vorschriften werde ein Begriff des Handels zugrunde gelegt, für den die Tatbestandsmerkmale „Kurzfristigkeit" und „Spekulation" wesentlich seien. Für diese Auslegung spreche zudem, dass in § 71 Abs. 1 Nr. 8 AktG ein „Handel" mit Finanzinstrumenten ebenfalls nur dann angenommen werde, wenn der Kauf und Verkauf von Aktien der Erzielung eines kurzfristigen Erfolges diene[2280].

Letzteres ist zwar zutreffend[2281], doch ist mehr als fraglich, ob bei der Lösung einer bankaufsichtsrechtlichen Problematik Normen aus dem AktG weiterhelfen[2282]. Dasselbe gilt im Übrigen für das HGB, das in § 343 HGB zwar eine Definition des „Handelsgeschäfts" liefert, jedoch mit seiner weitreichenden Verweisung auf Geschäfte eines Kaufmanns[2283] mit der vorliegenden Frage in keinem Zusammenhang steht[2284]. Selbst ein Blick auf die genannten Normen des KWG lässt keine eindeutigen Schlüsse für die Auslegung des Begriffs „Handel" zu[2285]. Zwar ist es richtig, dass in Art. 2 Nr. 6 lit. a) der Kapitaladäquanz-RL vom Eigenhandel mit Bezug auf die Absicht der Erzielung eines kurzfristigen Gewinns aus dem Unterschied von Kauf- und Verkaufspreis die Rede ist und dass in § 1 Abs. 12 Nr. 1 KWG dieser Ansatz aufgegriffen wird, doch hilft das alleine bei der Auslegung kaum weiter. Denn aus der Betrachtung beider Vorschriften in ihrer Gesamtheit wird deutlich, dass der Begriff „Handel" auch mit Tätigkeiten assoziiert wird, die nicht auf die Ausnutzung von Kursschwankungen gerichtet sind[2286]. Zudem könnte aus den genannten Regelungen ebenso gut gefolgert werden, dass es nach der gesetzlichen Konzeption einen Eigenhandel geben muss, der gerade nicht der Ausnutzung von Kursschwankungen dient, weil dort die entsprechende Absicht bzw. der *Eigenhandelserfolg* jeweils nicht im Rahmen einer Definition von Handel, sondern neben dem Handel besonders hervorgehoben wird. Als Beispiel für einen bislang nicht bestrittenen Eigenhandel ohne die Absicht der Ausnutzung des Spreads könnte auf das sog. Execution-Geschäft verwiesen werden, bei dem es dem Eigenhändler nicht auf den Kursgewinn, sondern

---

2278 Richtlinie des Rates vom 15. März 1993 (93/6/EWG) über die angemessene Eigenkapitalausstattung von Wertpapierfirmen und Kreditinstituten (abgedruckt in Kümpel/Hammen/Ekkenga, Kz. 940).

2279 Begr. RegE eines Gesetzes zur Umsetzung von EG-Richtlinien zur Harmonisierung bank- und wertpapieraufsichtsrechtlicher Vorschriften, BR-Drs. 963/96, S. 70 u. 89.

2280 Oelkers, WM 2001, S. 340 (343).

2281 MünchKomm-AktG/Oechsler, § 71, Rn. 189 ff.; Hüffer, AktG, § 71, Rn. 19 i.

2282 du Buisson, WM 2003, S. 1401 (1409 mit Fn. 73).

2283 Vgl. MünchKomm-HGB/K. Schmidt, § 343, Rn. 9.

2284 du Buisson, WM 2003, S. 1401 (1409).

2285 du Buisson, WM 2003, S. 1401 (1409).

2286 Vgl. im Einzelnen du Buisson, WM 2003, S. 1401 (1409 mit Fn. 75 u. 76).

auf die Provision seines Kunden ankommt, mit dem er den Kaufvertrag schließt[2287]. Ferner ist es nicht weiterführend, für die Auslegung auf § 33 Abs. 1 S. 1 Nr. 1 lit. a) oder lit. c) KWG abzustellen, da dort an die Handelstätigkeit angeknüpft, diese aber in keiner Weise definiert wird[2288]. Schließlich ist schon der Wortlaut wenig erhellend, da unter „Handel" nach dem herkömmlichen Sprachgebrauch sowohl der Ein- und Verkauf von Waren als auch der Vertrag über den Ein- oder Verkauf verstanden wird[2289]. Da der Zentrale Kontrahent ständig kauft und verkauft, könnte nach dem letztgenannten Verständnis seine Tätigkeit durchaus als Handel angesehen werden, obgleich zuzugeben ist, dass damit zumindest stillschweigend oft die Vorstellung verbunden sein wird, der Handelnde wolle den Unterschied zwischen Kauf- und Verkaufspreis ausnutzen.

Folglich zeigt sich, dass die Verwendung des Wortes „Handel" in § 1 Abs. 1a S. 2 Nr. 4 KWG für die Beantwortung der Frage, ob die Tätigkeit des Zentralen Kontrahenten als das Erbringen einer Finanzdienstleistung anzusehen ist, nur von geringer Aussagekraft ist.

III. Zwischenergebnis

Die vorstehenden Ausführungen haben ergeben, dass es zumindest vom Wortlaut und vom Charakter als Dienstleistung her möglich ist, die Tätigkeit eines Zentralen Kontrahenten als *Eigenhandel für andere* anzusehen. Nichtsdestotrotz bestehen dieselben grundlegenden europarechtlichen und systematischen Einwände gegen die Einordnung der Tätigkeit eines Zentralen Kontrahenten als grundsätzlich erlaubnispflichtige Tätigkeit nach § 1 Abs. 1a S. 2 Nr. 4 KWG, die auch gegen die Einstufung als Finanzkommissionsgeschäft sprechen. Wird dies in die Beurteilung miteinbezogen, so erscheint es nahe liegend, den Spielraum, den der Begriff des „Eigenhandels" bei der Auslegung von § 1 Abs. 1a S. 2 Nr. 4 KWG bietet, in der Weise zu nutzen, dass die Tätigkeit einer Clearingstelle mit Zentralem Kontrahenten als von diesem Tatbestandsmerkmal nicht erfasst angesehen wird. Schließt man sich dieser Auffassung an, ist die Tätigkeit des Zentralen

---

2287 Zerwas/Hanten, ZBB 2000, S. 44 (45 f.); vgl. auch Fülbier in Boos/Fischer/ Schulte-Mattler, § 1 KWG, Rn. 132, der in sich widersprüchlich zunächst in seiner Definition des Eigenhandels für andere die Absicht der Ausnutzung von Kursschwankungen aufnimmt, dann jedoch als Beispiel auf das Execution-Geschäft verweist.

2288 du Buisson, WM 2003, S. 1401 (1409).

2289 Brockhaus/Wahrig, Deutsches Wörterbuch, Stichwort: Handel; vgl. auch du Buisson, WM 2003, S. 1401 (1409), der den Wortlaut ebenfalls nicht für ergiebig hält.

Kontrahenten auch nicht als Finanzdienstleistung nach § 1 Abs. 1a S. 2 Nr. 4 KWG einzuordnen.

D. Garantiegeschäft gem. § 1 Abs. 1 S. 2 Nr. 8 KWG

Nachdem herausgearbeitet worden ist, dass die Tätigkeit eines Zentralen Kontrahenten weder als Finanzkommissionsgeschäft noch als Eigenhandel eingestuft werden kann, ist nun zu beleuchten, ob sich die Erlaubnispflicht aus anderen Tatbeständen in § 1 KWG ergibt. Da im Verlauf der bisherigen Ausführungen immer wieder darauf hingewiesen wurde, dass eine ganz wesentliche Funktion von Clearing-Systemen mit Zentralem Kontrahenten darin besteht, den Börsenhandelsteilnehmern das Ausfallrisiko ihrer Gegenpartei abzunehmen[2290], und es sich bei diesen Einrichtungen nach der gesetzlichen Terminologie um Systeme zur *Sicherung* der Erfüllung von Geschäften bestimmter Art handelt[2291], liegt der Gedanke nicht fern, die Funktionalität des Zentralen Kontrahenten als Bankgeschäft in Form des Garantiegeschäfts nach § 1 Abs. 1 S. 2 Nr. 8 KWG einzuordnen.

Ein Garantiegeschäft liegt nach dieser Vorschrift in der „Übernahme von Bürgschaften, Garantien und sonstigen Gewährleistungen für andere". Kennzeichnend für diese traditionelle Form des Bankgeschäfts[2292] ist das Vorhandensein von drei Beteiligten, da in § 1 Abs. 1 S. 2 Nr. 8 KWG die Formulierung „für andere" verwendet wird[2293]. Dies sind der Gläubiger, der Schuldner und der Gewährleistende. Das zeigt schon, dass unabhängig von der konkreten Ausgestaltung der Gewährleistung die Tätigkeit des Zentralen Kontrahenten nicht ohne Schwierigkeiten unter § 1 Abs. 1 S. 2 Nr. 8 KWG subsumiert werden kann. Denn es wurde ja festgestellt, dass der Zentrale Kontrahent selbst Gläubiger bzw. Schuldner der aus dem Kaufvertrag resultierenden Rechte und Pflichten wird, während die Börsenhandelsteilnehmer in keiner unmittelbaren Vertragsbeziehung zueinander stehen. Ob dennoch – evtl. im Rahmen einer bereits für das Finanzkommissionsgeschäft abgelehnten wirtschaftlichen Betrachtungsweise – die Erfassung als „Garantiegeschäft" möglich und sachgerecht ist, muss die Untersuchung der einzelnen aufgeführten Formen des Garantiegeschäfts zeigen.

2290 Vgl. nur S. 62 ff.
2291 Vgl. § 1 Abs. 3e KWG, § 9 Abs. 1 S. 3 WpHG sowie § 2 Abs. 1 S. 5 BörsG.
2292 Vgl. Fülbier in Boos/Fischer/Schulte-Mattler, § 1 KWG, Rn. 77; Bähre/Schneider, KWG, § 1, Anm. 14.
2293 Szagunn/Haug/Ergenzinger, KWG, § 1, Rn. 61; Reischauer/Kleinhans, KWG, Kz. 115, § 1, Rn. 121; Fischer in Schimansky/Bunte/Lwowski, Band III, § 127, Rn. 19.

I. Einordnung als Bürgschaft

Als erste Form des Garantiegeschäfts wird in § 1 Abs. 1 S. 2 Nr. 8 KWG die Übernahme von Bürgschaften genannt. Diese Art der Personalsicherheit[2294] ist in den §§ 765–777 BGB, 349 f. HGB geregelt und setzt voraus, dass sich der Bürge gegenüber dem Gläubiger eines Dritten verpflichtet, für die Erfüllung einer Verbindlichkeit des Dritten einzustehen. Daraus ergibt sich die strenge Akzessorietät der Bürgschaft von der Hauptschuld, die durch § 767 Abs. 1 S. 1 BGB noch einmal hervorgehoben wird[2295]. Ist die zwingende Abhängigkeit der Sicherheit von der Hauptschuld nicht beabsichtigt, kommt nicht die Bürgschaft, sondern die Garantie oder der Schuldbeitritt als Sicherheit in Betracht[2296]. Da bei Geschäften des Zentralen Kontrahenten keine zu sichernde Hauptschuld besteht, scheidet eine Bürgschaft als einschlägige Form der Gewährleistung aus. Da es andere, nichtakzessorische Sicherheiten gibt, die ebenfalls in § 1 Abs. 1 S. 2 Nr. 8 KWG aufgenommen sind, wäre es verfehlt, im Wege der Auslegung zu versuchen, über die Akzessorietät der Bürgschaft und damit über einen allseits anerkannten Grundsatz des Bürgschaftsrechts hinwegzukommen. Vielmehr ist der Blick auf die weiteren Tatbestandsvarianten zu richten, die zur Einordnung einer Tätigkeit als Garantiegeschäft führen.

II. Einordnung als Garantie

Bis zur Schuldrechtsreform[2297] hat es trotz der Üblichkeit in der geschäftlichen Praxis keine ausdrückliche gesetzliche Regelung zur Garantie gegeben. Seitdem ist zumindest für das Kaufrecht in § 443 BGB[2298] eine fragmentarische Regelung

---

2294 Staudinger/Horn, Vorbem. zu §§ 765 ff., Rn. 2.

2295 BGH, WM 1966, S. 122 (124); Palandt/Sprau, Einf. v. § 765, Rn. 1; Staudinger/Horn, § 767, Rn. 1 ff.; Brox/Walker, Besonderes Schuldrecht, § 32, Rn. 2 u. 21.

2296 Schmitz in Schimansky/Bunte/Lwowski, Band II, § 92, Rn. 3 u. 17; MünchKomm-HGB/Welter, Zahlungsverkehr, Rn. J 15 f.; Palandt/Sprau, Einf. v. § 765, Rn. 17; Staudinger/Horn, Vorbem. zu §§ 765 ff., Rn. 216 f. u. 367; Kulke in Handbuch zum deutschen und europäischen Bankrecht, § 25, Rn. 48.

2297 Gesetz zur Modernisierung des Schuldrechts vom 26.11.2001 (BGBl. I, S. 3138).

2298 Der Begriff „Garantie" wird darüber hinaus seit der Schuldrechtsreform in den §§ 276 Abs. 1 S. 1, 442 Abs. 1 S. 2, 444 u. 477 BGB verwendet. Vgl. zur Frage, ob das BGB von einem einheitlichen Begriffsverständnis der Garantie ausgeht Münch-Komm-BGB/Westermann, § 443, Rn. 4.

vorhanden[2299]. Es bleibt jedoch dabei, dass sich der Garant mit der Garantie im Sinne eines nach § 311 BGB zulässigen selbständigen Garantievertrages[2300] einseitig gegenüber dem Garantienehmer verpflichtet, für den Eintritt eines bestimmten Erfolges einzustehen oder den Garantienehmer im Garantiefall so zu stellen, als ob der ins Auge gefasste Erfolg eingetreten oder der Schaden nicht entstanden wäre[2301]. Zwar wird zum Teil der Inhalt bzw. die Rechtsfolge der Garantie lediglich darin gesehen, im Falle des Nichteintritts des garantierten Erfolges den wirtschaftlichen Ausfall des Garantienehmers zu decken, mithin den entsprechenden Geldbetrag zu zahlen[2302], doch entspricht dies nur dem Regelfall. Denn grundsätzlich richtet sich der Inhalt der Garantie nach der getroffenen Vereinbarung[2303], so dass auch ein konkretes Verhalten zur Erreichung des garantierten Erfolges versprochen werden kann. Da im Übrigen bei der Bestimmung des Umfangs der Garantieverpflichtung, den Garantienehmer schadlos zu halten, die Grundsätze des Schadensersatzrechts Anwendung finden[2304], kann auch aus § 249 Abs. 1 S. 1 BGB die Pflicht zu einem bestimmten Verhalten resultieren[2305].

Hiernach zeichnet sich eine Garantie nicht zwangsläufig durch die Verpflichtung des Garantiegebers zu einer Geldzahlung aus. Daher kann gegen die Einordnung der Tätigkeit eines Zentralen Kontrahenten als Garantie im wirtschaftlichen Sinne zumindest nicht eingewendet werden, seine kaufvertraglichen Erfüllungsverpflichtungen ließen sich nicht mit dem Wesen einer Garantie als reiner

---

2299 Vgl. Brox/Walter, Besonderes Schuldrecht, § 4, Rn. 115 f.; Kulke in Handbuch zum deutschen und europäischen Bankrecht, § 25, Rn. 47.

2300 Vgl. den Überblick zu den verschiedenen Garantiearten bei Palandt/Sprau, § 443, Rn. 4, sowie Faust in Bamberger/Roth, § 443, Rn. 9 ff.

2301 Palandt/Sprau, Einf. v. § 765, Rn. 16; MünchKomm-BGB/Habersack, Vor § 765, Rn. 16; Jauernig/Stadler, Vor § 765, Rn. 11; Rohe in Bamberger/Roth, § 415, Rn. 48; Kulke in Handbuch zum deutschen und europäischen Bankrecht, § 25, Rn. 47; vgl. noch zur alten Rechtslage BGH, NJW 1999, S. 1542 (1543); ders., NJW 1985, S. 2941 (2941 f.); Staudinger/Horn, Vorbem. zu §§ 765 ff., Rn. 194.

2302 Staub/Canaris, Bankvertragsrecht, Rn. 1102; Szagunn/Haug/Ergenzinger, KWG, § 1, Rn. 61; nicht eindeutig MünchKomm-BGB/Habersack, Vor § 765, Rn. 16, der die Herbeiführung des garantierten Erfolges nicht als Primärleistungspflicht ansieht, aber nicht ausschließt, dass dem Garanten die Erfüllung des schadensträchtigen Rechtsverhältnisses und damit die Abwendung des Schadens im Form einer „Eigengarantie" obliegt.

2303 Palandt/Sprau, Einf. v. § 765, Rn. 18; Faust in Bamberger/Roth, § 443, Rn. 16; Kulke in Handbuch zum deutschen und europäischen Bankrecht, § 25, Rn. 51.

2304 BGH, WM 1968, S. 680 (682); ders., WM 1976, S. 977 (978); Staudinger/Horn, Vorbem. zu §§ 765 ff., Rn. 214; MünchKomm-BGB/Habersack, Vor § 765, Rn. 17.

2305 So ausdrücklich BGH, NJW 1985, S. 2941 (2942).

Zahlungsverbindlichkeit vereinbaren. Gleichwohl ist nicht zu verkennen, dass sich die Garantie i.S. eines nach § 311 Abs. 1 BGB zulässigen Vertrages sui generis[2306] kaum mit dem Abschluss von zwei inhaltsgleichen Kaufverträgen nach § 433 BGB mit dem Zentralen Kontrahenten sowohl als Käufer als auch als Verkäufer vergleichen lässt. Es erscheint zudem ebenso wie bei der Bürgschaft methodisch verfehlt, im Wege erweiternder Auslegung zu versuchen, die Tätigkeit des Zentralen Kontrahenten unter einen rechtlich eindeutig vorgeprägten Begriff zu subsumieren, solange mit der dritten Variante des § 1 Abs. 1 S. 2 Nr. 8 KWG eine Art Auffangtatbestand zur Verfügung steht.

III. Einordnung als sonstige Gewährleistung

Mit der Neuordnung des KWG im Jahre 1961 wurde das Garantiegeschäft als Bankgeschäft neu formuliert. Während in der alten Fassung das Bankgeschäft definiert wurde als „die Übernahme von Haftungen und Garantien für Dritte, soweit diese Geschäfte nicht von Versicherungsunternehmen betrieben werden", ist nunmehr die Rede von der „Übernahme von Bürgschaften, Garantien und sonstigen Gewährleistungen für andere (Garantiegeschäft)". Die Gesetzesmaterialien geben über die Beweggründe für diese Änderung keine Auskunft. Da neben der gesonderten Aufnahme von Bürgschaften und der Streichung der Ausnahme für Versicherungsunternehmen[2307] lediglich der inhaltlich offene Ausdruck „Haftungen" durch die ebenso unbestimmte Formulierung der „sonstigen Gewährleistungen" ersetzt wurde, hat sich an der Rechtslage letztlich nichts geändert[2308]. Allerdings ist es vor dem dargestellten Hintergrund nicht richtig zu behaupten, dass kein Unterschied zwischen der „Garantie" und der „sonstigen Gewährleistung" bestehe[2309]. Denn das KWG sah anscheinend schon immer die Notwendigkeit, neben den Garantien weitere Formen von Sicherheiten gesondert zu erfassen. Überdies wäre es mit dem herkömmlichen Verständnis der Garantie nicht zu vereinbaren, etwa den Schuldbeitritt, der als Beispiel der „sonstigen Gewährleis-

---

2306 Staub/Canaris, Bankvertragsrecht, Rn. 1106; Kümpel, Bank- und Kapitalmarktrecht, Rn. 5.375; Palandt/Heinrichs, Überbl. v. § 311, Rn. 12; MünchKomm-HGB/Welter, ZahlungsV, Rn. J 2.

2307 Dafür findet sich nun in § 2 Abs. 1 Nr. 4 KWG eine Vorschrift, die Versicherungsunternehmen von den Vorschriften des KWG ausnimmt.

2308 So auch die Einschätzung von Consbruch/Möller, KWG, § 1, Anm. 14.

2309 So Reischauer/Kleinhans, KWG, Kz. 115, § 1, Rn. 120, die die Begriffe für „wohl synonym" halten.

tung" anerkannt ist[2310], unter den Begriff der Garantie zu subsumieren. Als „sonstige Gewährleistungen" werden im kreditwesenrechtlichen Schrifttum ferner der Kreditauftrag nach § 778 BGB, die Patronatserklärung, wechsel- und scheckrechtliche Indossamentverpflichtungen sowie die Akkreditiveröffnung oder -bestätigung angeführt[2311].

Diesen Beispielsfällen der „sonstigen Gewährleistung" ist zunächst gemeinsam, dass typischerweise ein zu sicherndes Rechtsverhältnis zwischen dem Sicherungsnehmer und demjenigen besteht, in dessen Interesse der Sicherungsgeber die Sicherheit erbringt. Auf das Vorhandensein eines solchen Rechtsverhältnisses deutet zudem der Wortlaut hin. Denn eine „*Gewähr*leistung" setzt schon begrifflich voraus, dass etwas gesichert wird[2312]. Dagegen dürfte es nicht weiterführend sein, die Typizität der „sonstigen Gewährleistung" in ihrem Charakter als „Eventualverbindlichkeit", also in ihrer Eigenschaft als reiner Ausfallhaftung, zu suchen[2313]. Beim Akkreditiv bspw. kann davon nämlich nicht die Rede sein, da bei dieser Geschäftsart die Funktion als Instrument des bargeldlosen Zahlungsverkehrs im Vordergrund steht[2314]. Demzufolge fokussiert sich die Fragestellung im Hinblick auf die Einordnung der Tätigkeit des Zentralen Kontrahenten darauf, ob § 1 Abs. 1 S. 2 Nr. 8 KWG tatsächlich voraussetzt, dass zwischen demjenigen, in dessen Interesse die Gewährleistung erfolgt, und dem Gewährleistungsempfänger ein *Rechtsverhältnis* besteht, dessen Erfüllung bzw. Absicherung die Gewährleistung dient. Gegen ein so restriktives Verständnis der „sonstigen Gewährleistungen für andere" kann zunächst eingewendet werden, dass eine *rechtliche* Abhängigkeit beim Garantiegeschäft gerade nicht wesensnotwendig ist, da die streng akzessorische Bürgschaft nur eine der aufgeführten Möglichkeiten darstellt, das Garantiegeschäft zu betreiben. Zudem könnte zu Recht darauf hingewiesen werden, dass der wirtschaftliche Sinn eines Clearing-Systems mit Zentralem Kontrahenten darin besteht, die Gewähr für die ordnungsgemäße Erfüllung der Börsen-

---

2310 Fülbier in Boos/Fischer/Schulte-Mattler, § 1 KWG, Rn. 85; Szagunn/Haug/Ergenzinger, KWG, § 1, Rn. 63; Bähre/Schneider, KWG, § 1, Anm. 14; Reischauer/Kleinhans, KWG, Kz. 115, § 1, Rn. 135.

2311 Vgl. Fülbier in Boos/Fischer/Schulte-Mattler, § 1 KWG, Rn. 77; Szagunn/Haug/Ergenzinger, KWG, § 1, Rn. 63; Bähre/Schneider, KWG, § 1, Anm. 14; Reischauer/Kleinhans, KWG, Kz. 115, § 1, Rn. 131 ff.

2312 Vgl. Brockhaus/Wahrig, Deutsches Wörterbuch, Stichwort: Gewähr.

2313 So aber anscheinend Reischauer/Kleinhans, KWG, Kz. 115, § 1, Rn. 120, und Fülbier in Boos/Fischer/Schulte-Mattler, § 1 KWG, Rn. 78.

2314 Kümpel, Bank- und Kapitalmarktrecht, Rn. 7.99 ff.; Staub/Canaris, Bankvertragsrecht, Rn. 916 f.; dies steht im Übrigen nicht im Widerspruch zum Wortgehalt der *Gewähr*leistung, da auch beim Akkreditivgeschäft regelmäßig eine Forderung aus dem Valutaverhältnis vorhanden ist, dessen Bezahlung mit dem Akkreditiv sichergestellt wird.

geschäfte zu übernehmen. Schließlich greifen sowohl die verfassungsrechtlichen als auch die europarechtlichen Bedenken gegen die Erfassung der Funktionalität des Zentralen Kontrahenten als erlaubnispflichtiges Garantiegeschäft nicht im dem Maße wie beim Finanzkommissionsgeschäft und dem Eigenhandel. Zum einen ist mit der „sonstigen Gewährleistung" in § 1 Abs. 1 S. 2 Nr. 8 KWG ein Auffangtatbestand vorhanden, welcher der inhaltlichen Bestimmung durch Rechtsprechung und Literatur zugänglich und keineswegs so vorgeprägt ist wie der Begriff des Kommissionsgeschäfts. Deshalb dürfte ein Verstoß gegen Art. 103 Abs. 2 GG durch eine Auslegung, die den Abschluss zweier gegenläufiger inhaltsgleicher Kaufverträge einer Sicherungseinrichtung als „sonstige Gewährleistung" einstuft, eher nicht vorliegen. Zum anderen helfen bei der Konkretisierung des Garantiegeschäfts die europarechtskonforme Auslegung und das europarechtlich begründete Transparenzgebot kaum weiter[2315]. Dies liegt zunächst daran, dass die aktuelle Fassung des Tatbestands des Garantiegeschäfts seit 1961 besteht und damals noch keine einschlägigen europäischen Richtlinien existierten, die auf die Gesetzesfassung hätten Einfluss nehmen können. Des Weiteren ist weder in der WpDL-RL noch in der sie ersetzenden Richtlinie 2004/39/EG vom Garantiegeschäft als zulassungspflichtiger Dienstleistung die Rede, so dass sich in diesem Zusammenhang die Frage nach einer möglicherweise intransparenten Zulassungsregelung nicht stellt. Zwar ist die Erbringung von Sicherheiten für den Europapass nicht irrelevant, da im Zuge der Zweiten Bankrechtskoordinierungs-RL[2316] die Pflicht zur gegenseitigen Anerkennung durch die Mitgliedstaaten auf solche Tätigkeiten von *zugelassenen* Kreditinstituten ausgedehnt wurde[2317]. Doch enthält die Richtlinie keine Vorgaben zur *Zulassungspflicht* der Sicherungsgeschäfte. Vielmehr soll diese Frage anscheinend den Mitgliedstaaten überlassen bleiben[2318], so dass auch keine Verwirrung darüber entstehen kann, ob die Zulas-

---

2315 Vgl. dazu näher S. 468 ff.

2316 Zweite Richtlinie des Rates zur Koordinierung der Rechts- und Verwaltungsvorschriften über die Aufnahme und Ausübung der Tätigkeit der Kreditinstitute und zur Änderung der Richtlinie 77/780/EWG vom 15. Dezember 1989 (89/646/EWG), ABl. L 386 vom 30.12.1989, S. 1 ff., mittlerweile aufgehoben und ersetzt durch die Richtlinie 2000/12/EG des Europäischen Parlaments und des Rates über die Aufnahme und Ausübung der Tätigkeit der Kreditinstitute vom 20. März 2000 (abgedruckt in Kümpel/Hammen/Ekkenga, Kz. 945).

2317 Vgl. Art. 18 Abs. 1 i.V.m. Nr. 6 des Anhangs der Zweiten Bankrechtskoordinierungs-RL bzw. Art. 18 i.V.m. Nr. 6 des Anhangs I der RL 2000/12/EG, wo „Bürgschaften und Eingehung von Verbindlichkeiten" als gegenseitig anzuerkennende Tätigkeiten aufgeführt werden.

2318 Darauf deutet auch die Formulierung in Art. 18 Abs. 1 der Zweiten Bankrechtskoordinierungs-RL bzw. in Art. 18 RL 2000/12/EG hin, dass Kreditinstitute, die ordnungsgemäß zugelassen sind und kontrolliert werden, in anderen Mitgliedstaa-

sung zu den damit verbundenen Tätigkeiten auf autonomem oder europäischem Recht beruht.

Andererseits sprechen nach wie vor systematische Erwägungen gegen eine wirtschaftliche Betrachtungsweise, die zu einer Erfassung der Tätigkeit eines Zentralen Kontrahenten als Garantiegeschäft führt. Wie auch bei der Auslegung des Finanzkommissionsgeschäfts und des Eigenhandels weist die mehrmalige Bezugnahme auf Clearingstellen im KWG darauf hin, dass der Gesetzgeber diese Funktionalität kennt. Wenn aber ihre Tätigkeit im Rahmen der Aufzählung der Bankgeschäfte und der Finanzdienstleistungen unerwähnt bleibt, deutet dies auf eine bewusste Nichtaufnahme als erlaubnispflichtige Tätigkeit hin. Ebenso kann im Rahmen der systematischen Auslegung wieder auf § 9 Abs. 1 S. 3 WpHG verwiesen werden. Die dortige besondere Erwähnung von Clearingstellen wäre nicht erforderlich, wenn die Tätigkeit als Zentraler Kontrahent nach § 1 Abs. 1 S. 2 Nr. 8 KWG als Bankgeschäft einzuordnen wäre, weil dann bereits eine Mitteilungspflicht gem. § 9 Abs. 1 S. 1 WpHG bestünde[2319]. Darüber hinaus können erneut die Gesetzesmaterialien gegen eine Erfassung der Tätigkeit des Zentralen Kontrahenten und damit gegen eine wirtschaftliche Betrachtungsweise ins Feld geführt werden. Denn dort wird darauf hingewiesen, dass die Clearingstellen der Börsenaufsicht unterliegen[2320]. Da Clearingstellen als solche bei den Ausnahmen in § 2 KWG nicht aufgeführt werden, muss der Gesetzgeber davon ausgegangen sein, dass ihre Tätigkeiten nicht zu den erlaubnispflichtigen Bankgeschäften oder Finanzdienstleistungen gehören. Dagegen kann auch nicht argumentiert werden, dass der Gesetzgeber möglicherweise mit seiner Einschätzung auf das Konkurrenzverhältnis von Börsenaufsicht und Aufsicht nach dem KWG verweisen wollte und deshalb nicht die Auslegung einzelner Tatbestände wie des Garantiegeschäfts nach § 1 Abs. 1 S. 2 Nr. 8 KWG im Auge hatte. Denn zur Klarstellung im Falle von Aufsichtskonkurrenz bedient er sich der Ausnahmeregelung nach § 2 KWG. So gelten etwa Versicherungsunternehmen gem. § 2 Abs. 1 Nr. 4 KWG nicht als Kreditinstitute, obwohl ihre Dienstleistungen im Allgemeinen unter das Garantiegeschäft subsumiert werden können, weil sie bereits einer umfassenden Aufsicht nach dem VAG durch die BaFin unterliegen[2321].

---

ten die im Anhang angeführten Tätigkeiten ausüben dürfen, *„soweit* die betreffenden Tätigkeiten durch die Zulassung abgedeckt sind" (Hervorhebung durch den Verf.).

2319 Vgl. ausführlich zur systematischen Auslegung S. 463 ff.

2320 Begr. RegE eines Gesetzes zur Umsetzung von EG-Richtlinien zur Harmonisierung bank- und wertpapieraufsichtsrechtlicher Vorschriften, BR-Drs. 963/96, S. 68.

2321 Fülbier in Boos/Fischer/Schulte-Mattler, § 2 KWG, Rn. 11; Bähre/Schneider, KWG, § 2, Anm. 6; Szagunn/Haug/Ergenzinger, KWG, § 2, Rn. 6.

IV. Zwischenergebnis

Somit ergibt die Auslegung der Vorschrift in § 1 Abs. 1 S. 2 Nr. 8 KWG für die Frage, ob die Tätigkeit eines Zentralen Kontrahenten als Bankgeschäft einzuordnen ist, kein eindeutiges Bild. Während das Garantiegeschäft in der Form der Übernahme von Bürgschaften oder Garantien für andere im Hinblick auf den Zentralen Kontrahenten nicht passt, erscheint es nicht ausgeschlossen, die Übernahme von „sonstigen Gewährleistungen für andere" so auszulegen, dass dieser Auffangtatbestand nicht das Vorhandensein eines zu sichernden Rechtsverhältnisses zwischen dem Sicherungsnehmer und demjenigen, in dessen Interesse die Sicherheit gestellt wird, erfordert. Vielmehr könnte im Rahmen einer wirtschaftlichen Betrachtungsweise mit Blick auf die Ziele des KWG durchaus vertreten werden, dass der Abschluss von Kaufverträgen durch eine Clearingstelle eine sonstige Gewährleistung für andere darstellt, sofern – wie dies beim Zentralen Kontrahenten ja der Fall ist – das System von vornherein vorsieht, dass stets zwei inhaltsgleiche gegenläufige Kaufverträge geschlossen werden. Freilich müsste man sich für dieses Ergebnis über die zweifellos bestehenden systematischen Bedenken gegen die Einbeziehung der Tätigkeit eines Zentralen Kontrahenten in den Kreis der erlaubnispflichtigen Bankgeschäfte hinwegsetzen. Jedenfalls hat sich aber herausgestellt, dass die Einordnung als Garantiegeschäft sehr viel näher liegt und besser begründet werden kann als die Einstufung als Finanzkommissionsgeschäft oder Eigenhandel für andere.

E. Einordnung als Girogeschäft

Da der Zentrale Kontrahent oft nicht nur als zwischengeschaltete Vertragspartei fungiert, sondern – wie die Eurex Clearing AG an der FWB – darüber hinaus das Netting der abgeschlossenen Geschäfte übernimmt, könnte sich auch aus dieser Tätigkeit ein Ansatz für die Einordnung als Bankgeschäft oder Finanzdienstleistung ergeben. Damit wird zwar nicht an der eigentlichen Kernaufgabe eines Zentralen Kontrahenten angeknüpft, doch könnte gleichwohl daraus dessen Erlaubnispflicht nach § 32 Abs. 1 S. 1 KWG resultieren, sofern er die nahe liegende Zusatzfunktion als Verrechnungsstelle übernimmt. Es kommt in diesem Falle nämlich die Einordnung als Kreditinstitut gem. § 1 Abs. 1 S. 2 Nr. 9 KWG in Betracht. Diese Form des Bankgeschäfts liegt vor bei der „Durchführung des bargeldlosen Zahlungsverkehrs und des Abrechnungsverkehrs (Girogeschäft)". Mit der Einbeziehung dieser Geschäftstypen in das System der Bankaufsicht soll in erster Linie die Sicherheit und Leichtigkeit des volkswirtschaftlich bedeutsamen bargeldlosen Zahlungs- und Abrechnungsverkehrs gewährleistet werden[2322].

I. Bargeldloser Zahlungsverkehr

Der bargeldlose Zahlungsverkehr erfolgt im Wesentlichen durch Überweisungen, durch Scheckeinzug und im Wege des Lastschriftverkehrs[2323]. Diese typischen Bankgeschäfte in ihrem herkömmlichen Begriffsverständnis[2324] werden von der Eurex Clearing AG nun offensichtlich nicht vorgenommen. Zwar könnte erwogen werden, in Anlehnung an die Auslegung von § 96 Abs. 2 InsO, wonach Ansprüche aus Kaufverträgen mit einem Zentralen Kontrahenten als Zahlungs- und Übertragungsaufträge im Sinne der genannten Norm anzusehen sind[2325], die Tätigkeit eines Zentralen Kontrahenten als Durchführung des bargeldlosen Zahlungsverkehrs zu interpretieren. Doch scheint ein solcher Ansatz nicht weiter zu führen. Denn zum einen fehlt es bei § 1 Abs. 1 S. 2 Nr. 9 KWG an dem entsprechenden europarechtlichen Hintergrund[2326], der im Wege einer richtlinienkonformen Auslegung wie bei § 96 Abs. 2 InsO zu einem extensiven Verständnis der Norm wesentlich beitragen könnte. Zum anderen besteht mit der 2. Alternative des § 1 Abs. 1 S. 2 Nr. 9 KWG eine viel näher liegende Möglichkeit, das Netting des Zentralen Kontrahenten als Girogeschäft zu erfassen. Diese Gelegenheit bietet sich bei der Auslegung von § 96 Abs. 2 InsO nicht, da dort der Abrechnungsverkehr nicht gleichgeordnet neben dem Zahlungsverkehr aufgeführt wird, sondern von der „Verrechnung von Ansprüchen und Leistungen aus Überweisungs-, Zahlungs- oder Übertragungsverträgen" die Rede ist, die Verrechnung und die re-

---

2322 Fülbier in Boos/Fischer/Schulte-Mattler, § 1 KWG, Rn. 91; Reischauer/Kleinhans, KWG, Kz. 115, § 1, Rn. 140.

2323 Szagunn/Haug/Ergenzinger, KWG, § 1, Rn. 66; Reischauer/Kleinhans, KWG, Kz. 115, § 1, Rn. 141; Fülbier in Boos/Fischer/Schulte-Mattler, § 1 KWG, Rn. 96 ff.

2324 Vgl. zum bargeldlosen Zahlungsverkehr ausführlich Kümpel, Bank- und Kapitalmarktrecht, Rn. 4.1 ff.

2325 Vgl. S. 370 ff.

2326 Insofern gilt im Grundsatz dasselbe wie bei § 1 Abs. 1 S. 2 Nr. 8 KWG, dass nämlich für „Dienstleistungen zur Durchführung des Zahlungsverkehrs" der Europapass gilt, *soweit* diese Tätigkeit von einem *zugelassenen* und *kontrollierten* Kreditinstitut ausgeübt wird und die Tätigkeit von der Zulassung erfasst wird (Art. 18 i.V.m. Nr. 4 des Anhangs I zur RL 2000/12/EG). Ob die Zulassung für die Durchführung des Zahlungsverkehrs zu erteilen ist, obliegt also auch hier der Entscheidung der Mitgliedstaaten und wird nicht durch das Europarecht vorgeschrieben, so dass das Transparenzgebot für die Auslegung des § 1 Abs. 1 S. 2 Nr. 8 KWG nicht fruchtbar gemacht werden kann.

levanten Ansprüche also aufeinander bezogen sind. Folglich ist das Augenmerk auf die Auslegung der Formulierung *„Durchführung des Abrechnungsverkehrs"* zu richten.

II. Abrechnungsverkehr

Die Auslegung wird dadurch erschwert, dass der Ausdruck „Abrechnungsverkehr" in § 1 Abs. 1 S. 2 Nr. 9 Alt. 2 KWG mehrdeutig ist[2327]. Zunächst erfasst er den Verkehr mit Abrechnungsstellen nach Art. 38 WG sowie Art. 31 ScheckG[2328]. Von der Ermächtigung in diesen beiden Vorschriften wurde im Jahr 1953 dergestalt Gebrauch gemacht, dass die bei den Zweiganstalten der Landeszentralbanken[2329] bestehenden Abrechnungsstellen zu Einrichtungen i.s. der genannten Vorschriften erklärt wurden[2330]. Da die Bundesbank jedoch gem. § 2 Abs. 1 Nr. 1 KWG nicht als Kreditinstitut gilt, hat das in dieser Form erfolgende Girogeschäft für die Anwendung des KWG keine Folgen[2331]. Im Übrigen herrscht im kreditwesenrechtlichen Schrifttum in Bezug auf die inhaltliche Konkretisierung des Begriffs „Abrechnungsverkehr" wenig Klarheit. Zum Teil wird ausgeführt, dass „innerhalb der Kreditinstitute jede kontenmäßige Verrechnung durch eine zentrale Stelle" einen Abrechnungsverkehr darstellen könne, aber andererseits nicht jede zentrale Verrechnung von § 1 Abs. 1 S. 2 Nr. 9 KWG erfasst werde, sondern die Vorschrift nur anwendbar sei, wenn die Verrechnungsstelle zum „Ausgleich von Forderungen und Verpflichtungen zwischen den Mitgliedern eines abgegrenzten Teilnehmerkreises" diene[2332]. Weiterhin wird der Abrechnungsverkehr als „die bankmäßige Abwicklung des Zahlungsverkehrs unter den Kreditinstituten" beschrieben[2333]. Gemeinsam haben die dargestellten Annäherungsversuche an eine inhaltliche Bestimmung des *Abrechnungsverkehrs*, dass sie die Teilnahme von Kreditinstituten voraussetzen. Dies kann freilich nicht bedeuten, dass die Abrechnungsstelle selbst bereits als Kreditinstitut feststehen muss. Es mag nämlich zwar zutreffen, dass ein Unternehmen, welches das Giro-

---

2327 Szagunn/Haug/Ergenzinger, KWG, § 1, Rn. 67.
2328 Kümpel, Bank- und Kapitalmarktrecht, Rn. 4.2; Szagunn/Haug/Ergenzinger, KWG, § 1, Rn. 67; Bähre/Schneider, KWG, § 1, Anm. 15.
2329 Heute: Hauptverwaltungen der Bundesbank (vgl. Reischauer/Kleinhans, KWG, Kz. 115, § 1, Rn. 148).
2330 Verordnung über Abrechnungsstellen im Wechsel- und Scheckverkehr vom 10.11.1953 (BGBl. I, S. 1521).
2331 Vgl. Fülbier in Boos/Fischer/Schulte-Mattler, § 1 KWG, Rn. 101; Reischauer/ Kleinhans, KWG, Kz. 115, § 1, Rn. 148.
2332 Szagunn/Haug/Ergenzinger, KWG, § 1, Rn. 67 f.
2333 Fülbier in Boos/Fischer/Schulte-Mattler, § 1 KWG, Rn. 101.

geschäft nach § 1 Abs. 1 S. 2 Nr. 9 KWG betreibt, in der Regel schon nach § 1 Abs. 1 S. 2 Nr. 1 und Nr. 2 KWG als Kreditinstitut einzuordnen ist[2334], doch kann dies sicherlich nicht notwendige Bedingung für die Annahme des Girogeschäfts sein, da der Nr. 9 ansonsten kein eigenständiger Regelungsgehalt zukäme. Es ist daher zu überlegen, was tatsächlich für den Abrechnungsverkehr kennzeichnend ist. Dass diese Frage nicht so einfach zu beantworten ist, zeigt ein Blick auf die Aufsichtspraxis über sog. Bartering-Systeme bzw. Barter-Clubs[2335]. Bartering-Systeme organisieren – etwas vereinfachend ausgedrückt – den Tauschhandel, indem der Organisator des Systems Angebot und Nachfrage von Leistungen in Form von Waren oder Dienstleistungen der Mitgliedsunternehmen zusammenführt. Jedes Mitgliedsunternehmen verfügt dabei über ein vom Organisator geführtes Konto, auf dem alle Tauschgeschäfte in einer Verrechnungseinheit gebucht werden. Wenn also ein Unternehmen eine Leistung von einem anderen Unternehmen erhalten hat, wird auf seinem Konto eine Sollbuchung in Höhe des festgelegten Wertes der Leistung vorgenommen, während der Lieferant eine Gutschrift in derselben Höhe der Verrechnungseinheiten erhält[2336]. Damit fungiert der Organisator des Bartering-Systems als Verrechnungsstelle[2337]. Dennoch ist die BaFin bisher anscheinend der Auffassung, für die Aufsicht über derartige Systeme nicht zuständig zu sein. Dem liegt offenbar die Vorstellung zugrunde, dass mit der dargestellten Tätigkeit kein Bankgeschäft betrieben und keine Finanzdienstleistung erbracht wird[2338]. Die Vornahme von Verrechnungen ist also

---

2334 So Schneider, Barter-Clubs – Chancen und Probleme, S. 127; vgl. auch Szagunn/ Haug/Ergenzinger, KWG, § 1, Rn. 66, wo u.a. das „Bestehen von Einlagen" als Voraussetzung für das Girogeschäft angeführt wird.

2335 *To barter* stammt aus dem Englischen und heißt tauschen oder Tauschhandel treiben, während *bartering* das dazugehörige Nomen ist und soviel wie Tauschhandel bedeutet. Von Barter-Clubs sprechen etwa Jacobs, AuA 1999, S. 508, und Schneider, Barter-Clubs – Chancen und Probleme, S. 18 ff. und passim, während der Ausdruck Barter- bzw. Bartering-System bspw. von Schünemann/Sonnenberg, DZWiR 1998, S. 221, sowie Martinek, WuB IV B. § 9 AGBG 2.94, gebraucht wird; ausführlich zu den rechtlichen Fragen von Barter-Clubs Pieper, Die rechtliche Struktur bargeldloser Verrechnungssysteme, passim.

2336 Vgl. Jacobs, AuA 1999, S. 508; Martinek, WuB IV B. § 9 AGBG 2.94; Schünemann/Sonnenberg, DZWiR 1998, S. 221 (221 f.); Heermann, JZ 1999, S. 183 (185 ff.).

2337 Jacobs, AuA 1999, S. 508; Schünemann/Sonnenberg, DZWiR 1998, S. 221 (225); Schneider, Barter-Clubs – Chancen und Risiken, S. 45 u. 120; Martinek, WuB IV B. § 9 AGBG 2.94.

2338 Vgl. Schneider, Barter-Clubs – Chancen und Risiken, S. 122 f. mit Fn. 39 u. 40, wo auf Stellungnahmen des damaligen BAKred hingewiesen wird, in denen im Hinblick auf einen deutschen Barter-Club das Vorliegen eines Bankgeschäfts abgelehnt wurde. Dass sich an dieser Einschätzung seitens der BaFin nichts geändert

489

für sich genommen nicht zwangsläufig ein Indiz für den Verrechnungsverkehr nach § 1 Abs. 1 S. 2 Nr. 9 Alt. 2 KWG. Das Beispiel der Bartering-Systeme könnte jedoch darauf hindeuten, dass für den in Nr. 9 angesprochenen Verrechnungsverkehr „echte" Konten vorhanden sein müssen, aus denen tatsächlich Zahlungsansprüche resultieren[2339]. Bei den vom Barter-Organisator geführten Konten handelt es sich nämlich nicht um „wirkliche Konten", aus denen Zahlung geschuldet wird, sondern „sie reflektieren eine quasi von den Grundgeschäftsparteien ausgelagerte Buchhaltung", so dass sie also lediglich „Evidenzstellen für den Abwicklungsstand der Gegengeschäftsvereinbarung" sind[2340]. Sollte dies tatsächlich ausschlaggebend sein, dann könnte die Durchführung eines Abrechnungsverkehrs i.S. des § 1 Abs. 1 S. 2 Nr. 9 KWG durch die Eurex Clearing AG zweifelhaft sein, da sie lediglich „interne" Konten und keine realen Geld- oder Wertpapierkonten[2341] führt[2342]. Die Konten, die aufgrund eines Girovertrags gem. § 676 f BGB[2343] oder aufgrund eines Depotvertrages als gemischttypischer Vertrag mit geschäftsbesorgungsrechtlichen und auftragsrechtlichen Elemen-

---

hat, zeigt ein Blick auf ihre Homepage, auf der die Institute nach § 1 Abs. 1b KWG aufgelistet werden, jedoch keine Bartering-Systeme wie etwa das der EBB Euro Barter Business Deutschland zu finden sind (vgl. *www.bafin.de* > Datenbanken & Statistiken > Datenbanken); gegen die Einordnung der Tätigkeit der Barter-Clubs als Girogeschäft auch Pieper, Die rechtliche Struktur bargeldloser Verrechnungssysteme, S. 187 f.

2339 Darauf könnte auch die Bemerkung bei Szagunn/Haug/Ergenzinger, KWG, § 1, Rn. 68, hinweisen, dass auch Service-Rechenzentren oder Rechenzentren von Zentralstellen nicht unter die Nr. 9 fielen, „da sie im wesentlichen nur technische Arbeiten erledigen und *keine kontenmäßige Verrechnung von Buchgeld* vornehmen" (Hervorhebung durch den Verf.).

2340 Claudius, BB 1989, S. 1359; ähnlich Fülbier, DB 1992, S. 977 (980), der von „Evidenzkonten" spricht.

2341 Hinsichtlich des Effektengiroverkehrs ist umstritten, ob der damit verbundene Abrechnungsverkehr von Nr. 9 erfasst wird (so Szagunn/Haug/Ergenzinger, KWG, § 1, Rn. 67; Reischauer/Kleinhans, KWG, Kz. 115, § 1, Rn. 148) oder ob dies nicht der Fall ist, weil Nr. 9 nur auf die Abrechnung von Buch*geld* abzielt (so Fülbier in Boos/Fischer/Schulte-Mattler, § 1 KWG, Rn. 93; Bähre/Schneider, KWG, § 1, Anm. 15). Da in concreto jedenfalls auch Geldkonten vorhanden sind, braucht auf diese Problematik hier nicht näher eingegangen zu werden. Sie könnte jedoch bei der Beurteilung von Barter-Clubs eine Rolle spielen, da dort ebenfalls keine echten Zahlungsansprüche verrechnet werden.

2342 Vgl. insbesondere V. Kapitel Nummer 1 Abs. 1 S. 3 i.V.m. I. Kapitel Nummer 1.3.1 Abs. 3 S. 1, Nummer 1.4.1.1 Abs. 1 u. Abs. 3 S. 1 sowie Nummer 1.4.2 S. 1 der CB-Eurex.

2343 Der Girovertrag ist ein auf Geschäftsbesorgung gerichteter Dienstvertrag, der des dem Kunden ermöglicht, jederzeit über sein Guthaben auf dem Girokonto zu verfügen (vgl. Kümpel, Bank- und Kapitalmarktrecht, Rn. 3.34).

ten[2344] geführt werden, bestehen nicht bei der Eurex Clearing AG, sondern bei Filialen der Deutschen Bundesbank bzw. bei von der Eurex Clearing AG anerkannten Korrespondenzbanken und bei der Wertpapiersammelbank[2345]. Dass diese Konten nicht von der Eurex Clearing AG selbst geführt werden, kann jedoch nicht entscheidend sein. Wäre dies der Fall, dann läge regelmäßig bereits das Einlagengeschäft gem. § 1 Abs. 1 S. 2 Nr. 1 KWG vor, so dass dem Abrechnungsverkehr kein eigenständiger Anwendungsbereich zukäme. Zudem ist anerkannt, dass das Bankgeschäft in Form der Durchführung des Abrechnungsverkehrs auch dann vorliegt, wenn sich Girokassen, Giroverbände oder Girozentralen auf die Abrechnung beschränken[2346].

Des Weiteren könnte gegen die Anwendbarkeit des § 1 Abs. 1 S. 2 Nr. 9 Alt. 2 KWG auf das Netting durch den Zentralen Kontrahenten eingewendet werden, dass der Giroverkehr „für andere" betrieben werden muss[2347]. Dieses Erfordernis wird in der gesetzlichen Formulierung zwar nicht explizit erwähnt, ist jedoch unentbehrlich, um den Anwendungsbereich der Norm nicht auf alle Verrechnungen im eigenen Interesse, bspw. im Konzern[2348], ausufern zu lassen. Zudem weist die in der Klammer enthaltene Legaldefinition „Giroverkehr" auf den Dienstleistungscharakter der Verrechnung hin, weil Giro soviel wie Kreis oder Kreislauf bedeutet[2349] und damit ein Kreis von Abrechnungsteilnehmern vorgegeben ist, für die abgerechnet wird[2350]. Nun könnte der Standpunkt vertreten werden, dass ein Zentraler Kontrahent lediglich seine eigenen Forderungen und Verbindlichkeiten aus den von ihm geschlossenen Kaufverträgen durch das Netting feststellt und er deshalb im eigenen Interesse bzw. für eigene Rechnung handelt. Wie die Ausführungen zum Netting gezeigt haben, stellt dies rein rechtlich gesehen eine zutreffende, jedoch die wirtschaftliche Perspektive außer Acht lassende Beurteilung dar[2351]. Nicht umsonst wird die Verrechnung durch einen Zentralen Kontra-

---

2344 Vgl. nur Kümpel, ‚Bank- und Kapitalmarktrecht, Rn. 11.9.

2345 Vgl. V. Kapitel Nummer 1.1.2 Abs. 4 lit. a), lit. b) und lit. c) der CB-Eurex, wonach entsprechende Konten zu den Voraussetzungen für den Erhalt einer Clearing-Lizenz gehören, sowie V. Kapitel Nummer 1 Abs. 1 S. 3 i.V.m. I. Kapitel Nummern 1.3.1 Abs. 2, 1.3.4 Abs. 2 u. Abs. 4, 1.3.5 Abs. 1 und 1.4.2 S. 2 u. S. 3 CB-Eurex, wo jeweils auf die entsprechenden Konten abgestellt wird.

2346 Staub/Canaris, Bankvertragsrecht, Rn. 878; Fülbier in Boos/Fischer/Schulte-Mattler, § 1 KWG, Rn. 101; Schönle, Bank- und Börsenrecht, § 30 I 2.

2347 Szagunn/Haug/Ergenzinger, KWG, § 1, Rn. 66; Fischer in Schimansky/Bunte/Lwowski, Band III, § 127, Rn. 20.

2348 Vgl. Fischer in Schimansky/Bunte/Lwowski, Band III, § 127, Rn. 20.

2349 Vgl. Kümpel, Bank- und Kapitalmarktrecht, Rn. 4.3; Schwintowski/Schäfer, Bankrecht, § 7, Rn. 1.

2350 Vgl. Szagunn/Haug/Ergenzinger, KWG, § 1, Rn. 68.

2351 Vgl. S. 339 ff.

henten als multilaterales Netting-System bezeichnet[2352] und nur vereinzelt mit den Zusatz „unecht"[2353] oder „uneigentlich"[2354] versehen. Demzufolge ist auch beim Girogeschäft nach § 1 Abs. 1 S. 2 Nr. 9 Alt. 2 KWG die Grundentscheidung zu treffen, ob man bei der Bestimmung dieser erlaubnispflichtigen Tätigkeit zu einer wirtschaftlichen, etwaigen Umgehungsbemühungen vorbeugenden Betrachtungsweise bereit ist oder an einer streng formalrechtlichen Sicht festhält. Im Prinzip gilt für die Auslegung dasselbe wie beim Garantiegeschäft.

Das bedeutet, dass einerseits wiederum erhebliche systematische Bedenken gegen die Einbeziehung von im Wertpapierhandel tätigen Clearingstellen in den Kreis der erlaubnispflichtigen Bankgeschäfte bestehen[2355], andererseits sowohl der Wortlaut als auch die Zielrichtung der Vorschrift in § 1 Abs. 1 S. 2 Nr. 9 KWG sowie des KWG insgesamt eine Auslegung nahe legen, welche die Netting-Tätigkeit eines Zentralen Kontrahenten als Girogeschäft erfasst.

III. Zwischenergebnis

Die Prüfung des § 1 Abs. 1 S. 2 Nr. 9 KWG hat deutlich gemacht, dass sich plausible Ansätze finden lassen, um das Netting durch einen Zentralen Kontrahenten als Girogeschäft in Form der Durchführung des Abrechnungsverkehrs einzuordnen und damit zu der Annahme eines grundsätzlich erlaubnispflichtigen Bankgeschäfts zu gelangen. Letztlich ist auch im Hinblick auf das Girogeschäft entscheidend, ob bei der Auslegung des § 1 Abs. 1 S. 2 Nr. 9 Alt. 2 KWG den durch die Gesetzesmaterialien gestützten systematischen Aspekten oder dem Schutzgedanken des KWG der Vorzug gegeben wird.

2352 Vgl. Jahn in Schimansky/Bunte/Lwowski, Band III, § 114, Rn. 143, der mit ECHO ein System mit Zentralem Kontrahenten beim multilateralen Netting aufführt, ohne dies besonders zu begründen; vgl. ferner BIZ, Angell-Report, S. 5 (Punkt 2.5); dies., Lamfalussy-Report, S. 2 (Part A, Section 2.5), S. 8 f. (Part B, Section 2.8 ff.); Giovannini-Group, 1. Giovannini-Report, S. 73 (Annex IV, Punkt 2.3.4); dies., 2. Giovannini-Report, S. 55 (Glossary); Rosenthal, FLF 1994, S. 142 (143); Lattemann/Neumann, ZfgKW 2002, S. 1159 (1162).

2353 Böhm, Rechtliche Aspekte grenzüberschreitender Nettingvereinbarungen, S. 88; Berger, Der Aufrechnungsvertrag, S. 387.

2354 Berger, Der Aufrechnungsvertrag, S. 28.

2355 Vgl. zu den systematischen Erwägungen S. 463 ff.

F. Konsequenzen

Die bisherige Untersuchung hat gezeigt, dass die Einordnung einer Clearingstelle mit Zentralem Kontrahenten als Kreditinstitut wegen einer Vornahme von Bankgeschäften in Betracht kommt und demzufolge sowohl die Erlaubnispflicht nach § 32 Abs. 1 S. 1 KWG als auch die laufende Aufsicht durch die BaFin gem. § 6 KWG eingreifen könnten. Ob dies tatsächlich der Fall ist, hängt im Wesentlichen von zwei Fragen ab, auf die im Folgenden näher einzugehen ist.

I. Konkurrenzverhältnis zur Börsenaufsicht

Zunächst stellt sich das grundsätzliche Problem, ob die Aufsicht durch die BaFin nach dem KWG über eine Clearingstelle mit Zentralem Kontrahenten neben der Aufsicht durch die Börsenaufsichtsbehörden nach dem BörsG überhaupt eingreifen kann. Diese Problemstellung setzt natürlich voraus, dass man sich dem in dieser Arbeit entwickelten Ansatz von einer Aufsicht über Clearingstellen durch die Börsenaufsichtsbehörden anschließt. Dass dies sowohl im Hinblick auf die prinzipielle Zuständigkeit der Börsenaufsichtsbehörden als auch in Bezug auf ihre Befugnisse nicht ganz eindeutig ist, haben die Ausführungen hierzu deutlich werden lassen[2356]. Wird gleichwohl davon ausgegangen, dass die Börsenaufsichtsbehörden zumindest über Clearingstellen, die an nach § 1 Abs. 1 BörsG genehmigten Börsen als Zentraler Kontrahent fungieren[2357], die Aufsicht ausüben und sie dabei zu Ermittlungs- und Sanktionsmaßnahmen gesetzlich ermächtig sind, so stellt sich in der Tat die Frage nach dem Konkurrenzverhältnis zur Aufsicht durch die BaFin.

2356 Vgl. S. 248 ff.
2357 Bei Zentralen Kontrahenten an börsenähnlichen Einrichtungen gem. § 59 S. 1 BörsG bedürfte es noch einer genaueren Untersuchung, inwieweit der Börsenaufsichtsbehörde durch § 60 BörsG Befugnisse gegenüber einer Clearingstelle eingeräumt werden, da zwar einerseits in § 60 Abs. 1 S. 2 BörsG die Aufsicht auf die „ordnungsgemäße Durchführung des Handels in einer börsenähnlichen Einrichtung *und der Geschäftsabwicklung*" erstreckt wird, andererseits in § 60 Abs. 2 BörsG lediglich davon die Rede ist, dass die Börsenaufsichtsbehörde „*gegenüber dem Betreiber* einer börsenähnlichen Einrichtung" die geeigneten und erforderlichen Maßnahmen treffen darf, die der Sicherstellung der ordnungsgemäßen Durchführung des Handels und der Geschäftsabwicklung dienen (Hervorhebung jeweils durch den Verf.). Es fehlt also grundsätzlich an einer § 1 Abs. 4 S. 2 BörsG entsprechenden Vorschrift, aus der unmittelbare Eingriffsbefugnisse gegenüber der Clearingstelle abgeleitet werden könnten.

Da das BörsG und das KWG unterschiedliche Anforderungen stellen und im Einzelnen auch unterschiedliche Ziele verfolgen, liegt es auf den ersten Blick nahe, von parallelen Aufsichtsstrukturen auszugehen. Dieses Ergebnis könnte jedoch mit der schon mehrfach angeführte Bemerkung in den Gesetzesmaterialien in Zweifel gezogen werden, dass die Clearingstellen der Börsenaufsicht unterliegen, ohne dass in diesem Zusammenhang die Aufsicht der BaFin nach dem KWG auch nur erwähnt wird[2358].

Wenn aber tatsächlich im Wege einer wirtschaftlichen Betrachtungsweise die Tätigkeit eines Zentralen Kontrahenten unter die Tatbestände des Garantie- und Girogeschäfts gefasst werden kann, dann ist damit vorgezeichnet, dass die Gesetzesmaterialien bei der Entscheidung über das Konkurrenzverhältnis von Börsenaufsicht und kreditwesenrechtlicher Aufsicht nicht den Ausschlag geben dürfen. Denn ansonsten würde das durch eine die Gesetzesmaterialien bereits einbeziehende Auslegung erlangte Ergebnis zu den Tatbeständen in § 1 Abs. 1 S. 2 KWG konterkariert. Ist also bei der Auslegung dem teleologischen Aspekt der Vorzug gegeben worden, so ist es nur konsequent, von einer umfassenden Aufsichtskonkurrenz auszugehen. Für diese Einschätzung spricht zudem, dass das KWG mit der Ausnahmeregelung für Versicherungsunternehmen in § 2 Abs. 1 Nr. 4 KWG erkennen lässt, dass klarstellende Normen verwendet werden, wenn der Gesetzgeber die Aufsicht nach dem KWG wegen konkurrierender Aufsichtskompetenzen zurücktreten lassen will[2359]. Dies bedeutet schließlich, dass die in anderem Zusammenhang vorgebrachte Überlegung, einzelne Vorschriften des KWG bei der Beaufsichtigung der Börsen durch die Börsenaufsichtsbehörden ergänzend heranzuziehen[2360], ebenfalls nicht weiter führt. Die dahinter stehende Vorstellung der prinzipiellen Spezialität des BörsG gegenüber dem KWG[2361] mag bzgl. der Aufsicht über die Börse selbst und damit dem Grunde nach zwar zutreffend sein, doch ist sie im Hinblick auf die bislang kaum diskutierte Problematik der Clearingstellen mit Zentralem Kontrahenten als Aufsichtsgegenstand nicht denknotwendig entscheidend. Das BörsG zeigt nämlich, dass ein Akteur im Börsenhandel, dessen Tätigkeit für den Parketthandel unentbehrlich ist und durch die Börsenaufsicht kontrolliert wird, auch Gegenstand der Aufsicht nach dem KWG sein

---

2358 Begr. RegE eines Gesetzes zur Umsetzung von EG-Richtlinien zur Harmonisierung bank- und wertpapieraufsichtsrechtlicher Vorschriften, BR-Drs. 963/96, S. 68.

2359 Vgl. Fülbier in Boos/Fischer/Schulte-Mattler, § 2 KWG, Rn. 11; Bähre/Schneider, KWG, § 2, Anm. 6; Szagunn/Haug/Ergenzinger, KWG, § 2, Rn. 6.

2360 Hammen, WM 2001, S. 929 (932 ff.), der diesen Vorschlag im Wesentlichen damit begründet, dass das BörsG das Börsenorganisationsrecht grundsätzlich abschließend regele und damit speziell zum KWG sei, jedoch vereinzelt einer europarechtskonformen Auslegung bedürfe.

2361 Vgl. Hammen, WM 2001, S. 929 (932 f.).

kann, wenn es bspw. in § 26 Abs. 1 S. 1 BörsG nur denjenigen als Skontroführer zulässt, der als Kreditinstitut oder Finanzdienstleistungsinstitut zugelassen ist und damit der Aufsicht nach dem KWG durch die BaFin unterliegt[2362]. Somit steht die Börsenaufsicht über Zentrale Kontrahenten einer Aufsicht nach dem KWG durch die BaFin nicht entgegen, sofern man der Auffassung folgt, dass deren Tätigkeit als Bankgeschäft i.S. des § 1 Abs. 1 S. 2 Nr. 4 oder Nr. 9 KWG einzuordnen ist.

II. Ausnahme nach § 2 Abs. 4 KWG

Auch nachdem festgestellt wurde, dass über Clearingstellen mit Zentralem Kontrahenten sowohl die Aufsicht nach dem KWG als auch nach dem BörsG eingreifen kann, ist noch nicht endgültig geklärt, ob für ihre Tätigkeit wirklich eine Erlaubnis erforderlich ist und ob sie in vollem Umfange der kreditwesenrechtlichen Kontrolle unterliegen. Der Grund dafür liegt darin, dass die Eigenschaft eines Unternehmens als Institut i.S. des § 1 Abs. 1b KWG nicht stets die Erlaubnispflicht aus § 32 Abs. 1 S. 1 KWG sowie die vollständige Geltung der Verpflichtungen aus dem KWG nach sich ziehen muss. Vielmehr besteht die Möglichkeit, dass die BaFin gem. § 2 Abs. 4 KWG im Einzelfall bestimmt, dass auf ein Institut die §§ 2 b, 10–18, 24, 24 a, 25–38, 45, 46–46 c und 51 Abs. 1 KWG insgesamt nicht anzuwenden sind, solange das Unternehmen wegen der Art der von ihm betriebenen Geschäfte insoweit nicht der Aufsicht bedarf. Durch diese Regelung soll dem Umstand Rechnung getragen werden, dass die Definitionen von Bankgeschäften und Finanzdienstleistungen sehr weit reichen, so dass von ihnen auch Unternehmen erfasst werden, für die aus der Sicht der BaFin kein Interesse an einer vollumfänglichen Unterwerfung unter die KWG-Vorschriften besteht[2363]. Die Entscheidung über die Befreiung steht im pflichtgemäßen Ermessen der BaFin. Sie kann nur in besonderen Ausnahmefällen und nur insgesamt, also nicht für einzelne in § 2 Abs. 4 KWG aufgezählte Vorschriften, erteilt werden[2364, 2365]. Allerdings kann die Freistellung an die Erfüllung von Auflagen ge-

---

2362 Vgl. Schwark/Beck, KMR, § 26 BörsG, Rn. 8 u. 18 i.V.m. § 27 BörsG, Rn. 22, sowie Begr. RegE 4. FFG, BT-Drs. 14/8017, S. 78.
2363 Fülbier in Boos/Fischer/Schulte-Mattler, § 2 KWG, Rn. 37; vgl. auch Begr. RegE eines Gesetzes über das Kreditwesen, BT-Drs. 3/1114, S. 28.
2364 Fülbier in Boos/Fischer/Schulte-Mattler, § 2 KWG, Rn. 39 u. 44; Bähre/Schneider, KWG, § 2, Anm. 11; Szagunn/Haug/Ergenzinger, KWG, § 2, Rn. 29 ff.
2365 Damit unterscheidet sich § 2 Abs. 4 KWG von der Befreiungsmöglichkeit nach § 31 KWG, bei der sich auf den Dispens einzelner dort genannter Regelungen be-

bunden werden, was in der Praxis dazu führt, dass die befreiten Unternehmen teilweise doch wieder bestimmte in Abs. 4 genannte Vorschriften erfüllen müssen[2366]. Als maßgebliche Kriterien bei der Entscheidungsfindung haben sich insbesondere zwei Aspekte herauskristallisiert. Zum einen wird die Freistellung im Allgemeinen dann erteilt, wenn das Unternehmen Bankgeschäfte nur als Hilfs- oder Nebengeschäft von untergeordneter Bedeutung betreibt. Zum anderen wurden Ausnahmen zugelassen, wenn die Bankgeschäfte eine notwendige Verbindung zur sonstigen Geschäftstätigkeit des Unternehmens aufweisen[2367].

Unter Berücksichtigung dieser beiden Kriterien erscheint eine Befreiungsmöglichkeit nach § 2 Abs. 4 KWG für einen Zentralen Kontrahenten zweifelhaft zu sein, da zumindest das Garantiegeschäft gem. § 1 Abs. 1 S. 2 Nr. 8 KWG – die Zulässigkeit der wirtschaftlichen Betrachtungsweise bei Auslegung dieses Tatbestands wiederum unterstellt – gerade seine Haupttätigkeit ausmacht, die den Grund für seine Einführung im Wertpapierhandel darstellt. Deshalb kann auch nicht behauptet werden, dass das Garantiegeschäft des Zentralen Kontrahenten eine notwendige Verbindung zu seiner sonstigen Geschäftstätigkeit aufwiese. Andererseits könnte sich ein Dispens auf das Beispiel der Einkaufsgenossenschaften mit ihrem Zentralregulierungsgeschäft stützen, die für angeschlossene Unternehmen den Einkauf vermitteln und gegenüber den Lieferanten die Haftung für die Bezahlung der Ware übernehmen[2368]. Denn im wirtschaftlichen Sinne übernimmt der Zentrale Kontrahent nichts anderes als die Haftung für die Verbindlichkeiten seiner CM. Darüber hinaus könnte mit Blick auf die Aufsicht nach dem BörsG argumentiert werden, dass eine umfassende Kontrolle nach dem KWG gar nicht erforderlich sei, da die Börsenaufsichtsbehörden bereits dafür sorgten, dass die Voraussetzungen für ein stabiles Clearing-System erfüllt würden[2369]. Damit könnte insbesondere die Entbehrlichkeit der Vorschriften über Eigenmittel und Liquidität gem. §§ 10 ff. KWG begründet werden, da die Börsenaufsichtsbehörde durch die Aufsicht über das Sicherungssystem dem Interesse der Gläubiger des Zentralen Kontrahenten an der Erfüllung ihrer Verpflichtungen hinreichend Rechnung trägt[2370].

schränkt werden kann und die zudem auch weniger weitreichend ist (vgl. dazu Reischauer/Kleinhans, KWG, Kz. 115, § 31, Rn. 2 ff.).

2366 Fülbier in Boos/Fischer/Schulte-Mattler, § 2 KWG, Rn. 44.

2367 Szagunn/Haug/Ergenzinger, KWG, § 2, Rn. 29; Fülbier in Boos/Fischer/Schulte-Mattler, § 2 KWG, Rn. 41; Reischauer/Kleinhans, KWG, Kz. 115, § 2, Rn. 42.

2368 Reischauer/Kleinhans, KWG, Kz. 115, § 2, Rn. 42; Fülbier in Boos/Fischer/ Schulte-Mattler, § 2 KWG, Rn. 41; Szagunn/Haug/Ergenzinger, KWG, § 2, Rn. 29.

2369 Vgl. zu dieser Aufgabe der Börsenaufsichtsbehörden S. 255 ff.

2370 Vgl. zur Zielsetzung der Verpflichtung zur angemessenen Eigenmittelausstattung § 10 Abs. 1 S. 1 KWG, wonach die Institute „im Interesse der Erfüllung ihrer Ver-

Mit der Befreiung nach § 2 Abs. 4 KWG könnte die BaFin flexibel auf verschiedene Situationen reagieren und wäre nicht gezwungen, Clearingstellen mit Zentralem Kontrahenten stets gleich zu behandeln. Sollte sie etwa Zweifel an der Wirksamkeit der Aufsicht über Clearingstellen an börsenähnlichen Einrichtungen nach § 59 S. 1 BörsG haben, könnte sie von der Befreiung ebenso absehen wie bei Zentralen Kontrahenten an OTC-Märkten, die nicht einmal als börsenähnliche Einrichtung organisiert sein müssen und bei denen in diesem Falle gar keine Aufsicht nach dem BörsG eingreift.

G. Ergebnis

Die vorstehenden Ausführungen haben gezeigt, dass die Erlaubnispflicht nach § 32 Abs. 1 S. 1 KWG einschließlich der damit verbundenen kreditwesenrechtlichen Aufsicht für die Tätigkeit einer Clearingstelle mit Zentralem Kontrahenten von der Entscheidung einiger nicht einfach zu beantwortender Fragen abhängt. Zunächst ist zu beurteilen, ob die Clearingstelle ein Bankgeschäft betreibt oder eine Finanzdienstleistung erbringt. Die Auslegung der in Betracht kommenden Tatbestände hat ergeben, dass sowohl die Annahme des Garantiegeschäfts nach § 1 Abs. 1 S. 2 Nr. 8 KWG durch die Übernahme einer sonstigen Gewährleistung als auch die des Girogeschäfts gem. § 1 Abs. 1 S. 2 Nr. 9 KWG in Form der Durchführung des Abrechnungsverkehrs mit guten Argumenten begründet werden kann, auch wenn letzte Zweifel nicht auszuräumen waren. Des Weiteren wurde deutlich, dass das etwaige Eingreifen der Börsenaufsicht an der Erlaubnispflicht und der Aufsicht nach dem KWG nichts zu ändern vermag, sofern man sich erst einmal für das Vorliegen eines Bankgeschäfts entschieden hat. Schließlich hängt die Erlaubnispflicht und der Umfang der kreditwesenrechtlichen Aufsicht davon ab, ob die BaFin von der ihr zustehenden Möglichkeit einer Befreiung nach § 2 Abs. 4 KWG Gebrauch macht, was zumindest bei an genehmigten Börsen eingerichteten Zentralen Kontrahenten durchaus nahe liegt.

H. Neuerungen durch die Umsetzung der Banken-RL und der Kapitaladäquanz-RL

Bereits vor der Umsetzung der Mifid durch das FRUG wurden im Rahmen des Gesetzes zur Umsetzung der neu gefassten Bankenrichtlinie und der neu gefass-

---

pflichtungen gegenüber ihren Gläubigern" über angemessene Eigenmittel verfügen müssen.

ten Kapitaladäquanzrichtlinie vom 17. November 2006[2371] am KWG Änderungen vorgenommen, die den Zentralen Kontrahenten in erheblichem Maße betreffen.

Die beiden wichtigsten neu eingefügten Vorschriften finden sich in § 1 Abs. 1 S. 2 Nr. 12 KWG sowie in § 1 Abs. 31 KWG[2372]. Denn in § 1 Abs. 1 S. 2 Nr. 12 KWG wird „die Tätigkeit als zentraler Kontrahent im Sinne von Abs. 31" nunmehr ausdrücklich als Bankgeschäft eingestuft. In § 1 Abs. 31 KWG wird ein zentraler Kontrahent im Sinne des KWG als ein Unternehmen definiert, „das bei Kaufverträgen innerhalb eines oder mehrerer Finanzmärkte zwischen den Käufer und den Verkäufer geschaltet wird, um als Vertragspartner für jeden der beiden zu dienen, und dessen Forderungen aus Kontrahentenausfallrisiken gegenüber allen Teilnehmern an seinen Systemen auf Tagesbasis hinreichend besichert sind". Folglich hat der Gesetzgeber entschieden, dass für die Tätigkeit als Zentraler Kontrahent eine Erlaubnis nach § 32 Abs. 1 S. 1 KWG erforderlich ist.

Der Grund für die gesonderte Aufnahme der Tätigkeit eines Zentralen Kontrahenten als erlaubnispflichtiges Bankgeschäft war die Erkenntnis, dass nach bisheriger Rechtslage die regulatorische Behandlung eines Zentralen Kontrahenten nach dem KWG unklar war[2373]. Der Gesetzgeber war deshalb der zutreffenden Ansicht, dass es zur Sicherung der Stabilität des Finanzmarkts erforderlich sei, die bestehenden Zweifel an der Aufsicht über Zentrale Kontrahenten nach dem KWG zu beseitigen. Eine effektive Aufsicht sei insbesondere vor dem Hintergrund erforderlich, dass Institute, die mit einem Zentralen Kontrahenten Geschäfte abschließen, aufgrund des von diesem zur Erfüllungsabsicherung zu unterhaltenden Margin-Systems eine verminderte oder sogar auf Null reduzierte Eigenkapitalhinterlegungspflicht treffe[2374]. Der Ausfall eines Zentralen Kontrahenten hätte deshalb gravierende Auswirkungen auf das gesamte über ihn verknüpfte Finanzsystem[2375]. Dem ist – wie schon mehrmals ausgeführt – vollumfänglich zuzustimmen.

Allerdings geben die neuen Regelungen auch Anlass zur Kritik. So erscheint es nicht sinnvoll, die hinreichende und täglich vorzunehmende Besicherung der

---

2371 BGBl. I, S. 2606.

2372 Ferner finden sich in §§ 20 Abs. 3 Nr. 2 lit. f) u. Nr. 4 lit. f) sowie § 20a Abs. 1 Nr. 3 lit. d)ff) und in § 33 Abs. 1 Nr. 1 lit. d) KWG weitere Vorschriften, die sich mit dem Zentralen Kontrahenten befassen, ohne jedoch für die Frage der Erlaubnispflicht bedeutsam zu sein.

2373 Vgl. Begr. RegE des Gesetzes zur Umsetzung der neu gefassten Bankenrichtlinie und der neu gefassten Kapitaladäquanzrichtlinie, BT-Drucks. 16/1335, S. 40.

2374 Begr. RegE des Gesetzes zur Umsetzung der neu gefassten Bankenrichtlinie und der neu gefassten Kapitaladäquanzrichtlinie, BT-Drucks. 16/1335, S. 40.

2375 Begr. RegE des Gesetzes zur Umsetzung der neu gefassten Bankenrichtlinie und der neu gefassten Kapitaladäquanzrichtlinie, BT-Drucks. 16/1335, S. 40.

Forderungen des Zentralen Kontrahenten gegenüber den Teilnehmern seines Clearing-Systems als Bestandteil der Begriffsdefinition in § 1 Abs. 31 KWG aufzunehmen und damit grundsätzlich auch zur Voraussetzung der Genehmigungspflicht eines Zentralen Kontrahenten zu machen. Dies könnte bedeuten, dass die Tätigkeit eines Zentralen Kontrahenten, der ein unzureichendes Margin-System oder vielleicht sogar gar keines unterhält, nicht erlaubnispflichtig wäre. Da ein solches Verständnis offenkundig nicht das mit der Gesetzesänderung angestrebte Ziel einer effektiven Aufsicht erreichen würde, bedarf es hier einer teleologischen Auslegung, so dass jede Einrichtung einer Erlaubnis nach § 32 Abs. 1 S. 1 KWG bedarf, die bei Kaufverträgen innerhalb eines oder mehrerer Finanzmärkte zwischen den Käufer und den Verkäufer tritt, um als Vertragspartner für jeden der beiden zu dienen.

Da nach der neuen Gesetzeslage der Zentrale Kontrahent eindeutig der Aufsicht der BaFin unterliegt, bestätigt sich die in dieser Arbeit zugrunde gelegte Annahme, dass sich die Frage nach dem Konkurrenzverhältnis zur Börsenaufsicht stellt[2376]. Mangels neuer weiterführender Regelungen dazu im KWG kann insoweit grundsätzlich auf die bisherigen Ausführungen verwiesen werden. Nachdem die Neufassung des BörsG durch Art. 2 des FRUG jedoch den Schluss nahelegt, dass die Börsenaufsichtsbehörde nicht zu Sanktionsmaßnahmen gegenüber einem Zentralen Kontrahenten befugt ist[2377], kommt der Zusammenarbeit zwischen der BaFin und der Börsenaufsichtsbehörde noch größere Bedeutung zu. Der Notwendigkeit der Kooperation wird durch die Regelung in § 8 BörsG n.F. Rechnung getragen, die festlegt, dass Börsenaufsichtsbehörden und die BaFin eng zusammenarbeiten und dabei untereinander die zur Wahrnehmung ihrer Aufgaben sachdienlichen Informationen austauschen. Auch wenn die Börsenaufsichtsbehörde also selbst keine Sanktionsmaßnahmen gegenüber einem Zentralen Kontrahenten verhängen kann, so kann sie doch mittelbar über die BaFin veranlassen, dass vorliegende Missstände abgestellt werden.

2376 Vgl. S. 493 ff.
2377 Vgl. S. 273 ff.

9. Teil: Aktuelle Entwicklungen in Bezug auf Zentrale Kontrahenten

Der Finanzmarkt befindet sich in ständiger Bewegung. Die Wertpapiermärkte wachsen aufgrund verschiedener Einflüsse sowohl innerhalb der Europäischen Union als auch weltweit zusammen und führen zu einem verstärkten grenzüberschreitenden Wertpapierhandel. Mit diesen Entwicklungen geht eine steigende Bedeutung von gut funktionierenden Clearing- und Settlement-Systemen einher[2378]. Aus diesem Grund haben sich in den letzten Jahren mehrere Institutionen und Organisationen auf verschiedenen Ebenen mit solchen Systemen befasst. Das gemeinsame Ziel dieser Bemühungen besteht – trotz der im Einzelnen unterschiedlichen Schwerpunktsetzung – darin, das Clearing und Settlement von Wertpapiertransaktionen effizient, stabil sowie kostengünstig und sicher zu gestalten[2379]. Die Analysen und Verbesserungsvorschläge machen auch vor der Funktionalität des Zentralen Kontrahenten nicht halt, sondern beziehen sich teilweise ausführlich, teilweise eher am Rande auf diesen Abschnitt des Wertpapiertransaktionsprozesses. Im Folgenden sollen einige der wichtigsten sich mit Zentralen Kontrahenten befassenden Initiativen kurz dargestellt und damit mögliche zukünftige Entwicklungen aufgezeigt werden.

A. *Giovannini*-Reports

Im November 2001 veröffentlichte die sog. *Giovannini-Group* ihren ersten Bericht mit dem Titel „Cross-Border Clearing and Settlement Arrangements in the European Union". Bei der *Gionannini-Group* handelt es sich um ein Gremium von Finanzmarktexperten, das 1996 ins Leben gerufen wurde, um die EU-Kommission in Fragen der Integration und Effizienzsteigerung der Finanzmärkte

---

2378 Vgl. ECB, Governance of securities clearing and settlement systems, S. 4; Group of Thirty, Clearing and Settlement, S. 1 ff.; Giovannini-Group, 1. Giovannini-Report, S. 1.

2379 Vgl. EU-Kommission, Clearing und Abrechnung in der Europäischen Union. Die wichtigsten politischen Fragen und künftigen Herausforderungen, KOM/2002/257, S. 2; dies., Clearing und Abrechnung in der Europäischen Union – Künftige Maßnahmen, KOM/2004/312, S. 9 ff.; Group of Thirty, Clearing and Settlement – Interim Report of Progress, S. 1; ECB, Governance of securities clearing and settlement systems, S. 5 f.; Giovannini-Group, 2. Giovannini-Report, Annex 1c.

zu beraten[2380]. In dem angesprochenen Bericht wurde die damals aktuelle Situation im Bereich Clearing und Settlement analysiert und ein Blick auf die damit verbundenen Probleme bei grenzüberschreitenden Wertpapiertransaktionen geworfen. Es wurden 15 Barrieren ausfindig gemacht, welche die weitere Integration der Finanzmärkte behindern und zu Ineffizienzen beim grenzüberschreitenden Clearing und Settlement innerhalb der EU führen sollen. Die festgestellten Barrieren lassen sich in 3 Kategorien einordnen, nämlich in Hindernisse durch nationale Unterschiede hinsichtlich technischer Anforderungen und Marktusancen, in nationale Unterschiede bei der Besteuerung sowie in Probleme bei der Rechtssicherheit[2381].

Die Fragen, die sich im Zusammenhang mit der Einschaltung eines Zentralen Kontrahenten stellen, standen in diesem Bericht eher am Rande. Es wurde lediglich festgestellt, dass sich daraus einige spezielle Probleme ergeben könnten[2382]. Hingewiesen wurde insoweit auf die Notwendigkeit, den an der Wertpapiertransaktion beteiligten Parteien aus unterschiedlichen Mitgliedstaaten einen Zugang zu der Einrichtung zu ermöglichen, welche die Funktionalität des Zentralen Kontrahenten anbietet. Darüber hinaus wurde es als Integrationshindernis eingestuft, dass nationale Regelungen einen Anschlusszwang an bestimmte Clearing- und Settlementsysteme und auch an Zentrale Kontrahenten vorsehen, was dazu führe, dass grenzüberschreitend tätige Investoren Anschluss an mehrere solcher Systeme suchen müssten und damit ihre Aktivitäten nicht zentralisieren könnten[2383].

Obwohl manche Hindernisse nicht unmittelbar mit der Tätigkeit von Zentralen Kontrahenten in Verbindung gebracht werden, lassen sich einige Passagen des Berichts auch auf deren Tätigkeit beziehen. So stelle – so wurde gesagt – das Fehlen eines einheitlichen europäischen Rahmens für die Wertpapierübertragung das größte rechtliche Risiko bei grenzüberschreitenden Wertpapiertransaktionen dar[2384]. Ferner bestünden nationale Unterschiede bei der rechtlichen Bewertung von Netting-Vereinbarungen, die ebenso zu Unsicherheiten führten wie die nationalen Unterschiede bei den Regelungen zum anwendbaren Recht bei Transaktionen, an denen Parteien aus unterschiedlichen Mitgliedstaaten beteiligt seien[2385].

Nachdem mit dem ersten Bericht der *Giovannini-Group* die Barrieren aufgezeigt worden waren, sollten mit dem zweiten, dem „Second Report on EU Clearing and Settlement Arrangements", der im April 2003 veröffentlicht wurde, Lösungen zur Beseitigung der herausgearbeiteten Hindernisse einschließlich eines

---

2380 Giovannini-Group, 1. Giovannini-Report, S. 1.
2381 Vgl. Giovannini-Group, 1. Giovannini-Report, Executive Summary (ii).
2382 Giovannini-Group, 1. Giovannini-Report, S. 7.
2383 Giovannini-Group, 1. Giovannini-Report, S. 46.
2384 Giovannini-Group, 1. Giovannini-Report, S. 55 f.
2385 Vgl. Giovannini-Group, 1. Giovannini-Report, S. 57 ff.

Zeitrahmens hierfür vorgestellt werden[2386]. Des Weiteren wurden Erwägungen darüber angestellt, wie sich die Branche „Clearing und Settlement" entwickeln könnte, wenn die bislang vorhandenen Barrieren wegfielen, auf welche Aspekte die Politik bei dem zu erwartenden Konsolidierungsprozess achten und wie sie diesen Vorgang begleiten sollte[2387]. Von mittelbarem Interesse[2388] für die Zukunft von Zentralen Kontrahenten ist dabei zunächst die Forderung nach einem einheitlichen europäischen Rechtsrahmen für die Behandlung des Eigentums an Wertpapieren[2389], der auch nicht ersetzt werden könne durch die zu größerer Rechtssicherheit führenden und bereits einige Hindernisse beseitigenden Änderungen durch die Finanzsicherheiten-RL 2002/47/EG[2390].

Unmittelbar von Bedeutung für Zentrale Kontrahenten ist die Forderung, nationale Beschränkungen des Zugangs zu Clearing- und Settlement-Systemen aufzuheben[2391]. Bei dem zu erwartenden Konsolidierungsprozess sei zur Sicherstellung des Wettbewerbs zwischen den Anbietern von Clearing- und Settlementleistungen darauf zu achten, dass Zentrale Kontrahenten Mitglied in anderen Clearing- und Settlementsystemen werden könnten. Es müsse in diesem Zusammenhang Klarheit über die Risiken der verschiedenen Systeme sowie über die Aufsichtskompetenz herrschen[2392]. Je nachdem, wie sich der Konsolidierungsprozess entwickele, stünden die Aufsichtsbehörden in besonderer Verantwortung sicherzustellen, dass bestehender Wettbewerb nicht zu einem Absinken der Risiko-Management-Standards führe[2393]. Andererseits seien die Aufsichtsbehörden auch dann besonders gefordert und entsprechende Regulierungsmaßnahmen notwendig, wenn die Entwicklung hin zu einem einzigen Zentralen Kontrahenten führe, da in diesem Fall die Preisgestaltung und die Zugangsbedingungen einer intensiven Kontrolle bedürften[2394].

2386 Giovannini-Group, 2. Giovannini-Report, S. 2.
2387 Giovannini-Group, 2. Giovannini-Report, S. 22 ff.
2388 Dass die Frage nach der rechtlichen Behandlung des Eigentums an Wertpapieren bzw. dessen Übertragung für den Zentralen Kontrahenten von Belang ist, haben die Ausführungen auf S. 391 ff. gezeigt.
2389 Giovannini-Group, 2. Giovannini-Report, S. 14 ff.; vgl. zu entsprechenden Harmonisierungsbestrebungen durch die internationale Organisation UNIDROIT, die sich u.a. für die Harmonisierung und Koordination des Wirtschaftsrechts einsetzt, Paech, WM 2005, S. 1101 ff.; vgl. außerdem zum Haager Übereinkommen über das auf bestimmte Rechte im Zusammenhang mit zwischenverwahrten Wertpapieren anzuwendende Recht, das größere Rechtssicherheit bringen soll, Einsele, WM 2003, S. 2349 ff.
2390 Giovannini-Group, 2. Giovannini-Report, S. 12 ff.
2391 Giovannini-Group, 2. Giovannini-Report, S. 18 ff.
2392 Giovannini-Group, 2. Giovannini-Report, S. 27 f.
2393 Giovannini-Group, 2. Giovannini-Report, S. 32.
2394 Giovannini-Group, 2. Giovannini-Report, S. 33.

B. Empfehlungen der *Group of Thirty*

Vorschläge für zukünftige Entwicklungen und Maßnahmen auf dem Gebiet des Clearing und Settlement wurden im Jahr 2003 auch von der *Group of Thirty* in ihrer Publikation „Global Clearing and Settlement – A Plan of Action" unterbreitet. Bei der *Group of Thirty* handelt es sich um eine private Gruppe, die aus Repräsentanten des öffentlichen und des privaten Sektors sowie Vertretern der Wissenschaft zusammengesetzt ist und die beratend auf dem Gebiet von internationalen Wirtschafts- und Währungsfragen tätig ist[2395]. Der Bericht spricht sich für weitreichende Reformen der Prozesse von Clearing und Settlement aus. Es sollten weltweite technische und operative Standards geschaffen und implementiert, Verbesserungen der Risikomanagementverfahren erreicht, die weitere Harmonisierung des globalen rechtlichen und regulatorischen Umfelds sowie eine verbesserte „Governance" für Anbieter von Clearing- und Settlementleistungen angestrebt werden[2396]. Die Änderungswünsche werden in Form von 20 Empfehlungen vorgetragen, deren Umsetzung zu einer wesentlichen Verbesserung der Sicherheit und Effizienz der internationalen Wertpapiermärkte führen soll. Bei den Empfehlungen handelt es sich mit einer Ausnahme nicht um unmittelbar auf Zentrale Kontrahenten bezogene Vorschläge. Nichtsdestotrotz sind diese Empfehlungen für Einrichtungen, die eine entsprechende Funktionalität anbieten, von Bedeutung. Denn außer der in Nr. 6 empfohlenen Ausweitung der Nutzung von Zentralen Kontrahenten können zumindest einige der Empfehlungen zur Risikominderung (Nr. 9–16) sowie zur Verbesserung der „Governance" (Nr. 17–20) auf Zentrale Kontrahenten bezogen werden.

So kann etwa die 9. Empfehlung, die finanzielle Solidität der Anbieter von Clearing- und Settlementdienstleistungen sicher zu stellen, für Zentrale Kontrahenten Geltung beanspruchen, da auch Zentrale Kontrahenten ihre Risiken absichern und wirkungsvolle Kontrollen bei der Inanspruchnahme ihrer Dienste gewährleisten müssen[2397]. Die 12. Empfehlung fordert Pläne für eine effektive Geschäftsfortführung und für eine Restrukturierung nach einem Notfall oder einer Katastrophe[2398]. Nach der 13. Empfehlung soll die Möglichkeit des Versagens einer Einrichtung, die für das Verfahren von Clearing und Settlement von systematischer Bedeutung ist, bedacht werden. Die 14. Empfehlung spricht sich für eine verstärkte Bewertung der Durchsetzbarkeit von Verträgen aus, während die 15. Empfehlung eine Förderung der Rechtssicherheit im Bereich der Rechte an

---

2395 Vgl. die Selbstdarstellung auf der Homepage der Group of Thirty (*www.group 30.org* > About the group).
2396 Group of Thirty, Global Clearing and Settlement, S. 1.
2397 Vgl. Group of Thirty, Global Clearing and Settlement, S. 9.
2398 Group of Thirty, Global Clearing and Settlement, S. 10.

Wertpapieren, Sicherheiten und auch Geld vorschlägt. Nach der 16. Empfehlung sollen verbesserte Bewertungsmethoden und Closeout-Nettingvereinbarungen anerkannt und gefördert werden[2399]. Zur Verbesserung der Governance sollen nach der 17. Empfehlung in das mit dem Aufsichtsrat vergleichbare Board angemessen erfahrene und angesehene Mitglieder berufen werden. Nach der 18. Empfehlung soll der faire Zugang zu Clearing- und Settlementsystemen gefördert werden. Die 19. Empfehlung schlägt vor, den Interessen der „Stakeholder"[2400] gerecht und effektiv Beachtung zu schenken, insbesondere durch angemessene Vertretung in den Boards[2401]. Schließlich soll nach der Empfehlung Nr. 20 eine einheitliche Regulierung und Kontrolle über Clearing- und Settlementeinrichtungen gefördert werden[2402].

Die *Group of Thirty* hat im April 2005 einen Zwischenbericht veröffentlicht, in dem die Fortschritte bei der Umsetzung der 20 Empfehlungen untersucht werden. Hervorzuheben ist die Feststellung, dass die 6. Empfehlung, also die des verstärkten Einsatzes von Zentralen Kontrahenten, als vollständig realisiert angesehen wird, da auf allen beobachteten Märkten ein entsprechendes Angebot vorhanden sei[2403]. Gewürdigt werden ferner die Bestrebungen innerhalb der EU, die im *Giovannini*-Report festgestellten Hindernisse zu beseitigen[2404]. Ansonsten fällt die Bewertung der Umsetzungsmaßnahmen gemischt aus. Teilweise werden Fortschritte festgestellt, teilweise wird jedoch auch auf fortbestehende Mängel verwiesen[2405].

C. CESR/ECB-Standards

Im September 2004 haben das Committee of European Securities Regulators (CESR) und die Europäische Zentralbank (ECB) nach dreijährigen Vorarbeiten die von ihnen entwickelten „Standards for Securities Clearing and Settlement

---

2399 Group of Thirty, Global Clearing and Settlement, S. 10.
2400 Mit dem Begriff Stakeholders werden die Anteilseigner, Gläubiger, Lieferanten, Arbeitnehmer und Kunden erfasst (vgl. ECB, Governance of securities clearing and settlement systems, S. 8).
2401 Group of Thirty, Global Clearing and Settlement, S. 11.
2402 Group of Thirty, Global Clearing and Settlement, S. 11.
2403 Group of Thirty, Global Clearing and Settlement – Interim Report of Progress, S. 3 u. 18.
2404 Group of Thirty, Global Clearing and Settlement – Interim Report of Progress, S. 4.
2405 Vgl. Group of Thirty, Global Clearing and Settlement – Interim Report of Progress, S. 3 ff., sowie für die einzelnen Empfehlungen jeweils gesondert aaO., S. 16 ff. (Appendix 2).

Systems in the European Union" veröffentlicht. Eines der Ziele dieser Standards besteht darin, eine einheitliche Basis für die angemessene Regulierung und Beaufsichtigung von Clearing- und Settlementsystemen in der EU zu schaffen. Außerdem soll mit ihnen festlegt werden, für welche Einrichtungen sie im Einzelnen Anwendung finden. Ansonsten gilt auch für diese Regeln, dass sie – etwas verallgemeinernd ausgedrückt – die Sicherheit, den reibungslosen Ablauf und die Effizienz der Wertpapierabwicklung sicherstellen sollen[2406]. Von den Herausgebern der Standards wird auf die Feststellung Wert gelegt, dass sich ihr Bedeutungsgehalt nicht in unverbindlichen Empfehlungen erschöpfe, sondern dass die in ihnen ausgesprochenen Grundsätze von den nationalen Aufsichtsbehörden angewendet und ihre Einhaltung von diesen, entsprechende Kompetenzen vorausgesetzt, geprüft werde[2407]. Zugleich wird jedoch einschränkend darauf hingewiesen, dass die Implementierung der Standards Änderungen des jeweiligen nationalen Rechts erforderlich machen könne[2408]. Ihre Wirkkraft liege darin, dass die verschiedenen Einrichtungen, welche die Aufsicht über Abwicklungssysteme ausübten, ihre Regulierung und Kontrolle an einen allgemein akzeptierten Ansatz anpassten und damit die gegenseitige Anerkennung der unterschiedlichen Aufsichtssysteme erleichtert und eine größere allgemeine Sicherheit gefördert werde[2409]. Zwar wird in der endgültigen Fassung des Berichts nicht – wie noch in der Konsultationsfassung aus dem Mai 2004[2410] – ausdrücklich festgestellt, dass die Standards auch für Zentrale Kontrahenten gelten, und überdies darauf hingewiesen, dass auf die damit verbundenen Fragen noch gesondert eingegangen werde[2411], doch wird in den Standards sowie den dazugehörigen Ausführungen mehrmals auf Zentrale Kontrahenten Bezug genommen[2412], so dass die Standards im Ergebnis grundsätzlich auch auf sie anzuwenden sind.

2406 CESR/ECB, Standards for Securities Clearing and Settlement Systems in the European Union, Rn. 7, wo 8 konkrete Ziele aufgeführt werden, sowie Rn. 13, wo die Ziele noch einmal zusammengefasst werden.

2407 CESR/ECB, Standards for Securities Clearing and Settlement Systems in the European Union, Rn. 9 f.

2408 CESR/ECB, Standards for Securities Clearing and Settlement Systems in the European Union, Rn. 10 u. 19.

2409 Vgl. CESR/ECB, Standards for Securities Clearing and Settlement Systems in the European Union, Rn. 12.

2410 CESR/ECB, Consultative report on Standards for Securities Clearing and Settlement systems in the European Union, Rn. 13.

2411 CESR/ECB, Standards for Securities Clearing and Settlement Systems in the European Union, Rn. 11 u. 28.

2412 Vgl. CESR/ECB, Standards for Securities Clearing and Settlement Systems in the European Union, Standards 3, 4, 13, 14 und 17. Zudem ist mehrmals in den sog. „Key Elements" sowie in den „Explanatory memorandums" von „CCPs" die Rede.

Bereits Standard 1 mit seiner Forderung nach einem fundierten, eindeutigen und transparenten rechtlichen Rahmen in den jeweiligen Rechtsordnungen für Clearing- und Settlementsysteme richtet sich nach den Ausführungen in den „Key Elements" u.a. an Zentrale Kontrahenten. Auch an Zentrale Kontrahenten ergeht die Aufforderung in Standard 3, die Betriebszeiten zu vereinheitlichen und für in Euro lautende Transaktionen an die Funktionszeiten des TARGET-Systems[2413] anzupassen. Damit soll die Verkürzung der Abwicklungszeiträume gefördert werden[2414]. Sogar ausschließlich auf Zentrale Kontrahenten bezieht sich Standard 4, nach dem der Nutzen und die Kosten dieser Funktionalitäten bewertet werden sollen. Außerdem solle der Zentrale Kontrahent dort, wo er eingeführt werde, die Risiken, die er übernehme, äußerst streng kontrollieren und in Grenzen halten. Als Mittel hierfür werden insbesondere Sicherheiten seitens der CM und die Einrichtung von Fonds für Krisensituationen erwähnt[2415]. Von Bedeutung für Zentrale Kontrahenten sind ferner die erläuternden Ausführungen zu Standard 6, der die größtmögliche Dematerialisierung von Wertpapieren, deren Übertragung durch Kontenbuchung sowie den Schutz der Interessen der Investoren bei der Herausgabe, der Verwahrung und Übertragung der Wertpapiere durch den Verwahrer fordert. Da der Verwahrer Kredit- und Liquiditätsrisiken streng vermeiden müsse, könne es erforderlich sein, die Tätigkeit eines Zentralen Kontrahenten durch eine gesonderte rechtliche Einheit ausüben zu lassen[2416], womit für den Zentralen Kontrahenten mittelbar Vorgaben hinsichtlich seiner Unternehmensorganisation gemacht werden.

Standard 11 ist für Zentrale Kontrahenten insoweit bedeutsam[2417], als die betrieblichen Risiken, welche aus dem Clearing- und Settlementprozess entstehen,

---

2413 Im Rahmen der Kooperation der Zentralbanken der EU und des Europäischen Währungsinstituts ist für den Beginn der Stufe 3 der Europäischen Wirtschafts- und Währungsunion ein europaweites Großzahlungssystem eingeführt worden, das die rasche und effiziente Abwicklung von grenzüberschreitenden Großzahlungen ermöglichen und die sichere Umsetzung der gemeinsamen Geldpolitik gewährleisten soll. Dieses System heißt TARGET (Trans-European-Automated-Real-Time-Gross-Settlement-Express-Transfer-System) und wird als dezentrales System durch einen Verbund der nationalen Echtzeit-Brutto-Systeme (RTGS-Systeme) errichtet (Kümpel, Bank- und Kapitalmarktrecht, Rn. 4.275).

2414 CESR/ECB, Standards for Securities Clearing and Settlement Systems in the European Union, Rn. 50.

2415 CESR/ECB, Standards for Securities Clearing and Settlement Systems in the European Union, Rn. 60.

2416 CESR/ECB, Standards for Securities Clearing and Settlement Systems in the European Union, Rn. 76 u. 82.

2417 Vgl. die Bestimmung des Adressatenkreises dieses Standards bei CESR/ECB, Standards for Securities Clearing and Settlement Systems in the European Union, Standard 11, Key elements Nr. 1.

ausfindig gemacht, kontrolliert und regelmäßig bewertet werden sollen. Mit dieser Regel wird die Forderung verbunden, Zentrale Kontrahenten müssten vor einem Outsourcing die Zustimmung der jeweiligen Aufsichtsbehörden einholen oder zumindest die betreffende Absicht der Behörde anzeigen. Außerdem seien sie dafür verantwortlich, dass die Auslagerungsunternehmen die einschlägigen Normen einhielten[2418]. Ebenfalls in den Adressatenkreis miteinbezogen werden Zentrale Kontrahenten in Standard 12[2419], wonach Einrichtungen, die Wertpapiere in Verwahrung haben, solche Verfahren anwenden sollen, die den Schutz der Wertpapiere ihrer Kunden vollständig sicherstellen, insbesondere gegen den Zugriff von etwaigen Ansprüchen der Gläubiger der Wertpapierverwahrungseinrichtungen[2420]. Standard 13 verlangt u.a. für Zentrale Kontrahenten eine Gestaltung der Governance[2421], welche die Anforderungen des öffentlichen Interesses erfülle und welche die Ziele sowohl der Eigentümer als auch der Nutzer fördere. Erklärend wird insoweit hinzugefügt, dass damit keine Vorgaben für eine bestimmte Unternehmensstruktur oder auf bestimmte Unternehmensziele (z.B. Ausrichtung oder Nichtausrichtung auf Gewinnerzielung) verbunden seien. Gleichwohl müsse die Governance auf Transparenz und Nachvollziehbarkeit ausgerichtet sein[2422]. Wiederum für Zentrale Kontrahenten gilt Standard 14 mit seiner Forderung nach objektiven und öffentlich bekannt gegebenen Kriterien für den Zugang zu deren Systemen. Beschränkende Bedingungen sollten dabei ausschließlich der Risikominimierung dienen. Nach Standard 15 ist darauf zu achten, dass Clearing- und Settlementsysteme[2423] unter Aufrechterhaltung der Si-

---

2418 CESR/ECB, Standards for Securities Clearing and Settlement Systems in the European Union, Standard 11, Key elements Nr. 6 u. 7.

2419 CESR/ECB, Standards for Securities Clearing and Settlement Systems in the European Union, Standard 12, Key elements Nr. 1.

2420 Vgl. CESR/ECB, Standards for Securities Clearing and Settlement Systems in the European Union, Rn. 140, wo erläutert wird, dass diese Anforderung für Zentrale Kontrahenten dann relevant wird, wenn sie unmittelbar mit den Wertpapieren umgehen, die ihnen von ihren Kunden als Pfand zur Verfügung gestellt wurden.

2421 Was unter der Governance i.S. der Standards zu verstehen ist, wird in Rn. 148 deutlich. Danach sind die dazugehörigen Schlüsselkomponenten die Corporate Governance, wie z.B. Transparenz bei der Eigentümerstruktur und die Zusammensetzung des Board of Directors, also des für das deutsche Recht vergleichbaren Aufsichtsrats, der Informationsfluss zwischen Management und Board sowie die Anforderungen an die Sachkenntnis des Managements.

2422 CESR/ECB, Standards for Securities Clearing and Settlement Systems in the European Union, Rn. 150.

2423 Davon werden in diesem Zusammenhang wiederum Zentrale Kontrahenten erfasst (vgl. CESR/ECB, Standards for Securities Clearing and Settlement Systems in the European Union, Standard 15, Key elements Nr. 1).

cherheit ihrer Abläufe effizient, also wirtschaftlich und zuverlässig[2424], arbeiten. Sowohl die Effizienz als auch die Sicherheit von Clearing und Settlement sollen durch Standard 16 gefördert werden[2425], der die Verwendung von geeigneten Informationstechnologien verlangt. Erneut wird von Zentralen Kontrahenten Transparenz gefordert, wenn sie nach Standard 17 die Marktteilnehmer so mit Informationen versorgen sollen, dass diese die Risiken und Kosten der Wertpapierabwicklung einschätzen können. In Standard 18 wird verlangt, dass Einrichtungen, die Clearing- und Settlementleistungen anbieten, Gegenstand einer transparenten, beständigen und effektiven Regulierung und Aufsicht unterliegen. Des Weiteren sollen Clearing- und Settlementsysteme in der gleichen Weise der Aufsicht der Zentralbank unterliegen. Darüber hinaus wird eine Zusammenarbeit der jeweiligen Aufsichtsbehörden sowohl auf internationaler als auch auf nationaler Ebene befürwortet. Schließlich wird ausdrücklich darauf hingewiesen, dass der auf Risikoreduzierung von grenzüberschreitenden Systemverbindungen ausgerichtete Standard 19 nicht für Zentrale Kontrahenten gelte, weil dieses Problem einer gesonderten Bearbeitung bedürfe[2426].

D. ECB zur „Governance" von Clearing- und Settlementsystemen

In ihrer Publikation „Governance of securities clearing and settlement systems" vom Oktober 2004 geht die Europäische Zentralbank auf Fragen zur Governance von Wertpapierabwicklungssystemen einschließlich Zentraler Kontrahenten gesondert ein. Während in dieser Publikation von „Corporate Governance" als internen Gesellschaftsstrukturen und Mechanismen gesprochen wird, durch die Entscheidungen in Bezug auf den Betrieb von Abwicklungssystemen getroffen werden, wird der Begriff „Governance" auf alle internen und externen Strukturen, Mechanismen, Regulierungen, Normen und Gebräuche bezogen, welche die Entscheidungsfindung innerhalb von Clearing- und Settlementsystemen beeinflussen[2427]. Ausgangspunkt für die Frage nach der richtigen Governance von Abwicklungssystemen ist die Feststellung, dass diese Systeme für viele Interessen

---

2424 Vgl. zu den verschiedenen Aspekten der Effizienz CESR/ECB, Standards for Securities Clearing and Settlement Systems in the European Union, Rn. 164 ff.

2425 Vgl. CESR/ECB, Standards for Securities Clearing and Settlement Systems in the European Union, Rn. 172 ff.

2426 Vgl. CESR/ECB, Standards for Securities Clearing and Settlement Systems in the European Union, Standard 19 Fn. 24.

2427 ECB, Governance of securities clearing and settlement, S. 4 Fn. 4.

von Bedeutung sind. Dies seien zum einen die Interessen der „Stakeholder"[2428], und zum anderen die nationalen und internationalen Interessen sowie das öffentliche Interesse, welches darin bestehe, dass die Abwicklungssysteme den Zugang zum Kapitalmarkt und das Risikomanagement förderten, wodurch sie von großer Bedeutung für die Wirtschaft und das Erreichen allgemeiner sozialer Ziele seien[2429]. Eine gute Governance müsse daher einen Rahmen für das Board und das Management vorgeben, der dazu führe, dass Ziele verfolgt würden, die im Interesse aller Beteiligten lägen; Leistungen von Management und Board müssten einer effektiven Kontrolle unterstehen[2430]. Insbesondere für Zentrale Kontrahenten und Wertpapierverwahrer, die neben ihrer eigentlichen Abwicklungstätigkeit noch gewisse Bankdienstleistungen erbrächten, sei die Bewältigung von Interessenkonflikten durch eine gute Corporate Governance äußerst wichtig, da sie zur Unabhängigkeit von Entscheidungen zum Risikomanagement beitrage, wie z.B. durch Trennung des betreffenden Geschäftsbereichs vom übrigen Tagesgeschäft[2431]. Ferner könnten besondere Interessenkonflikte wegen der vertikalen und horizontalen Integration von Wertpapierhandels-, Clearing- und Settlementsystemen innerhalb eines Unternehmens oder einer Unternehmensgruppe entstehen. Schließlich könne eine gute Governance dazu beitragen, die Gefahr des Missbrauchs einer durch Konsolidierungsprozesse entstehenden Monopolstellung zu verhindern[2432].

Nach einer Analyse der derzeitigen Strukturen der Clearing- und Settlementsysteme wird empfohlen, dass diese die in der jeweiligen Rechtsordnung entwickelten Richtlinien für eine gute Corporate Governance befolgen, um den höchsten Standard auf diesem Gebiet zu gewährleisten. Wegen dieses Ziels sei es auch irrelevant, ob die betreffenden Standards für börsennotierte Unternehmen entworfen worden und die Systembetreiber selbst nicht börsennotiert seien[2433]. Als Instrumente, um die Berücksichtigung der Interessen der Kunden von Wertpapierabwicklungssystemen zu gewährleisten, werden das Eigentum der Nutzer an den betreffenden Systemen, die Vertretung der Nutzer im Board, die Hinzuziehung von Beratungsgremien, die aus Repräsentanten der Nutzer und des Board zusammenzusetzen seien, sowie öffentliche Konsultationspapiere genannt, in wel-

---

2428 Der Begriff „Stakeholders" erfasst die Anteilseigner, die Gläubiger, Lieferanten, Arbeitnehmer und Kunden eines Unternehmens, also all jene, die an ihm ein besonderes Interesse haben (vgl. ECB, Governance of securities clearing and settlement, S. 8).

2429 ECB, Governance of securities clearing and settlement, S. 4 Fn. 5.

2430 ECB, Governance of securities clearing and settlement, S. 4 f.

2431 ECB, Governance of securities clearing and settlement, S. 5 u. 17.

2432 ECB, Governance of securities clearing and settlement, S. 5 u. 18.

2433 ECB, Governance of securities clearing and settlement, S. 13.

che die Meinungen der Kunden einfließen könnten[2434]. Das öffentliche Interesse werde im Allgemeinen durch die Regulierung seitens der zuständigen Behörden geschützt, die etwa die Mitglieder des Managements oder des Board auf ihre Eignung und Zuverlässigkeit hin prüfen, den Anteilsbesitz und Anteilsänderungen kontrollieren sowie die Nutzungsbedingungen und die Risikobeherrschungsprogramme untersuchen könnten[2435]. Um Missbrauch von monopolartigen Strukturen im Bereich des Clearing und Settlement, bspw. bei der Preisfestsetzung oder den Zugangsvoraussetzungen, zu verhindern, sei die Einführung von Normen – wie bereits durch die europäische Rechtssetzung vorgezeichnet – zu erwägen, die einen fairen und offenen Zugang zu den Abwicklungssystemen garantierten[2436]. Für die Zukunft solle außerdem darüber nachgedacht werden, ob die Governance über Clearing- und Settlementsysteme durch vereinheitlichte Regulierungsvorgaben verbessert werden könne[2437].

Mit besonderem Blick auf Zentrale Kontrahenten wird ferner festgestellt, das Risikomanagement dürfe auf keinen Fall durch andere, nicht zum Kernbereich gehörende Geschäftsaktivitäten beeinträchtigt werden, so dass eine klare und rechtlich einwandfreie Trennung der finanziellen Ressourcen des Zentralen Kontrahenten zur Deckung seiner originären Risiken von seinen Mitteln zur Deckung der Risiken aus anderen Geschäftszweigen erforderlich sei. Außerdem müsse sichergestellt werden, dass in den Fällen, bei denen die Kunden zugleich Eigentümer eines Zentralen Kontrahenten seien, die Kunden keinen unangemessenen Einfluss auf Entscheidungen zur Feststellung der Nichterfüllung von Verpflichtungen eines Kunden seitens des Zentralen Kontrahenten nehmen könnten[2438].

Schließlich sei es grundsätzlich wichtig, dass Wertpapierabwicklungssysteme ihre Vorkehrungen zur Corporate Governance bekannt gäben, damit die Kunden und die Behörden einschätzen könnten, wie Interessenkonflikte zwischen Eigentümern, dem Board, den Kunden und den Behörden verhindert oder abgeschwächt würden. Transparenz müsse in allen Bereichen hergestellt werden, die auf die Erfüllung der Aufgaben von Clearing- und Settlementsystemen Einfluss nehmen könnten[2439].

2434 ECB, Governance of securities clearing and settlement, S. 15 f.
2435 ECB, Governance of securities clearing and settlement, S. 16 u. 28 f.
2436 ECB, Governance of securities clearing and settlement, S. 24.
2437 ECB, Governance of securities clearing and settlement, S. 22 u. 29.
2438 ECB, Governance of securities clearing and settlement, S. 17.
2439 ECB, Governance of securities clearing and settlement, S. 21 ff. u. 28.

E. CPSS/IOSCO-Empfehlungen für Zentrale Kontrahenten

Während in den bisher angesprochenen Initiativen Zentrale Kontrahenten lediglich im Rahmen der Erörterung von Clearing- und Settlementsystemen mitbehandelt wurden, befasst sich ein Bericht[2440] des Committee on Payment and Settlement Systems (CPSS) und des Technical Committee of the International Organization of Securities Commissions (IOSCO) ausschließlich mit Fragen zu Zentralen Kontrahenten. Das CPSS stellt eine Art Unterabteilung der Bank für Internationalen Zahlungsausgleich (BIZ)[2441] dar, während es sich bei der IOSCO um eine Vereinigung von nationalen Wertpapieraufsichtsbehörden fast aller Staaten weltweit handelt, welche die Zusammenarbeit der Aufsichtsbehörden fördern und koordinieren will, um die Effizienz der Wertpapiermärkte zu steigern und sichere internationale Wertpapiertransaktionen zu ermöglichen[2442]. Hintergrund der Arbeiten von CPSS und IOSCO in Bezug auf Zentrale Kontrahenten ist die Einsicht, dass diese Funktionalitäten eine Risikokonzentration mit sich bringen, die insbesondere bei der zunehmenden Verbreitung ihrer Nutzung zu einer Gefährdung für die Stabilität der Finanzmärkte führen könnte, weshalb die Effektivität ihres Risikomanagements und ihre angemessene finanzielle Ausstattung von großer Bedeutung sind[2443].

Der angesprochene Bericht enthält nach einer Darstellung der mit dem Einsatz von Zentralen Kontrahenten verbundenen Risiken und denkbaren Maßnahmen zu deren Einschränkung 15 Empfehlungen für Zentrale Kontrahenten bzw. für den Umgang mit ihnen sowie erläuternde Ausführungen hierzu. Außerdem gibt er Hilfestellung bei der Bewertung des Umsetzungsstandes, indem zu jeder Empfehlung einige Eckpunkte, die von besonderer Bedeutung sind, herausgearbeitet sowie Schlüsselfragen gestellt werden. Die dazugehörigen Antworten können dann in einer dem Multiple-Choice-Verfahren ähnlichen Form ausgewählt werden. Inhaltlich stützen sich die Vorschläge zum einen auf die Ergebnisse des Berichts „Recommendations for Securities Settlement Systems", den CPSS/ IOSCO schon vor einiger Zeit erstellt haben, sowie auf Vorarbeiten einiger anderer Einrichtungen und Organisationen wie der European Association of Central Counterparty Clearing Houses (EACH)[2444], die bereits im Jahre 2001 einen Kata-

---

2440 BIZ/IOSCO, Recommendations for Central Counterparties.

2441 Vgl. zur Organisationsstruktur die Darstellung auf der Homepage der Bank für Internationalen Zahlungsausgleich (*www.bis.org* > about BIS > Committess/Secretariats).

2442 Vgl. die Informationen auf der Homepage der IOSCO (*www.iosco.org* > about IOSCO sowie > members list).

2443 BIZ/IOSCO, Recommendations for Central Counterparties, S. 1.

2444 BIZ/IOSCO, Recommendations for Central Counterparties, S. 1.

log mit Richtlinien für ein effektives Risikomanagement von Zentralen Kontrahenten vorgestellt hat[2445].

Im Einzelnen wird in der 1. Empfehlung ein sicherer und transparenter Rechtsrahmen für jeden Aspekt der Tätigkeit eines Zentralen Kontrahenten in allen Rechtsordnungen gefordert. Damit sind klare und Rechtssicherheit bietende Vorgaben z.B. für den Vertragsschluss, das Netting, das Verfahren bei Nichtleistung, die Gestaltungen zur Besicherung der Verbindlichkeiten der CM und hinsichtlich der von den Zentralen Kontrahenten zu beachtenden Vorschriften gemeint[2446]. Die 2. Empfehlung spricht sich dafür aus, dass ein Zentraler Kontrahent von den bei ihm um Anschluss nachsuchenden CM ausreichende finanzielle Mittel und eine stabile betriebliche Leistungsfähigkeit fordert, damit diese die sich aus der Teilnahme am Clearing-System ergebenden Verpflichtungen erfüllen können. Der Zentrale Kontrahent solle zudem über Verfahren verfügen, die sicherstellen, dass die Teilnahmebedingungen fortlaufend erfüllt werden. Darüber hinaus sollten die Teilnahmebedingungen objektiv sowie öffentlich bekannt gemacht sein und fairen und offenen Zugang zum Zentralen Kontrahenten gewähren. Nach der 3. Empfehlung soll ein Zentraler Kontrahent seine offenen Forderungen gegenüber den Clearingteilnehmern mindestens einmal täglich erfassen und sie durch Einschussverpflichtungen oder andere Risikokontrollmaßnahmen absichern[2447]. Als Konkretisierung dieser Forderung kann die 4. Empfehlung angesehen werden, wonach für den Fall, dass der Zentrale Kontrahent seine Forderungen gegen Systemteilnehmer durch Einschussforderungen sichert, die diesbezüglichen Anforderungen ausreichen sollen, um einen etwaigen Verlust unter normalen Marktumständen abzudecken. Die Methoden zur Errechnung der Einschussforderungen müssten risikobezogen sein und regelmäßig geprüft werden[2448]. Mit der 5. Empfehlung wird festgestellt, ein Zentraler Kontrahent solle über ausreichende finanzielle Mittel verfügen, um zumindest eine Nichterfüllung durch den Systemteilnehmer mit den größten Außenständen unter extremen, aber nachvollziehbaren Marktbedingungen zu verkraften[2449]. Wenig Neues bringt die 6. Empfehlung, die noch einmal explizit ein transparentes und eindeutiges Verfahren bei Nichtleistung eines Systemteilnehmers einfordert, welches gewährleis-

---

2445 Vgl. EACH, Standards of Risk Management Controls used by Central Counterparty Clearing Houses.

2446 BIZ/IOSCO, Recommendations for Central Counterparties, S. 13.

2447 Vgl. zu den Einzelheiten BIZ/IOSCO, Recommendations for Central Counterparties, S. 18 f.

2448 Vgl. zu den Einzelheiten BIZ/IOSCO, Recommendations for Central Counterparties, S. 21 f.

2449 Vgl. zu den Einzelheiten BIZ/IOSCO, Recommendations for Central Counterparties, S. 23 ff.

te, dass der Zentrale Kontrahent seine Verluste begrenzen und seine eigenen Verbindlichkeiten weiter erfüllen könne[2450]. Nach der 7. Empfehlung soll ein Zentraler Kontrahent seine Aktiva in einer Art und Weise halten, die das Verlustrisiko und die Gefahr der verzögerten Zugreifbarkeit gering halte. Außerdem solle er sein Vermögen nur in Finanzinstrumente mit minimalem Ausfall-, Markt- und Liquiditätsrisiko investieren[2451]. Die 8. Empfehlung zielt auf betriebliche Risiken eines Zentralen Kontrahenten, die zu identifizieren sowie durch die Entwicklung zuverlässiger und sicherer Systeme und Verfahren gering zu halten seien[2452]. Nach der 9. Empfehlung soll der Zentrale Kontrahent die Geldabwicklung so gestalten, dass die damit verbundenen Gefahren eliminiert oder zumindest streng begrenzt werden. Damit werden die Risiken aus der Einschaltung von Banken in den Geldabwicklungsverkehr angesprochen. Äußerst effektiv könne den damit einhergehenden Gefahren etwa mit der Verwendung einer Zentralbank begegnet werden, da bei solchen Banken faktisch keine Gefahr der Nichtleistung bestehe[2453]. Die 10. Empfehlung spricht sich dafür aus, dass der Zentrale Kontrahent seine Verpflichtungen im Hinblick auf die Lieferung von Wertpapieren unmissverständlich zum Ausdruck bringe und die damit verbundenen Risiken unter Kontrolle halte. Übernehme er z.B. die Verpflichtung zur Leistung der Wertpapiere, sei eine Zug-um-Zug-Regulierung geeignet, dem ersatzlosen Verlust der Hauptforderung entgegenzuwirken[2454].

Die 11. Empfehlung wendet sich den Risiken aus Verbindungen zwischen verschiedenen Zentralen Kontrahenten zu. Die hiermit verbundenen Gefahrenquellen müssten bewertet und eingedämmt werden. Außerdem sei ein Rahmen für die Zusammenarbeit zwischen den betroffenen Aufsichtsbehörden herzustellen. Mit dieser Empfehlung wird dem Umstand Rechnung getragen, dass Zentrale Kontrahenten untereinander Verbindungen eingehen, die ein effizienteres Clearing ermöglichen, indem die Systemteilnehmer auf verschiedenen Märkten handeln, jedoch weiterhin über lediglich einen Zentralen Kontrahenten ihre Geschäfte abwickeln können. Dies geschieht bspw. dadurch, dass ein Zentraler Kontrahent Teilnehmer des Clearing-Systems eines anderen wird. Risiken können sich

---

2450 Vgl. zu den Einzelheiten BIZ/IOSCO, Recommendations for Central Counterparties, S. 27 ff.
2451 Vgl. zu den Einzelheiten BIZ/IOSCO, Recommendations for Central Counterparties, S. 31 f.
2452 Vgl. zu den Einzelheiten BIZ/IOSCO, Recommendations for Central Counterparties, S. 33 f.
2453 Vgl. zu den Einzelheiten BIZ/IOSCO, Recommendations for Central Counterparties, S. 35 ff.
2454 Vgl. zu den Einzelheiten BIZ/IOSCO, Recommendations for Central Counterparties, S. 38 f.

aus solchen Verbindungen u.a. dann ergeben, wenn die betroffenen Systeme verschiedenen Rechtsordnungen mit unterschiedlichen Bestimmungen zum Vertragsschluss, dem Netting oder der Aufsicht unterliegen[2455].

Während die 12. Empfehlung fordert, dass Zentrale Kontrahenten unter Aufrechterhaltung eines sicheren Betriebes kosteneffizient die Anforderungen der Systemteilnehmer erfüllen[2456], befasst sich die 13. Empfehlung mit der Governance, die eindeutig sowie transparent und dabei geeignet sein soll, die Anforderungen des öffentlichen Interesses zu erfüllen und sowohl die Ziele der Eigentümer als auch der Systemteilnehmer zu unterstützen. Insbesondere solle sie die Effektivität der Risikokontrollmaßnahmen fördern[2457]. Erneut wird in der 14. Empfehlung Transparenz eingefordert, und zwar im Zusammenhang mit den Risiken und Kosten, die mit der Nutzung eines Zentralen Kontrahenten für die Systemteilnehmer verbunden sind[2458]. Schließlich betrifft die 15. Empfehlung die Regulierung und Aufsicht über Zentrale Kontrahenten, die effektiv und transparent sein soll. Zudem müssten Zentralbanken und Wertpapierregulierungsbehörden miteinander sowie mit anderen betroffenen Behörden zusammenarbeiten[2459].

F. Rechtssetzung durch die EU

Wie schon die Beauftragung der *Giovannini-Group* durch die EU-Kommission nahe legt, findet auch auf der Ebene der EU eine zunehmende Beschäftigung mit Fragen des Clearing und Settlement von Wertpapiergeschäften einschließlich der mit Zentralen Kontrahenten verbundenen Probleme statt. Die Schritte, die bisher in diesem Bereich unternommen wurden, liegen zum einen im Erlass einer EU-Richtlinie, die am Rande auf Zentrale Kontrahenten eingeht, und zum anderen in Vorarbeiten der EU-Kommission für eine weitere EU-Richtlinie, die sich intensiver mit Clearing- und Abrechnungssystemen befassen soll.

2455 Vgl. zu den Einzelheiten BIZ/IOSCO, Recommendations for Central Counterparties, S. 40 f.

2456 Vgl. zu den Einzelheiten BIZ/IOSCO, Recommendations for Central Counterparties, S. 43 f.

2457 Vgl. zu den Einzelheiten BIZ/IOSCO, Recommendations for Central Counterparties, S. 45.

2458 Vgl. zu den Einzelheiten BIZ/IOSCO, Recommendations for Central Counterparties, S. 47.

2459 Vgl. zu den Einzelheiten BIZ/IOSCO, Recommendations for Central Counterparties, S. 48 f.

I. RL 2004/39/EG über Märkte und Finanzinstrumente (Mifid)[2460]

Am 30.04.2004 ist die Mifid mit ihrer Veröffentlichung im Amtsblatt der EU in Kraft getreten. Damit ist eine zentrale Maßnahme des im Jahr 1999 verabschiedeten Financial Services Action Plan[2461] vollendet[2462]. Nachdem zunächst die Umsetzung der Mifid in nationales Recht bis zum 30.04.2006 erfolgen sollte[2463], wurde die Frist zur Umsetzung in anwendbares Recht auf Bitten einiger Mitgliedstaaten mit der RL 2006/31/EG bis zum 1.11.2007 verlängert[2464]. Mit der Mifid werden zum Teil weitreichende rechtliche Änderungen vorgenommen und neue Regelungsansätze gewählt[2465]. Während sich nämlich in der WpDL-RL, welche durch die Mifid ersetzt wird, nur rudimentär Vorschriften mit inhaltlichem Bezug zur Wertpapierabwicklung finden lassen[2466] und Zentrale Kontrahenten überhaupt nicht gesondert erwähnt werden, gehört es zu den Zielen der Mifid, Wertpapierfirmen den gemeinschaftsweiten Zugang zu Clearing- und Abwicklungssystemen[2467] zu verschaffen, um den grenzüberschreitenden Handel zu erleich-

---

2460 Diese Abkürzung, die sich allmählich durchzusetzen beginnt, stammt aus der englischen Fassung der RL 2004/39/EG (Directive on markets in financial instruments).

2461 EU-Kommission, Finanzdienstleistungen: Umsetzung des Finanzmarktrahmens: Aktionsplan, KOM/1999/232 vom 11.5.1999 (im Internet abrufbar unter: http://europa.eu.int/comm/internal_market/finances/docs/actionplan/index/action_de.pdf).

2462 Seitz, AG 2004, S. 497.

2463 Vgl. Art. 70 der RL 2004/39/EG in der ursprünglichen Fassung, nach dem die Umsetzung innerhalb von 24 Monaten nach Inkrafttreten der Mifid erfolgen muss.

2464 Vgl. Art. 1 Nr. 5 der RL 2006/31/EG. Mittlerweile wurde die Mifid durch das größtenteils am 1. November 2007 in Kraft getretene FRUG vom 16. Juli 2007 (BGBl. I, S. 1330) umgesetzt.

2465 Vgl. den Überblick über die Neuerungen bei der Regulierung von Wertpapierhandelssystemen bei Seitz, AG 2004, S. 497 ff.

2466 Vgl. Erwägungsgrund (35), Art. 2 Abs. 2 lit. j), Art. 15 Abs. 1 S. 1, Abs. 2 S. 2, Art. 25 Abs. 7 der WpDL-RL.

2467 Sehr verwirrend ist die Terminologie in der Mifid, die in der ursprünglichen Version stets von Clearing- und Abrechnungssystemen sprach, nach einer Korrektur (ABl. L 45 v. 16.02.2005, S. 18) nunmehr teilweise von Clearing- und Abwicklungssystemen bzw. Clearing und Abwicklung spricht (Art. 4 Abs. 1 Nr. 2 Spiegelstrich 1 und 2, Art. 21 Abs. 1, Art. 35 Abs. 1 u. 2 u. Art. 46 Abs. 2 der RL 2004/39/EG), teilweise jedoch die alte Terminologie beibehält (Erwägungsgrund (48), Art. 34 Abs. 1, 2 u. 3, Art. 42 Abs. 2 lit. e) sowie Art. 46 Abs. 1 der RL 2004/39/EG). Die damit verbundene Unklarheit ist sicherlich nicht im Interesse der vielfach geforderten Transparenz und jedenfalls geeignet, weitere Kritik am europäischen Rechtssetzungsprozess zu provozieren. Die englische Fassung verwendet in den angeführten Bestimmungen jeweils die Begriffe „Clearing" und „Settlement", so dass auch in der deutschen Version entweder einheitlich von Clearing und Abwicklung oder Clearing und Settlement gesprochen werden sollte.

tern[2468]. Es wird jedoch auch mit der Mifid keine umfassende Reglementierung angestrebt, so dass das geltende EU-Recht die Abwicklung von Wertpapiertransaktionen nur in einem Teilbereich betrifft[2469].

Von besonderer Bedeutung für Zentrale Kontrahenten bzw. für Clearing- und Abwicklungssysteme sind die Art. 34 und 35 sowie Art. 42 und 46 der RL 2004/39/EG.

1. Art. 34 und Art. 35 der RL 2004/39/EG

Der mit der Überschrift „Zugang zu zentralen Gegenparteien, Clearing- und Abrechnungssystemen sowie Recht auf Wahl eines Abrechnungssystems" versehene Art. 34 der RL 2004/39/EG[2470] lautet wie folgt:

(1) Die Mitgliedstaaten schreiben vor, dass Wertpapierfirmen aus anderen Mitgliedstaaten in ihrem Hoheitsgebiet für den Abschluss von Geschäften mit Finanzinstrumenten oder die Vorkehrungen zum Abschluss von Geschäften mit Finanzinstrumenten das Recht auf Zugang zu zentralen Gegenparteien, Clearing- und Abrechnungssystemen haben.

Die Mitgliedstaaten schreiben vor, dass für den Zugang dieser Wertpapierfirmen zu diesen Einrichtungen dieselben nichtdiskriminierenden, transparenten und objektiven Kriterien gelten wie für inländische Teilnehmer. Die Mitgliedstaaten beschränken die Nutzung dieser Einrichtungen nicht auf Clearing und Abrechnung von Geschäften mit Finanzinstrumenten, die auf einem geregelten Markt oder über ein MTF in ihrem Hoheitsgebiet getätigt werden.

(2) Die Mitgliedstaaten schreiben vor, dass geregelte Märkte in ihrem Hoheitsgebiet allen ihren Mitgliedern oder Teilnehmern das Recht auf Wahl des Systems einräumen, über das die auf diesem geregelten Markt getätigten Geschäfte mit Finanzmarktinstrumenten abgerechnet werden, vorausgesetzt dass

a) die Verbindungen und Vereinbarungen zwischen dem gewählten Abrechnungssystem und jedem anderen System oder jeder anderen Einrichtung bestehen, die für eine effiziente und wirtschaftliche Abrechnung des betreffenden Geschäfts erforderlich sind, und

b) die für die Überwachung des geregelten Marktes zuständige Behörde der Auffassung ist, dass die technischen Voraussetzungen für die Abrechnung der auf dem geregelten Markt getätigten Geschäfte durch ein anderes Abrechnungssystem als das von dem geregelten Markt gewählte ein reibungsloses und ordnungsgemäßes Funktionieren der Finanzmärkte ermöglichen.

2468 Vgl. Erwägungsgrund (48) der RL 2004/39/EG.
2469 Vgl. Begründung des Vorschlags der EU-Kommission für eine neue Wertpapierdienstleistungsrichtlinie (KOM/2002/0625), ABl. C 71 v. 25.03.2003, S. 62 ff., Abschnitt V.1, S. 87 f. (abgedruckt in ZBB 2002, S. 545 (562)).
2470 Der Umsetzung von Art. 34 RL 2004/39/EG dienen § 3 Abs. 5 S. 3 Nr. 3 sowie § 21 BörsG n.F. (vgl. Begr. RegE FRUG, BT-Drucks. 16/4028, S. 80 u. 85).

Diese Beurteilung der für den geregelten Markt zuständigen Behörde lässt die Zuständigkeit der nationalen Zentralbanken als Aufsichtsorgan von Abrechnungssystemen oder anderer Aufsichtsbehörden solcher Systeme unberührt. Die zuständige Behörde berücksichtigt die von diesen Stellen bereits ausgeübte Aufsicht, um unnötige Doppelkontrollen zu vermeiden.

(3) Die Rechte der Wertpapierfirmen gemäß den Absätzen 1 und 2 lassen das Recht der Betreiber zentraler Gegenpartei-, Clearing- oder Wertpapierabrechnungssysteme, aus berechtigten gewerblichen Gründen die Bereitstellung der angeforderten Dienstleistungen zu verweigern, unberührt."

Art. 35 der RL 2004/39/EG mit der Überschrift „Vereinbarungen mit einer zentralen Gegenpartei und über Clearing und Abrechnung in Bezug auf MTF" lautet vollständig:

„(1) Die Mitgliedstaaten hindern Wertpapierfirmen und Marktbetreiber, die ein MTF betreiben, nicht daran, mit einer zentralen Gegenpartei oder Clearingstelle und einem Abwicklungssystem eines anderen Mitgliedstaats geeignete Vereinbarungen über Clearing und/oder Abwicklung einiger oder aller Geschäfte, die von Marktteilnehmern innerhalb ihrer Systeme getätigt werden, zu schließen.

(2) Die zuständigen Behörden von Wertpapierfirmen und Marktbetreibern, die ein MTF betreiben, dürfen die Nutzung einer zentralen Gegenpartei, einer Clearingstelle und/oder eines Abwicklungssystems in einem anderen Mitgliedstaat nicht untersagen, es sei denn, dies ist für die Aufrechterhaltung des ordnungsgemäßen Funktionierens dieses geregelten Markts unumgänglich; die Bedingungen des Artikels 34 Absatz 2 für den Rückgriff auf Abwicklungssysteme sind zu berücksichtigen.

Zur Vermeidung unnötiger Doppelkontrollen berücksichtigt die zuständige Behörde die von den nationalen Zentralbanken als Aufsichtsorgan von Clearing- oder Abwicklungssystemen oder anderen für diese Systeme zuständigen Aufsichtsbehörden ausgeübte Aufsicht über das Clearing- und Abwicklungssystem."

Bei der Frage nach dem Bedeutungsgehalt dieser Vorschriften ist zunächst klarzustellen, dass die dort genannten zentralen Gegenparteien den Zentralen Kontrahenten nach der in dieser Arbeit zugrunde gelegten Terminologie entsprechen. Dies ergibt sich schon daraus, dass in der Mifid die bilateralen Systeme, die daneben noch als zentrale Gegenparteien in Betracht kommen[2471], von den geregelten Märkten und MTF[2472] unterschieden werden[2473]. Des Weiteren fällt ins Auge, dass zentrale Gegenparteien in Art. 34 RL 2004/39/EG nur im Zusammen-

---

2471 Vgl. zu dieser Möglichkeit wegen der im deutschen Recht nicht einheitlichen Terminologie S. 57 ff.

2472 Vgl. zur Begriffsbestimmung des Multilateralen Handelssystems (MTF) i.S. der Mifid Art. 4 Abs. 1 Nr. 15 der RL 2004/39/EG.

2473 Vgl. Erwägungsgrund (6) S. 2 der RL 2004/39/EG.

hang mit dem Zugangsrecht der Wertpapierfirmen[2474] nach Abs. 1 erwähnt werden, nicht jedoch beim Wahlrecht nach Abs. 2. Dort ist lediglich von dem Wahlrecht für „Systeme" die Rede, über die „abgerechnet" wird. Diese Terminologie ist unglücklich gewählt, weil der Begriff „Abrechnung" überwiegend mit Clearing assoziiert wird[2475] und nicht mit Settlement, wie die EU-Kommission meint[2476]. Anscheinend besteht innerhalb der EU selbst eine gewisse Verwirrung über die richtige Terminologie. Denn ansonsten ist nicht nachzuvollziehen, warum in der Mifid teilweise von Clearing und Abrechnung, anderenorts von Clearing und Abwicklung die Rede ist, während in der englischen Version stets von Settlement gesprochen wird[2477]. Letztlich braucht diese Unklarheit hier nicht gänzlich beseitigt zu werden, da jedenfalls die Systematik des Art. 34 RL 2004/39/EG zeigt, dass Abs. 2 weder Zentrale Kontrahenten noch Clearingsysteme erfasst, da diese beiden Funktionalitäten nur in den Absätzen 1 und 3 angesprochen werden[2478].

Darüber hinaus ist wird das Recht der Wertpapierfirmen auf Zugang zu Zentralen Kontrahenten, Clearing- und Settlementsystemen nicht ohne Einschränkung gewährt, sondern nach Art. 34 Abs. 3 RL 2004/39/EG unter den Vorbehalt gestellt, dass keine berechtigten gewerblichen Gründe entgegenstehen.

Die Regelungen in Art. 35 RL 2004/39/EG bedürfen dagegen keiner besonderen Erörterung, da sie aus sich selbst heraus verständlich sind. Sie engen die Möglichkeiten der Mitgliedstaaten ein, grenzüberschreitende Vereinbarungen zum Clearing und zur Abwicklung in Bezug auf MTF zu beschränken, so dass die Integration und der Wettbewerb der Wertpapiermärkte gefördert werden.

2474 Vgl. zur Begriffsbestimmung der Wertpapierfirma i.S. der Mifid Art. 4 Abs. 1 Nr. 1 der RL 2004/39/EG.

2475 Vgl. zu den Begrifflichkeiten S. 89 ff.

2476 Vgl. EU-Kommission, Clearing und Abrechnung in der Europäischen Union – Künftige Maßnahmen, KOM/2004/312, S. 5, sowie dies., Clearing und Abrechnung in der Europäischen Union. Die wichtigsten politischen Fragen und künftigen Herausforderungen, KOM/2002/257, S. 5 f.

2477 Vgl. Fn. 2467.

2478 Diese Schlussfolgerung wird bestätigt durch die Ausführungen der EU-Kommission zur Notwendigkeit einer Richtlinie für den Bereich Clearing und Settlement, da es dort als Mangel eingestuft wird, dass die Mifid das Wahlrecht nicht auf das Clearing erstreckt (vgl. EU-Kommission, Clearing und Abrechnung in der Europäischen Union – Künftige Maßnahmen, KOM/2004/312, S. 17).

2. Art. 42 der RL 2004/39/EG

Art. 42 der RL 2004/39/EG[2479] befasst sich nach seiner Überschrift mit dem „Zugang zum geregelten Markt". Nach dessen Abs. 1 schreiben die Mitgliedstaaten vor, dass der geregelte Markt[2480] auf Dauer transparente, nichtdiskriminierende und auf objektiven Kriterien beruhende Regeln für den Zugang zu dem geregelten Markt oder die Mitgliedschaft darin festlegt. Im vorliegenden Zusammenhang von Interesse ist die Konkretisierung von Abs. 1 in Abs. 2 lit. e), wonach in diesen Regeln festzulegen ist, welche Pflichten den Mitgliedern oder Teilnehmern erwachsen aus „den Regeln und Verfahren für das Clearing und die Abrechnung der am geregelten Markt getätigten Geschäfte". Im Dunkeln bleibt hier, warum die Teilnahmebedingungen für einen Zentralen Kontrahenten nicht gesondert aufgeführt werden. Der Vergleich mit den übrigen Vorschriften, die sich mit zentralen Gegenparteien, Clearing- und Abwicklungssystemen befassen, legt den Schluss nahe, dass es sich um eine bewusste Nichterwähnung handelt, da die zentralen Gegenparteien in der Regel besonders angesprochen werden.

3. Art. 46 der RL 2004/39/EG

Während sich die Art. 34 und 35 der RL 2004/39/EG mit dem Zugangsrecht der Wertpapierfirmen bzw. deren Recht zum Abschluss von bestimmten Vereinbarungen befassen, wendet sich Art. 46 der Mifid[2481] den Rechten von geregelten Märkten zu. Er trägt die Überschrift „Vereinbarungen mit einer zentralen Gegenpartei und über Clearing und Abrechnung" und lautet wie folgt:

(1) Die Mitgliedstaaten hindern geregelte Märkte nicht daran, mit einer zentralen Gegenpartei oder Clearingstelle und einem Abrechnungssystem eines anderen Mitgliedstaats zweckmäßige Vereinbarungen über Clearing und/oder Abrechnung einiger oder aller Geschäfte, die von Marktteilnehmern innerhalb ihrer Systeme getätigt werden, zu schließen.

(2) Die für einen geregelten Markt zuständige Behörde darf die Nutzung einer zentralen Gegenpartei, einer Clearingstelle und/oder eines Abwicklungssystems in einem anderen Mitgliedstaat nicht untersagen, es sei denn, dies ist für die Aufrechterhaltung des ordnungsgemäßen Funktionierens dieses geregelten Markts unumgänglich; die Bedin-

---

2479 Der Umsetzung von Art. 42 RL 2004/39/EG dienen §§ 3 Abs. 1 S. 3, 16 Abs. 2 Nr. 2 BörsG n.F., während der Gesetzgeber Art. 42 Abs. 3 RL 2004/39/EG bereits als durch § 16 BörsG a.F. (§ 19 BörsG n.F.) umgesetzt ansieht (vgl. Begr. RegE FRUG, BT-Drucks. 16/4028, S. 80 u. 84).

2480 Vgl. zur Begriffsbestimmung des geregelten Markts i.S. der Mifid Art. 4 Abs. 1 Nr. 14 der RL 2004/39/EG.

2481 Der Umsetzung von Art. 46 Abs. 2 RL 2004/39/EG sollen § 3 Abs. 5 S. 3 Nr. 2 u. Nr. 3 BörsG n.F. dienen (vgl. Begr. RegE FRUG, BT-Drucks. 16/4028, S. 80).

gungen des Artikels 34 Absatz 2 für den Rückgriff auf Abwicklungssysteme sind zu berücksichtigen.
Zur Vermeidung unnötiger Doppelkontrollen berücksichtigt die zuständige Behörde die von den nationalen Zentralbanken als Aufsichtsorgane von Clearing- und Abwicklungssystemen oder anderen für diese Systeme zuständigen Aufsichtsbehörden ausgeübte Aufsicht über das Clearing- und Abwicklungssystem.

Diese Vorschrift räumt also den geregelten Märkten das Recht auf Inanspruchnahme der Dienstleistungen von in anderen Mitgliedstaaten ansässigen Zentralen Kontrahenten, Clearingstellen und Abwicklungssystemen für einige oder alle Wertpapiertransaktionen ein, wobei dieser Anspruch freilich unter dem Vorbehalt steht, dass die Nutzung der verschiedenen ausländischen Systeme die Funktionsfähigkeit des geregelten Marktes nicht gefährdet.

II. Vorarbeiten für eine Richtlinie zum Clearing und Settlement

1. Grundlagen

Die EU-Kommission ist der Ansicht, dass die Vorgaben der Mifid für den Bereich des Clearing und Settlement nicht ausreichen, um Wertpapierclearing- und -abwicklungssysteme zu schaffen, die effizient und sicher sind sowie gleiche Wettbewerbsbedingungen für die Anbieter der damit verbundenen Dienstleistungen gewährleisten[2482]. Deshalb wird seit einiger Zeit auf europäischer Ebene über Maßnahmen nachgedacht, die im Wesentlichen vier Zielen dienen sollen. Dazu gehören die Liberalisierung und Integrierung der vorhandenen Wertpapierclearing- und -abwicklungssysteme, die Anwendung der Wettbewerbsregeln, die Einführung eines gemeinsamen Regulierungs- und Aufsichtsrahmens sowie die Implementierung von geeigneten Governance-Regelungen[2483].
Ein wichtiger Schritt für die Realisierung dieser Ziele soll der Erlass einer Richtlinie sein[2484], welche die marktgesteuerte Beseitigung der im *Giovannini-*

2482 Vgl. EU-Kommission, Clearing und Abrechnung in der Europäischen Union – Künftige Maßnahmen, KOM/2004/312, S. 9 ff.

2483 EU-Kommission, Clearing und Abrechnung in der Europäischen Union – Künftige Maßnahmen, KOM/2004/312, S. 12.

2484 Weitere als wesentlich angesehene Maßnahmen wurden bereits mit der Einsetzung von Expertengruppen ergriffen, die sich u.a. mit den rechtlichen und steuerlichen Hemmnissen für die Integration befassen, die Situation analysieren und gegebenenfalls Harmonisierungsvorschläge für die nationalen Rechtsvorschriften unterbreiten sollen. Eine dieser Expertengruppen ist die für Clearing und Abrechnung zuständige CESAME-Gruppe, die aus hochrangigen Vertretern verschiedener Einrichtungen, die das Clearing- und Abwicklungsgeschäft betreiben, sowie aus Beobach-

Report ausfindig gemachten Hemmnisse durch einen sicheren Rechtsrahmen ergänzt. Dieser Rechtsrahmen soll sicherstellen, dass Beschränkungen und Hindernisse in Bezug auf den Clearing- und Abwicklungsort aufgehoben werden. Darüber hinaus soll er die gegenseitige Anerkennung der verschiedenen nationalen Systeme auf Basis des Herkunftslandprinzips gewährleisten. Der Vorschlag spricht sich in diesem Zusammenhang für eine Rahmenrichtlinie aus, in der dem Lamfalussy-Verfahren[2485] entsprechend lediglich allgemeine Grundsätze festgelegt werden sollen[2486]. Wesentlich ist, dass sich der Vorschlag der EU-Kommission damit von einem Ansatz distanziert, der von manchen favorisiert wird[2487], in der Literatur aber bereits nachdrückliche Kritik auf sich gezogen hat[2488]. Es handelt sich um das Modell eines europäischen Systems für Clearing und Settlement in Gemeinschaftsbesitz („Utility Approach"). Nach diesem Ansatz soll ein einziges öffentliches Clearing- und Settlement-System geschaffen werden, das sich im Besitz der Nutzer befindet und allen konkurrierenden europäischen Handelsplattformen Zugang gewährt[2489]. Ein solches System wird mit Blick auf die Effizienz eines ähnlichen Modells in den USA[2490] als „verlockend" angesehen[2491]. Freilich wird mit guten Gründen bezweifelt, dass die EU über die Kompetenz verfügt, ein derartiges System durch Richtlinien vorzugeben[2492]. Jedenfalls hat die EU-Kommission dieses Modell in ihren Vorschlag nicht aufgenommen, sondern implizit abgelehnt, indem sie in diesem Vorschlag von der Existenz mehrerer Clearing- und Settlementsystemen ausgeht.

Ob es tatsächlich zum Erlass einer Richtlinie über Clearing und Settlement von Wertpapiergeschäften kommen wird, steht allerdings noch keinesfalls fest. Vielmehr gibt es innerhalb der für die EU-Gesetzgebung zuständigen Institutio-

---

tern staatlicher Stellen besteht (vgl. zur CESAME-Gruppe die Informationen auf der Seite der EU: *http://europa.eu.int/comm/internal_market/financial-markets/clearing/cesame_de.htm*).

2485 Vgl. zu diesem Verfahren Claßen/Heegemann, ZfgKW 2003, S. 1200 ff.
2486 EU-Kommission, Clearing und Abrechnung in der Europäischen Union – Künftige Maßnahmen, KOM/2004/312, S. 13.
2487 Vgl. den Bericht über die Mitteilung der Kommission an den Rat und das Europäische Parlament „Clearing und Abrechnung in der Europäischen Union. Die wichtigsten politischen Fragen und künftigen Herausforderungen" (KOM/2002/257) des Berichterstatters Andria (A5–0431/2002).
2488 Vgl. Jaskulla, ZEuS 2004, S. 497 (510 ff.).
2489 Jaskulla, ZEuS 2004, S. 497 (500).
2490 Vgl. zum System in den USA Jaskulla, ZEuS 2004, S. 497 (509).
2491 Bericht über die Mitteilung der Kommission an den Rat und das Europäische Parlament „Clearing und Abrechnung in der Europäischen Union. Die wichtigsten politischen Fragen und künftigen Herausforderungen" (KOM/2002/257) des Berichterstatters Andria (A5–0431/2002, S. 11).
2492 Jaskulla, ZEuS 2004, S. 497 (510 ff.).

nen Stimmen, die sich gegen eine EU-weite Regulierung der Wertpapierabwicklung aussprechen[2493]. So hat das EU-Parlament erst kürzlich einen Bericht angenommen, der eine Richtlinie in diesem Bereich nur als letztes Mittel vorsieht[2494]. Die weitere Entwicklung des Rechtsetzungsprozesses bleibt also abzuwarten.

2. Einzelne Regelungsgegenstände

Im Einzelnen soll die Rahmenrichtlinie nach der Mitteilung der EU-Kommission zunächst umfassende Zugangs- und Wahlrechte vorsehen[2495]. Das bedeutet, dass nicht nur Wertpapierfirmen die Wahl ihres Abwicklungssystems zu ermöglichen ist, sondern dieses Wahlrecht in seiner Effizienz dadurch gesteigert werden soll, dass den Abwicklungssystemen ein Zugangsrecht zu anderen Abwicklungssystemen eingeräumt wird[2496]. Zudem sei es erforderlich, das Wahlrecht der Marktteilnehmer auf Clearingsysteme sowie zentrale Gegenparteien[2497] zu erstrecken und darüber hinaus den letztgenannten den Zugang zu zentralen Gegenparteien in anderen Mitgliedstaaten zu eröffnen[2498]. In all diesen Fällen solle der Zugang durch transparente und diskriminierungsfreie, auf objektiven Kriterien beruhende Vorschriften geregelt werden.

In der Richtlinie sollen ferner „hohe Grundsätze für die Zulassung, Regulierung und Beaufsichtigung" von Clearing- und Settlementsystemen festgelegt werden. Insofern sei zunächst ein funktioneller Ansatz erforderlich, der auf der Basis gemeinsamer Funktionsdefinitionen[2499] eine kohärente Vorgehensweise

---

2493 Vgl. die ablehnenden Haltungen der Berichterstatterin im EU-Parlament Theresa Villiers sowie ihrer Nachfolgerin Piia-Noora Kauppi (Börsen-Zeitung v. 3.02.2005, S. 1, und v. 21.04.2005, S. 6); zurückhaltend auch EU-Binnenmarktkommissar Charles McCreevy (vgl. Financial Times Deutschland v. 22.03.2005, S. 19).

2494 Vgl. Financial Times Deutschland v. 8.07.2005, S. 20.

2495 EU-Kommission, Clearing und Abrechnung in der Europäischen Union – Künftige Maßnahmen, KOM/2004/312, S. 15 ff.

2496 EU-Kommission, Clearing und Abrechnung in der Europäischen Union – Künftige Maßnahmen, KOM/2004/312, S. 17, wo allerdings von „Abrechnungssystemen" die Rede ist (vgl. zur uneinheitlichen Terminologie Fn. 2467).

2497 Auch hier gilt, dass der von der EU-Kommission verwendete Begriff einer „zentrale Gegenpartei" mit dem des „Zentralen Kontrahenten" i.S. des in dieser Arbeit zugrunde gelegten Verständnisses identisch ist.

2498 EU-Kommission, Clearing und Abrechnung in der Europäischen Union – Künftige Maßnahmen, KOM/2004/312, S. 17 f.

2499 In der Tat scheint eine terminologische Präzisierung der erste nötige Schritt zu sein. Denn obwohl in der Mifid „zentrale Gegenparteien" neben den „Clearingsystemen" gesondert aufgeführt werden, wählt die EU-Kommission in ihrem Vorschlag einen anderen Ansatz, indem sie zentrale Gegenparteien als Institutionen de-

gewährleiste und Rechtskonflikte vermeide[2500]. Ferner müsse die Richtlinie anfängliche und laufende aufsichtsrechtliche Auflagen sowie Anlegerschutzvorschriften enthalten. Insbesondere sollte sie wegen des Systemrisikos EU-weite Anforderungen an die Eigenkapitalausstattung von Wertpapierclearing- und -settlementsystemen enthalten, die denen von Banken zumindest gleichwertig sind. An das Risikomanagement müssten im Übrigen strenge Maßstäbe angelegt werden, für deren Konkretisierung die Standards von CESR/ECB herangezogen werden könnten[2501]. Schließlich solle die Zusammenarbeit der Aufsichtsbehörden geregelt werden. Angestrebt wird ein Aufsichtsmodell, das sich am Grundsatz der Herkunftslandkontrolle orientiert und damit zugleich einen „EU-Pass" für Clearing- und Settlementsysteme sowie für Zentrale Kontrahenten ermöglicht[2502].

Darüber hinaus sollte eine etwaige Richtlinie nach Ansicht der EU-Kommission „hohe Grundsätze" zur Governance von Zentralen Kontrahenten und Wertpapierabrechnungssystemen enthalten. Die entsprechenden Regelungen sollten klar definiert und transparent sein. Das bedeute, dass die Gehälter von Vorstands- und Geschäftsführungsmitgliedern ebenso offen zu legen seien wie die Eigentumsanteile an zentralen Gegenparteien und Abrechnungssystemen oberhalb einer bestimmten Schwelle. Die Richtlinie solle zudem für Wertpapierabrechnungssysteme und zentrale Gegenparteien einen oder mehrere unabhängige Ausschüsse vorsehen, welche die angemessene Berücksichtigung der Interessen von Benutzern und der Bedenken von Behörden gewährleisteten[2503]. Weiterhin sei ein höheres Maß an Transparenz dadurch herbeizuführen, dass zentrale Gegenparteien und Wertpapierabrechnungssysteme getrennte Konten für die separate Ausweisung der von ihnen in ihrer Eigenschaft als Intermediäre erbrachten Dienstleistungen bzw. der nicht zu ihrem Kerngeschäft gehörenden Aktivitäten führen[2504]. Schließlich sollten zur Herstellung gleicher Wettbewerbsbedingungen die Geschäftsleitung und Mehrheitsaktionäre von „Wertpapierclearing- und -ab-

---

finiert, die Clearing-Funktionen wahrnehmen (EU-Kommission, Clearing und Abrechnung in der Europäischen Union – Künftige Maßnahmen, KOM/2004/312, S. 5 u. 20).

2500 EU-Kommission, Clearing und Abrechnung in der Europäischen Union – Künftige Maßnahmen, KOM/2004/312, S. 19 f.

2501 EU-Kommission, Clearing und Abrechnung in der Europäischen Union – Künftige Maßnahmen, KOM/2004/312, S. 21.

2502 EU-Kommission, Clearing und Abrechnung in der Europäischen Union – Künftige Maßnahmen, KOM/2004/312, S. 21 f.

2503 EU-Kommission, Clearing und Abrechnung in der Europäischen Union – Künftige Maßnahmen, KOM/2004/312, S. 23.

2504 EU-Kommission, Clearing und Abrechnung in der Europäischen Union – Künftige Maßnahmen, KOM/2004/312, S. 24.

rechnungssystemen"[2505] die Eignungs- und Verhaltenskriterien erfüllen, die für die Geschäftsleitung und für die Mehrheitsaktionäre von Banken bzw. Wertpapierfirmen gelten[2506].

G. Fazit

Die vorstehenden Ausführungen haben gezeigt, dass man sich auf vielen Ebenen intensiv mit der Problematik der Wertpapierabwicklung beschäftigt. Welche der Vorschläge tatsächlich umgesetzt werden, lässt sich noch nicht absehen. Allerdings erscheint die Voraussage nicht gewagt, dass in Zukunft mit einschneidenden Änderungen im Bereich der Wertpapierabwicklung zu rechnen ist und im Zuge dieser Entwicklungen die bislang kaum explizit geregelten Zentralen Kontrahenten einer schärferen Regulierung zugeführt werden.

2505 Auch hier erschwert die begriffliche Unschärfe das Verständnis der Vorschläge der EU-Kommission.
2506 EU-Kommission, Clearing und Abrechnung in der Europäischen Union – Künftige Maßnahmen, KOM/2004/312, S. 25 f.

Börsen- und kapitalmarktrechtliche Abhandlungen

Herausgegeben von Horst Hammen

www.peterlang.de

Peter Lang · Internationaler Verlag der Wissenschaften

Annina Bintz

Die grenzüberschreitende Verwendung von Wertpapieren als Sicherheiten

Frankfurt am Main, Berlin, Bern, Bruxelles, New York, Oxford, Wien, 2008.
209 S.
Europäische Hochschulschriften: Reihe 2, Rechtswissenschaft. Bd. 4641
ISBN 978-3-631-56524-7 · br. € 41.10*

Die Verwendung von Wertpapieren als Sicherheiten ist im inländischen wie im ausländischen Bankgeschäft alltägliche Praxis, der große Bedeutung beigemessen wird. Die Wertpapiere dienen als Finanzsicherheiten für Kredite, wobei sie oft grenzüberschreitend verpfändet oder zur Sicherheit übertragen werden. Jedoch erfolgen der Handel, die Verwahrung und Verwaltung von Wertpapieren in einem komplexen System, an das verschiedene nationale und internationale Einrichtungen angeschlossen sind. Dies hat zur Folge, dass verschiedene Rechtsordnungen auf diesen Vorgang anwendbar sein können. Die Arbeit stellt die Problematik der grenzüberschreitenden Verwendung von Wertpapieren als Sicherheiten im Einzelnen dar. Unter anderem werden auch Wertpapierabwicklungssysteme in Frankreich, der Schweiz und in den USA untersucht. Besondere Berücksichtigung findet zudem die Haager Konvention über das auf bestimmte Rechte im Zusammenhang mit zwischenverwahrten Wertpapieren anzuwendende Recht.

Aus dem Inhalt: Wertpapiere als Sicherheiten im grenzüberschreitenden Effektengiroverkehr · Die Verwendung von Wertpapieren als Sicherheiten in ausländischen Rechtsordnungen wie in Frankreich, in der Schweiz und in den USA · § 17 a DepotG · Haager Konvention über das auf bestimmte Rechte im Zusammenhang mit zwischenverwahrten Wertpapieren anzuwendende Recht · Vorläufiger Entwurf des UNIDROIT-Übereinkommen über die materiellen Vorschriften über indirekt gehaltene Wertpapiere

Frankfurt am Main · Berlin · Bern · Bruxelles · New York · Oxford · Wien
Auslieferung: Verlag Peter Lang AG
Moosstr. 1, CH-2542 Pieterlen
Telefax 00 41 (0) 32 / 376 17 27

*inklusive der in Deutschland gültigen Mehrwertsteuer
Preisänderungen vorbehalten
Homepage http://www.peterlang.de